公路工程造价管理法规文件选编
（2021 年版）

交通运输部公路局

人民交通出版社股份有限公司
北京

内 容 提 要

本书由交通运输部公路局从众多法律、行政法规和部门规章中，精选出与公路工程造价管理相关度高、实用性强的文件，收录文件近100篇。书中所收录文件分为六个部分，即法律法规、公路工程建设管理、公路工程造价管理、招标投标管理、资金费用管理与审计和其他相关文件。书中所列各类法律法规均现行有效，内容涉及公路工程造价管理的各个方面。

本书可供公路部门各级领导干部、工程造价人员和工程技术人员查阅参考。

图书在版编目(CIP)数据

公路工程造价管理法规文件选编：2021年版／交通运输部公路局主编. — 北京：人民交通出版社股份有限公司，2021.1
ISBN 978-7-114-16936-6

Ⅰ.①公⋯ Ⅱ.①交⋯ Ⅲ.①道路工程—建筑造价管理—法规—汇编—中国 Ⅳ.①D922.296

中国版本图书馆 CIP 数据核字(2020)第 225170 号

Gonglu Gongcheng Zaojia Guanli Fagui Wenjian Xuanbian(2021 Nian Ban)

书　　名：	公路工程造价管理法规文件选编(2021年版)
著 作 者：	交通运输部公路局
责任编辑：	吴有铭　王海南
责任校对：	孙国靖　扈　婕
责任印制：	张　凯
出版发行：	人民交通出版社股份有限公司
地　　址：	(100011)北京市朝阳区安定门外外馆斜街3号
网　　址：	http://www.ccpcl.com.cn
销售电话：	(010)59757973
总 经 销：	人民交通出版社股份有限公司发行部
经　　销：	各地新华书店
印　　刷：	北京市密东印刷有限公司
开　　本：	787×1092　1/16
印　　张：	37.75
字　　数：	918千
版　　次：	2021年1月　第1版
印　　次：	2021年4月　第2次印刷
书　　号：	ISBN 978-7-114-16936-6
定　　价：	180.00元

(有印刷、装订质量问题的图书由本公司负责调换)

目录

第一部分 法律法规

中华人民共和国公路法
　　(根据2017年11月4日第十二届全国人民代表大会常务委员会第三十次会议
　　《关于修改〈中华人民共和国会计法〉等十一部法律的决定》第五次修正) ……………… 3
中华人民共和国建筑法
　　(根据2019年4月23日第十三届全国人民代表大会常务委员会第十次会议
　　《关于修改〈中华人民共和国建筑法〉等八部法律的决定》第二次修正) ……………… 12
建设工程安全生产管理条例
　　(2003年11月24日　中华人民共和国国务院令第393号) ……………… 21
中华人民共和国民法典合同编
　　(2020年5月28日第十三届全国人民代表大会第三次会议通过,
　　自2021年1月1日起施行) ……………… 31
中华人民共和国价格法
　　(1997年12月29日　中华人民共和国主席令第92号) ……………… 34
中华人民共和国政府采购法
　　(根据2014年8月31日第十二届全国人民代表大会常务委员会
　　《关于修改〈中华人民共和国保险法〉等五部法律的决定》修正) ……………… 39
中华人民共和国政府采购法实施条例
　　(2015年1月30日　中华人民共和国国务院令第658号) ……………… 49
中华人民共和国保险法
　　(根据2015年4月24日第十二届全国人民代表大会常务委员会第十四次会议
　　《关于修改〈中华人民共和国计量法〉等五部法律的决定》第三次修正) ……………… 60

中华人民共和国税收征收管理法
　　(根据2015年4月24日第十二届全国人民代表大会常务委员会
　　《关于修改〈中华人民共和国港口法〉等七部法律的决定》第三次修正) …………… 81
中华人民共和国审计法
　　(根据2006年2月28日第十届全国人民代表大会常务委员会第二十次会议
　　《关于修改〈中华人民共和国审计法〉的决定》修正) ……………………………………… 92
中华人民共和国审计法实施条例
　　(根据2010年2月2日国务院第100次常务会议修订通过) ………………………… 98
中华人民共和国环境影响评价法
　　(根据2018年12月29日第十三届全国人民代表大会常务委员会第七次会议
　　《关于修改〈中华人民共和国劳动法〉等七部法律的决定》第二次修正) ………… 106
中华人民共和国水土保持法
　　(根据2010年12月25日第十一届全国人民代表大会常务委员会
　　第十八次会议修订) ……………………………………………………………………… 112
中华人民共和国水土保持法实施条例
　　(根据2011年1月8日《国务院关于废止和修改部分行政法规的决定》修订) ………… 119
收费公路管理条例
　　(2004年9月13日　中华人民共和国国务院令第417号) ………………………… 123
建设工程质量管理条例
　　(根据2019年4月23日中华人民共和国国务院令第714号《国务院关于修改
　　部分行政法规的决定》修正) …………………………………………………………… 130
中华人民共和国招标投标法
　　(根据2017年12月27日第十二届全国人民代表大会常务委员会
　　第三十一次会议《关于修改〈中华人民共和国招标投标法〉、
　　〈中华人民共和国计量法〉的决定》修正) …………………………………………… 139
中华人民共和国招标投标法实施条例
　　(根据2019年3月2日中华人民共和国国务院令第709号《国务院关于修改
　　部分行政法规的决定》第三次修订) …………………………………………………… 147
中华人民共和国安全生产法
　　(根据2014年8月31日第十二届全国人民代表大会常务委员会第十次会议
　　《关于修改〈中华人民共和国安全生产法〉的决定》第二次修正) ………………… 159
中华人民共和国土地管理法
　　(根据2019年8月26日第十三届全国人民代表大会常务委员会第十二次会议
　　《关于修改〈中华人民共和国土地管理法〉、〈中华人民共和国城市房地产管理法〉
　　的决定》第三次修正) …………………………………………………………………… 173

中华人民共和国土地管理法实施条例

（2014年7月29日 中华人民共和国国务院令第653号）………… 185

公路安全保护条例

（2011年3月7日 中华人民共和国国务院令第593号）………………… 193

中华人民共和国环境保护法

（根据2014年4月24日第十二届全国人民代表大会常务委员会

第八次会议修订）……………………………………………………………… 203

中华人民共和国耕地占用税法

（2018年12月29日 中华人民共和国主席令第18号）……………… 211

政府投资条例

（2019年4月14日 中华人民共和国国务院令第712号）…………… 214

建设工程勘察设计管理条例

（根据2017年10月7日中华人民共和国国务院令第687号《国务院关于修改

部分行政法规的决定》修订）………………………………………………… 219

建设项目环境保护管理条例

（根据2017年7月16日中华人民共和国国务院令第682号《国务院关于修改

〈建设项目环境保护管理条例〉的决定》修订）………………………………… 224

企业投资项目核准和备案管理条例

（2016年11月30日 中华人民共和国国务院令第673号）………… 229

国务院关于调整固定资产投资项目资本金比例的通知

（国发〔2009〕27号）…………………………………………………………… 232

国务院关于深化改革严格土地管理的决定

（国发〔2004〕28号）…………………………………………………………… 234

第二部分 公路工程建设管理

公路工程建设标准管理办法

（交公路规〔2020〕8号）……………………………………………………… 243

公路建设市场管理办法

（根据2015年6月26日交通运输部令2015年第11号《关于修改

〈公路建设市场管理办法〉的决定》第二次修正）…………………………… 246

公路养护工程管理办法

（交公路发〔2018〕33号）……………………………………………………… 254

农村公路建设管理办法

（2018 年 4 月 8 日　交通运输部令 2018 年第 4 号）······ 260

农村公路养护管理办法

（2015 年 11 月 11 日　交通运输部令 2015 年第 22 号）······ 265

公路建设监督管理办法

（2006 年 6 月 8 日　交通部令 2006 年第 6 号）······ 269

公路工程竣（交）工验收办法

（2004 年 3 月 31 日　交通部令 2004 年第 3 号）······ 276

公路工程竣（交）工验收办法实施细则

（交公路发〔2010〕65 号）······ 281

公路工程造价管理暂行办法

（2016 年 9 月 2 日　交通运输部令 2016 年第 67 号）······ 318

公路建设项目代建管理办法

（2015 年 5 月 7 日　交通运输部令 2015 年第 3 号）······ 322

公路工程设计施工总承包管理办法

（2015 年 6 月 26 日　交通运输部令 2015 年第 10 号）······ 327

公路建设项目工程决算编制办法

（交公路发〔2004〕507 号）······ 331

公路工程施工分包管理办法

（交公路发〔2011〕685 号）······ 333

公路工程设计变更管理办法

（2005 年 5 月 9 日　交通部令 2005 年第 5 号）······ 337

关于进一步加强公路勘察设计工作的若干意见

（交公路发〔2011〕504 号）······ 341

关于建立公路建设市场信用体系的指导意见

（交公路发〔2006〕683 号）······ 345

公路建设市场信用信息管理办法

（交公路发〔2009〕731 号）······ 349

第三部分　公路工程造价管理

交通运输部关于发布《公路工程建设项目造价文件管理导则》的公告

（交通运输部公告 2017 年第 63 号）······ 355

住房城乡建设部关于加强和改善工程造价监管的意见

（建标〔2017〕209 号）······ 356

交通部关于印发《交通基本建设项目竣工决算书报告编制办法》的通知

  (交财发〔2000〕207号) ·· 359

交通运输部办公厅关于印发《交通运输部基本建设项目竣工财务决算

  编审规定》的通知

  (交办财审〔2018〕126号) ·· 364

关于发布《经营性公路建设项目投资人招标资格预审文件示范文本》和

  《经营性公路建设项目投资人招标文件示范文本》的通知

  (交公路发〔2011〕135号) ·· 391

公路工程营业税改征增值税计价依据调整方案

  (交办公路〔2016〕66号) ·· 392

建设工程价款结算暂行办法

  (财建〔2004〕369号) ·· 396

交通运输部关于发布《公路工程建设项目投资估算编制办法》《公路工程建设项目

  概算预算编制办法》及《公路工程估算指标》《公路工程概算定额》《公路工程

  预算定额》《公路工程机械台班费用定额》的公告

  (交通运输部公告2018年第86号) ·· 402

交通运输部关于调整《公路工程建设项目投资估算编制办法》(JTG 3820—2018)和《公路

  工程建设项目概算预算编制办法》(JTG 3830—2018)中"税金"有关规定的公告

  (交通运输部公告2019年第26号) ·· 403

交通运输部办公厅关于进一步加强公路水运工程造价人员和公路水运工程监理工程师

  管理的通知

  (交办人教函〔2017〕665号) ··· 404

住房城乡建设部 交通运输部 水利部人力资源社会保障部关于印发《造价工程师

  职业资格制度规定》《造价工程师职业资格考试实施办法》的通知

  (建人〔2018〕67号) ·· 405

第四部分 招标投标管理

公路工程建设项目招标投标管理办法

  (2015年12月8日 交通运输部令2015年第24号) ·· 413

交通基本建设资金监督管理办法

  (交财发〔2009〕782号) ·· 426

必须招标的工程项目规定

  (国家发展和改革委员会令2018年第16号) ··· 433

必须招标的基础设施和公用事业项目范围规定

（发改法规规〔2018〕843号）·· 434

国家发展改革委办公厅关于进一步做好《必须招标的工程项目规定》和《必须招标的
基础设施和公用事业项目范围规定》实施工作的通知

（发改办法规〔2020〕770号）·· 435

关于修改《经营性公路建设项目投资人招标投标管理规定》的决定

（2015年6月24日　交通运输部令2015年第13号）···························· 437

公路工程建设项目评标工作细则

（交公路发〔2017〕142号）·· 443

工程建设项目勘察设计招标投标办法

（根据2013年3月11日国家发展和改革委员会　工业和信息化部　财政部
住房和城乡建设部　交通运输部　铁道部　水利部　国家广播电影电视总局
中国民用航空局令第23号修改）·· 451

九部门关于印发《标准设备采购招标文件》等五个标准招标文件的通知

（发改法规〔2017〕1606号）··· 459

交通运输部关于发布公路工程标准勘察设计招标文件及公路工程标准勘察设计
招标资格预审文件2018年版的公告

（交通运输部公告2018年第26号）·· 461

交通运输部关于发布公路工程标准施工监理招标文件及公路工程标准施工监理
招标资格预审文件2018年版的公告

（交通运输部公告2018年第25号）·· 462

交通运输部关于发布公路工程标准施工招标文件及公路工程标准施工招标资格
预审文件2018年版的公告

（交通运输部公告2017年第51号）·· 463

第五部分　资金费用管理与审计

中央预算内直接投资项目管理办法

（国家发展和改革委员会令2014年第7号）····································· 467

政府核准投资项目管理办法

（国家发展和改革委员会令2014年第11号）···································· 472

审计署关于内部审计工作的规定

（审计署令2018年第11号）··· 477

公路水路行业内部审计工作规定

（交通运输部令2019年第7号）··· 482

发展改革委关于印发《中央预算内直接投资项目概算管理暂行办法》的通知
　　（发改投资〔2015〕482号） ········· 488
交通基本建设资金监督管理办法
　　（交财发〔2009〕782号） ········· 492
公路水运基本建设项目内部审计管理办法
　　（交财审发〔2017〕196号） ········· 499
交通建设项目委托审计管理办法
　　（根据2015年6月24日交通运输部令2015年第12号修改） ········· 503
关于印发《基本建设项目建设成本管理规定》的通知
　　（财建〔2016〕504号） ········· 508
关于取消、停征和免征一批行政事业性收费的通知
　　（财税〔2014〕101号） ········· 511
关于进一步放开建设项目专业服务价格的通知
　　（发改法规〔2015〕299号） ········· 515
关于印发《基本建设项目竣工财务决算管理暂行办法》的通知
　　（财建〔2016〕503号） ········· 517

第六部分　其　　他

中共中央国务院关于加强耕地保护和改进占补平衡的意见
　　（中发〔2017〕4号） ········· 523
国务院办公厅关于印发跨省域补充耕地国家统筹管理办法和城乡建设用地
　　增减挂钩节余指标跨省域调剂管理办法的通知
　　（国办发〔2018〕16号） ········· 528
国务院办公厅关于清理规范工程建设领域保证金的通知
　　（国办发〔2016〕49号） ········· 535
交通运输部办公厅关于切实做好清理规范公路水运工程建设领域保证金有关工作的通知
　　（交办公路〔2016〕108号） ········· 537
注册造价工程师管理办法
　　（根据2016年9月13日住房和城乡建设部令第32号，2020年2月19日
　　住房和城乡建设部令第50号修正） ········· 539
住房城乡建设部标准定额司关于印发造价工程师职业资格考试大纲的通知
　　（建标造函〔2018〕265号） ········· 546
工程咨询行业管理办法
　　（国家发展和改革委员会令2017年第9号） ········· 565

关于印发《基本建设项目建设成本管理规定》的通知
（财建〔2016〕504号） ………………………………………………………… 570

关于发布实施《全国工业用地出让最低价标准》的通知
（国土资发〔2006〕307号） ……………………………………………………… 573

国土资源部关于调整工业用地出让最低价标准实施政策的通知
（国土资发〔2009〕56号） ……………………………………………………… 575

工程造价咨询企业管理办法
（根据2015年5月4日住房和城乡建设部令第24号，2016年9月13日住房和城乡建设部令第32号，2020年2月19日住房和城乡建设部令第50号修正） ……………………………………………………………………… 577

自然资源部关于做好占用永久基本农田重大建设项目用地预审的通知
（自然资规〔2018〕3号） ………………………………………………………… 583

关于调整新增建设用地土地有偿使用费政策等问题的通知
（财综〔2006〕48号） …………………………………………………………… 585

关于调整森林植被恢复费征收标准引导节约集约利用林地的通知
（财税〔2015〕122号） …………………………………………………………… 589

关于废弃物海洋倾倒费收费标准及有关问题的通知
（发改价格〔2008〕1927号） …………………………………………………… 591

PART1 第一部分

法律法规

中华人民共和国公路法

(根据2017年11月4日第十二届全国人民代表大会常务委员会第三十次会议《关于修改〈中华人民共和国会计法〉等十一部法律的决定》第五次修正)

第一章 总　则

第一条　为了加强公路的建设和管理,促进公路事业的发展,适应社会主义现代化建设和人民生活的需要,制定本法。

第二条　在中华人民共和国境内从事公路的规划、建设、养护、经营、使用和管理,适用本法。

本法所称公路,包括公路桥梁、公路隧道和公路渡口。

第三条　公路的发展应当遵循全面规划、合理布局、确保质量、保障畅通、保护环境、建设改造与养护并重的原则。

第四条　各级人民政府应当采取有力措施,扶持、促进公路建设。公路建设应当纳入国民经济和社会发展计划。

国家鼓励、引导国内外经济组织依法投资建设、经营公路。

第五条　国家帮助和扶持少数民族地区、边远地区和贫困地区发展公路建设。

第六条　公路按其在公路路网中的地位分为国道、省道、县道和乡道,并按技术等级分为高速公路、一级公路、二级公路、三级公路和四级公路。具体划分标准由国务院交通主管部门规定。

新建公路应当符合技术等级的要求。原有不符合最低技术等级要求的等外公路,应当采取措施,逐步改造为符合技术等级要求的公路。

第七条　公路受国家保护,任何单位和个人不得破坏、损坏或者非法占用公路、公路用地及公路附属设施。

任何单位和个人都有爱护公路、公路用地及公路附属设施的义务,有权检举和控告破坏、损坏公路、公路用地、公路附属设施和影响公路安全的行为。

第八条　国务院交通主管部门主管全国公路工作。

县级以上地方人民政府交通主管部门主管本行政区域内的公路工作;但是,县级以上地方人民政府交通主管部门对国道、省道的管理、监督职责,由省、自治区、直辖市人民政府确定。

乡、民族乡、镇人民政府负责本行政区域内的乡道的建设和养护工作。

县级以上地方人民政府交通主管部门可以决定由公路管理机构依照本法规定行使公路行政管理职责。

第九条 禁止任何单位和个人在公路上非法设卡、收费、罚款和拦截车辆。

第十条 国家鼓励公路工作方面的科学技术研究,对在公路科学技术研究和应用方面作出显著成绩的单位和个人给予奖励。

第十一条 本法对专用公路有规定的,适用于专用公路。

专用公路是指由企业或者其他单位建设、养护、管理,专为或者主要为本企业或者本单位提供运输服务的道路。

第二章 公路规划

第十二条 公路规划应当根据国民经济和社会发展以及国防建设的需要编制,与城市建设发展规划和其他方式的交通运输发展规划相协调。

第十三条 公路建设用地规划应当符合土地利用总体规划,当年建设用地应当纳入年度建设用地计划。

第十四条 国道规划由国务院交通主管部门会同国务院有关部门并商国道沿线省、自治区、直辖市人民政府编制,报国务院批准。

省道规划由省、自治区、直辖市人民政府交通主管部门会同同级有关部门并商省道沿线下一级人民政府编制,报省、自治区、直辖市人民政府批准,并报国务院交通主管部门备案。

县道规划由县级人民政府交通主管部门会同同级有关部门编制,经本级人民政府审定后,报上一级人民政府批准。

乡道规划由县级人民政府交通主管部门协助乡、民族乡、镇人民政府编制,报县级人民政府批准。

依照第三款、第四款规定批准的县道、乡道规划,应当报批准机关的上一级人民政府交通主管部门备案。

省道规划应当与国道规划相协调。县道规划应当与省道规划相协调。乡道规划应当与县道规划相协调。

第十五条 专用公路规划由专用公路的主管单位编制,经其上级主管部门审定后,报县级以上人民政府交通主管部门审核。

专用公路规划应当与公路规划相协调。县级以上人民政府交通主管部门发现专用公路规划与国道、省道、县道、乡道规划有不协调的地方,应当提出修改意见,专用公路主管部门和单位应当作出相应的修改。

第十六条 国道规划的局部调整由原编制机关决定。国道规划需要作重大修改的,由原编制机关提出修改方案,报国务院批准。

经批准的省道、县道、乡道公路规划需要修改的,由原编制机关提出修改方案,报原批准机关批准。

第十七条 国道的命名和编号,由国务院交通主管部门确定;省道、县道、乡道的命名和编号,由省、自治区、直辖市人民政府交通主管部门按照国务院交通主管部门的有关规定确定。

第十八条　规划和新建村镇、开发区,应当与公路保持规定的距离并避免在公路两侧对应进行,防止造成公路街道化,影响公路的运行安全与畅通。

第十九条　国家鼓励专用公路用于社会公共运输。专用公路主要用于社会公共运输时,由专用公路的主管单位申请,或者由有关方面申请,专用公路的主管单位同意,并经省、自治区、直辖市人民政府交通主管部门批准,可以改划为省道、县道或者乡道。

第三章　公路建设

第二十条　县级以上人民政府交通主管部门应当依据职责维护公路建设秩序,加强对公路建设的监督管理。

第二十一条　筹集公路建设资金,除各级人民政府的财政拨款,包括依法征税筹集的公路建设专项资金转为的财政拨款外,可以依法向国内外金融机构或者外国政府贷款。

国家鼓励国内外经济组织对公路建设进行投资。开发、经营公路的公司可以依照法律、行政法规的规定发行股票、公司债券筹集资金。

依照本法规定出让公路收费权的收入必须用于公路建设。

向企业和个人集资建设公路,必须根据需要与可能,坚持自愿原则,不得强行摊派,并符合国务院的有关规定。

公路建设资金还可以采取符合法律或者国务院规定的其他方式筹集。

第二十二条　公路建设应当按照国家规定的基本建设程序和有关规定进行。

第二十三条　公路建设项目应当按照国家有关规定实行法人负责制度、招标投标制度和工程监理制度。

第二十四条　公路建设单位应当根据公路建设工程的特点和技术要求,选择具有相应资格的勘察设计单位、施工单位和工程监理单位,并依照有关法律、法规、规章的规定和公路工程技术标准的要求,分别签订合同,明确双方的权利义务。

承担公路建设项目的可行性研究单位、勘察设计单位、施工单位和工程监理单位,必须持有国家规定的资质证书。

第二十五条　公路建设项目的施工,须按国务院交通主管部门的规定报请县级以上地方人民政府交通主管部门批准。

第二十六条　公路建设必须符合公路工程技术标准。

承担公路建设项目的设计单位、施工单位和工程监理单位,应当按照国家有关规定建立健全质量保证体系,落实岗位责任制,并依照有关法律、法规、规章以及公路工程技术标准的要求和合同约定进行设计、施工和监理,保证公路工程质量。

第二十七条　公路建设使用土地依照有关法律、行政法规的规定办理。

公路建设应当贯彻切实保护耕地、节约用地的原则。

第二十八条　公路建设需要使用国有荒山、荒地或者需要在国有荒山、荒地、河滩、滩涂上挖砂、采石、取土的,依照有关法律、行政法规的规定办理后,任何单位和个人不得阻挠或者非法收取费用。

第二十九条　地方各级人民政府对公路建设依法使用土地和搬迁居民,应当给予支持和协助。

第三十条　公路建设项目的设计和施工,应当符合依法保护环境、保护文物古迹和防止水土流失的要求。

公路规划中贯彻国防要求的公路建设项目,应当严格按照规划进行建设,以保证国防交通的需要。

第三十一条　因建设公路影响铁路、水利、电力、邮电设施和其他设施正常使用时,公路建设单位应当事先征得有关部门的同意;因公路建设对有关设施造成损坏的,公路建设单位应当按照不低于该设施原有的技术标准予以修复,或者给予相应的经济补偿。

第三十二条　改建公路时,施工单位应当在施工路段两端设置明显的施工标志、安全标志。需要车辆绕行的,应当在绕行路口设置标志;不能绕行的,必须修建临时道路,保证车辆和行人通行。

第三十三条　公路建设项目和公路修复项目竣工后,应当按照国家有关规定进行验收;未经验收或者验收不合格的,不得交付使用。

建成的公路,应当按照国务院交通主管部门的规定设置明显的标志、标线。

第三十四条　县级以上地方人民政府应当确定公路两侧边沟(截水沟、坡脚护坡道,下同)外缘起不少于一米的公路用地。

第四章　公路养护

第三十五条　公路管理机构应当按照国务院交通主管部门规定的技术规范和操作规程对公路进行养护,保证公路经常处于良好的技术状态。

第三十六条　国家采用依法征税的办法筹集公路养护资金,具体实施办法和步骤由国务院规定。

依法征税筹集的公路养护资金,必须专项用于公路的养护和改建。

第三十七条　县、乡级人民政府对公路养护需要的挖砂、采石、取土以及取水,应当给予支持和协助。

第三十八条　县、乡级人民政府应当在农村义务工的范围内,按照国家有关规定组织公路两侧的农村居民履行为公路建设和养护提供劳务的义务。

第三十九条　为保障公路养护人员的人身安全,公路养护人员进行养护作业时,应当穿着统一的安全标志服;利用车辆进行养护作业时,应当在公路作业车辆上设置明显的作业标志。

公路养护车辆进行作业时,在不影响过往车辆通行的前提下,其行驶路线和方向不受公路标志、标线限制;过往车辆对公路养护车辆和人员应当注意避让。

公路养护工程施工影响车辆、行人通行时,施工单位应当依照本法第三十二条的规定办理。

第四十条　因严重自然灾害致使国道、省道交通中断,公路管理机构应当及时修复;公路管理机构难以及时修复时,县级以上地方人民政府应当及时组织当地机关、团体、企业事业单位、城乡居民进行抢修,并可以请求当地驻军支援,尽快恢复交通。

第四十一条　公路用地范围内的山坡、荒地,由公路管理机构负责水土保持。

第四十二条　公路绿化工作,由公路管理机构按照公路工程技术标准组织实施。

公路用地上的树木,不得任意砍伐;需要更新砍伐的,应当经县级以上地方人民政府交通主管部门同意后,依照《中华人民共和国森林法》的规定办理审批手续,并完成更新补种任务。

第五章　路政管理

第四十三条　各级地方人民政府应当采取措施,加强对公路的保护。

县级以上地方人民政府交通主管部门应当认真履行职责,依法做好公路保护工作,并努力采用科学的管理方法和先进的技术手段,提高公路管理水平,逐步完善公路服务设施,保障公路的完好、安全和畅通。

第四十四条　任何单位和个人不得擅自占用、挖掘公路。

因修建铁路、机场、电站、通信设施、水利工程和进行其他建设工程需要占用、挖掘公路或者使公路改线的,建设单位应当事先征得有关交通主管部门的同意;影响交通安全的,还须征得有关公安机关的同意。占用、挖掘公路或者使公路改线的,建设单位应当按照不低于该段公路原有的技术标准予以修复、改建或者给予相应的经济补偿。

第四十五条　跨越、穿越公路修建桥梁、渡槽或者架设、埋设管线等设施的,以及在公路用地范围内架设、埋设管线、电缆等设施的,应当事先经有关交通主管部门同意,影响交通安全的,还须征得有关公安机关的同意;所修建、架设或者埋设的设施应当符合公路工程技术标准的要求。对公路造成损坏的,应当按照损坏程度给予补偿。

第四十六条　任何单位和个人不得在公路上及公路用地范围内摆摊设点、堆放物品、倾倒垃圾、设置障碍、挖沟引水、利用公路边沟排放污物或者进行其他损坏、污染公路和影响公路畅通的活动。

第四十七条　在大中型公路桥梁和渡口周围二百米、公路隧道上方和洞口外一百米范围内,以及在公路两侧一定距离内,不得挖砂、采石、取土、倾倒废弃物,不得进行爆破作业及其他危及公路、公路桥梁、公路隧道、公路渡口安全的活动。

在前款范围内因抢险、防汛需要修筑堤坝、压缩或者拓宽河床的,应当事先报经省、自治区、直辖市人民政府交通主管部门会同水行政主管部门批准,并采取有效的保护有关的公路、公路桥梁、公路隧道、公路渡口安全的措施。

第四十八条　铁轮车、履带车和其他可能损害公路路面的机具,不得在公路上行驶。

农业机械因当地田间作业需要在公路上短距离行驶或者军用车辆执行任务需要在公路上行驶的,可以不受前款限制,但是应当采取安全保护措施。对公路造成损坏的,应当按照损坏程度给予补偿。

第四十九条　在公路上行驶的车辆的轴载质量应当符合公路工程技术标准要求。

第五十条　超过公路、公路桥梁、公路隧道或者汽车渡船的限载、限高、限宽、限长标准的车辆,不得在有限定标准的公路、公路桥梁上或者公路隧道内行驶,不得使用汽车渡船。超过公路或者公路桥梁限载标准确需行驶的,必须经县级以上地方人民政府交通主管部门批准,并按要求采取有效的防护措施;运载不可解体的超限物品的,应当按照指定的时间、路线、时速行驶,并悬挂明显标志。

运输单位不能按照前款规定采取防护措施的,由交通主管部门帮助其采取防护措施,所需费用由运输单位承担。

第五十一条 机动车制造厂和其他单位不得将公路作为检验机动车制动性能的试车场地。

第五十二条 任何单位和个人不得损坏、擅自移动、涂改公路附属设施。

前款公路附属设施,是指为保护、养护公路和保障公路安全畅通所设置的公路防护、排水、养护、管理、服务、交通安全、渡运、监控、通信、收费等设施、设备以及专用建筑物、构筑物等。

第五十三条 造成公路损坏的,责任者应当及时报告公路管理机构,并接受公路管理机构的现场调查。

第五十四条 任何单位和个人未经县级以上地方人民政府交通主管部门批准,不得在公路用地范围内设置公路标志以外的其他标志。

第五十五条 在公路上增设平面交叉道口,必须按照国家有关规定经过批准,并按照国家规定的技术标准建设。

第五十六条 除公路防护、养护需要的以外,禁止在公路两侧的建筑控制区内修建建筑物和地面构筑物;需要在建筑控制区内埋设管线、电缆等设施的,应当事先经县级以上地方人民政府交通主管部门批准。

前款规定的建筑控制区的范围,由县级以上地方人民政府按照保障公路运行安全和节约用地的原则,依照国务院的规定划定。

建筑控制区范围经县级以上地方人民政府依照前款规定划定后,由县级以上地方人民政府交通主管部门设置标桩、界桩。任何单位和个人不得损坏、擅自挪动该标桩、界桩。

第五十七条 除本法第四十七条第二款的规定外,本章规定由交通主管部门行使的路政管理职责,可以依照本法第八条第四款的规定,由公路管理机构行使。

第六章 收费公路

第五十八条 国家允许依法设立收费公路,同时对收费公路的数量进行控制。

除本法第五十九条规定可以收取车辆通行费的公路外,禁止任何公路收取车辆通行费。

第五十九条 符合国务院交通主管部门规定的技术等级和规模的下列公路,可以依法收取车辆通行费:

(一)由县级以上地方人民政府交通主管部门利用贷款或者向企业、个人集资建成的公路;

(二)由国内外经济组织依法受让前项收费公路收费权的公路;

(三)由国内外经济组织依法投资建成的公路。

第六十条 县级以上地方人民政府交通主管部门利用贷款或者集资建成的收费公路的收费期限,按照收费偿还贷款、集资款的原则,由省、自治区、直辖市人民政府依照国务院交通主管部门的规定确定。

有偿转让公路收费权的公路,收费权转让后,由受让方收费经营。收费权的转让期限由出让、受让双方约定,最长不得超过国务院规定的年限。

国内外经济组织投资建设公路,必须按照国家有关规定办理审批手续;公路建成后,由投资者收费经营。收费经营期限按照收回投资并有合理回报的原则,由有关交通主管部门与投资者约定并按照国家有关规定办理审批手续,但最长不得超过国务院规定的年限。

第六十一条　本法第五十九条第一款第一项规定的公路中的国道收费权的转让,应当在转让协议签订之日起三十个工作日内报国务院交通主管部门备案;国道以外的其他公路收费权的转让,应当在转让协议签订之日起三十个工作日内报省、自治区、直辖市人民政府备案。

前款规定的公路收费权出让的最低成交价,以国有资产评估机构评估的价值为依据确定。

第六十二条　受让公路收费权和投资建设公路的国内外经济组织应当依法成立开发、经营公路的企业(以下简称公路经营企业)。

第六十三条　收费公路车辆通行费的收费标准,由公路收费单位提出方案,报省、自治区、直辖市人民政府交通主管部门会同同级物价行政主管部门审查批准。

第六十四条　收费公路设置车辆通行费的收费站,应当报经省、自治区、直辖市人民政府审查批准。跨省、自治区、直辖市的收费公路设置车辆通行费的收费站,由有关省、自治区、直辖市人民政府协商确定;协商不成的,由国务院交通主管部门决定。同一收费公路由不同的交通主管部门组织建设或者由不同的公路经营企业经营的,应当按照"统一收费、按比例分成"的原则,统筹规划,合理设置收费站。

两个收费站之间的距离,不得小于国务院交通主管部门规定的标准。

第六十五条　有偿转让公路收费权的公路,转让收费权合同约定的期限届满,收费权由出让方收回。

由国内外经济组织依照本法规定投资建成并经营的收费公路,约定的经营期限届满,该公路由国家无偿收回,由有关交通主管部门管理。

第六十六条　依照本法第五十九条规定受让收费权或者由国内外经济组织投资建成经营的公路的养护工作,由各该公路经营企业负责。各该公路经营企业在经营期间应当按照国务院交通主管部门规定的技术规范和操作规程做好对公路的养护工作。在受让收费权的期限届满,或者经营期限届满时,公路应当处于良好的技术状态。

前款规定的公路的绿化和公路用地范围内的水土保持工作,由各该公路经营企业负责。

第一款规定的公路的路政管理,适用本法第五章的规定。该公路路政管理的职责由县级以上地方人民政府交通主管部门或者公路管理机构的派出机构、人员行使。

第六十七条　在收费公路上从事本法第四十四条第二款、第四十五条、第四十八条、第五十条所列活动的,除依照各该条的规定办理外,给公路经营企业造成损失的,应当给予相应的补偿。

第六十八条　收费公路的具体管理办法,由国务院依照本法制定。

第七章　监督检查

第六十九条　交通主管部门、公路管理机构依法对有关公路的法律、法规执行情况进行监督检查。

第七十条　交通主管部门、公路管理机构负有管理和保护公路的责任,有权检查、制止各种侵占、损坏公路、公路用地、公路附属设施及其他违反本法规定的行为。

第七十一条 公路监督检查人员依法在公路、建筑控制区、车辆停放场所、车辆所属单位等进行监督检查时,任何单位和个人不得阻挠。

公路经营者、使用者和其他有关单位、个人,应当接受公路监督检查人员依法实施的监督检查,并为其提供方便。

公路监督检查人员执行公务,应当佩戴标志,持证上岗。

第七十二条 交通主管部门、公路管理机构应当加强对所属公路监督检查人员的管理和教育,要求公路监督检查人员熟悉国家有关法律和规定,公正廉洁,热情服务,秉公执法,对公路监督检查人员的执法行为应当加强监督检查,对其违法行为应当及时纠正,依法处理。

第七十三条 用于公路监督检查的专用车辆,应当设置统一的标志和示警灯。

第八章 法律责任

第七十四条 违反法律或者国务院有关规定,擅自在公路上设卡、收费的,由交通主管部门责令停止违法行为,没收违法所得,可以处违法所得三倍以下的罚款,没有违法所得的,可以处二万元以下的罚款;对负有直接责任的主管人员和其他直接责任人员,依法给予行政处分。

第七十五条 违反本法第二十五条规定,未经有关交通主管部门批准擅自施工的,交通主管部门可以责令停止施工,并可以处五万元以下的罚款。

第七十六条 有下列违法行为之一的,由交通主管部门责令停止违法行为,可以处三万元以下的罚款:

(一)违反本法第四十四条第一款规定,擅自占用、挖掘公路的;

(二)违反本法第四十五条规定,未经同意或者未按照公路工程技术标准的要求修建桥梁、渡槽或者架设、埋设管线、电缆等设施的;

(三)违反本法第四十七条规定,从事危及公路安全的作业的;

(四)违反本法第四十八条规定,铁轮车、履带车和其他可能损害路面的机具擅自在公路上行驶的;

(五)违反本法第五十条规定,车辆超限使用汽车渡船或者在公路上擅自超限行驶的;

(六)违反本法第五十二条、第五十六条规定,损坏、移动、涂改公路附属设施或者损坏、挪动建筑控制区的标桩、界桩,可能危及公路安全的。

第七十七条 违反本法第四十六条的规定,造成公路路面损坏、污染或者影响公路畅通的,或者违反本法第五十一条规定,将公路作为试车场地的,由交通主管部门责令停止违法行为,可以处五千元以下的罚款。

第七十八条 违反本法第五十三条规定,造成公路损坏,未报告的,由交通主管部门处一千元以下的罚款。

第七十九条 违反本法第五十四条规定,在公路用地范围内设置公路标志以外的其他标志的,由交通主管部门责令限期拆除,可以处二万元以下的罚款;逾期不拆除的,由交通主管部门拆除,有关费用由设置者负担。

第八十条 违反本法第五十五条规定,未经批准在公路上增设平面交叉道口的,由交通主管部门责令恢复原状,处五万元以下的罚款。

第八十一条 违反本法第五十六条规定,在公路建筑控制区内修建建筑物、地面构筑物或者擅自埋设管线、电缆等设施的,由交通主管部门责令限期拆除,并可以处五万元以下的罚款。逾期不拆除的,由交通主管部门拆除,有关费用由建筑者、构筑者承担。

第八十二条 除本法第七十四条、第七十五条的规定外,本章规定由交通主管部门行使的行政处罚权和行政措施,可以依照本法第八条第四款的规定由公路管理机构行使。

第八十三条 阻碍公路建设或者公路抢修,致使公路建设或者抢修不能正常进行,尚未造成严重损失的,依照《中华人民共和国治安管理处罚法》的规定处罚。

损毁公路或者擅自移动公路标志,可能影响交通安全,尚不够刑事处罚的,适用《中华人民共和国道路交通安全法》第九十九条的处罚规定。

拒绝、阻碍公路监督检查人员依法执行职务未使用暴力、威胁方法的,依照《中华人民共和国治安管理处罚法》的规定处罚。

第八十四条 违反本法有关规定,构成犯罪的,依法追究刑事责任。

第八十五条 违反本法有关规定,对公路造成损害的,应当依法承担民事责任。

对公路造成较大损害的车辆,必须立即停车,保护现场,报告公路管理机构,接受公路管理机构的调查、处理后方得驶离。

第八十六条 交通主管部门、公路管理机构的工作人员玩忽职守、徇私舞弊、滥用职权,构成犯罪的,依法追究刑事责任;尚不构成犯罪的,依法给予行政处分。

第九章 附 则

第八十七条 本法自 1998 年 1 月 1 日起施行。

中华人民共和国建筑法

（根据2019年4月23日第十三届全国人民代表大会常务委员会第十次会议《关于修改〈中华人民共和国建筑法〉等八部法律的决定》第二次修正）

第一章 总 则

第一条 为了加强对建筑活动的监督管理，维护建筑市场秩序，保证建筑工程的质量和安全，促进建筑业健康发展，制定本法。

第二条 在中华人民共和国境内从事建筑活动，实施对建筑活动的监督管理，应当遵守本法。

本法所称建筑活动，是指各类房屋建筑及其附属设施的建造和与其配套的线路、管道、设备的安装活动。

第三条 建筑活动应当确保建筑工程质量和安全，符合国家的建筑工程安全标准。

第四条 国家扶持建筑业的发展，支持建筑科学技术研究，提高房屋建筑设计水平，鼓励节约能源和保护环境，提倡采用先进技术、先进设备、先进工艺、新型建筑材料和现代管理方式。

第五条 从事建筑活动应当遵守法律、法规，不得损害社会公共利益和他人的合法权益。

任何单位和个人都不得妨碍和阻挠依法进行的建筑活动。

第六条 国务院建设行政主管部门对全国的建筑活动实施统一监督管理。

第二章 建筑许可

第一节 建筑工程施工许可

第七条 建筑工程开工前，建设单位应当按照国家有关规定向工程所在地县级以上人民政府建设行政主管部门申请领取施工许可证；但是，国务院建设行政主管部门确定的限额以下的小型工程除外。

按照国务院规定的权限和程序批准开工报告的建筑工程，不再领取施工许可证。

第八条 申请领取施工许可证，应当具备下列条件：

（一）已经办理该建筑工程用地批准手续；

（二）依法应当办理建设工程规划许可证的，已经取得建设工程规划许可证；

(三)需要拆迁的,其拆迁进度符合施工要求;
(四)已经确定建筑施工企业;
(五)有满足施工需要的资金安排、施工图纸及技术资料;
(六)有保证工程质量和安全的具体措施。
建设行政主管部门应当自收到申请之日起七日内,对符合条件的申请颁发施工许可证。

第九条 建设单位应当自领取施工许可证之日起三个月内开工。因故不能按期开工的,应当向发证机关申请延期;延期以两次为限,每次不超过三个月。既不开工又不申请延期或者超过延期时限的,施工许可证自行废止。

第十条 在建的建筑工程因故中止施工的,建设单位应当自中止施工之日起一个月内,向发证机关报告,并按照规定做好建筑工程的维护管理工作。

建筑工程恢复施工时,应当向发证机关报告;中止施工满一年的工程恢复施工前,建设单位应当报发证机关核验施工许可证。

第十一条 按照国务院有关规定批准开工报告的建筑工程,因故不能按期开工或者中止施工的,应当及时向批准机关报告情况。因故不能按期开工超过六个月的,应当重新办理开工报告的批准手续。

第二节 从业资格

第十二条 从事建筑活动的建筑施工企业、勘察单位、设计单位和工程监理单位,应当具备下列条件:
(一)有符合国家规定的注册资本;
(二)有与其从事的建筑活动相适应的具有法定执业资格的专业技术人员;
(三)有从事相关建筑活动所应有的技术装备;
(四)法律、行政法规规定的其他条件。

第十三条 从事建筑活动的建筑施工企业、勘察单位、设计单位和工程监理单位,按照其拥有的注册资本、专业技术人员、技术装备和已完成的建筑工程业绩等资质条件,划分为不同的资质等级,经资质审查合格,取得相应等级的资质证书后,方可在其资质等级许可的范围内从事建筑活动。

第十四条 从事建筑活动的专业技术人员,应当依法取得相应的执业资格证书,并在执业资格证书许可的范围内从事建筑活动。

第三章 建筑工程发包与承包

第一节 一般规定

第十五条 建筑工程的发包单位与承包单位应当依法订立书面合同,明确双方的权利和义务。

发包单位和承包单位应当全面履行合同约定的义务。不按照合同约定履行义务的,依法承担违约责任。

第十六条 建筑工程发包与承包的招标投标活动,应当遵循公开、公正、平等竞争的原则,择优选择承包单位。

建筑工程的招标投标,本法没有规定的,适用有关招标投标法律的规定。

第十七条 发包单位及其工作人员在建筑工程发包中不得收受贿赂、回扣或者索取其他好处。

承包单位及其工作人员不得利用向发包单位及其工作人员行贿、提供回扣或者给予其他好处等不正当手段承揽工程。

第十八条 建筑工程造价应当按照国家有关规定,由发包单位与承包单位在合同中约定。公开招标发包的,其造价的约定,须遵守招标投标法律的规定。

发包单位应当按照合同的约定,及时拨付工程款项。

第二节 发 包

第十九条 建筑工程依法实行招标发包,对不适于招标发包的可以直接发包。

第二十条 建筑工程实行公开招标的,发包单位应当依照法定程序和方式,发布招标公告,提供载有招标工程的主要技术要求、主要的合同条款、评标的标准和方法以及开标、评标、定标的程序等内容的招标文件。

开标应当在招标文件规定的时间、地点公开进行。开标后应当按照招标文件规定的评标标准和程序对标书进行评价、比较,在具备相应资质条件的投标者中,择优选定中标者。

第二十一条 建筑工程招标的开标、评标、定标由建设单位依法组织实施,并接受有关行政主管部门的监督。

第二十二条 建筑工程实行招标发包的,发包单位应当将建筑工程发包给依法中标的承包单位。建筑工程实行直接发包的,发包单位应当将建筑工程发包给具有相应资质条件的承包单位。

第二十三条 政府及其所属部门不得滥用行政权力,限定发包单位将招标发包的建筑工程发包给指定的承包单位。

第二十四条 提倡对建筑工程实行总承包,禁止将建筑工程肢解发包。

建筑工程的发包单位可以将建筑工程的勘察、设计、施工、设备采购一并发包给一个工程总承包单位,也可以将建筑工程勘察、设计、施工、设备采购的一项或者多项发包给一个工程总承包单位;但是,不得将应当由一个承包单位完成的建筑工程肢解成若干部分发包给几个承包单位。

第二十五条 按照合同约定,建筑材料、建筑构配件和设备由工程承包单位采购的,发包单位不得指定承包单位购入用于工程的建筑材料、建筑构配件和设备或者指定生产厂、供应商。

第三节 承 包

第二十六条 承包建筑工程的单位应当持有依法取得的资质证书,并在其资质等级许可的业务范围内承揽工程。

禁止建筑施工企业超越本企业资质等级许可的业务范围或者以任何形式用其他建筑施工

企业的名义承揽工程。禁止建筑施工企业以任何形式允许其他单位或者个人使用本企业的资质证书、营业执照,以本企业的名义承揽工程。

第二十七条　大型建筑工程或者结构复杂的建筑工程,可以由两个以上的承包单位联合共同承包。共同承包的各方对承包合同的履行承担连带责任。

两个以上不同资质等级的单位实行联合共同承包的,应当按照资质等级低的单位的业务许可范围承揽工程。

第二十八条　禁止承包单位将其承包的全部建筑工程转包给他人,禁止承包单位将其承包的全部建筑工程肢解以后以分包的名义分别转包给他人。

第二十九条　建筑工程总承包单位可以将承包工程中的部分工程发包给具有相应资质条件的分包单位;但是,除总承包合同中约定的分包外,必须经建设单位认可。施工总承包的,建筑工程主体结构的施工必须由总承包单位自行完成。

建筑工程总承包单位按照总承包合同的约定对建设单位负责;分包单位按照分包合同的约定对总承包单位负责。总承包单位和分包单位就分包工程对建设单位承担连带责任。

禁止总承包单位将工程分包给不具备相应资质条件的单位。禁止分包单位将其承包的工程再分包。

第四章　建筑工程监理

第三十条　国家推行建筑工程监理制度。

国务院可以规定实行强制监理的建筑工程的范围。

第三十一条　实行监理的建筑工程,由建设单位委托具有相应资质条件的工程监理单位监理。建设单位与其委托的工程监理单位应当订立书面委托监理合同。

第三十二条　建筑工程监理应当依照法律、行政法规及有关的技术标准、设计文件和建筑工程承包合同,对承包单位在施工质量、建设工期和建设资金使用等方面,代表建设单位实施监督。

工程监理人员认为工程施工不符合工程设计要求、施工技术标准和合同约定的,有权要求建筑施工企业改正。

工程监理人员发现工程设计不符合建筑工程质量标准或者合同约定的质量要求的,应当报告建设单位要求设计单位改正。

第三十三条　实施建筑工程监理前,建设单位应当将委托的工程监理单位、监理的内容及监理权限,书面通知被监理的建筑施工企业。

第三十四条　工程监理单位应当在其资质等级许可的监理范围内,承担工程监理业务。

工程监理单位应当根据建设单位的委托,客观、公正地执行监理任务。

工程监理单位与被监理工程的承包单位以及建筑材料、建筑构配件和设备供应单位不得有隶属关系或者其他利害关系。

工程监理单位不得转让工程监理业务。

第三十五条　工程监理单位不按照委托监理合同的约定履行监理义务,对应当监督检查的项目不检查或者不按照规定检查,给建设单位造成损失的,应当承担相应的赔偿责任。

工程监理单位与承包单位串通,为承包单位谋取非法利益,给建设单位造成损失的,应当与承包单位承担连带赔偿责任。

第五章　建筑安全生产管理

第三十六条　建筑工程安全生产管理必须坚持安全第一、预防为主的方针,建立健全安全生产的责任制度和群防群治制度。

第三十七条　建筑工程设计应当符合按照国家规定制定的建筑安全规程和技术规范,保证工程的安全性能。

第三十八条　建筑施工企业在编制施工组织设计时,应当根据建筑工程的特点制定相应的安全技术措施;对专业性较强的工程项目,应当编制专项安全施工组织设计,并采取安全技术措施。

第三十九条　建筑施工企业应当在施工现场采取维护安全、防范危险、预防火灾等措施;有条件的,应当对施工现场实行封闭管理。

施工现场对毗邻的建筑物、构筑物和特殊作业环境可能造成损害的,建筑施工企业应当采取安全防护措施。

第四十条　建设单位应当向建筑施工企业提供与施工现场相关的地下管线资料,建筑施工企业应当采取措施加以保护。

第四十一条　建筑施工企业应当遵守有关环境保护和安全生产的法律、法规的规定,采取控制和处理施工现场的各种粉尘、废气、废水、固体废物以及噪声、振动对环境的污染和危害的措施。

第四十二条　有下列情形之一的,建设单位应当按照国家有关规定办理申请批准手续:
(一)需要临时占用规划批准范围以外场地的;
(二)可能损坏道路、管线、电力、邮电通讯等公共设施的;
(三)需要临时停水、停电、中断道路交通的;
(四)需要进行爆破作业的;
(五)法律、法规规定需要办理报批手续的其他情形。

第四十三条　建设行政主管部门负责建筑安全生产的管理,并依法接受劳动行政主管部门对建筑安全生产的指导和监督。

第四十四条　建筑施工企业必须依法加强对建筑安全生产的管理,执行安全生产责任制度,采取有效措施,防止伤亡和其他安全生产事故的发生。

建筑施工企业的法定代表人对本企业的安全生产负责。

第四十五条　施工现场安全由建筑施工企业负责。实行施工总承包的,由总承包单位负责。分包单位向总承包单位负责,服从总承包单位对施工现场的安全生产管理。

第四十六条　建筑施工企业应当建立健全劳动安全生产教育培训制度,加强对职工安全生产的教育培训;未经安全生产教育培训的人员,不得上岗作业。

第四十七条　建筑施工企业和作业人员在施工过程中,应当遵守有关安全生产的法律、法规和建筑行业安全规章、规程,不得违章指挥或者违章作业。作业人员有权对影响人身健康的作业程序和作业条件提出改进意见,有权获得安全生产所需的防护用品。作业人员对危及生命安全和人身健康的行为有权提出批评、检举和控告。

第四十八条 建筑施工企业应当依法为职工参加工伤保险缴纳工伤保险费。鼓励企业为从事危险作业的职工办理意外伤害保险,支付保险费。

第四十九条 涉及建筑主体和承重结构变动的装修工程,建设单位应当在施工前委托原设计单位或者具有相应资质条件的设计单位提出设计方案;没有设计方案的,不得施工。

第五十条 房屋拆除应当由具备保证安全条件的建筑施工单位承担,由建筑施工单位负责人对安全负责。

第五十一条 施工中发生事故时,建筑施工企业应当采取紧急措施减少人员伤亡和事故损失,并按照国家有关规定及时向有关部门报告。

第六章 建筑工程质量管理

第五十二条 建筑工程勘察、设计、施工的质量必须符合国家有关建筑工程安全标准的要求,具体管理办法由国务院规定。

有关建筑工程安全的国家标准不能适应确保建筑安全的要求时,应当及时修订。

第五十三条 国家对从事建筑活动的单位推行质量体系认证制度。从事建筑活动的单位根据自愿原则可以向国务院产品质量监督管理部门或者国务院产品质量监督管理部门授权的部门认可的认证机构申请质量体系认证。经认证合格的,由认证机构颁发质量体系认证证书。

第五十四条 建设单位不得以任何理由,要求建筑设计单位或者建筑施工企业在工程设计或者施工作业中,违反法律、行政法规和建筑工程质量、安全标准,降低工程质量。

建筑设计单位和建筑施工企业对建设单位违反前款规定提出的降低工程质量的要求,应当予以拒绝。

第五十五条 建筑工程实行总承包的,工程质量由工程总承包单位负责,总承包单位将建筑工程分包给其他单位的,应当对分包工程的质量与分包单位承担连带责任。分包单位应当接受总承包单位的质量管理。

第五十六条 建筑工程的勘察、设计单位必须对其勘察、设计的质量负责。勘察、设计文件应当符合有关法律、行政法规的规定和建筑工程质量、安全标准、建筑工程勘察、设计技术规范以及合同的约定。设计文件选用的建筑材料、建筑构配件和设备,应当注明其规格、型号、性能等技术指标,其质量要求必须符合国家规定的标准。

第五十七条 建筑设计单位对设计文件选用的建筑材料、建筑构配件和设备,不得指定生产厂、供应商。

第五十八条 建筑施工企业对工程的施工质量负责。

建筑施工企业必须按照工程设计图纸和施工技术标准施工,不得偷工减料。工程设计的修改由原设计单位负责,建筑施工企业不得擅自修改工程设计。

第五十九条 建筑施工企业必须按照工程设计要求、施工技术标准和合同的约定,对建筑材料、建筑构配件和设备进行检验,不合格的不得使用。

第六十条 建筑物在合理使用寿命内,必须确保地基基础工程和主体结构的质量。

建筑工程竣工时,屋顶、墙面不得留有渗漏、开裂等质量缺陷;对已发现的质量缺陷,建筑施工企业应当修复。

第六十一条 交付竣工验收的建筑工程,必须符合规定的建筑工程质量标准,有完整的工程技术经济资料和经签署的工程保修书,并具备国家规定的其他竣工条件。

建筑工程竣工经验收合格后,方可交付使用;未经验收或者验收不合格的,不得交付使用。

第六十二条 建筑工程实行质量保修制度。

建筑工程的保修范围应当包括地基基础工程、主体结构工程、屋面防水工程和其他土建工程,以及电气管线、上下水管线的安装工程,供热、供冷系统工程等项目;保修的期限应当按照保证建筑物合理寿命年限内正常使用,维护使用者合法权益的原则确定。具体的保修范围和最低保修期限由国务院规定。

第六十三条 任何单位和个人对建筑工程的质量事故、质量缺陷都有权向建设行政主管部门或者其他有关部门进行检举、控告、投诉。

第七章 法律责任

第六十四条 违反本法规定,未取得施工许可证或者开工报告未经批准擅自施工的,责令改正,对不符合开工条件的责令停止施工,可以处以罚款。

第六十五条 发包单位将工程发包给不具有相应资质条件的承包单位的,或者违反本法规定将建筑工程肢解发包的,责令改正,处以罚款。

超越本单位资质等级承揽工程的,责令停止违法行为,处以罚款,可以责令停业整顿,降低资质等级;情节严重的,吊销资质证书;有违法所得的,予以没收。

未取得资质证书承揽工程的,予以取缔,并处罚款;有违法所得的,予以没收。

以欺骗手段取得资质证书的,吊销资质证书,处以罚款;构成犯罪的,依法追究刑事责任。

第六十六条 建筑施工企业转让、出借资质证书或者以其他方式允许他人以本企业的名义承揽工程的,责令改正,没收违法所得,并处罚款,可以责令停业整顿,降低资质等级;情节严重的,吊销资质证书。对因该项承揽工程不符合规定的质量标准造成的损失,建筑施工企业与使用本企业名义的单位或者个人承担连带赔偿责任。

第六十七条 承包单位将承包的工程转包的,或者违反本法规定进行分包的,责令改正,没收违法所得,并处罚款,可以责令停业整顿,降低资质等级;情节严重的,吊销资质证书。

承包单位有前款规定的违法行为的,对因转包工程或者违法分包的工程不符合规定的质量标准造成的损失,与接受转包或者分包的单位承担连带赔偿责任。

第六十八条 在工程发包与承包中索贿、受贿、行贿,构成犯罪的,依法追究刑事责任;不构成犯罪的,分别处以罚款,没收贿赂的财物,对直接负责的主管人员和其他直接责任人员给予处分。

对在工程承包中行贿的承包单位,除依照前款规定处罚外,可以责令停业整顿,降低资质等级或者吊销资质证书。

第六十九条 工程监理单位与建设单位或者建筑施工企业串通,弄虚作假、降低工程质量的,责令改正,处以罚款,降低资质等级或者吊销资质证书;有违法所得的,予以没收;造成损失的,承担连带赔偿责任;构成犯罪的,依法追究刑事责任。

工程监理单位转让监理业务的,责令改正,没收违法所得,可以责令停业整顿,降低资质等级;情节严重的,吊销资质证书。

第七十条 违反本法规定,涉及建筑主体或者承重结构变动的装修工程擅自施工的,责令改正,处以罚款;造成损失的,承担赔偿责任;构成犯罪的,依法追究刑事责任。

第七十一条 建筑施工企业违反本法规定,对建筑安全事故隐患不采取措施予以消除的,责令改正,可以处以罚款;情节严重的,责令停业整顿,降低资质等级或者吊销资质证书;构成犯罪的,依法追究刑事责任。

建筑施工企业的管理人员违章指挥、强令职工冒险作业,因而发生重大伤亡事故或者造成其他严重后果的,依法追究刑事责任。

第七十二条 建设单位违反本法规定,要求建筑设计单位或者建筑施工企业违反建筑工程质量、安全标准,降低工程质量的,责令改正,可以处以罚款;构成犯罪的,依法追究刑事责任。

第七十三条 建筑设计单位不按照建筑工程质量、安全标准进行设计的,责令改正,处以罚款;造成工程质量事故的,责令停业整顿,降低资质等级或者吊销资质证书,没收违法所得,并处罚款;造成损失的,承担赔偿责任;构成犯罪的,依法追究刑事责任。

第七十四条 建筑施工企业在施工中偷工减料的,使用不合格的建筑材料、建筑构配件和设备的,或者有其他不按照工程设计图纸或者施工技术标准施工的行为的,责令改正,处以罚款;情节严重的,责令停业整顿,降低资质等级或者吊销资质证书;造成建筑工程质量不符合规定的质量标准的,负责返工、修理,并赔偿因此造成的损失;构成犯罪的,依法追究刑事责任。

第七十五条 建筑施工企业违反本法规定,不履行保修义务或者拖延履行保修义务的,责令改正,可以处以罚款,并对在保修期内因屋顶、墙面渗漏、开裂等质量缺陷造成的损失,承担赔偿责任。

第七十六条 本法规定的责令停业整顿、降低资质等级和吊销资质证书的行政处罚,由颁发资质证书的机关决定;其他行政处罚,由建设行政主管部门或者有关部门依照法律和国务院规定的职权范围决定。

依照本法规定被吊销资质证书的,由工商行政管理部门吊销其营业执照。

第七十七条 违反本法规定,对不具备相应资质等级条件的单位颁发该等级资质证书的,由其上级机关责令收回所发的资质证书,对直接负责的主管人员和其他直接责任人员给予行政处分;构成犯罪的,依法追究刑事责任。

第七十八条 政府及其所属部门的工作人员违反本法规定,限定发包单位将招标发包的工程发包给指定的承包单位的,由上级机关责令改正;构成犯罪的,依法追究刑事责任。

第七十九条 负责颁发建筑工程施工许可证的部门及其工作人员对不符合施工条件的建筑工程颁发施工许可证的,负责工程质量监督检查或者竣工验收的部门及其工作人员对不合格的建筑工程出具质量合格文件或者按合格工程验收的,由上级机关责令改正,对责任人员给予行政处分;构成犯罪的,依法追究刑事责任;造成损失的,由该部门承担相应的赔偿责任。

第八十条 在建筑物的合理使用寿命内,因建筑工程质量不合格受到损害的,有权向责任者要求赔偿。

第八章 附 则

第八十一条 本法关于施工许可、建筑施工企业资质审查和建筑工程发包、承包、禁止转包,以及建筑工程监理、建筑工程安全和质量管理的规定,适用于其他专业建筑工程的建筑活动,具体办法由国务院规定。

第八十二条 建设行政主管部门和其他有关部门在对建筑活动实施监督管理中,除按照国务院有关规定收取费用外,不得收取其他费用。

第八十三条 省、自治区、直辖市人民政府确定的小型房屋建筑工程的建筑活动,参照本法执行。

依法核定作为文物保护的纪念建筑物和古建筑等的修缮,依照文物保护的有关法律规定执行。

抢险救灾及其他临时性房屋建筑和农民自建低层住宅的建筑活动,不适用本法。

第八十四条 军用房屋建筑工程建筑活动的具体管理办法,由国务院、中央军事委员会依据本法制定。

第八十五条 本法自 1998 年 3 月 1 日起施行。

建设工程安全生产管理条例

(2003年11月24日 中华人民共和国国务院令第393号)

第一章 总 则

第一条 为了加强建设工程安全生产监督管理,保障人民群众生命和财产安全,根据《中华人民共和国建筑法》、《中华人民共和国安全生产法》,制定本条例。

第二条 在中华人民共和国境内从事建设工程的新建、扩建、改建和拆除等有关活动及实施对建设工程安全生产的监督管理,必须遵守本条例。

本条例所称建设工程,是指土木工程、建筑工程、线路管道和设备安装工程及装修工程。

第三条 建设工程安全生产管理,坚持安全第一、预防为主的方针。

第四条 建设单位、勘察单位、设计单位、施工单位、工程监理单位及其他与建设工程安全生产有关的单位,必须遵守安全生产法律、法规的规定,保证建设工程安全生产,依法承担建设工程安全生产责任。

第五条 国家鼓励建设工程安全生产的科学技术研究和先进技术的推广应用,推进建设工程安全生产的科学管理。

第二章 建设单位的安全责任

第六条 建设单位应当向施工单位提供施工现场及毗邻区域内供水、排水、供电、供气、供热、通信、广播电视等地下管线资料,气象和水文观测资料,相邻建筑物和构筑物、地下工程的有关资料,并保证资料的真实、准确、完整。

建设单位因建设工程需要,向有关部门或者单位查询前款规定的资料时,有关部门或者单位应当及时提供。

第七条 建设单位不得对勘察、设计、施工、工程监理等单位提出不符合建设工程安全生产法律、法规和强制性标准规定的要求,不得压缩合同约定的工期。

第八条 建设单位在编制工程概算时,应当确定建设工程安全作业环境及安全施工措施所需费用。

第九条 建设单位不得明示或者暗示施工单位购买、租赁、使用不符合安全施工要求的安全防护用具、机械设备、施工机具及配件、消防设施和器材。

第十条 建设单位在申请领取施工许可证时,应当提供建设工程有关安全施工措施的资料。

依法批准开工报告的建设工程,建设单位应当自开工报告批准之日起 15 日内,将保证安全施工的措施报送建设工程所在地的县级以上地方人民政府建设行政主管部门或者其他有关部门备案。

第十一条 建设单位应当将拆除工程发包给具有相应资质等级的施工单位。

建设单位应当在拆除工程施工 15 日前,将下列资料报送建设工程所在地的县级以上地方人民政府建设行政主管部门或者其他有关部门备案:

(一)施工单位资质等级证明;
(二)拟拆除建筑物、构筑物及可能危及毗邻建筑的说明;
(三)拆除施工组织方案;
(四)堆放、清除废弃物的措施。

实施爆破作业的,应当遵守国家有关民用爆炸物品管理的规定。

第三章　勘察、设计、工程监理及其他有关单位的安全责任

第十二条 勘察单位应当按照法律、法规和工程建设强制性标准进行勘察,提供的勘察文件应当真实、准确,满足建设工程安全生产的需要。

勘察单位在勘察作业时,应当严格执行操作规程,采取措施保证各类管线、设施和周边建筑物、构筑物的安全。

第十三条 设计单位应当按照法律、法规和工程建设强制性标准进行设计,防止因设计不合理导致生产安全事故的发生。

设计单位应当考虑施工安全操作和防护的需要,对涉及施工安全的重点部位和环节在设计文件中注明,并对防范生产安全事故提出指导意见。

采用新结构、新材料、新工艺的建设工程和特殊结构的建设工程,设计单位应当在设计中提出保障施工作业人员安全和预防生产安全事故的措施建议。

设计单位和注册建筑师等注册执业人员应当对其设计负责。

第十四条 工程监理单位应当审查施工组织设计中的安全技术措施或者专项施工方案是否符合工程建设强制性标准。

工程监理单位在实施监理过程中,发现存在安全事故隐患的,应当要求施工单位整改;情况严重的,应当要求施工单位暂时停止施工,并及时报告建设单位。施工单位拒不整改或者不停止施工的,工程监理单位应当及时向有关主管部门报告。

工程监理单位和监理工程师应当按照法律、法规和工程建设强制性标准实施监理,并对建设工程安全生产承担监理责任。

第十五条 为建设工程提供机械设备和配件的单位,应当按照安全施工的要求配备齐全有效的保险、限位等安全设施和装置。

第十六条 出租的机械设备和施工机具及配件,应当具有生产(制造)许可证、产品合格证。

出租单位应当对出租的机械设备和施工机具及配件的安全性能进行检测,在签订租赁协

议时,应当出具检测合格证明。

禁止出租检测不合格的机械设备和施工机具及配件。

第十七条 在施工现场安装、拆卸施工起重机械和整体提升脚手架、模板等自升式架设设施,必须由具有相应资质的单位承担。

安装、拆卸施工起重机械和整体提升脚手架、模板等自升式架设设施,应当编制拆装方案、制定安全施工措施,并由专业技术人员现场监督。

施工起重机械和整体提升脚手架、模板等自升式架设设施安装完毕后,安装单位应当自检,出具自检合格证明,并向施工单位进行安全使用说明,办理验收手续并签字。

第十八条 施工起重机械和整体提升脚手架、模板等自升式架设设施的使用达到国家规定的检验检测期限的,必须经具有专业资质的检验检测机构检测。经检测不合格的,不得继续使用。

第十九条 检验检测机构对检测合格的施工起重机械和整体提升脚手架、模板等自升式架设设施,应当出具安全合格证明文件,并对检测结果负责。

第四章 施工单位的安全责任

第二十条 施工单位从事建设工程的新建、扩建、改建和拆除等活动,应当具备国家规定的注册资本、专业技术人员、技术装备和安全生产等条件,依法取得相应等级的资质证书,并在其资质等级许可的范围内承揽工程。

第二十一条 施工单位主要负责人依法对本单位的安全生产工作全面负责。施工单位应当建立健全安全生产责任制度和安全生产教育培训制度,制定安全生产规章制度和操作规程,保证本单位安全生产条件所需资金的投入,对所承担的建设工程进行定期和专项安全检查,并做好安全检查记录。

施工单位的项目负责人应当由取得相应执业资格的人员担任,对建设工程项目的安全施工负责,落实安全生产责任制度、安全生产规章制度和操作规程,确保安全生产费用的有效使用,并根据工程的特点组织制定安全施工措施,消除安全事故隐患,及时、如实报告生产安全事故。

第二十二条 施工单位对列入建设工程概算的安全作业环境及安全施工措施所需费用,应当用于施工安全防护用具及设施的采购和更新、安全施工措施的落实、安全生产条件的改善,不得挪作他用。

第二十三条 施工单位应当设立安全生产管理机构,配备专职安全生产管理人员。

专职安全生产管理人员负责对安全生产进行现场监督检查。发现安全事故隐患,应当及时向项目负责人和安全生产管理机构报告;对违章指挥、违章操作的,应当立即制止。

专职安全生产管理人员的配备办法由国务院建设行政主管部门会同国务院其他有关部门制定。

第二十四条 建设工程实行施工总承包的,由总承包单位对施工现场的安全生产负总责。

总承包单位应当自行完成建设工程主体结构的施工。

总承包单位依法将建设工程分包给其他单位的,分包合同中应当明确各自的安全生产方面的权利、义务。总承包单位和分包单位对分包工程的安全生产承担连带责任。

分包单位应当服从总承包单位的安全生产管理,分包单位不服从管理导致生产安全事故的,由分包单位承担主要责任。

第二十五条 垂直运输机械作业人员、安装拆卸工、爆破作业人员、起重信号工、登高架设作业人员等特种作业人员,必须按照国家有关规定经过专门的安全作业培训,并取得特种作业操作资格证书后,方可上岗作业。

第二十六条 施工单位应当在施工组织设计中编制安全技术措施和施工现场临时用电方案,对下列达到一定规模的危险性较大的分部分项工程编制专项施工方案,并附具安全验算结果,经施工单位技术负责人、总监理工程师签字后实施,由专职安全生产管理人员进行现场监督:

(一)基坑支护与降水工程;

(二)土方开挖工程;

(三)模板工程;

(四)起重吊装工程;

(五)脚手架工程;

(六)拆除、爆破工程;

(七)国务院建设行政主管部门或者其他有关部门规定的其他危险性较大的工程。

对前款所列工程中涉及深基坑、地下暗挖工程、高大模板工程的专项施工方案,施工单位还应当组织专家进行论证、审查。

本条第一款规定的达到一定规模的危险性较大工程的标准,由国务院建设行政主管部门会同国务院其他有关部门制定。

第二十七条 建设工程施工前,施工单位负责项目管理的技术人员应当对有关安全施工的技术要求向施工作业班组、作业人员作出详细说明,并由双方签字确认。

第二十八条 施工单位应当在施工现场入口处、施工起重机械、临时用电设施、脚手架、出入通道口、楼梯口、电梯井口、孔洞口、桥梁口、隧道口、基坑边沿、爆破物及有害危险气体和液体存放处等危险部位,设置明显的安全警示标志。安全警示标志必须符合国家标准。

施工单位应当根据不同施工阶段和周围环境及季节、气候的变化,在施工现场采取相应的安全施工措施。施工现场暂时停止施工的,施工单位应当做好现场防护,所需费用由责任方承担,或者按照合同约定执行。

第二十九条 施工单位应当将施工现场的办公、生活区与作业区分开设置,并保持安全距离;办公、生活区的选址应当符合安全性要求。职工的膳食、饮水、休息场所等应当符合卫生标准。施工单位不得在尚未竣工的建筑物内设置员工集体宿舍。

施工现场临时搭建的建筑物应当符合安全使用要求。施工现场使用的装配式活动房屋应当具有产品合格证。

第三十条 施工单位对因建设工程施工可能造成损害的毗邻建筑物、构筑物和地下管线等,应当采取专项防护措施。

施工单位应当遵守有关环境保护法律、法规的规定,在施工现场采取措施,防止或者减少粉尘、废气、废水、固体废物、噪声、振动和施工照明对人和环境的危害和污染。

在城市市区内的建设工程,施工单位应当对施工现场实行封闭围挡。

第三十一条 施工单位应当在施工现场建立消防安全责任制度,确定消防安全责任人,制定用火、用电、使用易燃易爆材料等各项消防安全管理制度和操作规程,设置消防通道、消防水源,配备消防设施和灭火器材,并在施工现场入口处设置明显标志。

第三十二条 施工单位应当向作业人员提供安全防护用具和安全防护服装,并书面告知危险岗位的操作规程和违章操作的危害。

作业人员有权对施工现场的作业条件、作业程序和作业方式中存在的安全问题提出批评、检举和控告,有权拒绝违章指挥和强令冒险作业。

在施工中发生危及人身安全的紧急情况时,作业人员有权立即停止作业或者在采取必要的应急措施后撤离危险区域。

第三十三条 作业人员应当遵守安全施工的强制性标准、规章制度和操作规程,正确使用安全防护用具、机械设备等。

第三十四条 施工单位采购、租赁的安全防护用具、机械设备、施工机具及配件,应当具有生产(制造)许可证、产品合格证,并在进入施工现场前进行查验。

施工现场的安全防护用具、机械设备、施工机具及配件必须由专人管理,定期进行检查、维修和保养,建立相应的资料档案,并按照国家有关规定及时报废。

第三十五条 施工单位在使用施工起重机械和整体提升脚手架、模板等自升式架设设施前,应当组织有关单位进行验收,也可以委托具有相应资质的检验检测机构进行验收;使用承租的机械设备和施工机具及配件的,由施工总承包单位、分包单位、出租单位和安装单位共同进行验收。验收合格的方可使用。

《特种设备安全监察条例》规定的施工起重机械,在验收前应当经有相应资质的检验检测机构监督检验合格。

施工单位应当自施工起重机械和整体提升脚手架、模板等自升式架设设施验收合格之日起30日内,向建设行政主管部门或者其他有关部门登记。登记标志应当置于或者附着于该设备的显著位置。

第三十六条 施工单位的主要负责人、项目负责人、专职安全生产管理人员应当经建设行政主管部门或者其他有关部门考核合格后方可任职。

施工单位应当对管理人员和作业人员每年至少进行一次安全生产教育培训,其教育培训情况记入个人工作档案。安全生产教育培训考核不合格的人员,不得上岗。

第三十七条 作业人员进入新的岗位或者新的施工现场前,应当接受安全生产教育培训。未经教育培训或者教育培训考核不合格的人员,不得上岗作业。

施工单位在采用新技术、新工艺、新设备、新材料时,应当对作业人员进行相应的安全生产教育培训。

第三十八条 施工单位应当为施工现场从事危险作业的人员办理意外伤害保险。

意外伤害保险费由施工单位支付。实行施工总承包的,由总承包单位支付意外伤害保险费。意外伤害保险期限自建设工程开工之日起至竣工验收合格止。

第五章 监督管理

第三十九条 国务院负责安全生产监督管理的部门依照《中华人民共和国安全生产法》的规定,对全国建设工程安全生产工作实施综合监督管理。

县级以上地方人民政府负责安全生产监督管理的部门依照《中华人民共和国安全生产法》的规定,对本行政区域内建设工程安全生产工作实施综合监督管理。

第四十条 国务院建设行政主管部门对全国的建设工程安全生产实施监督管理。国务院铁路、交通、水利等有关部门按照国务院规定的职责分工,负责有关专业建设工程安全生产的监督管理。

县级以上地方人民政府建设行政主管部门对本行政区域内的建设工程安全生产实施监督管理。县级以上地方人民政府交通、水利等有关部门在各自的职责范围内,负责本行政区域内的专业建设工程安全生产的监督管理。

第四十一条 建设行政主管部门和其他有关部门应当将本条例第十条、第十一条规定的有关资料的主要内容抄送同级负责安全生产监督管理的部门。

第四十二条 建设行政主管部门在审核发放施工许可证时,应当对建设工程是否有安全施工措施进行审查,对没有安全施工措施的,不得颁发施工许可证。

建设行政主管部门或者其他有关部门对建设工程是否有安全施工措施进行审查时,不得收取费用。

第四十三条 县级以上人民政府负有建设工程安全生产监督管理职责的部门在各自的职责范围内履行安全监督检查职责时,有权采取下列措施:

(一)要求被检查单位提供有关建设工程安全生产的文件和资料;

(二)进入被检查单位施工现场进行检查;

(三)纠正施工中违反安全生产要求的行为;

(四)对检查中发现的安全事故隐患,责令立即排除;重大安全事故隐患排除前或者排除过程中无法保证安全的,责令从危险区域内撤出作业人员或者暂时停止施工。

第四十四条 建设行政主管部门或者其他有关部门可以将施工现场的监督检查委托给建设工程安全监督机构具体实施。

第四十五条 国家对严重危及施工安全的工艺、设备、材料实行淘汰制度。具体目录由国务院建设行政主管部门会同国务院其他有关部门制定并公布。

第四十六条 县级以上人民政府建设行政主管部门和其他有关部门应当及时受理对建设工程生产安全事故及安全事故隐患的检举、控告和投诉。

第六章 生产安全事故的应急救援和调查处理

第四十七条 县级以上地方人民政府建设行政主管部门应当根据本级人民政府的要求,制定本行政区域内建设工程特大生产安全事故应急救援预案。

第四十八条 施工单位应当制定本单位生产安全事故应急救援预案,建立应急救援组织或者配备应急救援人员,配备必要的应急救援器材、设备,并定期组织演练。

第四十九条 施工单位应当根据建设工程施工的特点、范围,对施工现场易发生重大事故的部位、环节进行监控,制定施工现场生产安全事故应急救援预案。实行施工总承包的,由总承包单位统一组织编制建设工程生产安全事故应急救援预案,工程总承包单位和分包单位按照应急救援预案,各自建立应急救援组织或者配备应急救援人员,配备救援器材、设备,并定期组织演练。

第五十条 施工单位发生生产安全事故,应当按照国家有关伤亡事故报告和调查处理的规定,及时、如实地向负责安全生产监督管理的部门、建设行政主管部门或者其他有关部门报告;特种设备发生事故的,还应当同时向特种设备安全监督管理部门报告。接到报告的部门应当按照国家有关规定,如实上报。

实行施工总承包的建设工程,由总承包单位负责上报事故。

第五十一条 发生生产安全事故后,施工单位应当采取措施防止事故扩大,保护事故现场。需要移动现场物品时,应当做出标记和书面记录,妥善保管有关证物。

第五十二条 建设工程生产安全事故的调查、对事故责任单位和责任人的处罚与处理,按照有关法律、法规的规定执行。

第七章 法 律 责 任

第五十三条 违反本条例的规定,县级以上人民政府建设行政主管部门或者其他有关行政管理部门的工作人员,有下列行为之一的,给予降级或者撤职的行政处分;构成犯罪的,依照刑法有关规定追究刑事责任:

(一)对不具备安全生产条件的施工单位颁发资质证书的;

(二)对没有安全施工措施的建设工程颁发施工许可证的;

(三)发现违法行为不予查处的;

(四)不依法履行监督管理职责的其他行为。

第五十四条 违反本条例的规定,建设单位未提供建设工程安全生产作业环境及安全施工措施所需费用的,责令限期改正;逾期未改正的,责令该建设工程停止施工。

建设单位未将保证安全施工的措施或者拆除工程的有关资料报送有关部门备案的,责令限期改正,给予警告。

第五十五条 违反本条例的规定,建设单位有下列行为之一的,责令限期改正,处20万元以上50万元以下的罚款;造成重大安全事故,构成犯罪的,对直接责任人员,依照刑法有关规定追究刑事责任;造成损失的,依法承担赔偿责任:

(一)对勘察、设计、施工、工程监理等单位提出不符合安全生产法律、法规和强制性标准规定的要求的;

(二)要求施工单位压缩合同约定的工期的;

(三)将拆除工程发包给不具有相应资质等级的施工单位的。

第五十六条 违反本条例的规定,勘察单位、设计单位有下列行为之一的,责令限期改正,处10万元以上30万元以下的罚款;情节严重的,责令停业整顿,降低资质等级,直至吊销资质证书;造成重大安全事故,构成犯罪的,对直接责任人员,依照刑法有关规定追究刑事责任;造

成损失的,依法承担赔偿责任:

(一)未按照法律、法规和工程建设强制性标准进行勘察、设计的;

(二)采用新结构、新材料、新工艺的建设工程和特殊结构的建设工程,设计单位未在设计中提出保障施工作业人员安全和预防生产安全事故的措施建议的。

第五十七条 违反本条例的规定,工程监理单位有下列行为之一的,责令限期改正;逾期未改正的,责令停业整顿,并处10万元以上30万元以下的罚款;情节严重的,降低资质等级,直至吊销资质证书;造成重大安全事故,构成犯罪的,对直接责任人员,依照刑法有关规定追究刑事责任;造成损失的,依法承担赔偿责任:

(一)未对施工组织设计中的安全技术措施或者专项施工方案进行审查的;

(二)发现安全事故隐患未及时要求施工单位整改或者暂时停止施工的;

(三)施工单位拒不整改或者不停止施工,未及时向有关主管部门报告的;

(四)未依照法律、法规和工程建设强制性标准实施监理的。

第五十八条 注册执业人员未执行法律、法规和工程建设强制性标准的,责令停止执业3个月以上1年以下;情节严重的,吊销执业资格证书,5年内不予注册;造成重大安全事故的,终身不予注册;构成犯罪的,依照刑法有关规定追究刑事责任。

第五十九条 违反本条例的规定,为建设工程提供机械设备和配件的单位,未按照安全施工的要求配备齐全有效的保险、限位等安全设施和装置的,责令限期改正,处合同价款1倍以上3倍以下的罚款;造成损失的,依法承担赔偿责任。

第六十条 违反本条例的规定,出租单位出租未经安全性能检测或者经检测不合格的机械设备和施工机具及配件的,责令停业整顿,并处5万元以上10万元以下的罚款;造成损失的,依法承担赔偿责任。

第六十一条 违反本条例的规定,施工起重机械和整体提升脚手架、模板等自升式架设设施安装、拆卸单位有下列行为之一的,责令限期改正,处5万元以上10万元以下的罚款;情节严重的,责令停业整顿,降低资质等级,直至吊销资质证书;造成损失的,依法承担赔偿责任:

(一)未编制拆装方案、制定安全施工措施的;

(二)未由专业技术人员现场监督的;

(三)未出具自检合格证明或者出具虚假证明的;

(四)未向施工单位进行安全使用说明,办理移交手续的。

施工起重机械和整体提升脚手架、模板等自升式架设设施安装、拆卸单位有前款规定的第(一)项、第(三)项行为,经有关部门或者单位职工提出后,对事故隐患仍不采取措施,因而发生重大伤亡事故或者造成其他严重后果,构成犯罪的,对直接责任人员,依照刑法有关规定追究刑事责任。

第六十二条 违反本条例的规定,施工单位有下列行为之一的,责令限期改正;逾期未改正的,责令停业整顿,依照《中华人民共和国安全生产法》的有关规定处以罚款;造成重大安全事故,构成犯罪的,对直接责任人员,依照刑法有关规定追究刑事责任:

(一)未设立安全生产管理机构、配备专职安全生产管理人员或者分部分项工程施工时无专职安全生产管理人员现场监督的;

(二)施工单位的主要负责人、项目负责人、专职安全生产管理人员、作业人员或者特种作

业人员,未经安全教育培训或者经考核不合格即从事相关工作的;

(三)未在施工现场的危险部位设置明显的安全警示标志,或者未按照国家有关规定在施工现场设置消防通道、消防水源、配备消防设施和灭火器材的;

(四)未向作业人员提供安全防护用具和安全防护服装的;

(五)未按照规定在施工起重机械和整体提升脚手架、模板等自升式架设设施验收合格后登记的;

(六)使用国家明令淘汰、禁止使用的危及施工安全的工艺、设备、材料的。

第六十三条 违反本条例的规定,施工单位挪用列入建设工程概算的安全生产作业环境及安全施工措施所需费用的,责令限期改正,处挪用费用20%以上50%以下的罚款;造成损失的,依法承担赔偿责任。

第六十四条 违反本条例的规定,施工单位有下列行为之一的,责令限期改正;逾期未改正的,责令停业整顿,并处5万元以上10万元以下的罚款;造成重大安全事故,构成犯罪的,对直接责任人员,依照刑法有关规定追究刑事责任:

(一)施工前未对有关安全施工的技术要求作出详细说明的;

(二)未根据不同施工阶段和周围环境及季节、气候的变化,在施工现场采取相应的安全施工措施,或者在城市市区内的建设工程的施工现场未实行封闭围挡的;

(三)在尚未竣工的建筑物内设置员工集体宿舍的;

(四)施工现场临时搭建的建筑物不符合安全使用要求的;

(五)未对因建设工程施工可能造成损害的毗邻建筑物、构筑物和地下管线等采取专项防护措施的。

施工单位有前款规定第(四)项、第(五)项行为,造成损失的,依法承担赔偿责任。

第六十五条 违反本条例的规定,施工单位有下列行为之一的,责令限期改正;逾期未改正的,责令停业整顿,并处10万元以上30万元以下的罚款;情节严重的,降低资质等级,直至吊销资质证书;造成重大安全事故,构成犯罪的,对直接责任人员,依照刑法有关规定追究刑事责任;造成损失的,依法承担赔偿责任:

(一)安全防护用具、机械设备、施工机具及配件在进入施工现场前未经查验或者查验不合格即投入使用的;

(二)使用未经验收或者验收不合格的施工起重机械和整体提升脚手架、模板等自升式架设设施的;

(三)委托不具有相应资质的单位承担施工现场安装、拆卸施工起重机械和整体提升脚手架、模板等自升式架设设施的;

(四)在施工组织设计中未编制安全技术措施、施工现场临时用电方案或者专项施工方案的。

第六十六条 违反本条例的规定,施工单位的主要负责人、项目负责人未履行安全生产管理职责的,责令限期改正;逾期未改正的,责令施工单位停业整顿;造成重大安全事故、重大伤亡事故或者其他严重后果,构成犯罪的,依照刑法有关规定追究刑事责任。

作业人员不服管理、违反规章制度和操作规程冒险作业造成重大伤亡事故或者其他严重后果,构成犯罪的,依照刑法有关规定追究刑事责任。

施工单位的主要负责人、项目负责人有前款违法行为,尚不够刑事处罚的,处2万元以上20万元以下的罚款或者按照管理权限给予撤职处分;自刑罚执行完毕或者受处分之日起,5年内不得担任任何施工单位的主要负责人、项目负责人。

第六十七条　施工单位取得资质证书后,降低安全生产条件的,责令限期改正;经整改仍未达到与其资质等级相适应的安全生产条件的,责令停业整顿,降低其资质等级直至吊销资质证书。

第六十八条　本条例规定的行政处罚,由建设行政主管部门或者其他有关部门依照法定职权决定。

违反消防安全管理规定的行为,由公安消防机构依法处罚。

有关法律、行政法规对建设工程安全生产违法行为的行政处罚决定机关另有规定的,从其规定。

第八章　附　　则

第六十九条　抢险救灾和农民自建低层住宅的安全生产管理,不适用本条例。

第七十条　军事建设工程的安全生产管理,按照中央军事委员会的有关规定执行。

第七十一条　本条例自2004年2月1日起施行。

中华人民共和国民法典合同编

(2020年5月28日第十三届全国人民代表大会第三次会议通过,自2021年1月1日起施行)

第二分编　典型合同

第十八章　建设工程合同

第七百八十八条　建设工程合同是承包人进行工程建设,发包人支付价款的合同。

建设工程合同包括工程勘察、设计、施工合同。

第七百八十九条　建设工程合同应当采用书面形式。

第七百九十条　建设工程的招标投标活动,应当依照有关法律的规定公开、公平、公正进行。

第七百九十一条　发包人可以与总承包人订立建设工程合同,也可以分别与勘察人、设计人、施工人订立勘察、设计、施工承包合同。发包人不得将应当由一个承包人完成的建设工程支解成若干部分发包给数个承包人。

总承包人或者勘察、设计、施工承包人经发包人同意,可以将自己承包的部分工作交由第三人完成。第三人就其完成的工作成果与总承包人或者勘察、设计、施工承包人向发包人承担连带责任。承包人不得将其承包的全部建设工程转包给第三人或者将其承包的全部建设工程支解以后以分包的名义分别转包给第三人。

禁止承包人将工程分包给不具备相应资质条件的单位。禁止分包单位将其承包的工程再分包。建设工程主体结构的施工必须由承包人自行完成。

第七百九十二条　国家重大建设工程合同,应当按照国家规定的程序和国家批准的投资计划、可行性研究报告等文件订立。

第七百九十三条　建设工程施工合同无效,但是建设工程经验收合格的,可以参照合同关于工程价款的约定折价补偿承包人。

建设工程施工合同无效,且建设工程经验收不合格的,按照以下情形处理:

(一)修复后的建设工程经验收合格的,发包人可以请求承包人承担修复费用;

(二)修复后的建设工程经验收不合格的,承包人无权请求参照合同关于工程价款的约定折价补偿。

发包人对因建设工程不合格造成的损失有过错的,应当承担相应的责任。

第七百九十四条 勘察、设计合同的内容一般包括提交有关基础资料和概预算等文件的期限、质量要求、费用以及其他协作条件等条款。

第七百九十五条 施工合同的内容一般包括工程范围、建设工期、中间交工工程的开工和竣工时间、工程质量、工程造价、技术资料交付时间、材料和设备供应责任、拨款和结算、竣工验收、质量保修范围和质量保证期、相互协作等条款。

第七百九十六条 建设工程实行监理的,发包人应当与监理人采用书面形式订立委托监理合同。发包人与监理人的权利和义务以及法律责任,应当依照本编委托合同以及其他有关法律、行政法规的规定。

第七百九十七条 发包人在不妨碍承包人正常作业的情况下,可以随时对作业进度、质量进行检查。

第七百九十八条 隐蔽工程在隐蔽以前,承包人应当通知发包人检查。发包人没有及时检查的,承包人可以顺延工程日期,并有权请求赔偿停工、窝工等损失。

第七百九十九条 建设工程竣工后,发包人应当根据施工图纸及说明书、国家颁发的施工验收规范和质量检验标准及时进行验收。验收合格的,发包人应当按照约定支付价款,并接收该建设工程。

建设工程竣工经验收合格后,方可交付使用;未经验收或者验收不合格的,不得交付使用。

第八百条 勘察、设计的质量不符合要求或者未按照期限提交勘察、设计文件拖延工期,造成发包人损失的,勘察人、设计人应当继续完善勘察、设计,减收或者免收勘察、设计费并赔偿损失。

第八百零一条 因施工人的原因致使建设工程质量不符合约定的,发包人有权请求施工人在合理期限内无偿修理或者返工、改建。经过修理或者返工、改建后,造成逾期交付的,施工人应当承担违约责任。

第八百零二条 因承包人的原因致使建设工程在合理使用期限内造成人身损害和财产损失的,承包人应当承担赔偿责任。

第八百零三条 发包人未按照约定的时间和要求提供原材料、设备、场地、资金、技术资料的,承包人可以顺延工程日期,并有权请求赔偿停工、窝工等损失。

第八百零四条 因发包人的原因致使工程中途停建、缓建的,发包人应当采取措施弥补或者减少损失,赔偿承包人因此造成的停工、窝工、倒运、机械设备调迁、材料和构件积压等损失和实际费用。

第八百零五条 因发包人变更计划,提供的资料不准确,或者未按照期限提供必需的勘察、设计工作条件而造成勘察、设计的返工、停工或者修改设计,发包人应当按照勘察人、设计人实际消耗的工作量增付费用。

第八百零六条 承包人将建设工程转包、违法分包的,发包人可以解除合同。

发包人提供的主要建筑材料、建筑构配件和设备不符合强制性标准或者不履行协助义务,致使承包人无法施工,经催告后在合理期限内仍未履行相应义务的,承包人可以解除合同。

合同解除后,已经完成的建设工程质量合格的,发包人应当按照约定支付相应的工程价款;已经完成的建设工程质量不合格的,参照本法第七百九十三条的规定处理。

第八百零七条 发包人未按照约定支付价款的,承包人可以催告发包人在合理期限内支付价款。发包人逾期不支付的,除根据建设工程的性质不宜折价、拍卖外,承包人可以与发包人协议将该工程折价,也可以请求人民法院将该工程依法拍卖。建设工程的价款就该工程折价或者拍卖的价款优先受偿。

第八百零八条 本章没有规定的,适用承揽合同的有关规定。

中华人民共和国价格法

(1997年12月29日 中华人民共和国主席令第92号)

第一章 总 则

第一条 为了规范价格行为,发挥价格合理配置资源的作用,稳定市场价格总水平,保护消费者和经营者的合法权益,促进社会主义市场经济健康发展,制定本法。

第二条 在中华人民共和国境内发生的价格行为,适用本法。

本法所称价格包括商品价格和服务价格。

商品价格是指各类有形产品和无形资产的价格。

服务价格是指各类有偿服务的收费。

第三条 国家实行并逐步完善宏观经济调控下主要由市场形成价格的机制。价格的制定应当符合价值规律,大多数商品和服务价格实行市场调节价,极少数商品和服务价格实行政府指导价或者政府定价。

市场调节价,是指由经营者自主制定,通过市场竞争形成的价格。

本法所称经营者是指从事生产、经营商品或者提供有偿服务的法人、其他组织和个人。

政府指导价,是指依照本法规定,由政府价格主管部门或者其他有关部门,按照定价权限和范围规定基准价及其浮动幅度,指导经营者制定的价格。

政府定价,是指依照本法规定,由政府价格主管部门或者其他有关部门,按照定价权限和范围制定的价格。

第四条 国家支持和促进公平、公开、合法的市场竞争,维护正常的价格秩序,对价格活动实行管理、监督和必要的调控。

第五条 国务院价格主管部门统一负责全国的价格工作。国务院其他有关部门在各自的职责范围内,负责有关的价格工作。

县级以上地方各级人民政府价格主管部门负责本行政区域内的价格工作。县级以上地方各级人民政府其他有关部门在各自的职责范围内,负责有关的价格工作。

第二章 经营者的价格行为

第六条 商品价格和服务价格,除依照本法第十八条规定适用政府指导价或者政府定价外,实行市场调节价,由经营者依照本法自主制定。

第七条 经营者定价,应当遵循公平、合法和诚实信用的原则。

第八条 经营者定价的基本依据是生产经营成本和市场供求状况。

第九条 经营者应当努力改进生产经营管理,降低生产经营成本,为消费者提供价格合理的商品和服务,并在市场竞争中获取合法利润。

第十条 经营者应当根据其经营条件建立、健全内部价格管理制度,准确记录与核定商品和服务的生产经营成本,不得弄虚作假。

第十一条 经营者进行价格活动,享有下列权利:

(一)自主制定属于市场调节的价格;

(二)在政府指导价规定的幅度内制定价格;

(三)制定属于政府指导价、政府定价产品范围内的新产品的试销价格,特定产品除外;

(四)检举、控告侵犯其依法自主定价权利的行为。

第十二条 经营者进行价格活动,应当遵守法律、法规,执行依法制定的政府指导价、政府定价和法定的价格干预措施、紧急措施。

第十三条 经营者销售、收购商品和提供服务,应当按照政府价格主管部门的规定明码标价,注明商品的品名、产地、规格、等级、计价单位、价格或者服务的项目、收费标准等有关情况。

经营者不得在标价之外加价出售商品,不得收取任何未予标明的费用。

第十四条 经营者不得有下列不正当价格行为:

(一)相互串通,操纵市场价格,损害其他经营者或者消费者的合法权益;

(二)在依法降价处理鲜活商品、季节性商品、积压商品等商品外,为了排挤竞争对手或者独占市场,以低于成本的价格倾销,扰乱正常的生产经营秩序,损害国家利益或者其他经营者的合法权益;

(三)捏造、散布涨价信息,哄抬价格,推动商品价格过高上涨的;

(四)利用虚假的或者使人误解的价格手段,诱骗消费者或者其他经营者与其进行交易;

(五)提供相同商品或者服务,对具有同等交易条件的其他经营者实行价格歧视;

(六)采取抬高等级或者压低等级等手段收购、销售商品或者提供服务,变相提高或者压低价格;

(七)违反法律、法规的规定牟取暴利;

(八)法律、行政法规禁止的其他不正当价格行为。

第十五条 各类中介机构提供有偿服务收取费用,应当遵守本法的规定。法律另有规定的,按照有关规定执行。

第十六条 经营者销售进口商品、收购出口商品,应当遵守本章的有关规定,维护国内市场秩序。

第十七条 行业组织应当遵守价格法律、法规,加强价格自律,接受政府价格主管部门的工作指导。

第三章 政府的定价行为

第十八条 下列商品和服务价格,政府在必要时可以实行政府指导价或者政府定价:

(一)与国民经济发展和人民生活关系重大的极少数商品价格;
(二)资源稀缺的少数商品价格;
(三)自然垄断经营的商品价格;
(四)重要的公用事业价格;
(五)重要的公益性服务价格。

第十九条 政府指导价、政府定价的定价权限和具体适用范围,以中央的和地方的定价目录为依据。

中央定价目录由国务院价格主管部门制定、修订,报国务院批准后公布。

地方定价目录由省、自治区、直辖市人民政府价格主管部门按照中央定价目录规定的定价权限和具体适用范围制定,经本级人民政府审核同意,报国务院价格主管部门审定后公布。

省、自治区、直辖市人民政府以下各级地方人民政府不得制定定价目录。

第二十条 国务院价格主管部门和其他有关部门,按照中央定价目录规定的定价权限和具体适用范围制定政府指导价、政府定价;其中重要的商品和服务价格的政府指导价、政府定价,应当按照规定经国务院批准。

省、自治区、直辖市人民政府价格主管部门和其他有关部门,应当按照地方定价目录规定的定价权限和具体适用范围制定在本地区执行的政府指导价、政府定价。

市、县人民政府可以根据省、自治区、直辖市人民政府的授权,按照地方定价目录规定的定价权限和具体适用范围制定在本地区执行的政府指导价、政府定价。

第二十一条 制定政府指导价、政府定价,应当依据有关商品或者服务的社会平均成本和市场供求状况、国民经济与社会发展要求以及社会承受能力,实行合理的购销差价、批零差价、地区差价和季节差价。

第二十二条 政府价格主管部门和其他有关部门制定政府指导价、政府定价,应当开展价格、成本调查,听取消费者、经营者和有关方面的意见。

政府价格主管部门开展对政府指导价、政府定价的价格、成本调查时,有关单位应当如实反映情况,提供必需的账簿、文件以及其他资料。

第二十三条 制定关系群众切身利益的公用事业价格、公益性服务价格、自然垄断经营的商品价格等政府指导价、政府定价,应当建立听证会制度,由政府价格主管部门主持,征求消费者、经营者和有关方面的意见,论证其必要性、可行性。

第二十四条 政府指导价、政府定价制定后,由制定价格的部门向消费者、经营者公布。

第二十五条 政府指导价、政府定价的具体适用范围、价格水平,应当根据经济运行情况,按照规定的定价权限和程序适时调整。

消费者、经营者可以对政府指导价、政府定价提出调整建议。

第四章 价格总水平调控

第二十六条 稳定市场价格总水平是国家重要的宏观经济政策目标。国家根据国民经济发展的需要和社会承受能力,确定市场价格总水平调控目标,列入国民经济和社会发展计划,并综合运用货币、财政、投资、进出口等方面的政策和措施,予以实现。

第二十七条　政府可以建立重要商品储备制度,设立价格调节基金,调控价格,稳定市场。

第二十八条　为适应价格调控和管理的需要,政府价格主管部门应当建立价格监测制度,对重要商品、服务价格的变动进行监测。

第二十九条　政府在粮食等重要农产品的市场购买价格过低时,可以在收购中实行保护价格,并采取相应的经济措施保证其实现。

第三十条　当重要商品和服务价格显著上涨或者有可能显著上涨,国务院和省、自治区、直辖市人民政府可以对部分价格采取限定差价率或者利润率、规定限价、实行提价申报制度和调价备案制度等干预措施。

省、自治区、直辖市人民政府采取前款规定的干预措施,应当报国务院备案。

第三十一条　当市场价格总水平出现剧烈波动等异常状态时,国务院可以在全国范围内或者部分区域内采取临时集中定价权限、部分或者全面冻结价格的紧急措施。

第三十二条　依照本法第三十条、第三十一条的规定实行干预措施、紧急措施的情形消除后,应当及时解除干预措施、紧急措施。

第五章　价格监督检查

第三十三条　县级以上各级人民政府价格主管部门,依法对价格活动进行监督检查,并依照本法的规定对价格违法行为实施行政处罚。

第三十四条　政府价格主管部门进行价格监督检查时,可以行使下列职权:

(一)询问当事人或者有关人员,并要求其提供证明材料和与价格违法行为有关的其他资料;

(二)查询、复制与价格违法行为有关的账簿、单据、凭证、文件及其他资料,核对与价格违法行为有关的银行资料;

(三)检查与价格违法行为有关的财物,必要时可以责令当事人暂停相关营业;

(四)在证据可能灭失或者以后难以取得的情况下,可以依法先行登记保存,当事人或者有关人员不得转移、隐匿或者销毁。

第三十五条　经营者接受政府价格主管部门的监督检查时,应当如实提供价格监督检查所必需的账簿、单据、凭证、文件以及其他资料。

第三十六条　政府部门价格工作人员不得将依法取得的资料或者了解的情况用于依法进行价格管理以外的任何其他目的,不得泄露当事人的商业秘密。

第三十七条　消费者组织、职工价格监督组织、居民委员会、村民委员会等组织以及消费者,有权对价格行为进行社会监督。政府价格主管部门应当充分发挥群众的价格监督作用。

新闻单位有权进行价格舆论监督。

第三十八条　政府价格主管部门应当建立对价格违法行为的举报制度。

任何单位和个人均有权对价格违法行为进行举报。政府价格主管部门应当对举报者给予鼓励,并负责为举报者保密。

第六章 法 律 责 任

第三十九条 经营者不执行政府指导价、政府定价以及法定的价格干预措施、紧急措施的,责令改正,没收违法所得,可以并处违法所得五倍以下的罚款;没有违法所得的,可以处以罚款;情节严重的,责令停业整顿。

第四十条 经营者有本法第十四条所列行为之一的,责令改正,没收违法所得,可以并处违法所得五倍以下的罚款;没有违法所得的,予以警告,可以并处罚款;情节严重的,责令停业整顿,或者由工商行政管理机关吊销营业执照。有关法律对本法第十四条所列行为的处罚及处罚机关另有规定的,可以依照有关法律的规定执行。

有本法第十四条第(一)项、第(二)项所列行为,属于是全国性的,由国务院价格主管部门认定;属于是省及省以下区域性的,由省、自治区、直辖市人民政府价格主管部门认定。

第四十一条 经营者因价格违法行为致使消费者或者其他经营者多付价款的,应当退还多付部分;造成损害的,应当依法承担赔偿责任。

第四十二条 经营者违反明码标价规定的,责令改正,没收违法所得,可以并处五千元以下的罚款。

第四十三条 经营者被责令暂停相关营业而不停止的,或者转移、隐匿、销毁依法登记保存的财物的,处相关营业所得或者转移、隐匿、销毁的财物价值一倍以上三倍以下的罚款。

第四十四条 拒绝按照规定提供监督检查所需资料或者提供虚假资料的,责令改正,予以警告;逾期不改正的,可以处以罚款。

第四十五条 地方各级人民政府或者各级人民政府有关部门违反本法规定,超越定价权限和范围擅自制定、调整价格或者不执行法定的价格干预措施、紧急措施的,责令改正,并可以通报批评;对直接负责的主管人员和其他直接责任人员,依法给予行政处分。

第四十六条 价格工作人员泄露国家秘密、商业秘密以及滥用职权、徇私舞弊、玩忽职守、索贿受贿,构成犯罪的,依法追究刑事责任;尚不构成犯罪的,依法给予处分。

第七章 附 则

第四十七条 国家行政机关的收费,应当依法进行,严格控制收费项目,限定收费范围、标准。收费的具体管理办法由国务院另行制定。

利率、汇率、保险费率、证券及期货价格,适用有关法律、行政法规的规定,不适用本法。

第四十八条 本法自1998年5月1日起施行。

中华人民共和国政府采购法

（根据2014年8月31日第十二届全国人民代表大会常务委员会《关于修改〈中华人民共和国保险法〉等五部法律的决定》修正）

第一章 总 则

第一条 为了规范政府采购行为,提高政府采购资金的使用效益,维护国家利益和社会公共利益,保护政府采购当事人的合法权益,促进廉政建设,制定本法。

第二条 在中华人民共和国境内进行的政府采购适用本法。

本法所称政府采购,是指各级国家机关、事业单位和团体组织,使用财政性资金采购依法制定的集中采购目录以内的或者采购限额标准以上的货物、工程和服务的行为。

政府集中采购目录和采购限额标准依照本法规定的权限制定。

本法所称采购,是指以合同方式有偿取得货物、工程和服务的行为,包括购买、租赁、委托、雇用等。

本法所称货物,是指各种形态和种类的物品,包括原材料、燃料、设备、产品等。

本法所称工程,是指建设工程,包括建筑物和构筑物的新建、改建、扩建、装修、拆除、修缮等。

本法所称服务,是指除货物和工程以外的其他政府采购对象。

第三条 政府采购应当遵循公开透明原则、公平竞争原则、公正原则和诚实信用原则。

第四条 政府采购工程进行招标投标的,适用招标投标法。

第五条 任何单位和个人不得采用任何方式,阻挠和限制供应商自由进入本地区和本行业的政府采购市场。

第六条 政府采购应当严格按照批准的预算执行。

第七条 政府采购实行集中采购和分散采购相结合。集中采购的范围由省级以上人民政府公布的集中采购目录确定。

属于中央预算的政府采购项目,其集中采购目录由国务院确定并公布;属于地方预算的政府采购项目,其集中采购目录由省、自治区、直辖市人民政府或者其授权的机构确定并公布。

纳入集中采购目录的政府采购项目,应当实行集中采购。

第八条 政府采购限额标准,属于中央预算的政府采购项目,由国务院确定并公布;属于地方预算的政府采购项目,由省、自治区、直辖市人民政府或者其授权的机构确定并公布。

第九条 政府采购应当有助于实现国家的经济和社会发展政策目标,包括保护环境,扶持不发达地区和少数民族地区,促进中小企业发展等。

第十条 政府采购应当采购本国货物、工程和服务。但有下列情形之一的除外:

(一)需要采购的货物、工程或者服务在中国境内无法获取或者无法以合理的商业条件获取的;

(二)为在中国境外使用而进行采购的;

(三)其他法律、行政法规另有规定的。

前款所称本国货物、工程和服务的界定,依照国务院有关规定执行。

第十一条 政府采购的信息应当在政府采购监督管理部门指定的媒体上及时向社会公开发布,但涉及商业秘密的除外。

第十二条 在政府采购活动中,采购人员及相关人员与供应商有利害关系的,必须回避。供应商认为采购人员及相关人员与其他供应商有利害关系的,可以申请其回避。

前款所称相关人员,包括招标采购中评标委员会的组成人员,竞争性谈判采购中谈判小组的组成人员,询价采购中询价小组的组成人员等。

第十三条 各级人民政府财政部门是负责政府采购监督管理的部门,依法履行对政府采购活动的监督管理职责。

各级人民政府其他有关部门依法履行与政府采购活动有关的监督管理职责。

第二章 政府采购当事人

第十四条 政府采购当事人是指在政府采购活动中享有权利和承担义务的各类主体,包括采购人、供应商和采购代理机构等。

第十五条 采购人是指依法进行政府采购的国家机关、事业单位、团体组织。

第十六条 集中采购机构为采购代理机构。设区的市、自治州以上人民政府根据本级政府采购项目组织集中采购的需要设立集中采购机构。

集中采购机构是非营利事业法人,根据采购人的委托办理采购事宜。

第十七条 集中采购机构进行政府采购活动,应当符合采购价格低于市场平均价格、采购效率更高、采购质量优良和服务良好的要求。

第十八条 采购人采购纳入集中采购目录的政府采购项目,必须委托集中采购机构代理采购;采购未纳入集中采购目录的政府采购项目,可以自行采购,也可以委托集中采购机构在委托的范围内代理采购。

纳入集中采购目录属于通用的政府采购项目的,应当委托集中采购机构代理采购;属于本部门、本系统有特殊要求的项目,应当实行部门集中采购;属于本单位有特殊要求的项目,经省级以上人民政府批准,可以自行采购。

第十九条 采购人可以委托集中采购机构以外的采购代理机构,在委托的范围内办理政府采购事宜。

采购人有权自行选择采购代理机构,任何单位和个人不得以任何方式为采购人指定采购代理机构。

第二十条 采购人依法委托采购代理机构办理采购事宜的,应当由采购人与采购代理机构签订委托代理协议,依法确定委托代理的事项,约定双方的权利义务。

第二十一条 供应商是指向采购人提供货物、工程或者服务的法人、其他组织或者自然人。

第二十二条 供应商参加政府采购活动应当具备下列条件:
(一)具有独立承担民事责任的能力;
(二)具有良好的商业信誉和健全的财务会计制度;
(三)具有履行合同所必需的设备和专业技术能力;
(四)有依法缴纳税收和社会保障资金的良好记录;
(五)参加政府采购活动前三年内,在经营活动中没有重大违法记录;
(六)法律、行政法规规定的其他条件。

采购人可以根据采购项目的特殊要求,规定供应商的特定条件,但不得以不合理的条件对供应商实行差别待遇或者歧视待遇。

第二十三条 采购人可以要求参加政府采购的供应商提供有关资质证明文件和业绩情况,并根据本法规定的供应商条件和采购项目对供应商的特定要求,对供应商的资格进行审查。

第二十四条 两个以上的自然人、法人或者其他组织可以组成一个联合体,以一个供应商的身份共同参加政府采购。

以联合体形式进行政府采购的,参加联合体的供应商均应当具备本法第二十二条规定的条件,并应当向采购人提交联合协议,载明联合体各方承担的工作和义务。联合体各方应当共同与采购人签订采购合同,就采购合同约定的事项对采购人承担连带责任。

第二十五条 政府采购当事人不得相互串通损害国家利益、社会公共利益和其他当事人的合法权益;不得以任何手段排斥其他供应商参与竞争。

供应商不得以向采购人、采购代理机构、评标委员会的组成人员、竞争性谈判小组的组成人员、询价小组的组成人员行贿或者采取其他不正当手段谋取中标或者成交。

采购代理机构不得以向采购人行贿或者采取其他不正当手段谋取非法利益。

第三章 政府采购方式

第二十六条 政府采购采用以下方式:
(一)公开招标;
(二)邀请招标;
(三)竞争性谈判;
(四)单一来源采购;
(五)询价;
(六)国务院政府采购监督管理部门认定的其他采购方式。

公开招标应作为政府采购的主要采购方式。

第二十七条 采购人采购货物或者服务应当采用公开招标方式的,其具体数额标准,属于中央预算的政府采购项目,由国务院规定;属于地方预算的政府采购项目,由省、自治区、直辖市人民政府规定;因特殊情况需要采用公开招标以外的采购方式的,应当在采购活动开始前获得设区的市、自治州以上人民政府采购监督管理部门的批准。

第二十八条　采购人不得将应当以公开招标方式采购的货物或者服务化整为零或者以其他任何方式规避公开招标采购。

第二十九条　符合下列情形之一的货物或者服务,可以依照本法采用邀请招标方式采购:
(一)具有特殊性,只能从有限范围的供应商处采购的;
(二)采用公开招标方式的费用占政府采购项目总价值的比例过大的。

第三十条　符合下列情形之一的货物或者服务,可以依照本法采用竞争性谈判方式采购:
(一)招标后没有供应商投标或者没有合格标的或者重新招标未能成立的;
(二)技术复杂或者性质特殊,不能确定详细规格或者具体要求的;
(三)采用招标所需时间不能满足用户紧急需要的;
(四)不能事先计算出价格总额的。

第三十一条　符合下列情形之一的货物或者服务,可以依照本法采用单一来源方式采购:
(一)只能从唯一供应商处采购的;
(二)发生了不可预见的紧急情况不能从其他供应商处采购的;
(三)必须保证原有采购项目一致性或者服务配套的要求,需要继续从原供应商处添购,且添购资金总额不超过原合同采购金额百分之十的。

第三十二条　采购的货物规格、标准统一、现货货源充足且价格变化幅度小的政府采购项目,可以依照本法采用询价方式采购。

第四章　政府采购程序

第三十三条　负有编制部门预算职责的部门在编制下一财政年度部门预算时,应当将该财政年度政府采购的项目及资金预算列出,报本级财政部门汇总。部门预算的审批,按预算管理权限和程序进行。

第三十四条　货物或者服务项目采取邀请招标方式采购的,采购人应当从符合相应资格条件的供应商中,通过随机方式选择三家以上的供应商,并向其发出投标邀请书。

第三十五条　货物和服务项目实行招标方式采购的,自招标文件开始发出之日起至投标人提交投标文件截止之日止,不得少于二十日。

第三十六条　在招标采购中,出现下列情形之一的,应予废标:
(一)符合专业条件的供应商或者对招标文件作实质响应的供应商不足三家的;
(二)出现影响采购公正的违法、违规行为的;
(三)投标人的报价均超过了采购预算,采购人不能支付的;
(四)因重大变故,采购任务取消的。
废标后,采购人应当将废标理由通知所有投标人。

第三十七条　废标后,除采购任务取消情形外,应当重新组织招标;需要采取其他方式采购的,应当在采购活动开始前获得设区的市、自治州以上人民政府采购监督管理部门或者政府有关部门批准。

第三十八条 采用竞争性谈判方式采购的,应当遵循下列程序:

(一)成立谈判小组。谈判小组由采购人的代表和有关专家共三人以上的单数组成,其中专家的人数不得少于成员总数的三分之二。

(二)制定谈判文件。谈判文件应当明确谈判程序、谈判内容、合同草案的条款以及评定成交的标准等事项。

(三)确定邀请参加谈判的供应商名单。谈判小组从符合相应资格条件的供应商名单中确定不少于三家的供应商参加谈判,并向其提供谈判文件。

(四)谈判。谈判小组所有成员集中与单一供应商分别进行谈判。在谈判中,谈判的任何一方不得透露与谈判有关的其他供应商的技术资料、价格和其他信息。谈判文件有实质性变动的,谈判小组应当以书面形式通知所有参加谈判的供应商。

(五)确定成交供应商。谈判结束后,谈判小组应当要求所有参加谈判的供应商在规定时间内进行最后报价,采购人从谈判小组提出的成交候选人中根据符合采购需求、质量和服务相等且报价最低的原则确定成交供应商,并将结果通知所有参加谈判的未成交的供应商。

第三十九条 采取单一来源方式采购的,采购人与供应商应当遵循本法规定的原则,在保证采购项目质量和双方商定合理价格的基础上进行采购。

第四十条 采取询价方式采购的,应当遵循下列程序:

(一)成立询价小组。询价小组由采购人的代表和有关专家共三人以上的单数组成,其中专家的人数不得少于成员总数的三分之二。询价小组应当对采购项目的价格构成和评定成交的标准等事项作出规定。

(二)确定被询价的供应商名单。询价小组根据采购需求,从符合相应资格条件的供应商名单中确定不少于三家的供应商,并向其发出询价通知书让其报价。

(三)询价。询价小组要求被询价的供应商一次报出不得更改的价格。

(四)确定成交供应商。采购人根据符合采购需求、质量和服务相等且报价最低的原则确定成交供应商,并将结果通知所有被询价的未成交的供应商。

第四十一条 采购人或者其委托的采购代理机构应当组织对供应商履约的验收。大型或者复杂的政府采购项目,应当邀请国家认可的质量检测机构参加验收工作。验收方成员应当在验收书上签字,并承担相应的法律责任。

第四十二条 采购人、采购代理机构对政府采购项目每项采购活动的采购文件应当妥善保存,不得伪造、变造、隐匿或者销毁。采购文件的保存期限为从采购结束之日起至少保存十五年。

采购文件包括采购活动记录、采购预算、招标文件、投标文件、评标标准、评估报告、定标文件、合同文本、验收证明、质疑答复、投诉处理决定及其他有关文件、资料。

采购活动记录至少应当包括下列内容:

(一)采购项目类别、名称;

(二)采购项目预算、资金构成和合同价格;

(三)采购方式,采用公开招标以外的采购方式的,应当载明原因;

(四)邀请和选择供应商的条件及原因;

（五）评标标准及确定中标人的原因；

（六）废标的原因；

（七）采用招标以外采购方式的相应记载。

第五章　政府采购合同

第四十三条　政府采购合同适用合同法。采购人和供应商之间的权利和义务，应当按照平等、自愿的原则以合同方式约定。

采购人可以委托采购代理机构代表其与供应商签订政府采购合同。由采购代理机构以采购人名义签订合同的，应当提交采购人的授权委托书，作为合同附件。

第四十四条　政府采购合同应当采用书面形式。

第四十五条　国务院政府采购监督管理部门应当会同国务院有关部门，规定政府采购合同必须具备的条款。

第四十六条　采购人与中标、成交供应商应当在中标、成交通知书发出之日起三十日内，按照采购文件确定的事项签订政府采购合同。

中标、成交通知书对采购人和中标、成交供应商均具有法律效力。中标、成交通知书发出后，采购人改变中标、成交结果的，或者中标、成交供应商放弃中标、成交项目的，应当依法承担法律责任。

第四十七条　政府采购项目的采购合同自签订之日起七个工作日内，采购人应当将合同副本报同级政府采购监督管理部门和有关部门备案。

第四十八条　经采购人同意，中标、成交供应商可以依法采取分包方式履行合同。

政府采购合同分包履行的，中标、成交供应商就采购项目和分包项目向采购人负责，分包供应商就分包项目承担责任。

第四十九条　政府采购合同履行中，采购人需追加与合同标的相同的货物、工程或者服务的，在不改变合同其他条款的前提下，可以与供应商协商签订补充合同，但所有补充合同的采购金额不得超过原合同采购金额的百分之十。

第五十条　政府采购合同的双方当事人不得擅自变更、中止或者终止合同。

政府采购合同继续履行将损害国家利益和社会公共利益的，双方当事人应当变更、中止或者终止合同。有过错的一方应当承担赔偿责任，双方都有过错的，各自承担相应的责任。

第六章　质疑与投诉

第五十一条　供应商对政府采购活动事项有疑问的，可以向采购人提出询问，采购人应当及时作出答复，但答复的内容不得涉及商业秘密。

第五十二条　供应商认为采购文件、采购过程和中标、成交结果使自己的权益受到损害的，可以在知道或者应知其权益受到损害之日起七个工作日内，以书面形式向采购人提出质疑。

第五十三条　采购人应当在收到供应商的书面质疑后七个工作日内作出答复，并以书面形式通知质疑供应商和其他有关供应商，但答复的内容不得涉及商业秘密。

第五十四条　采购人委托采购代理机构采购的,供应商可以向采购代理机构提出询问或者质疑,采购代理机构应当依照本法第五十一条、第五十三条的规定就采购人委托授权范围内的事项作出答复。

第五十五条　质疑供应商对采购人、采购代理机构的答复不满意或者采购人、采购代理机构未在规定的时间内作出答复的,可以在答复期满后十五个工作日内向同级政府采购监督管理部门投诉。

第五十六条　政府采购监督管理部门应当在收到投诉后三十个工作日内,对投诉事项作出处理决定,并以书面形式通知投诉人和与投诉事项有关的当事人。

第五十七条　政府采购监督管理部门在处理投诉事项期间,可以视具体情况书面通知采购人暂停采购活动,但暂停时间最长不得超过三十日。

第五十八条　投诉人对政府采购监督管理部门的投诉处理决定不服或者政府采购监督管理部门逾期未作处理的,可以依法申请行政复议或者向人民法院提起行政诉讼。

第七章　监督检查

第五十九条　政府采购监督管理部门应当加强对政府采购活动及集中采购机构的监督检查。

监督检查的主要内容是:

(一)有关政府采购的法律、行政法规和规章的执行情况;

(二)采购范围、采购方式和采购程序的执行情况;

(三)政府采购人员的职业素质和专业技能。

第六十条　政府采购监督管理部门不得设置集中采购机构,不得参与政府采购项目的采购活动。

采购代理机构与行政机关不得存在隶属关系或者其他利益关系。

第六十一条　集中采购机构应当建立健全内部监督管理制度。采购活动的决策和执行程序应当明确,并相互监督、相互制约。经办采购的人员与负责采购合同审核、验收人员的职责权限应当明确,并相互分离。

第六十二条　集中采购机构的采购人员应当具有相关职业素质和专业技能,符合政府采购监督管理部门规定的专业岗位任职要求。

集中采购机构对其工作人员应当加强教育和培训;对采购人员的专业水平、工作实绩和职业道德状况定期进行考核。采购人员经考核不合格的,不得继续任职。

第六十三条　政府采购项目的采购标准应当公开。

采用本法规定的采购方式的,采购人在采购活动完成后,应当将采购结果予以公布。

第六十四条　采购人必须按照本法规定的采购方式和采购程序进行采购。

任何单位和个人不得违反本法规定,要求采购人或者采购工作人员向其指定的供应商进行采购。

第六十五条　政府采购监督管理部门应当对政府采购项目的采购活动进行检查,政府采购当事人应当如实反映情况,提供有关材料。

第六十六条 政府采购监督管理部门应当对集中采购机构的采购价格、节约资金效果、服务质量、信誉状况、有无违法行为等事项进行考核,并定期如实公布考核结果。

第六十七条 依照法律、行政法规的规定对政府采购负有行政监督职责的政府有关部门,应当按照其职责分工,加强对政府采购活动的监督。

第六十八条 审计机关应当对政府采购进行审计监督。政府采购监督管理部门、政府采购各当事人有关政府采购活动,应当接受审计机关的审计监督。

第六十九条 监察机关应当加强对参与政府采购活动的国家机关、国家公务员和国家行政机关任命的其他人员实施监察。

第七十条 任何单位和个人对政府采购活动中的违法行为,有权控告和检举,有关部门、机关应当依照各自职责及时处理。

第八章　法律责任

第七十一条 采购人、采购代理机构有下列情形之一的,责令限期改正,给予警告,可以并处罚款,对直接负责的主管人员和其他直接责任人员,由其行政主管部门或者有关机关给予处分,并予通报:

(一)应当采用公开招标方式而擅自采用其他方式采购的;

(二)擅自提高采购标准的;

(三)以不合理的条件对供应商实行差别待遇或者歧视待遇的;

(四)在招标采购过程中与投标人进行协商谈判的;

(五)中标、成交通知书发出后不与中标、成交供应商签订采购合同的;

(六)拒绝有关部门依法实施监督检查的。

第七十二条 采购人、采购代理机构及其工作人员有下列情形之一,构成犯罪的,依法追究刑事责任;尚不构成犯罪的,处以罚款,有违法所得的,并处没收违法所得,属于国家机关工作人员的,依法给予行政处分:

(一)与供应商或者采购代理机构恶意串通的;

(二)在采购过程中接受贿赂或者获取其他不正当利益的;

(三)在有关部门依法实施的监督检查中提供虚假情况的;

(四)开标前泄露标底的。

第七十三条 有前两条违法行为之一影响中标、成交结果或者可能影响中标、成交结果的,按下列情况分别处理:

(一)未确定中标、成交供应商的,终止采购活动;

(二)中标、成交供应商已经确定但采购合同尚未履行的,撤销合同,从合格的中标、成交候选人中另行确定中标、成交供应商;

(三)采购合同已经履行的,给采购人、供应商造成损失的,由责任人承担赔偿责任。

第七十四条 采购人对应当实行集中采购的政府采购项目,不委托集中采购机构实行集中采购的,由政府采购监督管理部门责令改正;拒不改正的,停止按预算向其支付资金,由其上级行政主管部门或者有关机关依法给予其直接负责的主管人员和其他直接责任人员处分。

第七十五条　采购人未依法公布政府采购项目的采购标准和采购结果的,责令改正,对直接负责的主管人员依法给予处分。

第七十六条　采购人、采购代理机构违反本法规定隐匿、销毁应当保存的采购文件或者伪造、变造采购文件的,由政府采购监督管理部门处以二万元以上十万元以下的罚款,对其直接负责的主管人员和其他直接责任人员依法给予处分;构成犯罪的,依法追究刑事责任。

第七十七条　供应商有下列情形之一的,处以采购金额千分之五以上千分之十以下的罚款,列入不良行为记录名单,在一至三年内禁止参加政府采购活动,有违法所得的,并处没收违法所得,情节严重的,由工商行政管理机关吊销营业执照;构成犯罪的,依法追究刑事责任:

（一）提供虚假材料谋取中标、成交的;
（二）采取不正当手段诋毁、排挤其他供应商的;
（三）与采购人、其他供应商或者采购代理机构恶意串通的;
（四）向采购人、采购代理机构行贿或者提供其他不正当利益的;
（五）在招标采购过程中与采购人进行协商谈判的;
（六）拒绝有关部门监督检查或者提供虚假情况的。

供应商有前款第(一)至(五)项情形之一的,中标、成交无效。

第七十八条　采购代理机构在代理政府采购业务中有违法行为的,按照有关法律规定处以罚款,在一至三年内禁止其代理政府采购业务,构成犯罪的,依法追究刑事责任。

第七十九条　政府采购当事人有本法第七十一条、第七十二条、第七十七条违法行为之一,给他人造成损失的,并应依照有关民事法律规定承担民事责任。

第八十条　政府采购监督管理部门的工作人员在实施监督检查中违反本法规定滥用职权,玩忽职守,徇私舞弊的,依法给予行政处分;构成犯罪的,依法追究刑事责任。

第八十一条　政府采购监督管理部门对供应商的投诉逾期未作处理的,给予直接负责的主管人员和其他直接责任人员行政处分。

第八十二条　政府采购监督管理部门对集中采购机构业绩的考核,有虚假陈述,隐瞒真实情况的,或者不作定期考核和公布考核结果的,应当及时纠正,由其上级机关或者监察机关对其负责人进行通报,并对直接负责的人员依法给予行政处分。

集中采购机构在政府采购监督管理部门考核中,虚报业绩,隐瞒真实情况的,处以二万元以上二十万元以下的罚款,并予以通报;情节严重的,取消其代理采购的资格。

第八十三条　任何单位或者个人阻挠和限制供应商进入本地区或者本行业政府采购市场的,责令限期改正;拒不改正的,由该单位、个人的上级行政主管部门或者有关机关给予单位责任人或者个人处分。

第九章　附　　则

第八十四条　使用国际组织和外国政府贷款进行的政府采购,贷款方、资金提供方与中方达成的协议对采购的具体条件另有规定的,可以适用其规定,但不得损害国家利益和社会公共利益。

第八十五条　对因严重自然灾害和其他不可抗力事件所实施的紧急采购和涉及国家安全

和秘密的采购,不适用本法。

第八十六条 军事采购法规由中央军事委员会另行制定。

第八十七条 本法实施的具体步骤和办法由国务院规定。

第八十八条 本法自 2003 年 1 月 1 日起施行。

中华人民共和国政府采购法实施条例

(2015年1月30日 中华人民共和国国务院令第658号)

第一章 总 则

第一条 根据《中华人民共和国政府采购法》(以下简称政府采购法),制定本条例。

第二条 政府采购法第二条所称财政性资金是指纳入预算管理的资金。

以财政性资金作为还款来源的借贷资金,视同财政性资金。

国家机关、事业单位和团体组织的采购项目既使用财政性资金又使用非财政性资金的,使用财政性资金采购的部分,适用政府采购法及本条例;财政性资金与非财政性资金无法分割采购的,统一适用政府采购法及本条例。

政府采购法第二条所称服务,包括政府自身需要的服务和政府向社会公众提供的公共服务。

第三条 集中采购目录包括集中采购机构采购项目和部门集中采购项目。

技术、服务等标准统一,采购人普遍使用的项目,列为集中采购机构采购项目;采购人本部门、本系统基于业务需要有特殊要求,可以统一采购的项目,列为部门集中采购项目。

第四条 政府采购法所称集中采购,是指采购人将列入集中采购目录的项目委托集中采购机构代理采购或者进行部门集中采购的行为;所称分散采购,是指采购人将采购限额标准以上的未列入集中采购目录的项目自行采购或者委托采购代理机构代理采购的行为。

第五条 省、自治区、直辖市人民政府或者其授权的机构根据实际情况,可以确定分别适用于本行政区域省级、设区的市级、县级的集中采购目录和采购限额标准。

第六条 国务院财政部门应当根据国家的经济和社会发展政策,会同国务院有关部门制定政府采购政策,通过制定采购需求标准、预留采购份额、价格评审优惠、优先采购等措施,实现节约能源、保护环境、扶持不发达地区和少数民族地区、促进中小企业发展等目标。

第七条 政府采购工程以及与工程建设有关的货物、服务,采用招标方式采购的,适用《中华人民共和国招标投标法》及其实施条例;采用其他方式采购的,适用政府采购法及本条例。

前款所称工程,是指建设工程,包括建筑物和构筑物的新建、改建、扩建及其相关的装修、拆除、修缮等;所称与工程建设有关的货物,是指构成工程不可分割的组成部分,且为实现工程基本功能所必需的设备、材料等;所称与工程建设有关的服务,是指为完成工程所需的勘察、设计、监理等服务。

政府采购工程以及与工程建设有关的货物、服务,应当执行政府采购政策。

第八条 政府采购项目信息应当在省级以上人民政府财政部门指定的媒体上发布。采购项目预算金额达到国务院财政部门规定标准的,政府采购项目信息应当在国务院财政部门指定的媒体上发布。

第九条 在政府采购活动中,采购人员及相关人员与供应商有下列利害关系之一的,应当回避:

(一)参加采购活动前3年内与供应商存在劳动关系;

(二)参加采购活动前3年内担任供应商的董事、监事;

(三)参加采购活动前3年内是供应商的控股股东或者实际控制人;

(四)与供应商的法定代表人或者负责人有夫妻、直系血亲、三代以内旁系血亲或者近姻亲关系;

(五)与供应商有其他可能影响政府采购活动公平、公正进行的关系。

供应商认为采购人员及相关人员与其他供应商有利害关系的,可以向采购人或者采购代理机构书面提出回避申请,并说明理由。采购人或者采购代理机构应当及时询问被申请回避人员,有利害关系的被申请回避人员应当回避。

第十条 国家实行统一的政府采购电子交易平台建设标准,推动利用信息网络进行电子化政府采购活动。

第二章 政府采购当事人

第十一条 采购人在政府采购活动中应当维护国家利益和社会公共利益,公正廉洁,诚实守信,执行政府采购政策,建立政府采购内部管理制度,厉行节约,科学合理确定采购需求。

采购人不得向供应商索要或者接受其给予的赠品、回扣或者与采购无关的其他商品、服务。

第十二条 政府采购法所称采购代理机构,是指集中采购机构和集中采购机构以外的采购代理机构。

集中采购机构是设区的市级以上人民政府依法设立的非营利事业法人,是代理集中采购项目的执行机构。集中采购机构应当根据采购人委托制定集中采购项目的实施方案,明确采购规程,组织政府采购活动,不得将集中采购项目转委托。集中采购机构以外的采购代理机构,是从事采购代理业务的社会中介机构。

第十三条 采购代理机构应当建立完善的政府采购内部监督管理制度,具备开展政府采购业务所需的评审条件和设施。

采购代理机构应当提高确定采购需求,编制招标文件、谈判文件、询价通知书,拟订合同文本和优化采购程序的专业化服务水平,根据采购人委托在规定的时间内及时组织采购人与中标或者成交供应商签订政府采购合同,及时协助采购人对采购项目进行验收。

第十四条 采购代理机构不得以不正当手段获取政府采购代理业务,不得与采购人、供应商恶意串通操纵政府采购活动。

采购代理机构工作人员不得接受采购人或者供应商组织的宴请、旅游、娱乐,不得收受礼品、现金、有价证券等,不得向采购人或者供应商报销应当由个人承担的费用。

第十五条　采购人、采购代理机构应当根据政府采购政策、采购预算、采购需求编制采购文件。

采购需求应当符合法律法规以及政府采购政策规定的技术、服务、安全等要求。政府向社会公众提供的公共服务项目,应当就确定采购需求征求社会公众的意见。除因技术复杂或者性质特殊,不能确定详细规格或者具体要求外,采购需求应当完整、明确。必要时,应当就确定采购需求征求相关供应商、专家的意见。

第十六条　政府采购法第二十条规定的委托代理协议,应当明确代理采购的范围、权限和期限等具体事项。

采购人和采购代理机构应当按照委托代理协议履行各自义务,采购代理机构不得超越代理权限。

第十七条　参加政府采购活动的供应商应当具备政府采购法第二十二条第一款规定的条件,提供下列材料:

(一)法人或者其他组织的营业执照等证明文件,自然人的身份证明;

(二)财务状况报告,依法缴纳税收和社会保障资金的相关材料;

(三)具备履行合同所必需的设备和专业技术能力的证明材料;

(四)参加政府采购活动前3年内在经营活动中没有重大违法记录的书面声明;

(五)具备法律、行政法规规定的其他条件的证明材料。

采购项目有特殊要求的,供应商还应当提供其符合特殊要求的证明材料或者情况说明。

第十八条　单位负责人为同一人或者存在直接控股、管理关系的不同供应商,不得参加同一合同项下的政府采购活动。

除单一来源采购项目外,为采购项目提供整体设计、规范编制或者项目管理、监理、检测等服务的供应商,不得再参加该采购项目的其他采购活动。

第十九条　政府采购法第二十二条第一款第五项所称重大违法记录,是指供应商因违法经营受到刑事处罚或者责令停产停业、吊销许可证或者执照、较大数额罚款等行政处罚。

供应商在参加政府采购活动前3年内因违法经营被禁止在一定期限内参加政府采购活动,期限届满的,可以参加政府采购活动。

第二十条　采购人或者采购代理机构有下列情形之一的,属于以不合理的条件对供应商实行差别待遇或者歧视待遇:

(一)就同一采购项目向供应商提供有差别的项目信息;

(二)设定的资格、技术、商务条件与采购项目的具体特点和实际需要不相适应或者与合同履行无关;

(三)采购需求中的技术、服务等要求指向特定供应商、特定产品;

(四)以特定行政区域或者特定行业的业绩、奖项作为加分条件或者中标、成交条件;

(五)对供应商采取不同的资格审查或者评审标准;

(六)限定或者指定特定的专利、商标、品牌或者供应商;

(七)非法限定供应商的所有制形式、组织形式或者所在地;

(八)以其他不合理条件限制或者排斥潜在供应商。

第二十一条 采购人或者采购代理机构对供应商进行资格预审的,资格预审公告应当在省级以上人民政府财政部门指定的媒体上发布。已进行资格预审的,评审阶段可以不再对供应商资格进行审查。资格预审合格的供应商在评审阶段资格发生变化的,应当通知采购人和采购代理机构。

资格预审公告应当包括采购人和采购项目名称、采购需求、对供应商的资格要求以及供应商提交资格预审申请文件的时间和地点。提交资格预审申请文件的时间自公告发布之日起不得少于5个工作日。

第二十二条 联合体中有同类资质的供应商按照联合体分工承担相同工作的,应当按照资质等级较低的供应商确定资质等级。

以联合体形式参加政府采购活动的,联合体各方不得再单独参加或者与其他供应商另外组成联合体参加同一合同项下的政府采购活动。

第三章 政府采购方式

第二十三条 采购人采购公开招标数额标准以上的货物或者服务,符合政府采购法第二十九条、第三十条、第三十一条、第三十二条规定情形或者有需要执行政府采购政策等特殊情况的,经设区的市级以上人民政府财政部门批准,可以依法采用公开招标以外的采购方式。

第二十四条 列入集中采购目录的项目,适合实行批量集中采购的,应当实行批量集中采购,但紧急的小额零星货物项目和有特殊要求的服务、工程项目除外。

第二十五条 政府采购工程依法不进行招标的,应当依照政府采购法和本条例规定的竞争性谈判或者单一来源采购方式采购。

第二十六条 政府采购法第三十条第三项规定的情形,应当是采购人不可预见的或者非因采购人拖延导致的;第四项规定的情形,是指因采购艺术品或者因专利、专有技术或者因服务的时间、数量事先不能确定等导致不能事先计算出价格总额。

第二十七条 政府采购法第三十一条第一项规定的情形,是指因货物或者服务使用不可替代的专利、专有技术,或者公共服务项目具有特殊要求,导致只能从某一特定供应商处采购。

第二十八条 在一个财政年度内,采购人将一个预算项目下的同一品目或者类别的货物、服务采用公开招标以外的方式多次采购,累计资金数额超过公开招标数额标准的,属于以化整为零方式规避公开招标,但项目预算调整或者经批准采用公开招标以外方式采购除外。

第四章 政府采购程序

第二十九条 采购人应当根据集中采购目录、采购限额标准和已批复的部门预算编制政府采购实施计划,报本级人民政府财政部门备案。

第三十条 采购人或者采购代理机构应当在招标文件、谈判文件、询价通知书中公开采购项目预算金额。

第三十一条 招标文件的提供期限自招标文件开始发出之日起不得少于5个工作日。

采购人或者采购代理机构可以对已发出的招标文件进行必要的澄清或者修改。澄清或者修改的内容可能影响投标文件编制的,采购人或者采购代理机构应当在投标截止时间至少 15 日前,以书面形式通知所有获取招标文件的潜在投标人;不足 15 日的,采购人或者采购代理机构应当顺延提交投标文件的截止时间。

第三十二条 采购人或者采购代理机构应当按照国务院财政部门制定的招标文件标准文本编制招标文件。

招标文件应当包括采购项目的商务条件、采购需求、投标人的资格条件、投标报价要求、评标方法、评标标准以及拟签订的合同文本等。

第三十三条 招标文件要求投标人提交投标保证金的,投标保证金不得超过采购项目预算金额的 2%。投标保证金应当以支票、汇票、本票或者金融机构、担保机构出具的保函等非现金形式提交。投标人未按照招标文件要求提交投标保证金的,投标无效。

采购人或者采购代理机构应当自中标通知书发出之日起 5 个工作日内退还未中标供应商的投标保证金,自政府采购合同签订之日起 5 个工作日内退还中标供应商的投标保证金。

竞争性谈判或者询价采购中要求参加谈判或者询价的供应商提交保证金的,参照前两款的规定执行。

第三十四条 政府采购招标评标方法分为最低评标价法和综合评分法。

最低评标价法,是指投标文件满足招标文件全部实质性要求且投标报价最低的供应商为中标候选人的评标方法。综合评分法,是指投标文件满足招标文件全部实质性要求且按照评审因素的量化指标评审得分最高的供应商为中标候选人的评标方法。

技术、服务等标准统一的货物和服务项目,应当采用最低评标价法。

采用综合评分法的,评审标准中的分值设置应当与评审因素的量化指标相对应。

招标文件中没有规定的评标标准不得作为评审的依据。

第三十五条 谈判文件不能完整、明确列明采购需求,需要由供应商提供最终设计方案或者解决方案的,在谈判结束后,谈判小组应当按照少数服从多数的原则投票推荐 3 家以上供应商的设计方案或者解决方案,并要求其在规定时间内提交最后报价。

第三十六条 询价通知书应当根据采购需求确定政府采购合同条款。在询价过程中,询价小组不得改变询价通知书所确定的政府采购合同条款。

第三十七条 政府采购法第三十八条第五项、第四十条第四项所称质量和服务相等,是指供应商提供的产品质量和服务均能满足采购文件规定的实质性要求。

第三十八条 达到公开招标数额标准,符合政府采购法第三十一条第一项规定情形,只能从唯一供应商处采购的,采购人应当将采购项目信息和唯一供应商名称在省级以上人民政府财政部门指定的媒体上公示,公示期不得少于 5 个工作日。

第三十九条 除国务院财政部门规定的情形外,采购人或者采购代理机构应当从政府采购评审专家库中随机抽取评审专家。

第四十条 政府采购评审专家应当遵守评审工作纪律,不得泄露评审文件、评审情况和评审中获悉的商业秘密。

评标委员会、竞争性谈判小组或者询价小组在评审过程中发现供应商有行贿、提供虚假材料或者串通等违法行为的,应当及时向财政部门报告。

政府采购评审专家在评审过程中受到非法干预的,应当及时向财政、监察等部门举报。

第四十一条 评标委员会、竞争性谈判小组或者询价小组成员应当按照客观、公正、审慎的原则,根据采购文件规定的评审程序、评审方法和评审标准进行独立评审。采购文件内容违反国家有关强制性规定的,评标委员会、竞争性谈判小组或者询价小组应当停止评审并向采购人或者采购代理机构说明情况。

评标委员会、竞争性谈判小组或者询价小组成员应当在评审报告上签字,对自己的评审意见承担法律责任。对评审报告有异议的,应当在评审报告上签署不同意见,并说明理由,否则视为同意评审报告。

第四十二条 采购人、采购代理机构不得向评标委员会、竞争性谈判小组或者询价小组的评审专家作倾向性、误导性的解释或者说明。

第四十三条 采购代理机构应当自评审结束之日起 2 个工作日内将评审报告送交采购人。采购人应当自收到评审报告之日起 5 个工作日内在评审报告推荐的中标或者成交候选人中按顺序确定中标或者成交供应商。

采购人或者采购代理机构应当自中标、成交供应商确定之日起 2 个工作日内,发出中标、成交通知书,并在省级以上人民政府财政部门指定的媒体上公告中标、成交结果,招标文件、竞争性谈判文件、询价通知书随中标、成交结果同时公告。

中标、成交结果公告内容应当包括采购人和采购代理机构的名称、地址、联系方式,项目名称和项目编号,中标或者成交供应商名称、地址和中标或者成交金额,主要中标或者成交标的的名称、规格型号、数量、单价、服务要求以及评审专家名单。

第四十四条 除国务院财政部门规定的情形外,采购人、采购代理机构不得以任何理由组织重新评审。采购人、采购代理机构按照国务院财政部门的规定组织重新评审的,应当书面报告本级人民政府财政部门。

采购人或者采购代理机构不得通过对样品进行检测、对供应商进行考察等方式改变评审结果。

第四十五条 采购人或者采购代理机构应当按照政府采购合同规定的技术、服务、安全标准组织对供应商履约情况进行验收,并出具验收书。验收书应当包括每一项技术、服务、安全标准的履约情况。

政府向社会公众提供的公共服务项目,验收时应当邀请服务对象参与并出具意见,验收结果应当向社会公告。

第四十六条 政府采购法第四十二条规定的采购文件,可以用电子档案方式保存。

第五章 政府采购合同

第四十七条 国务院财政部门应当会同国务院有关部门制定政府采购合同标准文本。

第四十八条 采购文件要求中标或者成交供应商提交履约保证金的,供应商应当以支票、汇票、本票或者金融机构、担保机构出具的保函等非现金形式提交。履约保证金的数额不得超过政府采购合同金额的 10%。

第四十九条 中标或者成交供应商拒绝与采购人签订合同的,采购人可以按照评审报告推荐的中标或者成交候选人名单排序,确定下一候选人为中标或者成交供应商,也可以重新开展政府采购活动。

第五十条 采购人应当自政府采购合同签订之日起 2 个工作日内,将政府采购合同在省级以上人民政府财政部门指定的媒体上公告,但政府采购合同中涉及国家秘密、商业秘密的内容除外。

第五十一条 采购人应当按照政府采购合同规定,及时向中标或者成交供应商支付采购资金。

政府采购项目资金支付程序,按照国家有关财政资金支付管理的规定执行。

第六章 质疑与投诉

第五十二条 采购人或者采购代理机构应当在 3 个工作日内对供应商依法提出的询问作出答复。

供应商提出的询问或者质疑超出采购人对采购代理机构委托授权范围的,采购代理机构应当告知供应商向采购人提出。

政府采购评审专家应当配合采购人或者采购代理机构答复供应商的询问和质疑。

第五十三条 政府采购法第五十二条规定的供应商应知其权益受到损害之日,是指:

(一)对可以质疑的采购文件提出质疑的,为收到采购文件之日或者采购文件公告期限届满之日;

(二)对采购过程提出质疑的,为各采购程序环节结束之日;

(三)对中标或者成交结果提出质疑的,为中标或者成交结果公告期限届满之日。

第五十四条 询问或者质疑事项可能影响中标、成交结果的,采购人应当暂停签订合同,已经签订合同的,应当中止履行合同。

第五十五条 供应商质疑、投诉应当有明确的请求和必要的证明材料。供应商投诉的事项不得超出已质疑事项的范围。

第五十六条 财政部门处理投诉事项采用书面审查的方式,必要时可以进行调查取证或者组织质证。

对财政部门依法进行的调查取证,投诉人和与投诉事项有关的当事人应当如实反映情况,并提供相关材料。

第五十七条 投诉人捏造事实、提供虚假材料或者以非法手段取得证明材料进行投诉的,财政部门应当予以驳回。

财政部门受理投诉后,投诉人书面申请撤回投诉的,财政部门应当终止投诉处理程序。

第五十八条 财政部门处理投诉事项,需要检验、检测、鉴定、专家评审以及需要投诉人补正材料的,所需时间不计算在投诉处理期限内。

财政部门对投诉事项作出的处理决定,应当在省级以上人民政府财政部门指定的媒体上公告。

第七章 监督检查

第五十九条 政府采购法第六十三条所称政府采购项目的采购标准,是指项目采购所依据的经费预算标准、资产配置标准和技术、服务标准等。

第六十条 除政府采购法第六十六条规定的考核事项外,财政部门对集中采购机构的考核事项还包括:

(一)政府采购政策的执行情况;

(二)采购文件编制水平;

(三)采购方式和采购程序的执行情况;

(四)询问、质疑答复情况;

(五)内部监督管理制度建设及执行情况;

(六)省级以上人民政府财政部门规定的其他事项。

财政部门应当制定考核计划,定期对集中采购机构进行考核,考核结果有重要情况的,应当向本级人民政府报告。

第六十一条 采购人发现采购代理机构有违法行为的,应当要求其改正。采购代理机构拒不改正的,采购人应当向本级人民政府财政部门报告,财政部门应当依法处理。

采购代理机构发现采购人的采购需求存在以不合理条件对供应商实行差别待遇、歧视待遇或者其他不符合法律、法规和政府采购政策规定内容,或者发现采购人有其他违法行为的,应当建议其改正。采购人拒不改正的,采购代理机构应当向采购人的本级人民政府财政部门报告,财政部门应当依法处理。

第六十二条 省级以上人民政府财政部门应当对政府采购评审专家库实行动态管理,具体管理办法由国务院财政部门制定。

采购人或者采购代理机构应当对评审专家在政府采购活动中的职责履行情况予以记录,并及时向财政部门报告。

第六十三条 各级人民政府财政部门和其他有关部门应当加强对参加政府采购活动的供应商、采购代理机构、评审专家的监督管理,对其不良行为予以记录,并纳入统一的信用信息平台。

第六十四条 各级人民政府财政部门对政府采购活动进行监督检查,有权查阅、复制有关文件、资料,相关单位和人员应当予以配合。

第六十五条 审计机关、监察机关以及其他有关部门依法对政府采购活动实施监督,发现采购当事人有违法行为的,应当及时通报财政部门。

第八章 法 律 责 任

第六十六条 政府采购法第七十一条规定的罚款,数额为10万元以下。

政府采购法第七十二条规定的罚款,数额为5万元以上25万元以下。

第六十七条 采购人有下列情形之一的,由财政部门责令限期改正,给予警告,对直接负责的主管人员和其他直接责任人员依法给予处分,并予以通报:

(一)未按照规定编制政府采购实施计划或者未按照规定将政府采购实施计划报本级人民政府财政部门备案;

(二)将应当进行公开招标的项目化整为零或者以其他任何方式规避公开招标;

(三)未按照规定在评标委员会、竞争性谈判小组或者询价小组推荐的中标或者成交候选人中确定中标或者成交供应商;

(四)未按照采购文件确定的事项签订政府采购合同;

(五)政府采购合同履行中追加与合同标的相同的货物、工程或者服务的采购金额超过原合同采购金额10%;

(六)擅自变更、中止或者终止政府采购合同;

(七)未按照规定公告政府采购合同;

(八)未按照规定时间将政府采购合同副本报本级人民政府财政部门和有关部门备案。

第六十八条 采购人、采购代理机构有下列情形之一的,依照政府采购法第七十一条、第七十八条的规定追究法律责任:

(一)未依照政府采购法和本条例规定的方式实施采购;

(二)未依法在指定的媒体上发布政府采购项目信息;

(三)未按照规定执行政府采购政策;

(四)违反本条例第十五条的规定导致无法组织对供应商履约情况进行验收或者国家财产遭受损失;

(五)未依法从政府采购评审专家库中抽取评审专家;

(六)非法干预采购评审活动;

(七)采用综合评分法时评审标准中的分值设置未与评审因素的量化指标相对应;

(八)对供应商的询问、质疑逾期未作处理;

(九)通过对样品进行检测、对供应商进行考察等方式改变评审结果;

(十)未按照规定组织对供应商履约情况进行验收。

第六十九条 集中采购机构有下列情形之一的,由财政部门责令限期改正,给予警告,有违法所得的,并处没收违法所得,对直接负责的主管人员和其他直接责任人员依法给予处分,并予以通报:

(一)内部监督管理制度不健全,对依法应当分设、分离的岗位、人员未分设、分离;

(二)将集中采购项目委托其他采购代理机构采购;

(三)从事营利活动。

第七十条 采购人员与供应商有利害关系而不依法回避的,由财政部门给予警告,并处2000元以上2万元以下的罚款。

第七十一条 有政府采购法第七十一条、第七十二条规定的违法行为之一,影响或者可能影响中标、成交结果的,依照下列规定处理:

(一)未确定中标或者成交供应商的,终止本次政府采购活动,重新开展政府采购活动;

(二)已确定中标或者成交供应商但尚未签订政府采购合同的,中标或者成交结果无效,从合格的中标或者成交候选人中另行确定中标或者成交供应商;没有合格的中标或者成交候选人的,重新开展政府采购活动;

(三)政府采购合同已签订但尚未履行的,撤销合同,从合格的中标或者成交候选人中另行确定中标或者成交供应商;没有合格的中标或者成交候选人的,重新开展政府采购活动;

(四)政府采购合同已经履行,给采购人、供应商造成损失的,由责任人承担赔偿责任。

政府采购当事人有其他违反政府采购法或者本条例规定的行为,经改正后仍然影响或者可能影响中标、成交结果或者依法被认定为中标、成交无效的,依照前款规定处理。

第七十二条 供应商有下列情形之一的,依照政府采购法第七十七条第一款的规定追究法律责任:

(一)向评标委员会、竞争性谈判小组或者询价小组成员行贿或者提供其他不正当利益;

(二)中标或者成交后无正当理由拒不与采购人签订政府采购合同;

(三)未按照采购文件确定的事项签订政府采购合同;

(四)将政府采购合同转包;

(五)提供假冒伪劣产品;

(六)擅自变更、中止或者终止政府采购合同。

供应商有前款第一项规定情形的,中标、成交无效。评审阶段资格发生变化,供应商未依照本条例第二十一条的规定通知采购人和采购代理机构的,处以采购金额0.5%的罚款,列入不良行为记录名单,中标、成交无效。

第七十三条 供应商捏造事实、提供虚假材料或者以非法手段取得证明材料进行投诉的,由财政部门列入不良行为记录名单,禁止其1至3年内参加政府采购活动。

第七十四条 有下列情形之一的,属于恶意串通,对供应商依照政府采购法第七十七条第一款的规定追究法律责任,对采购人、采购代理机构及其工作人员依照政府采购法第七十二条的规定追究法律责任:

(一)供应商直接或者间接从采购人或者采购代理机构处获得其他供应商的相关情况并修改其投标文件或者响应文件;

(二)供应商按照采购人或者采购代理机构的授意撤换、修改投标文件或者响应文件;

(三)供应商之间协商报价、技术方案等投标文件或者响应文件的实质性内容;

(四)属于同一集团、协会、商会等组织成员的供应商按照该组织要求协同参加政府采购活动;

(五)供应商之间事先约定由某一特定供应商中标、成交;

(六)供应商之间商定部分供应商放弃参加政府采购活动或者放弃中标、成交;

(七)供应商与采购人或者采购代理机构之间、供应商相互之间,为谋求特定供应商中标、成交或者排斥其他供应商的其他串通行为。

第七十五条 政府采购评审专家未按照采购文件规定的评审程序、评审方法和评审标准进行独立评审或者泄露评审文件、评审情况的,由财政部门给予警告,并处2000元以上2万元以下的罚款;影响中标、成交结果的,处2万元以上5万元以下的罚款,禁止其参加政府采购评审活动。

政府采购评审专家与供应商存在利害关系未回避的,处2万元以上5万元以下的罚款,禁止其参加政府采购评审活动。

政府采购评审专家收受采购人、采购代理机构、供应商贿赂或者获取其他不正当利益,构成犯罪的,依法追究刑事责任;尚不构成犯罪的,处2万元以上5万元以下的罚款,禁止其参加政府采购评审活动。

政府采购评审专家有上述违法行为的,其评审意见无效,不得获取评审费;有违法所得的,没收违法所得;给他人造成损失的,依法承担民事责任。

第七十六条 政府采购当事人违反政府采购法和本条例规定,给他人造成损失的,依法承担民事责任。

第七十七条 财政部门在履行政府采购监督管理职责中违反政府采购法和本条例规定,滥用职权、玩忽职守、徇私舞弊的,对直接负责的主管人员和其他直接责任人员依法给予处分;直接负责的主管人员和其他直接责任人员构成犯罪的,依法追究刑事责任。

第九章 附 则

第七十八条 财政管理实行省直接管理的县级人民政府可以根据需要并报经省级人民政府批准,行使政府采购法和本条例规定的设区的市级人民政府批准变更采购方式的职权。

第七十九条 本条例自 2015 年 3 月 1 日起施行。

中华人民共和国保险法

(根据 2015 年 4 月 24 日第十二届全国人民代表大会常务委员会第十四次会议《关于修改〈中华人民共和国计量法〉等五部法律的决定》第三次修正)

第一章 总 则

第一条 为了规范保险活动,保护保险活动当事人的合法权益,加强对保险业的监督管理,维护社会经济秩序和社会公共利益,促进保险事业的健康发展,制定本法。

第二条 本法所称保险,是指投保人根据合同约定,向保险人支付保险费,保险人对于合同约定的可能发生的事故因其发生所造成的财产损失承担赔偿保险金责任,或者当被保险人死亡、伤残、疾病或者达到合同约定的年龄、期限等条件时承担给付保险金责任的商业保险行为。

第三条 在中华人民共和国境内从事保险活动,适用本法。

第四条 从事保险活动必须遵守法律、行政法规,尊重社会公德,不得损害社会公共利益。

第五条 保险活动当事人行使权利、履行义务应当遵循诚实信用原则。

第六条 保险业务由依照本法设立的保险公司以及法律、行政法规规定的其他保险组织经营,其他单位和个人不得经营保险业务。

第七条 在中华人民共和国境内的法人和其他组织需要办理境内保险的,应当向中华人民共和国境内的保险公司投保。

第八条 保险业和银行业、证券业、信托业实行分业经营、分业管理,保险公司与银行、证券、信托业务机构分别设立。国家另有规定的除外。

第九条 国务院保险监督管理机构依法对保险业实施监督管理。

国务院保险监督管理机构根据履行职责的需要设立派出机构。派出机构按照国务院保险监督管理机构的授权履行监督管理职责。

第二章 保 险 合 同

第一节 一 般 规 定

第十条 保险合同是投保人与保险人约定保险权利义务关系的协议。

投保人是指与保险人订立保险合同,并按照合同约定负有支付保险费义务的人。

保险人是指与投保人订立保险合同,并按照合同约定承担赔偿或者给付保险金责任的保险公司。

第十一条 订立保险合同,应当协商一致,遵循公平原则确定各方的权利和义务。

除法律、行政法规规定必须保险的外,保险合同自愿订立。

第十二条 人身保险的投保人在保险合同订立时,对被保险人应当具有保险利益。

财产保险的被保险人在保险事故发生时,对保险标的应当具有保险利益。

人身保险是以人的寿命和身体为保险标的的保险。

财产保险是以财产及其有关利益为保险标的的保险。

被保险人是指其财产或者人身受保险合同保障,享有保险金请求权的人。投保人可以为被保险人。

保险利益是指投保人或者被保险人对保险标的具有的法律上承认的利益。

第十三条 投保人提出保险要求,经保险人同意承保,保险合同成立。保险人应当及时向投保人签发保险单或者其他保险凭证。

保险单或者其他保险凭证应当载明当事人双方约定的合同内容。当事人也可以约定采用其他书面形式载明合同内容。

依法成立的保险合同,自成立时生效。投保人和保险人可以对合同的效力约定附条件或者附期限。

第十四条 保险合同成立后,投保人按照约定交付保险费,保险人按照约定的时间开始承担保险责任。

第十五条 除本法另有规定或者保险合同另有约定外,保险合同成立后,投保人可以解除合同,保险人不得解除合同。

第十六条 订立保险合同,保险人就保险标的或者被保险人的有关情况提出询问的,投保人应当如实告知。

投保人故意或者因重大过失未履行前款规定的如实告知义务,足以影响保险人决定是否同意承保或者提高保险费率的,保险人有权解除合同。

前款规定的合同解除权,自保险人知道有解除事由之日起,超过三十日不行使而消灭。自合同成立之日起超过二年的,保险人不得解除合同;发生保险事故的,保险人应当承担赔偿或者给付保险金的责任。

投保人故意不履行如实告知义务的,保险人对于合同解除前发生的保险事故,不承担赔偿或者给付保险金的责任,并不退还保险费。

投保人因重大过失未履行如实告知义务,对保险事故的发生有严重影响的,保险人对于合同解除前发生的保险事故,不承担赔偿或者给付保险金的责任,但应当退还保险费。

保险人在合同订立时已经知道投保人未如实告知的情况的,保险人不得解除合同;发生保险事故的,保险人应当承担赔偿或者给付保险金的责任。

保险事故是指保险合同约定的保险责任范围内的事故。

第十七条 订立保险合同,采用保险人提供的格式条款的,保险人向投保人提供的投保单应当附格式条款,保险人应当向投保人说明合同的内容。

对保险合同中免除保险人责任的条款,保险人在订立合同时应当在投保单、保险单或者其他保险凭证上作出足以引起投保人注意的提示,并对该条款的内容以书面或者口头形式向投保人作出明确说明;未作提示或者明确说明的,该条款不产生效力。

第十八条 保险合同应当包括下列事项:
(一)保险人的名称和住所;
(二)投保人、被保险人的姓名或者名称、住所,以及人身保险的受益人的姓名或者名称、住所;
(三)保险标的;
(四)保险责任和责任免除;
(五)保险期间和保险责任开始时间;
(六)保险金额;
(七)保险费以及支付办法;
(八)保险金赔偿或者给付办法;
(九)违约责任和争议处理;
(十)订立合同的年、月、日。

投保人和保险人可以约定与保险有关的其他事项。

受益人是指人身保险合同中由被保险人或者投保人指定的享有保险金请求权的人。投保人、被保险人可以为受益人。

保险金额是指保险人承担赔偿或者给付保险金责任的最高限额。

第十九条 采用保险人提供的格式条款订立的保险合同中的下列条款无效:
(一)免除保险人依法应承担的义务或者加重投保人、被保险人责任的;
(二)排除投保人、被保险人或者受益人依法享有的权利的。

第二十条 投保人和保险人可以协商变更合同内容。

变更保险合同的,应当由保险人在保险单或者其他保险凭证上批注或者附贴批单,或者由投保人和保险人订立变更的书面协议。

第二十一条 投保人、被保险人或者受益人知道保险事故发生后,应当及时通知保险人。故意或者因重大过失未及时通知,致使保险事故的性质、原因、损失程度等难以确定的,保险人对无法确定的部分,不承担赔偿或者给付保险金的责任,但保险人通过其他途径已经及时知道或者应当及时知道保险事故发生的除外。

第二十二条 保险事故发生后,按照保险合同请求保险人赔偿或者给付保险金时,投保人、被保险人或者受益人应当向保险人提供其所能提供的与确认保险事故的性质、原因、损失程度等有关的证明和资料。

保险人按照合同的约定,认为有关的证明和资料不完整的,应当及时一次性通知投保人、被保险人或者受益人补充提供。

第二十三条 保险人收到被保险人或者受益人的赔偿或者给付保险金的请求后,应当及时作出核定;情形复杂的,应当在三十日内作出核定,但合同另有约定的除外。保险人应当将核定结果通知被保险人或者受益人;对属于保险责任的,在与被保险人或者受益人达成赔偿或者给付保险金的协议后十日内,履行赔偿或者给付保险金义务。保险合同对赔偿或者给付保险金的期限有约定的,保险人应当按照约定履行赔偿或者给付保险金义务。

保险人未及时履行前款规定义务的,除支付保险金外,应当赔偿被保险人或者受益人因此受到的损失。

任何单位和个人不得非法干预保险人履行赔偿或者给付保险金的义务,也不得限制被保险人或者受益人取得保险金的权利。

第二十四条 保险人依照本法第二十三条的规定作出核定后,对不属于保险责任的,应当自作出核定之日起三日内向被保险人或者受益人发出拒绝赔偿或者拒绝给付保险金通知书,并说明理由。

第二十五条 保险人自收到赔偿或者给付保险金的请求和有关证明、资料之日起六十日内,对其赔偿或者给付保险金的数额不能确定的,应当根据已有证明和资料可以确定的数额先予支付;保险人最终确定赔偿或者给付保险金的数额后,应当支付相应的差额。

第二十六条 人寿保险以外的其他保险的被保险人或者受益人,向保险人请求赔偿或者给付保险金的诉讼时效期间为二年,自其知道或者应当知道保险事故发生之日起计算。

人寿保险的被保险人或者受益人向保险人请求给付保险金的诉讼时效期间为五年,自其知道或者应当知道保险事故发生之日起计算。

第二十七条 未发生保险事故,被保险人或者受益人谎称发生了保险事故,向保险人提出赔偿或者给付保险金请求的,保险人有权解除合同,并不退还保险费。

投保人、被保险人故意制造保险事故的,保险人有权解除合同,不承担赔偿或者给付保险金的责任;除本法第四十三条规定外,不退还保险费。

保险事故发生后,投保人、被保险人或者受益人以伪造、变造的有关证明、资料或者其他证据,编造虚假的事故原因或者夸大损失程度的,保险人对其虚报的部分不承担赔偿或者给付保险金的责任。

投保人、被保险人或者受益人有前三款规定行为之一,致使保险人支付保险金或者支出费用的,应当退回或者赔偿。

第二十八条 保险人将其承担的保险业务,以分保形式部分转移给其他保险人的,为再保险。

应再保险接受人的要求,再保险分出人应当将其自负责任及原保险的有关情况书面告知再保险接受人。

第二十九条 再保险接受人不得向原保险的投保人要求支付保险费。

原保险的被保险人或者受益人不得向再保险接受人提出赔偿或者给付保险金的请求。

再保险分出人不得以再保险接受人未履行再保险责任为由,拒绝履行或者迟延履行其原保险责任。

第三十条 采用保险人提供的格式条款订立的保险合同,保险人与投保人、被保险人或者受益人对合同条款有争议的,应当按照通常理解予以解释。对合同条款有两种以上解释的,人民法院或者仲裁机构应当作出有利于被保险人和受益人的解释。

第二节 人身保险合同

第三十一条 投保人对下列人员具有保险利益:

(一)本人;

(二)配偶、子女、父母;
(三)前项以外与投保人有抚养、赡养或者扶养关系的家庭其他成员、近亲属;
(四)与投保人有劳动关系的劳动者。

除前款规定外,被保险人同意投保人为其订立合同的,视为投保人对被保险人具有保险利益。

订立合同时,投保人对被保险人不具有保险利益的,合同无效。

第三十二条 投保人申报的被保险人年龄不真实,并且其真实年龄不符合合同约定的年龄限制的,保险人可以解除合同,并按照合同约定退还保险单的现金价值。保险人行使合同解除权,适用本法第十六条第三款、第六款的规定。

投保人申报的被保险人年龄不真实,致使投保人支付的保险费少于应付保险费的,保险人有权更正并要求投保人补交保险费,或者在给付保险金时按照实付保险费与应付保险费的比例支付。

投保人申报的被保险人年龄不真实,致使投保人支付的保险费多于应付保险费的,保险人应当将多收的保险费退还投保人。

第三十三条 投保人不得为无民事行为能力人投保以死亡为给付保险金条件的人身保险,保险人也不得承保。

父母为其未成年子女投保的人身保险,不受前款规定限制。但是,因被保险人死亡给付的保险金总和不得超过国务院保险监督管理机构规定的限额。

第三十四条 以死亡为给付保险金条件的合同,未经被保险人同意并认可保险金额的,合同无效。

按照以死亡为给付保险金条件的合同所签发的保险单,未经被保险人书面同意,不得转让或者质押。

父母为其未成年子女投保的人身保险,不受本条第一款规定限制。

第三十五条 投保人可以按照合同约定向保险人一次支付全部保险费或者分期支付保险费。

第三十六条 合同约定分期支付保险费,投保人支付首期保险费后,除合同另有约定外,投保人自保险人催告之日起超过三十日未支付当期保险费,或者超过约定的期限六十日未支付当期保险费的,合同效力中止,或者由保险人按照合同约定的条件减少保险金额。

被保险人在前款规定期限内发生保险事故的,保险人应当按照合同约定给付保险金,但可以扣减欠交的保险费。

第三十七条 合同效力依照本法第三十六条规定中止的,经保险人与投保人协商并达成协议,在投保人补交保险费后,合同效力恢复。但是,自合同效力中止之日起满二年双方未达成协议的,保险人有权解除合同。

保险人依照前款规定解除合同的,应当按照合同约定退还保险单的现金价值。

第三十八条 保险人对人寿保险的保险费,不得用诉讼方式要求投保人支付。

第三十九条 人身保险的受益人由被保险人或者投保人指定。

投保人指定受益人时须经被保险人同意。投保人为与其有劳动关系的劳动者投保人身保险,不得指定被保险人及其近亲属以外的人为受益人。

被保险人为无民事行为能力人或者限制民事行为能力人的,可以由其监护人指定受益人。

第四十条 被保险人或者投保人可以指定一人或者数人为受益人。

受益人为数人的,被保险人或者投保人可以确定受益顺序和受益份额;未确定受益份额的,受益人按照相等份额享有受益权。

第四十一条 被保险人或者投保人可以变更受益人并书面通知保险人。保险人收到变更受益人的书面通知后,应当在保险单或者其他保险凭证上批注或者附贴批单。

投保人变更受益人时须经被保险人同意。

第四十二条 被保险人死亡后,有下列情形之一的,保险金作为被保险人的遗产,由保险人依照《中华人民共和国继承法》的规定履行给付保险金的义务:

(一)没有指定受益人,或者受益人指定不明无法确定的;

(二)受益人先于被保险人死亡,没有其他受益人的;

(三)受益人依法丧失受益权或者放弃受益权,没有其他受益人的。

受益人与被保险人在同一事件中死亡,且不能确定死亡先后顺序的,推定受益人死亡在先。

第四十三条 投保人故意造成被保险人死亡、伤残或者疾病的,保险人不承担给付保险金的责任。投保人已交足二年以上保险费的,保险人应当按照合同约定向其他权利人退还保险单的现金价值。

受益人故意造成被保险人死亡、伤残、疾病的,或者故意杀害被保险人未遂的,该受益人丧失受益权。

第四十四条 以被保险人死亡为给付保险金条件的合同,自合同成立或者合同效力恢复之日起二年内,被保险人自杀的,保险人不承担给付保险金的责任,但被保险人自杀时为无民事行为能力人的除外。

保险人依照前款规定不承担给付保险金责任的,应当按照合同约定退还保险单的现金价值。

第四十五条 因被保险人故意犯罪或者抗拒依法采取的刑事强制措施导致其伤残或者死亡的,保险人不承担给付保险金的责任。投保人已交足二年以上保险费的,保险人应当按照合同约定退还保险单的现金价值。

第四十六条 被保险人因第三者的行为而发生死亡、伤残或者疾病等保险事故的,保险人向被保险人或者受益人给付保险金后,不享有向第三者追偿的权利,但被保险人或者受益人仍有权向第三者请求赔偿。

第四十七条 投保人解除合同的,保险人应当自收到解除合同通知之日起三十日内,按照合同约定退还保险单的现金价值。

第三节 财产保险合同

第四十八条 保险事故发生时,被保险人对保险标的不具有保险利益的,不得向保险人请求赔偿保险金。

第四十九条 保险标的转让的,保险标的的受让人承继被保险人的权利和义务。

保险标的转让的,被保险人或者受让人应当及时通知保险人,但货物运输保险合同和另有约定的合同除外。

因保险标的转让导致危险程度显著增加的,保险人自收到前款规定的通知之日起三十日内,可以按照合同约定增加保险费或者解除合同。保险人解除合同的,应当将已收取的保险费,按照合同约定扣除自保险责任开始之日起至合同解除之日止应收的部分后,退还投保人。

被保险人、受让人未履行本条第二款规定的通知义务的,因转让导致保险标的危险程度显著增加而发生的保险事故,保险人不承担赔偿保险金的责任。

第五十条 货物运输保险合同和运输工具航程保险合同,保险责任开始后,合同当事人不得解除合同。

第五十一条 被保险人应当遵守国家有关消防、安全、生产操作、劳动保护等方面的规定,维护保险标的的安全。

保险人可以按照合同约定对保险标的的安全状况进行检查,及时向投保人、被保险人提出消除不安全因素和隐患的书面建议。

投保人、被保险人未按照约定履行其对保险标的的安全应尽责任的,保险人有权要求增加保险费或者解除合同。

保险人为维护保险标的的安全,经被保险人同意,可以采取安全预防措施。

第五十二条 在合同有效期内,保险标的的危险程度显著增加的,被保险人应当按照合同约定及时通知保险人,保险人可以按照合同约定增加保险费或者解除合同。保险人解除合同的,应当将已收取的保险费,按照合同约定扣除自保险责任开始之日起至合同解除之日止应收的部分后,退还投保人。

被保险人未履行前款规定的通知义务的,因保险标的的危险程度显著增加而发生的保险事故,保险人不承担赔偿保险金的责任。

第五十三条 有下列情形之一的,除合同另有约定外,保险人应当降低保险费,并按日计算退还相应的保险费:

(一)据以确定保险费率的有关情况发生变化,保险标的的危险程度明显减少的;

(二)保险标的的保险价值明显减少的。

第五十四条 保险责任开始前,投保人要求解除合同的,应当按照合同约定向保险人支付手续费,保险人应当退还保险费。保险责任开始后,投保人要求解除合同的,保险人应当将已收取的保险费,按照合同约定扣除自保险责任开始之日起至合同解除之日止应收的部分后,退还投保人。

第五十五条 投保人和保险人约定保险标的的保险价值并在合同中载明的,保险标的发生损失时,以约定的保险价值为赔偿计算标准。

投保人和保险人未约定保险标的的保险价值的,保险标的发生损失时,以保险事故发生时保险标的的实际价值为赔偿计算标准。

保险金额不得超过保险价值。超过保险价值的,超过部分无效,保险人应当退还相应的保险费。

保险金额低于保险价值的,除合同另有约定外,保险人按照保险金额与保险价值的比例承担赔偿保险金的责任。

第五十六条 重复保险的投保人应当将重复保险的有关情况通知各保险人。

重复保险的各保险人赔偿保险金的总和不得超过保险价值。除合同另有约定外,各保险人按照其保险金额与保险金额总和的比例承担赔偿保险金的责任。

重复保险的投保人可以就保险金额总和超过保险价值的部分,请求各保险人按比例返还保险费。

重复保险是指投保人对同一保险标的、同一保险利益、同一保险事故分别与两个以上保险人订立保险合同,且保险金额总和超过保险价值的保险。

第五十七条 保险事故发生时,被保险人应当尽力采取必要的措施,防止或者减少损失。

保险事故发生后,被保险人为防止或者减少保险标的的损失所支付的必要的、合理的费用,由保险人承担;保险人所承担的费用数额在保险标的损失赔偿金额以外另行计算,最高不超过保险金额的数额。

第五十八条 保险标的发生部分损失的,自保险人赔偿之日起三十日内,投保人可以解除合同;除合同另有约定外,保险人也可以解除合同,但应当提前十五日通知投保人。

合同解除的,保险人应当将保险标的未受损失部分的保险费,按照合同约定扣除自保险责任开始之日起至合同解除之日止应收的部分后,退还投保人。

第五十九条 保险事故发生后,保险人已支付了全部保险金额,并且保险金额等于保险价值的,受损保险标的的全部权利归于保险人;保险金额低于保险价值的,保险人按照保险金额与保险价值的比例取得受损保险标的的部分权利。

第六十条 因第三者对保险标的的损害而造成保险事故的,保险人自向被保险人赔偿保险金之日起,在赔偿金额范围内代位行使被保险人对第三者请求赔偿的权利。

前款规定的保险事故发生后,被保险人已经从第三者取得损害赔偿的,保险人赔偿保险金时,可以相应扣减被保险人从第三者已取得的赔偿金额。

保险人依照本条第一款规定行使代位请求赔偿的权利,不影响被保险人就未取得赔偿的部分向第三者请求赔偿的权利。

第六十一条 保险事故发生后,保险人未赔偿保险金之前,被保险人放弃对第三者请求赔偿的权利的,保险人不承担赔偿保险金的责任。

保险人向被保险人赔偿保险金后,被保险人未经保险人同意放弃对第三者请求赔偿的权利的,该行为无效。

被保险人故意或者因重大过失致使保险人不能行使代位请求赔偿的权利的,保险人可以扣减或者要求返还相应的保险金。

第六十二条 除被保险人的家庭成员或者其组成人员故意造成本法第六十条第一款规定的保险事故外,保险人不得对被保险人的家庭成员或者其组成人员行使代位请求赔偿的权利。

第六十三条 保险人向第三者行使代位请求赔偿的权利时,被保险人应当向保险人提供必要的文件和所知道的有关情况。

第六十四条 保险人、被保险人为查明和确定保险事故的性质、原因和保险标的的损失程度所支付的必要的、合理的费用,由保险人承担。

第六十五条 保险人对责任保险的被保险人给第三者造成的损害,可以依照法律的规定或者合同的约定,直接向该第三者赔偿保险金。

责任保险的被保险人给第三者造成损害,被保险人对第三者应负的赔偿责任确定的,根据被保险人的请求,保险人应当直接向该第三者赔偿保险金。被保险人怠于请求的,第三者有权就其应获赔偿部分直接向保险人请求赔偿保险金。

责任保险的被保险人给第三者造成损害,被保险人未向该第三者赔偿的,保险人不得向被保险人赔偿保险金。

责任保险是指以被保险人对第三者依法应负的赔偿责任为保险标的的保险。

第六十六条 责任保险的被保险人因给第三者造成损害的保险事故而被提起仲裁或者诉讼的,被保险人支付的仲裁或者诉讼费用以及其他必要的、合理的费用,除合同另有约定外,由保险人承担。

第三章 保 险 公 司

第六十七条 设立保险公司应当经国务院保险监督管理机构批准。

国务院保险监督管理机构审查保险公司的设立申请时,应当考虑保险业的发展和公平竞争的需要。

第六十八条 设立保险公司应当具备下列条件:

(一)主要股东具有持续盈利能力,信誉良好,最近三年内无重大违法违规记录,净资产不低于人民币二亿元;

(二)有符合本法和《中华人民共和国公司法》规定的章程;

(三)有符合本法规定的注册资本;

(四)有具备任职专业知识和业务工作经验的董事、监事和高级管理人员;

(五)有健全的组织机构和管理制度;

(六)有符合要求的营业场所和与经营业务有关的其他设施;

(七)法律、行政法规和国务院保险监督管理机构规定的其他条件。

第六十九条 设立保险公司,其注册资本的最低限额为人民币二亿元。

国务院保险监督管理机构根据保险公司的业务范围、经营规模,可以调整其注册资本的最低限额,但不得低于本条第一款规定的限额。

保险公司的注册资本必须为实缴货币资本。

第七十条 申请设立保险公司,应当向国务院保险监督管理机构提出书面申请,并提交下列材料:

(一)设立申请书,申请书应当载明拟设立的保险公司的名称、注册资本、业务范围等;

(二)可行性研究报告;

(三)筹建方案;

(四)投资人的营业执照或者其他背景资料,经会计师事务所审计的上一年度财务会计报告;

(五)投资人认可的筹备组负责人和拟任董事长、经理名单及本人认可证明;

(六)国务院保险监督管理机构规定的其他材料。

第七十一条 国务院保险监督管理机构应当对设立保险公司的申请进行审查,自受理之日起六个月内作出批准或者不批准筹建的决定,并书面通知申请人。决定不批准的,应当书面说明理由。

第七十二条 申请人应当自收到批准筹建通知之日起一年内完成筹建工作;筹建期间不得从事保险经营活动。

第七十三条 筹建工作完成后,申请人具备本法第六十八条规定的设立条件的,可以向国务院保险监督管理机构提出开业申请。

国务院保险监督管理机构应当自受理开业申请之日起六十日内,作出批准或者不批准开业的决定。决定批准的,颁发经营保险业务许可证;决定不批准的,应当书面通知申请人并说明理由。

第七十四条 保险公司在中华人民共和国境内设立分支机构,应当经保险监督管理机构批准。

保险公司分支机构不具有法人资格,其民事责任由保险公司承担。

第七十五条 保险公司申请设立分支机构,应当向保险监督管理机构提出书面申请,并提交下列材料:

(一)设立申请书;

(二)拟设机构三年业务发展规划和市场分析材料;

(三)拟任高级管理人员的简历及相关证明材料;

(四)国务院保险监督管理机构规定的其他材料。

第七十六条 保险监督管理机构应当对保险公司设立分支机构的申请进行审查,自受理之日起六十日内作出批准或者不批准的决定。决定批准的,颁发分支机构经营保险业务许可证;决定不批准的,应当书面通知申请人并说明理由。

第七十七条 经批准设立的保险公司及其分支机构,凭经营保险业务许可证向工商行政管理机关办理登记,领取营业执照。

第七十八条 保险公司及其分支机构自取得经营保险业务许可证之日起六个月内,无正当理由未向工商行政管理机关办理登记的,其经营保险业务许可证失效。

第七十九条 保险公司在中华人民共和国境外设立子公司、分支机构,应当经国务院保险监督管理机构批准。

第八十条 外国保险机构在中华人民共和国境内设立代表机构,应当经国务院保险监督管理机构批准。代表机构不得从事保险经营活动。

第八十一条 保险公司的董事、监事和高级管理人员,应当品行良好,熟悉与保险相关的法律、行政法规,具有履行职责所需的经营管理能力,并在任职前取得保险监督管理机构核准的任职资格。

保险公司高级管理人员的范围由国务院保险监督管理机构规定。

第八十二条 有《中华人民共和国公司法》第一百四十六条规定的情形或者下列情形之一的,不得担任保险公司的董事、监事、高级管理人员:

(一)因违法行为或者违纪行为被金融监督管理机构取消任职资格的金融机构的董事、监事、高级管理人员,自被取消任职资格之日起未逾五年的;

(二)因违法行为或者违纪行为被吊销执业资格的律师、注册会计师或者资产评估机构、验证机构等机构的专业人员,自被吊销执业资格之日起未逾五年的。

第八十三条 保险公司的董事、监事、高级管理人员执行公司职务时违反法律、行政法规或者公司章程的规定,给公司造成损失的,应当承担赔偿责任。

第八十四条 保险公司有下列情形之一的,应当经保险监督管理机构批准:

(一)变更名称;

(二)变更注册资本;

(三)变更公司或者分支机构的营业场所;

(四)撤销分支机构;

(五)公司分立或者合并;

(六)修改公司章程;

(七)变更出资额占有限责任公司资本总额百分之五以上的股东,或者变更持有股份有限公司股份百分之五以上的股东;

(八)国务院保险监督管理机构规定的其他情形。

第八十五条 保险公司应当聘用专业人员,建立精算报告制度和合规报告制度。

第八十六条 保险公司应当按照保险监督管理机构的规定,报送有关报告、报表、文件和资料。

保险公司的偿付能力报告、财务会计报告、精算报告、合规报告及其他有关报告、报表、文件和资料必须如实记录保险业务事项,不得有虚假记载、误导性陈述和重大遗漏。

第八十七条 保险公司应当按照国务院保险监督管理机构的规定妥善保管业务经营活动的完整账簿、原始凭证和有关资料。

前款规定的账簿、原始凭证和有关资料的保管期限,自保险合同终止之日起计算,保险期间在一年以下的不得少于五年,保险期间超过一年的不得少于十年。

第八十八条 保险公司聘请或者解聘会计师事务所、资产评估机构、资信评级机构等中介服务机构,应当向保险监督管理机构报告;解聘会计师事务所、资产评估机构、资信评级机构等中介服务机构,应当说明理由。

第八十九条 保险公司因分立、合并需要解散,或者股东会、股东大会决议解散,或者公司章程规定的解散事由出现,经国务院保险监督管理机构批准后解散。

经营有人寿保险业务的保险公司,除因分立、合并或者被依法撤销外,不得解散。

保险公司解散,应当依法成立清算组进行清算。

第九十条 保险公司有《中华人民共和国企业破产法》第二条规定情形的,经国务院保险监督管理机构同意,保险公司或者其债权人可以依法向人民法院申请重整、和解或者破产清算;国务院保险监督管理机构也可以依法向人民法院申请对该保险公司进行重整或者破产清算。

第九十一条 破产财产在优先清偿破产费用和共益债务后,按照下列顺序清偿:

(一)所欠职工工资和医疗、伤残补助、抚恤费用,所欠应当划入职工个人账户的基本养老保险、基本医疗保险费用,以及法律、行政法规规定应当支付给职工的补偿金;

(二)赔偿或者给付保险金;

(三)保险公司欠缴的除第(一)项规定以外的社会保险费用和所欠税款;

(四)普通破产债权。

破产财产不足以清偿同一顺序的清偿要求的,按照比例分配。

破产保险公司的董事、监事和高级管理人员的工资,按照该公司职工的平均工资计算。

第九十二条 经营有人寿保险业务的保险公司被依法撤销或者被依法宣告破产的,其持有的人寿保险合同及责任准备金,必须转让给其他经营有人寿保险业务的保险公司;不能同其他保险公司达成转让协议的,由国务院保险监督管理机构指定经营有人寿保险业务的保险公司接受转让。

转让或者由国务院保险监督管理机构指定接受转让前款规定的人寿保险合同及责任准备金的,应当维护被保险人、受益人的合法权益。

第九十三条 保险公司依法终止其业务活动,应当注销其经营保险业务许可证。

第九十四条 保险公司,除本法另有规定外,适用《中华人民共和国公司法》的规定。

第四章 保险经营规则

第九十五条 保险公司的业务范围:

(一)人身保险业务,包括人寿保险、健康保险、意外伤害保险等保险业务;

(二)财产保险业务,包括财产损失保险、责任保险、信用保险、保证保险等保险业务;

(三)国务院保险监督管理机构批准的与保险有关的其他业务。

保险人不得兼营人身保险业务和财产保险业务。但是,经营财产保险业务的保险公司经国务院保险监督管理机构批准,可以经营短期健康保险业务和意外伤害保险业务。

保险公司应当在国务院保险监督管理机构依法批准的业务范围内从事保险经营活动。

第九十六条 经国务院保险监督管理机构批准,保险公司可以经营本法第九十五条规定的保险业务的下列再保险业务:

(一)分出保险;

(二)分入保险。

第九十七条 保险公司应当按照其注册资本总额的百分之二十提取保证金,存入国务院保险监督管理机构指定的银行,除公司清算时用于清偿债务外,不得动用。

第九十八条 保险公司应当根据保障被保险人利益、保证偿付能力的原则,提取各项责任准备金。

保险公司提取和结转责任准备金的具体办法,由国务院保险监督管理机构制定。

第九十九条 保险公司应当依法提取公积金。

第一百条 保险公司应当缴纳保险保障基金。

保险保障基金应当集中管理,并在下列情形下统筹使用:

(一)在保险公司被撤销或者被宣告破产时,向投保人、被保险人或者受益人提供救济;

(二)在保险公司被撤销或者被宣告破产时,向依法接受其人寿保险合同的保险公司提供救济;

(三)国务院规定的其他情形。

保险保障基金筹集、管理和使用的具体办法,由国务院制定。

第一百零一条 保险公司应当具有与其业务规模和风险程度相适应的最低偿付能力。保险公司的认可资产减去认可负债的差额不得低于国务院保险监督管理机构规定的数额;低于规定数额的,应当按照国务院保险监督管理机构的要求采取相应措施达到规定的数额。

第一百零二条 经营财产保险业务的保险公司当年自留保险费,不得超过其实有资本金加公积金总和的四倍。

第一百零三条 保险公司对每一危险单位,即对一次保险事故可能造成的最大损失范围所承担的责任,不得超过其实有资本金加公积金总和的百分之十;超过的部分应当办理再保险。

保险公司对危险单位的划分应当符合国务院保险监督管理机构的规定。

第一百零四条 保险公司对危险单位的划分方法和巨灾风险安排方案,应当报国务院保险监督管理机构备案。

第一百零五条 保险公司应当按照国务院保险监督管理机构的规定办理再保险,并审慎选择再保险接受人。

第一百零六条 保险公司的资金运用必须稳健,遵循安全性原则。

保险公司的资金运用限于下列形式:

(一)银行存款;

(二)买卖债券、股票、证券投资基金份额等有价证券;

(三)投资不动产;

(四)国务院规定的其他资金运用形式。

保险公司资金运用的具体管理办法,由国务院保险监督管理机构依照前两款的规定制定。

第一百零七条 经国务院保险监督管理机构会同国务院证券监督管理机构批准,保险公司可以设立保险资产管理公司。

保险资产管理公司从事证券投资活动,应当遵守《中华人民共和国证券法》等法律、行政法规的规定。

保险资产管理公司的管理办法,由国务院保险监督管理机构会同国务院有关部门制定。

第一百零八条 保险公司应当按照国务院保险监督管理机构的规定,建立对关联交易的管理和信息披露制度。

第一百零九条 保险公司的控股股东、实际控制人、董事、监事、高级管理人员不得利用关联交易损害公司的利益。

第一百一十条 保险公司应当按照国务院保险监督管理机构的规定,真实、准确、完整地披露财务会计报告、风险管理状况、保险产品经营情况等重大事项。

第一百一十一条 保险公司从事保险销售的人员应当品行良好,具有保险销售所需的专业能力。保险销售人员的行为规范和管理办法,由国务院保险监督管理机构规定。

第一百一十二条 保险公司应当建立保险代理人登记管理制度,加强对保险代理人的培训和管理,不得唆使、诱导保险代理人进行违背诚信义务的活动。

第一百一十三条 保险公司及其分支机构应当依法使用经营保险业务许可证,不得转让、出租、出借经营保险业务许可证。

第一百一十四条 保险公司应当按照国务院保险监督管理机构的规定,公平、合理拟订保险条款和保险费率,不得损害投保人、被保险人和受益人的合法权益。

保险公司应当按照合同约定和本法规定,及时履行赔偿或者给付保险金义务。

第一百一十五条 保险公司开展业务,应当遵循公平竞争的原则,不得从事不正当竞争。

第一百一十六条 保险公司及其工作人员在保险业务活动中不得有下列行为:

(一)欺骗投保人、被保险人或者受益人;

(二)对投保人隐瞒与保险合同有关的重要情况;

(三)阻碍投保人履行本法规定的如实告知义务,或者诱导其不履行本法规定的如实告知义务;

(四)给予或者承诺给予投保人、被保险人、受益人保险合同约定以外的保险费回扣或者其他利益;

(五)拒不依法履行保险合同约定的赔偿或者给付保险金义务;

(六)故意编造未曾发生的保险事故、虚构保险合同或者故意夸大已经发生的保险事故的损失程度进行虚假理赔,骗取保险金或者牟取其他不正当利益;

(七)挪用、截留、侵占保险费;

(八)委托未取得合法资格的机构从事保险销售活动;

(九)利用开展保险业务为其他机构或者个人牟取不正当利益;

(十)利用保险代理人、保险经纪人或者保险评估机构,从事以虚构保险中介业务或者编造退保等方式套取费用等违法活动;

(十一)以捏造、散布虚假事实等方式损害竞争对手的商业信誉,或者以其他不正当竞争行为扰乱保险市场秩序;

(十二)泄露在业务活动中知悉的投保人、被保险人的商业秘密;

(十三)违反法律、行政法规和国务院保险监督管理机构规定的其他行为。

第五章　保险代理人和保险经纪人

第一百一十七条 保险代理人是根据保险人的委托,向保险人收取佣金,并在保险人授权的范围内代为办理保险业务的机构或者个人。

保险代理机构包括专门从事保险代理业务的保险专业代理机构和兼营保险代理业务的保险兼业代理机构。

第一百一十八条 保险经纪人是基于投保人的利益,为投保人与保险人订立保险合同提供中介服务,并依法收取佣金的机构。

第一百一十九条 保险代理机构、保险经纪人应当具备国务院保险监督管理机构规定的条件,取得保险监督管理机构颁发的经营保险代理业务许可证、保险经纪业务许可证。

第一百二十条 以公司形式设立保险专业代理机构、保险经纪人,其注册资本最低限额适用《中华人民共和国公司法》的规定。

国务院保险监督管理机构根据保险专业代理机构、保险经纪人的业务范围和经营规模,可以调整其注册资本的最低限额,但不得低于《中华人民共和国公司法》规定的限额。

保险专业代理机构、保险经纪人的注册资本或者出资额必须为实缴货币资本。

第一百二十一条 保险专业代理机构、保险经纪人的高级管理人员,应当品行良好,熟悉保险法律、行政法规,具有履行职责所需的经营管理能力,并在任职前取得保险监督管理机构核准的任职资格。

第一百二十二条 个人保险代理人、保险代理机构的代理从业人员、保险经纪人的经纪从业人员,应当品行良好,具有从事保险代理业务或者保险经纪业务所需的专业能力。

第一百二十三条 保险代理机构、保险经纪人应当有自己的经营场所,设立专门账簿记载保险代理业务、经纪业务的收支情况。

第一百二十四条 保险代理机构、保险经纪人应当按照国务院保险监督管理机构的规定缴存保证金或者投保职业责任保险。

第一百二十五条 个人保险代理人在代为办理人寿保险业务时,不得同时接受两个以上保险人的委托。

第一百二十六条 保险人委托保险代理人代为办理保险业务,应当与保险代理人签订委托代理协议,依法约定双方的权利和义务。

第一百二十七条 保险代理人根据保险人的授权代为办理保险业务的行为,由保险人承担责任。

保险代理人没有代理权、超越代理权或者代理权终止后以保险人名义订立合同,使投保人有理由相信其有代理权的,该代理行为有效。保险人可以依法追究越权的保险代理人的责任。

第一百二十八条 保险经纪人因过错给投保人、被保险人造成损失的,依法承担赔偿责任。

第一百二十九条 保险活动当事人可以委托保险公估机构等依法设立的独立评估机构或者具有相关专业知识的人员,对保险事故进行评估和鉴定。

接受委托对保险事故进行评估和鉴定的机构和人员,应当依法、独立、客观、公正地进行评估和鉴定,任何单位和个人不得干涉。

前款规定的机构和人员,因故意或者过失给保险人或者被保险人造成损失的,依法承担赔偿责任。

第一百三十条 保险佣金只限于向保险代理人、保险经纪人支付,不得向其他人支付。

第一百三十一条 保险代理人、保险经纪人及其从业人员在办理保险业务活动中不得有下列行为:

(一)欺骗保险人、投保人、被保险人或者受益人;

(二)隐瞒与保险合同有关的重要情况;

(三)阻碍投保人履行本法规定的如实告知义务,或者诱导其不履行本法规定的如实告知义务;

(四)给予或者承诺给予投保人、被保险人或者受益人保险合同约定以外的利益;

(五)利用行政权力、职务或者职业便利以及其他不正当手段强迫、引诱或者限制投保人订立保险合同;

(六)伪造、擅自变更保险合同,或者为保险合同当事人提供虚假证明材料;

(七)挪用、截留、侵占保险费或者保险金;

(八)利用业务便利为其他机构或者个人牟取不正当利益;

(九)串通投保人、被保险人或者受益人,骗取保险金;

(十)泄露在业务活动中知悉的保险人、投保人、被保险人的商业秘密。

第一百三十二条　本法第八十六条第一款、第一百一十三条的规定,适用于保险代理机构和保险经纪人。

第六章　保险业监督管理

第一百三十三条　保险监督管理机构依照本法和国务院规定的职责,遵循依法、公开、公正的原则,对保险业实施监督管理,维护保险市场秩序,保护投保人、被保险人和受益人的合法权益。

第一百三十四条　国务院保险监督管理机构依照法律、行政法规制定并发布有关保险业监督管理的规章。

第一百三十五条　关系社会公众利益的保险险种、依法实行强制保险的险种和新开发的人寿保险险种等的保险条款和保险费率,应当报国务院保险监督管理机构批准。国务院保险监督管理机构审批时,应当遵循保护社会公众利益和防止不正当竞争的原则。其他保险险种的保险条款和保险费率,应当报保险监督管理机构备案。

保险条款和保险费率审批、备案的具体办法,由国务院保险监督管理机构依照前款规定制定。

第一百三十六条　保险公司使用的保险条款和保险费率违反法律、行政法规或者国务院保险监督管理机构的有关规定的,由保险监督管理机构责令停止使用,限期修改;情节严重的,可以在一定期限内禁止申报新的保险条款和保险费率。

第一百三十七条　国务院保险监督管理机构应当建立健全保险公司偿付能力监管体系,对保险公司的偿付能力实施监控。

第一百三十八条　对偿付能力不足的保险公司,国务院保险监督管理机构应当将其列为重点监管对象,并可以根据具体情况采取下列措施:

(一)责令增加资本金、办理再保险;

(二)限制业务范围;

(三)限制向股东分红;

(四)限制固定资产购置或者经营费用规模;

(五)限制资金运用的形式、比例;

(六)限制增设分支机构;

(七)责令拍卖不良资产、转让保险业务;

(八)限制董事、监事、高级管理人员的薪酬水平;

(九)限制商业性广告;

(十)责令停止接受新业务。

第一百三十九条　保险公司未依照本法规定提取或者结转各项责任准备金,或者未依照本法规定办理再保险,或者严重违反本法关于资金运用的规定的,由保险监督管理机构责令限期改正,并可以责令调整负责人及有关管理人员。

第一百四十条　保险监督管理机构依照本法第一百三十九条的规定作出限期改正的决定

后,保险公司逾期未改正的,国务院保险监督管理机构可以决定选派保险专业人员和指定该保险公司的有关人员组成整顿组,对公司进行整顿。

整顿决定应当载明被整顿公司的名称、整顿理由、整顿组成员和整顿期限,并予以公告。

第一百四十一条 整顿组有权监督被整顿保险公司的日常业务。被整顿公司的负责人及有关管理人员应当在整顿组的监督下行使职权。

第一百四十二条 整顿过程中,被整顿保险公司的原有业务继续进行。但是,国务院保险监督管理机构可以责令被整顿公司停止部分原有业务、停止接受新业务,调整资金运用。

第一百四十三条 被整顿保险公司经整顿已纠正其违反本法规定的行为,恢复正常经营状况的,由整顿组提出报告,经国务院保险监督管理机构批准,结束整顿,并由国务院保险监督管理机构予以公告。

第一百四十四条 保险公司有下列情形之一的,国务院保险监督管理机构可以对其实行接管:

(一)公司的偿付能力严重不足的;

(二)违反本法规定,损害社会公共利益,可能严重危及或者已经严重危及公司的偿付能力的。

被接管的保险公司的债权债务关系不因接管而变化。

第一百四十五条 接管组的组成和接管的实施办法,由国务院保险监督管理机构决定,并予以公告。

第一百四十六条 接管期限届满,国务院保险监督管理机构可以决定延长接管期限,但接管期限最长不得超过二年。

第一百四十七条 接管期限届满,被接管的保险公司已恢复正常经营能力的,由国务院保险监督管理机构决定终止接管,并予以公告。

第一百四十八条 被整顿、被接管的保险公司有《中华人民共和国企业破产法》第二条规定情形的,国务院保险监督管理机构可以依法向人民法院申请对该保险公司进行重整或者破产清算。

第一百四十九条 保险公司因违法经营被依法吊销经营保险业务许可证的,或者偿付能力低于国务院保险监督管理机构规定标准,不予撤销将严重危害保险市场秩序、损害公共利益的,由国务院保险监督管理机构予以撤销并公告,依法及时组织清算组进行清算。

第一百五十条 国务院保险监督管理机构有权要求保险公司股东、实际控制人在指定的期限内提供有关信息和资料。

第一百五十一条 保险公司的股东利用关联交易严重损害公司利益,危及公司偿付能力的,由国务院保险监督管理机构责令改正。在按照要求改正前,国务院保险监督管理机构可以限制其股东权利;拒不改正的,可以责令其转让所持的保险公司股权。

第一百五十二条 保险监督管理机构根据履行监督管理职责的需要,可以与保险公司董事、监事和高级管理人员进行监督管理谈话,要求其就公司的业务活动和风险管理的重大事项作出说明。

第一百五十三条 保险公司在整顿、接管、撤销清算期间,或者出现重大风险时,国务院保险监督管理机构可以对该公司直接负责的董事、监事、高级管理人员和其他直接责任人员采取以下措施：

（一）通知出境管理机关依法阻止其出境；

（二）申请司法机关禁止其转移、转让或者以其他方式处分财产，或者在财产上设定其他权利。

第一百五十四条 保险监督管理机构依法履行职责，可以采取下列措施：

（一）对保险公司、保险代理人、保险经纪人、保险资产管理公司、外国保险机构的代表机构进行现场检查；

（二）进入涉嫌违法行为发生场所调查取证；

（三）询问当事人及与被调查事件有关的单位和个人，要求其对与被调查事件有关的事项作出说明；

（四）查阅、复制与被调查事件有关的财产权登记等资料；

（五）查阅、复制保险公司、保险代理人、保险经纪人、保险资产管理公司、外国保险机构的代表机构以及与被调查事件有关的单位和个人的财务会计资料及其他相关文件和资料；对可能被转移、隐匿或者毁损的文件和资料予以封存；

（六）查询涉嫌违法经营的保险公司、保险代理人、保险经纪人、保险资产管理公司、外国保险机构的代表机构以及与涉嫌违法事项有关的单位和个人的银行账户；

（七）对有证据证明已经或者可能转移、隐匿违法资金等涉案财产或者隐匿、伪造、毁损重要证据的，经保险监督管理机构主要负责人批准，申请人民法院予以冻结或者查封。

保险监督管理机构采取前款第（一）项、第（二）项、第（五）项措施的，应当经保险监督管理机构负责人批准；采取第（六）项措施的，应当经国务院保险监督管理机构负责人批准。

保险监督管理机构依法进行监督检查或者调查，其监督检查、调查的人员不得少于二人，并应当出示合法证件和监督检查、调查通知书；监督检查、调查的人员少于二人或者未出示合法证件和监督检查、调查通知书的，被检查、调查的单位和个人有权拒绝。

第一百五十五条 保险监督管理机构依法履行职责，被检查、调查的单位和个人应当配合。

第一百五十六条 保险监督管理机构工作人员应当忠于职守，依法办事，公正廉洁，不得利用职务便利牟取不正当利益，不得泄露所知悉的有关单位和个人的商业秘密。

第一百五十七条 国务院保险监督管理机构应当与中国人民银行、国务院其他金融监督管理机构建立监督管理信息共享机制。

保险监督管理机构依法履行职责，进行监督检查、调查时，有关部门应当予以配合。

第七章 法 律 责 任

第一百五十八条 违反本法规定，擅自设立保险公司、保险资产管理公司或者非法经营商业保险业务的，由保险监督管理机构予以取缔，没收违法所得，并处违法所得一倍以上五倍以下的罚款；没有违法所得或者违法所得不足二十万元的，处二十万元以上一百万元以下的罚款。

第一百五十九条 违反本法规定，擅自设立保险专业代理机构、保险经纪人，或者未取得经营保险代理业务许可证、保险经纪业务许可证从事保险代理业务、保险经纪业务的,由保险监督管理机构予以取缔,没收违法所得,并处违法所得一倍以上五倍以下的罚款;没有违法所得或者违法所得不足五万元的,处五万元以上三十万元以下的罚款。

第一百六十条 保险公司违反本法规定,超出批准的业务范围经营的,由保险监督管理机构责令限期改正,没收违法所得,并处违法所得一倍以上五倍以下的罚款;没有违法所得或者违法所得不足十万元的,处十万元以上五十万元以下的罚款。逾期不改正或者造成严重后果的,责令停业整顿或者吊销业务许可证。

第一百六十一条 保险公司有本法第一百一十六条规定行为之一的,由保险监督管理机构责令改正,处五万元以上三十万元以下的罚款;情节严重的,限制其业务范围、责令停止接受新业务或者吊销业务许可证。

第一百六十二条 保险公司违反本法第八十四条规定的,由保险监督管理机构责令改正,处一万元以上十万元以下的罚款。

第一百六十三条 保险公司违反本法规定,有下列行为之一的,由保险监督管理机构责令改正,处五万元以上三十万元以下的罚款:

(一)超额承保,情节严重的;

(二)为无民事行为能力人承保以死亡为给付保险金条件的保险的。

第一百六十四条 违反本法规定,有下列行为之一的,由保险监督管理机构责令改正,处五万元以上三十万元以下的罚款;情节严重的,可以限制其业务范围、责令停止接受新业务或者吊销业务许可证:

(一)未按照规定提存保证金或者违反规定动用保证金的;

(二)未按照规定提取或者结转各项责任准备金的;

(三)未按照规定缴纳保险保障基金或者提取公积金的;

(四)未按照规定办理再保险的;

(五)未按照规定运用保险公司资金的;

(六)未经批准设立分支机构的;

(七)未按照规定申请批准保险条款、保险费率的。

第一百六十五条 保险代理机构、保险经纪人有本法第一百三十一条规定行为之一的,由保险监督管理机构责令改正,处五万元以上三十万元以下的罚款;情节严重的,吊销业务许可证。

第一百六十六条 保险代理机构、保险经纪人违反本法规定,有下列行为之一的,由保险监督管理机构责令改正,处二万元以上十万元以下的罚款;情节严重的,责令停业整顿或者吊销业务许可证:

(一)未按照规定缴存保证金或者投保职业责任保险的;

(二)未按照规定设立专门账簿记载业务收支情况的。

第一百六十七条 违反本法规定,聘任不具有任职资格的人员的,由保险监督管理机构责令改正,处二万元以上十万元以下的罚款。

第一百六十八条 违反本法规定,转让、出租、出借业务许可证的,由保险监督管理机构处一万元以上十万元以下的罚款;情节严重的,责令停业整顿或者吊销业务许可证。

第一百六十九条 违反本法规定,有下列行为之一的,由保险监督管理机构责令限期改正;逾期不改正的,处一万元以上十万元以下的罚款:

(一)未按照规定报送或者保管报告、报表、文件、资料的,或者未按照规定提供有关信息、资料的;

(二)未按照规定报送保险条款、保险费率备案的;

(三)未按照规定披露信息的。

第一百七十条 违反本法规定,有下列行为之一的,由保险监督管理机构责令改正,处十万元以上五十万元以下的罚款;情节严重的,可以限制其业务范围、责令停止接受新业务或者吊销业务许可证:

(一)编制或者提供虚假的报告、报表、文件、资料的;

(二)拒绝或者妨碍依法监督检查的;

(三)未按照规定使用经批准或者备案的保险条款、保险费率的。

第一百七十一条 保险公司、保险资产管理公司、保险专业代理机构、保险经纪人违反本法规定的,保险监督管理机构除分别依照本法第一百六十条至第一百七十条的规定对该单位给予处罚外,对其直接负责的主管人员和其他直接责任人员给予警告,并处一万元以上十万元以下的罚款;情节严重的,撤销任职资格。

第一百七十二条 个人保险代理人违反本法规定的,由保险监督管理机构给予警告,可以并处二万元以下的罚款;情节严重的,处二万元以上十万元以下的罚款。

第一百七十三条 外国保险机构未经国务院保险监督管理机构批准,擅自在中华人民共和国境内设立代表机构的,由国务院保险监督管理机构予以取缔,处五万元以上三十万元以下的罚款。

外国保险机构在中华人民共和国境内设立的代表机构从事保险经营活动的,由保险监督管理机构责令改正,没收违法所得,并处违法所得一倍以上五倍以下的罚款;没有违法所得或者违法所得不足二十万元的,处二十万元以上一百万元以下的罚款;对其首席代表可以责令撤换;情节严重的,撤销其代表机构。

第一百七十四条 投保人、被保险人或者受益人有下列行为之一,进行保险诈骗活动,尚不构成犯罪的,依法给予行政处罚:

(一)投保人故意虚构保险标的,骗取保险金的;

(二)编造未曾发生的保险事故,或者编造虚假的事故原因或者夸大损失程度,骗取保险金的;

(三)故意造成保险事故,骗取保险金的。

保险事故的鉴定人、评估人、证明人故意提供虚假的证明文件,为投保人、被保险人或者受益人进行保险诈骗提供条件的,依照前款规定给予处罚。

第一百七十五条 违反本法规定,给他人造成损害的,依法承担民事责任。

第一百七十六条 拒绝、阻碍保险监督管理机构及其工作人员依法行使监督检查、调查职权,未使用暴力、威胁方法的,依法给予治安管理处罚。

第一百七十七条 违反法律、行政法规的规定,情节严重的,国务院保险监督管理机构可以禁止有关责任人员一定期限直至终身进入保险业。

第一百七十八条 保险监督管理机构从事监督管理工作的人员有下列情形之一的,依法给予处分:

(一)违反规定批准机构的设立的;

(二)违反规定进行保险条款、保险费率审批的;

(三)违反规定进行现场检查的;

(四)违反规定查询账户或者冻结资金的;

(五)泄露其知悉的有关单位和个人的商业秘密的;

(六)违反规定实施行政处罚的;

(七)滥用职权、玩忽职守的其他行为。

第一百七十九条 违反本法规定,构成犯罪的,依法追究刑事责任。

第八章 附 则

第一百八十条 保险公司应当加入保险行业协会。保险代理人、保险经纪人、保险公估机构可以加入保险行业协会。

保险行业协会是保险业的自律性组织,是社会团体法人。

第一百八十一条 保险公司以外的其他依法设立的保险组织经营的商业保险业务,适用本法。

第一百八十二条 海上保险适用《中华人民共和国海商法》的有关规定;《中华人民共和国海商法》未规定的,适用本法的有关规定。

第一百八十三条 中外合资保险公司、外资独资保险公司、外国保险公司分公司适用本法规定;法律、行政法规另有规定的,适用其规定。

第一百八十四条 国家支持发展为农业生产服务的保险事业。农业保险由法律、行政法规另行规定。

强制保险,法律、行政法规另有规定的,适用其规定。

第一百八十五条 本法自 2009 年 10 月 1 日起施行。

中华人民共和国税收征收管理法

(根据2015年4月24日第十二届全国人民代表大会常务委员会第十四次会议《关于修改〈中华人民共和国港口法〉等七部法律的决定》第三次修正)

第一章 总 则

第一条 为了加强税收征收管理,规范税收征收和缴纳行为,保障国家税收收入,保护纳税人的合法权益,促进经济和社会发展,制定本法。

第二条 凡依法由税务机关征收的各种税收的征收管理,均适用本法。

第三条 税收的开征、停征以及减税、免税、退税、补税,依照法律的规定执行;法律授权国务院规定的,依照国务院制定的行政法规的规定执行。

任何机关、单位和个人不得违反法律、行政法规的规定,擅自作出税收开征、停征以及减税、免税、退税、补税和其他同税收法律、行政法规相抵触的决定。

第四条 法律、行政法规规定负有纳税义务的单位和个人为纳税人。

法律、行政法规规定负有代扣代缴、代收代缴税款义务的单位和个人为扣缴义务人。

纳税人、扣缴义务人必须依照法律、行政法规的规定缴纳税款、代扣代缴、代收代缴税款。

第五条 国务院税务主管部门主管全国税收征收管理工作。各地国家税务局和地方税务局应当按照国务院规定的税收征收管理范围分别进行征收管理。

地方各级人民政府应当依法加强对本行政区域内税收征收管理工作的领导或者协调,支持税务机关依法执行职务,依照法定税率计算税额,依法征收税款。

各有关部门和单位应当支持、协助税务机关依法执行职务。

税务机关依法执行职务,任何单位和个人不得阻挠。

第六条 国家有计划地用现代信息技术装备各级税务机关,加强税收征收管理信息系统的现代化建设,建立、健全税务机关与政府其他管理机关的信息共享制度。

纳税人、扣缴义务人和其他有关单位应当按照国家有关规定如实向税务机关提供与纳税和代扣代缴、代收代缴税款有关的信息。

第七条 税务机关应当广泛宣传税收法律、行政法规,普及纳税知识,无偿地为纳税人提供纳税咨询服务。

第八条 纳税人、扣缴义务人有权向税务机关了解国家税收法律、行政法规的规定以及与纳税程序有关的情况。

纳税人、扣缴义务人有权要求税务机关为纳税人、扣缴义务人的情况保密。税务机关应当依法为纳税人、扣缴义务人的情况保密。

纳税人依法享有申请减税、免税、退税的权利。

纳税人、扣缴义务人对税务机关所作出的决定,享有陈述权、申辩权;依法享有申请行政复议、提起行政诉讼、请求国家赔偿等权利。

纳税人、扣缴义务人有权控告和检举税务机关、税务人员的违法违纪行为。

第九条 税务机关应当加强队伍建设,提高税务人员的政治业务素质。

税务机关、税务人员必须秉公执法,忠于职守,清正廉洁,礼貌待人,文明服务,尊重和保护纳税人、扣缴义务人的权利,依法接受监督。

税务人员不得索贿受贿、徇私舞弊、玩忽职守,不征或者少征应征税款;不得滥用职权多征税款或者故意刁难纳税人和扣缴义务人。

第十条 各级税务机关应当建立、健全内部制约和监督管理制度。

上级税务机关应当对下级税务机关的执法活动依法进行监督。

各级税务机关应当对其工作人员执行法律、行政法规和廉洁自律准则的情况进行监督检查。

第十一条 税务机关负责征收、管理、稽查、行政复议的人员的职责应当明确,并相互分离、相互制约。

第十二条 税务人员征收税款和查处税收违法案件,与纳税人、扣缴义务人或者税收违法案件有利害关系的,应当回避。

第十三条 任何单位和个人都有权检举违反税收法律、行政法规的行为。收到检举的机关和负责查处的机关应当为检举人保密。税务机关应当按照规定对检举人给予奖励。

第十四条 本法所称税务机关是指各级税务局、税务分局、税务所和按照国务院规定设立的并向社会公告的税务机构。

第二章 税 务 管 理

第一节 税 务 登 记

第十五条 企业,企业在外地设立的分支机构和从事生产、经营的场所,个体工商户和从事生产、经营的事业单位(以下统称从事生产、经营的纳税人)自领取营业执照之日起三十日内,持有关证件,向税务机关申报办理税务登记。税务机关应当于收到申报的当日办理登记并发给税务登记证件。

工商行政管理机关应当将办理登记注册、核发营业执照的情况,定期向税务机关通报。

本条第一款规定以外的纳税人办理税务登记和扣缴义务人办理扣缴税款登记的范围和办法,由国务院规定。

第十六条 从事生产、经营的纳税人,税务登记内容发生变化的,自工商行政管理机关办理变更登记之日起三十日内或者在向工商行政管理机关申请办理注销登记之前,持有关证件向税务机关申报办理变更或者注销税务登记。

第十七条　从事生产、经营的纳税人应当按照国家有关规定,持税务登记证件,在银行或者其他金融机构开立基本存款账户和其他存款账户,并将其全部账号向税务机关报告。

银行和其他金融机构应当在从事生产、经营的纳税人的账户中登录税务登记证件号码,并在税务登记证件中登录从事生产、经营的纳税人的账户账号。

税务机关依法查询从事生产、经营的纳税人开立账户的情况时,有关银行和其他金融机构应当予以协助。

第十八条　纳税人按照国务院税务主管部门的规定使用税务登记证件。税务登记证件不得转借、涂改、损毁、买卖或者伪造。

第二节　账簿、凭证管理

第十九条　纳税人、扣缴义务人按照有关法律、行政法规和国务院财政、税务主管部门的规定设置账簿,根据合法、有效凭证记账,进行核算。

第二十条　从事生产、经营的纳税人的财务、会计制度或者财务、会计处理办法和会计核算软件,应当报送税务机关备案。

纳税人、扣缴义务人的财务、会计制度或者财务、会计处理办法与国务院或者国务院财政、税务主管部门有关税收的规定抵触的,依照国务院或者国务院财政、税务主管部门有关税收的规定计算应纳税款、代扣代缴和代收代缴税款。

第二十一条　税务机关是发票的主管机关,负责发票印制、领购、开具、取得、保管、缴销的管理和监督。

单位、个人在购销商品、提供或者接受经营服务以及从事其他经营活动中,应当按照规定开具、使用、取得发票。

发票的管理办法由国务院规定。

第二十二条　增值税专用发票由国务院税务主管部门指定的企业印制;其他发票,按照国务院税务主管部门的规定,分别由省、自治区、直辖市国家税务局、地方税务局指定企业印制。

未经前款规定的税务机关指定,不得印制发票。

第二十三条　国家根据税收征收管理的需要,积极推广使用税控装置。纳税人应当按照规定安装、使用税控装置,不得损毁或者擅自改动税控装置。

第二十四条　从事生产、经营的纳税人、扣缴义务人必须按照国务院财政、税务主管部门规定的保管期限保管账簿、记账凭证、完税凭证及其他有关资料。

账簿、记账凭证、完税凭证及其他有关资料不得伪造、变造或者擅自损毁。

第三节　纳税申报

第二十五条　纳税人必须依照法律、行政法规规定或者税务机关依照法律、行政法规的规定确定的申报期限、申报内容如实办理纳税申报,报送纳税申报表、财务会计报表以及税务机关根据实际需要要求纳税人报送的其他纳税资料。

扣缴义务人必须依照法律、行政法规规定或者税务机关依照法律、行政法规的规定确定的申报期限、申报内容如实报送代扣代缴、代收代缴税款报告表以及税务机关根据实际需要要求扣缴义务人报送的其他有关资料。

第二十六条 纳税人、扣缴义务人可以直接到税务机关办理纳税申报或者报送代扣代缴、代收代缴税款报告表,也可以按照规定采取邮寄、数据电文或者其他方式办理上述申报、报送事项。

第二十七条 纳税人、扣缴义务人不能按期办理纳税申报或者报送代扣代缴、代收代缴税款报告表的,经税务机关核准,可以延期申报。

经核准延期办理前款规定的申报、报送事项的,应当在纳税期内按照上期实际缴纳的税额或者税务机关核定的税额预缴税款,并在核准的延期内办理税款结算。

第三章 税款征收

第二十八条 税务机关依照法律、行政法规的规定征收税款,不得违反法律、行政法规的规定开征、停征、多征、少征、提前征收、延缓征收或者摊派税款。

农业税应纳税额按照法律、行政法规的规定核定。

第二十九条 除税务机关、税务人员以及经税务机关依照法律、行政法规委托的单位和人员外,任何单位和个人不得进行税款征收活动。

第三十条 扣缴义务人依照法律、行政法规的规定履行代扣、代收税款的义务。对法律、行政法规没有规定负有代扣、代收税款义务的单位和个人,税务机关不得要求其履行代扣、代收税款义务。

扣缴义务人依法履行代扣、代收税款义务时,纳税人不得拒绝。纳税人拒绝的,扣缴义务人应当及时报告税务机关处理。

税务机关按照规定付给扣缴义务人代扣、代收手续费。

第三十一条 纳税人、扣缴义务人按照法律、行政法规规定或者税务机关依照法律、行政法规的规定确定的期限,缴纳或者解缴税款。

纳税人因有特殊困难,不能按期缴纳税款的,经省、自治区、直辖市国家税务局、地方税务局批准,可以延期缴纳税款,但是最长不得超过三个月。

第三十二条 纳税人未按照规定期限缴纳税款的,扣缴义务人未按照规定期限解缴税款的,税务机关除责令限期缴纳外,从滞纳税款之日起,按日加收滞纳税款万分之五的滞纳金。

第三十三条 纳税人依照法律、行政法规的规定办理减税、免税。

地方各级人民政府、各级人民政府主管部门、单位和个人违反法律、行政法规规定,擅自作出的减税、免税决定无效,税务机关不得执行,并向上级税务机关报告。

第三十四条 税务机关征收税款时,必须给纳税人开具完税凭证。扣缴义务人代扣、代收税款时,纳税人要求扣缴义务人开具代扣、代收税款凭证的,扣缴义务人应当开具。

第三十五条 纳税人有下列情形之一的,税务机关有权核定其应纳税额:

(一)依照法律、行政法规的规定可以不设置账簿的;

(二)依照法律、行政法规的规定应当设置账簿但未设置的;

(三)擅自销毁账簿或者拒不提供纳税资料的;

(四)虽设置账簿,但账目混乱或者成本资料、收入凭证、费用凭证残缺不全,难以查账的;

（五）发生纳税义务，未按照规定的期限办理纳税申报，经税务机关责令限期申报，逾期仍不申报的；

（六）纳税人申报的计税依据明显偏低，又无正当理由的。

税务机关核定应纳税额的具体程序和方法由国务院税务主管部门规定。

第三十六条 企业或者外国企业在中国境内设立的从事生产、经营的机构、场所与其关联企业之间的业务往来，应当按照独立企业之间的业务往来收取或者支付价款、费用；不按照独立企业之间的业务往来收取或者支付价款、费用，而减少其应纳税的收入或者所得额的，税务机关有权进行合理调整。

第三十七条 对未按照规定办理税务登记的从事生产、经营的纳税人以及临时从事经营的纳税人，由税务机关核定其应纳税额，责令缴纳；不缴纳的，税务机关可以扣押其价值相当于应纳税款的商品、货物。扣押后缴纳应纳税款的，税务机关必须立即解除扣押，并归还所扣押的商品、货物；扣押后仍不缴纳应纳税款的，经县以上税务局（分局）局长批准，依法拍卖或者变卖所扣押的商品、货物，以拍卖或者变卖所得抵缴税款。

第三十八条 税务机关有根据认为从事生产、经营的纳税人有逃避纳税义务行为的，可以在规定的纳税期之前，责令限期缴纳应纳税款；在限期内发现纳税人有明显的转移、隐匿其应纳税的商品、货物以及其他财产或者应纳税的收入的迹象的，税务机关可以责成纳税人提供纳税担保。如果纳税人不能提供纳税担保，经县以上税务局（分局）局长批准，税务机关可以采取下列税收保全措施：

（一）书面通知纳税人开户银行或者其他金融机构冻结纳税人的金额相当于应纳税款的存款；

（二）扣押、查封纳税人的价值相当于应纳税款的商品、货物或者其他财产。

纳税人在前款规定的限期内缴纳税款的，税务机关必须立即解除税收保全措施；限期期满仍未缴纳税款的，经县以上税务局（分局）局长批准，税务机关可以书面通知纳税人开户银行或者其他金融机构从其冻结的存款中扣缴税款，或者依法拍卖或者变卖所扣押、查封的商品、货物或者其他财产，以拍卖或者变卖所得抵缴税款。

个人及其所扶养家属维持生活必需的住房和用品，不在税收保全措施的范围之内。

第三十九条 纳税人在限期内已缴纳税款，税务机关未立即解除税收保全措施，使纳税人的合法利益遭受损失的，税务机关应当承担赔偿责任。

第四十条 从事生产、经营的纳税人、扣缴义务人未按照规定的期限缴纳或者解缴税款，纳税担保人未按照规定的期限缴纳所担保的税款，由税务机关责令限期缴纳，逾期仍未缴纳的，经县以上税务局（分局）局长批准，税务机关可以采取下列强制执行措施：

（一）书面通知其开户银行或者其他金融机构从其存款中扣缴税款；

（二）扣押、查封、依法拍卖或者变卖其价值相当于应纳税款的商品、货物或者其他财产，以拍卖或者变卖所得抵缴税款。

税务机关采取强制执行措施时，对前款所列纳税人、扣缴义务人、纳税担保人未缴纳的滞纳金同时强制执行。

个人及其所扶养家属维持生活必需的住房和用品，不在强制执行措施的范围之内。

第四十一条 本法第三十七条、第三十八条、第四十条规定的采取税收保全措施、强制执行措施的权力,不得由法定的税务机关以外的单位和个人行使。

第四十二条 税务机关采取税收保全措施和强制执行措施必须依照法定权限和法定程序,不得查封、扣押纳税人个人及其所扶养家属维持生活必需的住房和用品。

第四十三条 税务机关滥用职权违法采取税收保全措施、强制执行措施,或者采取税收保全措施、强制执行措施不当,使纳税人、扣缴义务人或者纳税担保人的合法权益遭受损失的,应当依法承担赔偿责任。

第四十四条 欠缴税款的纳税人或者他的法定代表人需要出境的,应当在出境前向税务机关结清应纳税款、滞纳金或者提供担保。未结清税款、滞纳金,又不提供担保的,税务机关可以通知出境管理机关阻止其出境。

第四十五条 税务机关征收税款,税收优先于无担保债权,法律另有规定的除外;纳税人欠缴的税款发生在纳税人以其财产设定抵押、质押或者纳税人的财产被留置之前的,税收应当先于抵押权、质权、留置权执行。

纳税人欠缴税款,同时又被行政机关决定处以罚款、没收违法所得的,税收优先于罚款、没收违法所得。

税务机关应当对纳税人欠缴税款的情况定期予以公告。

第四十六条 纳税人有欠税情形而以其财产设定抵押、质押的,应当向抵押权人、质权人说明其欠税情况。抵押权人、质权人可以请求税务机关提供有关的欠税情况。

第四十七条 税务机关扣押商品、货物或者其他财产时,必须开付收据;查封商品、货物或者其他财产时,必须开付清单。

第四十八条 纳税人有合并、分立情形的,应当向税务机关报告,并依法缴清税款。纳税人合并时未缴清税款的,应当由合并后的纳税人继续履行未履行的纳税义务;纳税人分立时未缴清税款的,分立后的纳税人对未履行的纳税义务应当承担连带责任。

第四十九条 欠缴税款数额较大的纳税人在处分其不动产或者大额资产之前,应当向税务机关报告。

第五十条 欠缴税款的纳税人因怠于行使到期债权,或者放弃到期债权,或者无偿转让财产,或者以明显不合理的低价转让财产而受让人知道该情形,对国家税收造成损害的,税务机关可以依照合同法第七十三条、第七十四条的规定行使代位权、撤销权。

税务机关依照前款规定行使代位权、撤销权的,不免除欠缴税款的纳税人尚未履行的纳税义务和应承担的法律责任。

第五十一条 纳税人超过应纳税额缴纳的税款,税务机关发现后应当立即退还;纳税人自结算缴纳税款之日起三年内发现的,可以向税务机关要求退还多缴的税款并加算银行同期存款利息,税务机关及时查实后应当立即退还;涉及从国库中退库的,依照法律、行政法规有关国库管理的规定退还。

第五十二条 因税务机关的责任,致使纳税人、扣缴义务人未缴或者少缴税款的,税务机关在三年内可以要求纳税人、扣缴义务人补缴税款,但是不得加收滞纳金。

因纳税人、扣缴义务人计算错误等失误,未缴或者少缴税款的,税务机关在三年内可以追征税款、滞纳金;有特殊情况的,追征期可以延长到五年。

对偷税、抗税、骗税的,税务机关追征其未缴或者少缴的税款、滞纳金或者所骗取的税款,不受前款规定期限的限制。

第五十三条 国家税务局和地方税务局应当按照国家规定的税收征收管理范围和税款入库预算级次,将征收的税款缴入国库。

对审计机关、财政机关依法查出的税收违法行为,税务机关应当根据有关机关的决定、意见书,依法将应收的税款、滞纳金按照税款入库预算级次缴入国库,并将结果及时回复有关机关。

第四章 税务检查

第五十四条 税务机关有权进行下列税务检查:

(一)检查纳税人的账簿、记账凭证、报表和有关资料,检查扣缴义务人代扣代缴、代收代缴税款账簿、记账凭证和有关资料;

(二)到纳税人的生产、经营场所和货物存放地检查纳税人应纳税的商品、货物或者其他财产,检查扣缴义务人与代扣代缴、代收代缴税款有关的经营情况;

(三)责成纳税人、扣缴义务人提供与纳税或者代扣代缴、代收代缴税款有关的文件、证明材料和有关资料;

(四)询问纳税人、扣缴义务人与纳税或者代扣代缴、代收代缴税款有关的问题和情况;

(五)到车站、码头、机场、邮政企业及其分支机构检查纳税人托运、邮寄应纳税商品、货物或者其他财产的有关单据、凭证和有关资料;

(六)经县以上税务局(分局)局长批准,凭全国统一格式的检查存款账户许可证明,查询从事生产、经营的纳税人、扣缴义务人在银行或者其他金融机构的存款账户。税务机关在调查税收违法案件时,经设区的市、自治州以上税务局(分局)局长批准,可以查询案件涉嫌人员的储蓄存款。税务机关查询所获得的资料,不得用于税收以外的用途。

第五十五条 税务机关对从事生产、经营的纳税人以前纳税期的纳税情况依法进行税务检查时,发现纳税人有逃避纳税义务行为,并有明显的转移、隐匿其应纳税的商品、货物以及其他财产或者应纳税的收入的迹象的,可以按照本法规定的批准权限采取税收保全措施或者强制执行措施。

第五十六条 纳税人、扣缴义务人必须接受税务机关依法进行的税务检查,如实反映情况,提供有关资料,不得拒绝、隐瞒。

第五十七条 税务机关依法进行税务检查时,有权向有关单位和个人调查纳税人、扣缴义务人和其他当事人与纳税或者代扣代缴、代收代缴税款有关的情况,有关单位和个人有义务向税务机关如实提供有关资料及证明材料。

第五十八条 税务机关调查税务违法案件时,对与案件有关的情况和资料,可以记录、录音、录像、照相和复制。

第五十九条 税务机关派出的人员进行税务检查时,应当出示税务检查证和税务检查通知书,并有责任为被检查人保守秘密;未出示税务检查证和税务检查通知书的,被检查人有权拒绝检查。

第五章 法律责任

第六十条 纳税人有下列行为之一的,由税务机关责令限期改正,可以处二千元以下的罚款;情节严重的,处二千元以上一万元以下的罚款:

(一)未按照规定的期限申报办理税务登记、变更或者注销登记的;

(二)未按照规定设置、保管账簿或者保管记账凭证和有关资料的;

(三)未按照规定将财务、会计制度或者财务、会计处理办法和会计核算软件报送税务机关备查的;

(四)未按照规定将其全部银行账号向税务机关报告的;

(五)未按照规定安装、使用税控装置,或者损毁或者擅自改动税控装置的。

纳税人不办理税务登记的,由税务机关责令限期改正;逾期不改正的,经税务机关提请,由工商行政管理机关吊销其营业执照。

纳税人未按照规定使用税务登记证件,或者转借、涂改、损毁、买卖、伪造税务登记证件的,处二千元以上一万元以下的罚款;情节严重的,处一万元以上五万元以下的罚款。

第六十一条 扣缴义务人未按照规定设置、保管代扣代缴、代收代缴税款账簿或者保管代扣代缴、代收代缴税款记账凭证及有关资料的,由税务机关责令限期改正,可以处二千元以下的罚款;情节严重的,处二千元以上五千元以下的罚款。

第六十二条 纳税人未按照规定的期限办理纳税申报和报送纳税资料的,或者扣缴义务人未按照规定的期限向税务机关报送代扣代缴、代收代缴税款报告表和有关资料的,由税务机关责令限期改正,可以处二千元以下的罚款;情节严重的,可以处二千元以上一万元以下的罚款。

第六十三条 纳税人伪造、变造、隐匿、擅自销毁账簿、记账凭证,或者在账簿上多列支出或者不列、少列收入,或者经税务机关通知申报而拒不申报或者进行虚假的纳税申报,不缴或者少缴应纳税款的,是偷税。对纳税人偷税的,由税务机关追缴其不缴或者少缴的税款、滞纳金,并处不缴或者少缴的税款百分之五十以上五倍以下的罚款;构成犯罪的,依法追究刑事责任。

扣缴义务人采取前款所列手段,不缴或者少缴已扣、已收税款,由税务机关追缴其不缴或者少缴的税款、滞纳金,并处不缴或者少缴的税款百分之五十以上五倍以下的罚款;构成犯罪的,依法追究刑事责任。

第六十四条 纳税人、扣缴义务人编造虚假计税依据的,由税务机关责令限期改正,并处五万元以下的罚款。

纳税人不进行纳税申报,不缴或者少缴应纳税款的,由税务机关追缴其不缴或者少缴的税款、滞纳金,并处不缴或者少缴的税款百分之五十以上五倍以下的罚款。

第六十五条 纳税人欠缴应纳税款,采取转移或者隐匿财产的手段,妨碍税务机关追缴欠缴的税款的,由税务机关追缴欠缴的税款、滞纳金,并处欠缴税款百分之五十以上五倍以下的罚款;构成犯罪的,依法追究刑事责任。

第六十六条 以假报出口或者其他欺骗手段,骗取国家出口退税款的,由税务机关追缴其骗取的退税款,并处骗取税款一倍以上五倍以下的罚款;构成犯罪的,依法追究刑事责任。

对骗取国家出口退税款的,税务机关可以在规定期间内停止为其办理出口退税。

第六十七条 以暴力、威胁方法拒不缴纳税款的,是抗税,除由税务机关追缴其拒缴的税款、滞纳金外,依法追究刑事责任。情节轻微,未构成犯罪的,由税务机关追缴其拒缴的税款、滞纳金,并处拒缴税款一倍以上五倍以下的罚款。

第六十八条 纳税人、扣缴义务人在规定期限内不缴或者少缴应纳或者应解缴的税款,经税务机关责令限期缴纳,逾期仍未缴纳的,税务机关除依照本法第四十条的规定采取强制执行措施追缴其不缴或者少缴的税款外,可以处不缴或者少缴的税款百分之五十以上五倍以下的罚款。

第六十九条 扣缴义务人应扣未扣、应收而不收税款的,由税务机关向纳税人追缴税款,对扣缴义务人处应扣未扣、应收未收税款百分之五十以上三倍以下的罚款。

第七十条 纳税人、扣缴义务人逃避、拒绝或者以其他方式阻挠税务机关检查的,由税务机关责令改正,可以处一万元以下的罚款;情节严重的,处一万元以上五万元以下的罚款。

第七十一条 违反本法第二十二条规定,非法印制发票的,由税务机关销毁非法印制的发票,没收违法所得和作案工具,并处一万元以上五万元以下的罚款;构成犯罪的,依法追究刑事责任。

第七十二条 从事生产、经营的纳税人、扣缴义务人有本法规定的税收违法行为,拒不接受税务机关处理的,税务机关可以收缴其发票或者停止向其发售发票。

第七十三条 纳税人、扣缴义务人的开户银行或者其他金融机构拒绝接受税务机关依法检查纳税人、扣缴义务人存款账户,或者拒绝执行税务机关作出的冻结存款或者扣缴税款的决定,或者在接到税务机关的书面通知后帮助纳税人、扣缴义务人转移存款,造成税款流失的,由税务机关处十万元以上五十万元以下的罚款,对直接负责的主管人员和其他直接责任人员处一千元以上一万元以下的罚款。

第七十四条 本法规定的行政处罚,罚款额在二千元以下的,可以由税务所决定。

第七十五条 税务机关和司法机关的涉税罚没收入,应当按照税款入库预算级次上缴国库。

第七十六条 税务机关违反规定擅自改变税收征收管理范围和税款入库预算级次的,责令限期改正,对直接负责的主管人员和其他直接责任人员依法给予降级或者撤职的行政处分。

第七十七条 纳税人、扣缴义务人有本法第六十三条、第六十五条、第六十六条、第六十七条、第七十一条规定的行为涉嫌犯罪的,税务机关应当依法移交司法机关追究刑事责任。

税务人员徇私舞弊,对依法应当移交司法机关追究刑事责任的不移交,情节严重的,依法追究刑事责任。

第七十八条 未经税务机关依法委托征收税款的,责令退还收取的财物,依法给予行政处分或者行政处罚;致使他人合法权益受到损失的,依法承担赔偿责任;构成犯罪的,依法追究刑事责任。

第七十九条 税务机关、税务人员查封、扣押纳税人个人及其所扶养家属维持生活必需的住房和用品的,责令退还,依法给予行政处分;构成犯罪的,依法追究刑事责任。

第八十条 税务人员与纳税人、扣缴义务人勾结,唆使或者协助纳税人、扣缴义务人有本法第六十三条、第六十五条、第六十六条规定的行为,构成犯罪的,依法追究刑事责任;尚不构成犯罪的,依法给予行政处分。

第八十一条 税务人员利用职务上的便利,收受或者索取纳税人、扣缴义务人财物或者谋取其他不正当利益,构成犯罪的,依法追究刑事责任;尚不构成犯罪的,依法给予行政处分。

第八十二条 税务人员徇私舞弊或者玩忽职守,不征或者少征应征税款,致使国家税收遭受重大损失,构成犯罪的,依法追究刑事责任;尚不构成犯罪的,依法给予行政处分。

税务人员滥用职权,故意刁难纳税人、扣缴义务人的,调离税收工作岗位,并依法给予行政处分。

税务人员对控告、检举税收违法违纪行为的纳税人、扣缴义务人以及其他检举人进行打击报复的,依法给予行政处分;构成犯罪的,依法追究刑事责任。

税务人员违反法律、行政法规的规定,故意高估或者低估农业税计税产量,致使多征或者少征税款,侵犯农民合法权益或者损害国家利益,构成犯罪的,依法追究刑事责任;尚不构成犯罪的,依法给予行政处分。

第八十三条 违反法律、行政法规的规定提前征收、延缓征收或者摊派税款的,由其上级机关或者行政监察机关责令改正,对直接负责的主管人员和其他直接责任人员依法给予行政处分。

第八十四条 违反法律、行政法规的规定,擅自作出税收的开征、停征或者减税、免税、退税、补税以及其他同税收法律、行政法规相抵触的决定的,除依照本法规定撤销其擅自作出的决定外,补征应征未征税款,退还不应征收而征收的税款,并由上级机关追究直接负责的主管人员和其他直接责任人员的行政责任;构成犯罪的,依法追究刑事责任。

第八十五条 税务人员在征收税款或者查处税收违法案件时,未按照本法规定进行回避的,对直接负责的主管人员和其他直接责任人员,依法给予行政处分。

第八十六条 违反税收法律、行政法规应当给予行政处罚的行为,在五年内未被发现的,不再给予行政处罚。

第八十七条 未按照本法规定为纳税人、扣缴义务人、检举人保密的,对直接负责的主管人员和其他直接责任人员,由所在单位或者有关单位依法给予行政处分。

第八十八条 纳税人、扣缴义务人、纳税担保人同税务机关在纳税上发生争议时,必须先依照税务机关的纳税决定缴纳或者解缴税款及滞纳金或者提供相应的担保,然后可以依法申请行政复议;对行政复议决定不服的,可以依法向人民法院起诉。

当事人对税务机关的处罚决定、强制执行措施或者税收保全措施不服的,可以依法申请行政复议,也可以依法向人民法院起诉。

当事人对税务机关的处罚决定逾期不申请行政复议也不向人民法院起诉、又不履行的,作出处罚决定的税务机关可以采取本法第四十条规定的强制执行措施,或者申请人民法院强制执行。

第六章 附 则

第八十九条 纳税人、扣缴义务人可以委托税务代理人代为办理税务事宜。

第九十条 耕地占用税、契税、农业税、牧业税征收管理的具体办法,由国务院另行制定。关税及海关代征税收的征收管理,依照法律、行政法规的有关规定执行。

第九十一条 中华人民共和国同外国缔结的有关税收的条约、协定同本法有不同规定的,依照条约、协定的规定办理。

第九十二条 本法施行前颁布的税收法律与本法有不同规定的,适用本法规定。

第九十三条 国务院根据本法制定实施细则。

第九十四条 本法自 2001 年 5 月 1 日起施行。

中华人民共和国审计法

（根据2006年2月28日第十届全国人民代表大会常务委员会第二十次会议《关于修改〈中华人民共和国审计法〉的决定》修正）

第一章 总 则

第一条 为了加强国家的审计监督，维护国家财政经济秩序，提高财政资金使用效益，促进廉政建设，保障国民经济和社会健康发展，根据宪法，制定本法。

第二条 国家实行审计监督制度。国务院和县级以上地方人民政府设立审计机关。

国务院各部门和地方各级人民政府及其各部门的财政收支，国有的金融机构和企业事业组织的财务收支，以及其他依照本法规定应当接受审计的财政收支、财务收支，依照本法规定接受审计监督。

审计机关对前款所列财政收支或者财务收支的真实、合法和效益，依法进行审计监督。

第三条 审计机关依照法律规定的职权和程序，进行审计监督。

审计机关依据有关财政收支、财务收支的法律、法规和国家其他有关规定进行审计评价，在法定职权范围内作出审计决定。

第四条 国务院和县级以上地方人民政府应当每年向本级人民代表大会常务委员会提出审计机关对预算执行和其他财政收支的审计工作报告。审计工作报告应当重点报告对预算执行的审计情况。必要时，人民代表大会常务委员会可以对审计工作报告作出决议。

国务院和县级以上地方人民政府应当将审计工作报告中指出的问题的纠正情况和处理结果向本级人民代表大会常务委员会报告。

第五条 审计机关依照法律规定独立行使审计监督权，不受其他行政机关、社会团体和个人的干涉。

第六条 审计机关和审计人员办理审计事项，应当客观公正，实事求是，廉洁奉公，保守秘密。

第二章 审计机关和审计人员

第七条 国务院设立审计署，在国务院总理领导下，主管全国的审计工作。审计长是审计署的行政首长。

第八条 省、自治区、直辖市、设区的市、自治州、县、自治县、不设区的市、市辖区的人民政府的审计机关,分别在省长、自治区主席、市长、州长、县长、区长和上一级审计机关的领导下,负责本行政区域内的审计工作。

第九条 地方各级审计机关对本级人民政府和上一级审计机关负责并报告工作,审计业务以上级审计机关领导为主。

第十条 审计机关根据工作需要,经本级人民政府批准,可以在其审计管辖范围内设立派出机构。

派出机构根据审计机关的授权,依法进行审计工作。

第十一条 审计机关履行职责所必需的经费,应当列入财政预算,由本级人民政府予以保证。

第十二条 审计人员应当具备与其从事的审计工作相适应的专业知识和业务能力。

第十三条 审计人员办理审计事项,与被审计单位或者审计事项有利害关系的,应当回避。

第十四条 审计人员对其在执行职务中知悉的国家秘密和被审计单位的商业秘密,负有保密的义务。

第十五条 审计人员依法执行职务,受法律保护。

任何组织和个人不得拒绝、阻碍审计人员依法执行职务,不得打击报复审计人员。

审计机关负责人依照法定程序任免。审计机关负责人没有违法失职或者其他不符合任职条件的情况的,不得随意撤换。

地方各级审计机关负责人的任免,应当事先征求上一级审计机关的意见。

第三章 审计机关职责

第十六条 审计机关对本级各部门(含直属单位)和下级政府预算的执行情况和决算以及其他财政收支情况,进行审计监督。

第十七条 审计署在国务院总理领导下,对中央预算执行情况和其他财政收支情况进行审计监督,向国务院总理提出审计结果报告。

地方各级审计机关分别在省长、自治区主席、市长、州长、县长、区长和上一级审计机关的领导下,对本级预算执行情况和其他财政收支情况进行审计监督,向本级人民政府和上一级审计机关提出审计结果报告。

第十八条 审计署对中央银行的财务收支,进行审计监督。

审计机关对国有金融机构的资产、负债、损益,进行审计监督。

第十九条 审计机关对国家的事业组织和使用财政资金的其他事业组织的财务收支,进行审计监督。

第二十条 审计机关对国有企业的资产、负债、损益,进行审计监督。

第二十一条 对国有资本占控股地位或者主导地位的企业、金融机构的审计监督,由国务院规定。

第二十二条 审计机关对政府投资和以政府投资为主的建设项目的预算执行情况和决算,进行审计监督。

第二十三条 审计机关对政府部门管理的和其他单位受政府委托管理的社会保障基金、社会捐赠资金以及其他有关基金、资金的财务收支,进行审计监督。

第二十四条 审计机关对国际组织和外国政府援助、贷款项目的财务收支,进行审计监督。

第二十五条 审计机关按照国家有关规定,对国家机关和依法属于审计机关审计监督对象的其他单位的主要负责人,在任职期间对本地区、本部门或者本单位的财政收支、财务收支以及有关经济活动应负经济责任的履行情况,进行审计监督。

第二十六条 除本法规定的审计事项外,审计机关对其他法律、行政法规规定应当由审计机关进行审计的事项,依照本法和有关法律、行政法规的规定进行审计监督。

第二十七条 审计机关有权对与国家财政收支有关的特定事项,向有关地方、部门、单位进行专项审计调查,并向本级人民政府和上一级审计机关报告审计调查结果。

第二十八条 审计机关根据被审计单位的财政、财务隶属关系或者国有资产监督管理关系,确定审计管辖范围。

审计机关之间对审计管辖范围有争议的,由其共同的上级审计机关确定。

上级审计机关可以将其审计管辖范围内的本法第十八条第二款至第二十五条规定的审计事项,授权下级审计机关进行审计;上级审计机关对下级审计机关审计管辖范围内的重大审计事项,可以直接进行审计,但是应当防止不必要的重复审计。

第二十九条 依法属于审计机关审计监督对象的单位,应当按照国家有关规定建立健全内部审计制度;其内部审计工作应当接受审计机关的业务指导和监督。

第三十条 社会审计机构审计的单位依法属于审计机关审计监督对象的,审计机关按照国务院的规定,有权对该社会审计机构出具的相关审计报告进行核查。

第四章 审计机关权限

第三十一条 审计机关有权要求被审计单位按照审计机关的规定提供预算或者财务收支计划、预算执行情况、决算、财务会计报告,运用电子计算机储存、处理的财政收支、财务收支电子数据和必要的电子计算机技术文档,在金融机构开立账户的情况,社会审计机构出具的审计报告,以及其他与财政收支或者财务收支有关的资料,被审计单位不得拒绝、拖延、谎报。

被审计单位负责人对本单位提供的财务会计资料的真实性和完整性负责。

第三十二条 审计机关进行审计时,有权检查被审计单位的会计凭证、会计账簿、财务会计报告和运用电子计算机管理财政收支、财务收支电子数据的系统,以及其他与财政收支、财务收支有关的资料和资产,被审计单位不得拒绝。

第三十三条 审计机关进行审计时,有权就审计事项的有关问题向有关单位和个人进行调查,并取得有关证明材料。有关单位和个人应当支持、协助审计机关工作,如实向审计机关反映情况,提供有关证明材料。

审计机关经县级以上人民政府审计机关负责人批准,有权查询被审计单位在金融机构的账户。

审计机关有证据证明被审计单位以个人名义存储公款的,经县级以上人民政府审计机关主要负责人批准,有权查询被审计单位以个人名义在金融机构的存款。

第三十四条 审计机关进行审计时,被审计单位不得转移、隐匿、篡改、毁弃会计凭证、会计账簿、财务会计报告以及其他与财政收支或者财务收支有关的资料,不得转移、隐匿所持有的违反国家规定取得的资产。

审计机关对被审计单位违反前款规定的行为,有权予以制止;必要时,经县级以上人民政府审计机关负责人批准,有权封存有关资料和违反国家规定取得的资产;对其中在金融机构的有关存款需要予以冻结的,应当向人民法院提出申请。

审计机关对被审计单位正在进行的违反国家规定的财政收支、财务收支行为,有权予以制止;制止无效的,经县级以上人民政府审计机关负责人批准,通知财政部门和有关主管部门暂停拨付与违反国家规定的财政收支、财务收支行为直接有关的款项,已经拨付的,暂停使用。

审计机关采取前两款规定的措施不得影响被审计单位合法的业务活动和生产经营活动。

第三十五条 审计机关认为被审计单位所执行的上级主管部门有关财政收支、财务收支的规定与法律、行政法规相抵触的,应当建议有关主管部门纠正;有关主管部门不予纠正的,审计机关应当提请有权处理的机关依法处理。

第三十六条 审计机关可以向政府有关部门通报或者向社会公布审计结果。

审计机关通报或者公布审计结果,应当依法保守国家秘密和被审计单位的商业秘密,遵守国务院的有关规定。

第三十七条 审计机关履行审计监督职责,可以提请公安、监察、财政、税务、海关、价格、工商行政管理等机关予以协助。

第五章 审 计 程 序

第三十八条 审计机关根据审计项目计划确定的审计事项组成审计组,并应当在实施审计三日前,向被审计单位送达审计通知书;遇有特殊情况,经本级人民政府批准,审计机关可以直接持审计通知书实施审计。

被审计单位应当配合审计机关的工作,并提供必要的工作条件。

审计机关应当提高审计工作效率。

第三十九条 审计人员通过审查会计凭证、会计账簿、财务会计报告,查阅与审计事项有关的文件、资料,检查现金、实物、有价证券,向有关单位和个人调查等方式进行审计,并取得证明材料。

审计人员向有关单位和个人进行调查时,应当出示审计人员的工作证件和审计通知书副本。

第四十条 审计组对审计事项实施审计后,应当向审计机关提出审计组的审计报告。审计组的审计报告报送审计机关前,应当征求被审计对象的意见。被审计对象应当自接到审计组的审计报告之日起十日内,将其书面意见送交审计组。审计组应当将被审计对象的书面意见一并报送审计机关。

第四十一条 审计机关按照审计署规定的程序对审计组的审计报告进行审议,并对被审计对象对审计组的审计报告提出的意见一并研究后,提出审计机关的审计报告;对违反国家规定的财政收支、财务收支行为,依法应当给予处理、处罚的,在法定职权范围内作出审计决定或者向有关主管机关提出处理、处罚的意见。

审计机关应当将审计机关的审计报告和审计决定送达被审计单位和有关主管机关、单位。审计决定自送达之日起生效。

第四十二条 上级审计机关认为下级审计机关作出的审计决定违反国家有关规定的,可以责成下级审计机关予以变更或者撤销,必要时也可以直接作出变更或者撤销的决定。

第六章 法律责任

第四十三条 被审计单位违反本法规定,拒绝或者拖延提供与审计事项有关的资料的,或者提供的资料不真实、不完整的,或者拒绝、阻碍检查的,由审计机关责令改正,可以通报批评,给予警告;拒不改正的,依法追究责任。

第四十四条 被审计单位违反本法规定,转移、隐匿、篡改、毁弃会计凭证、会计账簿、财务会计报告以及其他与财政收支、财务收支有关的资料,或者转移、隐匿所持有的违反国家规定取得的资产,审计机关认为对直接负责的主管人员和其他直接责任人员依法应当给予处分的,应当提出给予处分的建议,被审计单位或者其上级机关、监察机关应当依法及时作出决定,并将结果书面通知审计机关;构成犯罪的,依法追究刑事责任。

第四十五条 对本级各部门(含直属单位)和下级政府违反预算的行为或者其他违反国家规定的财政收支行为,审计机关、人民政府或者有关主管部门在法定职权范围内,依照法律、行政法规的规定,区别情况采取下列处理措施:

(一)责令限期缴纳应当上缴的款项;

(二)责令限期退还被侵占的国有资产;

(三)责令限期退还违法所得;

(四)责令按照国家统一的会计制度的有关规定进行处理;

(五)其他处理措施。

第四十六条 对被审计单位违反国家规定的财务收支行为,审计机关、人民政府或者有关主管部门在法定职权范围内,依照法律、行政法规的规定,区别情况采取前条规定的处理措施,并可以依法给予处罚。

第四十七条 审计机关在法定职权范围内作出的审计决定,被审计单位应当执行。

审计机关依法责令被审计单位上缴应当上缴的款项,被审计单位拒不执行的,审计机关应当通报有关主管部门,有关主管部门应当依照有关法律、行政法规的规定予以扣缴或者采取其他处理措施,并将结果书面通知审计机关。

第四十八条 被审计单位对审计机关作出的有关财务收支的审计决定不服的,可以依法申请行政复议或者提起行政诉讼。

被审计单位对审计机关作出的有关财政收支的审计决定不服的,可以提请审计机关的本级人民政府裁决,本级人民政府的裁决为最终决定。

第四十九条 被审计单位的财政收支、财务收支违反国家规定,审计机关认为对直接负责的主管人员和其他直接责任人员依法应当给予处分的,应当提出给予处分的建议,被审计单位或者其上级机关、监察机关应当依法及时作出决定,并将结果书面通知审计机关。

第五十条 被审计单位的财政收支、财务收支违反法律、行政法规的规定,构成犯罪的,依法追究刑事责任。

第五十一条 报复陷害审计人员的,依法给予处分;构成犯罪的,依法追究刑事责任。

第五十二条 审计人员滥用职权、徇私舞弊、玩忽职守或者泄露所知悉的国家秘密、商业秘密的,依法给予处分;构成犯罪的,依法追究刑事责任。

第七章 附 则

第五十三条 中国人民解放军审计工作的规定,由中央军事委员会根据本法制定。

第五十四条 本法自1995年1月1日起施行。1988年11月30日国务院发布的《中华人民共和国审计条例》同时废止。

中华人民共和国审计法实施条例

(根据 2010 年 2 月 2 日国务院第 100 次常务会议修订通过)

第一章 总 则

第一条 根据《中华人民共和国审计法》(以下简称审计法)的规定,制定本条例。

第二条 审计法所称审计,是指审计机关依法独立检查被审计单位的会计凭证、会计账簿、财务会计报告以及其他与财政收支、财务收支有关的资料和资产,监督财政收支、财务收支真实、合法和效益的行为。

第三条 审计法所称财政收支,是指依照《中华人民共和国预算法》和国家其他有关规定,纳入预算管理的收入和支出,以及下列财政资金中未纳入预算管理的收入和支出:

(一)行政事业性收费;

(二)国有资源、国有资产收入;

(三)应当上缴的国有资本经营收益;

(四)政府举借债务筹措的资金;

(五)其他未纳入预算管理的财政资金。

第四条 审计法所称财务收支,是指国有的金融机构、企业事业组织以及依法应当接受审计机关审计监督的其他单位,按照国家财务会计制度的规定,实行会计核算的各项收入和支出。

第五条 审计机关依照审计法和本条例以及其他有关法律、法规规定的职责、权限和程序进行审计监督。

审计机关依照有关财政收支、财务收支的法律、法规,以及国家有关政策、标准、项目目标等方面的规定进行审计评价,对被审计单位违反国家规定的财政收支、财务收支行为,在法定职权范围内作出处理、处罚的决定。

第六条 任何单位和个人对依法应当接受审计机关审计监督的单位违反国家规定的财政收支、财务收支行为,有权向审计机关举报。审计机关接到举报,应当依法及时处理。

第二章 审计机关和审计人员

第七条 审计署在国务院总理领导下,主管全国的审计工作,履行审计法和国务院规定的职责。

地方各级审计机关在本级人民政府行政首长和上一级审计机关的领导下,负责本行政区域的审计工作,履行法律、法规和本级人民政府规定的职责。

第八条 省、自治区人民政府设有派出机关的,派出机关的审计机关对派出机关和省、自治区人民政府审计机关负责并报告工作,审计业务以省、自治区人民政府审计机关领导为主。

第九条 审计机关派出机构依照法律、法规和审计机关的规定,在审计机关的授权范围内开展审计工作,不受其他行政机关、社会团体和个人的干涉。

第十条 审计机关编制年度经费预算草案的依据主要包括:

(一)法律、法规;
(二)本级人民政府的决定和要求;
(三)审计机关的年度审计工作计划;
(四)定员定额标准;
(五)上一年度经费预算执行情况和本年度的变化因素。

第十一条 审计人员实行审计专业技术资格制度,具体按照国家有关规定执行。

审计机关根据工作需要,可以聘请具有与审计事项相关专业知识的人员参加审计工作。

第十二条 审计人员办理审计事项,有下列情形之一的,应当申请回避,被审计单位也有权申请审计人员回避:

(一)与被审计单位负责人或者有关主管人员有夫妻关系、直系血亲关系、三代以内旁系血亲或者近姻亲关系的;
(二)与被审计单位或者审计事项有经济利益关系的;
(三)与被审计单位、审计事项、被审计单位负责人或者有关主管人员有其他利害关系,可能影响公正执行公务的。

审计人员的回避,由审计机关负责人决定;审计机关负责人办理审计事项时的回避,由本级人民政府或者上一级审计机关负责人决定。

第十三条 地方各级审计机关正职和副职负责人的任免,应当事先征求上一级审计机关的意见。

第十四条 审计机关负责人在任职期间没有下列情形之一的,不得随意撤换:

(一)因犯罪被追究刑事责任的;
(二)因严重违法、失职受到处分,不适宜继续担任审计机关负责人的;
(三)因健康原因不能履行职责1年以上的;
(四)不符合国家规定的其他任职条件的。

第三章 审计机关职责

第十五条 审计机关对本级人民政府财政部门具体组织本级预算执行的情况,本级预算收入征收部门征收预算收入的情况,与本级人民政府财政部门直接发生预算缴款、拨款关系的部门、单位的预算执行情况和决算,下级人民政府的预算执行情况和决算,以及其他财政收支情况,依法进行审计监督。经本级人民政府批准,审计机关对其他取得财政资金的单位和项目接受、运用财政资金的真实、合法和效益情况,依法进行审计监督。

第十六条 审计机关对本级预算收入和支出的执行情况进行审计监督的内容包括：

（一）财政部门按照本级人民代表大会批准的本级预算向本级各部门（含直属单位）批复预算的情况、本级预算执行中调整情况和预算收支变化情况；

（二）预算收入征收部门依照法律、行政法规的规定和国家其他有关规定征收预算收入情况；

（三）财政部门按照批准的年度预算、用款计划，以及规定的预算级次和程序，拨付本级预算支出资金情况；

（四）财政部门依照法律、行政法规的规定和财政管理体制，拨付和管理政府间财政转移支付资金情况以及办理结算、结转情况；

（五）国库按国家有关规定办理预算收入的收纳、划分、留解情况和预算支出资金的拨付情况；

（六）本级各部门（含直属单位）执行年度预算情况；

（七）依照国家有关规定实行专项管理的预算资金收支情况；

（八）法律、法规规定的其他预算执行情况。

第十七条 审计法第十七条所称审计结果报告，应当包括下列内容：

（一）本级预算执行和其他财政收支的基本情况；

（二）审计机关对本级预算执行和其他财政收支情况作出的审计评价；

（三）本级预算执行和其他财政收支中存在的问题以及审计机关依法采取的措施；

（四）审计机关提出的改进本级预算执行和其他财政收支管理工作的建议；

（五）本级人民政府要求报告的其他情况。

第十八条 审计署对中央银行及其分支机构履行职责所发生的各项财务收支，依法进行审计监督。

审计署向国务院总理提出的中央预算执行和其他财政收支情况审计结果报告，应当包括对中央银行的财务收支的审计情况。

第十九条 审计法第二十一条所称国有资本占控股地位或者主导地位的企业、金融机构，包括：

（一）国有资本占企业、金融机构资本（股本）总额的比例超过50%的；

（二）国有资本占企业、金融机构资本（股本）总额的比例在50%以下，但国有资本投资主体拥有实际控制权的。

审计机关对前款规定的企业、金融机构，除国务院另有规定外，比照审计法第十八条第二款、第二十条规定进行审计监督。

第二十条 审计法第二十二条所称政府投资和以政府投资为主的建设项目，包括：

（一）全部使用预算内投资资金、专项建设基金、政府举借债务筹措的资金等财政资金的；

（二）未全部使用财政资金，财政资金占项目总投资的比例超过50%，或者占项目总投资的比例在50%以下，但政府拥有项目建设、运营实际控制权的。

审计机关对前款规定的建设项目的总预算或者概算的执行情况、年度预算的执行情况和年度决算、单项工程结算、项目竣工决算，依法进行审计监督；对前款规定的建设项目进行审计时，可以对直接有关的设计、施工、供货等单位取得建设项目资金的真实性、合法性进行调查。

第二十一条 审计法第二十三条所称社会保障基金,包括社会保险、社会救助、社会福利基金以及发展社会保障事业的其他专项基金;所称社会捐赠资金,包括来源于境内外的货币、有价证券和实物等各种形式的捐赠。

第二十二条 审计法第二十四条所称国际组织和外国政府援助、贷款项目,包括:

(一)国际组织、外国政府及其机构向中国政府及其机构提供的贷款项目;

(二)国际组织、外国政府及其机构向中国企业事业组织以及其他组织提供的由中国政府及其机构担保的贷款项目;

(三)国际组织、外国政府及其机构向中国政府及其机构提供的援助和赠款项目;

(四)国际组织、外国政府及其机构向受中国政府委托管理有关基金、资金的单位提供的援助和赠款项目;

(五)国际组织、外国政府及其机构提供援助、贷款的其他项目。

第二十三条 审计机关可以依照审计法和本条例规定的审计程序、方法以及国家其他有关规定,对预算管理或者国有资产管理使用等与国家财政收支有关的特定事项,向有关地方、部门、单位进行专项审计调查。

第二十四条 审计机关根据被审计单位的财政、财务隶属关系,确定审计管辖范围;不能根据财政、财务隶属关系确定审计管辖范围的,根据国有资产监督管理关系,确定审计管辖范围。

两个以上国有资本投资主体投资的金融机构、企业事业组织和建设项目,由对主要投资主体有审计管辖权的审计机关进行审计监督。

第二十五条 各级审计机关应当按照确定的审计管辖范围进行审计监督。

第二十六条 依法属于审计机关审计监督对象的单位的内部审计工作,应当接受审计机关的业务指导和监督。

依法属于审计机关审计监督对象的单位,可以根据内部审计工作的需要,参加依法成立的内部审计自律组织。审计机关可以通过内部审计自律组织,加强对内部审计工作的业务指导和监督。

第二十七条 审计机关进行审计或者专项审计调查时,有权对社会审计机构出具的相关审计报告进行核查。

审计机关核查社会审计机构出具的相关审计报告时,发现社会审计机构存在违反法律、法规或者执业准则等情况的,应当移送有关主管机关依法追究责任。

第四章 审计机关权限

第二十八条 审计机关依法进行审计监督时,被审计单位应当依照审计法第三十一条规定,向审计机关提供与财政收支、财务收支有关的资料。被审计单位负责人应当对本单位提供资料的真实性和完整性作出书面承诺。

第二十九条 各级人民政府财政、税务以及其他部门(含直属单位)应当向本级审计机关报送下列资料:

(一)本级人民代表大会批准的本级预算和本级人民政府财政部门向本级各部门(含直属

单位)批复的预算,预算收入征收部门的年度收入计划,以及本级各部门(含直属单位)向所属各单位批复的预算;

(二)本级预算收支执行和预算收入征收部门的收入计划完成情况月报、年报,以及决算情况;

(三)综合性财政税务工作统计年报、情况简报,财政、预算、税务、财务和会计等规章制度;

(四)本级各部门(含直属单位)汇总编制的本部门决算草案。

第三十条 审计机关依照审计法第三十三条规定查询被审计单位在金融机构的账户的,应当持县级以上人民政府审计机关负责人签发的协助查询单位账户通知书;查询被审计单位以个人名义在金融机构的存款的,应当持县级以上人民政府审计机关主要负责人签发的协助查询个人存款通知书。有关金融机构应当予以协助,并提供证明材料,审计机关和审计人员负有保密义务。

第三十一条 审计法第三十四条所称违反国家规定取得的资产,包括:

(一)弄虚作假骗取的财政拨款、实物以及金融机构贷款;

(二)违反国家规定享受国家补贴、补助、贴息、免息、减税、免税、退税等优惠政策取得的资产;

(三)违反国家规定向他人收取的款项、有价证券、实物;

(四)违反国家规定处分国有资产取得的收益;

(五)违反国家规定取得的其他资产。

第三十二条 审计机关依照审计法第三十四条规定封存被审计单位有关资料和违反国家规定取得的资产的,应当持县级以上人民政府审计机关负责人签发的封存通知书,并在依法收集与审计事项相关的证明材料或者采取其他措施后解除封存。封存的期限为7日以内;有特殊情况需要延长的,经县级以上人民政府审计机关负责人批准,可以适当延长,但延长的期限不得超过7日。

对封存的资料、资产,审计机关可以指定被审计单位负责保管,被审计单位不得损毁或者擅自转移。

第三十三条 审计机关依照审计法第三十六条规定,可以就有关审计事项向政府有关部门通报或者向社会公布对被审计单位的审计、专项审计调查结果。

审计机关经与有关主管机关协商,可以在向社会公布的审计、专项审计调查结果中,一并公布对社会审计机构相关审计报告核查的结果。

审计机关拟向社会公布对上市公司的审计、专项审计调查结果的,应当在5日前将拟公布的内容告知上市公司。

第五章 审 计 程 序

第三十四条 审计机关应当根据法律、法规和国家其他有关规定,按照本级人民政府和上级审计机关的要求,确定年度审计工作重点,编制年度审计项目计划。

审计机关在年度审计项目计划中确定对国有资本占控股地位或者主导地位的企业、金融机构进行审计的,应当自确定之日起7日内告知列入年度审计项目计划的企业、金融机构。

第三十五条　审计机关应当根据年度审计项目计划,组成审计组,调查了解被审计单位的有关情况,编制审计方案,并在实施审计3日前,向被审计单位送达审计通知书。

第三十六条　审计法第三十八条所称特殊情况,包括:

(一)办理紧急事项的;

(二)被审计单位涉嫌严重违法违规的;

(三)其他特殊情况。

第三十七条　审计人员实施审计时,应当按照下列规定办理:

(一)通过检查、查询、监督盘点、发函询证等方法实施审计;

(二)通过收集原件、原物或者复制、拍照等方法取得证明材料;

(三)对与审计事项有关的会议和谈话内容作出记录,或者要求被审计单位提供会议记录材料;

(四)记录审计实施过程和查证结果。

第三十八条　审计人员向有关单位和个人调查取得的证明材料,应当有提供者的签名或者盖章;不能取得提供者签名或者盖章的,审计人员应当注明原因。

第三十九条　审计组向审计机关提出审计报告前,应当书面征求被审计单位意见。被审计单位应当自接到审计组的审计报告之日起10日内,提出书面意见;10日内未提出书面意见的,视同无异议。

审计组应当针对被审计单位提出的书面意见,进一步核实情况,对审计组的审计报告作必要修改,连同被审计单位的书面意见一并报送审计机关。

第四十条　审计机关有关业务机构和专门机构或者人员对审计组的审计报告以及相关审计事项进行复核、审理后,由审计机关按照下列规定办理:

(一)提出审计机关的审计报告,内容包括:对审计事项的审计评价,对违反国家规定的财政收支、财务收支行为提出的处理、处罚意见,移送有关主管机关、单位的意见,改进财政收支、财务收支管理工作的意见;

(二)对违反国家规定的财政收支、财务收支行为,依法应当给予处理、处罚的,在法定职权范围内作出处理、处罚的审计决定;

(三)对依法应当追究有关人员责任的,向有关主管机关、单位提出给予处分的建议;对依法应当由有关主管机关处理、处罚的,移送有关主管机关;涉嫌犯罪的,移送司法机关。

第四十一条　审计机关在审计中发现损害国家利益和社会公共利益的事项,但处理、处罚依据又不明确的,应当向本级人民政府和上一级审计机关报告。

第四十二条　被审计单位应当按照审计机关规定的期限和要求执行审计决定。对应当上缴的款项,被审计单位应当按照财政管理体制和国家有关规定缴入国库或者财政专户。审计决定需要有关主管机关、单位协助执行的,审计机关应当书面提请协助执行。

第四十三条　上级审计机关应当对下级审计机关的审计业务依法进行监督。

下级审计机关作出的审计决定违反国家有关规定的,上级审计机关可以责成下级审计机关予以变更或者撤销,也可以直接作出变更或者撤销的决定;审计决定被撤销后需要重新作出审计决定的,上级审计机关可以责成下级审计机关在规定的期限内重新作出审计决定,也可以直接作出审计决定。

下级审计机关应当作出而没有作出审计决定的,上级审计机关可以责成下级审计机关在规定的期限内作出审计决定,也可以直接作出审计决定。

第四十四条 审计机关进行专项审计调查时,应当向被调查的地方、部门、单位出示专项审计调查的书面通知,并说明有关情况;有关地方、部门、单位应当接受调查,如实反映情况,提供有关资料。

在专项审计调查中,依法属于审计机关审计监督对象的部门、单位有违反国家规定的财政收支、财务收支行为或者其他违法违规行为的,专项审计调查人员和审计机关可以依照审计法和本条例的规定提出审计报告,作出审计决定,或者移送有关主管机关、单位依法追究责任。

第四十五条 审计机关应当按照国家有关规定建立、健全审计档案制度。

第四十六条 审计机关送达审计文书,可以直接送达,也可以邮寄送达或者以其他方式送达。直接送达的,以被审计单位在送达回证上注明的签收日期或者见证人证明的收件日期为送达日期;邮寄送达的,以邮政回执上注明的收件日期为送达日期;以其他方式送达的,以签收或者收件日期为送达日期。

审计机关的审计文书的种类、内容和格式,由审计署规定。

第六章　法　律　责　任

第四十七条 被审计单位违反审计法和本条例的规定,拒绝、拖延提供与审计事项有关的资料,或者提供的资料不真实、不完整,或者拒绝、阻碍检查的,由审计机关责令改正,可以通报批评,给予警告;拒不改正的,对被审计单位可以处 5 万元以下的罚款,对直接负责的主管人员和其他直接责任人员,可以处 2 万元以下的罚款,审计机关认为应当给予处分的,向有关主管机关、单位提出给予处分的建议;构成犯罪的,依法追究刑事责任。

第四十八条 对本级各部门(含直属单位)和下级人民政府违反预算的行为或者其他违反国家规定的财政收支行为,审计机关在法定职权范围内,依照法律、行政法规的规定,区别情况采取审计法第四十五条规定的处理措施。

第四十九条 对被审计单位违反国家规定的财务收支行为,审计机关在法定职权范围内,区别情况采取审计法第四十五条规定的处理措施,可以通报批评,给予警告;有违法所得的,没收违法所得,并处违法所得 1 倍以上 5 倍以下的罚款;没有违法所得的,可以处 5 万元以下的罚款;对直接负责的主管人员和其他直接责任人员,可以处 2 万元以下的罚款,审计机关认为应当给予处分的,向有关主管机关、单位提出给予处分的建议;构成犯罪的,依法追究刑事责任。

法律、行政法规对被审计单位违反国家规定的财务收支行为处理、处罚另有规定的,从其规定。

第五十条 审计机关在作出较大数额罚款的处罚决定前,应当告知被审计单位和有关人员有要求举行听证的权利。较大数额罚款的具体标准由审计署规定。

第五十一条 审计机关提出的对被审计单位给予处理、处罚的建议以及对直接负责的主管人员和其他直接责任人员给予处分的建议,有关主管机关、单位应当依法及时作出决定,并将结果书面通知审计机关。

第五十二条 被审计单位对审计机关依照审计法第十六条、第十七条和本条例第十五条规定进行审计监督作出的审计决定不服的,可以自审计决定送达之日起60日内,提请审计机关的本级人民政府裁决,本级人民政府的裁决为最终决定。

审计机关应当在审计决定中告知被审计单位提请裁决的途径和期限。

裁决期间,审计决定不停止执行。但是,有下列情形之一的,可以停止执行:

(一)审计机关认为需要停止执行的;

(二)受理裁决的人民政府认为需要停止执行的;

(三)被审计单位申请停止执行,受理裁决的人民政府认为其要求合理,决定停止执行的。

裁决由本级人民政府法制机构办理。裁决决定应当自接到提请之日起60日内作出;有特殊情况需要延长的,经法制机构负责人批准,可以适当延长,并告知审计机关和提请裁决的被审计单位,但延长的期限不得超过30日。

第五十三条 除本条例第五十二条规定的可以提请裁决的审计决定外,被审计单位对审计机关作出的其他审计决定不服的,可以依法申请行政复议或者提起行政诉讼。

审计机关应当在审计决定中告知被审计单位申请行政复议或者提起行政诉讼的途径和期限。

第五十四条 被审计单位应当将审计决定执行情况书面报告审计机关。审计机关应当检查审计决定的执行情况。

被审计单位不执行审计决定的,审计机关应当责令限期执行;逾期仍不执行的,审计机关可以申请人民法院强制执行,建议有关主管机关、单位对直接负责的主管人员和其他直接责任人员给予处分。

第五十五条 审计人员滥用职权、徇私舞弊、玩忽职守,或者泄露所知悉的国家秘密、商业秘密的,依法给予处分;构成犯罪的,依法追究刑事责任。

审计人员违法违纪取得的财物,依法予以追缴、没收或者责令退赔。

第七章 附 则

第五十六条 本条例所称以上、以下,包括本数。

本条例第五十二条规定的期间的最后一日是法定节假日的,以节假日后的第一个工作日为期间届满日。审计法和本条例规定的其他期间以工作日计算,不含法定节假日。

第五十七条 实施经济责任审计的规定,另行制定。

第五十八条 本条例自2010年5月1日起施行。

中华人民共和国环境影响评价法

(根据 2018 年 12 月 29 日第十三届全国人民代表大会常务委员会第七次会议《关于修改〈中华人民共和国劳动法〉等七部法律的决定》第二次修正)

第一章 总 则

第一条 为了实施可持续发展战略,预防因规划和建设项目实施后对环境造成不良影响,促进经济、社会和环境的协调发展,制定本法。

第二条 本法所称环境影响评价,是指对规划和建设项目实施后可能造成的环境影响进行分析、预测和评估,提出预防或者减轻不良环境影响的对策和措施,进行跟踪监测的方法与制度。

第三条 编制本法第九条所规定的范围内的规划,在中华人民共和国领域和中华人民共和国管辖的其他海域内建设对环境有影响的项目,应当依照本法进行环境影响评价。

第四条 环境影响评价必须客观、公开、公正,综合考虑规划或者建设项目实施后对各种环境因素及其所构成的生态系统可能造成的影响,为决策提供科学依据。

第五条 国家鼓励有关单位、专家和公众以适当方式参与环境影响评价。

第六条 国家加强环境影响评价的基础数据库和评价指标体系建设,鼓励和支持对环境影响评价的方法、技术规范进行科学研究,建立必要的环境影响评价信息共享制度,提高环境影响评价的科学性。

国务院生态环境主管部门应当会同国务院有关部门,组织建立和完善环境影响评价的基础数据库和评价指标体系。

第二章 规划的环境影响评价

第七条 国务院有关部门、设区的市级以上地方人民政府及其有关部门,对其组织编制的土地利用的有关规划,区域、流域、海域的建设、开发利用规划,应当在规划编制过程中组织进行环境影响评价,编写该规划有关环境影响的篇章或者说明。

规划有关环境影响的篇章或者说明,应当对规划实施后可能造成的环境影响作出分析、预测和评估,提出预防或者减轻不良环境影响的对策和措施,作为规划草案的组成部分一并报送规划审批机关。

未编写有关环境影响的篇章或者说明的规划草案,审批机关不予审批。

第八条 国务院有关部门、设区的市级以上地方人民政府及其有关部门,对其组织编制的工业、农业、畜牧业、林业、能源、水利、交通、城市建设、旅游、自然资源开发的有关专项规划(以下简称专项规划),应当在该专项规划草案上报审批前,组织进行环境影响评价,并向审批该专项规划的机关提出环境影响报告书。

前款所列专项规划中的指导性规划,按照本法第七条的规定进行环境影响评价。

第九条 依照本法第七条、第八条的规定进行环境影响评价的规划的具体范围,由国务院生态环境主管部门会同国务院有关部门规定,报国务院批准。

第十条 专项规划的环境影响报告书应当包括下列内容:

(一)实施该规划对环境可能造成影响的分析、预测和评估;

(二)预防或者减轻不良环境影响的对策和措施;

(三)环境影响评价的结论。

第十一条 专项规划的编制机关对可能造成不良环境影响并直接涉及公众环境权益的规划,应当在该规划草案报送审批前,举行论证会、听证会,或者采取其他形式,征求有关单位、专家和公众对环境影响报告书草案的意见。但是,国家规定需要保密的情形除外。

编制机关应当认真考虑有关单位、专家和公众对环境影响报告书草案的意见,并应当在报送审查的环境影响报告书中附具对意见采纳或者不采纳的说明。

第十二条 专项规划的编制机关在报批规划草案时,应当将环境影响报告书一并附送审批机关审查;未附送环境影响报告书的,审批机关不予审批。

第十三条 设区的市级以上人民政府在审批专项规划草案,作出决策前,应当先由人民政府指定的生态环境主管部门或者其他部门召集有关部门代表和专家组成审查小组,对环境影响报告书进行审查。审查小组应当提出书面审查意见。

参加前款规定的审查小组的专家,应当从按照国务院生态环境主管部门的规定设立的专家库内的相关专业的专家名单中,以随机抽取的方式确定。

由省级以上人民政府有关部门负责审批的专项规划,其环境影响报告书的审查办法,由国务院生态环境主管部门会同国务院有关部门制定。

第十四条 审查小组提出修改意见的,专项规划的编制机关应当根据环境影响报告书结论和审查意见对规划草案进行修改完善,并对环境影响报告书结论和审查意见的采纳情况作出说明;不采纳的,应当说明理由。

设区的市级以上人民政府或者省级以上人民政府有关部门在审批专项规划草案时,应当将环境影响报告书结论以及审查意见作为决策的重要依据。

在审批中未采纳环境影响报告书结论以及审查意见的,应当作出说明,并存档备查。

第十五条 对环境有重大影响的规划实施后,编制机关应当及时组织环境影响的跟踪评价,并将评价结果报告审批机关;发现有明显不良环境影响的,应当及时提出改进措施。

第三章 建设项目的环境影响评价

第十六条 国家根据建设项目对环境的影响程度,对建设项目的环境影响评价实行分类管理。建设单位应当按照下列规定组织编制环境影响报告书、环境影响报告表或者填报环境

影响登记表(以下统称环境影响评价文件):

(一)可能造成重大环境影响的,应当编制环境影响报告书,对产生的环境影响进行全面评价;

(二)可能造成轻度环境影响的,应当编制环境影响报告表,对产生的环境影响进行分析或者专项评价;

(三)对环境影响很小、不需要进行环境影响评价的,应当填报环境影响登记表。

建设项目的环境影响评价分类管理名录,由国务院生态环境主管部门制定并公布。

第十七条 建设项目的环境影响报告书应当包括下列内容:

(一)建设项目概况;

(二)建设项目周围环境现状;

(三)建设项目对环境可能造成影响的分析、预测和评估;

(四)建设项目环境保护措施及其技术、经济论证;

(五)建设项目对环境影响的经济损益分析;

(六)对建设项目实施环境监测的建议;

(七)环境影响评价的结论。

环境影响报告表和环境影响登记表的内容和格式,由国务院生态环境主管部门制定。

第十八条 建设项目的环境影响评价,应当避免与规划的环境影响评价相重复。

作为一项整体建设项目的规划,按照建设项目进行环境影响评价,不进行规划的环境影响评价。

已经进行了环境影响评价的规划包含具体建设项目的,规划的环境影响评价结论应当作为建设项目环境影响评价的重要依据,建设项目环境影响评价的内容应当根据规划的环境影响评价审查意见予以简化。

第十九条 建设单位可以委托技术单位对其建设项目开展环境影响评价,编制建设项目环境影响报告书、环境影响报告表;建设单位具备环境影响评价技术能力的,可以自行对其建设项目开展环境影响评价,编制建设项目环境影响报告书、环境影响报告表。

编制建设项目环境影响报告书、环境影响报告表应当遵守国家有关环境影响评价标准、技术规范等规定。

国务院生态环境主管部门应当制定建设项目环境影响报告书、环境影响报告表编制的能力建设指南和监管办法。

接受委托为建设单位编制建设项目环境影响报告书、环境影响报告表的技术单位,不得与负责审批建设项目环境影响报告书、环境影响报告表的生态环境主管部门或者其他有关审批部门存在任何利益关系。

第二十条 建设单位应当对建设项目环境影响报告书、环境影响报告表的内容和结论负责,接受委托编制建设项目环境影响报告书、环境影响报告表的技术单位对其编制的建设项目环境影响报告书、环境影响报告表承担相应责任。

设区的市级以上人民政府生态环境主管部门应当加强对建设项目环境影响报告书、环境影响报告表编制单位的监督管理和质量考核。

负责审批建设项目环境影响报告书、环境影响报告表的生态环境主管部门应当将编制单位、编制主持人和主要编制人员的相关违法信息记入社会诚信档案,并纳入全国信用信息共享平台和国家企业信用信息公示系统向社会公布。

任何单位和个人不得为建设单位指定编制建设项目环境影响报告书、环境影响报告表的技术单位。

第二十一条 除国家规定需要保密的情形外,对环境可能造成重大影响、应当编制环境影响报告书的建设项目,建设单位应当在报批建设项目环境影响报告书前,举行论证会、听证会,或者采取其他形式,征求有关单位、专家和公众的意见。

建设单位报批的环境影响报告书应当附具对有关单位、专家和公众的意见采纳或者不采纳的说明。

第二十二条 建设项目的环境影响报告书、报告表,由建设单位按照国务院的规定报有审批权的生态环境主管部门审批。

海洋工程建设项目的海洋环境影响报告书的审批,依照《中华人民共和国海洋环境保护法》的规定办理。

审批部门应当自收到环境影响报告书之日起六十日内,收到环境影响报告表之日起三十日内,分别作出审批决定并书面通知建设单位。

国家对环境影响登记表实行备案管理。

审核、审批建设项目环境影响报告书、报告表以及备案环境影响登记表,不得收取任何费用。

第二十三条 国务院生态环境主管部门负责审批下列建设项目的环境影响评价文件:
(一)核设施、绝密工程等特殊性质的建设项目;
(二)跨省、自治区、直辖市行政区域的建设项目;
(三)由国务院审批的或者由国务院授权有关部门审批的建设项目。

前款规定以外的建设项目的环境影响评价文件的审批权限,由省、自治区、直辖市人民政府规定。

建设项目可能造成跨行政区域的不良环境影响,有关生态环境主管部门对该项目的环境影响评价结论有争议的,其环境影响评价文件由共同的上一级生态环境主管部门审批。

第二十四条 建设项目的环境影响评价文件经批准后,建设项目的性质、规模、地点、采用的生产工艺或者防治污染、防止生态破坏的措施发生重大变动的,建设单位应当重新报批建设项目的环境影响评价文件。

建设项目的环境影响评价文件自批准之日起超过五年,方决定该项目开工建设的,其环境影响评价文件应当报原审批部门重新审核;原审批部门应当自收到建设项目环境影响评价文件之日起十日内,将审核意见书面通知建设单位。

第二十五条 建设项目的环境影响评价文件未依法经审批部门审查或者审查后未予批准的,建设单位不得开工建设。

第二十六条 建设项目建设过程中,建设单位应当同时实施环境影响报告书、环境影响报告表以及环境影响评价文件审批部门审批意见中提出的环境保护对策措施。

第二十七条 在项目建设、运行过程中产生不符合经审批的环境影响评价文件的情形的,建设单位应当组织环境影响的后评价,采取改进措施,并报原环境影响评价文件审批部门和建设项目审批部门备案;原环境影响评价文件审批部门也可以责成建设单位进行环境影响的后评价,采取改进措施。

  第二十八条 生态环境主管部门应当对建设项目投入生产或者使用后所产生的环境影响进行跟踪检查,对造成严重环境污染或者生态破坏的,应当查清原因、查明责任。对属于建设项目环境影响报告书、环境影响报告表存在基础资料明显不实,内容存在重大缺陷、遗漏或者虚假,环境影响评价结论不正确或者不合理等严重质量问题的,依照本法第三十二条的规定追究建设单位及其相关责任人员和接受委托编制建设项目环境影响报告书、环境影响报告表的技术单位及其相关人员的法律责任;属于审批部门工作人员失职、渎职,对依法不应批准的建设项目环境影响报告书、环境影响报告表予以批准的,依照本法第三十四条的规定追究其法律责任。

第四章 法 律 责 任

  第二十九条 规划编制机关违反本法规定,未组织环境影响评价,或者组织环境影响评价时弄虚作假或者有失职行为,造成环境影响评价严重失实的,对直接负责的主管人员和其他直接责任人员,由上级机关或者监察机关依法给予行政处分。

  第三十条 规划审批机关对依法应当编写有关环境影响的篇章或者说明而未编写的规划草案,依法应当附送环境影响报告书而未附送的专项规划草案,违法予以批准的,对直接负责的主管人员和其他直接责任人员,由上级机关或者监察机关依法给予行政处分。

  第三十一条 建设单位未依法报批建设项目环境影响报告书、报告表,或者未依照本法第二十四条的规定重新报批或者报请重新审核环境影响报告书、报告表,擅自开工建设的,由县级以上生态环境主管部门责令停止建设,根据违法情节和危害后果,处建设项目总投资额百分之一以上百分之五以下的罚款,并可以责令恢复原状;对建设单位直接负责的主管人员和其他直接责任人员,依法给予行政处分。

  建设项目环境影响报告书、报告表未经批准或者未经原审批部门重新审核同意,建设单位擅自开工建设的,依照前款的规定处罚、处分。

  建设单位未依法备案建设项目环境影响登记表的,由县级以上生态环境主管部门责令备案,处五万元以下的罚款。

  海洋工程建设项目的建设单位有本条所列违法行为的,依照《中华人民共和国海洋环境保护法》的规定处罚。

  第三十二条 建设项目环境影响报告书、环境影响报告表存在基础资料明显不实,内容存在重大缺陷、遗漏或者虚假,环境影响评价结论不正确或者不合理等严重质量问题的,由设区的市级以上人民政府生态环境主管部门对建设单位处五十万元以上二百万元以下的罚款,并对建设单位的法定代表人、主要负责人、直接负责的主管人员和其他直接责任人员,处五万元以上二十万元以下的罚款。

  接受委托编制建设项目环境影响报告书、环境影响报告表的技术单位违反国家有关环境影响评价标准和技术规范等规定,致使其编制的建设项目环境影响报告书、环境影响报告表存在基础资料明显不实,内容存在重大缺陷、遗漏或者虚假,环境影响评价结论不正确或者不合理等严重质量问题的,由设区的市级以上人民政府生态环境主管部门对技术单位处所收费用三倍以上五倍以下的罚款;情节严重的,禁止从事环境影响报告书、环境影响报告表编制工作;有违法所得的,没收违法所得。

编制单位有本条第一款、第二款规定的违法行为的,编制主持人和主要编制人员五年内禁止从事环境影响报告书、环境影响报告表编制工作;构成犯罪的,依法追究刑事责任,并终身禁止从事环境影响报告书、环境影响报告表编制工作。

第三十三条 负责审核、审批、备案建设项目环境影响评价文件的部门在审批、备案中收取费用的,由其上级机关或者监察机关责令退还;情节严重的,对直接负责的主管人员和其他直接责任人员依法给予行政处分。

第三十四条 生态环境主管部门或者其他部门的工作人员徇私舞弊,滥用职权,玩忽职守,违法批准建设项目环境影响评价文件的,依法给予行政处分;构成犯罪的,依法追究刑事责任。

第五章 附 则

第三十五条 省、自治区、直辖市人民政府可以根据本地的实际情况,要求对本辖区的县级人民政府编制的规划进行环境影响评价。具体办法由省、自治区、直辖市参照本法第二章的规定制定。

第三十六条 军事设施建设项目的环境影响评价办法,由中央军事委员会依照本法的原则制定。

第三十七条 本法自2003年9月1日起施行。

中华人民共和国水土保持法

(根据 2010 年 12 月 25 日第十一届全国人民代表大会常务委员会第十八次会议修订)

第一章 总 则

第一条 为了预防和治理水土流失,保护和合理利用水土资源,减轻水、旱、风沙灾害,改善生态环境,保障经济社会可持续发展护,制定本法。

第二条 在中华人民共和国境内从事水土保持活动,应当遵守本法。

本法所称水土保持,是指对自然因素和人为活动造成水土流失所采取的预防和治理措施。

第三条 水土保持工作实行预防为主、保护优先、全面规划、综合治理、因地制宜、突出重点、科学管理、注重效益的方针。

第四条 县级以上人民政府应当加强对水土保持工作的统一领导,将水土保持工作纳入本级国民经济和社会发展规划,对水土保持规划确定的任务,安排专项资金,并组织实施。

国家在水土流失重点预防区和重点治理区,实行地方各级人民政府水土保持目标责任制和考核奖惩制度。

第五条 国务院水行政主管部门主管全国的水土保持工作。

国务院水行政主管部门在国家确定的重要江河、湖泊设立的流域管理机构(以下简称流域管理机构),在所管辖范围内依法承担水土保持监督管理职责。

县级以上地方人民政府水行政主管部门主管本行政区域的水土保持工作。

县级以上人民政府林业、农业、国土资源等有关部门按照各自职责,做好有关的水土流失预防和治理工作。

第六条 各级人民政府及其有关部门应当加强水土保持宣传和教育工作,普及水土保持科学知识,增强公众的水土保持意识。

第七条 国家鼓励和支持水土保持科学技术研究,提高水土保持科学技术水平,推广先进的水土保持技术,培养水土保持科学技术人才。

第八条 任何单位和个人都有保护水土资源、预防和治理水土流失的义务,并有权对破坏水土资源、造成水土流失的行为进行举报。

第九条 国家鼓励和支持社会力量参与水土保持工作。

对水土保持工作中成绩显著的单位和个人,由县级以上人民政府给予表彰和奖励。

第二章 规 划

第十条 水土保持规划应当在水土流失调查结果及水土流失重点预防区和重点治理区划定的基础上,遵循统筹协调、分类指导的原则编制。

第十一条 国务院水行政主管部门应当定期组织全国水土流失调查并公告调查结果。

省、自治区、直辖市人民政府水行政主管部门负责本行政区域的水土流失调查并公告调查结果,公告前应当将调查结果报国务院水行政主管部门备案。

第十二条 县级以上人民政府应当依据水土流失调查结果划定并公告水土流失重点预防区和重点治理区。

对水土流失潜在危险较大的区域,应当划定为水土流失重点预防区;对水土流失严重的区域,应当划定为水土流失重点治理区。

第十三条 水土保持规划的内容应当包括水土流失状况、水土流失类型区划分、水土流失防治目标、任务和措施等。

水土保持规划包括对流域或者区域预防和治理水土流失、保护和合理利用水土资源作出的整体部署,以及根据整体部署对水土保持专项工作或者特定区域预防和治理水土流失作出的专项部署。

水土保持规划应当与土地利用总体规划、水资源规划、城乡规划和环境保护规划等相协调。

编制水土保持规划,应当征求专家和公众的意见。

第十四条 县级以上人民政府水行政主管部门会同同级人民政府有关部门编制水土保持规划,报本级人民政府或者其授权的部门批准后,由水行政主管部门组织实施。

水土保持规划一经批准,应当严格执行;经批准的规划根据实际情况需要修改的,应当按照规划编制程序报原批准机关批准。

第十五条 有关基础设施建设、矿产资源开发、城镇建设、公共服务设施建设等方面的规划,在实施过程中可能造成水土流失的,规划的组织编制机关应当在规划中提出水土流失预防和治理的对策和措施,并在规划报请审批前征求本级人民政府水行政主管部门的意见。

第三章 预 防

第十六条 地方各级人民政府应当按照水土保持规划,采取封育保护、自然修复等措施,组织单位和个人植树种草,扩大林草覆盖面积,涵养水源,预防和减轻水土流失。

第十七条 地方各级人民政府应当加强对取土、挖砂、采石等活动的管理,预防和减轻水土流失。

禁止在崩塌、滑坡危险区和泥石流易发区从事取土、挖砂、采石等可能造成水土流失的活动。崩塌、滑坡危险区和泥石流易发区的范围,由县级以上地方人民政府划定并公告。崩塌、滑坡危险区和泥石流易发区的划定,应当与地质灾害防治规划确定的地质灾害易发区、重点防治区相衔接。

第十八条 水土流失严重、生态脆弱的地区,应当限制或者禁止可能造成水土流失的生产建设活动,严格保护植物、沙壳、结皮、地衣等。

在侵蚀沟的沟坡和沟岸、河流的两岸以及湖泊和水库的周边,土地所有权人、使用权人或者有关管理单位应当营造植物保护带。禁止开垦、开发植物保护带。

第十九条 水土保持设施的所有权人或者使用权人应当加强对水土保持设施的管理与维护,落实管护责任,保障其功能正常发挥。

第二十条 禁止在二十五度以上陡坡地开垦种植农作物。在二十五度以上陡坡地种植经济林的,应当科学选择树种,合理确定规模,采取水土保持措施,防止造成水土流失。

省、自治区、直辖市根据本行政区域的实际情况,可以规定小于二十五度的禁止开垦坡度。禁止开垦的陡坡地的范围由当地县级人民政府划定并公告。

第二十一条 禁止毁林、毁草开垦和采集发菜。禁止在水土流失重点预防区和重点治理区铲草皮、挖树兜或者滥挖虫草、甘草、麻黄等。

第二十二条 林木采伐应当采用合理方式,严格控制皆伐;对水源涵养林、水土保持林、防风固沙林等防护林只能进行抚育和更新性质的采伐;对采伐区和集材道应当采取防止水土流失的措施,并在采伐后及时更新造林。

在林区采伐林木的,采伐方案中应当有水土保持措施。采伐方案经林业主管部门批准后,由林业主管部门和水行政主管部门监督实施。

第二十三条 在五度以上坡地植树造林、抚育幼林、种植中药材等,应当采取水土保持措施。

在禁止开垦坡度以下、五度以上的荒坡地开垦种植农作物,应当采取水土保持措施。具体办法由省、自治区、直辖市根据本行政区域的实际情况规定。

第二十四条 生产建设项目选址、选线应当避让水土流失重点预防区和重点治理区;无法避让的,应当提高防治标准,优化施工工艺,减少地表扰动和植被损坏范围,有效控制可能造成的水土流失。

第二十五条 在山区、丘陵区、风沙区以及水土保持规划确定的容易发生水土流失的其他区域开办可能造成水土流失的生产建设项目,生产建设单位应当编制水土保持方案,报县级以上人民政府水行政主管部门审批,并按照经批准的水土保持方案,采取水土流失预防和治理措施。没有能力编制水土保持方案的,应当委托具备相应技术条件的机构编制。

水土保持方案应当包括水土流失预防和治理的范围、目标、措施和投资等内容。

水土保持方案经批准后,生产建设项目的地点、规模发生重大变化的,应当补充或者修改水土保持方案并报原审批机关批准。水土保持方案实施过程中,水土保持措施需要作出重大变更的,应当经原审批机关批准。

生产建设项目水土保持方案的编制和审批办法,由国务院水行政主管部门制定。

第二十六条 依法应当编制水土保持方案的生产建设项目,生产建设单位未编制水土保持方案或者水土保持方案未经水行政主管部门批准的,生产建设项目不得开工建设。

第二十七条 依法应当编制水土保持方案的生产建设项目中的水土保持设施,应当与主体工程同时设计、同时施工、同时投产使用;生产建设项目竣工验收,应当验收水土保持设施;水土保持设施未经验收或者验收不合格的,生产建设项目不得投产使用。

第二十八条 依法应当编制水土保持方案的生产建设项目,其生产建设活动中排弃的砂、石、土、矸石、尾矿、废渣等应当综合利用；不能综合利用，确需废弃的，应当堆放在水土保持方案确定的专门存放地，并采取措施保证不产生新的危害。

第二十九条 县级以上人民政府水行政主管部门、流域管理机构，应当对生产建设项目水土保持方案的实施情况进行跟踪检查，发现问题及时处理。

第四章 治　　理

第三十条 国家加强水土流失重点预防区和重点治理区的坡耕地改梯田、淤地坝等水土保持重点工程建设，加大生态修复力度。

县级以上人民政府水行政主管部门应当加强对水土保持重点工程的建设管理，建立和完善运行管护制度。

第三十一条 国家加强江河源头区、饮用水水源保护区和水源涵养区水土流失的预防和治理工作，多渠道筹集资金，将水土保持生态效益补偿纳入国家建立的生态效益补偿制度。

第三十二条 开办生产建设项目或者从事其他生产建设活动造成水土流失的，应当进行治理。

在山区、丘陵区、风沙区以及水土保持规划确定的容易发生水土流失的其他区域开办生产建设项目或者从事其他生产建设活动，损坏水土保持设施、地貌植被，不能恢复原有水土保持功能的，应当缴纳水土保持补偿费，专项用于水土流失预防和治理。专项水土流失预防和治理由水行政主管部门负责组织实施。水土保持补偿费的收取使用管理办法由国务院财政部门、国务院价格主管部门会同国务院水行政主管部门制定。

生产建设项目在建设过程中和生产过程中发生的水土保持费用，按照国家统一的财务会计制度处理。

第三十三条 国家鼓励单位和个人按照水土保持规划参与水土流失治理，并在资金、技术、税收等方面予以扶持。

第三十四条 国家鼓励和支持承包治理荒山、荒沟、荒丘、荒滩，防治水土流失，保护和改善生态环境，促进土地资源的合理开发和可持续利用，并依法保护土地承包合同当事人的合法权益。

承包治理荒山、荒沟、荒丘、荒滩和承包水土流失严重地区农村土地的，在依法签订的土地承包合同中应当包括预防和治理水土流失责任的内容。

第三十五条 在水力侵蚀地区，地方各级人民政府及其有关部门应当组织单位和个人，以天然沟壑及其两侧山坡地形成的小流域为单元，因地制宜地采取工程措施、植物措施和保护性耕作等措施，进行坡耕地和沟道水土流失综合治理。

在风力侵蚀地区，地方各级人民政府及其有关部门应当组织单位和个人，因地制宜地采取轮封轮牧、植树种草、设置人工沙障和网格林带等措施，建立防风固沙防护体系。

在重力侵蚀地区，地方各级人民政府及其有关部门应当组织单位和个人，采取监测、径流排导、削坡减载、支挡固坡、修建拦挡工程等措施，建立监测、预报、预警体系。

第三十六条 在饮用水水源保护区，地方各级人民政府及其有关部门应当组织单位和个人，采取预防保护、自然修复和综合治理措施，配套建设植物过滤带，积极推广沼气，开展清洁小流域建设,严格控制化肥和农药的使用,减少水土流失引起的面源污染,保护饮用水水源。

第三十七条 已在禁止开垦的陡坡地上开垦种植农作物的,应当按照国家有关规定退耕、植树种草;耕地短缺、退耕确有困难的,应当修建梯田或者采取其他水土保持措施。

在禁止开垦坡度以下的坡耕地上开垦种植农作物的,应当根据不同情况,采取修建梯田、坡面水系整治、蓄水保土耕作或者退耕等措施。

第三十八条 对生产建设活动所占用土地的地表土应当进行分层剥离、保存和利用,做到土石方挖填平衡,减少地表扰动范围;对废弃的砂、石、土、矸石、尾矿、废渣等存放地,应当采取拦挡、坡面防护、防洪排导等措施。生产建设活动结束后,应当及时在取土场、开挖面和存放地的裸露土地上植树种草、恢复植被,对闭库的尾矿库进行复垦。

在干旱缺水地区从事生产建设活动,应当采取防止风力侵蚀措施,设置降水蓄渗设施,充分利用降水资源。

第三十九条 国家鼓励和支持在山区、丘陵区、风沙区以及容易发生水土流失的其他区域,采取下列有利于水土保持的措施:

(一)免耕、等高耕作、轮耕轮作、草田轮作、间作套种等;
(二)封禁抚育、轮封轮牧、舍饲圈养;
(三)发展沼气、节柴灶,利用太阳能、风能和水能,以煤、电、气代替薪柴等;
(四)从生态脆弱地区向外移民;
(五)其他有利于水土保持的措施。

第五章 监测和监督

第四十条 县级以上人民政府水行政主管部门应当加强水土保持监测工作,发挥水土保持监测工作在政府决策、经济社会发展和社会公众服务中的作用。县级以上人民政府应当保障水土保持监测工作经费。

国务院水行政主管部门应当完善全国水土保持监测网络,对全国水土流失进行动态监测。

第四十一条 对可能造成严重水土流失的大中型生产建设项目,生产建设单位应当自行或者委托具备水土保持监测资质的机构,对生产建设活动造成的水土流失进行监测,并将监测情况定期上报当地水行政主管部门。

从事水土保持监测活动应当遵守国家有关技术标准、规范和规程,保证监测质量。

第四十二条 国务院水行政主管部门和省、自治区、直辖市人民政府水行政主管部门应当根据水土保持监测情况,定期对下列事项进行公告:

(一)水土流失类型、面积、强度、分布状况和变化趋势;
(二)水土流失造成的危害;
(三)水土流失预防和治理情况。

第四十三条 县级以上人民政府水行政主管部门负责对水土保持情况进行监督检查。流域管理机构在其管辖范围内可以行使国务院水行政主管部门的监督检查职权。

第四十四条 水政监督检查人员依法履行监督检查职责时,有权采取下列措施:

(一)要求被检查单位或者个人提供有关文件、证照、资料;

(二)要求被检查单位或者个人就预防和治理水土流失的有关情况作出说明;

(三)进入现场进行调查、取证。

被检查单位或者个人拒不停止违法行为,造成严重水土流失的,报经水行政主管部门批准,可以查封、扣押实施违法行为的工具及施工机械、设备等。

第四十五条　水政监督检查人员依法履行监督检查职责时,应当出示执法证件。被检查单位或者个人对水土保持监督检查工作应当给予配合,如实报告情况,提供有关文件、证照、资料;不得拒绝或者阻碍水政监督检查人员依法执行公务。

第四十六条　不同行政区域之间发生水土流失纠纷应当协商解决;协商不成的,由共同的上一级人民政府裁决。

第六章　法律责任

第四十七条　水行政主管部门或者其他依照本法规定行使监督管理权的部门,不依法作出行政许可决定或者办理批准文件的,发现违法行为或者接到对违法行为的举报不予查处的,或者有其他未依照本法规定履行职责的行为的,对直接负责的主管人员和其他直接责任人员依法给予处分。

第四十八条　违反本法规定,在崩塌、滑坡危险区或者泥石流易发区从事取土、挖砂、采石等可能造成水土流失的活动的,由县级以上地方人民政府水行政主管部门责令停止违法行为,没收违法所得,对个人处一千元以上一万元以下的罚款,对单位处二万元以上二十万元以下的罚款。

第四十九条　违反本法规定,在禁止开垦坡度以上陡坡地开垦种植农作物,或者在禁止开垦、开发的植物保护带内开垦、开发的,由县级以上地方人民政府水行政主管部门责令停止违法行为,采取退耕、恢复植被等补救措施;按照开垦或者开发面积,可以对个人处每平方米二元以下的罚款、对单位处每平方米十元以下的罚款。

第五十条　违反本法规定,毁林、毁草开垦的,依照《中华人民共和国森林法》、《中华人民共和国草原法》的有关规定处罚。

第五十一条　违反本法规定,采集发菜,或者在水土流失重点预防区和重点治理区铲草皮、挖树兜、滥挖虫草、甘草、麻黄等的,由县级以上地方人民政府水行政主管部门责令停止违法行为,采取补救措施,没收违法所得,并处违法所得一倍以上五倍以下的罚款;没有违法所得的,可以处五万元以下的罚款。

在草原地区有前款规定违法行为的,依照《中华人民共和国草原法》的有关规定处罚。

第五十二条　在林区采伐林木不依法采取防止水土流失措施的,由县级以上地方人民政府林业主管部门、水行政主管部门责令限期改正,采取补救措施;造成水土流失的,由水行政主管部门按照造成水土流失的面积处每平方米二元以上十元以下的罚款。

第五十三条　违反本法规定,有下列行为之一的,由县级以上人民政府水行政主管部门责令停止违法行为,限期补办手续;逾期不补办手续的,处五万元以上五十万元以下的罚款;对生产建设单位直接负责的主管人员和其他直接责任人员依法给予处分:

(一)依法应当编制水土保持方案的生产建设项目,未编制水土保持方案或者编制的水土

保持方案未经批准而开工建设的;

(二)生产建设项目的地点、规模发生重大变化,未补充、修改水土保持方案或者补充、修改的水土保持方案未经原审批机关批准的;

(三)水土保持方案实施过程中,未经原审批机关批准,对水土保持措施作出重大变更的。

第五十四条 违反本法规定,水土保持设施未经验收或者验收不合格将生产建设项目投产使用的,由县级以上人民政府水行政主管部门责令停止生产或者使用,直至验收合格,并处五万元以上五十万元以下的罚款。

第五十五条 违反本法规定,在水土保持方案确定的专门存放地以外的区域倾倒砂、石、土、矸石、尾矿、废渣等的,由县级以上地方人民政府水行政主管部门责令停止违法行为,限期清理,按照倾倒数量处每立方米十元以上二十元以下的罚款;逾期仍不清理的,县级以上地方人民政府水行政主管部门可以指定有清理能力的单位代为清理,所需费用由违法行为人承担。

第五十六条 违反本法规定,开办生产建设项目或者从事其他生产建设活动造成水土流失,不进行治理的,由县级以上人民政府水行政主管部门责令限期治理;逾期仍不治理的,县级以上人民政府水行政主管部门可以指定有治理能力的单位代为治理,所需费用由违法行为人承担。

第五十七条 违反本法规定,拒不缴纳水土保持补偿费的,由县级以上人民政府水行政主管部门责令限期缴纳;逾期不缴纳的,自滞纳之日起按日加收滞纳部分万分之五的滞纳金,可以处应缴水土保持补偿费三倍以下的罚款。

第五十八条 违反本法规定,造成水土流失危害的,依法承担民事责任;构成违反治安管理行为的,由公安机关依法给予治安管理处罚;构成犯罪的,依法追究刑事责任。

第七章 附 则

第五十九条 县级以上地方人民政府根据当地实际情况确定的负责水土保持工作的机构,行使本法规定的水行政主管部门水土保持工作的职责。

第六十条 本法自 2011 年 3 月 1 日起施行。

中华人民共和国水土保持法实施条例

(根据2011年1月8日《国务院关于废止和修改部分行政法规的决定》修订)

第一章 总 则

第一条 根据《中华人民共和国水土保持法》(以下简称《水土保持法》)的规定,制定本条例。

第二条 一切单位和个人都有权对有下列破坏水土资源、造成水土流失的行为之一的单位和个人,向县级以上人民政府水行政主管部门或者其他有关部门进行检举:

(一)违法毁林或者毁草场开荒,破坏植被的;

(二)违法开垦荒坡地的;

(三)向江河、湖泊、水库和专门存放地以外的沟渠倾倒废弃砂、石、土或者尾矿废渣的;

(四)破坏水土保持设施的;

(五)有破坏水土资源、造成水土流失的其他行为的。

第三条 水土流失防治区的地方人民政府应当实行水土流失防治目标责任制。

第四条 地方人民政府根据当地实际情况设立的水土保持机构,可以行使《水土保持法》和本条例规定的水行政主管部门对水土保持工作的职权。

第五条 县级以上人民政府应当将批准的水土保持规划确定的任务,纳入国民经济和社会发展计划,安排专项资金,组织实施,并可以按照有关规定,安排水土流失地区的部分扶贫资金、以工代赈资金和农业发展基金等资金,用于水土保持。

第六条 水土流失重点防治区按国家、省、县三级划分,具体范围由县级以上人民政府水行政主管部门提出,报同级人民政府批准并公告。

水土流失重点防治区可以分为重点预防保护区、重点监督区和重点治理区。

第七条 水土流失严重的省、自治区、直辖市,可以根据需要,设置水土保持中等专业学校或者在有关院校开设水土保持专业。中小学的有关课程,应当包含水土保持方面的内容。

第二章 预 防

第八条 山区、丘陵区、风沙区的地方人民政府,对从事挖药材、养柞蚕、烧木炭、烧砖瓦等副业生产的单位和个人,必须根据水土保持的要求,加强管理,采取水土保持措施,防止水土流失和生态环境恶化。

第九条 在水土流失严重、草场少的地区,地方人民政府及其有关主管部门应当采取措施,推行舍饲,改变野外放牧习惯。

第十条 地方人民政府及其有关主管部门应当因地制宜,组织营造薪炭林,发展小水电、风力发电,发展沼气,利用太阳能,推广节能灶。

第十一条 《水土保持法》施行前已在禁止开垦的陡坡地上开垦种植农作物的,应当在平地或者缓坡地建设基本农田,提高单位面积产量,将已开垦的陡坡耕地逐步退耕,植树种草;退耕确有困难的,由县级人民政府限期修成梯田,或者采取其他水土保持措施。

第十二条 依法申请开垦荒坡地的,必须同时提出防止水土流失的措施,报县级人民政府水行政主管部门或者其所属的水土保持监督管理机构批准。

第十三条 在林区采伐林木的,采伐方案中必须有采伐区水土保持措施。林业行政主管部门批准采伐方案后,应当将采伐方案抄送水行政主管部门,共同监督实施采伐区水土保持措施。

第十四条 在山区、丘陵区、风沙区修建铁路、公路、水工程,开办矿山企业、电力企业和其他大中型工业企业,其环境影响报告书中的水土保持方案,必须先经水行政主管部门审查同意。

在山区、丘陵区、风沙区依法开办乡镇集体矿山企业和个体申请采矿,必须填写"水土保持方案报告表",经县级以上地方人民政府水行政主管部门批准后,方可申请办理采矿批准手续。

建设工程中的水土保持设施竣工验收,应当有水行政主管部门参加并签署意见。水土保持设施经验收不合格的,建设工程不得投产使用。

水土保持方案的具体报批办法,由国务院水行政主管部门会同国务院有关主管部门制定。

第十五条 《水土保持法》施行前已建或者在建并造成水土流失的生产建设项目,生产建设单位必须向县级以上地方人民政府水行政主管部门提出水土流失防治措施。

第三章 治 理

第十六条 县级以上地方人民政府应当组织国有农场、林场、牧场和农业集体经济组织及农民,在禁止开垦坡度以下的坡耕地,按照水土保持规划,修筑水平梯田和蓄水保土工程,整治排水系统,治理水土流失。

第十七条 水土流失地区的集体所有的土地承包给个人使用的,应当将治理水土流失的责任列入承包合同。当地乡、民族乡、镇的人民政府和农业集体经济组织应当监督承包合同的履行。

第十八条 荒山、荒沟、荒丘、荒滩的水土流失,可以由农民个人、联户或者专业队承包治理,也可以由企业事业单位或者个人投资投劳入股治理。

实行承包治理的,发包方和承包方应当签订承包治理合同。在承包期内,承包方经发包方同意,可以将承包治理合同转让给第三者。

第十九条 企业事业单位在建设和生产过程中造成水土流失的,应当负责治理。因技术等原因无力自行治理的,可以交纳防治费,由水行政主管部门组织治理。防治费的收取标准和使用管理办法由省级以上人民政府财政部门、主管物价的部门会同水行政主管部门制定。

第二十条　对水行政主管部门投资营造的水土保持林、水源涵养林和防风固沙林进行抚育和更新性质的采伐时,所提取的育林基金应当用于营造水土保持林、水源涵养林和防风固沙林。

第二十一条　建成的水土保持设施和种植的林草,应当按照国家技术标准进行检查验收;验收合格的,应当建立档案,设立标志,落实管护责任制。

任何单位和个人不得破坏或者侵占水土保持设施。企业事业单位在建设和生产过程中损坏水土保持设施的,应当给予补偿。

第四章　监　　督

第二十二条　《水土保持法》第二十九条所称水土保持监测网络,是指全国水土保持监测中心,大江大河流域水土保持中心站,省、自治区、直辖市水土保持监测站以及省、自治区、直辖市重点防治区水土保持监测分站。

水土保持监测网络的具体管理办法,由国务院水行政主管部门制定。

第二十三条　国务院水行政主管部门和省、自治区、直辖市人民政府水行政主管部门应当定期分别公告水土保持监测情况。公告应当包括下列事项:

(一)水土流失的面积、分布状况和流失程度;

(二)水土流失造成的危害及其发展趋势;

(三)水土流失防治情况及其效益。

第二十四条　有水土流失防治任务的企业事业单位,应当定期向县级以上地方人民政府水行政主管部门通报本单位水土流失防治工作的情况。

第二十五条　县级以上地方人民政府水行政主管部门及其所属的水土保持监督管理机构,应当对《水土保持法》和本条例的执行情况实施监督检查。水土保持监督人员依法执行公务时,应当持有县级以上人民政府颁发的水土保持监督检查证件。

第五章　法　律　责　任

第二十六条　依照《水土保持法》第三十二条的规定处以罚款的,罚款幅度为非法开垦的陡坡地每平方米1元至2元。

第二十七条　依照《水土保持法》第三十三条的规定处以罚款的,罚款幅度为擅自开垦的荒坡地每平方米0.5元至1元。

第二十八条　依照《水土保持法》第三十四条的规定处以罚款的,罚款幅度为500元以上、5000元以下。

第二十九条　依照《水土保持法》第三十五条的规定处以罚款的,罚款幅度为造成的水土流失面积每平方米2元至5元。

第三十条　依照《水土保持法》第三十六条的规定处以罚款的,罚款幅度为1000元以上、1万元以下。

第三十一条　破坏水土保持设施,尚不够刑事处罚的,由公安机关依照《中华人民共和国治安管理处罚法》的有关规定予以处罚。

第三十二条 依照《水土保持法》第三十九条第二款的规定,请求水行政主管部门处理赔偿责任和赔偿金额纠纷的,应当提出申请报告。申请报告应当包括下列事项:

(一)当事人的基本情况;

(二)受到水土流失危害的时间、地点、范围;

(三)损失清单;

(四)证据。

第三十三条 由于发生不可抗拒的自然灾害而造成水土流失时,有关单位和个人应当向水行政主管部门报告不可抗拒的自然灾害的种类、程度、时间和已采取的措施等情况,经水行政主管部门查实并作出"不能避免造成水土流失危害"认定的,免予承担责任。

第六章 附 则

第三十四条 本条例由国务院水行政主管部门负责解释。

第三十五条 本条例自发布之日起施行。

收费公路管理条例

(2004 年 9 月 13 日　中华人民共和国国务院令第 417 号)

第一章　总　　则

第一条　为了加强对收费公路的管理,规范公路收费行为,维护收费公路的经营管理者和使用者的合法权益,促进公路事业的发展,根据《中华人民共和国公路法》(以下简称公路法),制定本条例。

第二条　本条例所称收费公路,是指符合公路法和本条例规定,经批准依法收取车辆通行费的公路(含桥梁和隧道)。

第三条　各级人民政府应当采取积极措施,支持、促进公路事业的发展。公路发展应当坚持非收费公路为主,适当发展收费公路。

第四条　全部由政府投资或者社会组织、个人捐资建设的公路,不得收取车辆通行费。

第五条　任何单位或者个人不得违反公路法和本条例的规定,在公路上设站(卡)收取车辆通行费。

第六条　对在公路上非法设立收费站(卡)收取车辆通行费的,任何单位和个人都有权拒绝交纳。

任何单位或者个人对在公路上非法设立收费站(卡)、非法收取或者使用车辆通行费、非法转让收费公路权益或者非法延长收费期限等行为,都有权向交通、价格、财政等部门举报。收到举报的部门应当按照职责分工依法及时查处;无权查处的,应当及时移送有权查处的部门。受理的部门必须自收到举报或者移送材料之日起 10 日内进行查处。

第七条　收费公路的经营管理者,经依法批准有权向通行收费公路的车辆收取车辆通行费。

军队车辆、武警部队车辆,公安机关在辖区内收费公路上处理交通事故、执行正常巡逻任务和处置突发事件的统一标志的制式警车,以及经国务院交通主管部门或者省、自治区、直辖市人民政府批准执行抢险救灾任务的车辆,免交车辆通行费。

进行跨区作业的联合收割机、运输联合收割机(包括插秧机)的车辆,免交车辆通行费。联合收割机不得在高速公路上通行。

第八条　任何单位或者个人不得以任何形式非法干预收费公路的经营管理,挤占、挪用收费公路经营管理者依法收取的车辆通行费。

第二章　收费公路建设和收费站的设置

第九条　建设收费公路,应当符合国家和省、自治区、直辖市公路发展规划,符合本条例规定的收费公路的技术等级和规模。

第十条　县级以上地方人民政府交通主管部门利用贷款或者向企业、个人有偿集资建设的公路(以下简称政府还贷公路),国内外经济组织投资建设或者依照公路法的规定受让政府还贷公路收费权的公路(以下简称经营性公路),经依法批准后,方可收取车辆通行费。

第十一条　建设和管理政府还贷公路,应当按照政事分开的原则,依法设立专门的不以营利为目的的法人组织。

省、自治区、直辖市人民政府交通主管部门对本行政区域内的政府还贷公路,可以实行统一管理、统一贷款、统一还款。

经营性公路建设项目应当向社会公布,采用招标投标方式选择投资者。

经营性公路由依法成立的公路企业法人建设、经营和管理。

第十二条　收费公路收费站的设置,由省、自治区、直辖市人民政府按照下列规定审查批准:

(一)高速公路以及其他封闭式的收费公路,除两端出入口外,不得在主线上设置收费站。但是,省、自治区、直辖市之间确需设置收费站的除外。

(二)非封闭式的收费公路的同一主线上,相邻收费站的间距不得少于50公里。

第十三条　高速公路以及其他封闭式的收费公路,应当实行计算机联网收费,减少收费站点,提高通行效率。联网收费的具体办法由国务院交通主管部门会同国务院有关部门制定。

第十四条　收费公路的收费期限,由省、自治区、直辖市人民政府按照下列标准审查批准:

(一)政府还贷公路的收费期限,按照用收费偿还贷款、偿还有偿集资款的原则确定,最长不得超过15年。国家确定的中西部省、自治区、直辖市的政府还贷公路收费期限,最长不得超过20年。

(二)经营性公路的收费期限,按照收回投资并有合理回报的原则确定,最长不得超过25年。国家确定的中西部省、自治区、直辖市的经营性公路收费期限,最长不得超过30年。

第十五条　车辆通行费的收费标准,应当依照价格法律、行政法规的规定进行听证,并按照下列程序审查批准:

(一)政府还贷公路的收费标准,由省、自治区、直辖市人民政府交通主管部门会同同级价格主管部门、财政部门审核后,报本级人民政府审查批准。

(二)经营性公路的收费标准,由省、自治区、直辖市人民政府交通主管部门会同同级价格主管部门审核后,报本级人民政府审查批准。

第十六条　车辆通行费的收费标准,应当根据公路的技术等级、投资总额、当地物价指数、偿还贷款或者有偿集资款的期限和收回投资的期限以及交通量等因素计算确定。对在国家规定的绿色通道上运输鲜活农产品的车辆,可以适当降低车辆通行费的收费标准或者免交车辆通行费。

修建与收费公路经营管理无关的设施、超标准修建的收费公路经营管理设施和服务设施,其费用不得作为确定收费标准的因素。

车辆通行费的收费标准需要调整的,应当依照本条例第十五条规定的程序办理。

第十七条 依照本条例规定的程序审查批准的收费公路收费站、收费期限、车辆通行费收费标准或者收费标准的调整方案,审批机关应当自审查批准之日起10日内将有关文件向国务院交通主管部门和国务院价格主管部门备案;其中属于政府还贷公路的,还应当自审查批准之日起10日内向国务院财政部门备案。

第十八条 建设收费公路,应当符合下列技术等级和规模:

(一)高速公路连续里程30公里以上。但是,城市市区至本地机场的高速公路除外。

(二)一级公路连续里程50公里以上。

(三)二车道的独立桥梁、隧道,长度800米以上;四车道的独立桥梁、隧道,长度500米以上。

技术等级为二级以下(含二级)的公路不得收费。但是,在国家确定的中西部省、自治区、直辖市建设的二级公路,其连续里程60公里以上的,经依法批准,可以收取车辆通行费。

第三章 收费公路权益的转让

第十九条 依照本条例的规定转让收费公路权益的,应当向社会公布,采用招标投标的方式,公平、公正、公开地选择经营管理者,并依法订立转让协议。

第二十条 收费公路的权益,包括收费权、广告经营权、服务设施经营权。

转让收费公路权益的,应当依法保护投资者的合法利益。

第二十一条 转让政府还贷公路权益中的收费权,可以申请延长收费期限,但延长的期限不得超过5年。

转让经营性公路权益中的收费权,不得延长收费期限。

第二十二条 有下列情形之一的,收费公路权益中的收费权不得转让:

(一)长度小于1000米的二车道独立桥梁和隧道;

(二)二级公路;

(三)收费时间已超过批准收费期限2/3。

第二十三条 转让政府还贷公路权益的收入,必须缴入国库,除用于偿还贷款和有偿集资款外,必须用于公路建设。

第二十四条 收费公路权益转让的具体办法,由国务院交通主管部门会同国务院发展改革部门和财政部门制定。

第四章 收费公路的经营管理

第二十五条 收费公路建成后,应当按照国家有关规定进行验收;验收合格的,方可收取车辆通行费。

收费公路不得边建设边收费。

第二十六条 收费公路经营管理者应当按照国家规定的标准和规范,对收费公路及沿线设施进行日常检查、维护,保证收费公路处于良好的技术状态,为通行车辆及人员提供优质服务。

收费公路的养护应当严格按照工期施工、竣工，不得拖延工期，不得影响车辆安全通行。

第二十七条 收费公路经营管理者应当在收费站的显著位置，设置载有收费站名称、审批机关、收费单位、收费标准、收费起止年限和监督电话等内容的公告牌，接受社会监督。

第二十八条 收费公路经营管理者应当按照国家规定的标准，结合公路交通状况、沿线设施等情况，设置交通标志、标线。

交通标志、标线必须清晰、准确、易于识别。重要的通行信息应当重复提示。

第二十九条 收费道口的设置，应当符合车辆行驶安全的要求；收费道口的数量，应当符合车辆快速通过的需要，不得造成车辆堵塞。

第三十条 收费站工作人员的配备，应当与收费道口的数量、车流量相适应，不得随意增加人员。

收费公路经营管理者应当加强对收费站工作人员的业务培训和职业道德教育，收费人员应当做到文明礼貌，规范服务。

第三十一条 遇有公路损坏、施工或者发生交通事故等影响车辆正常安全行驶的情形时，收费公路经营管理者应当在现场设置安全防护设施，并在收费公路出入口进行限速、警示提示，或者利用收费公路沿线可变信息板等设施予以公告；造成交通堵塞时，应当及时报告有关部门并协助疏导交通。

遇有公路严重损毁、恶劣气象条件或者重大交通事故等严重影响车辆安全通行的情形时，公安机关应当根据情况，依法采取限速通行、关闭公路等交通管制措施。收费公路经营管理者应当积极配合公安机关，及时将有关交通管制的信息向通行车辆进行提示。

第三十二条 收费公路经营管理者收取车辆通行费，必须向收费公路使用者开具收费票据。政府还贷公路的收费票据，由省、自治区、直辖市人民政府财政部门统一印（监）制。经营性公路的收费票据，由省、自治区、直辖市人民政府税务部门统一印（监）制。

第三十三条 收费公路经营管理者对依法应当交纳而拒交、逃交、少交车辆通行费的车辆，有权拒绝其通行，并要求其补交应交纳的车辆通行费。

任何人不得为拒交、逃交、少交车辆通行费而故意堵塞收费道口、强行冲卡、殴打收费公路管理人员、破坏收费设施或者从事其他扰乱收费公路经营管理秩序的活动。

发生前款规定的扰乱收费公路经营管理秩序行为时，收费公路经营管理者应当及时报告公安机关，由公安机关依法予以处理。

第三十四条 在收费公路上行驶的车辆不得超载。

发现车辆超载时，收费公路经营管理者应当及时报告公安机关，由公安机关依法予以处理。

第三十五条 收费公路经营管理者不得有下列行为：

（一）擅自提高车辆通行费收费标准；

（二）在车辆通行费收费标准之外加收或者代收任何其他费用；

（三）强行收取或者以其他不正当手段按车辆收取某一期间的车辆通行费；

（四）不开具收费票据，开具未经省、自治区、直辖市人民政府财政、税务部门统一印（监）制的收费票据或者开具已经过期失效的收费票据。

有前款所列行为之一的,通行车辆有权拒绝交纳车辆通行费。

第三十六条 政府还贷公路的管理者收取的车辆通行费收入,应当全部存入财政专户,严格实行收支两条线管理。

政府还贷公路的车辆通行费,除必要的管理、养护费用从财政部门批准的车辆通行费预算中列支外,必须全部用于偿还贷款和有偿集资款,不得挪作他用。

第三十七条 收费公路的收费期限届满,必须终止收费。

政府还贷公路在批准的收费期限届满前已经还清贷款、还清有偿集资款的,必须终止收费。

依照本条前两款的规定,收费公路终止收费的,有关省、自治区、直辖市人民政府应当向社会公告,明确规定终止收费的日期,接受社会监督。

第三十八条 收费公路终止收费前6个月,省、自治区、直辖市人民政府交通主管部门应当对收费公路进行鉴定和验收。经鉴定和验收,公路符合取得收费公路权益时核定的技术等级和标准的,收费公路经营管理者方可按照国家有关规定向交通主管部门办理公路移交手续;不符合取得收费公路权益时核定的技术等级和标准的,收费公路经营管理者应当在交通主管部门确定的期限内进行养护,达到要求后,方可按照规定办理公路移交手续。

第三十九条 收费公路终止收费后,收费公路经营管理者应当自终止收费之日起15日内拆除收费设施。

第四十条 任何单位或者个人不得通过封堵非收费公路或者在非收费公路上设卡收费等方式,强迫车辆通行收费公路。

第四十一条 收费公路经营管理者应当按照国务院交通主管部门和省、自治区、直辖市人民政府交通主管部门的要求,及时提供统计资料和有关情况。

第四十二条 收费公路的养护、绿化和公路用地范围内的水土保持及路政管理,依照公路法的有关规定执行。

第四十三条 国务院交通主管部门和省、自治区、直辖市人民政府交通主管部门应当对收费公路实施监督检查,督促收费公路经营管理者依法履行公路养护、绿化和公路用地范围内的水土保持义务。

第四十四条 审计机关应当依法加强收费公路的审计监督,对违法行为依法进行查处。

第四十五条 行政执法机关依法对收费公路实施监督检查时,不得向收费公路经营管理者收取任何费用。

第四十六条 省、自治区、直辖市人民政府应当将本行政区域内收费公路及收费站名称、收费单位、收费标准、收费期限等信息向社会公布,接受社会监督。

第五章 法 律 责 任

第四十七条 违反本条例的规定,擅自批准收费公路建设、收费站、收费期限、车辆通行费收费标准或者收费公路权益转让的,由省、自治区、直辖市人民政府责令改正;对负有责任的主管人员和其他直接责任人员依法给予记大过直至开除的行政处分;构成犯罪的,依法追究刑事责任。

第四十八条 违反本条例的规定,地方人民政府或者有关部门及其工作人员非法干预收费公路经营管理,或者挤占、挪用收费公路经营管理者收取的车辆通行费的,由上级人民政府或者有关部门责令停止非法干预,退回挤占、挪用的车辆通行费;对负有责任的主管人员和其他直接责任人员依法给予记大过直至开除的行政处分;构成犯罪的,依法追究刑事责任。

第四十九条 违反本条例的规定,擅自在公路上设立收费站(卡)收取车辆通行费或者应当终止收费而不终止的,由国务院交通主管部门或者省、自治区、直辖市人民政府交通主管部门依据职权,责令改正,强制拆除收费设施;有违法所得的,没收违法所得,并处违法所得2倍以上5倍以下的罚款;没有违法所得的,处1万元以上5万元以下的罚款;负有责任的主管人员和其他直接责任人员属于国家工作人员的,依法给予记大过直至开除的行政处分。

第五十条 违反本条例的规定,有下列情形之一的,由国务院交通主管部门或者省、自治区、直辖市人民政府交通主管部门依据职权,责令改正,并根据情节轻重,处5万元以上20万元以下的罚款:

(一)收费站的设置不符合标准或者擅自变更收费站位置的;

(二)未按照国家规定的标准和规范对收费公路及沿线设施进行日常检查、维护的;

(三)未按照国家有关规定合理设置交通标志、标线的;

(四)道口设置不符合车辆行驶安全要求或者道口数量不符合车辆快速通过需要的;

(五)遇有公路损坏、施工或者发生交通事故等影响车辆正常安全行驶的情形,未按照规定设置安全防护设施或者未进行提示、公告,或者遇有交通堵塞不及时疏导交通的;

(六)应当公布有关限速通行或者关闭收费公路的信息而未及时公布的。

第五十一条 违反本条例的规定,收费公路经营管理者收费时不开具票据,开具未经省、自治区、直辖市人民政府财政、税务部门统一印(监)制的票据,或者开具已经过期失效的票据的,由财政部门或者税务部门责令改正,并根据情节轻重,处10万元以上50万元以下的罚款;负有责任的主管人员和其他直接责任人员属于国家工作人员的,依法给予记大过直至开除的行政处分;构成犯罪的,依法追究刑事责任。

第五十二条 违反本条例的规定,政府还贷公路的管理者未将车辆通行费足额存入财政专户或者未将转让政府还贷公路权益的收入全额缴入国库的,由财政部门予以追缴、补齐;对负有责任的主管人员和其他直接责任人员,依法给予记过直至开除的行政处分。

违反本条例的规定,财政部门未将政府还贷公路的车辆通行费或者转让政府还贷公路权益的收入用于偿还贷款、偿还有偿集资款,或者将车辆通行费、转让政府还贷公路权益的收入挪作他用的,由本级人民政府责令偿还贷款、偿还有偿集资款,或者责令退还挪用的车辆通行费和转让政府还贷公路权益的收入;对负有责任的主管人员和其他直接责任人员,依法给予记过直至开除的行政处分;构成犯罪的,依法追究刑事责任。

第五十三条 违反本条例的规定,收费公路终止收费后,收费公路经营管理者不及时拆除收费设施的,由省、自治区、直辖市人民政府交通主管部门责令限期拆除;逾期不拆除的,强制拆除,拆除费用由原收费公路经营管理者承担。

第五十四条 违反本条例的规定,收费公路经营管理者未按照国务院交通主管部门规定的技术规范和操作规程进行收费公路养护的,由省、自治区、直辖市人民政府交通主管部门责令改正;拒不改正的,责令停止收费。责令停止收费后30日内仍未履行公路养护义务的,由省、自治区、直辖市人民政府交通主管部门指定其他单位进行养护,养护费用由原收费公路经营管理者承担。拒不承担的,由省、自治区、直辖市人民政府交通主管部门申请人民法院强制执行。

第五十五条 违反本条例的规定,收费公路经营管理者未履行公路绿化和水土保持义务的,由省、自治区、直辖市人民政府交通主管部门责令改正,并可以对原收费公路经营管理者处履行绿化、水土保持义务所需费用1倍至2倍的罚款。

第五十六条 国务院价格主管部门或者县级以上地方人民政府价格主管部门对违反本条例的价格违法行为,应当依据价格管理的法律、法规和规章的规定予以处罚。

第五十七条 违反本条例的规定,为拒交、逃交、少交车辆通行费而故意堵塞收费道口、强行冲卡、殴打收费公路管理人员、破坏收费设施或者从事其他扰乱收费公路经营管理秩序活动,构成违反治安管理行为的,由公安机关依法予以处罚;构成犯罪的,依法追究刑事责任;给收费公路经营管理者造成损失或者造成人身损害的,依法承担民事赔偿责任。

第五十八条 违反本条例的规定,假冒军队车辆、武警部队车辆、公安机关统一标志的制式警车和抢险救灾车辆逃交车辆通行费的,由有关机关依法予以处理。

第六章 附 则

第五十九条 本条例施行前在建的和已投入运行的收费公路,由国务院交通主管部门会同国务院发展改革部门和财政部门依照本条例规定的原则进行规范。具体办法由国务院交通主管部门制定。

第六十条 本条例自2004年11月1日起施行。

建设工程质量管理条例

（根据 2019 年 4 月 23 日中华人民共和国国务院令第 714 号《国务院关于修改部分行政法规的决定》修正）

第一章 总 则

第一条 为了加强对建设工程质量的管理，保证建设工程质量，保护人民生命和财产安全，根据《中华人民共和国建筑法》，制定本条例。

第二条 凡在中华人民共和国境内从事建设工程的新建、扩建、改建等有关活动及实施对建设工程质量监督管理的，必须遵守本条例。本条例所称建设工程，是指土木工程、建筑工程、线路管道和设备安装工程及装修工程。

第三条 建设单位、勘察单位、设计单位、施工单位、工程监理单位依法对建设工程质量负责。

第四条 县级以上人民政府建设行政主管部门和其他有关部门应当加强对建设工程质量的监督管理。

第五条 从事建设工程活动，必须严格执行基本建设程序，坚持先勘察、后设计、再施工的原则。

县级以上人民政府及其有关部门不得超越权限审批建设项目或者擅自简化基本建设程序。

第六条 国家鼓励采用先进的科学技术和管理方法，提高建设工程质量。

第二章 建设单位的质量责任和义务

第七条 建设单位应当将工程发包给具有相应资质等级的单位。

建设单位不得将建设工程肢解发包。

第八条 建设单位应当依法对工程建设项目的勘察、设计、施工、监理以及与工程建设有关的重要设备、材料等的采购进行招标。

第九条 建设单位必须向有关的勘察、设计、施工、工程监理等单位提供与建设工程有关的原始资料。

原始资料必须真实、准确、齐全。

第十条 建设工程发包单位不得迫使承包方以低于成本的价格竞标，不得任意压缩合理工期。

建设单位不得明示或者暗示设计单位或者施工单位违反工程建设强制性标准,降低建设工程质量。

第十一条 施工图设计文件审查的具体办法,由国务院建设行政主管部门、国务院其他有关部门制定。

施工图设计文件未经审查批准的,不得使用。

第十二条 实行监理的建设工程,建设单位应当委托具有相应资质等级的工程监理单位进行监理,也可以委托具有工程监理相应资质等级并与被监理工程的施工承包单位没有隶属关系或者其他利害关系的该工程的设计单位进行监理。

下列建设工程必须实行监理:

(一)国家重点建设工程;

(二)大中型公用事业工程;

(三)成片开发建设的住宅小区工程;

(四)利用外国政府或者国际组织贷款、援助资金的工程;

(五)国家规定必须实行监理的其他工程。

第十三条 建设单位在开工前,应当按照国家有关规定办理工程质量监督手续,工程质量监督手续可以与施工许可证或者开工报告合并办理。

第十四条 按照合同约定,由建设单位采购建筑材料、建筑构配件和设备的,建设单位应当保证建筑材料、建筑构配件和设备符合设计文件和合同要求。

建设单位不得明示或者暗示施工单位使用不合格的建筑材料、建筑构配件和设备。

第十五条 涉及建筑主体和承重结构变动的装修工程,建设单位应当在施工前委托原设计单位或者具有相应资质等级的设计单位提出设计方案;没有设计方案的,不得施工。

房屋建筑使用者在装修过程中,不得擅自变动房屋建筑主体和承重结构。

第十六条 建设单位收到建设工程竣工报告后,应当组织设计、施工、工程监理等有关单位进行竣工验收。

建设工程竣工验收应当具备下列条件:

(一)完成建设工程设计和合同约定的各项内容;

(二)有完整的技术档案和施工管理资料;

(三)有工程使用的主要建筑材料、建筑构配件和设备的进场试验报告;

(四)有勘察、设计、施工、工程监理等单位分别签署的质量合格文件;

(五)有施工单位签署的工程保修书。

建设工程经验收合格的,方可交付使用。

第十七条 建设单位应当严格按照国家有关档案管理的规定,及时收集、整理建设项目各环节的文件资料,建立、健全建设项目档案,并在建设工程竣工验收后,及时向建设行政主管部门或者其他有关部门移交建设项目档案。

第三章 勘察、设计单位的质量责任和义务

第十八条 从事建设工程勘察、设计的单位应当依法取得相应等级的资质证书,并在其资

质等级许可的范围内承揽工程。

禁止勘察、设计单位超越其资质等级许可的范围或者以其他勘察、设计单位的名义承揽工程。禁止勘察、设计单位允许其他单位或者个人以本单位的名义承揽工程。

勘察、设计单位不得转包或者违法分包所承揽的工程。

第十九条 勘察、设计单位必须按照工程建设强制性标准进行勘察、设计,并对其勘察、设计的质量负责。

注册建筑师、注册结构工程师等注册执业人员应当在设计文件上签字,对设计文件负责。

第二十条 勘察单位提供的地质、测量、水文等勘察成果必须真实、准确。

第二十一条 设计单位应当根据勘察成果文件进行建设工程设计。

设计文件应当符合国家规定的设计深度要求,注明工程合理使用年限。

第二十二条 设计单位在设计文件中选用的建筑材料、建筑构配件和设备,应当注明规格、型号、性能等技术指标,其质量要求必须符合国家规定的标准。

除有特殊要求的建筑材料、专用设备、工艺生产线等外,设计单位不得指定生产厂、供应商。

第二十三条 设计单位应当就审查合格的施工图设计文件向施工单位作出详细说明。

第二十四条 设计单位应当参与建设工程质量事故分析,并对因设计造成的质量事故,提出相应的技术处理方案。

第四章 施工单位的质量责任和义务

第二十五条 施工单位应当依法取得相应等级的资质证书,并在其资质等级许可的范围内承揽工程。

禁止施工单位超越本单位资质等级许可的业务范围或者以其他施工单位的名义承揽工程。禁止施工单位允许其他单位或者个人以本单位的名义承揽工程。

施工单位不得转包或者违法分包工程。

第二十六条 施工单位对建设工程的施工质量负责。

施工单位应当建立质量责任制,确定工程项目的项目经理、技术负责人和施工管理负责人。

建设工程实行总承包的,总承包单位应当对全部建设工程质量负责;建设工程勘察、设计、施工、设备采购的一项或者多项实行总承包的,总承包单位应当对其承包的建设工程或者采购的设备的质量负责。

第二十七条 总承包单位依法将建设工程分包给其他单位的,分包单位应当按照分包合同的约定对其分包工程的质量向总承包单位负责,总承包单位与分包单位对分包工程的质量承担连带责任。

第二十八条 施工单位必须按照工程设计图纸和施工技术标准施工,不得擅自修改工程设计,不得偷工减料。

施工单位在施工过程中发现设计文件和图纸有差错的,应当及时提出意见和建议。

第二十九条 施工单位必须按照工程设计要求、施工技术标准和合同约定,对建筑材料、建筑构配件、设备和商品混凝土进行检验,检验应当有书面记录和专人签字;未经检验或者检验不合格的,不得使用。

第三十条 施工单位必须建立、健全施工质量的检验制度,严格工序管理,作好隐蔽工程的质量检查和记录。隐蔽工程在隐蔽前,施工单位应当通知建设单位和建设工程质量监督机构。

第三十一条 施工人员对涉及结构安全的试块、试件以及有关材料,应当在建设单位或者工程监理单位监督下现场取样,并送具有相应资质等级的质量检测单位进行检测。

第三十二条 施工单位对施工中出现质量问题的建设工程或者竣工验收不合格的建设工程,应当负责返修。

第三十三条 施工单位应当建立、健全教育培训制度,加强对职工的教育培训;未经教育培训或者考核不合格的人员,不得上岗作业。

第五章 工程监理单位的质量责任和义务

第三十四条 工程监理单位应当依法取得相应等级的资质证书,并在其资质等级许可的范围内承担工程监理业务。

禁止工程监理单位超越本单位资质等级许可的范围或者以其他工程监理单位的名义承担工程监理业务。禁止工程监理单位允许其他单位或者个人以本单位的名义承担工程监理业务。

工程监理单位不得转让工程监理业务。

第三十五条 工程监理单位与被监理工程的施工承包单位以及建筑材料、建筑构配件和设备供应单位有隶属关系或者其他利害关系的,不得承担该项建设工程的监理业务。

第三十六条 工程监理单位应当依照法律、法规以及有关技术标准、设计文件和建设工程承包合同,代表建设单位对施工质量实施监理,并对施工质量承担监理责任。

第三十七条 工程监理单位应当选派具备相应资格的总监理工程师和监理工程师进驻施工现场。

未经监理工程师签字,建筑材料、建筑构配件和设备不得在工程上使用或者安装,施工单位不得进行下一道工序的施工。未经总监理工程师签字,建设单位不拨付工程款,不进行竣工验收。

第三十八条 监理工程师应当按照工程监理规范的要求,采取旁站、巡视和平行检验等形式,对建设工程实施监理。

第六章 建设工程质量保修

第三十九条 建设工程实行质量保修制度。

建设工程承包单位在向建设单位提交工程竣工验收报告时,应当向建设单位出具质量保修书。质量保修书中应当明确建设工程的保修范围、保修期限和保修责任等。

第四十条 在正常使用条件下,建设工程的最低保修期限为:

(一)基础设施工程、房屋建筑的地基基础工程和主体结构工程,为设计文件规定的该工

程的合理使用年限;

（二）屋面防水工程、有防水要求的卫生间、房间和外墙面的防渗漏，为 5 年;

（三）供热与供冷系统，为 2 个采暖期、供冷期;

（四）电气管线、给排水管道、设备安装和装修工程，为 2 年。

其他项目的保修期限由发包方与承包方约定。

建设工程的保修期，自竣工验收合格之日起计算。

第四十一条 建设工程在保修范围和保修期限内发生质量问题的，施工单位应当履行保修义务，并对造成的损失承担赔偿责任。

第四十二条 建设工程在超过合理使用年限后需要继续使用的，产权所有人应当委托具有相应资质等级的勘察、设计单位鉴定，并根据鉴定结果采取加固、维修等措施，重新界定使用期。

第七章　监督管理

第四十三条 国家实行建设工程质量监督管理制度。

国务院建设行政主管部门对全国的建设工程质量实施统一监督管理。国务院铁路、交通、水利等有关部门按照国务院规定的职责分工，负责对全国的有关专业建设工程质量的监督管理。

县级以上地方人民政府建设行政主管部门对本行政区域内的建设工程质量实施监督管理。县级以上地方人民政府交通、水利等有关部门在各自的职责范围内，负责对本行政区域内的专业建设工程质量的监督管理。

第四十四条 国务院建设行政主管部门和国务院铁路、交通、水利等有关部门应当加强对有关建设工程质量的法律、法规和强制性标准执行情况的监督检查。

第四十五条 国务院发展计划部门按照国务院规定的职责，组织稽查特派员，对国家出资的重大建设项目实施监督检查。

国务院经济贸易主管部门按照国务院规定的职责，对国家重大技术改造项目实施监督检查。

第四十六条 建设工程质量监督管理，可以由建设行政主管部门或者其他有关部门委托的建设工程质量监督机构具体实施。

从事房屋建筑工程和市政基础设施工程质量监督的机构，必须按照国家有关规定经国务院建设行政主管部门或者省、自治区、直辖市人民政府建设行政主管部门考核;从事专业建设工程质量监督的机构，必须按照国家有关规定经国务院有关部门或者省、自治区、直辖市人民政府有关部门考核。经考核合格后，方可实施质量监督。

第四十七条 县级以上地方人民政府建设行政主管部门和其他有关部门应当加强对有关建设工程质量的法律、法规和强制性标准执行情况的监督检查。

第四十八条 县级以上人民政府建设行政主管部门和其他有关部门履行监督检查职责时，有权采取下列措施:

（一）要求被检查的单位提供有关工程质量的文件和资料;

（二）进入被检查单位的施工现场进行检查；

（三）发现有影响工程质量的问题时，责令改正。

第四十九条 建设单位应当自建设工程竣工验收合格之日起 15 日内，将建设工程竣工验收报告和规划、公安消防、环保等部门出具的认可文件或者准许使用文件报建设行政主管部门或者其他有关部门备案。

建设行政主管部门或者其他有关部门发现建设单位在竣工验收过程中有违反国家有关建设工程质量管理规定行为的，责令停止使用，重新组织竣工验收。

第五十条 有关单位和个人对县级以上人民政府建设行政主管部门和其他有关部门进行的监督检查应当支持与配合，不得拒绝或者阻碍建设工程质量监督检查人员依法执行职务。

第五十一条 供水、供电、供气、公安消防等部门或者单位不得明示或者暗示建设单位、施工单位购买其指定的生产供应单位的建筑材料、建筑构配件和设备。

第五十二条 建设工程发生质量事故，有关单位应当在 24 小时内向当地建设行政主管部门和其他有关部门报告。对重大质量事故，事故发生地的建设行政主管部门和其他有关部门应当按照事故类别和等级向当地人民政府和上级建设行政主管部门和其他有关部门报告。

特别重大质量事故的调查程序按照国务院有关规定办理。

第五十三条 任何单位和个人对建设工程的质量事故、质量缺陷都有权检举、控告、投诉。

第八章 罚 则

第五十四条 违反本条例规定，建设单位将建设工程发包给不具有相应资质等级的勘察、设计、施工单位或者委托给不具有相应资质等级的工程监理单位的，责令改正，处 50 万元以上 100 万元以下的罚款。

第五十五条 违反本条例规定，建设单位将建设工程肢解发包的，责令改正，处工程合同价款百分之零点五以上百分之一以下的罚款；对全部或者部分使用国有资金的项目，并可以暂停项目执行或者暂停资金拨付。

第五十六条 违反本条例规定，建设单位有下列行为之一的，责令改正，处 20 万元以上 50 万元以下的罚款：

（一）迫使承包方以低于成本的价格竞标的；

（二）任意压缩合理工期的；

（三）明示或者暗示设计单位或者施工单位违反工程建设强制性标准，降低工程质量的；

（四）施工图设计文件未经审查或者审查不合格，擅自施工的；

（五）建设项目必须实行工程监理而未实行工程监理的；

（六）未按照国家规定办理工程质量监督手续的；

（七）明示或者暗示施工单位使用不合格的建筑材料、建筑构配件和设备的；

（八）未按照国家规定将竣工验收报告，有关认可文件或者准许使用文件报送备案的。

第五十七条 违反本条例规定，建设单位未取得施工许可证或者开工报告未经批准，擅自施工的，责令停止施工，限期改正，处工程合同价款百分之一以上百分之二以下的罚款。

第五十八条 违反本条例规定，建设单位有下列行为之一的，责令改正，处工程合同价款

百分之二以上百分之四以下的罚款;造成损失的,依法承担赔偿责任:

(一)未组织竣工验收,擅自交付使用的;

(二)验收不合格,擅自交付使用的;

(三)对不合格的建设工程按照合格工程验收的。

第五十九条 违反本条例规定,建设工程竣工验收后,建设单位未向建设行政主管部门或者其他有关部门移交建设项目档案的,责令改正,处1万元以上10万元以下的罚款。

第六十条 违反本条例规定,勘察、设计、施工、工程监理单位超越本单位资质等级承揽工程的,责令停止违法行为,对勘察、设计单位或者工程监理单位处合同约定的勘察费、设计费或者监理酬金1倍以上2倍以下的罚款;对施工单位处工程合同价款百分之二以上百分之四以下的罚款,可以责令停业整顿,降低资质等级;情节严重的,吊销资质证书;有违法所得的,予以没收。

未取得资质证书承揽工程的,予以取缔,依照前款规定处以罚款;有违法所得的,予以没收。

以欺骗手段取得资质证书承揽工程的,吊销资质证书,依照本条第一款规定处以罚款;有违法所得的,予以没收。

第六十一条 违反本条例规定,勘察、设计、施工、工程监理单位允许其他单位或者个人以本单位名义承揽工程的,责令改正,没收违法所得,对勘察、设计单位和工程监理单位处合同约定的勘察费、设计费和监理酬金1倍以上2倍以下的罚款;对施工单位处工程合同价款百分之二以上百分之四以下的罚款;可以责令停业整顿,降低资质等级;情节严重的,吊销资质证书。

第六十二条 违反本条例规定,承包单位将承包的工程转包或者违法分包的,责令改正,没收违法所得,对勘察、设计单位处合同约定的勘察费、设计费百分之二十五以上百分之五十以下的罚款;对施工单位处工程合同价款百分之零点五以上百分之一以下的罚款;可以责令停业整顿,降低资质等级;情节严重的,吊销资质证书。

工程监理单位转让工程监理业务的,责令改正,没收违法所得,处合同约定的监理酬金百分之二十五以上百分之五十以下的罚款;可以责令停业整顿,降低资质等级;情节严重的,吊销资质证书。

第六十三条 违反本条例规定,有下列行为之一的,责令改正,处10万元以上30万元以下的罚款:

(一)勘察单位未按照工程建设强制性标准进行勘察的;

(二)设计单位未根据勘察成果文件进行工程设计的;

(三)设计单位指定建筑材料、建筑构配件的生产厂、供应商的;

(四)设计单位未按照工程建设强制性标准进行设计的。

有前款所列行为,造成工程质量事故的,责令停业整顿,降低资质等级;情节严重的,吊销资质证书;造成损失的,依法承担赔偿责任。

第六十四条 违反本条例规定,施工单位在施工中偷工减料的,使用不合格的建筑材料、建筑构配件和设备的,或者有不按照工程设计图纸或者施工技术标准施工的其他行为的,责令改正,处工程合同价款百分之二以上百分之四以下的罚款;造成建设工程质量不符合规定的质量标准的,负责返工、修理,并赔偿因此造成的损失;情节严重的,责令停业整顿,降低资质等级或者吊销资质证书。

第六十五条 违反本条例规定,施工单位未对建筑材料、建筑构配件、设备和商品混凝土进行检验,或者未对涉及结构安全的试块、试件以及有关材料取样检测的,责令改正,处 10 万元以上 20 万元以下的罚款;情节严重的,责令停业整顿,降低资质等级或者吊销资质证书;造成损失的,依法承担赔偿责任。

第六十六条 违反本条例规定,施工单位不履行保修义务或者拖延履行保修义务的,责令改正,处 10 万元以上 20 万元以下的罚款,并对在保修期内因质量缺陷造成的损失承担赔偿责任。

第六十七条 工程监理单位有下列行为之一的,责令改正,处 50 万元以上 100 万元以下的罚款,降低资质等级或者吊销资质证书;有违法所得的,予以没收;造成损失的,承担连带赔偿责任:

(一)与建设单位或者施工单位串通,弄虚作假、降低工程质量的;

(二)将不合格的建设工程、建筑材料、建筑构配件和设备按照合格签字的。

第六十八条 违反本条例规定,工程监理单位与被监理工程的施工承包单位以及建筑材料、建筑构配件和设备供应单位有隶属关系或者其他利害关系承担该项建设工程的监理业务的,责令改正,处 5 万元以上 10 万元以下的罚款,降低资质等级或者吊销资质证书;有违法所得的,予以没收。

第六十九条 违反本条例规定,涉及建筑主体或者承重结构变动的装修工程,没有设计方案擅自施工的,责令改正,处 50 万元以上 100 万元以下的罚款;房屋建筑使用者在装修过程中擅自变动房屋建筑主体和承重结构的,责令改正,处 5 万元以上 10 万元以下的罚款。

有前款所列行为,造成损失的,依法承担赔偿责任。

第七十条 发生重大工程质量事故隐瞒不报、谎报或者拖延报告期限的,对直接负责的主管人员和其他责任人员依法给予行政处分。

第七十一条 违反本条例规定,供水、供电、供气、公安消防等部门或者单位明示或者暗示建设单位或者施工单位购买其指定的生产供应单位的建筑材料、建筑构配件和设备的,责令改正。

第七十二条 违反本条例规定,注册建筑师、注册结构工程师、监理工程师等注册执业人员因过错造成质量事故的,责令停止执业 1 年;造成重大质量事故的,吊销执业资格证书,5 年以内不予注册;情节特别恶劣的,终身不予注册。

第七十三条 依照本条例规定,给予单位罚款处罚的,对单位直接负责的主管人员和其他直接责任人员处单位罚款数额百分之五以上百分之十以下的罚款。

第七十四条 建设单位、设计单位、施工单位、工程监理单位违反国家规定,降低工程质量标准,造成重大安全事故,构成犯罪的,对直接责任人员依法追究刑事责任。

第七十五条 本条例规定的责令停业整顿,降低资质等级和吊销资质证书的行政处罚,由颁发资质证书的机关决定;其他行政处罚,由建设行政主管部门或者其他有关部门依照法定职权决定。

依照本条例规定被吊销资质证书的,由工商行政管理部门吊销其营业执照。

第七十六条 国家机关工作人员在建设工程质量监督管理工作中玩忽职守、滥用职权、徇私舞弊,构成犯罪的,依法追究刑事责任;尚不构成犯罪的,依法给予行政处分。

第七十七条 建设、勘察、设计、施工、工程监理单位的工作人员因调动工作、退休等原因离开该单位后,被发现在该单位工作期间违反国家有关建设工程质量管理规定,造成重大工程质量事故的,仍应当依法追究法律责任。

第九章 附 则

第七十八条 本条例所称肢解发包,是指建设单位将应当由一个承包单位完成的建设工程分解成若干部分发包给不同的承包单位的行为。

本条例所称违法分包,是指下列行为:

(一)总承包单位将建设工程分包给不具备相应资质条件的单位的;

(二)建设工程总承包合同中未有约定,又未经建设单位认可,承包单位将其承包的部分建设工程交由其他单位完成的;

(三)施工总承包单位将建设工程主体结构的施工分包给其他单位的;

(四)分包单位将其承包的建设工程再分包的。

本条例所称转包,是指承包单位承包建设工程后,不履行合同约定的责任和义务,将其承包的全部建设工程转给他人或者将其承包的全部建设工程肢解以后以分包的名义分别转给其他单位承包的行为。

第七十九条 本条例规定的罚款和没收的违法所得,必须全部上缴国库。

第八十条 抢险救灾及其他临时性房屋建筑和农民自建低层住宅的建设活动,不适用本条例。

第八十一条 军事建设工程的管理,按照中央军事委员会的有关规定执行。

第八十二条 本条例自发布之日起施行。

附刑法有关条款 第一百三十七条 建设单位、设计单位、施工单位、工程监理单位违反国家规定,降低工程质量标准,造成重大安全事故的,对直接责任人员处五年以下有期徒刑或者拘役,并处罚金;后果特别严重的,处五年以上十年以下有期徒刑,并处罚金。

中华人民共和国招标投标法

(根据2017年12月27日第十二届全国人民代表大会常务委员会第三十一次会议《关于修改〈中华人民共和国招标投标法〉、〈中华人民共和国计量法〉的决定》修正)

第一章 总 则

第一条 为了规范招标投标活动,保护国家利益、社会公共利益和招标投标活动当事人的合法权益,提高经济效益,保证项目质量,制定本法。

第二条 在中华人民共和国境内进行招标投标活动,适用本法。

第三条 在中华人民共和国境内进行下列工程建设项目包括项目的勘察、设计、施工、监理以及与工程建设有关的重要设备、材料等的采购,必须进行招标:

(一)大型基础设施、公用事业等关系社会公共利益、公众安全的项目;

(二)全部或者部分使用国有资金投资或者国家融资的项目;

(三)使用国际组织或者外国政府贷款、援助资金的项目。

前款所列项目的具体范围和规模标准,由国务院发展计划部门会同国务院有关部门制订,报国务院批准。

法律或者国务院对必须进行招标的其他项目的范围有规定的,依照其规定。

第四条 任何单位和个人不得将依法必须进行招标的项目化整为零或者以其他任何方式规避招标。

第五条 招标投标活动应当遵循公开、公平、公正和诚实信用的原则。

第六条 依法必须进行招标的项目,其招标投标活动不受地区或者部门的限制。任何单位和个人不得违法限制或者排斥本地区、本系统以外的法人或者其他组织参加投标,不得以任何方式非法干涉招标投标活动。

第七条 招标投标活动及其当事人应当接受依法实施的监督。

有关行政监督部门依法对招标投标活动实施监督,依法查处招标投标活动中的违法行为。

对招标投标活动的行政监督及有关部门的具体职权划分,由国务院规定。

第二章 招 标

第八条 招标人是依照本法规定提出招标项目、进行招标的法人或者其他组织。

第九条 招标项目按照国家有关规定需要履行项目审批手续的,应当先履行审批手续,取得批准。

招标人应当有进行招标项目的相应资金或者资金来源已经落实,并应当在招标文件中如实载明。

第十条 招标分为公开招标和邀请招标。

公开招标,是指招标人以招标公告的方式邀请不特定的法人或者其他组织投标。

邀请招标,是指招标人以投标邀请书的方式邀请特定的法人或者其他组织投标。

第十一条 国务院发展计划部门确定的国家重点项目和省、自治区、直辖市人民政府确定的地方重点项目不适宜公开招标的,经国务院发展计划部门或者省、自治区、直辖市人民政府批准,可以进行邀请招标。

第十二条 招标人有权自行选择招标代理机构,委托其办理招标事宜。任何单位和个人不得以任何方式为招标人指定招标代理机构。

招标人具有编制招标文件和组织评标能力的,可以自行办理招标事宜。任何单位和个人不得强制其委托招标代理机构办理招标事宜。

依法必须进行招标的项目,招标人自行办理招标事宜的,应当向有关行政监督部门备案。

第十三条 招标代理机构是依法设立、从事招标代理业务并提供相关服务的社会中介组织。

招标代理机构应当具备下列条件:

(一)有从事招标代理业务的营业场所和相应资金;

(二)有能够编制招标文件和组织评标的相应专业力量。

第十四条 招标代理机构与行政机关和其他国家机关不得存在隶属关系或者其他利益关系。

第十五条 招标代理机构应当在招标人委托的范围内办理招标事宜,并遵守本法关于招标人的规定。

第十六条 招标人采用公开招标方式的,应当发布招标公告。依法必须进行招标的项目的招标公告,应当通过国家指定的报刊、信息网络或者其他媒介发布。

招标公告应当载明招标人的名称和地址、招标项目的性质、数量、实施地点和时间以及获取招标文件的办法等事项。

第十七条 招标人采用邀请招标方式的,应当向三个以上具备承担招标项目的能力、资信良好的特定的法人或者其他组织发出投标邀请书。

投标邀请书应当载明本法第十六条第二款规定的事项。

第十八条 招标人可以根据招标项目本身的要求,在招标公告或者投标邀请书中,要求潜在投标人提供有关资质证明文件和业绩情况,并对潜在投标人进行资格审查;国家对投标人的资格条件有规定的,依照其规定。

招标人不得以不合理的条件限制或者排斥潜在投标人,不得对潜在投标人实行歧视待遇。

第十九条 招标人应当根据招标项目的特点和需要编制招标文件。招标文件应当包括招标项目的技术要求、对投标人资格审查的标准、投标报价要求和评标标准等所有实质性要求和条件以及拟签订合同的主要条款。

国家对招标项目的技术、标准有规定的,招标人应当按照其规定在招标文件中提出相应要求。

招标项目需要划分标段、确定工期的,招标人应当合理划分标段、确定工期,并在招标文件中载明。

第二十条 招标文件不得要求或者标明特定的生产供应者以及含有倾向或者排斥潜在投标人的其他内容。

第二十一条 招标人根据招标项目的具体情况,可以组织潜在投标人踏勘项目现场。

第二十二条 招标人不得向他人透露已获取招标文件的潜在投标人的名称、数量以及可能影响公平竞争的有关招标投标的其他情况。

招标人设有标底的,标底必须保密。

第二十三条 招标人对已发出的招标文件进行必要的澄清或者修改的,应当在招标文件要求提交投标文件截止时间至少十五日前,以书面形式通知所有招标文件收受人。该澄清或者修改的内容为招标文件的组成部分。

第二十四条 招标人应当确定投标人编制投标文件所需要的合理时间;但是,依法必须进行招标的项目,自招标文件开始发出之日起至投标人提交投标文件截止之日止,最短不得少于二十日。

第三章 投 标

第二十五条 投标人是响应招标、参加投标竞争的法人或者其他组织。

依法招标的科研项目允许个人参加投标的,投标的个人适用本法有关投标人的规定。

第二十六条 投标人应当具备承担招标项目的能力;国家有关规定对投标人资格条件或者招标文件对投标人资格条件有规定的,投标人应当具备规定的资格条件。

第二十七条 投标人应当按照招标文件的要求编制投标文件。投标文件应当对招标文件提出的实质性要求和条件作出响应。

招标项目属于建设施工的,投标文件的内容应当包括拟派出的项目负责人与主要技术人员的简历、业绩和拟用于完成招标项目的机械设备等。

第二十八条 投标人应当在招标文件要求提交投标文件的截止时间前,将投标文件送达投标地点。招标人收到投标文件后,应当签收保存,不得开启。投标人少于三个的,招标人应当依照本法重新招标。

在招标文件要求提交投标文件的截止时间后送达的投标文件,招标人应当拒收。

第二十九条 投标人在招标文件要求提交投标文件的截止时间前,可以补充、修改或者撤回已提交的投标文件,并书面通知招标人。补充、修改的内容为投标文件的组成部分。

第三十条 投标人根据招标文件载明的项目实际情况,拟在中标后将中标项目的部分非主体、非关键性工作进行分包的,应当在投标文件中载明。

第三十一条 两个以上法人或者其他组织可以组成一个联合体,以一个投标人的身份共同投标。

联合体各方均应当具备承担招标项目的相应能力;国家有关规定或者招标文件对投标人资格条件有规定的,联合体各方均应当具备规定的相应资格条件。由同一专业的单位组成的联合体,按照资质等级较低的单位确定资质等级。

联合体各方应当签订共同投标协议,明确约定各方拟承担的工作和责任,并将共同投标协议连同投标文件一并提交招标人。联合体中标的,联合体各方应当共同与招标人签订合同,就中标项目向招标人承担连带责任。

招标人不得强制投标人组成联合体共同投标,不得限制投标人之间的竞争。

第三十二条 投标人不得相互串通投标报价,不得排挤其他投标人的公平竞争,损害招标人或者其他投标人的合法权益。

投标人不得与招标人串通投标,损害国家利益、社会公共利益或者他人的合法权益。

禁止投标人以向招标人或者评标委员会成员行贿的手段谋取中标。

第三十三条 投标人不得以低于成本的报价竞标,也不得以他人名义投标或者以其他方式弄虚作假,骗取中标。

第四章　开标、评标和中标

第三十四条 开标应当在招标文件确定的提交投标文件截止时间的同一时间公开进行;开标地点应当为招标文件中预先确定的地点。

第三十五条 开标由招标人主持,邀请所有投标人参加。

第三十六条 开标时,由投标人或者其推选的代表检查投标文件的密封情况,也可以由招标人委托的公证机构检查并公证;经确认无误后,由工作人员当众拆封,宣读投标人名称、投标价格和投标文件的其他主要内容。

招标人在招标文件要求提交投标文件的截止时间前收到的所有投标文件,开标时都应当当众予以拆封、宣读。

开标过程应当记录,并存档备查。

第三十七条 评标由招标人依法组建的评标委员会负责。

依法必须进行招标的项目,其评标委员会由招标人的代表和有关技术、经济等方面的专家组成,成员人数为五人以上单数,其中技术、经济等方面的专家不得少于成员总数的三分之二。

前款专家应当从事相关领域工作满八年并具有高级职称或者具有同等专业水平,由招标人从国务院有关部门或者省、自治区、直辖市人民政府有关部门提供的专家名册或者招标代理机构的专家库内的相关专业的专家名单中确定;一般招标项目可以采取随机抽取方式,特殊招标项目可以由招标人直接确定。

与投标人有利害关系的人不得进入相关项目的评标委员会;已经进入的应当更换。

评标委员会成员的名单在中标结果确定前应当保密。

第三十八条 招标人应当采取必要的措施,保证评标在严格保密的情况下进行。

任何单位和个人不得非法干预、影响评标的过程和结果。

第三十九条 评标委员会可以要求投标人对投标文件中含义不明确的内容作必要的澄清或者说明,但是澄清或者说明不得超出投标文件的范围或者改变投标文件的实质性内容。

第四十条 评标委员会应当按照招标文件确定的评标标准和方法,对投标文件进行评审和比较;设有标底的,应当参考标底。评标委员会完成评标后,应当向招标人提出书面评标报告,并推荐合格的中标候选人。

招标人根据评标委员会提出的书面评标报告和推荐的中标候选人确定中标人。招标人也可以授权评标委员会直接确定中标人。

国务院对特定招标项目的评标有特别规定的,从其规定。

第四十一条 中标人的投标应当符合下列条件之一:

(一)能够最大限度地满足招标文件中规定的各项综合评价标准;

(二)能够满足招标文件的实质性要求,并且经评审的投标价格最低;但是投标价格低于成本的除外。

第四十二条 评标委员会经评审,认为所有投标都不符合招标文件要求的,可以否决所有投标。

依法必须进行招标的项目的所有投标被否决的,招标人应当依照本法重新招标。

第四十三条 在确定中标人前,招标人不得与投标人就投标价格、投标方案等实质性内容进行谈判。

第四十四条 评标委员会成员应当客观、公正地履行职务,遵守职业道德,对所提出的评审意见承担个人责任。

评标委员会成员不得私下接触投标人,不得收受投标人的财物或者其他好处。

评标委员会成员和参与评标的有关工作人员不得透露对投标文件的评审和比较、中标候选人的推荐情况以及与评标有关的其他情况。

第四十五条 中标人确定后,招标人应当向中标人发出中标通知书,并同时将中标结果通知所有未中标的投标人。

中标通知书对招标人和中标人具有法律效力。中标通知书发出后,招标人改变中标结果的,或者中标人放弃中标项目的,应当依法承担法律责任。

第四十六条 招标人和中标人应当自中标通知书发出之日起三十日内,按照招标文件和中标人的投标文件订立书面合同。招标人和中标人不得再行订立背离合同实质性内容的其他协议。

招标文件要求中标人提交履约保证金的,中标人应当提交。

第四十七条 依法必须进行招标的项目,招标人应当自确定中标人之日起十五日内,向有关行政监督部门提交招标投标情况的书面报告。

第四十八条 中标人应当按照合同约定履行义务,完成中标项目。中标人不得向他人转让中标项目,也不得将中标项目肢解后分别向他人转让。

中标人按照合同约定或者经招标人同意,可以将中标项目的部分非主体、非关键性工作分包给他人完成。接受分包的人应当具备相应的资格条件,并不得再次分包。

中标人应当就分包项目向招标人负责,接受分包的人就分包项目承担连带责任。

第五章 法律责任

第四十九条 违反本法规定,必须进行招标的项目而不招标的,将必须进行招标的项目化整为零或者以其他任何方式规避招标的,责令限期改正,可以处项目合同金额千分之五以上千分之十以下的罚款;对全部或者部分使用国有资金的项目,可以暂停项目执行或者暂停资金拨付;对单位直接负责的主管人员和其他直接责任人员依法给予处分。

第五十条 招标代理机构违反本法规定,泄露应当保密的与招标投标活动有关的情况和资料的,或者与招标人、投标人串通损害国家利益、社会公共利益或者他人合法权益的,处五万元以上二十五万元以下的罚款,对单位直接负责的主管人员和其他直接责任人员处单位罚款数额百分之五以上百分之十以下的罚款;有违法所得的,并处没收违法所得;情节严重的,禁止其一年至二年内代理依法必须进行招标的项目并予以公告,直至由工商行政管理机关吊销营业执照;构成犯罪的,依法追究刑事责任。给他人造成损失的,依法承担赔偿责任。

前款所列行为影响中标结果的,中标无效。

第五十一条 招标人以不合理的条件限制或者排斥潜在投标人的,对潜在投标人实行歧视待遇的,强制要求投标人组成联合体共同投标的,或者限制投标人之间竞争的,责令改正,可以处一万元以上五万元以下的罚款。

第五十二条 依法必须进行招标的项目的招标人向他人透露已获取招标文件的潜在投标人的名称、数量或者可能影响公平竞争的有关招标投标的其他情况的,或者泄露标底的,给予警告,可以并处一万元以上十万元以下的罚款;对单位直接负责的主管人员和其他直接责任人员依法给予处分;构成犯罪的,依法追究刑事责任。

前款所列行为影响中标结果的,中标无效。

第五十三条 投标人相互串通投标或者与招标人串通投标的,投标人以向招标人或者评标委员会成员行贿的手段谋取中标的,中标无效,处中标项目金额千分之五以上千分之十以下的罚款,对单位直接负责的主管人员和其他直接责任人员处单位罚款数额百分之五以上百分之十以下的罚款;有违法所得的,并处没收违法所得;情节严重的,取消其一年至二年内参加依法必须进行招标的项目的投标资格并予以公告,直至由工商行政管理机关吊销营业执照;构成犯罪的,依法追究刑事责任。给他人造成损失的,依法承担赔偿责任。

第五十四条 投标人以他人名义投标或者以其他方式弄虚作假,骗取中标的,中标无效,给招标人造成损失的,依法承担赔偿责任;构成犯罪的,依法追究刑事责任。

依法必须进行招标的项目的投标人有前款所列行为尚未构成犯罪的,处中标项目金额千分之五以上千分之十以下的罚款,对单位直接负责的主管人员和其他直接责任人员处单位罚款数额百分之五以上百分之十以下的罚款;有违法所得的,并处没收违法所得;情节严重的,取消其一年至三年内参加依法必须进行招标的项目的投标资格并予以公告,直至由工商行政管理机关吊销营业执照。

第五十五条 依法必须进行招标的项目,招标人违反本法规定,与投标人就投标价格、投标方案等实质性内容进行谈判的,给予警告,对单位直接负责的主管人员和其他直接责任人员依法给予处分。

前款所列行为影响中标结果的,中标无效。

第五十六条 评标委员会成员收受投标人的财物或者其他好处的,评标委员会成员或者参加评标的有关工作人员向他人透露对投标文件的评审和比较、中标候选人的推荐以及与评标有关的其他情况的,给予警告,没收收受的财物,可以并处三千元以上五万元以下的罚款,对有所列违法行为的评标委员会成员取消担任评标委员会成员的资格,不得再参加任何依法必须进行招标的项目的评标;构成犯罪的,依法追究刑事责任。

第五十七条 招标人在评标委员会依法推荐的中标候选人以外确定中标人的,依法必须进行招标的项目在所有投标被评标委员会否决后自行确定中标人的,中标无效。责令改正,可以处中标项目金额千分之五以上千分之十以下的罚款;对单位直接负责的主管人员和其他直接责任人员依法给予处分。

第五十八条 中标人将中标项目转让给他人的,将中标项目肢解后分别转让给他人的,违反本法规定将中标项目的部分主体、关键性工作分包给他人的,或者分包人再次分包的,转让、分包无效,处转让、分包项目金额千分之五以上千分之十以下的罚款;有违法所得的,并处没收违法所得;可以责令停业整顿;情节严重的,由工商行政管理机关吊销营业执照。

第五十九条 招标人与中标人不按照招标文件和中标人的投标文件订立合同的,或者招标人、中标人订立背离合同实质性内容的协议的,责令改正;可以处中标项目金额千分之五以上千分之十以下的罚款。

第六十条 中标人不履行与招标人订立的合同的,履约保证金不予退还,给招标人造成的损失超过履约保证金数额的,还应当对超过部分予以赔偿;没有提交履约保证金的,应当对招标人的损失承担赔偿责任。

中标人不按照与招标人订立的合同履行义务,情节严重的,取消其二年至五年内参加依法必须进行招标的项目的投标资格并予以公告,直至由工商行政管理机关吊销营业执照。

因不可抗力不能履行合同的,不适用前两款规定。

第六十一条 本章规定的行政处罚,由国务院规定的有关行政监督部门决定。本法已对实施行政处罚的机关作出规定的除外。

第六十二条 任何单位违反本法规定,限制或者排斥本地区、本系统以外的法人或者其他组织参加投标的,为招标人指定招标代理机构的,强制招标人委托招标代理机构办理招标事宜的,或者以其他方式干涉招标投标活动的,责令改正;对单位直接负责的主管人员和其他直接责任人员依法给予警告、记过、记大过的处分,情节较重的,依法给予降级、撤职、开除的处分。

个人利用职权进行前款违法行为的,依照前款规定追究责任。

第六十三条 对招标投标活动依法负有行政监督职责的国家机关工作人员徇私舞弊、滥用职权或者玩忽职守,构成犯罪的,依法追究刑事责任;不构成犯罪的,依法给予行政处分。

第六十四条 依法必须进行招标的项目违反本法规定,中标无效的,应当依照本法规定的中标条件从其余投标人中重新确定中标人或者依照本法重新进行招标。

第六章 附 则

第六十五条 投标人和其他利害关系人认为招标投标活动不符合本法有关规定的,有权向招标人提出异议或者依法向有关行政监督部门投诉。

第六十六条 涉及国家安全、国家秘密、抢险救灾或者属于利用扶贫资金实行以工代赈、需要使用农民工等特殊情况,不适宜进行招标的项目,按照国家有关规定可以不进行招标。

第六十七条 使用国际组织或者外国政府贷款、援助资金的项目进行招标,贷款方、资金提供方对招标投标的具体条件和程序有不同规定的,可以适用其规定,但违背中华人民共和国的社会公共利益的除外。

第六十八条 本法自 2000 年 1 月 1 日起施行。

中华人民共和国招标投标法实施条例

(根据2019年3月2日中华人民共和国国务院令第709号《国务院关于修改部分行政法规的决定》第三次修订)

第一章 总 则

第一条 为了规范招标投标活动,根据《中华人民共和国招标投标法》(以下简称招标投标法),制定本条例。

第二条 招标投标法第三条所称工程建设项目,是指工程以及与工程建设有关的货物、服务。

前款所称工程,是指建设工程,包括建筑物和构筑物的新建、改建、扩建及其相关的装修、拆除、修缮等;所称与工程建设有关的货物,是指构成工程不可分割的组成部分,且为实现工程基本功能所必需的设备、材料等;所称与工程建设有关的服务,是指为完成工程所需的勘察、设计、监理等服务。

第三条 依法必须进行招标的工程建设项目的具体范围和规模标准,由国务院发展改革部门会同国务院有关部门制订,报国务院批准后公布施行。

第四条 国务院发展改革部门指导和协调全国招标投标工作,对国家重大建设项目的工程招标投标活动实施监督检查。国务院工业和信息化、住房城乡建设、交通运输、铁道、水利、商务等部门,按照规定的职责分工对有关招标投标活动实施监督。

县级以上地方人民政府发展改革部门指导和协调本行政区域的招标投标工作。县级以上地方人民政府有关部门按照规定的职责分工,对招标投标活动实施监督,依法查处招标投标活动中的违法行为。县级以上地方人民政府对其所属部门有关招标投标活动的监督职责分工另有规定的,从其规定。

财政部门依法对实行招标投标的政府采购工程建设项目的政府采购政策执行情况实施监督。

监察机关依法对与招标投标活动有关的监察对象实施监察。

第五条 设区的市级以上地方人民政府可以根据实际需要,建立统一规范的招标投标交易场所,为招标投标活动提供服务。招标投标交易场所不得与行政监督部门存在隶属关系,不得以营利为目的。

国家鼓励利用信息网络进行电子招标投标。

第六条　禁止国家工作人员以任何方式非法干涉招标投标活动。

第二章　招　　标

第七条　按照国家有关规定需要履行项目审批、核准手续的依法必须进行招标的项目,其招标范围、招标方式、招标组织形式应当报项目审批、核准部门审批、核准。项目审批、核准部门应当及时将审批、核准确定的招标范围、招标方式、招标组织形式通报有关行政监督部门。

第八条　国有资金占控股或者主导地位的依法必须进行招标的项目,应当公开招标;但有下列情形之一的,可以邀请招标:

(一)技术复杂、有特殊要求或者受自然环境限制,只有少量潜在投标人可供选择;

(二)采用公开招标方式的费用占项目合同金额的比例过大。

有前款第二项所列情形,属于本条例第七条规定的项目,由项目审批、核准部门在审批、核准项目时作出认定;其他项目由招标人申请有关行政监督部门作出认定。

第九条　除招标投标法第六十六条规定的可以不进行招标的特殊情况外,有下列情形之一的,可以不进行招标:

(一)需要采用不可替代的专利或者专有技术;

(二)采购人依法能够自行建设、生产或者提供;

(三)已通过招标方式选定的特许经营项目投资人依法能够自行建设、生产或者提供;

(四)需要向原中标人采购工程、货物或者服务,否则将影响施工或者功能配套要求;

(五)国家规定的其他特殊情形。

招标人为适用前款规定弄虚作假的,属于招标投标法第四条规定的规避招标。

第十条　招标投标法第十二条第二款规定的招标人具有编制招标文件和组织评标能力,是指招标人具有与招标项目规模和复杂程度相适应的技术、经济等方面的专业人员。

第十一条　国务院住房城乡建设、商务、发展改革、工业和信息化等部门,按照规定的职责分工对招标代理机构依法实施监督管理。

第十二条　招标代理机构应当拥有一定数量的具备编制招标文件、组织评标等相应能力的专业人员。

第十三条　招标代理机构在招标人委托的范围内开展招标代理业务,任何单位和个人不得非法干涉。

招标代理机构代理招标业务,应当遵守招标投标法和本条例关于招标人的规定。招标代理机构不得在所代理的招标项目中投标或者代理投标,也不得为所代理的招标项目的投标人提供咨询。

第十四条　招标人应当与被委托的招标代理机构签订书面委托合同,合同约定的收费标准应当符合国家有关规定。

第十五条　公开招标的项目,应当依照招标投标法和本条例的规定发布招标公告、编制招标文件。

招标人采用资格预审办法对潜在投标人进行资格审查的,应当发布资格预审公告、编制资格预审文件。

依法必须进行招标的项目的资格预审公告和招标公告,应当在国务院发展改革部门依法指定的媒介发布。在不同媒介发布的同一招标项目的资格预审公告或者招标公告的内容应当一致。指定媒介发布依法必须进行招标的项目的境内资格预审公告、招标公告,不得收取费用。

编制依法必须进行招标的项目的资格预审文件和招标文件,应当使用国务院发展改革部门会同有关行政监督部门制定的标准文本。

第十六条 招标人应当按照资格预审公告、招标公告或者投标邀请书规定的时间、地点发售资格预审文件或者招标文件。资格预审文件或者招标文件的发售期不得少于 5 日。

招标人发售资格预审文件、招标文件收取的费用应当限于补偿印刷、邮寄的成本支出,不得以营利为目的。

第十七条 招标人应当合理确定提交资格预审申请文件的时间。依法必须进行招标的项目提交资格预审申请文件的时间,自资格预审文件停止发售之日起不得少于 5 日。

第十八条 资格预审应当按照资格预审文件载明的标准和方法进行。

国有资金占控股或者主导地位的依法必须进行招标的项目,招标人应当组建资格审查委员会审查资格预审申请文件。资格审查委员会及其成员应当遵守招标投标法和本条例有关评标委员会及其成员的规定。

第十九条 资格预审结束后,招标人应当及时向资格预审申请人发出资格预审结果通知书。未通过资格预审的申请人不具有投标资格。

通过资格预审的申请人少于 3 个的,应当重新招标。

第二十条 招标人采用资格后审办法对投标人进行资格审查的,应当在开标后由评标委员会按照招标文件规定的标准和方法对投标人的资格进行审查。

第二十一条 招标人可以对已发出的资格预审文件或者招标文件进行必要的澄清或者修改。澄清或者修改的内容可能影响资格预审申请文件或者投标文件编制的,招标人应当在提交资格预审申请文件截止时间至少 3 日前,或者投标截止时间至少 15 日前,以书面形式通知所有获取资格预审文件或者招标文件的潜在投标人;不足 3 日或者 15 日的,招标人应当顺延提交资格预审申请文件或者投标文件的截止时间。

第二十二条 潜在投标人或者其他利害关系人对资格预审文件有异议的,应当在提交资格预审申请文件截止时间 2 日前提出;对招标文件有异议的,应当在投标截止时间 10 日前提出。招标人应当自收到异议之日起 3 日内作出答复;作出答复前,应当暂停招标投标活动。

第二十三条 招标人编制的资格预审文件、招标文件的内容违反法律、行政法规的强制性规定,违反公开、公平、公正和诚实信用原则,影响资格预审结果或者潜在投标人投标的,依法必须进行招标的项目的招标人应当在修改资格预审文件或者招标文件后重新招标。

第二十四条 招标人对招标项目划分标段的,应当遵守招标投标法的有关规定,不得利用划分标段限制或者排斥潜在投标人。依法必须进行招标的项目的招标人不得利用划分标段规避招标。

第二十五条 招标人应当在招标文件中载明投标有效期。投标有效期从提交投标文件的截止之日起算。

第二十六条 招标人在招标文件中要求投标人提交投标保证金的,投标保证金不得超过招标项目估算价的 2%。投标保证金有效期应当与投标有效期一致。

依法必须进行招标的项目的境内投标单位,以现金或者支票形式提交的投标保证金应当从其基本账户转出。

招标人不得挪用投标保证金。

第二十七条 招标人可以自行决定是否编制标底。一个招标项目只能有一个标底。标底必须保密。

接受委托编制标底的中介机构不得参加受托编制标底项目的投标,也不得为该项目的投标人编制投标文件或者提供咨询。

招标人设有最高投标限价的,应当在招标文件中明确最高投标限价或者最高投标限价的计算方法。招标人不得规定最低投标限价。

第二十八条 招标人不得组织单个或者部分潜在投标人踏勘项目现场。

第二十九条 招标人可以依法对工程以及与工程建设有关的货物、服务全部或者部分实行总承包招标。以暂估价形式包括在总承包范围内的工程、货物、服务属于依法必须进行招标的项目范围且达到国家规定规模标准的,应当依法进行招标。

前款所称暂估价,是指总承包招标时不能确定价格而由招标人在招标文件中暂时估定的工程、货物、服务的金额。

第三十条 对技术复杂或者无法精确拟定技术规格的项目,招标人可以分两阶段进行招标。

第一阶段,投标人按照招标公告或者投标邀请书的要求提交不带报价的技术建议,招标人根据投标人提交的技术建议确定技术标准和要求,编制招标文件。

第二阶段,招标人向在第一阶段提交技术建议的投标人提供招标文件,投标人按照招标文件的要求提交包括最终技术方案和投标报价的投标文件。

招标人要求投标人提交投标保证金的,应当在第二阶段提出。

第三十一条 招标人终止招标的,应当及时发布公告,或者以书面形式通知被邀请的或者已经获取资格预审文件、招标文件的潜在投标人。已经发售资格预审文件、招标文件或者已经收取投标保证金的,招标人应当及时退还所收取的资格预审文件、招标文件的费用,以及所收取的投标保证金及银行同期存款利息。

第三十二条 招标人不得以不合理的条件限制、排斥潜在投标人或者投标人。

招标人有下列行为之一的,属于以不合理条件限制、排斥潜在投标人或者投标人:

(一)就同一招标项目向潜在投标人或者投标人提供有差别的项目信息;

(二)设定的资格、技术、商务条件与招标项目的具体特点和实际需要不相适应或者与合同履行无关;

(三)依法必须进行招标的项目以特定行政区域或者特定行业的业绩、奖项作为加分条件或者中标条件;

(四)对潜在投标人或者投标人采取不同的资格审查或者评标标准;

(五)限定或者指定特定的专利、商标、品牌、原产地或者供应商;

(六)依法必须进行招标的项目非法限定潜在投标人或者投标人的所有制形式或者组织形式;

（七）以其他不合理条件限制、排斥潜在投标人或者投标人。

第三章 投 标

第三十三条 投标人参加依法必须进行招标的项目的投标，不受地区或者部门的限制，任何单位和个人不得非法干涉。

第三十四条 与招标人存在利害关系可能影响招标公正性的法人、其他组织或者个人，不得参加投标。

单位负责人为同一人或者存在控股、管理关系的不同单位，不得参加同一标段投标或者未划分标段的同一招标项目投标。

违反前两款规定的，相关投标均无效。

第三十五条 投标人撤回已提交的投标文件，应当在投标截止时间前书面通知招标人。招标人已收取投标保证金的，应当自收到投标人书面撤回通知之日起5日内退还。

投标截止后投标人撤销投标文件的，招标人可以不退还投标保证金。

第三十六条 未通过资格预审的申请人提交的投标文件，以及逾期送达或者不按照招标文件要求密封的投标文件，招标人应当拒收。

招标人应当如实记载投标文件的送达时间和密封情况，并存档备查。

第三十七条 招标人应当在资格预审公告、招标公告或者投标邀请书中载明是否接受联合体投标。

招标人接受联合体投标并进行资格预审的，联合体应当在提交资格预审申请文件前组成。资格预审后联合体增减、更换成员的，其投标无效。

联合体各方在同一招标项目中以自己名义单独投标或者参加其他联合体投标的，相关投标均无效。

第三十八条 投标人发生合并、分立、破产等重大变化的，应当及时书面告知招标人。投标人不再具备资格预审文件、招标文件规定的资格条件或者其投标影响招标公正性的，其投标无效。

第三十九条 禁止投标人相互串通投标。

有下列情形之一的，属于投标人相互串通投标：

（一）投标人之间协商投标报价等投标文件的实质性内容；

（二）投标人之间约定中标人；

（三）投标人之间约定部分投标人放弃投标或者中标；

（四）属于同一集团、协会、商会等组织成员的投标人按照该组织要求协同投标；

（五）投标人之间为谋取中标或者排斥特定投标人而采取的其他联合行动。

第四十条 有下列情形之一的，视为投标人相互串通投标：

（一）不同投标人的投标文件由同一单位或者个人编制；

（二）不同投标人委托同一单位或者个人办理投标事宜；

（三）不同投标人的投标文件载明的项目管理成员为同一人；

（四）不同投标人的投标文件异常一致或者投标报价呈规律性差异；

（五）不同投标人的投标文件相互混装；

（六）不同投标人的投标保证金从同一单位或者个人的账户转出。

第四十一条 禁止招标人与投标人串通投标。

有下列情形之一的，属于招标人与投标人串通投标：

（一）招标人在开标前开启投标文件并将有关信息泄露给其他投标人；

（二）招标人直接或者间接向投标人泄露标底、评标委员会成员等信息；

（三）招标人明示或者暗示投标人压低或者抬高投标报价；

（四）招标人授意投标人撤换、修改投标文件；

（五）招标人明示或者暗示投标人为特定投标人中标提供方便；

（六）招标人与投标人为谋求特定投标人中标而采取的其他串通行为。

第四十二条 使用通过受让或者租借等方式获取的资格、资质证书投标的，属于招标投标法第三十三条规定的以他人名义投标。

投标人有下列情形之一的，属于招标投标法第三十三条规定的以其他方式弄虚作假的行为：

（一）使用伪造、变造的许可证件；

（二）提供虚假的财务状况或者业绩；

（三）提供虚假的项目负责人或者主要技术人员简历、劳动关系证明；

（四）提供虚假的信用状况；

（五）其他弄虚作假的行为。

第四十三条 提交资格预审申请文件的申请人应当遵守招标投标法和本条例有关投标人的规定。

第四章　开标、评标和中标

第四十四条 招标人应当按照招标文件规定的时间、地点开标。

投标人少于3个的，不得开标；招标人应当重新招标。

投标人对开标有异议的，应当在开标现场提出，招标人应当当场作出答复，并制作记录。

第四十五条 国家实行统一的评标专家专业分类标准和管理办法。具体标准和办法由国务院发展改革部门会同国务院有关部门制定。

省级人民政府和国务院有关部门应当组建综合评标专家库。

第四十六条 除招标投标法第三十七条第三款规定的特殊招标项目外，依法必须进行招标的项目，其评标委员会的专家成员应当从评标专家库内相关专业的专家名单中以随机抽取方式确定。任何单位和个人不得以明示、暗示等任何方式指定或者变相指定参加评标委员会的专家成员。

依法必须进行招标的项目的招标人非因招标投标法和本条例规定的事由，不得更换依法确定的评标委员会成员。更换评标委员会的专家成员应当依照前款规定进行。

评标委员会成员与投标人有利害关系的，应当主动回避。

有关行政监督部门应当按照规定的职责分工，对评标委员会成员的确定方式、评标专家的抽取和评标活动进行监督。行政监督部门的工作人员不得担任本部门负责监督项目的评标委员会成员。

第四十七条 招标投标法第三十七条第三款所称特殊招标项目,是指技术复杂、专业性强或者国家有特殊要求,采取随机抽取方式确定的专家难以保证胜任评标工作的项目。

第四十八条 招标人应当向评标委员会提供评标所必需的信息,但不得明示或者暗示其倾向或者排斥特定投标人。

招标人应当根据项目规模和技术复杂程度等因素合理确定评标时间。超过三分之一的评标委员会成员认为评标时间不够的,招标人应当适当延长。

评标过程中,评标委员会成员有回避事由、擅离职守或者因健康等原因不能继续评标的,应当及时更换。被更换的评标委员会成员作出的评审结论无效,由更换后的评标委员会成员重新进行评审。

第四十九条 评标委员会成员应当依照招标投标法和本条例的规定,按照招标文件规定的评标标准和方法,客观、公正地对投标文件提出评审意见。招标文件没有规定的评标标准和方法不得作为评标的依据。

评标委员会成员不得私下接触投标人,不得收受投标人给予的财物或者其他好处,不得向招标人征询确定中标人的意向,不得接受任何单位或者个人明示或者暗示提出的倾向或者排斥特定投标人的要求,不得有其他不客观、不公正履行职务的行为。

第五十条 招标项目设有标底的,招标人应当在开标时公布。标底只能作为评标的参考,不得以投标报价是否接近标底作为中标条件,也不得以投标报价超过标底上下浮动范围作为否决投标的条件。

第五十一条 有下列情形之一的,评标委员会应当否决其投标:

(一)投标文件未经投标单位盖章和单位负责人签字;

(二)投标联合体没有提交共同投标协议;

(三)投标人不符合国家或者招标文件规定的资格条件;

(四)同一投标人提交两个以上不同的投标文件或者投标报价,但招标文件要求提交备选投标的除外;

(五)投标报价低于成本或者高于招标文件设定的最高投标限价;

(六)投标文件没有对招标文件的实质性要求和条件作出响应;

(七)投标人有串通投标、弄虚作假、行贿等违法行为。

第五十二条 投标文件中有含义不明确的内容、明显文字或者计算错误,评标委员会认为需要投标人作出必要澄清、说明的,应当书面通知该投标人。投标人的澄清、说明应当采用书面形式,并不得超出投标文件的范围或者改变投标文件的实质性内容。

评标委员会不得暗示或者诱导投标人作出澄清、说明,不得接受投标人主动提出的澄清、说明。

第五十三条 评标完成后,评标委员会应当向招标人提交书面评标报告和中标候选人名单。中标候选人应当不超过3个,并标明排序。

评标报告应当由评标委员会全体成员签字。对评标结果有不同意见的评标委员会成员应当以书面形式说明其不同意见和理由,评标报告应当注明该不同意见。评标委员会成员拒绝在评标报告上签字又不书面说明其不同意见和理由的,视为同意评标结果。

第五十四条 依法必须进行招标的项目,招标人应当自收到评标报告之日起3日内公示中标候选人,公示期不得少于3日。

投标人或者其他利害关系人对依法必须进行招标的项目的评标结果有异议的,应当在中标候选人公示期间提出。招标人应当自收到异议之日起3日内作出答复;作出答复前,应当暂停招标投标活动。

第五十五条 国有资金占控股或者主导地位的依法必须进行招标的项目,招标人应当确定排名第一的中标候选人为中标人。排名第一的中标候选人放弃中标、因不可抗力不能履行合同、不按照招标文件要求提交履约保证金,或者被查实存在影响中标结果的违法行为等情形,不符合中标条件的,招标人可以按照评标委员会提出的中标候选人名单排序依次确定其他中标候选人为中标人,也可以重新招标。

第五十六条 中标候选人的经营、财务状况发生较大变化或者存在违法行为,招标人认为可能影响其履约能力的,应当在发出中标通知书前由原评标委员会按照招标文件规定的标准和方法审查确认。

第五十七条 招标人和中标人应当依照招标投标法和本条例的规定签订书面合同,合同的标的、价款、质量、履行期限等主要条款应当与招标文件和中标人的投标文件的内容一致。招标人和中标人不得再行订立背离合同实质性内容的其他协议。

招标人最迟应当在书面合同签订后5日内向中标人和未中标的投标人退还投标保证金及银行同期存款利息。

第五十八条 招标文件要求中标人提交履约保证金的,中标人应当按照招标文件的要求提交。履约保证金不得超过中标合同金额的10%。

第五十九条 中标人应当按照合同约定履行义务,完成中标项目。中标人不得向他人转让中标项目,也不得将中标项目肢解后分别向他人转让。

中标人按照合同约定或者经招标人同意,可以将中标项目的部分非主体、非关键性工作分包给他人完成。接受分包的人应当具备相应的资格条件,并不得再次分包。

中标人应当就分包项目向招标人负责,接受分包的人就分包项目承担连带责任。

第五章　投诉与处理

第六十条 投标人或者其他利害关系人认为招标投标活动不符合法律、行政法规规定的,可以自知道或者应当知道之日起10日内向有关行政监督部门投诉。投诉应当有明确的请求和必要的证明材料。

就本条例第二十二条、第四十四条、第五十四条规定事项投诉的,应当先向招标人提出异议,异议答复期间不计算在前款规定的期限内。

第六十一条 投诉人就同一事项向两个以上有权受理的行政监督部门投诉的,由最先收到投诉的行政监督部门负责处理。

行政监督部门应当自收到投诉之日起3个工作日内决定是否受理投诉,并自受理投诉之日起30个工作日内作出书面处理决定;需要检验、检测、鉴定、专家评审的,所需时间不计算在内。

投诉人捏造事实、伪造材料或者以非法手段取得证明材料进行投诉的,行政监督部门应当予以驳回。

第六十二条 行政监督部门处理投诉,有权查阅、复制有关文件、资料,调查有关情况,相关单位和人员应当予以配合。必要时,行政监督部门可以责令暂停招标投标活动。

行政监督部门的工作人员对监督检查过程中知悉的国家秘密、商业秘密,应当依法予以保密。

第六章 法律责任

第六十三条 招标人有下列限制或者排斥潜在投标人行为之一的,由有关行政监督部门依照招标投标法第五十一条的规定处罚:

(一)依法应当公开招标的项目不按照规定在指定媒介发布资格预审公告或者招标公告;

(二)在不同媒介发布的同一招标项目的资格预审公告或者招标公告的内容不一致,影响潜在投标人申请资格预审或者投标。

依法必须进行招标的项目的招标人不按照规定发布资格预审公告或者招标公告,构成规避招标的,依照招标投标法第四十九条的规定处罚。

第六十四条 招标人有下列情形之一的,由有关行政监督部门责令改正,可以处10万元以下的罚款:

(一)依法应当公开招标而采用邀请招标;

(二)招标文件、资格预审文件的发售、澄清、修改的时限,或者确定的提交资格预审申请文件、投标文件的时限不符合招标投标法和本条例规定;

(三)接受未通过资格预审的单位或者个人参加投标;

(四)接受应当拒收的投标文件。

招标人有前款第一项、第三项、第四项所列行为之一的,对单位直接负责的主管人员和其他直接责任人员依法给予处分。

第六十五条 招标代理机构在所代理的招标项目中投标、代理投标或者向该项目投标人提供咨询的,接受委托编制标底的中介机构参加受托编制标底项目的投标或者为该项目的投标人编制投标文件、提供咨询的,依照招标投标法第五十条的规定追究法律责任。

第六十六条 招标人超过本条例规定的比例收取投标保证金、履约保证金或者不按照规定退还投标保证金及银行同期存款利息的,由有关行政监督部门责令改正,可以处5万元以下的罚款;给他人造成损失的,依法承担赔偿责任。

第六十七条 投标人相互串通投标或者与招标人串通投标的,投标人向招标人或者评标委员会成员行贿谋取中标的,中标无效;构成犯罪的,依法追究刑事责任;尚不构成犯罪的,依照招标投标法第五十三条的规定处罚。投标人未中标的,对单位的罚款金额按照招标项目合同金额依照招标投标法规定的比例计算。

投标人有下列行为之一的,属于招标投标法第五十三条规定的情节严重行为,由有关行政监督部门取消其1年至2年内参加依法必须进行招标的项目的投标资格:

（一）以行贿谋取中标；

（二）3年内2次以上串通投标；

（三）串通投标行为损害招标人、其他投标人或者国家、集体、公民的合法利益，造成直接经济损失30万元以上；

（四）其他串通投标情节严重的行为。

投标人自本条第二款规定的处罚执行期限届满之日起3年内又有该款所列违法行为之一的，或者串通投标、以行贿谋取中标情节特别严重的，由工商行政管理机关吊销营业执照。

法律、行政法规对串通投标报价行为的处罚另有规定的，从其规定。

第六十八条 投标人以他人名义投标或者以其他方式弄虚作假骗取中标的，中标无效；构成犯罪的，依法追究刑事责任；尚不构成犯罪的，依照招标投标法第五十四条的规定处罚。依法必须进行招标的项目的投标人未中标的，对单位的罚款金额按照招标项目合同金额依照招标投标法规定的比例计算。

投标人有下列行为之一的，属于招标投标法第五十四条规定的情节严重行为，由有关行政监督部门取消其1年至3年内参加依法必须进行招标的项目的投标资格：

（一）伪造、变造资格、资质证书或者其他许可证件骗取中标；

（二）3年内2次以上使用他人名义投标；

（三）弄虚作假骗取中标给招标人造成直接经济损失30万元以上；

（四）其他弄虚作假骗取中标情节严重的行为。

投标人自本条第二款规定的处罚执行期限届满之日起3年内又有该款所列违法行为之一的，或者弄虚作假骗取中标情节特别严重的，由工商行政管理机关吊销营业执照。

第六十九条 出让或者出租资格、资质证书供他人投标的，依照法律、行政法规的规定给予行政处罚；构成犯罪的，依法追究刑事责任。

第七十条 依法必须进行招标的项目的招标人不按照规定组建评标委员会，或者确定、更换评标委员会成员违反招标投标法和本条例规定的，由有关行政监督部门责令改正，可以处10万元以下的罚款，对单位直接负责的主管人员和其他直接责任人员依法给予处分；违法确定或者更换的评标委员会成员作出的评审结论无效，依法重新进行评审。

国家工作人员以任何方式非法干涉选取评标委员会成员的，依照本条例第八十一条的规定追究法律责任。

第七十一条 评标委员会成员有下列行为之一的，由有关行政监督部门责令改正；情节严重的，禁止其在一定期限内参加依法必须进行招标的项目的评标；情节特别严重的，取消其担任评标委员会成员的资格：

（一）应当回避而不回避；

（二）擅离职守；

（三）不按照招标文件规定的评标标准和方法评标；

（四）私下接触投标人；

（五）向招标人征询确定中标人的意向或者接受任何单位或者个人明示或者暗示提出的倾向或者排斥特定投标人的要求；

（六）对依法应当否决的投标不提出否决意见；

(七)暗示或者诱导投标人作出澄清、说明或者接受投标人主动提出的澄清、说明;

(八)其他不客观、不公正履行职务的行为。

第七十二条 评标委员会成员收受投标人的财物或者其他好处的,没收收受的财物,处3000元以上5万元以下的罚款,取消担任评标委员会成员的资格,不得再参加依法必须进行招标的项目的评标;构成犯罪的,依法追究刑事责任。

第七十三条 依法必须进行招标的项目的招标人有下列情形之一的,由有关行政监督部门责令改正,可以处中标项目金额10‰以下的罚款;给他人造成损失的,依法承担赔偿责任;对单位直接负责的主管人员和其他直接责任人员依法给予处分:

(一)无正当理由不发出中标通知书;

(二)不按照规定确定中标人;

(三)中标通知书发出后无正当理由改变中标结果;

(四)无正当理由不与中标人订立合同;

(五)在订立合同时向中标人提出附加条件。

第七十四条 中标人无正当理由不与招标人订立合同,在签订合同时向招标人提出附加条件,或者不按照招标文件要求提交履约保证金的,取消其中标资格,投标保证金不予退还。对依法必须进行招标的项目的中标人,由有关行政监督部门责令改正,可以处中标项目金额10‰以下的罚款。

第七十五条 招标人和中标人不按照招标文件和中标人的投标文件订立合同,合同的主要条款与招标文件、中标人的投标文件的内容不一致,或者招标人、中标人订立背离合同实质性内容的协议的,由有关行政监督部门责令改正,可以处中标项目金额5‰以上10‰以下的罚款。

第七十六条 中标人将中标项目转让给他人的,将中标项目肢解后分别转让给他人的,违反招标投标法和本条例规定将中标项目的部分主体、关键性工作分包给他人的,或者分包人再次分包的,转让、分包无效,处转让、分包项目金额5‰以上10‰以下的罚款;有违法所得的,并处没收违法所得;可以责令停业整顿;情节严重的,由工商行政管理机关吊销营业执照。

第七十七条 投标人或者其他利害关系人捏造事实、伪造材料或者以非法手段取得证明材料进行投诉,给他人造成损失的,依法承担赔偿责任。

招标人不按照规定对异议作出答复,继续进行招标投标活动的,由有关行政监督部门责令改正,拒不改正或者不能改正并影响中标结果的,依照本条例第八十二条的规定处理。

第七十八条 国家建立招标投标信用制度。有关行政监督部门应当依法公告对招标人、招标代理机构、投标人、评标委员会成员等当事人违法行为的行政处理决定。

第七十九条 项目审批、核准部门不依法审批、核准项目招标范围、招标方式、招标组织形式的,对单位直接负责的主管人员和其他直接责任人员依法给予处分。

有关行政监督部门不依法履行职责,对违反招标投标法和本条例规定的行为不依法查处,或者不按照规定处理投诉、不依法公告对招标投标当事人违法行为的行政处理决定的,对直接负责的主管人员和其他直接责任人员依法给予处分。

项目审批、核准部门和有关行政监督部门的工作人员徇私舞弊、滥用职权、玩忽职守,构成犯罪的,依法追究刑事责任。

第八十条 国家工作人员利用职务便利,以直接或者间接、明示或者暗示等任何方式非法干涉招标投标活动,有下列情形之一的,依法给予记过或者记大过处分;情节严重的,依法给予降级或者撤职处分;情节特别严重的,依法给予开除处分;构成犯罪的,依法追究刑事责任:

(一)要求对依法必须进行招标的项目不招标,或者要求对依法应当公开招标的项目不公开招标;

(二)要求评标委员会成员或者招标人以其指定的投标人作为中标候选人或者中标人,或者以其他方式非法干涉评标活动,影响中标结果;

(三)以其他方式非法干涉招标投标活动。

第八十一条 依法必须进行招标的项目的招标投标活动违反招标投标法和本条例的规定,对中标结果造成实质性影响,且不能采取补救措施予以纠正的,招标、投标、中标无效,应当依法重新招标或者评标。

第七章 附 则

第八十二条 招标投标协会按照依法制定的章程开展活动,加强行业自律和服务。

第八十三条 政府采购的法律、行政法规对政府采购货物、服务的招标投标另有规定的,从其规定。

第八十四条 本条例自 2012 年 2 月 1 日起施行。

中华人民共和国安全生产法

(根据2014年8月31日第十二届全国人民代表大会常务委员会第十次会议《关于修改〈中华人民共和国安全生产法〉的决定》第二次修正)

第一章 总 则

第一条 为了加强安全生产工作,防止和减少生产安全事故,保障人民群众生命和财产安全,促进经济社会持续健康发展,制定本法。

第二条 在中华人民共和国领域内从事生产经营活动的单位(以下统称生产经营单位)的安全生产,适用本法;有关法律、行政法规对消防安全和道路交通安全、铁路交通安全、水上交通安全、民用航空安全以及核与辐射安全、特种设备安全另有规定的,适用其规定。

第三条 安全生产工作应当以人为本,坚持安全发展,坚持安全第一、预防为主、综合治理的方针,强化和落实生产经营单位的主体责任,建立生产经营单位负责、职工参与、政府监管、行业自律和社会监督的机制。

第四条 生产经营单位必须遵守本法和其他有关安全生产的法律、法规,加强安全生产管理,建立、健全安全生产责任制和安全生产规章制度,改善安全生产条件,推进安全生产标准化建设,提高安全生产水平,确保安全生产。

第五条 生产经营单位的主要负责人对本单位的安全生产工作全面负责。

第六条 生产经营单位的从业人员有依法获得安全生产保障的权利,并应当依法履行安全生产方面的义务。

第七条 工会依法对安全生产工作进行监督。

生产经营单位的工会依法组织职工参加本单位安全生产工作的民主管理和民主监督,维护职工在安全生产方面的合法权益。生产经营单位制定或者修改有关安全生产的规章制度,应当听取工会的意见。

第八条 国务院和县级以上地方各级人民政府应当根据国民经济和社会发展规划制定安全生产规划,并组织实施。安全生产规划应当与城乡规划相衔接。

国务院和县级以上地方各级人民政府应当加强对安全生产工作的领导,支持、督促各有关部门依法履行安全生产监督管理职责,建立健全安全生产工作协调机制,及时协调、解决安全生产监督管理中存在的重大问题。

乡、镇人民政府以及街道办事处、开发区管理机构等地方人民政府的派出机关应当按照职责,加强对本行政区域内生产经营单位安全生产状况的监督检查,协助上级人民政府有关部门依法履行安全生产监督管理职责。

第九条 国务院安全生产监督管理部门依照本法,对全国安全生产工作实施综合监督管理;县级以上地方各级人民政府安全生产监督管理部门依照本法,对本行政区域内安全生产工作实施综合监督管理。

国务院有关部门依照本法和其他有关法律、行政法规的规定,在各自的职责范围内对有关行业、领域的安全生产工作实施监督管理;县级以上地方各级人民政府有关部门依照本法和其他有关法律、法规的规定,在各自的职责范围内对有关行业、领域的安全生产工作实施监督管理。

安全生产监督管理部门和对有关行业、领域的安全生产工作实施监督管理的部门,统称负有安全生产监督管理职责的部门。

第十条 国务院有关部门应当按照保障安全生产的要求,依法及时制定有关的国家标准或者行业标准,并根据科技进步和经济发展适时修订。

生产经营单位必须执行依法制定的保障安全生产的国家标准或者行业标准。

第十一条 各级人民政府及其有关部门应当采取多种形式,加强对有关安全生产的法律、法规和安全生产知识的宣传,增强全社会的安全生产意识。

第十二条 有关协会组织依照法律、行政法规和章程,为生产经营单位提供安全生产方面的信息、培训等服务,发挥自律作用,促进生产经营单位加强安全生产管理。

第十三条 依法设立的为安全生产提供技术、管理服务的机构,依照法律、行政法规和执业准则,接受生产经营单位的委托为其安全生产工作提供技术、管理服务。

生产经营单位委托前款规定的机构提供安全生产技术、管理服务的,保证安全生产的责任仍由本单位负责。

第十四条 国家实行生产安全事故责任追究制度,依照本法和有关法律、法规的规定,追究生产安全事故责任人员的法律责任。

第十五条 国家鼓励和支持安全生产科学技术研究和安全生产先进技术的推广应用,提高安全生产水平。

第十六条 国家对在改善安全生产条件、防止生产安全事故、参加抢险救护等方面取得显著成绩的单位和个人,给予奖励。

第二章 生产经营单位的安全生产保障

第十七条 生产经营单位应当具备本法和有关法律、行政法规和国家标准或者行业标准规定的安全生产条件;不具备安全生产条件的,不得从事生产经营活动。

第十八条 生产经营单位的主要负责人对本单位安全生产工作负有下列职责:

(一)建立、健全本单位安全生产责任制;

(二)组织制定本单位安全生产规章制度和操作规程;

(三)组织制定并实施本单位安全生产教育和培训计划;

(四)保证本单位安全生产投入的有效实施;

(五)督促、检查本单位的安全生产工作,及时消除生产安全事故隐患;

(六)组织制定并实施本单位的生产安全事故应急救援预案;

(七)及时、如实报告生产安全事故。

第十九条 生产经营单位的安全生产责任制应当明确各岗位的责任人员、责任范围和考核标准等内容。

生产经营单位应当建立相应的机制,加强对安全生产责任制落实情况的监督考核,保证安全生产责任制的落实。

第二十条 生产经营单位应当具备的安全生产条件所必需的资金投入,由生产经营单位的决策机构、主要负责人或者个人经营的投资人予以保证,并对由于安全生产所必需的资金投入不足导致的后果承担责任。

有关生产经营单位应当按照规定提取和使用安全生产费用,专门用于改善安全生产条件。安全生产费用在成本中据实列支。安全生产费用提取、使用和监督管理的具体办法由国务院财政部门会同国务院安全生产监督管理部门征求国务院有关部门意见后制定。

第二十一条 矿山、金属冶炼、建筑施工、道路运输单位和危险物品的生产、经营、储存单位,应当设置安全生产管理机构或者配备专职安全生产管理人员。

前款规定以外的其他生产经营单位,从业人员超过一百人的,应当设置安全生产管理机构或者配备专职安全生产管理人员;从业人员在一百人以下的,应当配备专职或者兼职的安全生产管理人员。

第二十二条 生产经营单位的安全生产管理机构以及安全生产管理人员履行下列职责:

(一)组织或者参与拟订本单位安全生产规章制度、操作规程和生产安全事故应急救援预案;

(二)组织或者参与本单位安全生产教育和培训,如实记录安全生产教育和培训情况;

(三)督促落实本单位重大危险源的安全管理措施;

(四)组织或者参与本单位应急救援演练;

(五)检查本单位的安全生产状况,及时排查生产安全事故隐患,提出改进安全生产管理的建议;

(六)制止和纠正违章指挥、强令冒险作业、违反操作规程的行为;

(七)督促落实本单位安全生产整改措施。

第二十三条 生产经营单位的安全生产管理机构以及安全生产管理人员应当恪尽职守,依法履行职责。

生产经营单位作出涉及安全生产的经营决策,应当听取安全生产管理机构以及安全生产管理人员的意见。

生产经营单位不得因安全生产管理人员依法履行职责而降低其工资、福利等待遇或者解除与其订立的劳动合同。

危险物品的生产、储存单位以及矿山、金属冶炼单位的安全生产管理人员的任免,应当告知主管的负有安全生产监督管理职责的部门。

第二十四条 生产经营单位的主要负责人和安全生产管理人员必须具备与本单位所从事的生产经营活动相应的安全生产知识和管理能力。

危险物品的生产、经营、储存单位以及矿山、金属冶炼、建筑施工、道路运输单位的主要负责人和安全生产管理人员,应当由主管的负有安全生产监督管理职责的部门对其安全生产知识和管理能力考核合格。考核不得收费。

危险物品的生产、储存单位以及矿山、金属冶炼单位应当有注册安全工程师从事安全生产管理工作。鼓励其他生产经营单位聘用注册安全工程师从事安全生产管理工作。注册安全工程师按专业分类管理,具体办法由国务院人力资源和社会保障部门、国务院安全生产监督管理部门会同国务院有关部门制定。

第二十五条 生产经营单位应当对从业人员进行安全生产教育和培训,保证从业人员具备必要的安全生产知识,熟悉有关的安全生产规章制度和安全操作规程,掌握本岗位的安全操作技能,了解事故应急处理措施,知悉自身在安全生产方面的权利和义务。未经安全生产教育和培训合格的从业人员,不得上岗作业。

生产经营单位使用被派遣劳动者的,应当将被派遣劳动者纳入本单位从业人员统一管理,对被派遣劳动者进行岗位安全操作规程和安全操作技能的教育和培训。劳务派遣单位应当对被派遣劳动者进行必要的安全生产教育和培训。

生产经营单位应当建立安全生产教育和培训档案,如实记录安全生产教育和培训的时间、内容、参加人员以及考核结果等情况。

第二十六条 生产经营单位采用新工艺、新技术、新材料或者使用新设备,必须了解、掌握其安全技术特性,采取有效的安全防护措施,并对从业人员进行专门的安全生产教育和培训。

第二十七条 生产经营单位的特种作业人员必须按照国家有关规定经专门的安全作业培训,取得相应资格,方可上岗作业。

特种作业人员的范围由国务院安全生产监督管理部门会同国务院有关部门确定。

第二十八条 生产经营单位新建、改建、扩建工程项目(以下统称建设项目)的安全设施,必须与主体工程同时设计、同时施工、同时投入生产和使用。安全设施投资应当纳入建设项目概算。

第二十九条 矿山、金属冶炼建设项目和用于生产、储存、装卸危险物品的建设项目,应当按照国家有关规定进行安全评价。

第三十条 建设项目安全设施的设计人、设计单位应当对安全设施设计负责。

矿山、金属冶炼建设项目和用于生产、储存、装卸危险物品的建设项目的安全设施设计应当按照国家有关规定报经有关部门审查,审查部门及其负责审查的人员对审查结果负责。

第三十一条 矿山、金属冶炼建设项目和用于生产、储存、装卸危险物品的建设项目的施工单位必须按照批准的安全设施设计施工,并对安全设施的工程质量负责。

矿山、金属冶炼建设项目和用于生产、储存危险物品的建设项目竣工投入生产或者使用前,应当由建设单位负责组织对安全设施进行验收;验收合格后,方可投入生产和使用。安全生产监督管理部门应当加强对建设单位验收活动和验收结果的监督核查。

第三十二条 生产经营单位应当在有较大危险因素的生产经营场所和有关设施、设备上,设置明显的安全警示标志。

第三十三条 安全设备的设计、制造、安装、使用、检测、维修、改造和报废,应当符合国家标准或者行业标准。

生产经营单位必须对安全设备进行经常性维护、保养,并定期检测,保证正常运转。维护、保养、检测应当作好记录,并由有关人员签字。

第三十四条 生产经营单位使用的危险物品的容器、运输工具,以及涉及人身安全、危险性较大的海洋石油开采特种设备和矿山井下特种设备,必须按照国家有关规定,由专业生产单位生产,并经具有专业资质的检测、检验机构检测、检验合格,取得安全使用证或者安全标志,方可投入使用。检测、检验机构对检测、检验结果负责。

第三十五条 国家对严重危及生产安全的工艺、设备实行淘汰制度,具体目录由国务院安全生产监督管理部门会同国务院有关部门制定并公布。法律、行政法规对目录的制定另有规定的,适用其规定。

省、自治区、直辖市人民政府可以根据本地区实际情况制定并公布具体目录,对前款规定以外的危及生产安全的工艺、设备予以淘汰。

生产经营单位不得使用应当淘汰的危及生产安全的工艺、设备。

第三十六条 生产、经营、运输、储存、使用危险物品或者处置废弃危险物品的,由有关主管部门依照有关法律、法规的规定和国家标准或者行业标准审批并实施监督管理。

生产经营单位生产、经营、运输、储存、使用危险物品或者处置废弃危险物品,必须执行有关法律、法规和国家标准或者行业标准,建立专门的安全管理制度,采取可靠的安全措施,接受有关主管部门依法实施的监督管理。

第三十七条 生产经营单位对重大危险源应当登记建档,进行定期检测、评估、监控,并制定应急预案,告知从业人员和相关人员在紧急情况下应当采取的应急措施。

生产经营单位应当按照国家有关规定将本单位重大危险源及有关安全措施、应急措施报有关地方人民政府安全生产监督管理部门和有关部门备案。

第三十八条 生产经营单位应当建立健全生产安全事故隐患排查治理制度,采取技术、管理措施,及时发现并消除事故隐患。事故隐患排查治理情况应当如实记录,并向从业人员通报。

县级以上地方各级人民政府负有安全生产监督管理职责的部门应当建立健全重大事故隐患治理督办制度,督促生产经营单位消除重大事故隐患。

第三十九条 生产、经营、储存、使用危险物品的车间、商店、仓库不得与员工宿舍在同一座建筑物内,并应当与员工宿舍保持安全距离。

生产经营场所和员工宿舍应当设有符合紧急疏散要求、标志明显、保持畅通的出口。禁止锁闭、封堵生产经营场所或者员工宿舍的出口。

第四十条 生产经营单位进行爆破、吊装以及国务院安全生产监督管理部门会同国务院有关部门规定的其他危险作业,应当安排专门人员进行现场安全管理,确保操作规程的遵守和安全措施的落实。

第四十一条 生产经营单位应当教育和督促从业人员严格执行本单位的安全生产规章制度和安全操作规程;并向从业人员如实告知作业场所和工作岗位存在的危险因素、防范措施以及事故应急措施。

第四十二条 生产经营单位必须为从业人员提供符合国家标准或者行业标准的劳动防护用品,并监督、教育从业人员按照使用规则佩戴、使用。

第四十三条 生产经营单位的安全生产管理人员应当根据本单位的生产经营特点,对安全生产状况进行经常性检查;对检查中发现的安全问题,应当立即处理;不能处理的,应当及时报告本单位有关负责人,有关负责人应当及时处理。检查及处理情况应当如实记录在案。

生产经营单位的安全生产管理人员在检查中发现重大事故隐患,依照前款规定向本单位有关负责人报告,有关负责人不及时处理的,安全生产管理人员可以向主管的负有安全生产监督管理职责的部门报告,接到报告的部门应当依法及时处理。

第四十四条 生产经营单位应当安排用于配备劳动防护用品、进行安全生产培训的经费。

第四十五条 两个以上生产经营单位在同一作业区域内进行生产经营活动,可能危及对方生产安全的,应当签订安全生产管理协议,明确各自的安全生产管理职责和应当采取的安全措施,并指定专职安全生产管理人员进行安全检查与协调。

第四十六条 生产经营单位不得将生产经营项目、场所、设备发包或者出租给不具备安全生产条件或者相应资质的单位或者个人。

生产经营项目、场所发包或者出租给其他单位的,生产经营单位应当与承包单位、承租单位签订专门的安全生产管理协议,或者在承包合同、租赁合同中约定各自的安全生产管理职责;生产经营单位对承包单位、承租单位的安全生产工作统一协调、管理,定期进行安全检查,发现安全问题的,应当及时督促整改。

第四十七条 生产经营单位发生生产安全事故时,单位的主要负责人应当立即组织抢救,并不得在事故调查处理期间擅离职守。

第四十八条 生产经营单位必须依法参加工伤保险,为从业人员缴纳保险费。

国家鼓励生产经营单位投保安全生产责任保险。

第三章 从业人员的安全生产权利义务

第四十九条 生产经营单位与从业人员订立的劳动合同,应当载明有关保障从业人员劳动安全、防止职业危害的事项,以及依法为从业人员办理工伤保险的事项。

生产经营单位不得以任何形式与从业人员订立协议,免除或者减轻其对从业人员因生产安全事故伤亡依法应承担的责任。

第五十条 生产经营单位的从业人员有权了解其作业场所和工作岗位存在的危险因素、防范措施及事故应急措施,有权对本单位的安全生产工作提出建议。

第五十一条 从业人员有权对本单位安全生产工作中存在的问题提出批评、检举、控告;有权拒绝违章指挥和强令冒险作业。

生产经营单位不得因从业人员对本单位安全生产工作提出批评、检举、控告或者拒绝违章指挥、强令冒险作业而降低其工资、福利等待遇或者解除与其订立的劳动合同。

第五十二条 从业人员发现直接危及人身安全的紧急情况时,有权停止作业或者在采取可能的应急措施后撤离作业场所。

生产经营单位不得因从业人员在前款紧急情况下停止作业或者采取紧急撤离措施而降低其工资、福利等待遇或者解除与其订立的劳动合同。

第五十三条 因生产安全事故受到损害的从业人员,除依法享有工伤保险外,依照有关民事法律尚有获得赔偿的权利的,有权向本单位提出赔偿要求。

第五十四条 从业人员在作业过程中,应当严格遵守本单位的安全生产规章制度和操作规程,服从管理,正确佩戴和使用劳动防护用品。

第五十五条 从业人员应当接受安全生产教育和培训,掌握本职工作所需的安全生产知识,提高安全生产技能,增强事故预防和应急处理能力。

第五十六条 从业人员发现事故隐患或者其他不安全因素,应当立即向现场安全生产管理人员或者本单位负责人报告;接到报告的人员应当及时予以处理。

第五十七条 工会有权对建设项目的安全设施与主体工程同时设计、同时施工、同时投入生产和使用进行监督,提出意见。

工会对生产经营单位违反安全生产法律、法规,侵犯从业人员合法权益的行为,有权要求纠正;发现生产经营单位违章指挥、强令冒险作业或者发现事故隐患时,有权提出解决的建议,生产经营单位应当及时研究答复;发现危及从业人员生命安全的情况时,有权向生产经营单位建议组织从业人员撤离危险场所,生产经营单位必须立即作出处理。

工会有权依法参加事故调查,向有关部门提出处理意见,并要求追究有关人员的责任。

第五十八条 生产经营单位使用被派遣劳动者的,被派遣劳动者享有本法规定的从业人员的权利,并应当履行本法规定的从业人员的义务。

第四章 安全生产的监督管理

第五十九条 县级以上地方各级人民政府应当根据本行政区域内的安全生产状况,组织有关部门按照职责分工,对本行政区域内容易发生重大生产安全事故的生产经营单位进行严格检查。

安全生产监督管理部门应当按照分类分级监督管理的要求,制定安全生产年度监督检查计划,并按照年度监督检查计划进行监督检查,发现事故隐患,应当及时处理。

第六十条 负有安全生产监督管理职责的部门依照有关法律、法规的规定,对涉及安全生产的事项需要审查批准(包括批准、核准、许可、注册、认证、颁发证照等,下同)或者验收的,必须严格依照有关法律、法规和国家标准或者行业标准规定的安全生产条件和程序进行审查;不符合有关法律、法规和国家标准或者行业标准规定的安全生产条件的,不得批准或者验收通过。对未依法取得批准或者验收合格的单位擅自从事有关活动的,负责行政审批的部门发现或者接到举报后应当立即予以取缔,并依法予以处理。对已经依法取得批准的单位,负责行政审批的部门发现其不再具备安全生产条件的,应当撤销原批准。

第六十一条 负有安全生产监督管理职责的部门对涉及安全生产的事项进行审查、验收,不得收取费用;不得要求接受审查、验收的单位购买其指定品牌或者指定生产、销售单位的安全设备、器材或者其他产品。

第六十二条 安全生产监督管理部门和其他负有安全生产监督管理职责的部门依法开展安全生产行政执法工作,对生产经营单位执行有关安全生产的法律、法规和国家标准或者行业标准的情况进行监督检查,行使以下职权:

(一)进入生产经营单位进行检查,调阅有关资料,向有关单位和人员了解情况;

(二)对检查中发现的安全生产违法行为,当场予以纠正或者要求限期改正;对依法应当

给予行政处罚的行为,依照本法和其他有关法律、行政法规的规定作出行政处罚决定;

（三）对检查中发现的事故隐患,应当责令立即排除;重大事故隐患排除前或者排除过程中无法保证安全的,应当责令从危险区域内撤出作业人员,责令暂时停产停业或者停止使用相关设施、设备;重大事故隐患排除后,经审查同意,方可恢复生产经营和使用;

（四）对有根据认为不符合保障安全生产的国家标准或者行业标准的设施、设备、器材以及违法生产、储存、使用、经营、运输的危险物品予以查封或者扣押,对违法生产、储存、使用、经营危险物品的作业场所予以查封,并依法作出处理决定。

监督检查不得影响被检查单位的正常生产经营活动。

第六十三条 生产经营单位对负有安全生产监督管理职责的部门的监督检查人员(以下统称安全生产监督检查人员)依法履行监督检查职责,应当予以配合,不得拒绝、阻挠。

第六十四条 安全生产监督检查人员应当忠于职守,坚持原则,秉公执法。

安全生产监督检查人员执行监督检查任务时,必须出示有效的监督执法证件;对涉及被检查单位的技术秘密和业务秘密,应当为其保密。

第六十五条 安全生产监督检查人员应当将检查的时间、地点、内容、发现的问题及其处理情况,作出书面记录,并由检查人员和被检查单位的负责人签字;被检查单位的负责人拒绝签字的,检查人员应当将情况记录在案,并向负有安全生产监督管理职责的部门报告。

第六十六条 负有安全生产监督管理职责的部门在监督检查中,应当互相配合,实行联合检查;确需分别进行检查的,应当互通情况,发现存在的安全问题应当由其他有关部门进行处理的,应当及时移送其他有关部门并形成记录备查,接受移送的部门应当及时进行处理。

第六十七条 负有安全生产监督管理职责的部门依法对存在重大事故隐患的生产经营单位作出停产停业、停止施工、停止使用相关设施或者设备的决定,生产经营单位应当依法执行,及时消除事故隐患。生产经营单位拒不执行,有发生生产安全事故的现实危险的,在保证安全的前提下,经本部门主要负责人批准,负有安全生产监督管理职责的部门可以采取通知有关单位停止供电、停止供应民用爆炸物品等措施,强制生产经营单位履行决定。通知应当采用书面形式,有关单位应当予以配合。

负有安全生产监督管理职责的部门依照前款规定采取停止供电措施,除有危及生产安全的紧急情形外,应当提前二十四小时通知生产经营单位。生产经营单位依法履行行政决定、采取相应措施消除事故隐患的,负有安全生产监督管理职责的部门应当及时解除前款规定的措施。

第六十八条 监察机关依照行政监察法的规定,对负有安全生产监督管理职责的部门及其工作人员履行安全生产监督管理职责实施监察。

第六十九条 承担安全评价、认证、检测、检验的机构应当具备国家规定的资质条件,并对其作出的安全评价、认证、检测、检验的结果负责。

第七十条 负有安全生产监督管理职责的部门应当建立举报制度,公开举报电话、信箱或者电子邮件地址,受理有关安全生产的举报;受理的举报事项经调查核实后,应当形成书面材料;需要落实整改措施的,报经有关负责人签字并督促落实。

第七十一条 任何单位或者个人对事故隐患或者安全生产违法行为,均有权向负有安全生产监督管理职责的部门报告或者举报。

第七十二条 居民委员会、村民委员会发现其所在区域内的生产经营单位存在事故隐患或者安全生产违法行为时,应当向当地人民政府或者有关部门报告。

第七十三条 县级以上各级人民政府及其有关部门对报告重大事故隐患或者举报安全生产违法行为的有功人员,给予奖励。具体奖励办法由国务院安全生产监督管理部门会同国务院财政部门制定。

第七十四条 新闻、出版、广播、电影、电视等单位有进行安全生产公益宣传教育的义务,有对违反安全生产法律、法规的行为进行舆论监督的权利。

第七十五条 负有安全生产监督管理职责的部门应当建立安全生产违法行为信息库,如实记录生产经营单位的安全生产违法行为信息;对违法行为情节严重的生产经营单位,应当向社会公告,并通报行业主管部门、投资主管部门、国土资源主管部门、证券监督管理机构以及有关金融机构。

第五章 生产安全事故的应急救援与调查处理

第七十六条 国家加强生产安全事故应急能力建设,在重点行业、领域建立应急救援基地和应急救援队伍,鼓励生产经营单位和其他社会力量建立应急救援队伍,配备相应的应急救援装备和物资,提高应急救援的专业化水平。

国务院安全生产监督管理部门建立全国统一的生产安全事故应急救援信息系统,国务院有关部门建立健全相关行业、领域的生产安全事故应急救援信息系统。

第七十七条 县级以上地方各级人民政府应当组织有关部门制定本行政区域内特大生产安全事故应急救援预案,建立应急救援体系。

第七十八条 生产经营单位应当制定本单位生产安全事故应急救援预案,与所在地县级以上地方人民政府组织制定的生产安全事故应急救援预案相衔接,并定期组织演练。

第七十九条 危险物品的生产、经营、储存单位以及矿山、金属冶炼、城市轨道交通运营、建筑施工单位应当建立应急救援组织;生产经营规模较小的,可以不建立应急救援组织,但应当指定兼职的应急救援人员。

危险物品的生产、经营、储存、运输单位以及矿山、金属冶炼、城市轨道交通运营、建筑施工单位应当配备必要的应急救援器材、设备和物资,并进行经常性维护、保养,保证正常运转。

第八十条 生产经营单位发生生产安全事故后,事故现场有关人员应当立即报告本单位负责人。

单位负责人接到事故报告后,应当迅速采取有效措施,组织抢救,防止事故扩大,减少人员伤亡和财产损失,并按照国家有关规定立即如实报告当地负有安全生产监督管理职责的部门,不得隐瞒不报、谎报或者迟报,不得故意破坏事故现场、毁灭有关证据。

第八十一条 负有安全生产监督管理职责的部门接到事故报告后,应当立即按照国家有关规定上报事故情况。负有安全生产监督管理职责的部门和有关地方人民政府对事故情况不得隐瞒不报、谎报或者迟报。

第八十二条 有关地方人民政府和负有安全生产监督管理职责的部门的负责人接到生产安全事故报告后,应当按照生产安全事故应急救援预案的要求立即赶到事故现场,组织事故抢救。

参与事故抢救的部门和单位应当服从统一指挥,加强协同联动,采取有效的应急救援措施,并根据事故救援的需要采取警戒、疏散等措施,防止事故扩大和次生灾害的发生,减少人员伤亡和财产损失。

事故抢救过程中应当采取必要措施,避免或者减少对环境造成的危害。

任何单位和个人都应当支持、配合事故抢救,并提供一切便利条件。

第八十三条 事故调查处理应当按照科学严谨、依法依规、实事求是、注重实效的原则,及时、准确地查清事故原因,查明事故性质和责任,总结事故教训,提出整改措施,并对事故责任者提出处理意见。事故调查报告应当依法及时向社会公布。事故调查和处理的具体办法由国务院制定。

事故发生单位应当及时全面落实整改措施,负有安全生产监督管理职责的部门应当加强监督检查。

第八十四条 生产经营单位发生生产安全事故,经调查确定为责任事故的,除了应当查明事故单位的责任并依法予以追究外,还应当查明对安全生产的有关事项负有审查批准和监督职责的行政部门的责任,对有失职、渎职行为的,依照本法第七十七条的规定追究法律责任。

第八十五条 任何单位和个人不得阻挠和干涉对事故的依法调查处理。

第八十六条 县级以上地方各级人民政府安全生产监督管理部门应当定期统计分析本行政区域内发生生产安全事故的情况,并定期向社会公布。

第六章 法律责任

第八十七条 负有安全生产监督管理职责的部门的工作人员,有下列行为之一的,给予降级或者撤职的处分;构成犯罪的,依照刑法有关规定追究刑事责任:

(一)对不符合法定安全生产条件的涉及安全生产的事项予以批准或者验收通过的;

(二)发现未依法取得批准、验收的单位擅自从事有关活动或者接到举报后不予取缔或者不依法予以处理的;

(三)对已经依法取得批准的单位不履行监督管理职责,发现其不再具备安全生产条件而不撤销原批准或者发现安全生产违法行为不予查处的;

(四)在监督检查中发现重大事故隐患,不依法及时处理的。

负有安全生产监督管理职责的部门的工作人员有前款规定以外的滥用职权、玩忽职守、徇私舞弊行为的,依法给予处分;构成犯罪的,依照刑法有关规定追究刑事责任。

第八十八条 负有安全生产监督管理职责的部门,要求被审查、验收的单位购买其指定的安全设备、器材或者其他产品的,在对安全生产事项的审查、验收中收取费用的,由其上级机关或者监察机关责令改正,责令退还收取的费用;情节严重的,对直接负责的主管人员和其他直接责任人员依法给予处分。

第八十九条 承担安全评价、认证、检测、检验工作的机构,出具虚假证明的,没收违法所得;违法所得在十万元以上的,并处违法所得二倍以上五倍以下的罚款;没有违法所得或者违法所得不足十万元的,单处或者并处十万元以上二十万元以下的罚款;对其直接负责的主管人员和其他直接责任人员处二万元以上五万元以下的罚款;给他人造成损害的,与生产经营单位承担连带赔偿责任;构成犯罪的,依照刑法有关规定追究刑事责任。

对有前款违法行为的机构,吊销其相应资质。

第九十条 生产经营单位的决策机构、主要负责人或者个人经营的投资人不依照本法规定保证安全生产所必需的资金投入,致使生产经营单位不具备安全生产条件的,责令限期改正,提供必需的资金;逾期未改正的,责令生产经营单位停产停业整顿。

有前款违法行为,导致发生生产安全事故的,对生产经营单位的主要负责人给予撤职处分,对个人经营的投资人处二万元以上二十万元以下的罚款;构成犯罪的,依照刑法有关规定追究刑事责任。

第九十一条 生产经营单位的主要负责人未履行本法规定的安全生产管理职责的,责令限期改正;逾期未改正的,处二万元以上五万元以下的罚款,责令生产经营单位停产停业整顿。

生产经营单位的主要负责人有前款违法行为,导致发生生产安全事故的,给予撤职处分;构成犯罪的,依照刑法有关规定追究刑事责任。

生产经营单位的主要负责人依照前款规定受刑事处罚或者撤职处分的,自刑罚执行完毕或者受处分之日起,五年内不得担任任何生产经营单位的主要负责人;对重大、特别重大生产安全事故负有责任的,终身不得担任本行业生产经营单位的主要负责人。

第九十二条 生产经营单位的主要负责人未履行本法规定的安全生产管理职责,导致发生生产安全事故的,由安全生产监督管理部门依照下列规定处以罚款:

(一)发生一般事故的,处上一年年收入百分之三十的罚款;

(二)发生较大事故的,处上一年年收入百分之四十的罚款;

(三)发生重大事故的,处上一年年收入百分之六十的罚款;

(四)发生特别重大事故的,处上一年年收入百分之八十的罚款。

第九十三条 生产经营单位的安全生产管理人员未履行本法规定的安全生产管理职责的,责令限期改正;导致发生生产安全事故的,暂停或者撤销其与安全生产有关的资格;构成犯罪的,依照刑法有关规定追究刑事责任。

第九十四条 生产经营单位有下列行为之一的,责令限期改正,可以处五万元以下的罚款;逾期未改正的,责令停产停业整顿,并处五万元以上十万元以下的罚款,对其直接负责的主管人员和其他直接责任人员处一万元以上二万元以下的罚款:

(一)未按照规定设置安全生产管理机构或者配备安全生产管理人员的;

(二)危险物品的生产、经营、储存单位以及矿山、金属冶炼、建筑施工、道路运输单位的主要负责人和安全生产管理人员未按照规定经考核合格的;

(三)未按照规定对从业人员、被派遣劳动者、实习学生进行安全生产教育和培训,或者未按照规定如实告知有关的安全生产事项的;

(四)未如实记录安全生产教育和培训情况的;

(五)未将事故隐患排查治理情况如实记录或者未向从业人员通报的;

(六)未按照规定制定生产安全事故应急救援预案或者未定期组织演练的;

(七)特种作业人员未按照规定经专门的安全作业培训并取得相应资格,上岗作业的。

第九十五条 生产经营单位有下列行为之一的,责令停止建设或者停产停业整顿,限期改正;逾期未改正的,处五十万元以上一百万元以下的罚款,对其直接负责的主管人员和其他直接责任人员处二万元以上五万元以下的罚款;构成犯罪的,依照刑法有关规定追究刑事责任:

(一)未按照规定对矿山、金属冶炼建设项目或者用于生产、储存、装卸危险物品的建设项目进行安全评价的;

(二)矿山、金属冶炼建设项目或者用于生产、储存、装卸危险物品的建设项目没有安全设施设计或者安全设施设计未按照规定报经有关部门审查同意的;

(三)矿山、金属冶炼建设项目或者用于生产、储存、装卸危险物品的建设项目的施工单位未按照批准的安全设施设计施工的;

(四)矿山、金属冶炼建设项目或者用于生产、储存危险物品的建设项目竣工投入生产或者使用前,安全设施未经验收合格的。

第九十六条 生产经营单位有下列行为之一的,责令限期改正,可以处五万元以下的罚款;逾期未改正的,处五万元以上二十万元以下的罚款,对其直接负责的主管人员和其他直接责任人员处一万元以上二万元以下的罚款;情节严重的,责令停产停业整顿;构成犯罪的,依照刑法有关规定追究刑事责任:

(一)未在有较大危险因素的生产经营场所和有关设施、设备上设置明显的安全警示标志的;

(二)安全设备的安装、使用、检测、改造和报废不符合国家标准或者行业标准的;

(三)未对安全设备进行经常性维护、保养和定期检测的;

(四)未为从业人员提供符合国家标准或者行业标准的劳动防护用品的;

(五)危险物品的容器、运输工具,以及涉及人身安全、危险性较大的海洋石油开采特种设备和矿山井下特种设备未经具有专业资质的机构检测、检验合格,取得安全使用证或者安全标志,投入使用的;

(六)使用应当淘汰的危及生产安全的工艺、设备的。

第九十七条 未经依法批准,擅自生产、经营、运输、储存、使用危险物品或者处置废弃危险物品的,依照有关危险物品安全管理的法律、行政法规的规定予以处罚;构成犯罪的,依照刑法有关规定追究刑事责任。

第九十八条 生产经营单位有下列行为之一的,责令限期改正,可以处十万元以下的罚款;逾期未改正的,责令停产停业整顿,并处十万元以上二十万元以下的罚款,对其直接负责的主管人员和其他直接责任人员处二万元以上五万元以下的罚款;构成犯罪的,依照刑法有关规定追究刑事责任:

(一)生产、经营、运输、储存、使用危险物品或者处置废弃危险物品,未建立专门安全管理制度、未采取可靠的安全措施的;

(二)对重大危险源未登记建档,或者未进行评估、监控,或者未制定应急预案的;

(三)进行爆破、吊装以及国务院安全生产监督管理部门会同国务院有关部门规定的其他危险作业,未安排专门人员进行现场安全管理的;

(四)未建立事故隐患排查治理制度的。

第九十九条 生产经营单位未采取措施消除事故隐患的,责令立即消除或者限期消除;生产经营单位拒不执行的,责令停产停业整顿,并处十万元以上五十万元以下的罚款,对其直接负责的主管人员和其他直接责任人员处二万元以上五万元以下的罚款。

第一百条 生产经营单位将生产经营项目、场所、设备发包或者出租给不具备安全生产条件或者相应资质的单位或者个人的,责令限期改正,没收违法所得;违法所得十万元以上的,并处违法所得二倍以上五倍以下的罚款;没有违法所得或者违法所得不足十万元的,单处或者并处十万元以上二十万元以下的罚款;对其直接负责的主管人员和其他直接责任人员处一万元以上二万元以下的罚款;导致发生生产安全事故给他人造成损害的,与承包方、承租方承担连带赔偿责任。

生产经营单位未与承包单位、承租单位签订专门的安全生产管理协议或者未在承包合同、租赁合同中明确各自的安全生产管理职责,或者未对承包单位、承租单位的安全生产统一协调、管理的,责令限期改正,可以处五万元以下的罚款,对其直接负责的主管人员和其他直接责任人员可以处一万元以下的罚款;逾期未改正的,责令停产停业整顿。

第一百零一条 两个以上生产经营单位在同一作业区域内进行可能危及对方安全生产的生产经营活动,未签订安全生产管理协议或者未指定专职安全生产管理人员进行安全检查与协调的,责令限期改正,可以处五万元以下的罚款,对其直接负责的主管人员和其他直接责任人员可以处一万元以下的罚款;逾期未改正的,责令停产停业。

第一百零二条 生产经营单位有下列行为之一的,责令限期改正,可以处五万元以下的罚款,对其直接负责的主管人员和其他直接责任人员可以处一万元以下的罚款;逾期未改正的,责令停产停业整顿;构成犯罪的,依照刑法有关规定追究刑事责任:

(一)生产、经营、储存、使用危险物品的车间、商店、仓库与员工宿舍在同一座建筑内,或者与员工宿舍的距离不符合安全要求的;

(二)生产经营场所和员工宿舍未设有符合紧急疏散需要、标志明显、保持畅通的出口,或者锁闭、封堵生产经营场所或者员工宿舍出口的。

第一百零三条 生产经营单位与从业人员订立协议,免除或者减轻其对从业人员因生产安全事故伤亡依法应承担的责任的,该协议无效;对生产经营单位的主要负责人、个人经营的投资人处二万元以上十万元以下的罚款。

第一百零四条 生产经营单位的从业人员不服从管理,违反安全生产规章制度或者操作规程的,由生产经营单位给予批评教育,依照有关规章制度给予处分;构成犯罪的,依照刑法有关规定追究刑事责任。

第一百零五条 违反本法规定,生产经营单位拒绝、阻碍负有安全生产监督管理职责的部门依法实施监督检查的,责令改正;拒不改正的,处二万元以上二十万元以下的罚款;对其直接负责的主管人员和其他直接责任人员处一万元以上二万元以下的罚款;构成犯罪的,依照刑法有关规定追究刑事责任。

第一百零六条 生产经营单位的主要负责人在本单位发生生产安全事故时,不立即组织抢救或者在事故调查处理期间擅离职守或者逃匿的,给予降级、撤职的处分,并由安全生产监督管理部门处上一年年收入百分之六十至百分之一百的罚款;对逃匿的处十五日以下拘留;构成犯罪的,依照刑法有关规定追究刑事责任。

生产经营单位的主要负责人对生产安全事故隐瞒不报、谎报或者迟报的,依照前款规定处罚。

第一百零七条 有关地方人民政府、负有安全生产监督管理职责的部门,对生产安全事故隐瞒不报、谎报或者迟报的,对直接负责的主管人员和其他直接责任人员依法给予处分;构成犯罪的,依照刑法有关规定追究刑事责任。

第一百零八条 生产经营单位不具备本法和其他有关法律、行政法规和国家标准或者行业标准规定的安全生产条件,经停产停业整顿仍不具备安全生产条件的,予以关闭;有关部门应当依法吊销其有关证照。

第一百零九条 发生生产安全事故,对负有责任的生产经营单位除要求其依法承担相应的赔偿等责任外,由安全生产监督管理部门依照下列规定处以罚款:

(一)发生一般事故的,处二十万元以上五十万元以下的罚款;

(二)发生较大事故的,处五十万元以上一百万元以下的罚款;

(三)发生重大事故的,处一百万元以上五百万元以下的罚款;

(四)发生特别重大事故的,处五百万元以上一千万元以下的罚款;情节特别严重的,处一千万元以上二千万元以下的罚款。

第一百一十条 本法规定的行政处罚,由安全生产监督管理部门和其他负有安全生产监督管理职责的部门按照职责分工决定。予以关闭的行政处罚由负有安全生产监督管理职责的部门报请县级以上人民政府按照国务院规定的权限决定;给予拘留的行政处罚由公安机关依照治安管理处罚法的规定决定。

第一百一十一条 生产经营单位发生生产安全事故造成人员伤亡、他人财产损失的,应当依法承担赔偿责任;拒不承担或者其负责人逃匿的,由人民法院依法强制执行。

生产安全事故的责任人未依法承担赔偿责任,经人民法院依法采取执行措施后,仍不能对受害人给予足额赔偿的,应当继续履行赔偿义务;受害人发现责任人有其他财产的,可以随时请求人民法院执行。

第七章 附 则

第一百一十二条 本法下列用语的含义:

危险物品,是指易燃易爆物品、危险化学品、放射性物品等能够危及人身安全和财产安全的物品。

重大危险源,是指长期地或者临时地生产、搬运、使用或者储存危险物品,且危险物品的数量等于或者超过临界量的单元(包括场所和设施)。

第一百一十三条 本法规定的生产安全一般事故、较大事故、重大事故、特别重大事故的划分标准由国务院规定。

国务院安全生产监督管理部门和其他负有安全生产监督管理职责的部门应当根据各自的职责分工,制定相关行业、领域重大事故隐患的判定标准。

第一百一十四条 本法自2002年11月1日起施行。

中华人民共和国土地管理法

(根据2019年8月26日第十三届全国人民代表大会常务委员会第十二次会议《关于修改〈中华人民共和国土地管理法〉、〈中华人民共和国城市房地产管理法〉的决定》第三次修正)

第一章 总 则

第一条 为了加强土地管理,维护土地的社会主义公有制,保护、开发土地资源,合理利用土地,切实保护耕地,促进社会经济的可持续发展,根据宪法,制定本法。

第二条 中华人民共和国实行土地的社会主义公有制,即全民所有制和劳动群众集体所有制。

全民所有,即国家所有土地的所有权由国务院代表国家行使。

任何单位和个人不得侵占、买卖或者以其他形式非法转让土地。土地使用权可以依法转让。

国家为了公共利益的需要,可以依法对土地实行征收或者征用并给予补偿。

国家依法实行国有土地有偿使用制度。但是,国家在法律规定的范围内划拨国有土地使用权的除外。

第三条 十分珍惜、合理利用土地和切实保护耕地是我国的基本国策。各级人民政府应当采取措施,全面规划,严格管理,保护、开发土地资源,制止非法占用土地的行为。

第四条 国家实行土地用途管制制度。

国家编制土地利用总体规划,规定土地用途,将土地分为农用地、建设用地和未利用地。严格限制农用地转为建设用地,控制建设用地总量,对耕地实行特殊保护。

前款所称农用地是指直接用于农业生产的土地,包括耕地、林地、草地、农田水利用地、养殖水面等;建设用地是指建造建筑物、构筑物的土地,包括城乡住宅和公共设施用地、工矿用地、交通水利设施用地、旅游用地、军事设施用地等;未利用地是指农用地和建设用地以外的土地。

使用土地的单位和个人必须严格按照土地利用总体规划确定的用途使用土地。

第五条 国务院自然资源主管部门统一负责全国土地的管理和监督工作。

县级以上地方人民政府自然资源主管部门的设置及其职责,由省、自治区、直辖市人民政府根据国务院有关规定确定。

第六条 国务院授权的机构对省、自治区、直辖市人民政府以及国务院确定的城市人民政府土地利用和土地管理情况进行督察。

第七条 任何单位和个人都有遵守土地管理法律、法规的义务,并有权对违反土地管理法律、法规的行为提出检举和控告。

第八条 在保护和开发土地资源、合理利用土地以及进行有关的科学研究等方面成绩显著的单位和个人,由人民政府给予奖励。

第二章 土地的所有权和使用权

第九条 城市市区的土地属于国家所有。

农村和城市郊区的土地,除由法律规定属于国家所有的以外,属于农民集体所有;宅基地和自留地、自留山,属于农民集体所有。

第十条 国有土地和农民集体所有的土地,可以依法确定给单位或者个人使用。使用土地的单位和个人,有保护、管理和合理利用土地的义务。

第十一条 农民集体所有的土地依法属于村农民集体所有的,由村集体经济组织或者村民委员会经营、管理;已经分别属于村内两个以上农村集体经济组织的农民集体所有的,由村内各该农村集体经济组织或者村民小组经营、管理;已经属于乡(镇)农民集体所有的,由乡(镇)农村集体经济组织经营、管理。

第十二条 土地的所有权和使用权的登记,依照有关不动产登记的法律、行政法规执行。

依法登记的土地的所有权和使用权受法律保护,任何单位和个人不得侵犯。

第十三条 农民集体所有和国家所有依法由农民集体使用的耕地、林地、草地,以及其他依法用于农业的土地,采取农村集体经济组织内部的家庭承包方式承包,不宜采取家庭承包方式的荒山、荒沟、荒丘、荒滩等,可以采取招标、拍卖、公开协商等方式承包,从事种植业、林业、畜牧业、渔业生产。家庭承包的耕地的承包期为三十年,草地的承包期为三十年至五十年,林地的承包期为三十年至七十年;耕地承包期届满后再延长三十年,草地、林地承包期届满后依法相应延长。

国家所有依法用于农业的土地可以由单位或者个人承包经营,从事种植业、林业、畜牧业、渔业生产。

发包方和承包方应当依法订立承包合同,约定双方的权利和义务。承包经营土地的单位和个人,有保护和按照承包合同约定的用途合理利用土地的义务。

第十四条 土地所有权和使用权争议,由当事人协商解决;协商不成的,由人民政府处理。单位之间的争议,由县级以上人民政府处理;个人之间、个人与单位之间的争议,由乡级人民政府或者县级以上人民政府处理。

当事人对有关人民政府的处理决定不服的,可以自接到处理决定通知之日起三十日内,向人民法院起诉。

在土地所有权和使用权争议解决前,任何一方不得改变土地利用现状。

第三章 土地利用总体规划

第十五条 各级人民政府应当依据国民经济和社会发展规划、国土整治和资源环境保护的要求、土地供给能力以及各项建设对土地的需求,组织编制土地利用总体规划。

土地利用总体规划的规划期限由国务院规定。

第十六条 下级土地利用总体规划应当依据上一级土地利用总体规划编制。

地方各级人民政府编制的土地利用总体规划中的建设用地总量不得超过上一级土地利用总体规划确定的控制指标,耕地保有量不得低于上一级土地利用总体规划确定的控制指标。

省、自治区、直辖市人民政府编制的土地利用总体规划,应当确保本行政区域内耕地总量不减少。

第十七条 土地利用总体规划按照下列原则编制:

(一)落实国土空间开发保护要求,严格土地用途管制;

(二)严格保护永久基本农田,严格控制非农业建设占用农用地;

(三)提高土地节约集约利用水平;

(四)统筹安排城乡生产、生活、生态用地,满足乡村产业和基础设施用地合理需求,促进城乡融合发展;

(五)保护和改善生态环境,保障土地的可持续利用;

(六)占用耕地与开发复垦耕地数量平衡、质量相当。

第十八条 国家建立国土空间规划体系。编制国土空间规划应当坚持生态优先,绿色、可持续发展,科学有序统筹安排生态、农业、城镇等功能空间,优化国土空间结构和布局,提升国土空间开发、保护的质量和效率。

经依法批准的国土空间规划是各类开发、保护、建设活动的基本依据。已经编制国土空间规划的,不再编制土地利用总体规划和城乡规划。

第十九条 县级土地利用总体规划应当划分土地利用区,明确土地用途。

乡(镇)土地利用总体规划应当划分土地利用区,根据土地使用条件,确定每一块土地的用途,并予以公告。

第二十条 土地利用总体规划实行分级审批。

省、自治区、直辖市的土地利用总体规划,报国务院批准。

省、自治区人民政府所在地的市、人口在一百万以上的城市以及国务院指定的城市的土地利用总体规划,经省、自治区人民政府审查同意后,报国务院批准。

本条第二款、第三款规定以外的土地利用总体规划,逐级上报省、自治区、直辖市人民政府批准;其中,乡(镇)土地利用总体规划可以由省级人民政府授权的设区的市、自治州人民政府批准。

土地利用总体规划一经批准,必须严格执行。

第二十一条 城市建设用地规模应当符合国家规定的标准,充分利用现有建设用地,不占或者尽量少占农用地。

城市总体规划、村庄和集镇规划,应当与土地利用总体规划相衔接,城市总体规划、村庄和集镇规划中建设用地规模不得超过土地利用总体规划确定的城市和村庄、集镇建设用地规模。

在城市规划区内、村庄和集镇规划区内,城市和村庄、集镇建设用地应当符合城市规划、村庄和集镇规划。

第二十二条 江河、湖泊综合治理和开发利用规划,应当与土地利用总体规划相衔接。在江河、湖泊、水库的管理和保护范围以及蓄洪滞洪区内,土地利用应当符合江河、湖泊综合治理和开发利用规划,符合河道、湖泊行洪、蓄洪和输水的要求。

第二十三条　各级人民政府应当加强土地利用计划管理,实行建设用地总量控制。

土地利用年度计划,根据国民经济和社会发展计划、国家产业政策、土地利用总体规划以及建设用地和土地利用的实际状况编制。土地利用年度计划应当对本法第六十三条规定的集体经营性建设用地作出合理安排。土地利用年度计划的编制审批程序与土地利用总体规划的编制审批程序相同,一经审批下达,必须严格执行。

第二十四条　省、自治区、直辖市人民政府应当将土地利用年度计划的执行情况列为国民经济和社会发展计划执行情况的内容,向同级人民代表大会报告。

第二十五条　经批准的土地利用总体规划的修改,须经原批准机关批准;未经批准,不得改变土地利用总体规划确定的土地用途。

经国务院批准的大型能源、交通、水利等基础设施建设用地,需要改变土地利用总体规划的,根据国务院的批准文件修改土地利用总体规划。

经省、自治区、直辖市人民政府批准的能源、交通、水利等基础设施建设用地,需要改变土地利用总体规划的,属于省级人民政府土地利用总体规划批准权限内的,根据省级人民政府的批准文件修改土地利用总体规划。

第二十六条　国家建立土地调查制度。

县级以上人民政府自然资源主管部门会同同级有关部门进行土地调查。土地所有者或者使用者应当配合调查,并提供有关资料。

第二十七条　县级以上人民政府自然资源主管部门会同同级有关部门根据土地调查成果、规划土地用途和国家制定的统一标准,评定土地等级。

第二十八条　国家建立土地统计制度。

县级以上人民政府统计机构和自然资源主管部门依法进行土地统计调查,定期发布土地统计资料。土地所有者或者使用者应当提供有关资料,不得拒报、迟报,不得提供不真实、不完整的资料。

统计机构和自然资源主管部门共同发布的土地面积统计资料是各级人民政府编制土地利用总体规划的依据。

第二十九条　国家建立全国土地管理信息系统,对土地利用状况进行动态监测。

第四章　耕　地　保　护

第三十条　国家保护耕地,严格控制耕地转为非耕地。

国家实行占用耕地补偿制度。非农业建设经批准占用耕地的,按照"占多少,垦多少"的原则,由占用耕地的单位负责开垦与所占用耕地的数量和质量相当的耕地;没有条件开垦或者开垦的耕地不符合要求的,应当按照省、自治区、直辖市的规定缴纳耕地开垦费,专款用于开垦新的耕地。

省、自治区、直辖市人民政府应当制定开垦耕地计划,监督占用耕地的单位按照计划开垦耕地或者按照计划组织开垦耕地,并进行验收。

第三十一条　县级以上地方人民政府可以要求占用耕地的单位将所占用耕地耕作层的土壤用于新开垦耕地、劣质地或者其他耕地的土壤改良。

第三十二条 省、自治区、直辖市人民政府应当严格执行土地利用总体规划和土地利用年度计划,采取措施,确保本行政区域内耕地总量不减少、质量不降低。耕地总量减少的,由国务院责令在规定期限内组织开垦与所减少耕地的数量与质量相当的耕地;耕地质量降低的,由国务院责令在规定期限内组织整治。新开垦和整治的耕地由国务院自然资源主管部门会同农业农村主管部门验收。

个别省、直辖市确因土地后备资源匮乏,新增建设用地后,新开垦耕地的数量不足以补偿所占用耕地的数量的,必须报经国务院批准减免本行政区域内开垦耕地的数量,易地开垦数量和质量相当的耕地。

第三十三条 国家实行永久基本农田保护制度。下列耕地应当根据土地利用总体规划划为永久基本农田,实行严格保护:

(一)经国务院农业农村主管部门或者县级以上地方人民政府批准确定的粮、棉、油、糖等重要农产品生产基地内的耕地;

(二)有良好的水利与水土保持设施的耕地,正在实施改造计划以及可以改造的中、低产田和已建成的高标准农田;

(三)蔬菜生产基地;

(四)农业科研、教学试验田;

(五)国务院规定应当划为永久基本农田的其他耕地。

各省、自治区、直辖市划定的永久基本农田一般应当占本行政区域内耕地的百分之八十以上,具体比例由国务院根据各省、自治区、直辖市耕地实际情况规定。

第三十四条 永久基本农田划定以乡(镇)为单位进行,由县级人民政府自然资源主管部门会同同级农业农村主管部门组织实施。永久基本农田应当落实到地块,纳入国家永久基本农田数据库严格管理。

乡(镇)人民政府应当将永久基本农田的位置、范围向社会公告,并设立保护标志。

第三十五条 永久基本农田经依法划定后,任何单位和个人不得擅自占用或者改变其用途。国家能源、交通、水利、军事设施等重点建设项目选址确实难以避让永久基本农田,涉及农用地转用或者土地征收的,必须经国务院批准。

禁止通过擅自调整县级土地利用总体规划、乡(镇)土地利用总体规划等方式规避永久基本农田农用地转用或者土地征收的审批。

第三十六条 各级人民政府应当采取措施,引导因地制宜轮作休耕,改良土壤,提高地力,维护排灌工程设施,防止土地荒漠化、盐渍化、水土流失和土壤污染。

第三十七条 非农业建设必须节约使用土地,可以利用荒地的,不得占用耕地;可以利用劣地的,不得占用好地。

禁止占用耕地建窑、建坟或者擅自在耕地上建房、挖砂、采石、采矿、取土等。

禁止占用永久基本农田发展林果业和挖塘养鱼。

第三十八条 禁止任何单位和个人闲置、荒芜耕地。已经办理审批手续的非农业建设占用耕地,一年内不用而又可以耕种并收获的,应当由原耕种该幅耕地的集体或者个人恢复耕种,也可以由用地单位组织耕种;一年以上未动工建设的,应当按照省、自治区、直辖市的规定缴纳闲置费;连续二年未使用的,经原批准机关批准,由县级以上人民政府无偿收回用地单位的土地使用权;该幅土地原为农民集体所有的,应当交由原农村集体经济组织恢复耕种。

在城市规划区范围内,以出让方式取得土地使用权进行房地产开发的闲置土地,依照《中华人民共和国城市房地产管理法》的有关规定办理。

第三十九条 国家鼓励单位和个人按照土地利用总体规划,在保护和改善生态环境、防止水土流失和土地荒漠化的前提下,开发未利用的土地;适宜开发为农用地的,应当优先开发成农用地。

国家依法保护开发者的合法权益。

第四十条 开垦未利用的土地,必须经过科学论证和评估,在土地利用总体规划划定的可开垦的区域内,经依法批准后进行。禁止毁坏森林、草原开垦耕地,禁止围湖造田和侵占江河滩地。

根据土地利用总体规划,对破坏生态环境开垦、围垦的土地,有计划有步骤地退耕还林、还牧、还湖。

第四十一条 开发未确定使用权的国有荒山、荒地、荒滩从事种植业、林业、畜牧业、渔业生产的,经县级以上人民政府依法批准,可以确定给开发单位或者个人长期使用。

第四十二条 国家鼓励土地整理。县、乡(镇)人民政府应当组织农村集体经济组织,按照土地利用总体规划,对田、水、路、林、村综合整治,提高耕地质量,增加有效耕地面积,改善农业生产条件和生态环境。

地方各级人民政府应当采取措施,改造中、低产田,整治闲散地和废弃地。

第四十三条 因挖损、塌陷、压占等造成土地破坏,用地单位和个人应当按照国家有关规定负责复垦;没有条件复垦或者复垦不符合要求的,应当缴纳土地复垦费,专项用于土地复垦。复垦的土地应当优先用于农业。

第五章 建 设 用 地

第四十四条 建设占用土地,涉及农用地转为建设用地的,应当办理农用地转用审批手续。

永久基本农田转为建设用地的,由国务院批准。

在土地利用总体规划确定的城市和村庄、集镇建设用地规模范围内,为实施该规划而将永久基本农田以外的农用地转为建设用地的,按土地利用年度计划分批次按照国务院规定由原批准土地利用总体规划的机关或者其授权的机关批准。在已批准的农用地转用范围内,具体建设项目用地可以由市、县人民政府批准。

在土地利用总体规划确定的城市和村庄、集镇建设用地规模范围外,将永久基本农田以外的农用地转为建设用地的,由国务院或者国务院授权的省、自治区、直辖市人民政府批准。

第四十五条 为了公共利益的需要,有下列情形之一,确需征收农民集体所有的土地的,可以依法实施征收:

(一)军事和外交需要用地的;
(二)由政府组织实施的能源、交通、水利、通信、邮政等基础设施建设需要用地的;
(三)由政府组织实施的科技、教育、文化、卫生、体育、生态环境和资源保护、防灾减灾、文物保护、社区综合服务、社会福利、市政公用、优抚安置、英烈保护等公共事业需要用地的；

（四）由政府组织实施的扶贫搬迁、保障性安居工程建设需要用地的；

（五）在土地利用总体规划确定的城镇建设用地范围内，经省级以上人民政府批准由县级以上地方人民政府组织实施的成片开发建设需要用地的；

（六）法律规定为公共利益需要可以征收农民集体所有的土地的其他情形。

前款规定的建设活动，应当符合国民经济和社会发展规划、土地利用总体规划、城乡规划和专项规划；第（四）项、第（五）项规定的建设活动，还应当纳入国民经济和社会发展年度计划；第（五）项规定的成片开发并应当符合国务院自然资源主管部门规定的标准。

第四十六条 征收下列土地的，由国务院批准：

（一）永久基本农田；

（二）永久基本农田以外的耕地超过三十五公顷的；

（三）其他土地超过七十公顷的。

征收前款规定以外的土地的，由省、自治区、直辖市人民政府批准。

征收农用地的，应当依照本法第四十四条的规定先行办理农用地转用审批。其中，经国务院批准农用地转用的，同时办理征地审批手续，不再另行办理征地审批；经省、自治区、直辖市人民政府在征地批准权限内批准农用地转用的，同时办理征地审批手续，不再另行办理征地审批，超过征地批准权限的，应当依照本条第一款的规定另行办理征地审批。

第四十七条 国家征收土地的，依照法定程序批准后，由县级以上地方人民政府予以公告并组织实施。

县级以上地方人民政府拟申请征收土地的，应当开展拟征收土地现状调查和社会稳定风险评估，并将征收范围、土地现状、征收目的、补偿标准、安置方式和社会保障等在拟征收土地所在的乡（镇）和村、村民小组范围内公告至少三十日，听取被征地的农村集体经济组织及其成员、村民委员会和其他利害关系人的意见。

多数被征地的农村集体经济组织成员认为征地补偿安置方案不符合法律、法规规定的，县级以上地方人民政府应当组织召开听证会，并根据法律、法规的规定和听证会情况修改方案。

拟征收土地的所有权人、使用权人应当在公告规定期限内，持不动产权属证明材料办理补偿登记。县级以上地方人民政府应当组织有关部门测算并落实有关费用，保证足额到位，与拟征收土地的所有权人、使用权人就补偿、安置等签订协议；个别确实难以达成协议的，应当在申请征收土地时如实说明。

相关前期工作完成后，县级以上地方人民政府方可申请征收土地。

第四十八条 征收土地应当给予公平、合理的补偿，保障被征地农民原有生活水平不降低、长远生计有保障。

征收土地应当依法及时足额支付土地补偿费、安置补助费以及农村村民住宅、其他地上附着物和青苗等的补偿费用，并安排被征地农民的社会保障费用。

征收农用地的土地补偿费、安置补助费标准由省、自治区、直辖市通过制定公布区片综合地价确定。制定区片综合地价应当综合考虑土地原用途、土地资源条件、土地产值、土地区位、土地供求关系、人口以及经济社会发展水平等因素，并至少每三年调整或者重新公布一次。

征收农用地以外的其他土地、地上附着物和青苗等的补偿标准，由省、自治区、直辖市制定。对其中的农村村民住宅,应当按照先补偿后搬迁、居住条件有改善的原则,尊重农村村民意愿,采取重新安排宅基地建房、提供安置房或者货币补偿等方式给予公平、合理的补偿,并对因征收造成的搬迁、临时安置等费用予以补偿,保障农村村民居住的权利和合法的住房财产权益。

县级以上地方人民政府应当将被征地农民纳入相应的养老等社会保障体系。被征地农民的社会保障费用主要用于符合条件的被征地农民的养老保险等社会保险缴费补贴。被征地农民社会保障费用的筹集、管理和使用办法,由省、自治区、直辖市制定。

第四十九条 被征地的农村集体经济组织应当将征收土地的补偿费用的收支状况向本集体经济组织的成员公布,接受监督。

禁止侵占、挪用被征收土地单位的征地补偿费用和其他有关费用。

第五十条 地方各级人民政府应当支持被征地的农村集体经济组织和农民从事开发经营,兴办企业。

第五十一条 大中型水利、水电工程建设征收土地的补偿费标准和移民安置办法,由国务院另行规定。

第五十二条 建设项目可行性研究论证时,自然资源主管部门可以根据土地利用总体规划、土地利用年度计划和建设用地标准,对建设用地有关事项进行审查,并提出意见。

第五十三条 经批准的建设项目需要使用国有建设用地的,建设单位应当持法律、行政法规规定的有关文件,向有批准权的县级以上人民政府自然资源主管部门提出建设用地申请,经自然资源主管部门审查,报本级人民政府批准。

第五十四条 建设单位使用国有土地,应当以出让等有偿使用方式取得;但是,下列建设用地,经县级以上人民政府依法批准,可以以划拨方式取得:

(一)国家机关用地和军事用地;

(二)城市基础设施用地和公益事业用地;

(三)国家重点扶持的能源、交通、水利等基础设施用地;

(四)法律、行政法规规定的其他用地。

第五十五条 以出让等有偿使用方式取得国有土地使用权的建设单位,按照国务院规定的标准和办法,缴纳土地使用权出让金等土地有偿使用费和其他费用后,方可使用土地。

自本法施行之日起,新增建设用地的土地有偿使用费,百分之三十上缴中央财政,百分之七十留给有关地方人民政府。具体使用管理办法由国务院财政部门会同有关部门制定,并报国务院批准。

第五十六条 建设单位使用国有土地的,应当按照土地使用权出让等有偿使用合同的约定或者土地使用权划拨批准文件的规定使用土地;确需改变该幅土地建设用途的,应当经有关人民政府自然资源主管部门同意,报原批准用地的人民政府批准。其中,在城市规划区内改变土地用途的,在报批前,应当先经有关城市规划行政主管部门同意。

第五十七条 建设项目施工和地质勘查需要临时使用国有土地或者农民集体所有的土地的,由县级以上人民政府自然资源主管部门批准。其中,在城市规划区内的临时用地,在报批前,应当先经有关城市规划行政主管部门同意。土地使用者应当根据土地权属,与有关自然资源主管部门或者农村集体经济组织、村民委员会签订临时使用土地合同,并按照合同的约定支付临时使用土地补偿费。

临时使用土地的使用者应当按照临时使用土地合同约定的用途使用土地,并不得修建永久性建筑物。

临时使用土地期限一般不超过二年。

第五十八条 有下列情形之一的,由有关人民政府自然资源主管部门报经原批准用地的人民政府或者有批准权的人民政府批准,可以收回国有土地使用权:

(一)为实施城市规划进行旧城区改建以及其他公共利益需要,确需使用土地的;

(二)土地出让等有偿使用合同约定的使用期限届满,土地使用者未申请续期或者申请续期未获批准的;

(三)因单位撤销、迁移等原因,停止使用原划拨的国有土地的;

(四)公路、铁路、机场、矿场等经核准报废的。

依照前款第(一)项的规定收回国有土地使用权的,对土地使用权人应当给予适当补偿。

第五十九条 乡镇企业、乡(镇)村公共设施、公益事业、农村村民住宅等乡(镇)村建设,应当按照村庄和集镇规划,合理布局,综合开发,配套建设;建设用地,应当符合乡(镇)土地利用总体规划和土地利用年度计划,并依照本法第四十四条、第六十条、第六十一条、第六十二条的规定办理审批手续。

第六十条 农村集体经济组织使用乡(镇)土地利用总体规划确定的建设用地兴办企业或者与其他单位、个人以土地使用权入股、联营等形式共同举办企业的,应当持有关批准文件,向县级以上地方人民政府自然资源主管部门提出申请,按照省、自治区、直辖市规定的批准权限,由县级以上地方人民政府批准;其中,涉及占用农用地的,依照本法第四十四条的规定办理审批手续。

按照前款规定兴办企业的建设用地,必须严格控制。省、自治区、直辖市可以按照乡镇企业的不同行业和经营规模,分别规定用地标准。

第六十一条 乡(镇)村公共设施、公益事业建设,需要使用土地的,经乡(镇)人民政府审核,向县级以上地方人民政府自然资源主管部门提出申请,按照省、自治区、直辖市规定的批准权限,由县级以上地方人民政府批准;其中,涉及占用农用地的,依照本法第四十四条的规定办理审批手续。

第六十二条 农村村民一户只能拥有一处宅基地,其宅基地的面积不得超过省、自治区、直辖市规定的标准。

人均土地少,不能保障一户拥有一处宅基地的地区,县级人民政府在充分尊重农村村民意愿的基础上,可以采取措施,按照省、自治区、直辖市规定的标准保障农村村民实现户有所居。

农村村民建住宅,应当符合乡(镇)土地利用总体规划、村庄规划,不得占用永久基本农田,并尽量使用原有的宅基地和村内空闲地。编制乡(镇)土地利用总体规划、村庄规划应当统筹并合理安排宅基地用地,改善农村村民居住环境和条件。

农村村民住宅用地,由乡(镇)人民政府审核批准;其中,涉及占用农用地的,依照本法第四十四条的规定办理审批手续。

农村村民出卖、出租、赠与住宅后,再申请宅基地的,不予批准。

国家允许进城落户的农村村民依法自愿有偿退出宅基地,鼓励农村集体经济组织及其成员盘活利用闲置宅基地和闲置住宅。

国务院农业农村主管部门负责全国农村宅基地改革和管理有关工作。

第六十三条 土地利用总体规划、城乡规划确定为工业、商业等经营性用途,并经依法登记的集体经营性建设用地,土地所有权人可以通过出让、出租等方式交由单位或者个人使用,并应当签订书面合同,载明土地界址、面积、动工期限、使用期限、土地用途、规划条件和双方其他权利义务。

前款规定的集体经营性建设用地出让、出租等,应当经本集体经济组织成员的村民会议三分之二以上成员或者三分之二以上村民代表的同意。

通过出让等方式取得的集体经营性建设用地使用权可以转让、互换、出资、赠与或者抵押,但法律、行政法规另有规定或者土地所有权人、土地使用权人签订的书面合同另有约定的除外。

集体经营性建设用地的出租,集体建设用地使用权的出让及其最高年限、转让、互换、出资、赠与、抵押等,参照同类用途的国有建设用地执行。具体办法由国务院制定。

第六十四条 集体建设用地的使用者应当严格按照土地利用总体规划、城乡规划确定的用途使用土地。

第六十五条 在土地利用总体规划制定前已建的不符合土地利用总体规划确定的用途的建筑物、构筑物,不得重建、扩建。

第六十六条 有下列情形之一的,农村集体经济组织报经原批准用地的人民政府批准,可以收回土地使用权:

(一)为乡(镇)村公共设施和公益事业建设,需要使用土地的;

(二)不按照批准的用途使用土地的;

(三)因撤销、迁移等原因而停止使用土地的。

依照前款第(一)项规定收回农民集体所有的土地的,对土地使用权人应当给予适当补偿。

收回集体经营性建设用地使用权,依照双方签订的书面合同办理,法律、行政法规另有规定的除外。

第六章 监督检查

第六十七条 县级以上人民政府自然资源主管部门对违反土地管理法律、法规的行为进行监督检查。

县级以上人民政府农业农村主管部门对违反农村宅基地管理法律、法规的行为进行监督检查的,适用本法关于自然资源主管部门监督检查的规定。

土地管理监督检查人员应当熟悉土地管理法律、法规,忠于职守、秉公执法。

第六十八条 县级以上人民政府自然资源主管部门履行监督检查职责时,有权采取下列措施:

(一)要求被检查的单位或者个人提供有关土地权利的文件和资料,进行查阅或者予以复制;

(二)要求被检查的单位或者个人就有关土地权利的问题作出说明；
(三)进入被检查单位或者个人非法占用的土地现场进行勘测；
(四)责令非法占用土地的单位或者个人停止违反土地管理法律、法规的行为。

第六十九条 土地管理监督检查人员履行职责，需要进入现场进行勘测、要求有关单位或者个人提供文件、资料和作出说明的，应当出示土地管理监督检查证件。

第七十条 有关单位和个人对县级以上人民政府自然资源主管部门就土地违法行为进行的监督检查应当支持与配合，并提供工作方便，不得拒绝与阻碍土地管理监督检查人员依法执行职务。

第七十一条 县级以上人民政府自然资源主管部门在监督检查工作中发现国家工作人员的违法行为，依法应当给予处分的，应当依法予以处理；自己无权处理的，应当依法移送监察机关或者有关机关处理。

第七十二条 县级以上人民政府自然资源主管部门在监督检查工作中发现土地违法行为构成犯罪的，应当将案件移送有关机关，依法追究刑事责任；尚不构成犯罪的，应当依法给予行政处罚。

第七十三条 依照本法规定应当给予行政处罚，而有关自然资源主管部门不给予行政处罚的，上级人民政府自然资源主管部门有权责令有关自然资源主管部门作出行政处罚决定或者直接给予行政处罚，并给予有关自然资源主管部门的负责人处分。

第七章 法律责任

第七十四条 买卖或者以其他形式非法转让土地的，由县级以上人民政府自然资源主管部门没收违法所得；对违反土地利用总体规划擅自将农用地改为建设用地的，限期拆除在非法转让的土地上新建的建筑物和其他设施，恢复土地原状，对符合土地利用总体规划的，没收在非法转让的土地上新建的建筑物和其他设施；可以并处罚款；对直接负责的主管人员和其他直接责任人员，依法给予处分；构成犯罪的，依法追究刑事责任。

第七十五条 违反本法规定，占用耕地建窑、建坟或者擅自在耕地上建房、挖砂、采石、采矿、取土等，破坏种植条件的，或者因开发土地造成土地荒漠化、盐渍化的，由县级以上人民政府自然资源主管部门、农业农村主管部门等按照职责责令限期改正或者治理，可以并处罚款；构成犯罪的，依法追究刑事责任。

第七十六条 违反本法规定，拒不履行土地复垦义务的，由县级以上人民政府自然资源主管部门责令限期改正；逾期不改正的，责令缴纳复垦费，专项用于土地复垦，可以处以罚款。

第七十七条 未经批准或者采取欺骗手段骗取批准，非法占用土地的，由县级以上人民政府自然资源主管部门责令退还非法占用的土地，对违反土地利用总体规划擅自将农用地改为建设用地的，限期拆除在非法占用的土地上新建的建筑物和其他设施，恢复土地原状，对符合土地利用总体规划的，没收在非法占用的土地上新建的建筑物和其他设施，可以并处罚款；对非法占用土地单位的直接负责的主管人员和其他直接责任人员，依法给予处分；构成犯罪的，依法追究刑事责任。

超过批准的数量占用土地，多占的土地以非法占用土地论处。

第七十八条　农村村民未经批准或者采取欺骗手段骗取批准,非法占用土地建住宅的,由县级以上人民政府农业农村主管部门责令退还非法占用的土地,限期拆除在非法占用的土地上新建的房屋。

超过省、自治区、直辖市规定的标准,多占的土地以非法占用土地论处。

第七十九条　无权批准征收、使用土地的单位或者个人非法批准占用土地的,超越批准权限非法批准占用土地的,不按照土地利用总体规划确定的用途批准用地的,或者违反法律规定的程序批准占用、征收土地的,其批准文件无效,对非法批准征收、使用土地的直接负责的主管人员和其他直接责任人员,依法给予处分;构成犯罪的,依法追究刑事责任。非法批准、使用的土地应当收回,有关当事人拒不归还的,以非法占用土地论处。

非法批准征收、使用土地,对当事人造成损失的,依法应当承担赔偿责任。

第八十条　侵占、挪用被征收土地单位的征地补偿费用和其他有关费用,构成犯罪的,依法追究刑事责任;尚不构成犯罪的,依法给予处分。

第八十一条　依法收回国有土地使用权当事人拒不交出土地的,临时使用土地期满拒不归还的,或者不按照批准的用途使用国有土地的,由县级以上人民政府自然资源主管部门责令交还土地,处以罚款。

第八十二条　擅自将农民集体所有的土地通过出让、转让使用权或者出租等方式用于非农业建设,或者违反本法规定,将集体经营性建设用地通过出让、出租等方式交由单位或者个人使用的,由县级以上人民政府自然资源主管部门责令限期改正,没收违法所得,并处罚款。

第八十三条　依照本法规定,责令限期拆除在非法占用的土地上新建的建筑物和其他设施的,建设单位或者个人必须立即停止施工,自行拆除;对继续施工的,作出处罚决定的机关有权制止。建设单位或者个人对责令限期拆除的行政处罚决定不服的,可以在接到责令限期拆除决定之日起十五日内,向人民法院起诉;期满不起诉又不自行拆除的,由作出处罚决定的机关依法申请人民法院强制执行,费用由违法者承担。

第八十四条　自然资源主管部门、农业农村主管部门的工作人员玩忽职守、滥用职权、徇私舞弊,构成犯罪的,依法追究刑事责任;尚不构成犯罪的,依法给予处分。

第八章　附　　则

第八十五条　外商投资企业使用土地的,适用本法;法律另有规定的,从其规定。

第八十六条　在根据本法第十八条的规定编制国土空间规划前,经依法批准的土地利用总体规划和城乡规划继续执行。

第八十七条　本法自 1999 年 1 月 1 日起施行。

中华人民共和国土地管理法实施条例

(2014年7月29日 中华人民共和国国务院令第653号)

第一章 总 则

第一条 根据《中华人民共和国土地管理法》(以下简称《土地管理法》),制定本条例。

第二章 土地的所有权和使用权

第二条 下列土地属于全民所有即国家所有:
(一)城市市区的土地;
(二)农村和城市郊区中已经依法没收、征收、征购为国有的土地;
(三)国家依法征用的土地;
(四)依法不属于集体所有的林地、草地、荒地、滩涂及其他土地;
(五)农村集体经济组织全部成员转为城镇居民的,原属于其成员集体所有的土地;
(六)因国家组织移民、自然灾害等原因,农民成建制地集体迁移后不再使用的原属于迁移农民集体所有的土地。

第三条 国家依法实行土地登记发证制度。依法登记的土地所有权和土地使用权受法律保护,任何单位和个人不得侵犯。

土地登记内容和土地权属证书式样由国务院土地行政主管部门统一规定。

土地登记资料可以公开查询。

确认林地、草原的所有权或者使用权,确认水面、滩涂的养殖使用权,分别依照《森林法》、《草原法》和《渔业法》的有关规定办理。

第四条 农民集体所有的土地,由土地所有者向土地所在地的县级人民政府土地行政主管部门提出土地登记申请,由县级人民政府登记造册,核发集体土地所有权证书,确认所有权。

农民集体所有的土地依法用于非农业建设的,由土地使用者向土地所在地的县级人民政府土地行政主管部门提出土地登记申请,由县级人民政府登记造册,核发集体土地使用权证书,确认建设用地使用权。

设区的市人民政府可以对市辖区内农民集体所有的土地实行统一登记。

第五条 单位和个人依法使用的国有土地,由土地使用者向土地所在地的县级以上人民政府土地行政主管部门提出土地登记申请,由县级以上人民政府登记造册,核发国有土地使用权证书,确认使用权。其中,中央国家机关使用的国有土地的登记发证,由国务院土地行政主管部门负责,具体登记发证办法由国务院土地行政主管部门会同国务院机关事务管理局等有关部门制定。

未确定使用权的国有土地,由县级以上人民政府登记造册,负责保护管理。

第六条 依法改变土地所有权、使用权的,因依法转让地上建筑物、构筑物等附着物导致土地使用权转移的,必须向土地所在地的县级以上人民政府土地行政主管部门提出土地变更登记申请,由原土地登记机关依法进行土地所有权、使用权变更登记。土地所有权、使用权的变更,自变更登记之日起生效。

依法改变土地用途的,必须持批准文件,向土地所在地的县级以上人民政府土地行政主管部门提出土地变更登记申请,由原土地登记机关依法进行变更登记。

第七条 依照《土地管理法》的有关规定,收回用地单位的土地使用权的,由原土地登记机关注销土地登记。

土地使用权有偿使用合同约定的使用期限届满,土地使用者未申请续期或者虽申请续期未获批准的,由原土地登记机关注销土地登记。

第三章 土地利用总体规划

第八条 全国土地利用总体规划,由国务院土地行政主管部门会同国务院有关部门编制,报国务院批准。

省、自治区、直辖市的土地利用总体规划,由省、自治区、直辖市人民政府组织本级土地行政主管部门和其他有关部门编制,报国务院批准。

省、自治区人民政府所在地的市、人口在100万以上的城市以及国务院指定的城市的土地利用总体规划,由各该市人民政府组织本级土地行政主管部门和其他有关部门编制,经省、自治区人民政府审查同意后,报国务院批准。

本条第一款、第二款、第三款规定以外的土地利用总体规划,由有关人民政府组织本级土地行政主管部门和其他有关部门编制,逐级上报省、自治区、直辖市人民政府批准;其中,乡(镇)土地利用总体规划,由乡(镇)人民政府编制,逐级上报省、自治区、直辖市人民政府或者省、自治区、直辖市人民政府授权的设区的市、自治州人民政府批准。

第九条 土地利用总体规划的规划期限一般为15年。

第十条 依照《土地管理法》规定,土地利用总体规划应当将土地划分为农用地、建设用地和未利用地。

县级和乡(镇)土地利用总体规划应当根据需要,划定基本农田保护区、土地开垦区、建设用地区和禁止开垦区等;其中,乡(镇)土地利用总体规划还应当根据土地使用条件,确定每一块土地的用途。

土地分类和划定土地利用区的具体办法,由国务院土地行政主管部门会同国务院有关部门制定。

第十一条 乡(镇)土地利用总体规划经依法批准后,乡(镇)人民政府应当在本行政区域内予以公告。

公告应当包括下列内容：

(一)规划目标；

(二)规划期限；

(三)规划范围；

(四)地块用途；

(五)批准机关和批准日期。

第十二条 依照《土地管理法》第二十六条第二款、第三款规定修改土地利用总体规划的，由原编制机关根据国务院或者省、自治区、直辖市人民政府的批准文件修改。修改后的土地利用总体规划应当报原批准机关批准。

上一级土地利用总体规划修改后，涉及修改下一级土地利用总体规划的，由上一级人民政府通知下一级人民政府作出相应修改，并报原批准机关备案。

第十三条 各级人民政府应当加强土地利用年度计划管理，实行建设用地总量控制。土地利用年度计划一经批准下达，必须严格执行。

土地利用年度计划应当包括下列内容：

(一)农用地转用计划指标；

(二)耕地保有量计划指标；

(三)土地开发整理计划指标。

第十四条 县级以上人民政府土地行政主管部门应当会同同级有关部门进行土地调查。

土地调查应当包括下列内容：

(一)土地权属；

(二)土地利用现状；

(三)土地条件。

地方土地利用现状调查结果，经本级人民政府审核，报上一级人民政府批准后，应当向社会公布；全国土地利用现状调查结果，报国务院批准后，应当向社会公布。土地调查规程，由国务院土地行政主管部门会同国务院有关部门制定。

第十五条 国务院土地行政主管部门会同国务院有关部门制定土地等级评定标准。

县级以上人民政府土地行政主管部门应当会同同级有关部门根据土地等级评定标准，对土地等级进行评定。地方土地等级评定结果，经本级人民政府审核，报上一级人民政府土地行政主管部门批准后，应当向社会公布。

根据国民经济和社会发展状况，土地等级每6年调整1次。

第四章 耕 地 保 护

第十六条 在土地利用总体规划确定的城市和村庄、集镇建设用地范围内，为实施城市规划和村庄、集镇规划占用耕地，以及在土地利用总体规划确定的城市建设用地范围外的能源、交通、水利、矿山、军事设施等建设项目占用耕地的，分别由市、县人民政府、农村集体经济组织和建设单位依照《土地管理法》第三十一条的规定负责开垦耕地；没有条件开垦或者开垦的耕地不符合要求的，应当按照省、自治区、直辖市的规定缴纳耕地开垦费。

第十七条 禁止单位和个人在土地利用总体规划确定的禁止开垦区内从事土地开发活动。

在土地利用总体规划确定的土地开垦区内,开发未确定土地使用权的国有荒山、荒地、荒滩从事种植业、林业、畜牧业、渔业生产的,应当向土地所在地的县级以上地方人民政府土地行政主管部门提出申请,按照省、自治区、直辖市规定的权限,由县级以上地方人民政府批准。

开发未确定土地使用权的国有荒山、荒地、荒滩从事种植业、林业、畜牧业或者渔业生产的,经县级以上地方人民政府依法批准,可以确定给开发单位或者个人长期使用,使用期限最长不得超过50年。

第十八条 县、乡(镇)人民政府应当按照土地利用总体规划,组织农村集体经济组织制定土地整理方案,并组织实施。

地方各级人民政府应当采取措施,按照土地利用总体规划推进土地整理。土地整理新增耕地面积的百分之六十可以用作折抵建设占用耕地的补偿指标。

土地整理所需费用,按照谁受益谁负担的原则,由农村集体经济组织和土地使用者共同承担。

第五章 建设用地

第十九条 建设占用土地,涉及农用地转为建设用地的,应当符合土地利用总体规划和土地利用年度计划中确定的农用地转用指标;城市和村庄、集镇建设占用土地,涉及农用地转用的,还应当符合城市规划和村庄、集镇规划。不符合规定的,不得批准农用地转为建设用地。

第二十条 在土地利用总体规划确定的城市建设用地范围内,为实施城市规划占用土地的,按照下列规定办理:

(一)市、县人民政府按照土地利用年度计划拟订农用地转用方案、补充耕地方案、征用土地方案,分批次逐级上报有批准权的人民政府。

(二)有批准权的人民政府土地行政主管部门对农用地转用方案、补充耕地方案、征用土地方案进行审查,提出审查意见,报有批准权的人民政府批准;其中,补充耕地方案由批准农用地转用方案的人民政府在批准农用地转用方案时一并批准。

(三)农用地转用方案、补充耕地方案、征用土地方案经批准后,由市、县人民政府组织实施,按具体建设项目分别供地。

在土地利用总体规划确定的村庄、集镇建设用地范围内,为实施村庄、集镇规划占用土地的,由市、县人民政府拟订农用地转用方案、补充耕地方案,依照前款规定的程序办理。

第二十一条 具体建设项目需要使用土地的,建设单位应当根据建设项目的总体设计一次申请,办理建设用地审批手续;分期建设的项目,可以根据可行性研究报告确定的方案分期申请建设用地,分期办理建设用地有关审批手续。

第二十二条 具体建设项目需要占用土地利用总体规划确定的城市建设用地范围内的国有建设用地的,按照下列规定办理:

(一)建设项目可行性研究论证时,由土地行政主管部门对建设项目用地有关事项进行审查,提出建设项目用地预审报告;可行性研究报告报批时,必须附具土地行政主管部门出具的建设项目用地预审报告。

（二）建设单位持建设项目的有关批准文件，向市、县人民政府土地行政主管部门提出建设用地申请，由市、县人民政府土地行政主管部门审查，拟订供地方案，报市、县人民政府批准；需要上级人民政府批准的，应当报上级人民政府批准。

（三）供地方案经批准后，由市、县人民政府向建设单位颁发建设用地批准书。有偿使用国有土地的，由市、县人民政府土地行政主管部门与土地使用者签订国有土地有偿使用合同；划拨使用国有土地的，由市、县人民政府土地行政主管部门向土地使用者核发国有土地划拨决定书。

（四）土地使用者应当依法申请土地登记。

通过招标、拍卖方式提供国有建设用地使用权的，由市、县人民政府土地行政主管部门会同有关部门拟订方案，报市、县人民政府批准后，由市、县人民政府土地行政主管部门组织实施，并与土地使用者签订土地有偿使用合同。土地使用者应当依法申请土地登记。

第二十三条　具体建设项目需要使用土地的，必须依法申请使用土地利用总体规划确定的城市建设用地范围内的国有建设用地。能源、交通、水利、矿山、军事设施等建设项目确需使用土地利用总体规划确定的城市建设用地范围外的土地，涉及农用地的，按照下列规定办理：

（一）建设项目可行性研究论证时，由土地行政主管部门对建设项目用地有关事项进行审查，提出建设项目用地预审报告；可行性研究报告报批时，必须附具土地行政主管部门出具的建设项目用地预审报告。

（二）建设单位持建设项目的有关批准文件，向市、县人民政府土地行政主管部门提出建设用地申请，由市、县人民政府土地行政主管部门审查，拟订农用地转用方案、补充耕地方案、征用土地方案和供地方案（涉及国有农用地的，不拟订征用土地方案），经市、县人民政府审核同意后，逐级上报有批准权的人民政府批准；其中，补充耕地方案由批准农用地转用方案的人民政府在批准农用地转用方案时一并批准；供地方案由批准征用土地的人民政府在批准征用土地方案时一并批准（涉及国有农用地的，供地方案由批准农用地转用的人民政府在批准农用地转用方案时一并批准）。

（三）农用地转用方案、补充耕地方案、征用土地方案和供地方案经批准后，由市、县人民政府组织实施，向建设单位颁发建设用地批准书。有偿使用国有土地的，由市、县人民政府土地行政主管部门与土地使用者签订国有土地有偿使用合同；划拨使用国有土地的，由市、县人民政府土地行政主管部门向土地使用者核发国有土地划拨决定书。

（四）土地使用者应当依法申请土地登记。

建设项目确需使用土地利用总体规划确定的城市建设用地范围外的土地，涉及农民集体所有的未利用地的，只报批征用土地方案和供地方案。

第二十四条　具体建设项目需要占用土地利用总体规划确定的国有未利用地的，按照省、自治区、直辖市的规定办理；但是，国家重点建设项目、军事设施和跨省、自治区、直辖市行政区域的建设项目以及国务院规定的其他建设项目用地，应当报国务院批准。

第二十五条　征用土地方案经依法批准后，由被征用土地所在地的市、县人民政府组织实施，并将批准征地机关、批准文号、征用土地的用途、范围、面积以及征地补偿标准、农业人员安置办法和办理征地补偿的期限等,在被征用土地所在地的乡(镇)、村予以公告。

被征用土地的所有权人、使用权人应当在公告规定的期限内,持土地权属证书到公告指定的人民政府土地行政主管部门办理征地补偿登记。

市、县人民政府土地行政主管部门根据经批准的征用土地方案,会同有关部门拟订征地补偿、安置方案,在被征用土地所在地的乡(镇)、村予以公告,听取被征用土地的农村集体经济组织和农民的意见。征地补偿、安置方案报市、县人民政府批准后,由市、县人民政府土地行政主管部门组织实施。对补偿标准有争议的,由县级以上地方人民政府协调;协调不成的,由批准征用土地的人民政府裁决。征地补偿、安置争议不影响征用土地方案的实施。

征用土地的各项费用应当自征地补偿、安置方案批准之日起3个月内全额支付。

第二十六条 土地补偿费归农村集体经济组织所有;地上附着物及青苗补偿费归地上附着物及青苗的所有者所有。

征用土地的安置补助费必须专款专用,不得挪作他用。需要安置的人员由农村集体经济组织安置的,安置补助费支付给农村集体经济组织,由农村集体经济组织管理和使用;由其他单位安置的,安置补助费支付给安置单位;不需要统一安置的,安置补助费发放给被安置人员个人或者征得被安置人员同意后用于支付被安置人员的保险费用。

市、县和乡(镇)人民政府应当加强对安置补助费使用情况的监督。

第二十七条 抢险救灾等急需使用土地的,可以先行使用土地。其中,属于临时用地的,灾后应当恢复原状并交还原土地使用者使用,不再办理用地审批手续;属于永久性建设用地的,建设单位应当在灾情结束后6个月内申请补办建设用地审批手续。

第二十八条 建设项目施工和地质勘查需要临时占用耕地的,土地使用者应当自临时用地期满之日起1年内恢复种植条件。

第二十九条 国有土地有偿使用的方式包括:

(一)国有土地使用权出让;

(二)国有土地租赁;

(三)国有土地使用权作价出资或者入股。

第三十条 《土地管理法》第五十五条规定的新增建设用地的土地有偿使用费,是指国家在新增建设用地中应取得的平均土地纯收益。

第六章 监督检查

第三十一条 土地管理监督检查人员应当经过培训,经考核合格后,方可从事土地管理监督检查工作。

第三十二条 土地行政主管部门履行监督检查职责,除采取《土地管理法》第六十七条规定的措施外,还可以采取下列措施:

(一)询问违法案件的当事人、嫌疑人和证人;

(二)进入被检查单位或者个人非法占用的土地现场进行拍照、摄像;

(三)责令当事人停止正在进行的土地违法行为;

(四)对涉嫌土地违法的单位或者个人,停止办理有关土地审批、登记手续;

(五)责令违法嫌疑人在调查期间不得变卖、转移与案件有关的财物。

第三十三条 依照《土地管理法》第七十二条规定给予行政处分的,由责令作出行政处罚决定或者直接给予行政处罚决定的上级人民政府土地行政主管部门作出。对于警告、记过、记大过的行政处分决定,上级土地行政主管部门可以直接作出;对于降级、撤职、开除的行政处分决定,上级土地行政主管部门应当按照国家有关人事管理权限和处理程序的规定,向有关机关提出行政处分建议,由有关机关依法处理。

第七章 法律责任

第三十四条 违反本条例第十七条的规定,在土地利用总体规划确定的禁止开垦区内进行开垦的,由县级以上人民政府土地行政主管部门责令限期改正;逾期不改正的,依照《土地管理法》第七十六条的规定处罚。

第三十五条 在临时使用的土地上修建永久性建筑物、构筑物的,由县级以上人民政府土地行政主管部门责令限期拆除;逾期不拆除的,由作出处罚决定的机关依法申请人民法院强制执行。

第三十六条 对在土地利用总体规划制定前已建的不符合土地利用总体规划确定的用途的建筑物、构筑物重建、扩建的,由县级以上人民政府土地行政主管部门责令限期拆除;逾期不拆除的,由作出处罚决定的机关依法申请人民法院强制执行。

第三十七条 阻碍土地行政主管部门的工作人员依法执行职务的,依法给予治安管理处罚或者追究刑事责任。

第三十八条 依照《土地管理法》第七十三条的规定处以罚款的,罚款额为非法所得的百分之五十以下。

第三十九条 依照《土地管理法》第八十一条的规定处以罚款的,罚款额为非法所得的百分之五以上百分之二十以下。

第四十条 依照《土地管理法》第七十四条的规定处以罚款的,罚款额为耕地开垦费的2倍以下。

第四十一条 依照《土地管理法》第七十五条的规定处以罚款的,罚款额为土地复垦费的2倍以下。

第四十二条 依照《土地管理法》第七十六条的规定处以罚款的,罚款额为非法占用土地每平方米30元以下。

第四十三条 依照《土地管理法》第八十条的规定处以罚款的,罚款额为非法占用土地每平方米10元以上30元以下。

第四十四条 违反本条例第二十八条的规定,逾期不恢复种植条件的,由县级以上人民政府土地行政主管部门责令限期改正,可以处耕地复垦费2倍以下的罚款。

第四十五条 违反土地管理法律、法规规定,阻挠国家建设征用土地的,由县级以上人民政府土地行政主管部门责令交出土地;拒不交出土地的,申请人民法院强制执行。

第八章 附 则

第四十六条 本条例自 1999 年 1 月 1 日起施行。1991 年 1 月 4 日国务院发布的《中华人民共和国土地管理法实施条例》同时废止。

公路安全保护条例

(2011年3月7日 中华人民共和国国务院令第593号)

第一章 总 则

第一条 为了加强公路保护,保障公路完好、安全和畅通,根据《中华人民共和国公路法》,制定本条例。

第二条 各级人民政府应当加强对公路保护工作的领导,依法履行公路保护职责。

第三条 国务院交通运输主管部门主管全国公路保护工作。

县级以上地方人民政府交通运输主管部门主管本行政区域的公路保护工作;但是,县级以上地方人民政府交通运输主管部门对国道、省道的保护职责,由省、自治区、直辖市人民政府确定。

公路管理机构依照本条例的规定具体负责公路保护的监督管理工作。

第四条 县级以上各级人民政府发展改革、工业和信息化、公安、工商、质检等部门按照职责分工,依法开展公路保护的相关工作。

第五条 县级以上各级人民政府应当将政府及其有关部门从事公路管理、养护所需经费以及公路管理机构行使公路行政管理职能所需经费纳入本级人民政府财政预算。但是,专用公路的公路保护经费除外。

第六条 县级以上各级人民政府交通运输主管部门应当综合考虑国家有关车辆技术标准、公路使用状况等因素,逐步提高公路建设、管理和养护水平,努力满足国民经济和社会发展以及人民群众生产、生活需要。

第七条 县级以上各级人民政府交通运输主管部门应当依照《中华人民共和国突发事件应对法》的规定,制定地震、泥石流、雨雪冰冻灾害等损毁公路的突发事件(以下简称公路突发事件)应急预案,报本级人民政府批准后实施。

公路管理机构、公路经营企业应当根据交通运输主管部门制定的公路突发事件应急预案,组建应急队伍,并定期组织应急演练。

第八条 国家建立健全公路突发事件应急物资储备保障制度,完善应急物资储备、调配体系,确保发生公路突发事件时能够满足应急处置工作的需要。

第九条 任何单位和个人不得破坏、损坏、非法占用或者非法利用公路、公路用地和公路附属设施。

第二章 公 路 线 路

第十条 公路管理机构应当建立健全公路管理档案,对公路、公路用地和公路附属设施调查核实、登记造册。

第十一条 县级以上地方人民政府应当根据保障公路运行安全和节约用地的原则以及公路发展的需要,组织交通运输、国土资源等部门划定公路建筑控制区的范围。

公路建筑控制区的范围,从公路用地外缘起向外的距离标准为:

(一)国道不少于20米;

(二)省道不少于15米;

(三)县道不少于10米;

(四)乡道不少于5米。

属于高速公路的,公路建筑控制区的范围从公路用地外缘起向外的距离标准不少于30米。

公路弯道内侧、互通立交以及平面交叉道口的建筑控制区范围根据安全视距等要求确定。

第十二条 新建、改建公路的建筑控制区的范围,应当自公路初步设计批准之日起30日内,由公路沿线县级以上地方人民政府依照本条例划定并公告。

公路建筑控制区与铁路线路安全保护区、航道保护范围、河道管理范围或者水工程管理和保护范围重叠的,经公路管理机构和铁路管理机构、航道管理机构、水行政主管部门或者流域管理机构协商后划定。

第十三条 在公路建筑控制区内,除公路保护需要外,禁止修建建筑物和地面构筑物;公路建筑控制区划定前已经合法修建的不得扩建,因公路建设或者保障公路运行安全等原因需要拆除的应当依法给予补偿。

在公路建筑控制区外修建的建筑物、地面构筑物以及其他设施不得遮挡公路标志,不得妨碍安全视距。

第十四条 新建村镇、开发区、学校和货物集散地、大型商业网点、农贸市场等公共场所,与公路建筑控制区边界外缘的距离应当符合下列标准,并尽可能在公路一侧建设:

(一)国道、省道不少于50米;

(二)县道、乡道不少于20米。

第十五条 新建、改建公路与既有城市道路、铁路、通信等线路交叉或者新建、改建城市道路、铁路、通信等线路与既有公路交叉的,建设费用由新建、改建单位承担;城市道路、铁路、通信等线路的管理部门、单位或者公路管理机构要求提高既有建设标准而增加的费用,由提出要求的部门或者单位承担。

需要改变既有公路与城市道路、铁路、通信等线路交叉方式的,按照公平合理的原则分担建设费用。

第十六条 禁止将公路作为检验车辆制动性能的试车场地。

禁止在公路、公路用地范围内摆摊设点、堆放物品、倾倒垃圾、设置障碍、挖沟引水、打场晒粮、种植作物、放养牲畜、采石、取土、采空作业、焚烧物品、利用公路边沟排放污物或者进行其他损坏、污染公路和影响公路畅通的行为。

第十七条 禁止在下列范围内从事采矿、采石、取土、爆破作业等危及公路、公路桥梁、公路隧道、公路渡口安全的活动：

（一）国道、省道、县道的公路用地外缘起向外 100 米，乡道的公路用地外缘起向外 50 米；

（二）公路渡口和中型以上公路桥梁周围 200 米；

（三）公路隧道上方和洞口外 100 米。

在前款规定的范围内，因抢险、防汛需要修筑堤坝、压缩或者拓宽河床的，应当经省、自治区、直辖市人民政府交通运输主管部门会同水行政主管部门或者流域管理机构批准，并采取安全防护措施方可进行。

第十八条 除按照国家有关规定设立的为车辆补充燃料的场所、设施外，禁止在下列范围内设立生产、储存、销售易燃、易爆、剧毒、放射性等危险物品的场所、设施：

（一）公路用地外缘起向外 100 米；

（二）公路渡口和中型以上公路桥梁周围 200 米；

（三）公路隧道上方和洞口外 100 米。

第十九条 禁止擅自在中型以上公路桥梁跨越的河道上下游各 1000 米范围内抽取地下水、架设浮桥以及修建其他危及公路桥梁安全的设施。

在前款规定的范围内，确需进行抽取地下水、架设浮桥等活动的，应当经水行政主管部门、流域管理机构等有关单位会同公路管理机构批准，并采取安全防护措施方可进行。

第二十条 禁止在公路桥梁跨越的河道上下游的下列范围内采砂：

（一）特大型公路桥梁跨越的河道上游 500 米，下游 3000 米；

（二）大型公路桥梁跨越的河道上游 500 米，下游 2000 米；

（三）中小型公路桥梁跨越的河道上游 500 米，下游 1000 米。

第二十一条 在公路桥梁跨越的河道上下游各 500 米范围内依法进行疏浚作业的，应当符合公路桥梁安全要求，经公路管理机构确认安全方可作业。

第二十二条 禁止利用公路桥梁进行牵拉、吊装等危及公路桥梁安全的施工作业。

禁止利用公路桥梁（含桥下空间）、公路隧道、涵洞堆放物品，搭建设施以及铺设高压电线和输送易燃、易爆或者其他有毒有害气体、液体的管道。

第二十三条 公路桥梁跨越航道的，建设单位应当按照国家有关规定设置桥梁航标、桥柱标、桥梁水尺标，并按照国家标准、行业标准设置桥区水上航标和桥墩防撞装置。桥区水上航标由航标管理机构负责维护。

通过公路桥梁的船舶应当符合公路桥梁通航净空要求，严格遵守航行规则，不得在公路桥梁下停泊或者系缆。

第二十四条 重要的公路桥梁和公路隧道按照《中华人民共和国人民武装警察法》和国务院、中央军委的有关规定由中国人民武装警察部队守护。

第二十五条 禁止损坏、擅自移动、涂改、遮挡公路附属设施或者利用公路附属设施架设管道、悬挂物品。

第二十六条 禁止破坏公路、公路用地范围内的绿化物。需要更新采伐护路林的，应当向公路管理机构提出申请，经批准方可更新采伐，并及时补种；不能及时补种的，应当交纳补种所需费用,由公路管理机构代为补种。

第二十七条 进行下列涉路施工活动,建设单位应当向公路管理机构提出申请:

(一)因修建铁路、机场、供电、水利、通信等建设工程需要占用、挖掘公路、公路用地或者使公路改线;

(二)跨越、穿越公路修建桥梁、渡槽或者架设、埋设管道、电缆等设施;

(三)在公路用地范围内架设、埋设管道、电缆等设施;

(四)利用公路桥梁、公路隧道、涵洞铺设电缆等设施;

(五)利用跨越公路的设施悬挂非公路标志;

(六)在公路上增设或者改造平面交叉道口;

(七)在公路建筑控制区内埋设管道、电缆等设施。

第二十八条 申请进行涉路施工活动的建设单位应当向公路管理机构提交下列材料:

(一)符合有关技术标准、规范要求的设计和施工方案;

(二)保障公路、公路附属设施质量和安全的技术评价报告;

(三)处置施工险情和意外事故的应急方案。

公路管理机构应当自受理申请之日起20日内作出许可或者不予许可的决定;影响交通安全的,应当征得公安机关交通管理部门的同意;涉及经营性公路的,应当征求公路经营企业的意见;不予许可的,公路管理机构应当书面通知申请人并说明理由。

第二十九条 建设单位应当按照许可的设计和施工方案进行施工作业,并落实保障公路、公路附属设施质量和安全的防护措施。

涉路施工完毕,公路管理机构应当对公路、公路附属设施是否达到规定的技术标准以及施工是否符合保障公路、公路附属设施质量和安全的要求进行验收;影响交通安全的,还应当经公安机关交通管理部门验收。

涉路工程设施的所有人、管理人应当加强维护和管理,确保工程设施不影响公路的完好、安全和畅通。

第三章 公 路 通 行

第三十条 车辆的外廓尺寸、轴荷和总质量应当符合国家有关车辆外廓尺寸、轴荷、质量限值等机动车安全技术标准,不符合标准的不得生产、销售。

第三十一条 公安机关交通管理部门办理车辆登记,应当当场查验,对不符合机动车国家安全技术标准的车辆不予登记。

第三十二条 运输不可解体物品需要改装车辆的,应当由具有相应资质的车辆生产企业按照规定的车型和技术参数进行改装。

第三十三条 超过公路、公路桥梁、公路隧道限载、限高、限宽、限长标准的车辆,不得在公路、公路桥梁或者公路隧道行驶;超过汽车渡船限载、限高、限宽、限长的车辆,不得使用汽车渡船。

公路、公路桥梁、公路隧道限载、限高、限宽、限长标准调整的,公路管理机构、公路经营企业应当及时变更限载、限高、限宽、限长标志;需要绕行的,还应当标明绕行路线。

第三十四条 县级人民政府交通运输主管部门或者乡级人民政府可以根据保护乡道、村道的需要,在乡道、村道的出入口设置必要的限高、限宽设施,但是不得影响消防和卫生急救等应急通行需要,不得向通行车辆收费。

第三十五条 车辆载运不可解体物品,车货总体的外廓尺寸或者总质量超过公路、公路桥梁、公路隧道的限载、限高、限宽、限长标准,确需在公路、公路桥梁、公路隧道行驶的,从事运输的单位和个人应当向公路管理机构申请公路超限运输许可。

第三十六条 申请公路超限运输许可按照下列规定办理:

(一)跨省、自治区、直辖市进行超限运输的,向公路沿线各省、自治区、直辖市公路管理机构提出申请,由起运地省、自治区、直辖市公路管理机构统一受理,并协调公路沿线各省、自治区、直辖市公路管理机构对超限运输申请进行审批,必要时可以由国务院交通运输主管部门统一协调处理;

(二)在省、自治区范围内跨设区的市进行超限运输,或者在直辖市范围内跨区、县进行超限运输的,向省、自治区、直辖市公路管理机构提出申请,由省、自治区、直辖市公路管理机构受理并审批;

(三)在设区的市范围内跨区、县进行超限运输的,向设区的市公路管理机构提出申请,由设区的市公路管理机构受理并审批;

(四)在区、县范围内进行超限运输的,向区、县公路管理机构提出申请,由区、县公路管理机构受理并审批。

公路超限运输影响交通安全的,公路管理机构在审批超限运输申请时,应当征求公安机关交通管理部门意见。

第三十七条 公路管理机构审批超限运输申请,应当根据实际情况勘测通行路线,需要采取加固、改造措施的,可以与申请人签订有关协议,制定相应的加固、改造方案。

公路管理机构应当根据其制定的加固、改造方案,对通行的公路桥梁、涵洞等设施进行加固、改造;必要时应当对超限运输车辆进行监管。

第三十八条 公路管理机构批准超限运输申请的,应当为超限运输车辆配发国务院交通运输主管部门规定式样的超限运输车辆通行证。

经批准进行超限运输的车辆,应当随车携带超限运输车辆通行证,按照指定的时间、路线和速度行驶,并悬挂明显标志。

禁止租借、转让超限运输车辆通行证。禁止使用伪造、变造的超限运输车辆通行证。

第三十九条 经省、自治区、直辖市人民政府批准,有关交通运输主管部门可以设立固定超限检测站点,配备必要的设备和人员。

固定超限检测站点应当规范执法,并公布监督电话。公路管理机构应当加强对固定超限检测站点的管理。

第四十条 公路管理机构在监督检查中发现车辆超过公路、公路桥梁、公路隧道或者汽车渡船的限载、限高、限宽、限长标准的,应当就近引导至固定超限检测站点进行处理。

车辆应当按照超限检测指示标志或者公路管理机构监督检查人员的指挥接受超限检测,不得故意堵塞固定超限检测站点通行车道、强行通过固定超限检测站点或者以其他方式扰乱超限检测秩序,不得采取短途驳载等方式逃避超限检测。

禁止通过引路绕行等方式为不符合国家有关载运标准的车辆逃避超限检测提供便利。

第四十一条 煤炭、水泥等货物集散地以及货运站等场所的经营人、管理人应当采取有效措施,防止不符合国家有关载运标准的车辆出场(站)。

道路运输管理机构应当加强对煤炭、水泥等货物集散地以及货运站等场所的监督检查,制止不符合国家有关载运标准的车辆出场(站)。

任何单位和个人不得指使、强令车辆驾驶人超限运输货物,不得阻碍道路运输管理机构依法进行监督检查。

第四十二条 载运易燃、易爆、剧毒、放射性等危险物品的车辆,应当符合国家有关安全管理规定,并避免通过特大型公路桥梁或者特长公路隧道;确需通过特大型公路桥梁或者特长公路隧道的,负责审批易燃、易爆、剧毒、放射性等危险物品运输许可的机关应当提前将行驶时间、路线通知特大型公路桥梁或者特长公路隧道的管理单位,并对在特大型公路桥梁或者特长公路隧道行驶的车辆进行现场监管。

第四十三条 车辆应当规范装载,装载物不得触地拖行。车辆装载物易掉落、遗洒或者飘散的,应当采取厢式密闭等有效防护措施方可在公路上行驶。

公路上行驶车辆的装载物掉落、遗洒或者飘散的,车辆驾驶人、押运人员应当及时采取措施处理;无法处理的,应当在掉落、遗洒或者飘散物来车方向适当距离外设置警示标志,并迅速报告公路管理机构或者公安机关交通管理部门。其他人员发现公路上有影响交通安全的障碍物的,也应当及时报告公路管理机构或者公安机关交通管理部门。公安机关交通管理部门应当责令改正车辆装载物掉落、遗洒、飘散等违法行为;公路管理机构、公路经营企业应当及时清除掉落、遗洒、飘散在公路上的障碍物。

车辆装载物掉落、遗洒、飘散后,车辆驾驶人、押运人员未及时采取措施处理,造成他人人身、财产损害的,道路运输企业、车辆驾驶人应当依法承担赔偿责任。

第四章 公 路 养 护

第四十四条 公路管理机构、公路经营企业应当加强公路养护,保证公路经常处于良好技术状态。

前款所称良好技术状态,是指公路自身的物理状态符合有关技术标准的要求,包括路面平整,路肩、边坡平顺,有关设施完好。

第四十五条 公路养护应当按照国务院交通运输主管部门规定的技术规范和操作规程实施作业。

第四十六条 从事公路养护作业的单位应当具备下列资质条件:
(一)有一定数量的符合要求的技术人员;
(二)有与公路养护作业相适应的技术设备;
(三)有与公路养护作业相适应的作业经历;
(四)国务院交通运输主管部门规定的其他条件。

公路养护作业单位资质管理办法由国务院交通运输主管部门另行制定。

第四十七条 公路管理机构、公路经营企业应当按照国务院交通运输主管部门的规定对公路进行巡查,并制作巡查记录;发现公路坍塌、坑槽、隆起等损毁的,应当及时设置警示标志,并采取措施修复。

公安机关交通管理部门发现公路坍塌、坑槽、隆起等损毁,危及交通安全的,应当及时采取措施,疏导交通,并通知公路管理机构或者公路经营企业。

其他人员发现公路坍塌、坑槽、隆起等损毁的,应当及时向公路管理机构、公安机关交通管理部门报告。

第四十八条　公路管理机构、公路经营企业应当定期对公路、公路桥梁、公路隧道进行检测和评定,保证其技术状态符合有关技术标准;对经检测发现不符合车辆通行安全要求的,应当进行维修,及时向社会公告,并通知公安机关交通管理部门。

第四十九条　公路管理机构、公路经营企业应当定期检查公路隧道的排水、通风、照明、监控、报警、消防、救助等设施,保持设施处于完好状态。

第五十条　公路管理机构应当统筹安排公路养护作业计划,避免集中进行公路养护作业造成交通堵塞。

在省、自治区、直辖市交界区域进行公路养护作业,可能造成交通堵塞的,有关公路管理机构、公安机关交通管理部门应当事先书面通报相邻的省、自治区、直辖市公路管理机构、公安机关交通管理部门,共同制定疏导预案,确定分流路线。

第五十一条　公路养护作业需要封闭公路的,或者占用半幅公路进行作业,作业路段长度在2公里以上,并且作业期限超过30日的,除紧急情况外,公路养护作业单位应当在作业开始之日前5日向社会公告,明确绕行路线,并在绕行处设置标志;不能绕行的,应当修建临时道路。

第五十二条　公路养护作业人员作业时,应当穿着统一的安全标志服。公路养护车辆、机械设备作业时,应当设置明显的作业标志,开启危险报警闪光灯。

第五十三条　发生公路突发事件影响通行的,公路管理机构、公路经营企业应当及时修复公路、恢复通行。设区的市级以上人民政府交通运输主管部门应当根据修复公路、恢复通行的需要,及时调集抢修力量,统筹安排有关作业计划,下达路网调度指令,配合有关部门组织绕行、分流。

设区的市级以上公路管理机构应当按照国务院交通运输主管部门的规定收集、汇总公路损毁、公路交通流量等信息,开展公路突发事件的监测、预报和预警工作,并利用多种方式及时向社会发布有关公路运行信息。

第五十四条　中国人民武装警察交通部队按照国家有关规定承担公路、公路桥梁、公路隧道等设施的抢修任务。

第五十五条　公路永久性停止使用的,应当按照国务院交通运输主管部门规定的程序核准后作报废处理,并向社会公告。

公路报废后的土地使用管理依照有关土地管理的法律、行政法规执行。

第五章　法　律　责　任

第五十六条　违反本条例的规定,有下列情形之一的,由公路管理机构责令限期拆除,可

以处 5 万元以下的罚款。逾期不拆除的,由公路管理机构拆除,有关费用由违法行为人承担:

(一)在公路建筑控制区内修建、扩建建筑物、地面构筑物或者未经许可埋设管道、电缆等设施的;

(二)在公路建筑控制区外修建的建筑物、地面构筑物以及其他设施遮挡公路标志或者妨碍安全视距的。

第五十七条 违反本条例第十八条、第十九条、第二十三条规定的,由安全生产监督管理部门、水行政主管部门、流域管理机构、海事管理机构等有关单位依法处理。

第五十八条 违反本条例第二十条规定的,由水行政主管部门或者流域管理机构责令改正,可以处 3 万元以下的罚款。

第五十九条 违反本条例第二十二条规定的,由公路管理机构责令改正,处 2 万元以上 10 万元以下的罚款。

第六十条 违反本条例的规定,有下列行为之一的,由公路管理机构责令改正,可以处 3 万元以下的罚款:

(一)损坏、擅自移动、涂改、遮挡公路附属设施或者利用公路附属设施架设管道、悬挂物品,可能危及公路安全的;

(二)涉路工程设施影响公路完好、安全和畅通的。

第六十一条 违反本条例的规定,未经批准更新采伐护路林的,由公路管理机构责令补种,没收违法所得,并处采伐林木价值 3 倍以上 5 倍以下的罚款。

第六十二条 违反本条例的规定,未经许可进行本条例第二十七条第一项至第五项规定的涉路施工活动的,由公路管理机构责令改正,可以处 3 万元以下的罚款;未经许可进行本条例第二十七条第六项规定的涉路施工活动的,由公路管理机构责令改正,处 5 万元以下的罚款。

第六十三条 违反本条例的规定,非法生产、销售外廓尺寸、轴荷、总质量不符合国家有关车辆外廓尺寸、轴荷、质量限值等机动车安全技术标准的车辆的,依照《中华人民共和国道路交通安全法》的有关规定处罚。

具有国家规定资质的车辆生产企业未按照规定车型和技术参数改装车辆的,由原发证机关责令改正,处 4 万元以上 20 万元以下的罚款;拒不改正的,吊销其资质证书。

第六十四条 违反本条例的规定,在公路上行驶的车辆,车货总体的外廓尺寸、轴荷或者总质量超过公路、公路桥梁、公路隧道、汽车渡船限定标准的,由公路管理机构责令改正,可以处 3 万元以下的罚款。

第六十五条 违反本条例的规定,经批准进行超限运输的车辆,未按照指定时间、路线和速度行驶的,由公路管理机构或者公安机关交通管理部门责令改正;拒不改正的,公路管理机构或者公安机关交通管理部门可以扣留车辆。

未随车携带超限运输车辆通行证的,由公路管理机构扣留车辆,责令车辆驾驶人提供超限运输车辆通行证或者相应的证明。

租借、转让超限运输车辆通行证的,由公路管理机构没收超限运输车辆通行证,处 1000 元以上 5000 元以下的罚款。使用伪造、变造的超限运输车辆通行证的,由公路管理机构没收伪造、变造的超限运输车辆通行证,处 3 万元以下的罚款。

第六十六条　对1年内违法超限运输超过3次的货运车辆,由道路运输管理机构吊销其车辆营运证;对1年内违法超限运输超过3次的货运车辆驾驶人,由道路运输管理机构责令其停止从事营业性运输;道路运输企业1年内违法超限运输的货运车辆超过本单位货运车辆总数10%的,由道路运输管理机构责令道路运输企业停业整顿;情节严重的,吊销其道路运输经营许可证,并向社会公告。

第六十七条　违反本条例的规定,有下列行为之一的,由公路管理机构强制拖离或者扣留车辆,处3万元以下的罚款:

(一)采取故意堵塞固定超限检测站点通行车道、强行通过固定超限检测站点等方式扰乱超限检测秩序的;

(二)采取短途驳载等方式逃避超限检测的。

第六十八条　违反本条例的规定,指使、强令车辆驾驶人超限运输货物的,由道路运输管理机构责令改正,处3万元以下的罚款。

第六十九条　车辆装载物触地拖行、掉落、遗洒或者飘散,造成公路路面损坏、污染的,由公路管理机构责令改正,处5000元以下的罚款。

第七十条　违反本条例的规定,公路养护作业单位未按照国务院交通运输主管部门规定的技术规范和操作规程进行公路养护作业的,由公路管理机构责令改正,处1万元以上5万元以下的罚款;拒不改正的,吊销其资质证书。

第七十一条　造成公路、公路附属设施损坏的单位和个人应当立即报告公路管理机构,接受公路管理机构的现场调查处理;危及交通安全的,还应当设置警示标志或者采取其他安全防护措施,并迅速报告公安机关交通管理部门。

发生交通事故造成公路、公路附属设施损坏的,公安机关交通管理部门在处理交通事故时应当及时通知有关公路管理机构到场调查处理。

第七十二条　造成公路、公路附属设施损坏,拒不接受公路管理机构现场调查处理的,公路管理机构可以扣留车辆、工具。

公路管理机构扣留车辆、工具的,应当当场出具凭证,并告知当事人在规定期限内到公路管理机构接受处理。逾期不接受处理,并且经公告3个月仍不来接受处理的,对扣留的车辆、工具,由公路管理机构依法处理。

公路管理机构对被扣留的车辆、工具应当妥善保管,不得使用。

第七十三条　违反本条例的规定,公路管理机构工作人员有下列行为之一的,依法给予处分:

(一)违法实施行政许可的;

(二)违反规定拦截、检查正常行驶的车辆的;

(三)未及时采取措施处理公路坍塌、坑槽、隆起等损毁的;

(四)违法扣留车辆、工具或者使用依法扣留的车辆、工具的;

(五)有其他玩忽职守、徇私舞弊、滥用职权行为的。

公路管理机构有前款所列行为之一的,对负有直接责任的主管人员和其他直接责任人员依法给予处分。

第七十四条　违反本条例的规定,构成违反治安管理行为的,由公安机关依法给予治安管理处罚;构成犯罪的,依法追究刑事责任。

第六章 附 则

第七十五条 村道的管理和养护工作,由乡级人民政府参照本条例的规定执行。

专用公路的保护不适用本条例。

第七十六条 军事运输使用公路按照国务院、中央军事委员会的有关规定执行。

第七十七条 本条例自2011年7月1日起施行。1987年10月13日国务院发布的《中华人民共和国公路管理条例》同时废止。

中华人民共和国环境保护法

(根据2014年4月24日第十二届全国人民代表大会常务委员会第八次会议修订)

第一章 总 则

第一条 为保护和改善环境,防治污染和其他公害,保障公众健康,推进生态文明建设,促进经济社会可持续发展,制定本法。

第二条 本法所称环境,是指影响人类生存和发展的各种天然的和经过人工改造的自然因素的总体,包括大气、水、海洋、土地、矿藏、森林、草原、湿地、野生生物、自然遗迹、人文遗迹、自然保护区、风景名胜区、城市和乡村等。

第三条 本法适用于中华人民共和国领域和中华人民共和国管辖的其他海域。

第四条 保护环境是国家的基本国策。

国家采取有利于节约和循环利用资源、保护和改善环境、促进人与自然和谐的经济、技术政策和措施,使经济社会发展与环境保护相协调。

第五条 环境保护坚持保护优先、预防为主、综合治理、公众参与、损害担责的原则。

第六条 一切单位和个人都有保护环境的义务。

地方各级人民政府应当对本行政区域的环境质量负责。

企业事业单位和其他生产经营者应当防止、减少环境污染和生态破坏,对所造成的损害依法承担责任。

公民应当增强环境保护意识,采取低碳、节俭的生活方式,自觉履行环境保护义务。

第七条 国家支持环境保护科学技术研究、开发和应用,鼓励环境保护产业发展,促进环境保护信息化建设,提高环境保护科学技术水平。

第八条 各级人民政府应当加大保护和改善环境、防治污染和其他公害的财政投入,提高财政资金的使用效益。

第九条 各级人民政府应当加强环境保护宣传和普及工作,鼓励基层群众性自治组织、社会组织、环境保护志愿者开展环境保护法律法规和环境保护知识的宣传,营造保护环境的良好风气。

教育行政部门、学校应当将环境保护知识纳入学校教育内容,培养学生的环境保护意识。

新闻媒体应当开展环境保护法律法规和环境保护知识的宣传,对环境违法行为进行舆论监督。

第十条　国务院环境保护主管部门,对全国环境保护工作实施统一监督管理;县级以上地方人民政府环境保护主管部门,对本行政区域环境保护工作实施统一监督管理。

县级以上人民政府有关部门和军队环境保护部门,依照有关法律的规定对资源保护和污染防治等环境保护工作实施监督管理。

第十一条　对保护和改善环境有显著成绩的单位和个人,由人民政府给予奖励。

第十二条　每年6月5日为环境日。

第二章　监督管理

第十三条　县级以上人民政府应当将环境保护工作纳入国民经济和社会发展规划。

国务院环境保护主管部门会同有关部门,根据国民经济和社会发展规划编制国家环境保护规划,报国务院批准并公布实施。

县级以上地方人民政府环境保护主管部门会同有关部门,根据国家环境保护规划的要求,编制本行政区域的环境保护规划,报同级人民政府批准并公布实施。

环境保护规划的内容应当包括生态保护和污染防治的目标、任务、保障措施等,并与主体功能区规划、土地利用总体规划和城乡规划等相衔接。

第十四条　国务院有关部门和省、自治区、直辖市人民政府组织制定经济、技术政策,应当充分考虑对环境的影响,听取有关方面和专家的意见。

第十五条　国务院环境保护主管部门制定国家环境质量标准。

省、自治区、直辖市人民政府对国家环境质量标准中未作规定的项目,可以制定地方环境质量标准;对国家环境质量标准中已作规定的项目,可以制定严于国家环境质量标准的地方环境质量标准。地方环境质量标准应当报国务院环境保护主管部门备案。

国家鼓励开展环境基准研究。

第十六条　国务院环境保护主管部门根据国家环境质量标准和国家经济、技术条件,制定国家污染物排放标准。

省、自治区、直辖市人民政府对国家污染物排放标准中未作规定的项目,可以制定地方污染物排放标准;对国家污染物排放标准中已作规定的项目,可以制定严于国家污染物排放标准的地方污染物排放标准。地方污染物排放标准应当报国务院环境保护主管部门备案。

第十七条　国家建立、健全环境监测制度。国务院环境保护主管部门制定监测规范,会同有关部门组织监测网络,统一规划国家环境质量监测站(点)的设置,建立监测数据共享机制,加强对环境监测的管理。

有关行业、专业等各类环境质量监测站(点)的设置应当符合法律法规规定和监测规范的要求。

监测机构应当使用符合国家标准的监测设备,遵守监测规范。监测机构及其负责人对监测数据的真实性和准确性负责。

第十八条　省级以上人民政府应当组织有关部门或者委托专业机构,对环境状况进行调查、评价,建立环境资源承载能力监测预警机制。

第十九条　编制有关开发利用规划,建设对环境有影响的项目,应当依法进行环境影响评价。

未依法进行环境影响评价的开发利用规划,不得组织实施;未依法进行环境影响评价的建设项目,不得开工建设。

第二十条 国家建立跨行政区域的重点区域、流域环境污染和生态破坏联合防治协调机制,实行统一规划、统一标准、统一监测、统一的防治措施。

前款规定以外的跨行政区域的环境污染和生态破坏的防治,由上级人民政府协调解决,或者由有关地方人民政府协商解决。

第二十一条 国家采取财政、税收、价格、政府采购等方面的政策和措施,鼓励和支持环境保护技术装备、资源综合利用和环境服务等环境保护产业的发展。

第二十二条 企业事业单位和其他生产经营者,在污染物排放符合法定要求的基础上,进一步减少污染物排放的,人民政府应当依法采取财政、税收、价格、政府采购等方面的政策和措施予以鼓励和支持。

第二十三条 企业事业单位和其他生产经营者,为改善环境,依照有关规定转产、搬迁、关闭的,人民政府应当予以支持。

第二十四条 县级以上人民政府环境保护主管部门及其委托的环境监察机构和其他负有环境保护监督管理职责的部门,有权对排放污染物的企业事业单位和其他生产经营者进行现场检查。被检查者应当如实反映情况,提供必要的资料。实施现场检查的部门、机构及其工作人员应当为被检查者保守商业秘密。

第二十五条 企业事业单位和其他生产经营者违反法律法规规定排放污染物,造成或者可能造成严重污染的,县级以上人民政府环境保护主管部门和其他负有环境保护监督管理职责的部门,可以查封、扣押造成污染物排放的设施、设备。

第二十六条 国家实行环境保护目标责任制和考核评价制度。县级以上人民政府应当将环境保护目标完成情况纳入对本级人民政府负有环境保护监督管理职责的部门及其负责人和下级人民政府及其负责人的考核内容,作为对其考核评价的重要依据。考核结果应当向社会公开。

第二十七条 县级以上人民政府应当每年向本级人民代表大会或者人民代表大会常务委员会报告环境状况和环境保护目标完成情况,对发生的重大环境事件应当及时向本级人民代表大会常务委员会报告,依法接受监督。

第三章 保护和改善环境

第二十八条 地方各级人民政府应当根据环境保护目标和治理任务,采取有效措施,改善环境质量。

未达到国家环境质量标准的重点区域、流域的有关地方人民政府,应当制定限期达标规划,并采取措施按期达标。

第二十九条 国家在重点生态功能区、生态环境敏感区和脆弱区等区域划定生态保护红线,实行严格保护。

各级人民政府对具有代表性的各种类型的自然生态系统区域,珍稀、濒危的野生动植物自然分布区域,重要的水源涵养区域,具有重大科学文化价值的地质构造、著名溶洞和化石分布区、冰川、火山、温泉等自然遗迹,以及人文遗迹、古树名木,应当采取措施予以保护,严禁破坏。

第三十条 开发利用自然资源,应当合理开发,保护生物多样性,保障生态安全,依法制定有关生态保护和恢复治理方案并予以实施。

引进外来物种以及研究、开发和利用生物技术,应当采取措施,防止对生物多样性的破坏。

第三十一条 国家建立、健全生态保护补偿制度。

国家加大对生态保护地区的财政转移支付力度。有关地方人民政府应当落实生态保护补偿资金,确保其用于生态保护补偿。

国家指导受益地区和生态保护地区人民政府通过协商或者按照市场规则进行生态保护补偿。

第三十二条 国家加强对大气、水、土壤等的保护,建立和完善相应的调查、监测、评估和修复制度。

第三十三条 各级人民政府应当加强对农业环境的保护,促进农业环境保护新技术的使用,加强对农业污染源的监测预警,统筹有关部门采取措施,防治土壤污染和土地沙化、盐渍化、贫瘠化、石漠化、地面沉降以及防治植被破坏、水土流失、水体富营养化、水源枯竭、种源灭绝等生态失调现象,推广植物病虫害的综合防治。

县级、乡级人民政府应当提高农村环境保护公共服务水平,推动农村环境综合整治。

第三十四条 国务院和沿海地方各级人民政府应当加强对海洋环境的保护。向海洋排放污染物、倾倒废弃物,进行海岸工程和海洋工程建设,应当符合法律法规规定和有关标准,防止和减少对海洋环境的污染损害。

第三十五条 城乡建设应当结合当地自然环境的特点,保护植被、水域和自然景观,加强城市园林、绿地和风景名胜区的建设与管理。

第三十六条 国家鼓励和引导公民、法人和其他组织使用有利于保护环境的产品和再生产品,减少废弃物的产生。

国家机关和使用财政资金的其他组织应当优先采购和使用节能、节水、节材等有利于保护环境的产品、设备和设施。

第三十七条 地方各级人民政府应当采取措施,组织对生活废弃物的分类处置、回收利用。

第三十八条 公民应当遵守环境保护法律法规,配合实施环境保护措施,按照规定对生活废弃物进行分类放置,减少日常生活对环境造成的损害。

第三十九条 国家建立、健全环境与健康监测、调查和风险评估制度;鼓励和组织开展环境质量对公众健康影响的研究,采取措施预防和控制与环境污染有关的疾病。

第四章 防治污染和其他公害

第四十条 国家促进清洁生产和资源循环利用。

国务院有关部门和地方各级人民政府应当采取措施,推广清洁能源的生产和使用。

企业应当优先使用清洁能源,采用资源利用率高、污染物排放量少的工艺、设备以及废弃物综合利用技术和污染物无害化处理技术,减少污染物的产生。

第四十一条 建设项目中防治污染的设施,应当与主体工程同时设计、同时施工、同时投产使用。防治污染的设施应当符合经批准的环境影响评价文件的要求,不得擅自拆除或者闲置。

第四十二条 排放污染物的企业事业单位和其他生产经营者,应当采取措施,防治在生产建设或者其他活动中产生的废气、废水、废渣、医疗废物、粉尘、恶臭气体、放射性物质以及噪声、振动、光辐射、电磁辐射等对环境的污染和危害。

排放污染物的企业事业单位,应当建立环境保护责任制度,明确单位负责人和相关人员的责任。

重点排污单位应当按照国家有关规定和监测规范安装使用监测设备,保证监测设备正常运行,保存原始监测记录。

严禁通过暗管、渗井、渗坑、灌注或者篡改、伪造监测数据,或者不正常运行防治污染设施等逃避监管的方式违法排放污染物。

第四十三条 排放污染物的企业事业单位和其他生产经营者,应当按照国家有关规定缴纳排污费。排污费应当全部专项用于环境污染防治,任何单位和个人不得截留、挤占或者挪作他用。

依照法律规定征收环境保护税的,不再征收排污费。

第四十四条 国家实行重点污染物排放总量控制制度。重点污染物排放总量控制指标由国务院下达,省、自治区、直辖市人民政府分解落实。企业事业单位在执行国家和地方污染物排放标准的同时,应当遵守分解落实到本单位的重点污染物排放总量控制指标。

对超过国家重点污染物排放总量控制指标或者未完成国家确定的环境质量目标的地区,省级以上人民政府环境保护主管部门应当暂停审批其新增重点污染物排放总量的建设项目环境影响评价文件。

第四十五条 国家依照法律规定实行排污许可管理制度。

实行排污许可管理的企业事业单位和其他生产经营者应当按照排污许可证的要求排放污染物;未取得排污许可证的,不得排放污染物。

第四十六条 国家对严重污染环境的工艺、设备和产品实行淘汰制度。任何单位和个人不得生产、销售或者转移、使用严重污染环境的工艺、设备和产品。

禁止引进不符合我国环境保护规定的技术、设备、材料和产品。

第四十七条 各级人民政府及其有关部门和企业事业单位,应当依照《中华人民共和国突发事件应对法》的规定,做好突发环境事件的风险控制、应急准备、应急处置和事后恢复等工作。

县级以上人民政府应当建立环境污染公共监测预警机制,组织制定预警方案;环境受到污染,可能影响公众健康和环境安全时,依法及时公布预警信息,启动应急措施。

企业事业单位应当按照国家有关规定制定突发环境事件应急预案,报环境保护主管部门和有关部门备案。在发生或者可能发生突发环境事件时,企业事业单位应当立即采取措施处理,及时通报可能受到危害的单位和居民,并向环境保护主管部门和有关部门报告。

突发环境事件应急处置工作结束后,有关人民政府应当立即组织评估事件造成的环境影响和损失,并及时将评估结果向社会公布。

第四十八条 生产、储存、运输、销售、使用、处置化学物品和含有放射性物质的物品,应当遵守国家有关规定,防止污染环境。

第四十九条 各级人民政府及其农业等有关部门和机构应当指导农业生产经营者科学种植和养殖,科学合理施用农药、化肥等农业投入品,科学处置农用薄膜、农作物秸秆等农业废弃物,防止农业面源污染。

禁止将不符合农用标准和环境保护标准的固体废物、废水施入农田。施用农药、化肥等农业投入品及进行灌溉,应当采取措施,防止重金属和其他有毒有害物质污染环境。

畜禽养殖场、养殖小区、定点屠宰企业等的选址、建设和管理应当符合有关法律法规规定。从事畜禽养殖和屠宰的单位和个人应当采取措施,对畜禽粪便、尸体和污水等废弃物进行科学处置,防止污染环境。

县级人民政府负责组织农村生活废弃物的处置工作。

第五十条 各级人民政府应当在财政预算中安排资金,支持农村饮用水水源地保护、生活污水和其他废弃物处理、畜禽养殖和屠宰污染防治、土壤污染防治和农村工矿污染治理等环境保护工作。

第五十一条 各级人民政府应当统筹城乡建设污水处理设施及配套管网,固体废物的收集、运输和处置等环境卫生设施,危险废物集中处置设施、场所以及其他环境保护公共设施,并保障其正常运行。

第五十二条 国家鼓励投保环境污染责任保险。

第五章 信息公开和公众参与

第五十三条 公民、法人和其他组织依法享有获取环境信息、参与和监督环境保护的权利。

各级人民政府环境保护主管部门和其他负有环境保护监督管理职责的部门,应当依法公开环境信息、完善公众参与程序,为公民、法人和其他组织参与和监督环境保护提供便利。

第五十四条 国务院环境保护主管部门统一发布国家环境质量、重点污染源监测信息及其他重大环境信息。省级以上人民政府环境保护主管部门定期发布环境状况公报。

县级以上人民政府环境保护主管部门和其他负有环境保护监督管理职责的部门,应当依法公开环境质量、环境监测、突发环境事件以及环境行政许可、行政处罚、排污费的征收和使用情况等信息。

县级以上地方人民政府环境保护主管部门和其他负有环境保护监督管理职责的部门,应当将企业事业单位和其他生产经营者的环境违法信息记入社会诚信档案,及时向社会公布违法者名单。

第五十五条 重点排污单位应当如实向社会公开其主要污染物的名称、排放方式、排放浓度和总量、超标排放情况,以及防治污染设施的建设和运行情况,接受社会监督。

第五十六条 对依法应当编制环境影响报告书的建设项目,建设单位应当在编制时向可能受影响的公众说明情况,充分征求意见。

负责审批建设项目环境影响评价文件的部门在收到建设项目环境影响报告书后,除涉及国家秘密和商业秘密的事项外,应当全文公开;发现建设项目未充分征求公众意见的,应当责成建设单位征求公众意见。

第五十七条 公民、法人和其他组织发现任何单位和个人有污染环境和破坏生态行为的,有权向环境保护主管部门或者其他负有环境保护监督管理职责的部门举报。

公民、法人和其他组织发现地方各级人民政府、县级以上人民政府环境保护主管部门和其他负有环境保护监督管理职责的部门不依法履行职责的,有权向其上级机关或者监察机关举报。

接受举报的机关应当对举报人的相关信息予以保密,保护举报人的合法权益。

第五十八条 对污染环境、破坏生态,损害社会公共利益的行为,符合下列条件的社会组织可以向人民法院提起诉讼:

(一)依法在设区的市级以上人民政府民政部门登记;

(二)专门从事环境保护公益活动连续五年以上且无违法记录。

符合前款规定的社会组织向人民法院提起诉讼,人民法院应当依法受理。

提起诉讼的社会组织不得通过诉讼牟取经济利益。

第六章 法律责任

第五十九条 企业事业单位和其他生产经营者违法排放污染物,受到罚款处罚,被责令改正,拒不改正的,依法作出处罚决定的行政机关可以自责令改正之日的次日起,按照原处罚数额按日连续处罚。

前款规定的罚款处罚,依照有关法律法规按照防治污染设施的运行成本、违法行为造成的直接损失或者违法所得等因素确定的规定执行。

地方性法规可以根据环境保护的实际需要,增加第一款规定的按日连续处罚的违法行为的种类。

第六十条 企业事业单位和其他生产经营者超过污染物排放标准或者超过重点污染物排放总量控制指标排放污染物的,县级以上人民政府环境保护主管部门可以责令其采取限制生产、停产整治等措施;情节严重的,报经有批准权的人民政府批准,责令停业、关闭。

第六十一条 建设单位未依法提交建设项目环境影响评价文件或者环境影响评价文件未经批准,擅自开工建设的,由负有环境保护监督管理职责的部门责令停止建设,处以罚款,并可以责令恢复原状。

第六十二条 违反本法规定,重点排污单位不公开或者不如实公开环境信息的,由县级以上地方人民政府环境保护主管部门责令公开,处以罚款,并予以公告。

第六十三条 企业事业单位和其他生产经营者有下列行为之一,尚不构成犯罪的,除依照有关法律法规规定予以处罚外,由县级以上人民政府环境保护主管部门或者其他有关部门将案件移送公安机关,对其直接负责的主管人员和其他直接责任人员,处十日以上十五日以下拘留;情节较轻的,处五日以上十日以下拘留:

(一)建设项目未依法进行环境影响评价,被责令停止建设,拒不执行的;

(二)违反法律规定,未取得排污许可证排放污染物,被责令停止排污,拒不执行的;

(三)通过暗管、渗井、渗坑、灌注或者篡改、伪造监测数据,或者不正常运行防治污染设施等逃避监管的方式违法排放污染物的;

(四)生产、使用国家明令禁止生产、使用的农药,被责令改正,拒不改正的。

第六十四条 因污染环境和破坏生态造成损害的,应当依照《中华人民共和国侵权责任法》的有关规定承担侵权责任。

第六十五条 环境影响评价机构、环境监测机构以及从事环境监测设备和防治污染设施维护、运营的机构,在有关环境服务活动中弄虚作假,对造成的环境污染和生态破坏负有责任的,除依照有关法律法规规定予以处罚外,还应当与造成环境污染和生态破坏的其他责任者承担连带责任。

第六十六条 提起环境损害赔偿诉讼的时效期间为三年,从当事人知道或者应当知道其受到损害时起计算。

第六十七条 上级人民政府及其环境保护主管部门应当加强对下级人民政府及其有关部门环境保护工作的监督。发现有关工作人员有违法行为,依法应当给予处分的,应当向其任免机关或者监察机关提出处分建议。

依法应当给予行政处罚,而有关环境保护主管部门不给予行政处罚的,上级人民政府环境保护主管部门可以直接作出行政处罚的决定。

第六十八条 地方各级人民政府、县级以上人民政府环境保护主管部门和其他负有环境保护监督管理职责的部门有下列行为之一的,对直接负责的主管人员和其他直接责任人员给予记过、记大过或者降级处分;造成严重后果的,给予撤职或者开除处分,其主要负责人应当引咎辞职:

(一)不符合行政许可条件准予行政许可的;

(二)对环境违法行为进行包庇的;

(三)依法应当作出责令停业、关闭的决定而未作出的;

(四)对超标排放污染物、采用逃避监管的方式排放污染物、造成环境事故以及不落实生态保护措施造成生态破坏等行为,发现或者接到举报未及时查处的;

(五)违反本法规定,查封、扣押企业事业单位和其他生产经营者的设施、设备的;

(六)篡改、伪造或者指使篡改、伪造监测数据的;

(七)应当依法公开环境信息而未公开的;

(八)将征收的排污费截留、挤占或者挪作他用的;

(九)法律法规规定的其他违法行为。

第六十九条 违反本法规定,构成犯罪的,依法追究刑事责任。

第七章 附 则

第七十条 本法自 2015 年 1 月 1 日起施行。

中华人民共和国耕地占用税法

(2018年12月29日 中华人民共和国主席令第18号)

第一条 为了合理利用土地资源,加强土地管理,保护耕地,制定本法。

第二条 在中华人民共和国境内占用耕地建设建筑物、构筑物或者从事非农业建设的单位和个人,为耕地占用税的纳税人,应当依照本法规定缴纳耕地占用税。

占用耕地建设农田水利设施的,不缴纳耕地占用税。

本法所称耕地,是指用于种植农作物的土地。

第三条 耕地占用税以纳税人实际占用的耕地面积为计税依据,按照规定的适用税额一次性征收,应纳税额为纳税人实际占用的耕地面积(平方米)乘以适用税额。

第四条 耕地占用税的税额如下:

(一)人均耕地不超过一亩的地区(以县、自治县、不设区的市、市辖区为单位,下同),每平方米为十元至五十元;

(二)人均耕地超过一亩但不超过二亩的地区,每平方米为八元至四十元;

(三)人均耕地超过二亩但不超过三亩的地区,每平方米为六元至三十元;

(四)人均耕地超过三亩的地区,每平方米为五元至二十五元。

各地区耕地占用税的适用税额,由省、自治区、直辖市人民政府根据人均耕地面积和经济发展等情况,在前款规定的税额幅度内提出,报同级人民代表大会常务委员会决定,并报全国人民代表大会常务委员会和国务院备案。各省、自治区、直辖市耕地占用税适用税额的平均水平,不得低于本法所附《各省、自治区、直辖市耕地占用税平均税额表》规定的平均税额。

第五条 在人均耕地低于零点五亩的地区,省、自治区、直辖市可以根据当地经济发展情况,适当提高耕地占用税的适用税额,但提高的部分不得超过本法第四条第二款确定的适用税额的百分之五十。具体适用税额按照本法第四条第二款规定的程序确定。

第六条 占用基本农田的,应当按照本法第四条第二款或者第五条确定的当地适用税额,加按百分之一百五十征收。

第七条 军事设施、学校、幼儿园、社会福利机构、医疗机构占用耕地,免征耕地占用税。

铁路线路、公路线路、飞机场跑道、停机坪、港口、航道、水利工程占用耕地,减按每平方米二元的税额征收耕地占用税。

农村居民在规定用地标准以内占用耕地新建自用住宅,按照当地适用税额减半征收耕地占用税;其中农村居民经批准搬迁,新建自用住宅占用耕地不超过原宅基地面积的部分,免征耕地占用税。

农村烈士遗属、因公牺牲军人遗属、残疾军人以及符合农村最低生活保障条件的农村居民，在规定用地标准以内新建自用住宅，免征耕地占用税。

根据国民经济和社会发展的需要，国务院可以规定免征或者减征耕地占用税的其他情形，报全国人民代表大会常务委员会备案。

第八条 依照本法第七条第一款、第二款规定免征或者减征耕地占用税后，纳税人改变原占地用途，不再属于免征或者减征耕地占用税情形的，应当按照当地适用税额补缴耕地占用税。

第九条 耕地占用税由税务机关负责征收。

第十条 耕地占用税的纳税义务发生时间为纳税人收到自然资源主管部门办理占用耕地手续的书面通知的当日。纳税人应当自纳税义务发生之日起三十日内申报缴纳耕地占用税。

自然资源主管部门凭耕地占用税完税凭证或者免税凭证和其他有关文件发放建设用地批准书。

第十一条 纳税人因建设项目施工或者地质勘查临时占用耕地，应当依照本法的规定缴纳耕地占用税。纳税人在批准临时占用耕地期满之日起一年内依法复垦，恢复种植条件的，全额退还已经缴纳的耕地占用税。

第十二条 占用园地、林地、草地、农田水利用地、养殖水面、渔业水域滩涂以及其他农用地建设建筑物、构筑物或者从事非农业建设的，依照本法的规定缴纳耕地占用税。

占用前款规定的农用地的，适用税额可以适当低于本地区按照本法第四条第二款确定的适用税额，但降低的部分不得超过百分之五十。具体适用税额由省、自治区、直辖市人民政府提出，报同级人民代表大会常务委员会决定，并报全国人民代表大会常务委员会和国务院备案。

占用本条第一款规定的农用地建设直接为农业生产服务的生产设施的，不缴纳耕地占用税。

第十三条 税务机关应当与相关部门建立耕地占用税涉税信息共享机制和工作配合机制。县级以上地方人民政府自然资源、农业农村、水利等相关部门应当定期向税务机关提供农用地转用、临时占地等信息，协助税务机关加强耕地占用税征收管理。

税务机关发现纳税人的纳税申报数据资料异常或者纳税人未按照规定期限申报纳税的，可以提请相关部门进行复核，相关部门应当自收到税务机关复核申请之日起三十日内向税务机关出具复核意见。

第十四条 耕地占用税的征收管理，依照本法和《中华人民共和国税收征收管理法》的规定执行。

第十五条 纳税人、税务机关及其工作人员违反本法规定的，依照《中华人民共和国税收征收管理法》和有关法律法规的规定追究法律责任。

第十六条 本法自2019年9月1日起施行。2007年12月1日国务院公布的《中华人民共和国耕地占用税暂行条例》同时废止。

附

各省、自治区、直辖市耕地占用税平均税额表

省、自治区、直辖市	平均税额(元/平方米)
上海	45
北京	40
天津	35
江苏、浙江、福建、广东	30
辽宁、湖北、湖南	25
河北、安徽、江西、山东、河南、重庆、四川	22.5
广西、海南、贵州、云南、陕西	20
山西、吉林、黑龙江	17.5
内蒙古、西藏、甘肃、青海、宁夏、新疆	12.5

政府投资条例

(2019年4月14日 中华人民共和国国务院令第712号)

第一章 总 则

第一条 为了充分发挥政府投资作用,提高政府投资效益,规范政府投资行为,激发社会投资活力,制定本条例。

第二条 本条例所称政府投资,是指在中国境内使用预算安排的资金进行固定资产投资建设活动,包括新建、扩建、改建、技术改造等。

第三条 政府投资资金应当投向市场不能有效配置资源的社会公益服务、公共基础设施、农业农村、生态环境保护、重大科技进步、社会管理、国家安全等公共领域的项目,以非经营性项目为主。

国家完善有关政策措施,发挥政府投资资金的引导和带动作用,鼓励社会资金投向前款规定的领域。

国家建立政府投资范围定期评估调整机制,不断优化政府投资方向和结构。

第四条 政府投资应当遵循科学决策、规范管理、注重绩效、公开透明的原则。

第五条 政府投资应当与经济社会发展水平和财政收支状况相适应。

国家加强对政府投资资金的预算约束。政府及其有关部门不得违法违规举借债务筹措政府投资资金。

第六条 政府投资资金按项目安排,以直接投资方式为主;对确需支持的经营性项目,主要采取资本金注入方式,也可以适当采取投资补助、贷款贴息等方式。

安排政府投资资金,应当符合推进中央与地方财政事权和支出责任划分改革的有关要求,并平等对待各类投资主体,不得设置歧视性条件。

国家通过建立项目库等方式,加强对使用政府投资资金项目的储备。

第七条 国务院投资主管部门依照本条例和国务院的规定,履行政府投资综合管理职责。国务院其他有关部门依照本条例和国务院规定的职责分工,履行相应的政府投资管理职责。

县级以上地方人民政府投资主管部门和其他有关部门依照本条例和本级人民政府规定的职责分工,履行相应的政府投资管理职责。

第二章 政府投资决策

第八条 县级以上人民政府应当根据国民经济和社会发展规划、中期财政规划和国家宏观调控政策,结合财政收支状况,统筹安排使用政府投资资金的项目,规范使用各类政府投资资金。

第九条 政府采取直接投资方式、资本金注入方式投资的项目(以下统称政府投资项目),项目单位应当编制项目建议书、可行性研究报告、初步设计,按照政府投资管理权限和规定的程序,报投资主管部门或者其他有关部门审批。

项目单位应当加强政府投资项目的前期工作,保证前期工作的深度达到规定的要求,并对项目建议书、可行性研究报告、初步设计以及依法应当附具的其他文件的真实性负责。

第十条 除涉及国家秘密的项目外,投资主管部门和其他有关部门应当通过投资项目在线审批监管平台(以下简称在线平台),使用在线平台生成的项目代码办理政府投资项目审批手续。

投资主管部门和其他有关部门应当通过在线平台列明与政府投资有关的规划、产业政策等,公开政府投资项目审批的办理流程、办理时限等,并为项目单位提供相关咨询服务。

第十一条 投资主管部门或者其他有关部门应当根据国民经济和社会发展规划、相关领域专项规划、产业政策等,从下列方面对政府投资项目进行审查,作出是否批准的决定:

(一)项目建议书提出的项目建设的必要性;

(二)可行性研究报告分析的项目的技术经济可行性、社会效益以及项目资金等主要建设条件的落实情况;

(三)初步设计及其提出的投资概算是否符合可行性研究报告批复以及国家有关标准和规范的要求;

(四)依照法律、行政法规和国家有关规定应当审查的其他事项。

投资主管部门或者其他有关部门对政府投资项目不予批准的,应当书面通知项目单位并说明理由。

对经济社会发展、社会公众利益有重大影响或者投资规模较大的政府投资项目,投资主管部门或者其他有关部门应当在中介服务机构评估、公众参与、专家评议、风险评估的基础上作出是否批准的决定。

第十二条 经投资主管部门或者其他有关部门核定的投资概算是控制政府投资项目总投资的依据。

初步设计提出的投资概算超过经批准的可行性研究报告提出的投资估算10%的,项目单位应当向投资主管部门或者其他有关部门报告,投资主管部门或者其他有关部门可以要求项目单位重新报送可行性研究报告。

第十三条 对下列政府投资项目,可以按照国家有关规定简化需要报批的文件和审批程序:

(一)相关规划中已经明确的项目;

(二)部分扩建、改建项目;

（三）建设内容单一、投资规模较小、技术方案简单的项目；

（四）为应对自然灾害、事故灾难、公共卫生事件、社会安全事件等突发事件需要紧急建设的项目。

前款第三项所列项目的具体范围，由国务院投资主管部门会同国务院其他有关部门规定。

第十四条 采取投资补助、贷款贴息等方式安排政府投资资金的，项目单位应当按照国家有关规定办理手续。

第三章 政府投资年度计划

第十五条 国务院投资主管部门对其负责安排的政府投资编制政府投资年度计划，国务院其他有关部门对其负责安排的本行业、本领域的政府投资编制政府投资年度计划。

县级以上地方人民政府有关部门按照本级人民政府的规定，编制政府投资年度计划。

第十六条 政府投资年度计划应当明确项目名称、建设内容及规模、建设工期、项目总投资、年度投资额及资金来源等事项。

第十七条 列入政府投资年度计划的项目应当符合下列条件：

（一）采取直接投资方式、资本金注入方式的，可行性研究报告已经批准或者投资概算已经核定；

（二）采取投资补助、贷款贴息等方式的，已经按照国家有关规定办理手续；

（三）县级以上人民政府有关部门规定的其他条件。

第十八条 政府投资年度计划应当和本级预算相衔接。

第十九条 财政部门应当根据经批准的预算，按照法律、行政法规和国库管理的有关规定，及时、足额办理政府投资资金拨付。

第四章 政府投资项目实施

第二十条 政府投资项目开工建设，应当符合本条例和有关法律、行政法规规定的建设条件；不符合规定的建设条件的，不得开工建设。

国务院规定应当审批开工报告的重大政府投资项目，按照规定办理开工报告审批手续后方可开工建设。

第二十一条 政府投资项目应当按照投资主管部门或者其他有关部门批准的建设地点、建设规模和建设内容实施；拟变更建设地点或者拟对建设规模、建设内容等作较大变更的，应当按照规定的程序报原审批部门审批。

第二十二条 政府投资项目所需资金应当按照国家有关规定确保落实到位。

政府投资项目不得由施工单位垫资建设。

第二十三条 政府投资项目建设投资原则上不得超过经核定的投资概算。

因国家政策调整、价格上涨、地质条件发生重大变化等原因确需增加投资概算的，项目单位应当提出调整方案及资金来源，按照规定的程序报原初步设计审批部门或者投资概算核定部门核定；涉及预算调整或者调剂的，依照有关预算的法律、行政法规和国家有关规定办理。

第二十四条 政府投资项目应当按照国家有关规定合理确定并严格执行建设工期，任何单位和个人不得非法干预。

第二十五条 政府投资项目建成后,应当按照国家有关规定进行竣工验收,并在竣工验收合格后及时办理竣工财务决算。

政府投资项目结余的财政资金,应当按照国家有关规定缴回国库。

第二十六条 投资主管部门或者其他有关部门应当按照国家有关规定选择有代表性的已建成政府投资项目,委托中介服务机构对所选项目进行后评价。后评价应当根据项目建成后的实际效果,对项目审批和实施进行全面评价并提出明确意见。

第五章 监督管理

第二十七条 投资主管部门和依法对政府投资项目负有监督管理职责的其他部门应当采取在线监测、现场核查等方式,加强对政府投资项目实施情况的监督检查。

项目单位应当通过在线平台如实报送政府投资项目开工建设、建设进度、竣工的基本信息。

第二十八条 投资主管部门和依法对政府投资项目负有监督管理职责的其他部门应当建立政府投资项目信息共享机制,通过在线平台实现信息共享。

第二十九条 项目单位应当按照国家有关规定加强政府投资项目档案管理,将项目审批和实施过程中的有关文件、资料存档备查。

第三十条 政府投资年度计划、政府投资项目审批和实施以及监督检查的信息应当依法公开。

第三十一条 政府投资项目的绩效管理、建设工程质量管理、安全生产管理等事项,依照有关法律、行政法规和国家有关规定执行。

第六章 法律责任

第三十二条 有下列情形之一的,责令改正,对负有责任的领导人员和直接责任人员依法给予处分:

(一)超越审批权限审批政府投资项目;
(二)对不符合规定的政府投资项目予以批准;
(三)未按照规定核定或者调整政府投资项目的投资概算;
(四)为不符合规定的项目安排投资补助、贷款贴息等政府投资资金;
(五)履行政府投资管理职责中其他玩忽职守、滥用职权、徇私舞弊的情形。

第三十三条 有下列情形之一的,依照有关预算的法律、行政法规和国家有关规定追究法律责任:

(一)政府及其有关部门违法违规举借债务筹措政府投资资金;
(二)未按照规定及时、足额办理政府投资资金拨付;
(三)转移、侵占、挪用政府投资资金。

第三十四条 项目单位有下列情形之一的,责令改正,根据具体情况,暂停、停止拨付资金或者收回已拨付的资金,暂停或者停止建设活动,对负有责任的领导人员和直接责任人员依法给予处分：

（一）未经批准或者不符合规定的建设条件开工建设政府投资项目；

（二）弄虚作假骗取政府投资项目审批或者投资补助、贷款贴息等政府投资资金；

（三）未经批准变更政府投资项目的建设地点或者对建设规模、建设内容等作较大变更；

（四）擅自增加投资概算；

（五）要求施工单位对政府投资项目垫资建设；

（六）无正当理由不实施或者不按照建设工期实施已批准的政府投资项目。

第三十五条　项目单位未按照规定将政府投资项目审批和实施过程中的有关文件、资料存档备查，或者转移、隐匿、篡改、毁弃项目有关文件、资料的，责令改正，对负有责任的领导人员和直接责任人员依法给予处分。

第三十六条　违反本条例规定，构成犯罪的，依法追究刑事责任。

第七章　附　　则

第三十七条　国防科技工业领域政府投资的管理办法，由国务院国防科技工业管理部门根据本条例规定的原则另行制定。

第三十八条　中国人民解放军和中国人民武装警察部队的固定资产投资管理，按照中央军事委员会的规定执行。

第三十九条　本条例自 2019 年 7 月 1 日起施行。

建设工程勘察设计管理条例

(根据 2017 年 10 月 7 日中华人民共和国国务院令第 687 号《国务院关于修改部分行政法规的决定》修订)

第一章 总 则

第一条 为了加强对建设工程勘察、设计活动的管理,保证建设工程勘察、设计质量,保护人民生命和财产安全,制定本条例。

第二条 从事建设工程勘察、设计活动,必须遵守本条例。

本条例所称建设工程勘察,是指根据建设工程的要求,查明、分析、评价建设场地的地质地理环境特征和岩土工程条件,编制建设工程勘察文件的活动。

本条例所称建设工程设计,是指根据建设工程的要求,对建设工程所需的技术、经济、资源、环境等条件进行综合分析、论证,编制建设工程设计文件的活动。

第三条 建设工程勘察、设计应当与社会、经济发展水平相适应,做到经济效益、社会效益和环境效益相统一。

第四条 从事建设工程勘察、设计活动,应当坚持先勘察、后设计、再施工的原则。

第五条 县级以上人民政府建设行政主管部门和交通、水利等有关部门应当依照本条例的规定,加强对建设工程勘察、设计活动的监督管理。

建设工程勘察、设计单位必须依法进行建设工程勘察、设计,严格执行工程建设强制性标准,并对建设工程勘察、设计的质量负责。

第六条 国家鼓励在建设工程勘察、设计活动中采用先进技术、先进工艺、先进设备、新型材料和现代管理方法。

第二章 资质资格管理

第七条 国家对从事建设工程勘察、设计活动的单位,实行资质管理制度。具体办法由国务院建设行政主管部门商国务院有关部门制定。

第八条 建设工程勘察、设计单位应当在其资质等级许可的范围内承揽建设工程勘察、设计业务。

禁止建设工程勘察、设计单位超越其资质等级许可的范围或者以其他建设工程勘察、设计单位的名义承揽建设工程勘察、设计业务。禁止建设工程勘察、设计单位允许其他单位或者个人以本单位的名义承揽建设工程勘察、设计业务。

第九条 国家对从事建设工程勘察、设计活动的专业技术人员,实行执业资格注册管理制度。

未经注册的建设工程勘察、设计人员,不得以注册执业人员的名义从事建设工程勘察、设计活动。

第十条 建设工程勘察、设计注册执业人员和其他专业技术人员只能受聘于一个建设工程勘察、设计单位;未受聘于建设工程勘察、设计单位的,不得从事建设工程的勘察、设计活动。

第十一条 建设工程勘察、设计单位资质证书和执业人员注册证书,由国务院建设行政主管部门统一制作。

第三章 建设工程勘察设计发包与承包

第十二条 建设工程勘察、设计发包依法实行招标发包或者直接发包。

第十三条 建设工程勘察、设计应当依照《中华人民共和国招标投标法》的规定,实行招标发包。

第十四条 建设工程勘察、设计方案评标,应当以投标人的业绩、信誉和勘察、设计人员的能力以及勘察、设计方案的优劣为依据,进行综合评定。

第十五条 建设工程勘察、设计的招标人应当在评标委员会推荐的候选方案中确定中标方案。但是,建设工程勘察、设计的招标人认为评标委员会推荐的候选方案不能最大限度满足招标文件规定的要求的,应当依法重新招标。

第十六条 下列建设工程的勘察、设计,经有关主管部门批准,可以直接发包:

(一)采用特定的专利或者专有技术的;

(二)建筑艺术造型有特殊要求的;

(三)国务院规定的其他建设工程的勘察、设计。

第十七条 发包方不得将建设工程勘察、设计业务发包给不具有相应勘察、设计资质等级的建设工程勘察、设计单位。

第十八条 发包方可以将整个建设工程的勘察、设计发包给一个勘察、设计单位;也可以将建设工程的勘察、设计分别发包给几个勘察、设计单位。

第十九条 除建设工程主体部分的勘察、设计外,经发包方书面同意,承包方可以将建设工程其他部分的勘察、设计再分包给其他具有相应资质等级的建设工程勘察、设计单位。

第二十条 建设工程勘察、设计单位不得将所承揽的建设工程勘察、设计转包。

第二十一条 承包方必须在建设工程勘察、设计资质证书规定的资质等级和业务范围内承揽建设工程的勘察、设计业务。

第二十二条 建设工程勘察、设计的发包方与承包方,应当执行国家规定的建设工程勘察、设计程序。

第二十三条 建设工程勘察、设计的发包方与承包方应当签订建设工程勘察、设计合同。

第二十四条 建设工程勘察、设计发包方与承包方应当执行国家有关建设工程勘察费、设计费的管理规定。

第四章 建设工程勘察设计文件的编制与实施

第二十五条 编制建设工程勘察、设计文件,应当以下列规定为依据:
(一)项目批准文件;
(二)城乡规划;
(三)工程建设强制性标准;
(四)国家规定的建设工程勘察、设计深度要求。
铁路、交通、水利等专业建设工程,还应当以专业规划的要求为依据。

第二十六条 编制建设工程勘察文件,应当真实、准确,满足建设工程规划、选址、设计、岩土治理和施工的需要。

编制方案设计文件,应当满足编制初步设计文件和控制概算的需要。

编制初步设计文件,应当满足编制施工招标文件、主要设备材料订货和编制施工图设计文件的需要。

编制施工图设计文件,应当满足设备材料采购、非标准设备制作和施工的需要,并注明建设工程合理使用年限。

第二十七条 设计文件中选用的材料、构配件、设备,应当注明其规格、型号、性能等技术指标,其质量要求必须符合国家规定的标准。

除有特殊要求的建筑材料、专用设备和工艺生产线等外,设计单位不得指定生产厂、供应商。

第二十八条 建设单位、施工单位、监理单位不得修改建设工程勘察、设计文件;确需修改建设工程勘察、设计文件的,应当由原建设工程勘察、设计单位修改。经原建设工程勘察、设计单位书面同意,建设单位也可以委托其他具有相应资质的建设工程勘察、设计单位修改。修改单位对修改的勘察、设计文件承担相应责任。

施工单位、监理单位发现建设工程勘察、设计文件不符合工程建设强制性标准、合同约定的质量要求的,应当报告建设单位,建设单位有权要求建设工程勘察、设计单位对建设工程勘察、设计文件进行补充、修改。

建设工程勘察、设计文件内容需要作重大修改的,建设单位应当报经原审批机关批准后,方可修改。

第二十九条 建设工程勘察、设计文件中规定采用的新技术、新材料,可能影响建设工程质量和安全,又没有国家技术标准的,应当由国家认可的检测机构进行试验、论证,出具检测报告,并经国务院有关部门或者省、自治区、直辖市人民政府有关部门组织的建设工程技术专家委员会审定后,方可使用。

第三十条 建设工程勘察、设计单位应当在建设工程施工前,向施工单位和监理单位说明建设工程勘察、设计意图,解释建设工程勘察、设计文件。

建设工程勘察、设计单位应当及时解决施工中出现的勘察、设计问题。

第五章 监督管理

第三十一条 国务院建设行政主管部门对全国的建设工程勘察、设计活动实施统一监督管理。国务院铁路、交通、水利等有关部门按照国务院规定的职责分工,负责对全国的有关专业建设工程勘察、设计活动的监督管理。

县级以上地方人民政府建设行政主管部门对本行政区域内的建设工程勘察、设计活动实施监督管理。县级以上地方人民政府交通、水利等有关部门在各自的职责范围内,负责对本行政区域内的有关专业建设工程勘察、设计活动的监督管理。

第三十二条 建设工程勘察、设计单位在建设工程勘察、设计资质证书规定的业务范围内跨部门、跨地区承揽勘察、设计业务的,有关地方人民政府及其所属部门不得设置障碍,不得违反国家规定收取任何费用。

第三十三条 施工图设计文件审查机构应当对房屋建筑工程、市政基础设施工程施工图设计文件中涉及公共利益、公众安全、工程建设强制性标准的内容进行审查。县级以上人民政府交通运输等有关部门应当按照职责对施工图设计文件中涉及公共利益、公众安全、工程建设强制性标准的内容进行审查。

施工图设计文件未经审查批准的,不得使用。

第三十四条 任何单位和个人对建设工程勘察、设计活动中的违法行为都有权检举、控告、投诉。

第六章 罚 则

第三十五条 违反本条例第八条规定的,责令停止违法行为,处合同约定的勘察费、设计费1倍以上2倍以下的罚款,有违法所得的,予以没收;可以责令停业整顿,降低资质等级;情节严重的,吊销资质证书。

未取得资质证书承揽工程的,予以取缔,依照前款规定处以罚款;有违法所得的,予以没收。

以欺骗手段取得资质证书承揽工程的,吊销资质证书,依照本条第一款规定处以罚款;有违法所得的,予以没收。

第三十六条 违反本条例规定,未经注册,擅自以注册建设工程勘察、设计人员的名义从事建设工程勘察、设计活动的,责令停止违法行为,没收违法所得,处违法所得2倍以上5倍以下罚款;给他人造成损失的,依法承担赔偿责任。

第三十七条 违反本条例规定,建设工程勘察、设计注册执业人员和其他专业技术人员未受聘于一个建设工程勘察、设计单位或者同时受聘于两个以上建设工程勘察、设计单位,从事建设工程勘察、设计活动的,责令停止违法行为,没收违法所得,处违法所得2倍以上5倍以下的罚款;情节严重的,可以责令停止执行业务或者吊销资格证书;给他人造成损失的,依法承担赔偿责任。

第三十八条 违反本条例规定,发包方将建设工程勘察、设计业务发包给不具有相应资质等级的建设工程勘察、设计单位的,责令改正,处50万元以上100万元以下的罚款。

第三十九条　违反本条例规定,建设工程勘察、设计单位将所承揽的建设工程勘察、设计转包的,责令改正,没收违法所得,处合同约定的勘察费、设计费25%以上50%以下的罚款,可以责令停业整顿,降低资质等级;情节严重的,吊销资质证书。

第四十条　违反本条例规定,勘察、设计单位未依据项目批准文件,城乡规划及专业规划,国家规定的建设工程勘察、设计深度要求编制建设工程勘察、设计文件的,责令限期改正;逾期不改正的,处10万元以上30万元以下的罚款;造成工程质量事故或者环境污染和生态破坏的,责令停业整顿,降低资质等级;情节严重的,吊销资质证书;造成损失的,依法承担赔偿责任。

第四十一条　违反本条例规定,有下列行为之一的,依照《建设工程质量管理条例》第六十三条的规定给予处罚:

(一)勘察单位未按照工程建设强制性标准进行勘察的;

(二)设计单位未根据勘察成果文件进行工程设计的;

(三)设计单位指定建筑材料、建筑构配件的生产厂、供应商的;

(四)设计单位未按照工程建设强制性标准进行设计的。

第四十二条　本条例规定的责令停业整顿、降低资质等级和吊销资质证书、资格证书的行政处罚,由颁发资质证书、资格证书的机关决定;其他行政处罚,由建设行政主管部门或者其他有关部门依据法定职权范围决定。

依照本条例规定被吊销资质证书的,由工商行政管理部门吊销其营业执照。

第四十三条　国家机关工作人员在建设工程勘察、设计活动的监督管理工作中玩忽职守、滥用职权、徇私舞弊,构成犯罪的,依法追究刑事责任;尚不构成犯罪的,依法给予行政处分。

第七章　附　　则

第四十四条　抢险救灾及其他临时性建筑和农民自建两层以下住宅的勘察、设计活动,不适用本条例。

第四十五条　军事建设工程勘察、设计的管理,按照中央军事委员会的有关规定执行。

第四十六条　本条例自公布之日起施行。

建设项目环境保护管理条例

(根据 2017 年 7 月 16 日中华人民共和国国务院令第 682 号《国务院关于修改〈建设项目环境保护管理条例〉的决定》修订)

第一章 总 则

第一条 为了防止建设项目产生新的污染、破坏生态环境,制定本条例。

第二条 在中华人民共和国领域和中华人民共和国管辖的其他海域内建设对环境有影响的建设项目,适用本条例。

第三条 建设产生污染的建设项目,必须遵守污染物排放的国家标准和地方标准;在实施重点污染物排放总量控制的区域内,还必须符合重点污染物排放总量控制的要求。

第四条 工业建设项目应当采用能耗物耗小、污染物产生量少的清洁生产工艺,合理利用自然资源,防止环境污染和生态破坏。

第五条 改建、扩建项目和技术改造项目必须采取措施,治理与该项目有关的原有环境污染和生态破坏。

第二章 环境影响评价

第六条 国家实行建设项目环境影响评价制度。

第七条 国家根据建设项目对环境的影响程度,按照下列规定对建设项目的环境保护实行分类管理:

(一)建设项目对环境可能造成重大影响的,应当编制环境影响报告书,对建设项目产生的污染和对环境的影响进行全面、详细的评价;

(二)建设项目对环境可能造成轻度影响的,应当编制环境影响报告表,对建设项目产生的污染和对环境的影响进行分析或者专项评价;

(三)建设项目对环境影响很小,不需要进行环境影响评价的,应当填报环境影响登记表。

建设项目环境影响评价分类管理名录,由国务院环境保护行政主管部门在组织专家进行论证和征求有关部门、行业协会、企事业单位、公众等意见的基础上制定并公布。

第八条 建设项目环境影响报告书,应当包括下列内容:

(一)建设项目概况;

(二)建设项目周围环境现状;

(三)建设项目对环境可能造成影响的分析和预测;

(四)环境保护措施及其经济、技术论证;
(五)环境影响经济损益分析;
(六)对建设项目实施环境监测的建议;
(七)环境影响评价结论。

建设项目环境影响报告表、环境影响登记表的内容和格式,由国务院环境保护行政主管部门规定。

第九条 依法应当编制环境影响报告书、环境影响报告表的建设项目,建设单位应当在开工建设前将环境影响报告书、环境影响报告表报有审批权的环境保护行政主管部门审批;建设项目的环境影响评价文件未依法经审批部门审查或者审查后未予批准的,建设单位不得开工建设。

环境保护行政主管部门审批环境影响报告书、环境影响报告表,应当重点审查建设项目的环境可行性、环境影响分析预测评估的可靠性、环境保护措施的有效性、环境影响评价结论的科学性等,并分别自收到环境影响报告书之日起60日内、收到环境影响报告表之日起30日内,作出审批决定并书面通知建设单位。

环境保护行政主管部门可以组织技术机构对建设项目环境影响报告书、环境影响报告表进行技术评估,并承担相应费用;技术机构应当对其提出的技术评估意见负责,不得向建设单位、从事环境影响评价工作的单位收取任何费用。

依法应当填报环境影响登记表的建设项目,建设单位应当按照国务院环境保护行政主管部门的规定将环境影响登记表报建设项目所在地县级环境保护行政主管部门备案。

环境保护行政主管部门应当开展环境影响评价文件网上审批、备案和信息公开。

第十条 国务院环境保护行政主管部门负责审批下列建设项目环境影响报告书、环境影响报告表:

(一)核设施、绝密工程等特殊性质的建设项目;
(二)跨省、自治区、直辖市行政区域的建设项目;
(三)国务院审批的或者国务院授权有关部门审批的建设项目。

前款规定以外的建设项目环境影响报告书、环境影响报告表的审批权限,由省、自治区、直辖市人民政府规定。

建设项目造成跨行政区域环境影响,有关环境保护行政主管部门对环境影响评价结论有争议的,其环境影响报告书或者环境影响报告表由共同上一级环境保护行政主管部门审批。

第十一条 建设项目有下列情形之一的,环境保护行政主管部门应当对环境影响报告书、环境影响报告表作出不予批准的决定:

(一)建设项目类型及其选址、布局、规模等不符合环境保护法律法规和相关法定规划;
(二)所在区域环境质量未达到国家或者地方环境质量标准,且建设项目拟采取的措施不能满足区域环境质量改善目标管理要求;
(三)建设项目采取的污染防治措施无法确保污染物排放达到国家和地方排放标准,或者未采取必要措施预防和控制生态破坏;
(四)改建、扩建和技术改造项目,未针对项目原有环境污染和生态破坏提出有效防治措施;

（五）建设项目的环境影响报告书、环境影响报告表的基础资料数据明显不实，内容存在重大缺陷、遗漏，或者环境影响评价结论不明确、不合理。

第十二条 建设项目环境影响报告书、环境影响报告表经批准后，建设项目的性质、规模、地点、采用的生产工艺或者防治污染、防止生态破坏的措施发生重大变动的，建设单位应当重新报批建设项目环境影响报告书、环境影响报告表。

建设项目环境影响报告书、环境影响报告表自批准之日起满5年，建设项目方开工建设的，其环境影响报告书、环境影响报告表应当报原审批部门重新审核。原审批部门应当自收到建设项目环境影响报告书、环境影响报告表之日起10日内，将审核意见书面通知建设单位；逾期未通知的，视为审核同意。

审核、审批建设项目环境影响报告书、环境影响报告表及备案环境影响登记表，不得收取任何费用。

第十三条 建设单位可以采取公开招标的方式，选择从事环境影响评价工作的单位，对建设项目进行环境影响评价。

任何行政机关不得为建设单位指定从事环境影响评价工作的单位，进行环境影响评价。

第十四条 建设单位编制环境影响报告书，应当依照有关法律规定，征求建设项目所在地有关单位和居民的意见。

第三章 环境保护设施建设

第十五条 建设项目需要配套建设的环境保护设施，必须与主体工程同时设计、同时施工、同时投产使用。

第十六条 建设项目的初步设计，应当按照环境保护设计规范的要求，编制环境保护篇章，落实防治环境污染和生态破坏的措施以及环境保护设施投资概算。

建设单位应当将环境保护设施建设纳入施工合同，保证环境保护设施建设进度和资金，并在项目建设过程中同时组织实施环境影响报告书、环境影响报告表及其审批部门审批决定中提出的环境保护对策措施。

第十七条 编制环境影响报告书、环境影响报告表的建设项目竣工后，建设单位应当按照国务院环境保护行政主管部门规定的标准和程序，对配套建设的环境保护设施进行验收，编制验收报告。

建设单位在环境保护设施验收过程中，应当如实查验、监测、记载建设项目环境保护设施的建设和调试情况，不得弄虚作假。

除按照国家规定需要保密的情形外，建设单位应当依法向社会公开验收报告。

第十八条 分期建设、分期投入生产或者使用的建设项目，其相应的环境保护设施应当分期验收。

第十九条 编制环境影响报告书、环境影响报告表的建设项目，其配套建设的环境保护设施经验收合格，方可投入生产或者使用；未经验收或者验收不合格的，不得投入生产或者使用。

前款规定的建设项目投入生产或者使用后，应当按照国务院环境保护行政主管部门的规定开展环境影响后评价。

第二十条 环境保护行政主管部门应当对建设项目环境保护设施设计、施工、验收、投入生产或者使用情况,以及有关环境影响评价文件确定的其他环境保护措施的落实情况,进行监督检查。

环境保护行政主管部门应当将建设项目有关环境违法信息记入社会诚信档案,及时向社会公开违法者名单。

第四章 法律责任

第二十一条 建设单位有下列行为之一的,依照《中华人民共和国环境影响评价法》的规定处罚:

(一)建设项目环境影响报告书、环境影响报告表未依法报批或者报请重新审核,擅自开工建设;

(二)建设项目环境影响报告书、环境影响报告表未经批准或者重新审核同意,擅自开工建设;

(三)建设项目环境影响登记表未依法备案。

第二十二条 违反本条例规定,建设单位编制建设项目初步设计未落实防治环境污染和生态破坏的措施以及环境保护设施投资概算,未将环境保护设施建设纳入施工合同,或者未依法开展环境影响后评价的,由建设项目所在地县级以上环境保护行政主管部门责令限期改正,处5万元以上20万元以下的罚款;逾期不改正的,处20万元以上100万元以下的罚款。

违反本条例规定,建设单位在项目建设过程中未同时组织实施环境影响报告书、环境影响报告表及其审批部门审批决定中提出的环境保护对策措施的,由建设项目所在地县级以上环境保护行政主管部门责令限期改正,处20万元以上100万元以下的罚款;逾期不改正的,责令停止建设。

第二十三条 违反本条例规定,需要配套建设的环境保护设施未建成、未经验收或者验收不合格,建设项目即投入生产或者使用,或者在环境保护设施验收中弄虚作假的,由县级以上环境保护行政主管部门责令限期改正,处20万元以上100万元以下的罚款;逾期不改正的,处100万元以上200万元以下的罚款;对直接负责的主管人员和其他责任人员,处5万元以上20万元以下的罚款;造成重大环境污染或者生态破坏的,责令停止生产或者使用,或者报经有批准权的人民政府批准,责令关闭。

违反本条例规定,建设单位未依法向社会公开环境保护设施验收报告的,由县级以上环境保护行政主管部门责令公开,处5万元以上20万元以下的罚款,并予以公告。

第二十四条 违反本条例规定,技术机构向建设单位、从事环境影响评价工作的单位收取费用的,由县级以上环境保护行政主管部门责令退还所收费用,处所收费用1倍以上3倍以下的罚款。

第二十五条 从事建设项目环境影响评价工作的单位,在环境影响评价工作中弄虚作假的,由县级以上环境保护行政主管部门处所收费用1倍以上3倍以下的罚款。

第二十六条 环境保护行政主管部门的工作人员徇私舞弊、滥用职权、玩忽职守,构成犯罪的,依法追究刑事责任;尚不构成犯罪的,依法给予行政处分。

第五章 附　则

第二十七条　流域开发、开发区建设、城市新区建设和旧区改建等区域性开发,编制建设规划时,应当进行环境影响评价。具体办法由国务院环境保护行政主管部门会同国务院有关部门另行规定。

第二十八条　海洋工程建设项目的环境保护管理,按照国务院关于海洋工程环境保护管理的规定执行。

第二十九条　军事设施建设项目的环境保护管理,按照中央军事委员会的有关规定执行。

第三十条　本条例自发布之日起施行。

企业投资项目核准和备案管理条例

(2016年11月30日 中华人民共和国国务院令第673号)

企业投资项目核准和备案管理条例

第一条 为了规范政府对企业投资项目的核准和备案行为,加快转变政府的投资管理职能,落实企业投资自主权,制定本条例。

第二条 本条例所称企业投资项目(以下简称项目),是指企业在中国境内投资建设的固定资产投资项目。

第三条 对关系国家安全、涉及全国重大生产力布局、战略性资源开发和重大公共利益等项目,实行核准管理。具体项目范围以及核准机关、核准权限依照政府核准的投资项目目录执行。政府核准的投资项目目录由国务院投资主管部门会同国务院有关部门提出,报国务院批准后实施,并适时调整。国务院另有规定的,依照其规定。

对前款规定以外的项目,实行备案管理。除国务院另有规定的,实行备案管理的项目按照属地原则备案,备案机关及其权限由省、自治区、直辖市和计划单列市人民政府规定。

第四条 除涉及国家秘密的项目外,项目核准、备案通过国家建立的项目在线监管平台(以下简称在线平台)办理。

核准机关、备案机关以及其他有关部门统一使用在线平台生成的项目代码办理相关手续。

国务院投资主管部门会同有关部门制定在线平台管理办法。

第五条 核准机关、备案机关应当通过在线平台列明与项目有关的产业政策,公开项目核准的办理流程、办理时限等,并为企业提供相关咨询服务。

第六条 企业办理项目核准手续,应当向核准机关提交项目申请书;由国务院核准的项目,向国务院投资主管部门提交项目申请书。项目申请书应当包括下列内容:

(一)企业基本情况;

(二)项目情况,包括项目名称、建设地点、建设规模、建设内容等;

(三)项目利用资源情况分析以及对生态环境的影响分析;

(四)项目对经济和社会的影响分析。

企业应当对项目申请书内容的真实性负责。

法律、行政法规规定办理相关手续作为项目核准前置条件的,企业应当提交已经办理相关手续的证明文件。

第七条 项目申请书由企业自主组织编制,任何单位和个人不得强制企业委托中介服务机构编制项目申请书。

核准机关应当制定并公布项目申请书示范文本,明确项目申请书编制要求。

第八条 由国务院有关部门核准的项目,企业可以通过项目所在地省、自治区、直辖市和计划单列市人民政府有关部门(以下称地方人民政府有关部门)转送项目申请书,地方人民政府有关部门应当自收到项目申请书之日起5个工作日内转送核准机关。

由国务院核准的项目,企业通过地方人民政府有关部门转送项目申请书的,地方人民政府有关部门应当在前款规定的期限内将项目申请书转送国务院投资主管部门,由国务院投资主管部门审核后报国务院核准。

第九条 核准机关应当从下列方面对项目进行审查:

(一)是否危害经济安全、社会安全、生态安全等国家安全;

(二)是否符合相关发展建设规划、技术标准和产业政策;

(三)是否合理开发并有效利用资源;

(四)是否对重大公共利益产生不利影响。

项目涉及有关部门或者项目所在地地方人民政府职责的,核准机关应当书面征求其意见,被征求意见单位应当及时书面回复。

核准机关委托中介服务机构对项目进行评估的,应当明确评估重点;除项目情况复杂的,评估时限不得超过30个工作日。评估费用由核准机关承担。

第十条 核准机关应当自受理申请之日起20个工作日内,作出是否予以核准的决定;项目情况复杂或者需要征求有关单位意见的,经本机关主要负责人批准,可以延长核准期限,但延长的期限不得超过40个工作日。核准机关委托中介服务机构对项目进行评估的,评估时间不计入核准期限。

核准机关对项目予以核准的,应当向企业出具核准文件;不予核准的,应当书面通知企业并说明理由。由国务院核准的项目,由国务院投资主管部门根据国务院的决定向企业出具核准文件或者不予核准的书面通知。

第十一条 企业拟变更已核准项目的建设地点,或者拟对建设规模、建设内容等作较大变更的,应当向核准机关提出变更申请。核准机关应当自受理申请之日起20个工作日内,作出是否同意变更的书面决定。

第十二条 项目自核准机关作出予以核准决定或者同意变更决定之日起2年内未开工建设,需要延期开工建设的,企业应当在2年期限届满的30个工作日前,向核准机关申请延期开工建设。核准机关应当自受理申请之日起20个工作日内,作出是否同意延期开工建设的决定。开工建设只能延期一次,期限最长不得超过1年。国家对项目延期开工建设另有规定的,依照其规定。

第十三条 实行备案管理的项目,企业应当在开工建设前通过在线平台将下列信息告知备案机关:

(一)企业基本情况;

(二)项目名称、建设地点、建设规模、建设内容;

(三)项目总投资额;

（四）项目符合产业政策的声明。

企业应当对备案项目信息的真实性负责。

备案机关收到本条第一款规定的全部信息即为备案；企业告知的信息不齐全的，备案机关应当指导企业补正。

企业需要备案证明的，可以要求备案机关出具或者通过在线平台自行打印。

第十四条 已备案项目信息发生较大变更的，企业应当及时告知备案机关。

第十五条 备案机关发现已备案项目属于产业政策禁止投资建设或者实行核准管理的，应当及时告知企业予以纠正或者依法办理核准手续，并通知有关部门。

第十六条 核准机关、备案机关以及依法对项目负有监督管理职责的其他有关部门应当加强事中事后监管，按照谁审批谁监管、谁主管谁监管的原则，落实监管责任，采取在线监测、现场核查等方式，加强对项目实施的监督检查。

企业应当通过在线平台如实报送项目开工建设、建设进度、竣工的基本信息。

第十七条 核准机关、备案机关以及依法对项目负有监督管理职责的其他有关部门应当建立项目信息共享机制，通过在线平台实现信息共享。

企业在项目核准、备案以及项目实施中的违法行为及其处理信息，通过国家社会信用信息平台向社会公示。

第十八条 实行核准管理的项目，企业未依照本条例规定办理核准手续开工建设或者未按照核准的建设地点、建设规模、建设内容等进行建设的，由核准机关责令停止建设或者责令停产，对企业处项目总投资额1‰以上5‰以下的罚款；对直接负责的主管人员和其他直接责任人员处2万元以上5万元以下的罚款，属于国家工作人员的，依法给予处分。

以欺骗、贿赂等不正当手段取得项目核准文件，尚未开工建设的，由核准机关撤销核准文件，处项目总投资额1‰以上5‰以下的罚款；已经开工建设的，依照前款规定予以处罚；构成犯罪的，依法追究刑事责任。

第十九条 实行备案管理的项目，企业未依照本条例规定将项目信息或者已备案项目的信息变更情况告知备案机关，或者向备案机关提供虚假信息的，由备案机关责令限期改正；逾期不改正的，处2万元以上5万元以下的罚款。

第二十条 企业投资建设产业政策禁止投资建设项目的，由县级以上人民政府投资主管部门责令停止建设或者责令停产并恢复原状，对企业处项目总投资额5‰以上10‰以下的罚款；对直接负责的主管人员和其他直接责任人员处5万元以上10万元以下的罚款，属于国家工作人员的，依法给予处分。法律、行政法规另有规定的，依照其规定。

第二十一条 核准机关、备案机关及其工作人员在项目核准、备案工作中玩忽职守、滥用职权、徇私舞弊的，对负有责任的领导人员和直接责任人员依法给予处分；构成犯罪的，依法追究刑事责任。

第二十二条 事业单位、社会团体等非企业组织在中国境内投资建设的固定资产投资项目适用本条例，但通过预算安排的固定资产投资项目除外。

第二十三条 国防科技工业企业在中国境内投资建设的固定资产投资项目核准和备案管理办法，由国务院国防科技工业管理部门根据本条例的原则另行制定。

第二十四条 本条例自2017年2月1日起施行。

国务院关于调整固定资产投资项目资本金比例的通知

(国发〔2009〕27号)

各省、自治区、直辖市人民政府,国务院各部委、各直属机构:

固定资产投资项目资本金制度既是宏观调控手段,也是风险约束机制。该制度自1996年建立以来,对改善宏观调控、促进结构调整、控制企业投资风险、保障金融机构稳健经营、防范金融风险发挥了积极作用。为应对国际金融危机,扩大国内需求,有保有压,促进结构调整,有效防范金融风险,保持国民经济平稳较快增长,国务院决定对固定资产投资项目资本金比例进行适当调整。现就有关事项通知如下:

一、各行业固定资产投资项目的最低资本金比例按以下规定执行:

钢铁、电解铝项目,最低资本金比例为40%。

水泥项目,最低资本金比例为35%。

煤炭、电石、铁合金、烧碱、焦炭、黄磷、玉米深加工、机场、港口、沿海及内河航运项目,最低资本金比例为30%。

铁路、公路、城市轨道交通、化肥(钾肥除外)项目,最低资本金比例为25%。

保障性住房和普通商品住房项目的最低资本金比例为20%,其他房地产开发项目的最低资本金比例为30%。

其他项目的最低资本金比例为20%。

二、经国务院批准,对个别情况特殊的国家重大建设项目,可以适当降低最低资本金比例要求。属于国家支持的中小企业自主创新、高新技术投资项目,最低资本金比例可以适当降低。外商投资项目按现行有关法规执行。

三、金融机构在提供信贷支持和服务时,要坚持独立审贷,切实防范金融风险。要根据借款主体和项目实际情况,参照国家规定的资本金比例要求,对资本金的真实性、投资收益和贷款风险进行全面审查和评估,自主决定是否发放贷款以及具体的贷款数量和比例。

四、自本通知发布之日起,凡尚未审批可行性研究报告、核准项目申请报告、办理备案手续的投资项目,以及金融机构尚未贷款的投资项目,均按照本通知执行。已经办理相关手续但尚未开工建设的投资项目,参照本通知执行。

五、国家将根据经济形势发展和宏观调控需要,适时调整固定资产投资项目最低资本金比例。

六、本通知自发布之日起执行。

中华人民共和国国务院
二〇〇九年五月二十五日

国务院关于深化改革严格土地管理的决定

(国发〔2004〕28号)

各省、自治区、直辖市人民政府,国务院各部委、各直属机构:

实行最严格的土地管理制度,是由我国人多地少的国情决定的,也是贯彻落实科学发展观,保证经济社会可持续发展的必然要求。去年以来,各地区、各部门认真贯彻党中央、国务院部署,全面清理各类开发区,切实落实暂停审批农用地转用的决定,土地市场治理整顿取得了积极进展,有力地促进了宏观调控政策的落实。但是,土地市场治理整顿的成效还是初步的、阶段性的,盲目投资、低水平重复建设、圈占土地、乱占滥用耕地等问题尚未根本解决。因此,必须正确处理保障经济社会发展与保护土地资源的关系,严格控制建设用地增量,努力盘活土地存量,强化节约利用土地,深化改革,健全法制,统筹兼顾,标本兼治,进一步完善符合我国国情的最严格的土地管理制度。现决定如下。

一、严格执行土地管理法律法规

(一)牢固树立遵守土地法律法规的意识。各地区、各有关部门要深入持久地开展土地法律法规的学习教育活动,深刻认识我国国情和保护耕地的极端重要性,本着对人民、对历史负责的精神,严格依法管理土地,积极推进经济增长方式的转变,实现土地利用方式的转变,走符合中国国情的新型工业化、城市化道路。进一步提高依法管地用地的意识,要在法律法规允许的范围内合理用地。对违反法律法规批地、占地的,必须承担法律责任。

(二)严格依照法定权限审批土地。农用地转用和土地征收的审批权在国务院和省、自治区、直辖市人民政府,各省、自治区、直辖市人民政府不得违反法律和行政法规的规定下放土地审批权。严禁规避法定审批权限,将单个建设项目用地拆分审批。

(三)严格执行占用耕地补偿制度。各类非农业建设经批准占用耕地的,建设单位必须补充数量、质量相当的耕地,补充耕地的数量、质量实行按等级折算,防止占多补少、占优补劣。不能自行补充的,必须按照各省、自治区、直辖市的规定缴纳耕地开垦费。耕地开垦费要列入专户管理,不得减免和挪作他用。政府投资的建设项目也必须将补充耕地费用列入工程概算。

(四)禁止非法压低地价招商。省、自治区、直辖市人民政府要依照基准地价制定并公布协议出让土地最低价标准。协议出让土地除必须严格执行规定程序外,出让价格不得低于最低价标准。违反规定出让土地造成国有土地资产流失的,要依法追究责任;情节严重的,依照《中华人民共和国刑法》的规定,以非法低价出让国有土地使用权罪追究刑事责任。

(五)严格依法查处违反土地管理法律法规的行为。当前要着重解决有法不依、执法不严、违法不究和滥用行政权力侵犯农民合法权益的问题。要加大土地管理执法力度,严肃查处非法批地、占地等违法案件。建立国土资源与监察等部门联合办案和案件移送制度,既查处土地违法行为,又查处违法责任人。典型案件,要公开处理。对非法批准占用土地、征收土地和非法低价出让国有土地使用权的国家机关工作人员,依照《监察部 国土资源部关于违反土地管理规定行为行政处分暂行办法》给予行政处分;构成犯罪的,依照《中华人民共和国刑法》、《中华人民共和国土地管理法》、《最高人民法院关于审理破坏土地资源刑事案件具体应用法律若干问题的解释》和最高人民检察院关于渎职犯罪案件立案标准的规定,追究刑事责任。对非法批准征收、使用土地,给当事人造成损失的,还必须依法承担赔偿责任。

二、加强土地利用总体规划、城市总体规划、村庄和集镇规划实施管理

(六)严格土地利用总体规划、城市总体规划、村庄和集镇规划修改的管理。在土地利用总体规划和城市总体规划确定的建设用地范围外,不得设立各类开发区(园区)和城市新区(小区)。对清理后拟保留的开发区,必须依据土地利用总体规划和城市总体规划,按照布局集中、用地集约和产业集聚的原则严格审核。严格土地利用总体规划的修改,凡涉及改变土地利用方向、规模、重大布局等原则性修改,必须报原批准机关批准。城市总体规划、村庄和集镇规划也不得擅自修改。

(七)加强土地利用计划管理。农用地转用的年度计划实行指令性管理,跨年度结转使用计划指标必须严格规范。改进农用地转用年度计划下达和考核办法,对国家批准的能源、交通、水利、矿山、军事设施等重点建设项目用地和城、镇、村的建设用地实行分类下达,并按照定额指标、利用效益等分别考核。

(八)从严从紧控制农用地转为建设用地的总量和速度。加强农用地转用审批的规划和计划审查,强化土地利用总体规划和土地利用年度计划对农用地转用的控制和引导,凡不符合规划、没有农用地转用年度计划指标的,不得批准用地。为巩固土地市场治理整顿成果,2004年农用地转用计划指标不再追加;对过去拖欠农民的征地补偿安置费在2004年年底前不能足额偿还的地方,暂缓下达该地区2005年农用地转用计划。

(九)加强建设项目用地预审管理。凡不符合土地利用总体规划、没有农用地转用计划指标的建设项目,不得通过项目用地预审。发展改革等部门要通过适当方式告知项目单位开展前期工作,项目单位提出用地预审申请后,国土资源部门要依法对建设项目用地进行审查。项目建设单位向发展改革等部门申报核准或审批建设项目时,必须附国土资源部门预审意见;没有预审意见或预审未通过的,不得核准或批准建设项目。

(十)加强村镇建设用地的管理。要按照控制总量、合理布局、节约用地、保护耕地的原则,编制乡(镇)土地利用总体规划、村庄和集镇规划,明确小城镇和农村居民点的数量、布局和规模。鼓励农村建设用地整理,城镇建设用地增加要与农村建设用地减少相挂钩。农村集体建设用地,必须符合土地利用总体规划、村庄和集镇规划,并纳入土地利用年度计划,凡占用农用地的必须依法办理审批手续。禁止擅自通过"村改居"等方式将农民集体所有土地转为国有土地。禁止农村集体经济组织非法出让、出租集体土地用于非农业建设。改革和完善宅基地审批制度,加强农村宅基地管理,禁止城镇居民在农村购置宅基地。引导新办乡村工业向建制镇和规划确定的小城镇集中。在符合规划的前提下,村庄、集镇、建制镇中的农民集体所有建设用地使用权可以依法流转。

（十一）严格保护基本农田。基本农田是确保国家粮食安全的基础。土地利用总体规划修编，必须保证现有基本农田总量不减少，质量不降低。基本农田要落实到地块和农户，并在土地所有权证书和农村土地承包经营权证书中注明。基本农田保护图件备案工作，应在新一轮土地利用总体规划修编后三个月内完成。基本农田一经划定，任何单位和个人不得擅自占用，或者擅自改变用途，这是不可逾越的"红线"。符合法定条件，确需改变和占用基本农田的，必须报国务院批准；经批准占用基本农田的，征地补偿按法定最高标准执行，对以缴纳耕地开垦费方式补充耕地的，缴纳标准按当地最高标准执行。禁止占用基本农田挖鱼塘、种树和其他破坏耕作层的活动，禁止以建设"现代农业园区"或者"设施农业"等任何名义，占用基本农田变相从事房地产开发。

三、完善征地补偿和安置制度

（十二）完善征地补偿办法。县级以上地方人民政府要采取切实措施，使被征地农民生活水平不因征地而降低。要保证依法足额和及时支付土地补偿费、安置补助费以及地上附着物和青苗补偿费。依照现行法律规定支付土地补偿费和安置补助费，尚不能使被征地农民保持原有生活水平的，不足以支付因征地而导致无地农民社会保障费用的，省、自治区、直辖市人民政府应当批准增加安置补助费。土地补偿费和安置补助费的总和达到法定上限，尚不足以使被征地农民保持原有生活水平的，当地人民政府可以用国有土地有偿使用收入予以补贴。省、自治区、直辖市人民政府要制订并公布各市县征地的统一年产值标准或区片综合地价，征地补偿做到同地同价，国家重点建设项目必须将征地费用足额列入概算。大中型水利、水电工程建设征地的补偿费标准和移民安置办法，由国务院另行规定。

（十三）妥善安置被征地农民。县级以上地方人民政府应当制定具体办法，使被征地农民的长远生计有保障。对有稳定收益的项目，农民可以经依法批准的建设用地土地使用权入股。在城市规划区内，当地人民政府应当将因征地而导致无地的农民，纳入城镇就业体系，并建立社会保障制度；在城市规划区外，征收农民集体所有土地时，当地人民政府要在本行政区域内为被征地农民留有必要的耕作土地或安排相应的工作岗位；对不具备基本生产生活条件的无地农民，应当异地移民安置。劳动和社会保障部门要会同有关部门尽快提出建立被征地农民的就业培训和社会保障制度的指导性意见。

（十四）健全征地程序。在征地过程中，要维护农民集体土地所有权和农民土地承包经营权的权益。在征地依法报批前，要将拟征地的用途、位置、补偿标准、安置途径告知被征地农民；对拟征土地现状的调查结果须经被征地农村集体经济组织和农户确认；确有必要的，国土资源部门应当依照有关规定组织听证。要将被征地农民知情、确认的有关材料作为征地报批的必备材料。要加快建立和完善征地补偿安置争议的协调和裁决机制，维护被征地农民和用地者的合法权益。经批准的征地事项，除特殊情况外，应予以公示。

（十五）加强对征地实施过程监管。征地补偿安置不落实的，不得强行使用被征土地。省、自治区、直辖市人民政府应当根据土地补偿费主要用于被征地农户的原则，制订土地补偿费在农村集体经济组织内部的分配办法。被征地的农村集体经济组织应当将征地补偿费用的收支和分配情况，向本集体经济组织成员公布，接受监督。农业、民政等部门要加强对农村集体经济组织内部征地补偿费用分配和使用的监督。

四、健全土地节约利用和收益分配机制

（十六）实行强化节约和集约用地政策。建设用地要严格控制增量，积极盘活存量，把节约用地放在首位，重点在盘活存量上下功夫。新上建设项目首先要利用现有建设用地，严格控制建设占用耕地、林地、草原和湿地。开展对存量建设用地资源的普查，研究制定鼓励盘活存量的政策措施。各地区、各有关部门要按照集约用地的原则，调整有关厂区绿化率的规定，不得圈占土地搞"花园式工厂"。在开发区（园区）推广多层标准厂房。对工业用地在符合规划、不改变原用途的前提下，提高土地利用率和增加容积率的，原则上不再收取或调整土地有偿使用费。基础设施和公益性建设项目，也要节约合理用地。今后，供地时要将土地用途、容积率等使用条件的约定写入土地使用合同。对工业项目用地必须有投资强度、开发进度等控制性要求。土地使用权人不按照约定条件使用土地的，要承担相应的违约责任。在加强耕地占用税、城镇土地使用税、土地增值税征收管理的同时，进一步调整和完善相关税制，加大对建设用地取得和保有环节的税收调节力度。

（十七）推进土地资源的市场化配置。严格控制划拨用地范围，经营性基础设施用地要逐步实行有偿使用。运用价格机制抑制多占、滥占和浪费土地。除按现行规定必须实行招标、拍卖、挂牌出让的用地外，工业用地也要创造条件逐步实行招标、拍卖、挂牌出让。经依法批准利用原有划拨土地进行经营性开发建设的，应当按照市场价补缴土地出让金。经依法批准转让原划拨土地使用权的，应当在土地有形市场公开交易，按照市场价补缴土地出让金；低于市场价交易的，政府应当行使优先购买权。

（十八）制订和实施新的土地使用标准。依照国家产业政策，国土资源部门对淘汰类、限制类项目分别实行禁止和限制用地，并会同有关部门制订工程项目建设用地定额标准，省、自治区、直辖市人民政府可以根据实际情况制订具体实施办法。继续停止高档别墅类房地产、高尔夫球场等用地的审批。

（十九）严禁闲置土地。农用地转用批准后，满两年未实施具体征地或用地行为的，批准文件自动失效；已实施征地，满两年未供地的，在下达下一年度的农用地转用计划时扣减相应指标，对具备耕作条件的土地，应当交原土地使用者继续耕种，也可以由当地人民政府组织耕种。对用地单位闲置的土地，严格依照《中华人民共和国土地管理法》的有关规定处理。

（二十）完善新增建设用地土地有偿使用费收缴办法。新增建设用地土地有偿使用费实行先缴后分，按规定的标准就地全额缴入国库，不得减免，并由国库按规定的比例就地分成划缴。审计部门要加强对新增建设用地土地有偿使用费征收和使用的监督检查。对减免和欠缴的，要依法追缴。财政部、国土资源部要适时调整新增建设用地土地有偿使用费收取标准。新增建设用地土地有偿使用费要严格按法定用途使用，由中央支配的部分，要向粮食主产区倾斜。探索建立国有土地收益基金，遏制片面追求土地收益的短期行为。

五、建立完善耕地保护和土地管理的责任制度

（二十一）明确土地管理的权力和责任。调控新增建设用地总量的权力和责任在中央，盘活存量建设用地的权力和利益在地方，保护和合理利用土地的责任在地方各级人民政府，省、自治区、直辖市人民政府应负主要责任。在确保严格实施土地利用总体规划,不突破土地利用年度计划的前提下,省、自治区、直辖市人民政府可以统筹本行政区域内的用地安排,依照法定权限对农用地转用和土地征收进行审批,按规定用途决定新增建设用地土地有偿使用费地方分成部分的分配和使用,组织本行政区域内耕地占补平衡,并对土地管理法律法规执行情况进行监督检查。地方各级人民政府要对土地利用总体规划确定的本行政区域内的耕地保有量和基本农田保护面积负责,政府主要领导是第一责任人。地方各级人民政府都要建立相应的工作制度,采取多种形式,确保耕地保护目标落实到基层。

(二十二)建立耕地保护责任的考核体系。国务院定期向各省、自治区、直辖市下达耕地保护责任考核目标。各省、自治区、直辖市人民政府每年要向国务院报告耕地保护责任目标的履行情况。实行耕地保护责任考核的动态监测和预警制度。国土资源部会同农业部、监察部、审计署、统计局等部门定期对各省、自治区、直辖市耕地保护责任目标履行情况进行检查和考核,并向国务院报告。对认真履行责任目标,成效突出的,要给予表彰,并在安排中央支配的新增建设用地土地有偿使用费时予以倾斜。对没有达到责任目标的,要在全国通报,并责令限期补充耕地和补划基本农田。对土地开发整理补充耕地的情况也要定期考核。

(二十三)严格土地管理责任追究制。对违反法律规定擅自修改土地利用总体规划的、发生非法占用基本农田的、未完成耕地保护责任考核目标的、征地侵害农民合法权益引发群体性事件且未能及时解决的、减免和欠缴新增建设用地土地有偿使用费的、未按期完成基本农田图件备案工作的,要严肃追究责任,对有关责任人员由上级主管部门或监察机关依法定权限给予行政处分。同时,上级政府要责令限期整改,整改期间暂停农用地转用和征地审批。具体办法由国土资源部会同有关部门另行制订。实行补充耕地监督的责任追究制,国土资源部门和农业部门负责对补充耕地的数量和质量进行验收,并对验收结果承担责任。省、自治区、直辖市国土资源部门和农业部门要加强监督检查。

(二十四)强化对土地执法行为的监督。建立公开的土地违法立案标准。对有案不查、执法不严的,上级国土资源部门要责令其作出行政处罚决定或直接给予行政处罚。坚决纠正违法用地只通过罚款就补办合法手续的行为。对违法用地及其建筑物和其他设施,按法律规定应当拆除或没收的,不得以罚款、补办手续取代;确需补办手续的,依法处罚后,从新从高进行征地补偿和收取土地出让金及有关规费。完善土地执法监察体制,建立国家土地督察制度,设立国家土地总督察,向地方派驻土地督察专员,监督土地执法行为。

(二十五)加强土地管理行政能力建设。2004年年底以前要完成省级以下国土资源管理体制改革,理顺领导干部管理体制、工作机制和加强基层队伍建设。市、县人民政府要保证基层国土资源管理所机构、编制、经费到位,切实发挥基层国土资源管理所在土地管理执法中的作用。国土资源部要会同有关部门抓紧建立和完善统一的土地分类、调查、登记和统计制度,启动新一轮土地调查,保证土地数据的真实性。组织实施"金土工程"。充分利用现代高新技术加强土地利用动态监测,建立土地利用总体规划实施、耕地保护、土地市场的动态监测网络。

各地区、各有关部门要以"三个代表"重要思想为指导,牢固树立科学发展观和正确的政绩观,把落实好最严格的土地管理制度作为对执政能力和依法行政能力的检验。高度重视土地的保护和合理利用,认真总结经验,积极推进土地管理体制改革,不断完善土地法制,建立严格、科学、有效的土地管理制度,维护好广大人民群众的根本利益,确保经济社会的可持续发展。

中华人民共和国国务院
二〇〇四年十月二十一日

PART2 第二部分
公路工程建设管理

公路工程建设标准管理办法

(交公路规〔2020〕8号)

第一章 总 则

第一条 为贯彻落实《交通强国建设纲要》,进一步推进公路工程建设标准化工作,规范公路工程标准管理,保障人身健康和生命财产安全,促进公路工程技术进步和创新,提升技术和服务质量,根据《中华人民共和国公路法》《中华人民共和国标准化法》《交通运输标准化管理办法》等法律法规,以及国家工程建设标准化改革发展等要求,制定本办法。

第二条 公路工程建设标准是指以科学、技术和工程实践经验为基础,对公路工程建设、管理、养护和运营提出的技术要求。

第三条 本办法适用于公路工程建设标准的制定、实施与监督管理。

第四条 公路工程建设标准分为强制性标准和推荐性标准。

下列标准属于强制性标准:

(一)涉及工程质量安全、人身健康和生命财产安全、环境生态安全和可持续发展的技术要求;

(二)材料性能、构造物几何尺寸等统一的技术指标;

(三)重要的试验、检验、评定、信息技术标准;

(四)保障公路网安全运行的统一技术标准;

(五)行业需要统一控制的其他公路工程建设标准。

强制性标准以外的标准是推荐性标准。

第五条 交通运输部按照职责依法管理公路工程建设标准,组织制定公路工程建设强制性标准和公路工程建设行业规范、细则、规程、手册、指南、标准图等推荐性标准,引领行业技术进步和高质量发展。

县级以上地方人民政府交通运输主管部门分工管理本行政区域内公路工程建设标准的相关工作。

第六条 鼓励积极参与国际标准化活动,推进公路工程建设标准外文翻译和出版工作,开展对外合作交流,制定双边、多边国家互认的国际通用标准,推进国内外公路工程建设标准的转化和运用。

第七条 为满足地方自然条件、地形地质等特殊要求,省级交通运输主管部门可在特定行政区域内提出统一的公路工程技术要求,按有关规定和程序要求编制地方标准。

鼓励社会团体和企业制定高于推荐性标准相关技术要求的公路工程团体标准和企业标准。

公路工程地方标准、团体标准、企业标准的技术要求不得低于公路工程强制性标准的相关技术要求。

第二章 标准制定

第八条 交通运输部根据行业发展、公路工程建设标准化实际需要、社会资源及行业经济状况,制定公路工程建设行业标准体系,根据社会经济和工程技术发展及时进行调整,实行动态管理。公路工程建设标准按照国家有关编号规则进行编号。

第九条 按照国家财务预算管理、政府采购等规定及公路工程建设行业标准立项程序要求,有关单位可提出标准项目立项申请。经专家评审和交通运输部审核等程序,确定公路工程建设行业标准项目年度计划。

第十条 公路工程建设行业标准制修订工作实行主编单位负责制。年度计划下达后,主编单位组织编写组承担相关标准的起草、编制工作。制修订工作按照编制大纲、征求意见稿、送审稿、报批稿等阶段程序进行。

第十一条 公路工程建设行业标准编制大纲、送审稿的审查由公路工程建设标准归口管理部门组织,由主审专家等组成的专家组或公路工程建设行业标准技术委员会承担具体审查工作。征求意见工作由主编单位负责组织。报批稿由公路工程建设标准归口管理部门审核发布。

第十二条 公路工程建设标准的制修订应符合下列要求:

(一)贯彻执行国家有关法律、法规和技术政策,遵循安全可靠、耐久适用、技术先进、节能环保和经济合理的原则,适应公路工程技术发展要求;

(二)公路工程建设标准涉及的关键技术应根据实际情况,进行专题研究和测试验证;

(三)积极采用新技术、新工艺、新材料和新设备等科技创新成果,推动大数据、物联网、人工智能、智慧公路等先进技术的应用;

(四)与国家及行业现行有关强制性标准协调一致,避免矛盾;

(五)标准的条文应严谨明确、文字简练,标准编写的格式和用语应符合相关规定。

第十三条 公路工程建设标准的主要内容应当采取多种方式征求协会、企业以及相关生产、使用、管理、科研和检测等单位的意见。公路工程建设强制性行业标准应征求省级交通运输主管部门及有关部门意见。

第十四条 公路工程建设标准编制的经费使用和管理应符合国家和行业相关规定。

第十五条 公路工程建设行业标准由交通运输部根据出版管理的有关规定确定出版单位。公路工程建设行业标准的版权归交通运输部所有。

第十六条 公路工程建设标准发布后,标准归口管理部门、标准编制单位、标准化协会等单位,应当依法组织开展标准的宣传培训等工作。

第十七条 公路工程建设强制性标准应当免费向社会公开。推动公路工程建设推荐性标准免费向社会公开。鼓励公路工程建设团体标准、企业标准通过标准信息公开服务平台向社会公开。

第十八条 公路工程建设地方标准、团体标准、企业标准的制定按照有关工程建设标准的规定执行。

第三章 标 准 实 施

第十九条 各有关单位在公路工程建设、管理、养护和运营过程中应严格执行公路工程建设强制性标准有关规定,鼓励采用公路工程建设推荐性标准。

第二十条 企业应当依法公开其执行的公路工程建设标准的编号和名称;企业执行自行制定的企业标准,还应当公开其主要功能和性能指标。

第二十一条 标准实施后,应根据技术进步、实际需求等因素,适时对标准的适用性进行复审。标准复审周期一般不超过 5 年。

第二十二条 对于公路工程建设、管理、养护、运营中违反公路工程强制性标准的行为,任何单位和个人有权向交通运输主管部门、标准化行政主管部门或有关部门检举、投诉。

第二十三条 公路工程建设标准的使用单位和个人可将标准使用过程中发现的问题和意见反馈至标准归口管理部门或标准主编单位。

第四章 监 督 管 理

第二十四条 县级以上地方人民政府交通运输主管部门应开展对本行政区域内公路工程建设标准实施情况的监督检查。对发现的违法违规行为,应依法处理。

第二十五条 县级以上地方人民政府交通运输主管部门应当建立社会监督机制,公开举报投诉方式。接到举报投诉的,应依法处理。

第二十六条 鼓励将公路工程建设标准编制与科技奖励评审、信用管理等工作挂钩。

第五章 附 则

第二十七条 本办法由交通运输部公路局具体解释。

第二十八条 本办法自 2020 年 7 月 1 日起施行,有效期 5 年。

公路建设市场管理办法

（根据 2015 年 6 月 26 日交通运输部令 2015 年第 11 号《关于修改〈公路建设市场管理办法〉的决定》第二次修正）

第一章 总 则

第一条 为加强公路建设市场管理，规范公路建设市场秩序，保证公路工程质量，促进公路建设市场健康发展，根据《中华人民共和国公路法》、《中华人民共和国招标投标法》、《建设工程质量管理条例》，制定本办法。

第二条 本办法适用于各级交通运输主管部门对公路建设市场的监督管理活动。

第三条 公路建设市场遵循公平、公正、公开、诚信的原则。

第四条 国家建立和完善统一、开放、竞争、有序的公路建设市场，禁止任何形式的地区封锁。

第五条 本办法中下列用语的含义是指：

公路建设市场主体是指公路建设的从业单位和从业人员。

从业单位是指从事公路建设的项目法人，项目建设管理单位，咨询、勘察、设计、施工、监理、试验检测单位，提供相关服务的社会中介机构以及设备和材料的供应单位。

从业人员是指从事公路建设活动的人员。

第二章 管理职责

第六条 公路建设市场管理实行统一管理、分级负责。

第七条 国务院交通运输主管部门负责全国公路建设市场的监督管理工作，主要职责是：

（一）贯彻执行国家有关法律、法规，制定全国公路建设市场管理的规章制度；

（二）组织制定和监督执行公路建设的技术标准、规范和规程；

（三）依法实施公路建设市场准入管理、市场动态管理，并依法对全国公路建设市场进行监督检查；

（四）建立公路建设行业评标专家库，加强评标专家管理；

（五）发布全国公路建设市场信息；

（六）指导和监督省级地方人民政府交通运输主管部门的公路建设市场管理工作；

（七）依法受理举报和投诉，依法查处公路建设市场违法行为；

（八）法律、行政法规规定的其他职责。

第八条 省级人民政府交通运输主管部门负责本行政区域内公路建设市场的监督管理工作，主要职责是：

（一）贯彻执行国家有关法律、法规、规章和公路建设技术标准、规范和规程，结合本行政区域内的实际情况，制定具体的管理制度；

（二）依法实施公路建设市场准入管理，对本行政区域内公路建设市场实施动态管理和监督检查；

（三）建立本地区公路建设招标评标专家库，加强评标专家管理；

（四）发布本行政区域公路建设市场信息，并按规定向国务院交通运输主管部门报送本行政区域公路建设市场的信息；

（五）指导和监督下级交通运输主管部门的公路建设市场管理工作；

（六）依法受理举报和投诉，依法查处本行政区域内公路建设市场违法行为；

（七）法律、法规、规章规定的其他职责。

第九条 省级以下地方人民政府交通运输主管部门负责本行政区域内公路建设市场的监督管理工作，主要职责是：

（一）贯彻执行国家有关法律、法规、规章和公路建设技术标准、规范和规程；

（二）配合省级地方人民政府交通运输主管部门进行公路建设市场准入管理和动态管理；

（三）对本行政区域内公路建设市场进行监督检查；

（四）依法受理举报和投诉，依法查处本行政区域内公路建设市场违法行为；

（五）法律、法规、规章规定的其他职责。

第三章 市场准入管理

第十条 凡符合法律、法规规定的市场准入条件的从业单位和从业人员均可进入公路建设市场，任何单位和个人不得对公路建设市场实行地方保护，不得对符合市场准入条件的从业单位和从业人员实行歧视待遇。

第十一条 公路建设项目依法实行项目法人负责制。项目法人可自行管理公路建设项目，也可委托具备法人资格的项目建设管理单位进行项目管理。

项目法人或者其委托的项目建设管理单位的组织机构、主要负责人的技术和管理能力应当满足拟建项目的管理需要，符合国务院交通运输主管部门有关规定的要求。

第十二条 收费公路建设项目法人和项目建设管理单位进入公路建设市场实行备案制度。

收费公路建设项目可行性研究报告批准或依法核准后，项目投资主体应当成立或者明确项目法人。项目法人应当按照项目管理的隶属关系将其或者其委托的项目建设管理单位的有关情况报交通运输主管部门备案。

对不符合规定要求的项目法人或者项目建设管理单位，交通运输主管部门应当提出整改要求。

第十三条 公路工程勘察、设计、施工、监理、试验检测等从业单位应当按照法律、法规的规定,取得有关管理部门颁发的相应资质后,方可进入公路建设市场。

第十四条 法律、法规对公路建设从业人员的执业资格作出规定的,从业人员应当依法取得相应的执业资格后,方可进入公路建设市场。

第四章 市场主体行为管理

第十五条 公路建设从业单位和从业人员在公路建设市场中必须严格遵守国家有关法律、法规和规章,严格执行公路建设行业的强制性标准、各类技术规范及规程的要求。

第十六条 公路建设项目法人必须严格执行国家规定的基本建设程序,不得违反或者擅自简化基本建设程序。

第十七条 公路建设项目法人负责组织有关专家或者委托有相应工程咨询或者设计资质的单位,对施工图设计文件进行审查。施工图设计文件审查的主要内容包括:

(一)是否采纳工程可行性研究报告、初步设计批复意见;

(二)是否符合公路工程强制性标准、有关技术规范和规程要求;

(三)施工图设计文件是否齐全,是否达到规定的技术深度要求;

(四)工程结构设计是否符合安全和稳定性要求。

第十八条 公路建设项目法人应当按照项目管理隶属关系将施工图设计文件报交通运输主管部门审批。施工图设计文件未经审批的,不得使用。

第十九条 申请施工图设计文件审批应当向相关的交通运输主管部门提交以下材料:

(一)施工图设计的全套文件;

(二)专家或者委托的审查单位对施工图设计文件的审查意见;

(三)项目法人认为需要提交的其他说明材料。

第二十条 交通运输主管部门应当自收到完整齐备的申请材料之日起20日内审查完毕。经审查合格的,批准使用,并将许可决定及时通知申请人。审查不合格的,不予批准使用,应当书面通知申请人并说明理由。

第二十一条 公路建设项目法人应当按照公开、公平、公正的原则,依法组织公路建设项目的招标投标工作。不得规避招标,不得对潜在投标人和投标人实行歧视政策,不得实行地方保护和暗箱操作。

第二十二条 公路工程的勘察、设计、施工、监理单位和设备、材料供应单位应当依法投标,不得弄虚作假,不得串通投标,不得以行贿等不合法手段谋取中标。

第二十三条 公路建设项目法人与中标人应当根据招标文件和投标文件签订合同,不得附加不合理、不公正条款,不得签订虚假合同。

国家投资的公路建设项目,项目法人与施工、监理单位应当按照国务院交通运输主管部门的规定,签订廉政合同。

第二十四条 公路建设项目依法实行施工许可制度。国家和国务院交通运输主管部门确定的重点公路建设项目的施工许可由省级人民政府交通运输主管部门实施,其他公路建设项目的施工许可按照项目管理权限由县级以上地方人民政府交通运输主管部门实施。

第二十五条 项目施工应当具备以下条件:
(一)项目已列入公路建设年度计划;
(二)施工图设计文件已经完成并经审批同意;
(三)建设资金已经落实,并经交通运输主管部门审计;
(四)征地手续已办理,拆迁基本完成;
(五)施工、监理单位已依法确定;
(六)已办理质量监督手续,已落实保证质量和安全的措施。

第二十六条 项目法人在申请施工许可时应当向相关的交通运输主管部门提交以下材料:
(一)施工图设计文件批复;
(二)交通运输主管部门对建设资金落实情况的审计意见;
(三)国土资源部门关于征地的批复或者控制性用地的批复;
(四)建设项目各合同段的施工单位和监理单位名单、合同价情况;
(五)应当报备的资格预审报告、招标文件和评标报告;
(六)已办理的质量监督手续材料;
(七)保证工程质量和安全措施的材料。

第二十七条 交通运输主管部门应当自收到完整齐备的申请材料之日起20日内作出行政许可决定。予以许可的,应当将许可决定及时通知申请人;不予许可的,应当书面通知申请人并说明理由。

第二十八条 公路建设从业单位应当按照合同约定全面履行义务:
(一)项目法人应当按照合同约定履行相应的职责,为项目实施创造良好的条件。
(二)勘察、设计单位应当按照合同约定,按期提供勘察设计资料和设计文件。工程实施过程中,应当按照合同约定派驻设计代表,提供设计后续服务。
(三)施工单位应当按照合同约定组织施工,管理和技术人员及施工设备应当及时到位,以满足工程需要。要均衡组织生产,加强现场管理,确保工程质量和进度,做到文明施工和安全生产。
(四)监理单位应当按照合同约定配备人员和设备,建立相应的现场监理机构,健全监理管理制度,保持监理人员稳定,确保对工程的有效监理。
(五)设备和材料供应单位应当按照合同约定,确保供货质量和时间,做好售后服务工作。
(六)试验检测单位应当按照试验规程和合同约定进行取样、试验和检测,提供真实、完整的试验检测资料。

第二十九条 公路工程实行政府监督、法人管理、社会监理、企业自检的质量保证体系。交通运输主管部门及其所属的质量监督机构对工程质量负监督责任,项目法人对工程质量负管理责任,勘察设计单位对勘察设计质量负责,施工单位对施工质量负责,监理单位对工程质量负现场管理责任,试验检测单位对试验检测结果负责,其他从业单位和从业人员按照有关规定对其产品或者服务质量负相应责任。

第三十条 各级交通运输主管部门及其所属的质量监督机构对工程建设项目进行监督检查时,公路建设从业单位和从业人员应当积极配合,不得拒绝和阻挠。

第三十一条 公路建设从业单位和从业人员应当严格执行国家有关安全生产的法律、法规、国家标准及行业标准,建立健全安全生产的各项规章制度,明确安全责任,落实安全措施,履行安全管理的职责。

第三十二条 发生工程质量、安全事故后,从业单位应当按照有关规定及时报有关主管部门,不得拖延和隐瞒。

第三十三条 公路建设项目法人应当合理确定建设工期,严格按照合同工期组织项目建设。项目法人不得随意要求更改合同工期。如遇特殊情况,确需缩短合同工期的,经合同双方协商一致,可以缩短合同工期,但应当采取措施,确保工程质量,并按照合同规定给予经济补偿。

第三十四条 公路建设项目法人应当按照国家有关规定管理和使用公路建设资金,做到专款专用,专户储存;按照工程进度,及时支付工程款;按照规定的期限及时退还保证金、办理工程结算。不得拖欠工程款和征地拆迁款,不得挤占挪用建设资金。

施工单位应当加强工程款管理,做到专款专用,不得拖欠分包人的工程款和农民工工资;项目法人对工程款使用情况进行监督检查时,施工单位应当积极配合,不得阻挠和拒绝。

第三十五条 公路建设从业单位和从业人员应当严格执行国家和地方有关环境保护和土地管理的规定,采取有效措施保护环境和节约用地。

第三十六条 公路建设项目法人、监理单位和施工单位对勘察设计中存在的问题应当及时提出设计变更的意见,并依法履行审批手续。设计变更应当符合国家制定的技术标准和设计规范要求。

任何单位和个人不得借设计变更虚报工程量或者提高单价。

重大工程变更设计应当按有关规定报原初步设计审批部门批准。

第三十七条 勘察、设计单位经项目法人批准,可以将工程设计中跨专业或者有特殊要求的勘察、设计工作委托给有相应资质条件的单位,但不得转包或者二次分包。

监理工作不得分包或者转包。

第三十八条 施工单位可以将非关键性工程或者适合专业化队伍施工的工程分包给具有相应资格条件的单位,并对分包工程负连带责任。允许分包的工程范围应当在招标文件中规定。分包工程不得再次分包,严禁转包。

任何单位和个人不得违反规定指定分包、指定采购或者分割工程。

项目法人应当加强对施工单位工程分包的管理,所有分包合同须经监理审查,并报项目法人备案。

第三十九条 施工单位可以直接招用农民工或者将劳务作业发包给具有劳务分包资质的劳务分包人。施工单位招用农民工的,应当依法签订劳动合同,并将劳动合同报项目监理工程师和项目法人备案。

施工单位和劳务分包人应当按照合同按时支付劳务工资,落实各项劳动保护措施,确保农民工安全。

劳务分包人应当接受施工单位的管理,按照技术规范要求进行劳务作业。劳务分包人不得将其分包的劳务作业再次分包。

第四十条 项目法人和监理单位应当加强对施工单位使用农民工的管理,对不签订劳动合同、非法使用农民工的,或者拖延和克扣农民工工资的,要予以纠正。拒不纠正的,项目法人要及时将有关情况报交通运输主管部门调查处理。

第四十一条 项目法人应当按照交通部《公路工程竣(交)工验收办法》的规定及时组织项目的交工验收,并报请交通运输主管部门进行竣工验收。

第五章 动态管理

第四十二条 各级交通运输主管部门应当加强对公路建设从业单位和从业人员的市场行为的动态管理。应当建立举报投诉制度,查处违法行为,对有关责任单位和责任人依法进行处理。

第四十三条 国务院交通运输主管部门和省级地方人民政府交通运输主管部门应当建立公路建设市场的信用管理体系,对进入公路建设市场的从业单位和主要从业人员在招投标活动、签订合同和履行合同中的信用情况进行记录并向社会公布。

第四十四条 公路工程勘察、设计、施工、监理等从业单位应当按照项目管理的隶属关系,向交通运输主管部门提供本单位的基本情况、承接任务情况和其他动态信息,并对所提供信息的真实性、准确性和完整性负责。项目法人应当将其他从业单位在建设项目中的履约情况,按照项目管理的隶属关系报交通运输主管部门,由交通运输主管部门核实后记入从业单位信用记录中。

第四十五条 从业单位和主要从业人员的信用记录应当作为公路建设项目招标资格审查和评标工作的重要依据。

第六章 法律责任

第四十六条 对公路建设从业单位和从业人员违反本办法规定进行的处罚,国家有关法律、法规和交通运输部规章已有规定的,适用其规定;没有规定的,由交通运输主管部门根据各自的职责按照本办法规定进行处罚。

第四十七条 项目法人违反本办法规定,实行地方保护的或者对公路建设从业单位和从业人员实行歧视待遇的,由交通运输主管部门责令改正。

第四十八条 从业单位违反本办法规定,在申请公路建设从业许可时,隐瞒有关情况或者提供虚假材料的,行政机关不予受理或者不予行政许可,并给予警告;行政许可申请人在1年内不得再次申请该行政许可。

被许可人以欺骗、贿赂等不正当手段取得从业许可的,行政机关应当依照法律、法规给予行政处罚;申请人在3年内不得再次申请该行政许可;构成犯罪的,依法追究刑事责任。

第四十九条 投标人相互串通投标或者与招标人串通投标的,投标人以向招标人或者评标委员会成员行贿的手段谋取中标的,中标无效,处中标项目金额5‰以上10‰以下的罚款,对单位直接负责的主管人员和其他直接责任人员处单位罚款数额5%以上10%以下的罚款;有违法所得的,并处没收违法所得;情节严重的,取消其1年至2年内参加依法必须进行招标的项目的投标资格并予以公告;构成犯罪的,依法追究刑事责任。给他人造成损失的,依法承担赔偿责任。

第五十条 投标人以他人名义投标或者以其他方式弄虚作假,骗取中标的,中标无效,给招标人造成损失的,依法承担赔偿责任;构成犯罪的,依法追究刑事责任。

依法必须进行招标的项目的投标人有前款所列行为尚未构成犯罪的,处中标项目金额5‰以上10‰以下的罚款,对单位直接负责的主管人员和其他直接责任人员处单位罚款数额5%以上10%以下的罚款;有违法所得的,并处没收违法所得;情节严重的,取消其1年至3年内参加依法必须进行招标的项目的投标资格并予以公告。

第五十一条 项目法人违反本办法规定,拖欠工程款和征地拆迁款的,由交通运输主管部门责令改正,并由有关部门依法对有关责任人员给予行政处分。

第五十二条 除因不可抗力不能履行合同的,中标人不按照与招标人订立的合同履行施工质量、施工工期等义务,造成重大或者特大质量和安全事故,或者造成工期延误的,取消其2年至5年内参加依法必须进行招标的项目的投标资格并予以公告。

第五十三条 施工单位有以下违法违规行为的,由交通运输主管部门责令改正,并由有关部门依法对有关责任人员给予行政处分:

(一)违反本办法规定,拖欠分包人工程款和农民工工资的;

(二)违反本办法规定,造成生态环境破坏和乱占土地的;

(三)违反本办法规定,在变更设计中弄虚作假的;

(四)违反本办法规定,不按规定签订劳动合同的。

第五十四条 违反本办法规定,承包单位将承包的工程转包或者违法分包的,责令改正,没收违法所得,对勘察、设计单位处合同约定的勘察费、设计费25%以上50%以下的罚款;对施工单位处工程合同价款5‰以上10‰以下的罚款;可以责令停业整顿,降低资质等级;情节严重的,吊销资质证书。

工程监理单位转让工程监理业务的,责令改正,没收违法所得,处合同约定的监理酬金25%以上50%以下的罚款;可以责令停业整顿,降低资质等级;情节严重的,吊销资质证书。

第五十五条 公路建设从业单位违反本办法规定,在向交通运输主管部门填报有关市场信息时弄虚作假的,由交通运输主管部门责令改正。

第五十六条 各级交通运输主管部门和其所属的质量监督机构的工作人员违反本办法规定,在建设市场管理中徇私舞弊、滥用职权或者玩忽职守的,按照国家有关规定处理。构成犯罪的,由司法部门依法追究刑事责任。

第七章 附 则

第五十七条 本办法由交通运输部负责解释。

第五十八条 本办法自2005年3月1日起施行。交通部1996年7月11日公布的《公路建设市场管理办法》同时废止。

公路养护工程管理办法

(交公路发〔2018〕33号)

第一章 总 则

第一条 为加强和规范公路养护工程管理,提高养护质量与效益,根据《中华人民共和国公路法》《公路安全保护条例》《收费公路管理条例》等法律、行政法规,制定本办法。

第二条 本办法所规定的公路养护工程是指在一段时间内集中实施并按照项目进行管理的公路养护作业,不包括日常养护和公路改扩建工作。

第三条 本办法适用于国道、省道的养护工程管理工作。县道、乡道、村道和专用公路的养护工程管理可参照执行。

第四条 养护工程应当遵循决策科学、管理规范、技术先进、优质高效、绿色安全的原则。

第五条 养护工程管理工作实行统一领导、分级负责。

交通运输部负责全国养护工程管理工作的指导和监督。

地方各级交通运输主管部门或公路管理机构,依据省级人民政府确定的对国道和省道的管理职责,主管本行政区域内的养护工程管理工作。

第六条 公路经营管理单位和从事公路养护作业的单位应当根据交通运输主管部门或公路管理机构提出的养护管理目标,按照标准规范、有关规定及本办法要求组织实施养护工程,并接受其指导和监督。

第七条 各级交通运输主管部门、公路管理机构和公路经营管理单位应当筹措必要的资金用于养护工程,确保公路保持良好技术状况。

非收费公路养护工程资金以财政保障为主,主要通过各级财政资金解决。收费公路养护工程资金主要从车辆通行费中解决。

第八条 养护工程资金使用范围包括公路技术状况检测与评定、养护决策咨询、养护设计、养护施工、工程管理及质量控制、工程验收、项目后评估、监理咨询等。

任何单位和个人不得截留、挤占或者挪用养护工程资金。

第九条 各级交通运输主管部门、公路管理机构和公路经营管理单位应加强信息技术在养护工程中的应用。

第二章　养护工程分类

第十条　养护工程按照养护目的和养护对象,分为预防养护、修复养护、专项养护和应急养护。

第十一条　预防养护是指公路整体性能良好但有轻微病害,为延缓性能过快衰减、延长使用寿命而预先采取的主动防护工程。

第十二条　修复养护是指公路出现明显病害或部分丧失服务功能,为恢复技术状况而进行的功能性、结构性修复或定期更换,包括大修、中修、小修。

第十三条　专项养护是指为恢复、保持或提升公路服务功能而集中实施的完善增设、加固改造、拆除重建、灾后恢复等工程。

第十四条　应急养护是指在突发情况下造成公路损毁、中断、产生重大安全隐患等,为较快恢复公路安全通行能力而实施的应急性抢通、保通、抢修。

第十五条　组织实施各类养护工程所涉及的技术服务与工程施工等相关作业,应当依照有关法律、法规、规定,通过公开招标投标、政府采购等方式选择具备相应技术能力和资格条件的单位承担。

应急养护,可以根据应急处置工作需要,直接委托具备相应能力的专业队伍实施。

第十六条　养护工程应当按照前期工作、计划编制、工程设计、工程施工、工程验收等程序组织实施。应急养护除外。

第三章　前期工作

第十七条　公路管理机构或公路经营管理单位应当结合安全运行状况,按照公路技术状况评定、养护需求分析、养护技术方案确定等工作流程进行前期决策,并作为制定养护计划的依据。

第十八条　公路管理机构或公路经营管理单位应当按照标准规范规定的检测指标和频率,定期组织对公路路基、路面、桥梁、隧道、附属设施等进行检测和评定。

鼓励运用自动化快速检测技术开展检测工作。

第十九条　养护需求分析应当根据检测和评定数据,按照相关标准规范、国家或者本地区养护规划,科学设定养护目标,合理筛选需要实施的养护工程。

第二十条　公路管理机构或公路经营管理单位对于需要实施养护工程的路段、构造物或者附属设施等,应当及时开展专项调查,根据公路技术状况、病害情况、发展趋势,综合考虑技术、经济、安全、环保等因素,合理确定养护技术方案。

第二十一条　公路管理机构或公路经营管理单位应当建立养护工程项目库。项目库按照滚动方式实施动态调整,每年定期更新。

第四章　计划编制

第二十二条　地方各级交通运输主管部门、公路管理机构或公路经营管理单位应当根据年度养护资金规模、养护目标要求、项目库的储备更新情况,合理编制养护工程年度计划。

第二十三条 养护工程计划编制应当优先安排以下项目:

(一)严重影响公众安全通行的;

(二)具有重大政治、经济意义的;

(三)技术状况差、明显影响公路整体服务水平的;

(四)预防养护项目。

第二十四条 养护工程计划应当统筹安排,避免集中养护作业造成交通拥堵。省际养护作业应当做好沟通衔接。

第二十五条 地方各级交通运输主管部门、公路管理机构或公路经营管理单位应当加强养护工程计划的编制、审核和报备工作。

第二十六条 养护工程计划应当及时下达,与养护施工的最佳时间相匹配,保障工程实施效益。

第五章 工 程 设 计

第二十七条 养护工程一般采用一阶段施工图设计。技术特别复杂的,可以采用技术设计和施工图设计两阶段设计。

应急养护和技术简单的养护工程可以按照技术方案组织实施。

第二十八条 养护工程设计应当遵循以下要求:

(一)因地制宜、就地取材、循环利用、绿色环保;

(二)针对不同病害的分布特点进行分段、分类设计;

(三)做好交通保障方案设计,降低养护工程施工对交通影响,保障运行安全;

(四)做好养护安全作业方案设计,保障养护作业安全;

(五)做好配套附属设施的设计。

第二十九条 养护工程设计应当以专项检测或评估为依据,加强结构物承载力和旧路性能评价,强化对显性、隐性病害的诊断分析。

第三十条 养护工程设计文件应当符合法律、法规和强制性标准的要求。

第三十一条 养护工程设计文件应当对施工工艺和验收标准进行详细说明。

鼓励养护工程采用新技术、新材料、新工艺、新设备。对涉及工程质量和安全的新技术、新材料、新工艺、新设备,尚无相关标准可参照的,应当经过试验论证审查后方可规模化使用。

第三十二条 设计单位应当保证养护工程设计文件质量,做好设计交底,及时解决施工中出现的设计问题,并对设计质量负责。

第三十三条 养护工程设计实行动态设计。设计单位应当及时跟踪公路病害发展情况,并根据需要进行设计变更。

第三十四条 养护工程设计文件应当通过审查或审批后方可使用。

第六章　工　程　施　工

第三十五条　养护工程施工前,公路管理机构或公路经营管理单位应当根据设计文件和相关要求,组织对交通保障、养护安全作业方案进行审查,并按规定报有关部门批准。

第三十六条　养护工程施工时,公路管理机构、公路经营管理单位、养护施工单位应当建立、健全养护工程质量检查管理制度,通过抽查、委托专业机构检查、自查等方式确保养护工程质量。

规模较大和技术复杂的养护工程可以根据需要开展监理咨询服务。

第三十七条　养护工程应当按照审查通过的设计文件进行施工,对施工中发现的设计问题,应当书面提出设计变更建议。一般设计变更经公路管理机构或公路经营管理单位同意后实施,重大设计变更须经原设计审查或审批单位同意后实施。

第三十八条　养护工程施工应当严格执行有关技术规范和操作规程,保证安全。

除应急养护外,养护工程施工应当选择交通流量较小的时段,并按照有关规定向社会公告。鼓励提前将养护施工信息告知相关公路电子导航服务企业,为社会公众出行做好服务。

第三十九条　养护工程应当加强成本控制和管理。项目完工后,按照有关规定及时进行财务决算。

第七章　工　程　验　收

第四十条　养护工程具备验收条件后应当及时组织验收。具体验收办法由各省级交通运输主管部门制定。

第四十一条　技术复杂程度高或投资规模较大的养护工程按交工验收和竣工验收两阶段执行,其他一般养护工程按一阶段验收执行。

第四十二条　适用于一阶段验收的养护工程项目一般在工程完工交付使用后6个月之内完成验收;适用于两阶段验收的养护工程项目,在工程完工后应当及时组织交工验收,一般在养护工程质量缺陷责任期满后12个月之内完成竣工验收。

养护工程质量缺陷责任期一般为6个月,最长不超过12个月。

养护工程验收及质量缺陷责任期具体时限应当在养护合同中约定,并符合有关要求。

第四十三条　养护工程完工后未通过验收的,由施工单位承担养护责任,超出验收时限无正当理由未验收的除外。验收不合格的,由施工单位负责返修。

在质量缺陷责任期内,发生施工质量问题的,施工单位应当履行保修义务,并对造成的损失承担赔偿责任。

第四十四条　公路养护工程验收依据主要包括:

(一)养护工程计划文件;

(二)养护工程合同;

(三)设计文件及图纸;

(四)变更设计文件及图纸;

(五)行政主管部门的有关批复文件;

（六）养护工程有关标准、规范及规定。

第四十五条　养护工程验收应当具备下列条件：

（一）完成设计文件和合同约定的各项内容；

（二）完成全部技术档案和施工管理资料整理归档；

（三）施工单位按相关标准、规范和规定对工程质量自检合格；

（四）工程质量缺陷问题已整改完毕；

（五）参与养护工程的相关单位完成工作总结报告；

（六）开展了监理咨询的，监理单位对工程质量评定为合格；

（七）按规定需进行专业检测的，检测机构对工程质量鉴定完毕并出具检测报告；

（八）完成财务决算；

（九）法律、法规、规章规定的其他条件。

第四十六条　公路养护工程通过验收后，验收结果应当及时向交通运输主管部门报告。

第八章　监督检查

第四十七条　各级交通运输主管部门和公路管理机构应当依据职责采取定期检查或抽查等方式，加强养护工程监督检查并督促及时整改。

公路养护作业单位应当接受相关管理部门和机构的监督检查。

第四十八条　养护工程监督检查主要包括以下内容：

（一）养护工程相关法规、制度和标准、规范的执行情况；

（二）养护工程前期、计划、设计、施工、验收等环节工作规范化情况；

（三）养护工程质量和安全；

（四）养护工程资金使用情况；

（五）其他要求的相关事项。

第四十九条　省级交通运输主管部门应当结合本地区实际情况分类细化养护工程管理要求，加强质量监督管理。

第五十条　各级交通运输主管部门应当加强对公路养护从业单位及人员的管理，逐步推行信用管理。

第九章　附　　则

第五十一条　日常养护工作由各省级交通运输主管部门自行制定相关管理办法。公路改扩建工作，执行公路建设管理的相关规定。

第五十二条　公路养护工程分类细目附后，具体内容可由省级交通运输主管部门结合管理需要细化。

第五十三条　省级交通运输主管部门可根据本办法制定实施办法。

第五十四条　本办法自 2018 年 6 月 1 日起施行，有效期 5 年。原交通部发布的《公路养护工程管理办法》（交公路发〔2001〕327 号）同时废止。

附录

公路养护工程分类细目

类别	定义	具体作业内容
预防养护	公路整体性能良好但有轻微病害，为延缓性能过快衰减、延长使用寿命而预先采取的主动防护工程	路基：增设或完善路基防护，如柔性防护网、生态防护、网格防护等；增设或完善排水系统，如边沟、截水沟、排水沟、拦水带、泄水槽等；集中清理路基两侧山体危石等；其他。 路面：针对整段沥青路面面层轻微病害采取的防损、防水、抗滑、抗老化等表面处治；整段水泥混凝土路面防滑处治、防剥落表面处理、板底脱空处治、接缝材料集中清理更换等；其他。 桥梁涵洞：桥梁涵洞周期性预防处治，如防腐、防锈、防侵蚀处理等；桥梁构件的集中维修或更换，如伸缩缝、支座等；其他。 隧道：隧道周期性预防处治，如防腐、防侵蚀处理、防火阻燃处理等；针对隧道渗水、剥落等的预防处治；其他
修复养护	公路出现明显病害或部分丧失服务功能，为恢复技术状况而进行的功能性、结构性修复或定期更换工程	路基：处治路堤路床病害，如沉降、桥头跳车、翻浆、开裂滑移等；增设或修复支挡结构物，如挡土墙、抗滑桩等；维修加固失稳边坡；集中更换安装路缘石、硬化路肩、修复排水设施等；局部路基加高、加宽、裁弯取直等；防雪、防石、防风沙设施的修复养护等；其他。 路面：改善沥青路面结构强度，如直接加铺、铣刨加铺、翻修加铺或其他各类集中修复等；水泥路面结构形式改造、破碎板或其他路面病害修复等；整段砂石、块石、条石路面的结构修复及改善等；配套路面修复完善相关附属设施，如调整标志标线、护栏、路缘石、路口及分隔带开口等；其他。 桥梁涵洞：桥梁涵洞加固、病害修复，如墩台（基础）、锥坡翼墙、护栏、拉索、调治结构物、径流系统等的维修完善；桥梁加宽、加高、重建、增设、接长涵洞等；其他。 隧道：对隧道结构加固、病害修复，如洞门、衬砌、顶板、斜井、侧墙等的修复；其他。 机电：对通信、监控、通风、照明、消防、收费、供配电设施、健康监测系统等进行增设、维修或更新；其他。 交安设施：集中更换或新设标志标牌、防眩板、隔音屏、隔离栅、中央活动门、限高架；整段路面标线的施划；集中维修、更换或新设公路护栏、警示桩、道口桩、减速带等；其他。 管理服务设施：公路养护、管理、服务等的房屋、场地和设施设备的维修、改造、扩建或增设；其他。 绿化景观：更换、新植行道树及花草，开辟苗圃等；公路景观提升、路域环境治理等
专项养护	为恢复、保持或提升公路服务功能而集中实施的完善增设、加固改造或拆除重建等工程	针对阶段性重点工作实施的专项公路养护治理项目
应急养护	在突发情况下造成公路损毁、中断，产生重大安全隐患等，为较快恢复公路安全通行能力而实施的应急性抢通、保通、抢修	对自然灾害或其他突发事件造成的障碍物的清理； 公路突发损毁的抢通、保通、抢修； 突发的经判定可能危及公路通行安全的重大风险的处治

注：1. 修复工程大修、中修、小修由各地结合自身管理需要，按照项目规模自行划分。
    2. 专项养护具体作业内容由各省结合阶段性重点工作自行确定，如灾害防治工程、灾毁修复工程、畅安舒美创建工程等。

农村公路建设管理办法

(2018年4月8日 交通运输部令2018年第4号)

第一章 总 则

第一条 为了规范农村公路建设管理,促进农村公路可持续健康发展,根据《公路法》《公路安全保护条例》《建设工程质量管理条例》《建设工程安全生产管理条例》等法律、行政法规和国务院相关规定,制定本办法。

第二条 农村公路新建、改建、扩建的管理,适用本办法。

本办法所称农村公路是指纳入农村公路规划,并按照公路工程技术标准修建的县道、乡道、村道及其所属设施,包括经省级交通运输主管部门认定并纳入统计年报里程的农村公路。公路包括公路桥梁、隧道和渡口。

县道是指除国道、省道以外的县际间公路以及连接县级人民政府所在地与乡级人民政府所在地和主要商品生产、集散地的公路。

乡道是指除县道及县道以上等级公路以外的乡际间公路以及连接乡级人民政府所在地与建制村的公路。

村道是指除乡道及乡道以上等级公路以外的连接建制村与建制村、建制村与自然村、建制村与外部的公路,但不包括村内街巷和农田间的机耕道。

第三条 农村公路建设应当遵循政府主导、分级负责、安全至上、确保质量、生态环保、因地制宜的原则。

第四条 交通运输部负责全国公路建设的行业管理工作。

县级以上地方交通运输主管部门依据职责主管本行政区域内农村公路的建设管理工作,县级交通运输主管部门具体负责指导、监督乡道、村道建设管理工作。

第五条 县级人民政府应当按照国务院有关规定落实本行政区域内农村公路建设的主体责任,对农村公路建设质量、安全负责,落实财政保障机制,加强和规范农村公路建设管理,严格生态环境保护,扶持和促进农村公路绿色可持续发展。

乡级人民政府负责本行政区域内乡道、村道建设管理工作。

村民委员会在乡级人民政府的指导下,可以按照村民自愿、民主决策的原则和一事一议制度组织村道建设。

第六条 农村公路建设项目实行项目业主责任制。项目业主应当具备建设项目相应的管理和技术能力。

鼓励选择专业化机构履行项目业主职责。

第七条 农村公路建设项目按照规模、功能、技术复杂程度等因素,分为重要农村公路建设项目和一般农村公路建设项目。

省级交通运输主管部门可以会同同级有关部门确定重要农村公路建设项目和一般农村公路建设项目的具体划分标准,并可以根据相关法规和本办法,结合本地区实际情况简化一般农村公路建设项目的建设程序。

第八条 鼓励在农村公路建设中应用新技术、新材料、新工艺、新设备,提高建设质量。

在保证农村公路建设质量的前提下,鼓励整合旧路资源、加工适于筑路的废旧材料等用于农村公路建设,推动资源循环利用。

鼓励采用设计、施工和验收后一定时期养护工作合并实施的"建养一体化"模式。

第九条 市级以上地方交通运输主管部门应当采用随机抽取建设项目,随机选派检查人员,检查情况向社会公开的方式,对农村公路建设项目进行监督检查。检查比例由省级交通运输主管部门确定。

县级交通运输主管部门应当实现农村公路建设项目监督检查全覆盖。

鼓励委托具有公路设计、施工、监理资质的单位进行监督检查。

第十条 农村公路建设项目年度计划、补助政策、招标投标、施工管理、质量监管、资金使用、工程验收等信息应当按照交通运输部有关规定向社会公开,接受社会监督。

第二章 规 划 管 理

第十一条 农村公路建设规划应当符合国民经济和社会发展规划、土地利用总体规划,与城乡规划、国道、省道以及其他交通运输方式的发展规划相协调。

第十二条 县道建设规划由县级交通运输主管部门会同同级有关部门编制,经县级人民政府审定后,报上一级人民政府批准。

乡道、村道建设规划由县级交通运输主管部门协助乡级人民政府编制,报县级人民政府批准。

经批准的农村公路建设规划,应当报批准机关的上一级交通运输主管部门备案。

第十三条 农村公路建设规划编制单位应当在编制建设规划时同步建立农村公路建设规划项目库,同建设规划一并履行报批和备案手续。

农村公路建设规划项目库实行动态管理,根据需要定期调整。项目库调整应当报原批准机关批准,并报批准机关的上一级交通运输主管部门备案。

第十四条 县级以上地方交通运输主管部门应当根据农村公路建设规划项目库,统筹考虑财政投入、年度建设重点、养护能力等因素,会同同级有关部门编制农村公路建设项目年度计划。

未纳入农村公路建设规划项目库的建设项目,不得列入年度计划。

农村公路建设项目年度计划编制及审批程序由省级交通运输主管部门制定。

第三章 建设资金

第十五条 农村公路建设资金应当按照国家相关规定,列入地方各级政府财政预算。

农村公路建设应当逐步建立健全以财政投入为主、多渠道筹措为辅的资金筹措机制。

鼓励采取农村公路资源开发、金融支持、捐助、捐款等方式筹集农村公路建设资金。

第十六条 县级以上地方交通运输主管部门应当依据职责,建立健全农村公路建设资金管理制度,加强对资金使用情况的监管。

第十七条 由中央政府给予投资支持的农村公路建设项目,应当按照有关规定及时将项目以及资金使用情况报相关部门备案。

第十八条 农村公路建设资金应当按照有关规定及时支付。已列入建设计划的项目可以采用"先建后补"等方式组织建设。

车辆购置税补助资金应当全部用于建设项目建筑安装工程费支出,不得从中提取咨询、审查、管理等其他费用,但中央政府全额投资的建设项目除外。

第十九条 农村公路建设资金使用情况应当按照规定接受有关部门监督检查。

任何单位、组织和个人不得截留、挤占、挪用农村公路建设资金。

第二十条 农村公路建设不得增加农民负担,不得损害农民利益,不得采用强制手段向单位和个人集资,不得强行让农民出工、备料。

第二十一条 农村公路建设不得拖欠工程款和农民工工资,不得拖欠征地拆迁款。

第四章 建设标准和设计

第二十二条 农村公路建设应当根据本地区实际情况,合理确定公路技术等级,并符合有关标准规范和省级以上交通运输主管部门相关要求。

第二十三条 农村公路设计应当做好耕地特别是永久基本农田、水利设施、生态环境和文物古迹的保护。

有条件的地方在农村公路设计时可以结合旅游等需求设置休息区、观景台。

第二十四条 农村公路设计应当由具有相应资质的设计单位承担。

重要农村公路建设项目应当进行初步设计和施工图设计。一般农村公路建设项目可以直接进行施工图设计,并可以多个项目一并进行。

第二十五条 农村公路建设项目设计文件由县级以上地方交通运输主管部门依据法律、行政法规的相关规定进行审批,具体审批权限由省级交通运输主管部门确定。

农村公路建设项目重大或者较大设计变更应当报原设计审批部门批准。

第五章 建设施工

第二十六条 农村公路建设用地应当符合土地使用标准,并按照国家有关规定执行。

第二十七条 农村公路建设项目需要征地拆迁的,应当按照当地人民政府确定的补偿标准给予补偿。

第二十八条　农村公路建设项目的勘察、设计、施工、监理等符合法定招标条件的,应当依法进行招标。

省级交通运输主管部门可以编制农村公路建设招标文件范本。

第二十九条　县级以上地方交通运输主管部门应当会同同级有关部门加强对农村公路建设项目招标投标工作的指导和监督。

第三十条　重要农村公路建设项目应当单独招标,一般农村公路建设项目可以多个项目一并招标。

第三十一条　农村公路建设项目的招标由项目业主负责组织。

第三十二条　农村公路建设项目应当选择具有相应资质的单位施工。在保证工程质量的条件下,可以在专业技术人员的指导下组织当地群众参与实施一般农村公路建设项目中技术难度低的路基和附属设施。

第三十三条　农村公路建设项目由项目业主依照相关法规自主决定工程监理形式。

第六章　质　量　安　全

第三十四条　农村公路建设项目应当遵守工程质量和安全监督管理相关法规规定。

第三十五条　农村公路建设项目应当设定保修期限和质量保证金。重要农村公路建设项目保修期限在2至3年,一般农村公路建设项目保修期限在1至2年,具体期限由项目业主和施工单位在合同中约定,自项目交工验收之日起计算。质量保证金可以从建设项目资金中预留或者以银行保函方式缴纳,预留或者缴纳比例应当符合国家相关规定。

在保修期限内发生的质量缺陷,由施工单位负责修复。施工单位不能进行修复的,由项目业主负责组织修复,修复所产生的相关费用从质量保证金中扣除,不足部分由施工单位承担。

保修期限届满且质量缺陷得到有效处置的,预留的质量保证金应当及时返还施工单位。

第三十六条　省级交通运输主管部门应当建立农村公路建设信用评价体系,由县级交通运输主管部门对农村公路建设项目有关单位进行评价,并实施相应守信联合激励和失信联合惩戒。

第三十七条　农村公路建设项目应当按照有关标准设置交通安全、防护、排水等附属设施,并与主体工程同时设计、同时施工、同时投入使用。

第三十八条　鼓励聘请技术专家或者动员当地群众代表参与农村公路建设项目质量和安全监督工作。

第三十九条　鼓励推行标准化施工,对混凝土拌和、构件预制、钢筋加工等推行工厂化管理,提高建设质量。

第七章　工　程　验　收

第四十条　农村公路建设项目完工后,应当按照国家有关规定组织交工、竣工验收。未经验收或者验收不合格的,不得交付使用。

一般农村公路建设项目的交工、竣工验收可以合并进行,并可以多个项目一并验收。

第四十一条　农村公路建设项目由项目业主组织交工验收,由县级以上地方交通运输主管部门按照项目管理权限组织竣工验收。交工、竣工验收合并的项目,由县级以上地方交通运输主管部门按照项目管理权限组织验收。

由县级以上地方交通运输主管部门组织验收的农村公路建设项目,应当邀请同级公安、安全生产监督管理等相关部门参加,验收结果报上一级交通运输主管部门备案。

市级以上地方交通运输主管部门应当将项目验收作为监督检查的重要内容。

第四十二条 农村公路建设项目验收时,验收单位应当按照设计文件和项目承包合同,组织质量鉴定检测,核定工程量。

第四十三条 农村公路建设项目在交工验收时发现存在质量缺陷等问题,由施工单位限期完成整改。

第四十四条 农村公路新建项目交工验收合格后,方可开放交通,并移交管理养护单位。

县级以上交通运输主管部门应当及时组织做好基础数据统计、更新和施工资料归档工作。

第四十五条 省级交通运输主管部门可以根据《公路工程竣(交)工验收办法》和《公路工程质量检验评定标准》,结合本地区实际情况,规定具体的农村公路建设项目验收程序。

第八章 法律责任

第四十六条 违反本办法规定,有下列情形之一的,由有关交通运输主管部门或者由其向地方人民政府建议对责任单位进行通报批评,限期整改;情节严重的,对责任人依法给予行政处分:

(一)在筹集农村公路建设资金过程中,强制单位和个人集资,强迫农民出工、备料的;

(二)擅自降低征地补偿标准,或者拖欠工程款、征地拆迁款和农民工工资的。

第四十七条 违反本办法规定,农村公路建设资金不按时支付,或者截留、挤占、挪用建设资金的,由有关交通运输主管部门或者由其向地方人民政府建议对责任单位进行通报批评,限期整改;情节严重的,对责任人依法给予行政处分。

第四十八条 违反本办法规定,农村公路新建项目未经交工验收合格即开放交通的,由有关交通运输主管部门责令停止使用,限期改正。

第四十九条 农村公路建设项目发生招标投标违法行为的,依据《招标投标法》《招标投标法实施条例》等有关规定,对相关责任单位和责任人给予处罚。

第五十条 农村公路建设项目发生转包、违法分包等质量安全违法行为的,依据《建设工程质量管理条例》《建设工程安全生产管理条例》等有关规定,对相关责任单位和责任人给予处罚。

第九章 附 则

第五十一条 本办法自 2018 年 6 月 1 日起施行。2006 年 1 月 27 日以交通部令 2006 年第 3 号发布的《农村公路建设管理办法》同时废止。

农村公路养护管理办法

(2015年11月11日 交通运输部令2015年第22号)

第一章 总 则

第一条 为规范农村公路养护管理,促进农村公路可持续健康发展,根据《公路法》《公路安全保护条例》和国务院相关规定,制定本办法。

第二条 农村公路的养护管理,适用本办法。

本办法所称农村公路是指纳入农村公路规划,并按照公路工程技术标准修建的县道、乡道、村道及其所属设施,包括经省级交通运输主管部门认定并纳入统计年报里程的农村公路。公路包括公路桥梁、隧道和渡口。

县道是指除国道、省道以外的县际间公路以及连接县级人民政府所在地与乡级人民政府所在地和主要商品生产、集散地的公路。

乡道是指除县道及县道以上等级公路以外的乡际间公路以及连接乡级人民政府所在地与建制村的公路。

村道是指除乡道及乡道以上等级公路以外的连接建制村与建制村、建制村与自然村、建制村与外部的公路,但不包括村内街巷和农田间的机耕道。

县道、乡道和村道由县级以上人民政府按照农村公路规划的审批权限在规划中予以确定,其命名和编号由省级交通运输主管部门根据国家有关规定确定。

第三条 农村公路养护管理应当遵循以县为主、分级负责、群众参与、保障畅通的原则,按照相关技术规范和操作规程进行,保持路基、边坡稳定,路面、构造物完好,保证农村公路处于良好的技术状态。

第四条 县级人民政府应当按照国务院的规定履行农村公路养护管理的主体责任,建立符合本地实际的农村公路管理体制,落实县、乡(镇)、建制村农村公路养护工作机构和人员,完善养护管理资金财政预算保障机制。

县级交通运输主管部门及其公路管理机构应当建立健全农村公路养护工作机制,执行和落实各项养护管理任务,指导乡道、村道的养护管理工作。

县级以上地方交通运输主管部门及其公路管理机构应当加强农村公路养护管理的监督管理和技术指导,完善对下级交通运输主管部门的目标考核机制。

第五条 鼓励农村公路养护管理应用新技术、新材料、新工艺、新设备,提高农村公路养护管理水平。

第二章 养护资金

第六条 农村公路养护管理资金的筹集和使用应当坚持"政府主导、多元筹资、统筹安排、专款专用、强化监管、绩效考核"的原则。

第七条 农村公路养护管理资金主要来源包括：

（一）各级地方人民政府安排的财政预算资金。包括：公共财政预算资金；省级安排的成品油消费税改革新增收入补助资金；地市、县安排的成品油消费税改革新增收入资金（替代摩托车、拖拉机养路费的基数和增量部分）。

（二）中央补助的专项资金。

（三）村民委员会通过"一事一议"等方式筹集的用于村道养护的资金。

（四）企业、个人等社会捐助，或者通过其他方式筹集的资金。

第八条 各级地方人民政府应当按照国家规定，根据农村公路养护和管理的实际需要，安排必要的公共财政预算，保证农村公路养护管理需要，并随农村公路里程和地方财力增长逐步增加。鼓励有条件的地方人民政府通过提高补助标准等方式筹集农村公路养护管理资金。

第九条 省级人民政府安排的成品油消费税改革新增收入补助资金应当按照国务院规定专项用于农村公路养护工程，不得用于日常保养和人员开支，且补助标准每年每公里不得低于国务院规定的县道7000元、乡道3500元、村道1000元。

经省级交通运输主管部门认定并纳入统计年报里程的农村公路均应当作为补助基数。

第十条 省级交通运输主管部门应当协调建立成品油消费税改革新增收入替代摩托车、拖拉机养路费转移支付资金增长机制，增幅不低于成品油税费改革新增收入的增量资金增长比例。

第十一条 省级交通运输主管部门应当协调建立省级补助资金"以奖代补"或者其他形式的激励机制，充分调动地市、县人民政府加大养护管理资金投入的积极性。

第十二条 县级交通运输主管部门应当统筹使用好上级补助资金和其他各类资金，努力提高资金使用效益，不断完善资金监管和激励制度。

第十三条 企业和个人捐助的资金，应当在尊重捐助企业和个人意愿的前提下，由接受捐赠单位统筹安排用于农村公路养护。

村民委员会通过"一事一议"筹集养护资金，由村民委员会统筹安排专项用于村道养护。

第十四条 农村公路养护资金应当实行独立核算，专款专用，禁止截留、挤占或者挪用，使用情况接受审计、财政等部门的审计和监督检查。

第三章 养护管理

第十五条 县级交通运输主管部门和公路管理机构应当建立健全农村公路养护质量检查、考核和评定制度，建立健全质量安全保证体系和信用评价体系，加强检查监督，确保工程质量和安全。

第十六条 农村公路养护按其工程性质、技术复杂程度和规模大小，分为小修保养、中修、大修、改建。

养护计划应当结合通行安全和社会需求等因素,按照轻重缓急,统筹安排。

大中修和改建工程应按有关规范和标准进行设计,履行相关管理程序,并按照有关规定进行验收。

第十七条 农村公路养护应当逐步向规范化、专业化、机械化、市场化方向发展。

第十八条 县级交通运输主管部门和公路管理机构要优化现有农村公路养护道班和工区布局,扩大作业覆盖面,提升专业技能,充分发挥其在公共服务、应急抢险和日常养护与管理中的作用。

鼓励将日常保养交由公路沿线村民负责,采取个人、家庭分段承包等方式实施,并按照优胜劣汰的原则,逐步建立相对稳定的群众性养护队伍。

第十九条 农村公路养护应逐步推行市场化,实行合同管理,计量支付,并充分发挥信用评价的作用,择优选定养护作业单位。

鼓励从事公路养护的事业单位和社会力量组建养护企业,参与养护市场竞争。

第二十条 各级地方交通运输主管部门和公路管理机构要完善农村公路养护管理信息系统和公路技术状况统计更新制度,加快决策科学化和管理信息化进程。

第二十一条 县级交通运输主管部门和公路管理机构应当定期组织开展农村公路技术状况评定,县道和重要乡道评定频率每年不少于一次,其他公路在五年规划期内不少于两次。

路面技术状况评定宜采用自动化快速检测设备。有条件的地区在五年规划期内,县道评定频率应当不低于两次,乡道、村道应当不低于一次。

第二十二条 省级交通运输主管部门要以《公路技术状况评定标准》为基础,制定符合本辖区实际的农村公路技术状况评定标准,省、地市级交通运输主管部门应当定期组织对评定结果进行抽查。

第二十三条 地方各级交通运输主管部门和公路管理机构应当将公路技术状况评定结果作为养护质量考核的重要指标,并建立相应的奖惩机制。

第二十四条 农村公路养护作业单位和人员应当按照《公路安全保护条例》规定和相关技术规范要求开展养护作业,采取有效措施,确保施工安全、交通安全和工程质量。

农村公路养护作业单位应当完善养护质量和安全制度,加强作业人员教育和培训。

第二十五条 负责农村公路日常养护的单位或者个人应当按合同规定定期进行路况巡查,发现突发损坏、交通中断或者路产路权案件等影响公路运行的情况时,及时按有关规定处理和上报。

农村公路发生严重损坏或中断时,县级交通运输主管部门和公路管理机构应当在当地政府的统一领导下,组织及时修复和抢通。难以及时恢复交通的,应当设立醒目的警示标志,并告知绕行路线。

第二十六条 大型建设项目在施工期间需要使用农村公路的,应当按照指定线路行驶,符合荷载标准。对公路造成损坏的应当进行修复或者依法赔偿。

第二十七条 县、乡级人民政府应当依据有关规定对农村公路养护需要的挖砂、采石、取土以及取水给予支持和协助。

第二十八条 县级人民政府应当按照《公路法》《公路安全保护条例》的有关规定组织划

定农村公路用地和建筑控制区。

第二十九条 县级交通运输主管部门和公路管理机构应在当地人民政府统一领导下,大力整治农村公路路域环境,加强绿化美化,逐步实现田路分家、路宅分家,努力做到路面整洁无杂物,排水畅通无淤积,打造畅安舒美的农村公路通行环境。

第四章 法 律 责 任

第三十条 违反本办法规定,在筹集或者使用农村公路养护资金过程中,强制向单位和个人集资或者截留、挤占、挪用资金等违规行为的,由有关交通运输主管部门或者由其向地方人民政府建议对责任单位进行通报批评,限期整改;情节严重的,对责任人依法给予行政处分。

第三十一条 违反本办法规定,不按规定对农村公路进行养护的,由有关交通运输主管部门或者由其向地方人民政府建议对责任单位进行通报批评,限期整改;情节严重的,停止补助资金拨付,依法对责任人给予行政处分。

第三十二条 违反本办法其他规定,由县级交通运输主管部门或者公路管理机构按照《公路法》《公路安全保护条例》相关规定进行处罚。

第五章 附 则

第三十三条 本办法自2016年1月1日起施行。交通运输部于2008年4月发布的《农村公路管理养护暂行办法》(交公路发〔2008〕43号)同时废止。

公路建设监督管理办法

(2006 年 6 月 8 日　交通部令 2006 年第 6 号)

第一章　总　　则

第一条　为促进公路事业持续、快速、健康发展,加强公路建设监督管理,维护公路建设市场秩序,根据《中华人民共和国公路法》、《建设工程质量管理条例》和国家有关法律、法规,制定本办法。

第二条　在中华人民共和国境内从事公路建设的单位和人员必须遵守本办法。

本办法所称公路建设是指公路、桥梁、隧道、交通工程及沿线设施和公路渡口的项目建议书、可行性研究、勘察、设计、施工、竣(交)工验收和后评价全过程的活动。

第三条　公路建设监督管理实行统一领导,分级管理。

交通部主管全国公路建设监督管理;县级以上地方人民政府交通主管部门主管本行政区域内公路建设监督管理。

第四条　县级以上人民政府交通主管部门必须依照法律、法规及本办法的规定对公路建设实施监督管理。

有关单位和个人应当接受县级以上人民政府交通主管部门依法进行的公路建设监督检查,并给予支持与配合,不得拒绝或阻碍。

第二章　监督部门的职责与权限

第五条　公路建设监督管理的职责包括:
(一)监督国家有关公路建设工作方针、政策和法律、法规、规章、强制性技术标准的执行;
(二)监督公路建设项目建设程序的履行;
(三)监督公路建设市场秩序;
(四)监督公路工程质量和工程安全;
(五)监督公路建设资金的使用;
(六)指导、检查下级人民政府交通主管部门的监督管理工作;
(七)依法查处公路建设违法行为。

第六条　交通部对全国公路建设项目进行监督管理,依据职责负责国家高速公路网建设项目和交通部确定的其他重点公路建设项目前期工作、施工许可、招标投标、工程质量、工程进度、资金、安全管理的监督和竣工验收工作。

除应当由交通部实施的监督管理职责外,省级人民政府交通主管部门依据职责负责本行政区域内公路建设项目的监督管理,具体负责本行政区域内的国家高速公路网建设项目、交通部和省级人民政府确定的其他重点公路建设项目的监督管理。

设区的市和县级人民政府交通主管部门按照有关规定负责本行政区域内公路建设项目的监督管理。

第七条 县级以上人民政府交通主管部门在履行公路建设监督管理职责时,有权要求:

(一)被检查单位提供有关公路建设的文件和资料;

(二)进入被检查单位的工作现场进行检查;

(三)对发现的工程质量和安全问题以及其他违法行为依法处理。

第三章 建设程序的监督管理

第八条 公路建设应当按照国家规定的建设程序和有关规定进行。

政府投资公路建设项目实行审批制,企业投资公路建设项目实行核准制。县级以上人民政府交通主管部门应当按职责权限审批或核准公路建设项目,不得越权审批、核准项目或擅自简化建设程序。

第九条 政府投资公路建设项目的实施,应当按照下列程序进行:

(一)根据规划,编制项目建议书;

(二)根据批准的项目建议书,进行工程可行性研究,编制可行性研究报告;

(三)根据批准的可行性研究报告,编制初步设计文件;

(四)根据批准的初步设计文件,编制施工图设计文件;

(五)根据批准的施工图设计文件,组织项目招标;

(六)根据国家有关规定,进行征地拆迁等施工前准备工作,并向交通主管部门申报施工许可;

(七)根据批准的项目施工许可,组织项目实施;

(八)项目完工后,编制竣工图表、工程决算和竣工财务决算,办理项目交、竣工验收和财产移交手续;

(九)竣工验收合格后,组织项目后评价。

国务院对政府投资公路建设项目建设程序另有简化规定的,依照其规定执行。

第十条 企业投资公路建设项目的实施,应当按照下列程序进行:

(一)根据规划,编制工程可行性研究报告;

(二)组织投资人招标工作,依法确定投资人;

(三)投资人编制项目申请报告,按规定报项目审批部门核准;

(四)根据核准的项目申请报告,编制初步设计文件,其中涉及公共利益、公众安全、工程建设强制性标准的内容应当按项目隶属关系报交通主管部门审查;

(五)根据初步设计文件编制施工图设计文件;

(六)根据批准的施工图设计文件组织项目招标;

（七）根据国家有关规定，进行征地拆迁等施工前准备工作，并向交通主管部门申报施工许可；

（八）根据批准的项目施工许可，组织项目实施；

（九）项目完工后，编制竣工图表、工程决算和竣工财务决算，办理项目交、竣工验收；

（十）竣工验收合格后，组织项目后评价。

第十一条 县级以上人民政府交通主管部门根据国家有关规定，按照职责权限负责组织公路建设项目的项目建议书、工程可行性研究工作、编制设计文件、经营性项目的投资人招标、竣工验收和项目后评价工作。

公路建设项目的项目建议书、工程可行性研究报告、设计文件、招标文件、项目申请报告等应按照国家颁发的编制办法或有关规定编制，并符合国家规定的工作质量和深度要求。

第十二条 公路建设项目法人应当依法选择勘察、设计、施工、咨询、监理单位，采购与工程建设有关的重要设备、材料，办理施工许可，组织项目实施，组织项目交工验收，准备项目竣工验收和后评价。

第十三条 公路建设项目应当按照国家有关规定实行项目法人责任制度、招标投标制度、工程监理制度和合同管理制度。

第十四条 公路建设项目必须符合公路工程技术标准。施工单位必须按批准的设计文件施工，任何单位和人员不得擅自修改工程设计。

已批准的公路工程设计，原则上不得变更。确需设计变更的，应当按照交通部制定的《公路工程设计变更管理办法》的规定履行审批手续。

第十五条 公路建设项目验收分为交工验收和竣工验收两个阶段。项目法人负责组织对各合同段进行交工验收，并完成项目交工验收报告报交通主管部门备案。交通主管部门在15天内没有对备案项目的交工验收报告提出异议，项目法人可开放交通进入试运营期。试运营期不得超过3年。

通车试运营2年后，交通主管部门应组织竣工验收，经竣工验收合格的项目可转为正式运营。对未进行交工验收、交工验收不合格或没有备案的工程开放交通进行试运营的，由交通主管部门责令停止试运营。

公路建设项目验收工作应当符合交通部制定的《公路工程竣(交)工验收办法》的规定。

第四章 建设市场的监督管理

第十六条 县级以上人民政府交通主管部门依据职责，负责对公路建设市场的监督管理，查处建设市场中的违法行为。对经营性公路建设项目投资人、公路建设从业单位和主要从业人员的信用情况应进行记录并及时向社会公布。

第十七条 公路建设市场依法实行准入管理。公路建设项目法人或其委托的项目建设管理单位的项目建设管理机构、主要负责人的技术和管理能力应当满足拟建项目的管理需要，符合交通部有关规定的要求。公路工程勘察、设计、施工、监理、试验检测等从业单位应当依法取得有关部门许可的相应资质后，方可进入公路建设市场。

公路建设市场必须开放，任何单位和个人不得对公路建设市场实行地方保护，不得限制符合市场准入条件的从业单位和从业人员依法进入公路建设市场。

第十八条 公路建设从业单位从事公路建设活动,必须遵守国家有关法律、法规、规章和公路工程技术标准,不得损害社会公共利益和他人合法权益。

第十九条 公路建设项目法人应当承担公路建设相关责任和义务,对建设项目质量、投资和工期负责。

公路建设项目法人必须依法开展招标活动,不得接受投标人低于成本价的投标,不得随意压缩建设工期,禁止指定分包和指定采购。

第二十条 公路建设从业单位应当依法取得公路工程资质证书并按照资质管理有关规定,在其核定的业务范围内承揽工程,禁止无证或越级承揽工程。

公路建设从业单位必须按合同规定履行其义务,禁止转包或违法分包。

第五章 质量与安全的监督管理

第二十一条 县级以上人民政府交通主管部门应当加强对公路建设从业单位的质量与安全生产管理机构的建立、规章制度落实情况的监督检查。

第二十二条 公路建设实行工程质量监督管理制度。公路工程质量监督机构应当根据交通主管部门的委托依法实施工程质量监督,并对监督工作质量负责。

第二十三条 公路建设项目实施过程中,监理单位应当依照法律、法规、规章以及有关技术标准、设计文件、合同文件和监理规范的要求,采用旁站、巡视和平行检验形式对工程实施监理,对不符合工程质量与安全要求的工程应当责令施工单位返工。

未经监理工程师签认,施工单位不得将建筑材料、构件和设备在工程上使用或安装,不得进行下一道工序施工。

第二十四条 公路工程质量监督机构应当具备与质量监督工作相适应的试验检测条件,根据国家有关工程质量的法律、法规、规章和交通部制定的技术标准、规范、规程以及质量检验评定标准等,对工程质量进行监督、检查和鉴定。任何单位和个人不得干预或阻挠质量监督机构的质量鉴定工作。

第二十五条 公路建设从业单位应当对工程质量和安全负责。工程实施中应当加强对职工的教育与培训,按照国家有关规定建立健全质量和安全保证体系,落实质量和安全生产责任制,保证工程质量和工程安全。

第二十六条 公路建设项目发生工程质量事故,项目法人应在24小时内按项目管理隶属关系向交通主管部门报告,工程质量事故同时报公路工程质量监督机构。

省级人民政府交通主管部门或受委托的公路工程质量监督机构负责调查处理一般工程质量事故;交通部会同省级人民政府交通主管部门负责调查处理重大工程质量事故;特别重大工程质量事故和安全事故的调查处理按照国家有关规定办理。

第六章 建设资金的监督管理

第二十七条 对于使用财政性资金安排的公路建设项目,县级以上人民政府交通主管部门必须对公路建设资金的筹集、使用和管理实行全过程监督检查,确保建设资金的安全。

公路建设项目法人必须按照国家有关法律、法规、规章的规定,合理安排和使用公路建设资金。

第二十八条 对于企业投资公路建设项目,县级以上人民政府交通主管部门要依法对资金到位情况、使用情况进行监督检查。

第二十九条 公路建设资金监督管理的主要内容:

(一)是否严格执行建设资金专款专用、专户存储、不准侵占、挪用等有关管理规定;

(二)是否严格执行概预算管理规定,有无将建设资金用于计划外工程;

(三)资金来源是否符合国家有关规定,配套资金是否落实、及时到位;

(四)是否按合同规定拨付工程进度款,有无高估冒算,虚报冒领情况,工程预备费使用是否符合有关规定;

(五)是否在控制额度内按规定使用建设管理费,按规定的比例预留工程质量保证金,有无非法扩大建设成本的问题;

(六)是否按规定编制项目竣工财务决算,办理财产移交手续,形成的资产是否及时登记入账管理;

(七)财会机构是否建立健全,并配备相适应的财会人员。各项原始记录、统计台账、凭证账册、会计核算、财务报告、内部控制制度等基础性工作是否健全、规范。

第三十条 县级以上人民政府交通主管部门对公路建设资金监督管理的主要职责:

(一)制定公路建设资金管理制度;

(二)按规定审核、汇总、编报、批复年度公路建设支出预算、财务决算和竣工财务决算;

(三)合理安排资金,及时调度、拨付和使用公路建设资金;

(四)监督管理建设项目工程概预算、年度投资计划安排与调整、财务决算;

(五)监督检查公路建设项目资金筹集、使用和管理,及时纠正违法问题,对重大问题提出意见报上级交通主管部门;

(六)收集、汇总、报送公路建设资金管理信息,审查、编报公路建设项目投资效益分析报告;

(七)督促项目法人及时编报工程财务决算,做好竣工验收准备工作;

(八)督促项目法人及时按规定办理财产移交手续,规范资产管理。

第七章 社会监督

第三十一条 县级以上人民政府交通主管部门应定期向社会公开发布公路建设市场管理、工程进展、工程质量情况、工程质量和安全事故处理等信息,接受社会监督。

第三十二条 公路建设施工现场实行标示牌管理。标示牌应当标明该项工程的作业内容,项目法人、勘察、设计、施工、监理单位名称和主要负责人姓名,接受社会监督。

第三十三条 公路建设实行工程质量举报制度,任何单位和个人对公路建设中违反国家法律、法规的行为,工程质量事故和质量缺陷都有权向县级以上人民政府交通主管部门或质量监督机构检举和投诉。

第三十四条 县级以上人民政府交通主管部门可聘请社会监督员对公路建设活动和工程

质量进行监督。

第三十五条 对举报内容属实的单位和个人，县级以上人民政府交通主管部门可予以表彰或奖励。

第八章 罚 则

第三十六条 违反本办法第四条规定，拒绝或阻碍依法进行公路建设监督检查工作的，责令改正，构成犯罪的，依法追究刑事责任。

第三十七条 违反本办法第八条规定，越权审批、核准或擅自简化基本建设程序的，责令限期补办手续，可给予警告处罚；造成严重后果的，对全部或部分使用财政性资金的项目，可暂停项目执行或暂缓资金拨付，对直接责任人依法给予行政处分。

第三十八条 违反本办法第十二条规定，项目法人将工程发包给不具有相应资质等级的勘察、设计、施工和监理单位的，责令改正，处 50 万元以上 100 万元以下的罚款；未按规定办理施工许可擅自施工的，责令停止施工、限期改正，视情节可处工程合同价款 1% 以上 2% 以下罚款。

第三十九条 违反本办法第十四条规定，未经批准擅自修改工程设计，责令限期改正，可给予警告处罚；情节严重的，对全部或部分使用财政性资金的项目，可暂停项目执行或暂缓资金拨付。

第四十条 违反本办法第十五条规定，未组织项目交工验收或验收不合格擅自交付使用的，责令改正并停止使用，处工程合同价款 2% 以上 4% 以下的罚款；对收费公路项目应当停止收费。

第四十一条 违反本办法第十九条规定，项目法人指定分包和指定采购，随意压缩工期，侵犯他人合法权益的，责令限期改正，可处 20 万元以上 50 万元以下的罚款；造成严重后果的，对全部或部分使用财政性资金的项目，可暂停项目执行或暂缓资金拨付。

第四十二条 违反本办法第二十条规定，承包单位弄虚作假、无证或越级承揽工程任务的，责令停止违法行为，对勘察、设计单位或工程监理单位处合同约定的勘察费、设计费或监理酬金 1 倍以上 2 倍以下的罚款；对施工单位处工程合同价款 2% 以上 4% 以下的罚款，可以责令停业整顿，降低资质等级；情节严重的，吊销资质证书；有违法所得的，予以没收。承包单位转包或违法分包工程的，责令改正，没收违法所得，对勘察、设计、监理单位处合同约定的勘察费、设计费、监理酬金的 25% 以上 50% 以下的罚款；对施工单位处工程合同价款 0.5% 以上 1% 以下的罚款。

第四十三条 违反本办法第二十二条规定，公路工程质量监督机构不履行公路工程质量监督职责、不承担质量监督责任的，由交通主管部门视情节轻重，责令整改或者给予警告。公路工程质量监督机构工作人员在公路工程质量监督管理工作中玩忽职守、滥用职权、徇私舞弊的，由交通主管部门或者公路工程质量监督机构依法给予行政处分；构成犯罪的，依法追究刑事责任。

第四十四条 违反本办法第二十三条规定，监理单位将不合格的工程、建筑材料、构件和设备按合格予以签认的，责令改正，可给予警告处罚，情节严重的，处 50 万元以上 100 万元以下的罚款;施工单位在工程上使用或安装未经监理签认的建筑材料、构件和设备的,责令改正,可给予警告处罚,情节严重的,处工程合同价款2%以上4%以下的罚款。

第四十五条 违反本办法第二十五条规定,公路建设从业单位忽视工程质量和安全管理,造成质量或安全事故的,对项目法人给予警告、限期整改,情节严重的,暂停资金拨付;对勘察、设计、施工和监理等单位视情节轻重给予警告、取消其2年至5年内参加依法必须进行招标项目的投标资格的处罚;对情节严重的监理单位,还可给予责令停业整顿、降低资质等级和吊销资质证书的处罚。

第四十六条 违反本办法第二十六条规定,项目法人对工程质量事故隐瞒不报、谎报或拖延报告期限的,给予警告处罚,对直接责任人依法给予行政处分。

第四十七条 违反本办法第二十九条规定,项目法人侵占、挪用公路建设资金,非法扩大建设成本,责令限期整改,可给予警告处罚;情节严重的,对全部或部分使用财政性资金的项目,可暂停项目执行或暂缓资金拨付,对直接责任人依法给予行政处分。

第四十八条 公路建设从业单位有关人员,具有行贿、索贿、受贿行为,损害国家、单位合法权益,构成犯罪的,依法追究刑事责任。

第四十九条 政府交通主管部门工作人员玩忽职守、滥用职权、徇私舞弊的,依法给予行政处分;构成犯罪的,依法追究刑事责任。

第九章 附 则

第五十条 本办法由交通部负责解释。

第五十一条 本办法自2006年8月1日起施行。交通部2000年8月28日公布的《公路建设监督管理办法》(交通部令2000年第8号)同时废止。

公路工程竣(交)工验收办法

(2004年3月31日 交通部令2004年第3号)

第一章 总 则

第一条 为规范公路工程竣(交)工验收工作,保障公路安全有效运营,根据《中华人民共和国公路法》,制定本办法。

第二条 本办法适用于中华人民共和国境内新建和改建的公路工程竣(交)工验收活动。

第三条 公路工程应按本办法进行竣(交)工验收,未经验收或者验收不合格的,不得交付使用。

第四条 公路工程验收分为交工验收和竣工验收两个阶段。

交工验收是检查施工合同的执行情况,评价工程质量是否符合技术标准及设计要求,是否可以移交下一阶段施工或是否满足通车要求,对各参建单位工作进行初步评价。

竣工验收是综合评价工程建设成果,对工程质量、参建单位和建设项目进行综合评价。

第五条 公路工程竣(交)工验收的依据是:

(一)批准的工程可行性研究报告;

(二)批准的工程初步设计、施工图设计及变更设计文件;

(三)批准的招标文件及合同文本;

(四)行政主管部门的有关批复、批示文件;

(五)交通部颁布的公路工程技术标准、规范、规程及国家有关部门的相关规定。

第六条 交工验收由项目法人负责。

竣工验收由交通主管部门按项目管理权限负责。交通部负责国家、部重点公路工程项目中100公里以上的高速公路、独立特大型桥梁和特长隧道工程的竣工验收工作;其他公路工程建设项目,由省级人民政府交通主管部门确定的相应交通主管部门负责竣工验收工作。

第七条 公路工程竣(交)工验收工作应当做到公正、真实和科学。

第二章 交 工 验 收

第八条 公路工程(合同段)进行交工验收应具备以下条件:

(一)合同约定的各项内容已完成;

(二)施工单位按交通部制定的《公路工程质量检验评定标准》及相关规定的要求对工程

质量自检合格；

（三）监理工程师对工程质量的评定合格；

（四）质量监督机构按交通部规定的公路工程质量鉴定办法对工程质量进行检测（必要时可委托有相应资质的检测机构承担检测任务），并出具检测意见；

（五）竣工文件已按交通部规定的内容编制完成；

（六）施工单位、监理单位已完成本合同段的工作总结。

第九条 公路工程各合同段符合交工验收条件后，经监理工程师同意，由施工单位向项目法人提出申请，项目法人应及时组织对该合同段进行交工验收。

第十条 交工验收的主要工作内容是：

（一）检查合同执行情况；

（二）检查施工自检报告、施工总结报告及施工资料；

（三）检查监理单位独立抽检资料、监理工作报告及质量评定资料；

（四）检查工程实体，审查有关资料，包括主要产品质量的抽（检）测报告；

（五）核查工程完工数量是否与批准的设计文件相符，是否与工程计量数量一致；

（六）对合同是否全面执行、工程质量是否合格作出结论，按交通主管部门规定的格式签署合同段交工验收证书；

（七）按交通部规定的办法对设计单位、监理单位、施工单位的工作进行初步评价。

第十一条 项目法人负责组织公路工程各合同段的设计、监理、施工等单位参加交工验收。拟交付使用的工程，应邀请运营、养护管理单位参加。参加验收单位的主要职责是：

项目法人负责组织各合同段参建单位完成交工验收工作的各项内容，总结合同执行过程中的经验，对工程质量是否合格作出结论；

设计单位负责检查已完成的工程是否与设计相符，是否满足设计要求；

监理单位负责完成监理资料的汇总、整理，协助项目法人检查施工单位的合同执行情况，核对工程数量，科学公正地对工程质量进行评定；

施工单位负责提交竣工资料，完成交工验收准备工作。

第十二条 项目法人组织监理单位按《公路工程质量检验评定标准》的要求对各合同段的工程质量进行评定。

监理单位根据独立抽检资料对工程质量进行评定，当监理按规定完成的独立抽检资料不能满足评定要求时，可以采用经监理确认的施工自检资料。

项目法人根据对工程质量的检查及平时掌握的情况，对监理单位所做的工程质量评定进行审定。

第十三条 各合同段工程质量评分采用所含各单位工程质量评分的加权平均值。即：

工程各合同段交工验收结束后，由项目法人对整个工程项目进行工程质量评定，工程质量评分采用各合同段工程质量评分的加权平均值。即：

工程质量等级评定分为合格和不合格，工程质量评分值大于等于75分的为合格，小于75分的为不合格。

第十四条 公路工程各合同段验收合格后，项目法人应按交通部规定的要求及时完成项目交工验收报告，并向交通主管部门备案。国家、部重点公路工程项目中100公里以上的高速公路、独立特大型桥梁和特长隧道工程向省级人民政府交通主管部门备案,其他公路工程按省级人民政府交通主管部门的规定向相应的交通主管部门备案。

公路工程各合同段验收合格后,质量监督机构应向交通主管部门提交项目的检测报告。交通主管部门在 15 天内未对备案的项目交工验收报告提出异议,项目法人可开放交通进入试运营期。试运营期不得超过 3 年。

第十五条 交工验收提出的工程质量缺陷等遗留问题,由施工单位限期完成。

第三章 竣 工 验 收

第十六条 公路工程进行竣工验收应具备以下条件:
(一)通车试运营 2 年后;
(二)交工验收提出的工程质量缺陷等遗留问题已处理完毕,并经项目法人验收合格;
(三)工程决算已按交通部规定的办法编制完成,竣工决算已经审计,并经交通主管部门或其授权单位认定;
(四)竣工文件已按交通部规定的内容完成;
(五)对需进行档案、环保等单项验收的项目,已经有关部门验收合格;
(六)各参建单位已按交通部规定的内容完成各自的工作报告;
(七)质量监督机构已按交通部规定的公路工程质量鉴定办法对工程质量检测鉴定合格,并形成工程质量鉴定报告。

第十七条 公路工程符合竣工验收条件后,项目法人应按照项目管理权限及时向交通主管部门申请验收。交通主管部门应当自收到申请之日起 30 日内,对申请人递交的材料进行审查,对于不符合竣工验收条件的,应当及时退回并告知理由;对于符合验收条件的,应自收到申请文件之日起 3 个月内组织竣工验收。

第十八条 竣工验收的主要工作内容是:
(一)成立竣工验收委员会;
(二)听取项目法人、设计单位、施工单位、监理单位的工作报告;
(三)听取质量监督机构的工作报告及工程质量鉴定报告;
(四)检查工程实体质量、审查有关资料;
(五)按交通部规定的办法对工程质量进行评分,并确定工程质量等级;
(六)按交通部规定的办法对参建单位进行综合评价;
(七)对建设项目进行综合评价;
(八)形成并通过竣工验收鉴定书。

第十九条 竣工验收委员会由交通主管部门、公路管理机构、质量监督机构、造价管理机构等单位代表组成。大中型项目及技术复杂工程,应邀请有关专家参加。国防公路应邀请军队代表参加。

项目法人、设计单位、监理单位、施工单位、接管养护等单位参加竣工验收工作。

第二十条 参加竣工验收工作各方的主要职责是:
竣工验收委员会负责对工程实体质量及建设情况进行全面检查。按交通部规定的办法对工程质量进行评分,对各参建单位进行综合评价,对建设项目进行综合评价,确定工程质量和建设项目等级,形成工程竣工验收鉴定书。

项目法人负责提交项目执行报告及验收所需资料,协助竣工验收委员会开展工作;

设计单位负责提交设计工作报告,配合竣工验收检查工作;

监理单位负责提交监理工作报告,提供工程监理资料,配合竣工验收检查工作;

施工单位负责提交施工总结报告,提供各种资料,配合竣工验收检查工作。

第二十一条 竣工验收工程质量评分采取加权平均法计算,其中交工验收工程质量得分权值为0.2,质量监督机构工程质量鉴定得分权值为0.6,竣工验收委员会对工程质量评定得分权值为0.2。

工程质量评定得分大于等于90分为优良,小于90分且大于等于75分为合格,小于75分为不合格。

第二十二条 竣工验收委员会按交通部规定的办法对参建单位的工作进行综合评价。

评定得分大于等于90分且工程质量等级优良的为好,大于等于75分为中,小于75分为差。

第二十三条 竣工验收建设项目综合评分采取加权平均法计算,其中竣工验收工程质量得分权值为0.7,参建单位工作评价得分权值为0.3(项目法人占0.15,设计、施工、监理各占0.05)。

评定得分大于等于90分且工程质量等级优良的为优良,大于等于75分为合格,小于75分为不合格。

第二十四条 负责组织竣工验收的交通主管部门对通过验收的建设项目按交通部规定的要求签发《公路工程竣工验收鉴定书》。

通过竣工验收的工程,由质量监督机构依据竣工验收结论,按照交通部规定的格式对各参建单位签发工作综合评价等级证书。

第四章 罚 则

第二十五条 项目法人违反本办法规定,对不具备交工验收条件的公路工程组织交工验收,交工验收无效,由交通主管部门责令改正。

第二十六条 项目法人违反本办法规定,对未进行交工验收、交工验收不合格或未备案的工程开放交通进行试运营的,由交通主管部门责令停止试运营,并予以警告处罚。

第二十七条 项目法人对试运营期超过3年的公路工程不申请组织竣工验收的,由交通主管部门责令改正。对责令改正后仍不申请组织竣工验收的,由交通主管部门责令停止试运营。

第二十八条 质量监督机构人员在验收工作中滥用职权、玩忽职守、徇私舞弊的,依法给予行政处分,构成犯罪的,依法追究刑事责任。

第五章 附 则

第二十九条 公路工程建设项目建成后,施工单位、监理单位、项目法人应负责编制工程竣工文件、图表、资料,并装订成册,其编制费用分别由施工单位、监理单位、项目法人承担。

各合同段交工验收工作所需的费用由施工单位承担。整个建设项目竣(交)工验收期间质量监督机构进行工程质量检测所需的费用由项目法人承担。

第三十条 对通过验收的工程,由项目法人按照国家规定,分别向档案管理部门和公路管理机构、接管养护单位办理有关档案资料和资产移交手续。

第三十一条 对于规模较小、等级较低的小型项目,可将交工验收和竣工验收合并进行。规模较小、等级较低的小型项目的具体标准由省级人民政府交通主管部门结合本地区的具体情况制订。

第三十二条 本办法由交通部负责解释。

第三十三条 本办法自 2004 年 10 月 1 日起施行。交通部颁布的《公路工程竣工验收办法》(交公路发〔1995〕1081 号)同时废止。

公路工程竣(交)工验收办法实施细则

(交公路发[2010]65号)

第一章 总 则

第一条 为进一步规范和完善公路工程竣(交)工验收工作,根据《公路工程竣(交)工验收办法》(交通部令2004年第3号),制定本细则。

第二条 公路工程验收分为交工验收和竣工验收两个阶段。

交工验收阶段,其主要工作是:检查施工合同的执行情况,评价工程质量,对各参建单位工作进行初步评价。

竣工验收阶段,其主要工作是:对工程质量、参建单位和建设项目进行综合评价,并对工程建设项目作出整体性综合评价。

第三条 公路工程竣(交)工验收的依据是:

(一)批准的项目建议书、工程可行性研究报告。

(二)批准的工程初步设计、施工图设计及设计变更文件。

(三)施工许可。

(四)招标文件及合同文本。

(五)行政主管部门的有关批复、批示文件。

(六)公路工程技术标准、规范、规程及国家有关部门的相关规定。

第二章 交 工 验 收

第四条 公路工程交工验收工作一般按合同段进行,并应具备以下条件:

(一)合同约定的各项内容已全部完成。各方就合同变更的内容达成书面一致意见。

(二)施工单位按《公路工程质量检验评定标准》及相关规定对工程质量自检合格。

(三)监理单位对工程质量评定合格。

(四)质量监督机构按"公路工程质量鉴定办法"(见附件1)对工程质量进行检测,并出具检测意见。检测意见中需整改的问题已经处理完毕。

(五)竣工文件按公路工程档案管理的有关要求,完成"公路工程项目文件归档范围"(见附件2)第三、四、五部分(不含缺陷责任期资料)内容的收集、整理及归档工作。

(六)施工单位、监理单位完成本合同段的工作总结报告。

第五条 交工验收程序:

(一)施工单位完成合同约定的全部工程内容,且经施工自检和监理检验评定均合格后,提出合同段交工验收申请报监理单位审查。交工验收申请应附自检评定资料和施工总结报告。

(二)监理单位根据工程实际情况、抽检资料以及对合同段工程质量评定结果,对施工单位交工验收申请及其所附资料进行审查并签署意见。监理单位审查同意后,应同时向项目法人提交独立抽检资料、质量评定资料和监理工作报告。

(三)项目法人对施工单位的交工验收申请、监理单位的质量评定资料进行核查,必要时可委托有相应资质的检测机构进行重点抽查检测,认为合同段满足交工验收条件时应及时组织交工验收。

(四)对若干合同段完工时间相近的,项目法人可合并组织交工验收。对分段通车的项目,项目法人可按合同约定分段组织交工验收。

(五)通过交工验收的合同段,项目法人应及时颁发"公路工程交工验收证书"(见附件3)。

(六)各合同段全部验收合格后,项目法人应及时完成"公路工程交工验收报告"(见附件4)。

第六条 交工验收的主要工作内容:

(一)检查合同执行情况。

(二)检查施工自检报告、施工总结报告及施工资料。

(三)检查监理单位独立抽检资料、监理工作报告及质量评定资料。

(四)检查工程实体,审查有关资料,包括主要产品的质量抽(检)测报告。

(五)核查工程完工数量是否与批准的设计文件相符,是否与工程计量数量一致。

(六)对合同是否全面执行、工程质量是否合格做出结论。

(七)按合同段分别对设计、监理、施工等单位进行初步评价(评价表见附件6-2~附件6-4)。

第七条 各合同段的设计、施工、监理等单位参加交工验收工作,由项目法人负责组织。路基工程作为单独合同段进行交工验收时,应邀请路面施工单位参加。拟交付使用的工程,应邀请运营、养护管理等相关单位参加。交通运输主管部门、公路管理机构、质量监督机构视情况参加交工验收。

第八条 合同段工程质量评分采用所含各单位工程质量评分的加权平均值。即:

$$工程项目质量评分值 = \frac{\Sigma(合同段工程质量评分值 \times 该合同段投资额)}{\Sigma 合同段投资额}$$

工程各合同段交工验收结束后,由项目法人对整个工程项目进行工程质量评定,工程质量评分采用各合同段工程质量评分的加权平均值。即:

$$合同段工程质量评分值 = \frac{\Sigma(单位工程质量评分值 \times 该单位工程投资额)}{\Sigma 单位工程投资额}$$

投资额原则使用结算价,当结算价暂时未确定时,可使用招标合同价,但在评分计算时应统一。

第九条　交工验收工程质量等级评定分为合格和不合格,工程质量评分值大于等于75分的为合格,小于75分的为不合格。

第十条　交工验收不合格的工程应返工整改,直至合格。

交工验收提出的工程质量缺陷等遗留问题,由项目法人责成施工单位限期完成整改。

第十一条　对通过交工验收工程,应及时安排养护管理。

第三章　竣 工 验 收

第十二条　按照公路工程管理权限,各级交通运输主管部门应于年初制定年度竣工验收计划,并按计划组织竣工验收工作。列入竣工验收计划的项目,项目法人应提前完成竣工验收前的准备工作。

第十三条　公路工程竣工验收应具备以下条件:

(一)通车试运营2年以上。

(二)交工验收提出的工程质量缺陷等遗留问题已全部处理完毕,并经项目法人验收合格。

(三)工程决算编制完成,竣工决算已经审计,并经交通运输主管部门或其授权单位认定。

(四)竣工文件已完成"公路工程项目文件归档范围"的全部内容。

(五)档案、环保等单项验收合格,土地使用手续已办理。

(六)各参建单位完成工作总结报告。

(七)质量监督机构对工程质量检测鉴定合格,并形成工程质量鉴定报告。

第十四条　竣工验收准备工作程序:

(一)公路工程符合竣工验收条件后,项目法人应按照公路工程管理权限及时向相关交通运输主管部门提出验收申请,其主要内容包括:

1. 交工验收报告。

2. 项目执行报告、设计工作报告、施工总结报告和监理工作报告。

3. 项目基本建设程序的有关批复文件。

4. 档案、环保等单项验收意见。

5. 土地使用证或建设用地批复文件。

6. 竣工决算的核备意见、审计报告及认定意见。

(二)相关交通运输主管部门对验收申请进行审查,必要时可组织现场核查。审查同意后报负责竣工验收的交通运输主管部门。

(三)以上文件齐全且符合条件的项目,由负责竣工验收的交通运输主管部门通知所属的质量监督机构开展质量鉴定工作。

(四)质量监督机构按要求完成质量鉴定工作,出具工程质量鉴定报告,并审核交工验收对设计、施工、监理初步评价结果,报送交通运输主管部门。

(五)工程质量鉴定等级为合格及以上的项目,负责竣工验收的交通运输主管部门及时组织竣工验收。

第十五条　竣工验收主要工作内容:

（一）成立竣工验收委员会。

（二）听取公路工程项目执行报告、设计工作报告、施工总结报告、监理工作报告及接管养护单位项目使用情况报告。（见附件5"公路工程参建单位工作总结报告"）

（三）听取公路工程质量监督报告及工程质量鉴定报告。

（四）竣工验收委员会成立专业检查组检查工程实体质量，审阅有关资料，形成书面检查意见。

（五）对项目法人建设管理工作进行综合评价。审定交工验收对设计单位、施工单位、监理单位的初步评价。（见附件6"公路工程参建单位工作综合评价表"）

（六）对工程质量进行评分，确定工程质量等级，并综合评价建设项目。（见附件7"公路工程竣工验收评价表"）

（七）形成并通过《公路工程竣工验收鉴定书》（见附件8）。

（八）负责竣工验收的交通运输主管部门印发《公路工程竣工验收鉴定书》。

（九）质量监督机构依据竣工验收结论，对各参建单位签发"公路工程参建单位工作综合评价等级证书"（见附件9）。

第十六条 竣工验收委员会由交通运输主管部门、公路管理机构、质量监督机构、造价管理机构等单位代表组成。国防公路应邀请军队代表参加。大中型项目及技术复杂工程，应邀请有关专家参加。

项目法人、设计、施工、监理、接管养护等单位代表参加竣工验收工作，但不作为竣工验收委员会成员。

第十七条 参加竣工验收工作各方的主要职责是：

竣工验收委员会负责对工程实体质量及建设情况进行全面检查。对工程质量进行评分，对各参建单位及建设项目进行综合评价，确定工程质量和建设项目等级，形成工程竣工验收鉴定书。

项目法人负责提交项目执行报告及验收工作所需资料，协助竣工验收委员会开展工作。

设计单位负责提交设计工作报告，配合竣工验收检查工作。

施工单位负责提交施工总结报告，提供各种资料，配合竣工验收检查工作。

监理单位负责提交监理工作报告，提供工程监理资料，配合竣工验收检查工作。

接管养护单位负责提交项目使用情况报告，配合竣工验收检查工作。

公路建设项目设计、施工、监理、接管养护等有多家单位的，项目法人应组织汇总设计工作报告、施工总结报告、监理工作报告、项目使用情况报告。竣工验收时选派代表向竣工验收委员会汇报。

第十八条 竣工验收工程质量评分采取加权平均法计算，其中交工验收工程质量得分权值为0.2，质量监督机构工程质量鉴定得分权值为0.6，竣工验收委员会对工程质量的评分权值为0.2。

对于交工验收和竣工验收合并进行的小型项目，质量监督机构工程质量鉴定得分权值为0.6，监理单位对工程质量评定得分权值为0.1，竣工验收委员会对工程质量的评分权值为0.3。

工程质量评分大于等于90分为优良，小于90分且大于等于75分为合格，小于75分为不合格。

第十九条 对建设项目出现以下特别严重问题的合同段,整改合格后,合同段工程质量不得评为优良,质量鉴定得分按照整改前的鉴定得分,超出75分的按75分,不足75分的按原得分;建设项目竣工验收工程质量等级和综合评定等级直接确定为合格。

(一)路基工程的大段落路基沉陷、大面积高边坡失稳。

(二)路面工程车辙深度大于10mm的路段累计长度超过该合同段车道总长度的5%。

(三)特大桥梁主要受力结构需要或进行过加固、补强。

(四)隧道工程渗漏水经处治效果不明显,衬砌出现影响结构安全裂缝,衬砌厚度合格率小于90%或有小于设计厚度二分之一的部位,空洞累计长度超过隧道长度的3%或单个空洞面积大于$3m^2$。

(五)重大质量事故或严重质量缺陷,造成历史性缺陷的工程。

第二十条 对建设项目出现以下严重问题的合同段,整改合格后,合同段工程质量不得评为优良,质量鉴定得分按75分计算;并视对建设项目的影响,由竣工验收委员会决定建设项目工程质量是否评为优良。

(一)路基工程的重要支挡工程严重变形。

(二)路面工程出现修补、唧浆、推移、网裂等病害路段累计长度超过路线的3%或累计面积大于总面积的1.5%;竣工验收复测路面弯沉合格率小于90%。

(三)大桥、中桥主要受力结构需要或进行过加固、补强。

第二十一条 竣工验收委员会对项目法人及设计、施工、监理单位工作进行综合评价。评定得分大于等于90分且工程质量等级优良的为好,小于90分且大于等于75分为中,小于75分为差。

第二十二条 竣工验收建设项目综合评分采取加权平均法计算,其中竣工验收工程质量得分权值为0.7,参建单位工作评价得分权值为0.3(项目法人占0.15,设计、施工、监理各占0.05)。

评定得分大于等于90分且工程质量等级优良的为优良,小于90分且大于等于75分为合格,小于75分为不合格。

第二十三条 发生过重大及以上生产安全事故的建设项目综合评定等级不得评为优良。

第二十四条 根据《国务院关于促进节约用地的通知》(国发〔2008〕3号)要求,竣工验收时需要核验建设项目依法用地和履行土地出让合同、划拨等情况。

第四章 附 则

第二十五条 各合同段交工验收工作所需的费用由施工单位承担。整个建设项目竣(交)工验收期间质量监督机构进行工程质量检测所需的费用由项目法人承担。

质量监督机构可委托有相应资质的检测机构承担竣(交)工验收的检测工作。

第二十六条 本细则自2010年5月1日起施行。《关于贯彻执行公路工程竣交工验收办法有关事宜的通知》(交公路发〔2004〕446号)同时废止。

附件1

公路工程质量鉴定办法

一、质量鉴定要求

（一）基本要求。

1. 公路工程质量鉴定由该建设项目的质量监督机构或竣工验收单位指定的质量监督机构负责组织。

2. 公路工程质量鉴定工作包括工程实体检测、外观检查和内业资料审查。

3. 公路工程质量鉴定依据质量监督机构在交工验收前和竣工验收前的工程质量检测资料，同时可结合监督过程中的检查资料进行评定（必要时工程质量检测工作可委托有相应资质的检测机构承担）。

（二）单位工程和分部工程的划分。

1. 单位工程。

每个合同段范围内的路基工程、路面工程、交通安全设施、机电工程、房屋建筑工程分别作为一个单位工程；特大桥、大桥、中桥、隧道以每座作为一个单位工程（特大桥、大桥、特长隧道、长隧道分为多个合同段施工时，以每个合同段作为一个单位工程）；互通式立体交叉的路基、路面、交通安全设施按合同段纳入相应单位工程，桥梁工程按特大桥、大桥、中桥分别作为一个单位工程。

2. 分部工程。

每个合同段的路基土石方、排水、小桥、涵洞、支挡、路面面层、标志、标线、防护栏等分别作为一个分部工程；桥梁上部、下部、桥面系分别作为一个分部工程；隧道衬砌、总体、路面分别作为一个分部工程；机电工程监控、通信、收费系统分别作为一个分部工程；房屋建筑工程按其专业工程质量检验评定标准评定。

（三）鉴定方法。

1. 分部工程质量鉴定方法。

工程实体检测以本办法规定的抽查项目及频率为基础，按抽查项目的合格率加权平均乘100作为分部工程实测得分；外观检查发现的缺陷，在分部工程实测得分的基础上采用扣分制，扣分累计不得超过15分。

$$分部工程实测得分 = \frac{\sum[抽查项目合格率 \times 权值]}{\sum 权值} \times 100$$

$$分部工程得分 = 分部工程实测得分 - 外观扣分$$

2. 单位工程、合同段、建设项目工程质量鉴定方法。

根据分部工程得分采用加权平均值计算单位工程得分，再逐级加权计算合同段工程质量得分。内业资料审查发现的问题，在合同段工程质量得分的基础上采用扣分制，扣分累计不得超过5分；合同段工程质量得分减去内业资料扣分为该合同段工程质量鉴定得分。采用加权平均值计算建设项目工程质量鉴定得分。

$$单位工程实测得分 = \frac{\sum[分部工程得分 \times 权值]}{\sum 权值}$$

$$合同段工程质量鉴定得分 = \frac{\sum[单位工程得分 \times 单位工程投资额]}{\sum 单位工程投资额} - 内业资料扣分$$

$$建设项目工程质量鉴定得分 = \frac{\sum[合同段工程质量鉴定得分 \times 合同段工程投资额]}{\sum 合同段工程投资额}$$

公式中的投资额原则使用结算价,当结算价暂时无法确定时,可使用招标合同价。但无论采用结算价还是招标合同价,计算时各单位工程或合同段均应统一。

(四)工程质量等级鉴定。

1. 总体要求。

路基整体稳定;路面无严重缺陷;桥梁、隧道等构造物结构安全稳定,混凝土强度、桩基检测、预应力构件的张拉应力、桥梁承载力等均符合设计要求;工程质量经施工自检和监理评定均合格,并经项目法人确认。不满足上述要求的工程质量鉴定不予通过。

2. 工程质量等级划分。

工程质量等级应按分部工程、单位工程、合同段、建设项目逐级进行评定,分部工程质量等级分为合格、不合格两个等级;单位工程、合同段、建设项目工程质量等级分为优良、合格、不合格三个等级。

分部工程得分大于或等于75分,则分部工程质量为合格,否则为不合格。

单位工程所含各分部工程均合格,且单位工程得分大于或等于90分,质量等级为优良;所含各分部工程均合格且得分大于或等于75分,小于90分,质量等级为合格;否则为不合格。

合同段(建设项目)所含单位工程(合同段)均合格,且工程质量鉴定得分大于或等于90分,工程质量鉴定等级为优良;所含单位工程均合格,且得分大于或等于75分、小于90分,工程质量鉴定等级为合格;否则为不合格。

不合格分部工程经整修、加固、补强或返工后可重新进行鉴定,直至合格。

二、工程实体检测

(一)抽查频率。

1. 路基工程压实度、边坡每公里抽查不少于一处,每个合同段路基压实度检查点数不少于10个。路基弯沉检测,高速、一级公路以每半幅每公里为评定单元,其他等级公路以每公里为评定单元。

2. 排水工程的断面尺寸每公里抽查2~3处,铺砌厚度按合同段抽查不少于3处。

3. 小桥抽查不少于总数的20%且每种类型抽查不少于1座。

4. 涵洞抽查不少于总数的10%且每种类型抽查不少于1道。

5. 支挡工程抽查不少于总数的10%且每种类型抽查不少于1处。

6. 路面工程的弯沉、平整度检测,高速、一级公路以每半幅每公里为评定单元,其他等级公路以每公里为评定单元。其他抽查项目每公里不少于1处。

7. 特大桥、大桥逐座检查;中桥抽查不少于总数的30%且每种桥型抽查不少于1座。

桥梁下部工程抽查不少于墩台总数的20%且不少于5个,墩台数量少于5个时全部检测。每种结构形式抽查不少于1个。

桥梁上部工程抽查不少于总孔数的20%且不少于5个,孔数少于5个时全部检测。每种结构形式抽查不少于1个。

8. 隧道逐座检查。

9. 交通安全设施中防护栏、标线每公里抽查不少于1处;标志抽查不少于总数的10%。

10. 机电工程各类设施抽查不少于10%,每类设施少于3个时全部检测。

11. 房屋建筑工程逐处检查。

(二)抽查项目。

公路工程质量鉴定抽查项目

单位工程	分部工程类别	抽查项目	权值	备注	权值
路基工程	路基土石方	压实度	3	每处每车道不少于1点	3
		弯沉	3	每评定单元检测不少于40点各车道交替检测	
		边坡	1	每处两侧各测不少于两个坡面	
	排水工程	断面尺寸	1	每处抽不少于两个断面	1
		铺砌厚度	3	每处开挖检查不少于1个断面	
	小桥	混凝土强度	3	每座用回弹仪或超声波测上、下部结构各不少于10个测区	2
		主要结构尺寸	1	每座抽10~20个	
	涵洞	混凝土强度	3	每处用回弹仪或超声波测不少于10个测区	1
		结构尺寸	2	每道5~10个	
	支挡工程	混凝土强度	3	每处用回弹仪或超声波测不少于10个测区	2
		断面尺寸	3	每处开挖检查不少于1个断面	
路面工程	路面面层	沥青路面压实度	3	每处不少于1点	1
		沥青路面弯沉*	3	每评定单元检测不少于40点,各车道交替检测	
		沥青路面车辙*	1	允许偏差:≤10mm;每处每车道至少测1个断面	
		沥青路面渗水系数	2	每处不少于1点	
		混凝土路面强度	3	每处不少于1点	
		混凝土路面相邻板高差*	1	每处测膨胀缝位置相邻板高差不少于3点	
		平整度*	2	高速、一级公路连续检测	
		抗滑*	2	高速、一级公路检测摩擦系数、构造深度	
		厚度	3	每处不少于1点	
		横坡	1	每处1~2个断面	

续上表

单位工程	分部工程类别	抽查项目	权值	备注	权值
桥梁（不含小桥）	下部	墩台混凝土强度	3	每墩台用回弹仪或超声波测不少于2个测区，测区总数不少于10个	2
		主要结构尺寸	1	每个墩台测不少于2点	
		钢筋保护层厚度	1	每墩台测2~4处	
		墩台垂直度	1	每个墩台测两个方向	
	上部	混凝土强度	3	抽查主要承重构件，每孔用回弹仪或超声波测不少于10个测区	3
		主要结构尺寸	2	每座桥测10~20点	
		钢筋保护层厚度	1	每孔测2~4处	
	桥面系	桥面铺装平整度*	1	每联>100m时用连续式平整度仪分车道检测；不足100m时每联用三米直尺测3处，每处3尺，最大间隙h：高速、一级公路允许偏差3mm，其他公路允许偏差5mm	2
		横坡	1	每100m测不少于3个断面	
		桥面抗滑*	2	每200m测不少于3处	
隧道工程	衬砌	衬砌强度	3	用回弹仪或超声波每座中、短隧道测不少于10个测区，特长、长隧道测不少于20个测区	3
		衬砌厚度	3	用高频地质雷达连续检测拱顶、拱腰三条线或钻孔检查	
		大面平整度	1	衬砌平整度实测每座中、短隧道测5~10处，长隧道测10~20处，特长隧道测20处以上	
	总体	宽度	1	每座中、短隧道测5~10点，长隧道测10~20点，特长隧道测不少于20点	1
		净空	2	每座中、短隧道测5~10点，长隧道测10~20点，特长隧道测不少于20点	
	隧道路面	面层		按照路面要求	2
交通安全设施	标志	立柱竖直度	1	每柱测两个方向	1
		标志板净空	2	取不利点	
		标志板厚度	1	每块测不少于2点	
		标志面反光膜等级及逆射光系数	2	每块测不少于2点	
	标线	反光标线逆反射系数	2	每处测不少于5点	1
		标线厚度	2	每处测不少于5点	

续上表

单位工程	分部工程类别	抽查项目	权值	备注	权值
交通安全设施	防护栏	波形梁板基底金属厚度	2	每处不少于5点	2
		波形梁钢护栏立柱壁厚	2	每处不少于5点	
		波形梁钢护栏立柱埋入深度	2	每处不少于1根	
		波形梁钢护栏横梁中心高度	1	每处不少于5点	
		混凝土护栏强度	2	用回弹仪或超声波每处不少于2个测区,测区总数不少于10个	
		混凝土护栏断面尺寸	2	每处不少于5点	
机电工程	监控系统	闭路电视监视系统传输通道指标	1	测点数不少于3个,少于3个时全部检测	1
		可变标志显示屏平均亮度	1	测点数不少于3个,少于3个时全部检测	
		计算机网健康测试	1	测点数不少于3个,少于3个时全部检测	
		接地电阻、绝缘电阻	1	测点数不少于3个,少于3个时全部检测	
	通信系统	光纤接头损耗平均值	1	测点数不少于3个,少于3个时全部检测	1
		光纤数字传输误码指标	1	测点数不少于3个,少于3个时全部检测	
		数字程控交换接通率	1	测点数不少于3个,少于3个时全部检测	
	收费系统	车道设备各车种处理流程	1	测点数不少于3个,少于3个时全部检测	1
		接地电阻、绝缘电阻	1	测点数不少于3个,少于3个时全部检测	
房屋建筑工程		(按其专业工程质量检验评定标准评定)			

注:表中"支挡工程"指挡土墙、抗滑桩、铺砌式坡面防护、喷锚等防护工程。

(三)抽查要求。

1.本办法规定的抽查项目均应在合同段交工验收前完成检测。竣工验收前,应对带"*"的抽查项目进行复测,复测结果和其他抽查项目在交工验收时的检测结果,作为竣工验收质量评定的依据。沥青路面弯沉、平整度、抗滑等复测指标的质量评定标准根据相关规范及当地实际情况确定。

2.本办法未列出的检查项目、竣工验收复测项目以及技术复杂的悬索桥、斜拉桥等工程,质量监督机构均可根据工程实际情况增加检测、复测项目。

3. 本办法未明确规定抽查项目的规定值或允许偏差的,按照《公路工程质量检验评定标准》执行。

4. 对弯沉、路面厚度、平整度、摩擦系数、隧道衬砌混凝土强度及厚度等抽查项目优先采用自动化检测(或无损检测)设备进行检测,也可采用常规方法进行检测。采用无测试规程的自动化检测(或无损检测)结果有争议时,由交通运输主管部门组织有关专家确定。

5. 竣工验收前复测的沥青路面弯沉值评定方法:采用数理统计方法评定,以每评定单元计算实测弯沉代表值,可采用3倍标准差方法对特异数据进行一次性舍弃;若计算实测弯沉代表值满足设计要求该评定单元为合格,否则为不合格;以合同段内合格的评定单元数与总的评定单元数比值为该合同段内竣工验收复测路面弯沉合格率。对于大于3倍标准差的舍弃点及不合格单元要加强观察。

三、外观检查

(一)基本要求。

1. 由该项目工程质量鉴定的质量监督机构或其委托的有资质的检测单位负责在交工验收前和竣工验收前对工程外观进行全面检查。

2. 工程外观存在严重缺陷、安全隐患或已降低服务水平的建设项目不予验收,经整修达到设计要求后方可组织验收。

3. 项目交工验收前应对桥梁、隧道、重点支挡工程、高边坡等涉及安全运营的重要工程部位进行详细检查。

(二)检查内容及扣分标准。

公路工程质量鉴定外观检查

单位工程	分部工程类别	检查内容及扣分标准	备注
路基工程	路基土石方	1. 路基边坡坡面平顺、稳定,曲线圆滑,不得亏坡,不符合要求时,单向累计长度每50米扣1~2分。 2. 路基沉陷、开裂,每处扣2~5分	按每公里累计扣分的平均值扣分
	排水工程	1. 排水沟内侧及沟底应平顺,无阻水现象,外侧无脱空,不符合要求时,每处扣1~2分。 2. 砌体坚实、勾缝牢固,不符合要求时,每5米扣1分	按每公里累计扣分的平均值扣分
	小桥	1. 混凝土表面粗糙,模板接缝处不平顺,有漏浆现象,扣1~3分。 2. 梁板及接缝渗、漏水,每处扣1分。 3. 混凝土表面蜂窝麻面面积不得超过该部位面积的0.5%,不符合要求时,每超过0.5%扣3分。 4. 桥梁的内外轮廓线条应顺滑清晰,栏杆、护栏应牢固、直顺、美观,不符合要求时扣1~3分。 5. 桥头路面平顺,无跳车现象,不符合要求时扣2~4分。 6. 桥下施工弃料应清理干净,不符合要求时扣1~3分	按每座累计扣分的平均值扣分
	涵洞	1. 涵洞进出口不顺适,洞身不直顺,帽石、八字墙、一字墙不平直,存在翘曲现象,洞内有杂物、淤泥、阻水现象时,每种病害扣1~3分。 2. 台身、涵底铺砌、拱圈、盖板有裂缝时,每道裂缝扣1~3分。 3. 涵洞处路面平顺,无跳车现象,不符合要求时扣2~4分	按每道累计扣分的平均值扣分

续上表

单位工程	分部工程类别	检查内容及扣分标准	备注
路基工程	支挡工程	1. 砌体表面平整、砌缝完好、无开裂现象、勾缝平顺、无脱落现象，不符合要求时扣1~3分。 2. 沉降缝垂直、整齐，上下贯通，不符合要求时，扣1~3分。 3. 泄水孔坡度向外，无阻塞现象，不符合要求时，扣1~3分。 4. 混凝土表面的蜂窝麻面不得超过该部位面积的0.5%，不符合要求时，每超过0.5%扣3分。 5. 墙身裂缝，局部破损，每处扣3分	按每处累计扣分值的平均值扣分
路面工程	面层	水泥混凝土路面： 1. 混凝土板的断裂块数，高速公路和一级公路不得超过0.2%；其他公路不得超过0.4%，每超过0.1%扣2分。 2. 混凝土板表面的脱皮、印痕、裂纹、石子外露和缺边掉角等病害现象，高速公路和一级公路不得超过受检面积的0.2%；其他公路不得超过0.3%，不符合要求时，每超过0.1%扣2分。对于连续配筋的混凝土路面和钢筋混凝土路面，因干缩、温缩产生的裂缝，可不扣分。 3. 路面侧石应直顺、曲线圆滑，越位20mm以上者，每处扣1~2分。 4. 接缝填筑应饱满密实，不污染路面。不符合要求时，累计长度每100米扣2分。 5. 胀缝有明显缺陷时，每条扣1~2分。 沥青混凝土面层、沥青碎石面层： 1. 面层有修补现象，每处扣1~3分。 2. 表面应平整密实，不应有泛油、松散、裂缝和明显离析等现象，对于高速公路和一级公路，有上述缺陷的面积（凡属单条的裂缝，则按其实际长度乘以0.2米宽度，折算成面积）之和不得超过受检面积的0.03%，其他公路不得超过0.05%。不符合要求时每超过0.03%或0.05%扣2分；半刚性基层的反射裂缝可不计作施工缺陷，但应及时进行灌缝处理。 3. 搭接处应紧密、平顺、烫缝不应枯焦。不符合要求时，累计每10米长扣1分。 4. 面层与路缘石及其他构筑物应密贴接顺，不得有积水或漏水现象，不符合要求时，每处扣1~2分。 沥青表面处治： 1. 表面应平整密实，不应有松散、油包、波浪、泛油、封面料明显散失等现象，有上述缺陷的面积之和不得超过受检面积的0.2%，不符合要求时每超过0.2%扣2分。 2. 无明显碾压轮迹。不符合要求时，每处扣1分。 3. 面层与路缘石及其他构筑物应密贴接顺，不得有积水现象。不符合要求时，每处扣1~2分	按每公里累计扣分的平均值扣分

续上表

单位工程	分部工程类别	检查内容及扣分标准	备注
桥梁工程（不含小桥）	下部工程、上部工程及桥面系	基本要求： 1. 混凝土表面平滑，模板接缝处平顺，无漏浆现象，不符合要求时扣1～3分。 2. 混凝土表面蜂窝麻面面积不得超过该部位面积的0.5%，不符合要求时，每超过0.5%扣3分。 3. 混凝土表面出现非受力裂缝，减1～3分；结构出现受力裂缝宽度超过设计规定或设计未规定时，超过0.15mm，每条扣2～3分，项目法人应对其是否影响结构承载力组织分析论证。 4. 混凝土结构有空洞或钢筋外露，每处扣2～5分，并应进行处理。 5. 施工临时预埋件、设施及建筑垃圾、杂物等未清除处理时扣1～2分。 下部结构要求： 1. 支座位置应准确，不得有偏歪、不均匀受力、脱空及非正常变形现象，不符合要求时每个扣1分。 2. 锥、护坡按路基工程的支挡工程标准检查扣分，若沉陷，每处扣1～3分，并进行处理。 上部结构要求： 1. 预制构件安装应平整，不符合要求时每处扣1分。 2. 悬臂浇筑的各梁段之间应接缝平顺，色泽一致，无明显错台，不符合要求时每处扣2～5分。 3. 主体钢结构外露部分的涂装和钢缆的防护防蚀层必须保护完好，不符合要求时扣1～2分，并应及时处理。 4. 拱桥主拱圈线形圆滑无局部凹凸，不符合要求时扣2～5分，拱圈无裂缝，不符合要求时扣2～5分，并对其是否影响结构承载力进行分析论证。 5. 梁板及接缝渗、漏水，每处扣1分。 桥面系要求： 1. 桥梁的内外轮廓线应顺滑清晰，不符合要求时，扣1～3分。 2. 栏杆、护栏应牢固、直顺、美观，不符合要求时，扣1～2分。 3. 桥面铺装沥青混凝土表面应平整密实，不应有泛油、松散、裂缝、明显离析等现象，有上述缺陷的面积（凡属单条的裂缝，则按其实际长度乘以0.2米宽度，折算成面积）之和不得超过受检面积的0.03%，不符合要求时每超过0.03%扣1分。 4. 伸缩缝无阻塞、变形、开裂现象，不符合要求时减1～3分；桥头有跳车现象，每处扣2～4分。 5. 泄水管安装不阻水，桥面无低凹，排水良好，不符合要求时扣3～5分	基本要求同时适用于下部结构、上部结构和桥面系

续上表

单位工程	分部工程类别	检查内容及扣分标准	备注
隧道工程	衬砌	1.混凝土衬砌表面密实,任一延米的隧道面积中,蜂窝麻面和气泡面积不超过0.5%,不符合要求时,每超过0.5%扣0.5~1分;蜂窝麻面深度超过5mm时不论面积大小,每处扣1分。 2.施工缝平顺无错台,不符合要求时每处扣1~2分。 3.隧道衬砌混凝土表面出现裂缝,每条裂缝扣0.5~2分;出现受力裂缝时,钢筋混凝土结构裂缝宽度大于0.2mm的或混凝土结构裂缝宽度大于0.4mm的,每条扣2~5分,项目法人应对其是否影响结构安全组织分析论证	
	总体	1.洞内没有渗漏水现象,不符合要求时,高速公路、一级公路扣5~10分,其他公路隧道扣1~5分。冻融地区存在渗漏现象时扣分取高限。 2.洞内排水系统应畅通、无阻塞,不符合要求时扣2~5分,并应查明原因进行处理。 3.隧道洞门按支挡工程的要求检查扣分	
	隧道路面	按路面工程的扣分标准检查扣分	
交通安全设施	标志	1.金属构件镀锌面不得有划痕、擦伤等损伤,不符合要求时,每一构件扣2分。 2.标志板面不得有划痕、较大气泡和颜色不均匀等表面缺陷,不符合要求时,每块板扣2分	标志按每块累计扣分的平均值扣分
	标线	1.标线施工污染路面应及时清理,每处污染面积不超过10cm²,不符合要求时,每处减1分。 2.标线线形应流畅,与道路线形相协调,曲线圆滑,不允许出现折线,不符合要求时,每处扣2分。 3.反光标线玻璃珠应撒布均匀,附着牢固,反光均匀,不符合要求时,每处扣2分。 4.标线表面不应出现网状裂缝、断裂裂缝、起泡现象,不符合要求时,每处扣1分	按每公里累计扣分的平均值扣分
	防护栏	1.波形梁线形顺适,色泽一致,不符合要求时,每处扣1~2分。 2.立柱顶部应无明显塌边、变形、开裂等现象,不符合要求时,每处扣2分。 3.混凝土护栏预制块不得有断裂现象,不符合要求时每处扣1分;掉边、掉角长度每处不得超过2cm,否则每块混凝土构件扣1分;混凝土表面蜂窝、麻面、裂缝、脱皮等缺陷面积不超过该构件面积的0.5%,不符合要求时,每超过0.5%扣2分	按每公里累计扣分的平均值扣分
机电工程	监控、通信、收费系统	1.各系统基本功能齐全、运行稳定,满足设计和管理要求,每一个系统不符合要求时扣2~4分。 2.机电设施布置安装合理,方便操作、维护;各设备表面光泽一致,保护措施得当,无明显划伤、剥落、锈蚀、积水现象;部件排列整齐、有序,牢固可靠,标识正确、清楚;不符合要求时每处扣0.5~1分	按每系统累计扣分
房屋建筑工程		(按其专业工程质量检验评定标准扣分)	

四、内业资料审查

内业资料主要审查以下质量保证资料:

1. 所用原材料、半成品和成品质量检验结果。
2. 材料配比、拌和加工控制检验和试验数据。
3. 地基处理、隐蔽工程施工记录和大桥、隧道施工监控资料。
4. 各项质量控制指标的试验记录和质量检验汇总图表。
5. 施工过程中遇到的非正常情况记录及其对工程质量影响分析。
6. 施工过程中如发生质量事故,经处理补救后,达到设计要求的认可证明文件。
7. 中间交工验收资料。
8. 施工过程各方指出的较大质量问题、交工验收遗留问题及试运营期出现的质量问题处理情况资料。

分部工程、单位工程、合同段工程和建设项目质量鉴定表分别见表1-1至表1-4。

内业资料要求及扣分标准如下:

1. 质量保证资料及最基本的数据、资料齐全后方可组织鉴定。
2. 资料应真实、可靠,应有施工过程中的原始记录、原始资料(原件),不应有涂改现象,有欠缺时扣2~4分。
3. 资料应齐全、完整,有欠缺时扣1~3分。
4. 资料应系统、客观,反映出检查项目、频率、质量指标满足有关标准、规范要求,有欠缺时扣1~3分。
5. 资料记录应字迹清晰、内容详细、计算准确,整理应分类编排、装订整齐,有欠缺时扣1~2分。
6. 基本数据(原材料、标准试验、工艺试验等)、检验评定数据有严重不真实或伪造现象的,在合同段扣5分。

五、工程质量检测意见、项目检测报告、质量鉴定报告内容

质量监督机构的检测意见、项目检测报告、质量鉴定报告应在对检测结果分析的基础上提出。

工程质量检测意见主要包括:检测工作是否完成,指出工程质量存在的缺陷,交工验收前需完善的问题,主要意见。

项目检测报告主要包括:检测结果及工程质量的基本评价,工程质量存在的主要问题和缺陷,工程质量是否具备试运营条件。

质量鉴定报告主要包括:鉴定工作依据,抽查项目检测数据、外观检查、内业资料审查及复测部分指标情况,交工验收提出的质量问题、质量监督机构指出的问题及试运营期间出现的质量缺陷等的处理情况,鉴定评分及质量等级。

分部工程质量鉴定表

合　同　段：　　　　　　　　分部工程名称：　　　　　　　所属建设项目：
工　程　部　位：　　　　　　施　工　单　位：　　　　　　　监　理　单　位：
(桩号、墩台号、孔号)

表1-1

项次	抽查项目	规定值或允许偏差	实测值或实测偏差值											质量评定		
			1	2	3	4	5	6	7	8	9	10	合格率(%)	权值	加权得分
实测项目															
	合计														

| 实测得分 | | 外观扣分 | | 分部工程得分 | | 质量等级 | |

鉴定负责人：　　　　　检测：　　　　　记录：　　　　　复核：　　　　　年　月　日

单位工程质量鉴定表

单位工程名称：　　　　　　　　　　　　　　所属建设项目：
路　线　名　称：　　　　　　　　　　　　　　工程地点、桩号：
施　工　单　位：　　　　　　　　　　　　　　监　理　单　位：

表1-2

合同段	分部工程				备注
	工程名称	质量评定			
		实得分数	权值	加权得分	
	合计				
单位工程得分				质量等级	

鉴定负责人：　　　　　计算：　　　　　　　　　复核：　　　　　　年　月　日

合同段工程质量鉴定表

合同段名称：　　　　　　　　　　　　所属建设项目：
施工单位：　　　　　　　　　　　　　监理单位：

表1-3

单位工程名称	实得分	投 资 额	实得分×投资额	质 量 等 级	备注
合计					
合同段实测得分		内业资料扣分			
合同段鉴定得分		质量等级			

鉴定负责人：　　　　　　　计算：　　　　　　　复核：　　　　　年　月　日

建设项目质量鉴定表

项目名称：　　　　　　　　　　　　路线名称：
起讫桩号：　　　　　　　　　　　　完工日期：

表1-4

合 同 段	实得分	投 资 额	实得分×投资额	质 量 等 级	备注
合计					
鉴定得分		质量等级			

鉴定负责人：　　　　　　　计算：　　　　　　　复核：　　　　　年　月　日

附件 2

公路工程项目文件归档范围

第一部分 综合文件

一、竣(交)工验收文件

(一)竣工验收文件(附件6、7、8相关内容及竣工验收委员会各专业检查组意见)。
(二)交工验收文件(附件3、4相关内容)。
(三)工程单项验收文件(环保、档案等)。
(四)各参建单位总结报告。
(五)接管养护单位项目使用情况报告。

二、建设依据及上级有关指示

(一)项目建议书及批准文件。
(二)工程可行性研究报告及批准文件。
(三)水土保持批准文件。
(四)环境影响评价及批准文件。
(五)文物调查、保护等文件。
(六)初步设计文件及批准文件。
(七)施工图设计文件及批准文件。
(八)设计变更文件及批准文件。
(九)设计中重大技术问题往来文件、会议纪要。
(十)施工许可批准文件。
(十一)上级单位有关指示。

三、征地拆迁资料

(一)征地拆迁合同协议。
(二)征地批文。
(三)征用土地数量一览表。
(四)占地图及土地使用证。
(五)拆迁数量一览表。

四、工程管理文件

(一)招标文件。
(二)投标文件、评标报告。
(三)合同书、协议书。
(四)技术文件及补充文件。
(五)建设单位往来文件。
(六)工程质量责任登记表。

（七）其他文件及资料。

第二部分 决算和审计文件

一、支付报表
二、财务决算文件
三、工程决算文件
四、项目审计文件
五、其他文件

第三部分 监 理 资 料

一、监理管理文件
二、工程质量控制文件
（一）质量控制措施、规定及往来文件。
（二）监理独立抽检资料（注：编排顺序参照第四部分）。
（三）交工验收工程质量评定资料。
三、工程进度计划管理文件
四、工程合同管理文件
五、其他文件
六、其他资料
监理日志，会议记录、纪要，工程照片，音像资料。
监理机构及人员情况，各级监理人员的工作范围、责任划分、工作制度。

第四部分 施 工 资 料

一、竣工图表
（一）变更设计一览表。
（二）变更图纸。
（三）工程竣工图。
二、工程管理文件
施工组织机构及人员，岗位责任划分，施工组织设计，技术交底文件，会议纪要等。
三、施工质量控制文件
（一）工程质量管理文件。
1. 工程质量往来文件（质量保证体系，专项技术方案等）。
2. 工程质量自检报告及工程质量检验评定资料。
3. 工程质量事故及处理情况报告、补救后达到要求的认可证明文件。
4. 桥梁荷载试验报告。
5. 桥梁基础检验汇总资料。

6.施工中遇到的非正常情况记录、处理方案、施工工艺、质量检测记录及观察记录、对工程质量影响分析。

7.交工验收施工单位的自检评定资料。

(二)材料及标准试验。

1.原材料、外购成品、半成品抽检试验报告及资料。

2.外购材料(产品)出厂合格证书、检验报告及质量鉴定报告。

3.各种标准试验、配合比设计报告。

(三)施工工序资料。

1.路基工程。

(1)路基土石方工程。

①地表处理资料。

②不良地质处理方案、施工资料、检测资料。

③分层压实资料。

④路基检测、验收资料。

⑤分段资料汇总。

(2)防护工程。

①基坑放样、开挖处理、试验检测资料。

②各工序施工记录、检测、试验资料。

③成品检测资料。

④砂浆(混凝土)强度试验资料。

(3)小桥工程。

①基坑放样、开挖处理、试验检测资料。

②基础施工检查、试验资料,桩基检测资料。

③各分项施工工序检查、成品检测资料。

④砂浆强度、混凝土强度、台背回填压实度等试验报告及汇总表。

(4)排水工程。

①基坑放样、开挖处理、试验检测资料。

②各施工工序检查、成品检测资料。

③砂浆、混凝土强度试验资料。

(5)涵洞工程。

①基坑放样、开挖处理、试验检测资料。

②各施工工序检查、成品检测资料。

③砂浆强度、混凝土强度、台背回填压实度等试验报告及汇总表。

2.路面工程。

(1)施工工序检查资料。

(2)材料配合比抽检(油石比、马歇尔试验等)资料。

(3)压实度、弯沉、强度等试验检测报告及汇总资料。

3.桥梁工程。

(1)基坑放样、开挖处理、试验检测资料。
(2)基础施工检查、试验资料,桩基检测资料。
(3)墩台、现浇构件、预制构件、预应力等施工工序检查、成品检测资料。
(4)各工序施工、检测记录。
(5)砂浆强度、混凝土强度、台背回填压实度等试验报告及汇总表。
(6)引道工程施工检测、试验资料。
4.隧道工程。
(1)洞身开挖施工、检查资料。
(2)衬砌施工、检验资料。
(3)隧道路面工程施工、检查资料。
(4)照明、通风、消防设施施工、检查资料。
(5)洞口施工检查资料。
(6)各种附属设施检验施工资料。
(7)各环节工序检查、验收资料。
(8)隧道衬砌厚度、混凝土(砂浆)强度试验检测资料。
5.交通安全设施。
(1)各种标志牌制作安装检查记录。
(2)标线检查资料、施工记录。
(3)防撞护栏、隔离栅及附属设施施工、检查资料。
(4)照明系统施工、检测资料。
(5)各中间环节检测资料。
(6)成品检测资料。
6.房屋建筑工程。
按建筑部门有关法规、资料编制办法管理、汇总。
7.机电工程。
8.绿化工程。
(四)缺陷责任期资料。

四、施工安全及文明施工文件

(一)安全生产的有关文件。
安全组织机构及人员、岗位责任、安全保证体系、施工专项技术方案、技术交底文件等。
(二)安全事故的调查处理文件。
(三)文明施工的有关文件。

五、进度控制文件

(一)进度计划(文件、图表)、批准文件。
(二)进度执行情况(文件、图表)。
(三)有关进度的往来文件。

六、计量支付文件

七、合同管理文件

八、施工原始记录

(一)施工日志。

(二)天气、温度及自然灾害记录。

(三)测量原始记录。

(四)各工序施工原始记录(未汇入施工质量控制文件的部分)。

(五)会议记录、纪要。

(六)施工照片、音像资料。

(七)其他原始记录。

第五部分 科研、新技术资料

一、科研资料
二、新技术应用资料

(批准的所有科研、新技术资料均要整理归档)。

附件 3

公路工程交工验收证书

交工验收时间：　　　　　　　　　　　　　　　　合同段交工验收证书第　　号

工程名称：			合同段名称及编号：		
项目法人：			设计单位：		
施工单位：			监理单位：		
本合同段主要工程量：					
本合同段价款	原合同			实际	
本合同段工期	原合同			实际	
对工程质量、合同执行情况的评价、遗留问题、缺陷的处理意见及有关决定（内容较多时，可用附件）					
（施工单位的意见） 　　　　　　　　　　　　　施工单位法人代表或授权人（签字）　　　　单位盖章 　　　　　　　　　　　　　　　　　　　　　　　　　年　　月　　日					
（合同段监理单位对有关问题的意见） 　　　　　　　　　　　　合同段监理单位法人代表或授权人（签字）　　　　单位盖章 　　　　　　　　　　　　　　　　　　　　　　　　　年　　月　　日					
（设计单位的意见） 　　　　　　　　　　　　　设计单位法人代表或授权人（签字）　　　　单位盖章 　　　　　　　　　　　　　　　　　　　　　　　　　年　　月　　日					
（项目法人的意见） 　　　　　　　　　　　　　项目法人代表或授权人（签字）　　　　单位盖章 　　　　　　　　　　　　　　　　　　　　　　　　　年　　月　　日					

（注：表中内容较多时，可用附件。）

附件 4

公路工程交工验收报告

一	工程名称	
二	工程地点及主要控制点	
三	建设依据	
四	技术标准与主要指标	
五	建设规模及性质	
六	开工日期	年　　月　　日
	完工日期	年　　月　　日
七	批准概算	
八	工程建设主要内容	
九	实际征用土地数(亩)	
十	建设项目工程质量交工验收结论	
十一	存在问题处理措施	
十二	附件	1. 公路工程交工验收合同段工程质量评分一览表 2. 公路工程交工验收证书(见附件3)

公路工程交工验收合同段工程质量评分一览表

项目名称：

施工合同段号	实　得　分	监理合同段号	设计合同段号	备　注
...				
工程项目质量评分				

计算：　　　　　　　　　　　复核：　　　　　　　　　　　年　　月　　日

附件 5

公路工程参建单位工作总结报告

第一部分 公路工程项目执行报告

一、概况
(一) 建设依据。
(二) 建设规模及主要技术指标。
(三) 工程进度。
(四) 项目投资及来源。
(五) 主要工程数量。
(六) 主要参建单位,包括设计、施工、监理等单位一览表。

二、建设管理情况
(一) 前期工作。
1. 设计单位招标。
2. 施工单位招标。
3. 监理单位招标。
(二) 征地拆迁。
(三) 项目管理。
1. 项目管理机构设置及职能。
2. 质量控制措施与效果(包括发生重大及以上质量事故及处理情况)。
3. 安全生产(包括发生重大及以上生产安全事故及处理情况)。
4. 进度管理。
5. 工程变更。
6. 工程造价控制(包括工程决算、工程款支付)。
7. 廉政建设(包括措施建设和执行,有无人员违法、违纪,以及因不廉政被处分或被起诉)。
8. 其他情况。

三、交工验收及相关问题
(一) 各合同段交工验收、存在主要问题及处理情况。
(二) 交工验收、工程质量鉴定提出的及缺陷责任期、试运营期间出现的质量问题处理结果。
(三) 档案、环保等单项验收及竣工决算审计。

四、科研和新技术应用

五、对各参与单位的总体评价
(一) 对设计单位的评价。
(二) 对施工单位的评价。
(三) 对监理单位的评价。

六、对工程质量的总体评价

七、项目管理体会

注:对建设规模、标准、工程数量、造价等有较大变更或变更较多的,应增加附表与批复情况对比,并说明理由。

第二部分 公路工程设计工作报告

一、概况
(一)任务来源及依据。
(二)沿线自然地理概况。
(三)主要技术指标的运用情况。

二、设计要点
(一)路线设计。
(二)路基路面及防护工程设计。
(三)桥梁、涵洞、通道设计。
(四)隧道设计。
(五)立体交叉工程设计。
(六)环保、景观等工程设计。
(七)交通工程及沿线设施设计。
(八)房建等其他工程设计。

三、施工期间设计服务情况

四、设计变更情况
(一)重大设计变更理由。
(二)设计中存在问题的变更。
(三)设计变更一览表(与原设计工程量和造价比较)。

五、设计体会

第三部分 公路工程施工总结报告

一、工程概况
合同段工程起止时间、主要工程内容。

二、机构组成
主要人员、设备投入情况、管理机构设置。

三、质量管理情况
质量控制措施;施工中工程质量自检情况及工程质量问题的处理情况;对完工质量的评价。

四、施工进度控制

五、施工安全与文明施工情况

六、环境保护与节约用地措施

七、施工中新技术、新材料、新工艺的应用情况

八、工程款支付情况

承认工程款全部支付到位,一切劳务、机械、材料等债务纠纷与建设单位无关。

九、施工体会

第四部分　公路工程监理工作报告

一、监理工作概况

合同段监理组织形式、管理结构、人员投入情况。

二、工程质量管理

质量管理措施;施工过程中质量检查情况汇总;质量问题和事故处理情况总结;工程质量评定情况。

三、计量支付、工程进度和合同管理情况

四、设计变更情况

五、交工验收中存在问题及处理情况

六、监理工作体会

第五部分　公路工程质量监督报告

一、质量监督概况

二、质量保证体系监督检查

(一)建设单位质量管理。

(二)施工单位自检体系。

(三)监理单位抽检体系。

(四)动态管理。

三、监理工作监督检查

四、施工过程质量监督

(工程实体质量、质量行为、存在问题处理结果及对工程质量的意见)

五、交工验收前工程质量检测

六、对设计单位、施工单位、监理单位的评价

七、对建设单位管理情况的评价

八、监督工作体会

第六部分　接管养护单位使用情况报告

一、试运营期间养护管理情况

二、运营交通量、收费、运营安全状况

三、项目总体使用情况(设施使用性能、功能满足情况)

四、修复完善和养护状况(包括维修费用)

五、存在的问题及建议

附件6

公路工程参建单位工作综合评价表

公路工程建设管理工作综合评价表

工程名称：　　　　　　　　　　　项目法人：　　　　　　　表6-1

序号	项目	评 定 方 法	应得分	实得分
一	建设程序	应依法办理的项目建议书、可行性研究、初步设计、施工图设计、施工许可等批复情况，每缺一项扣2分	10	
二	执行法规	未按规定招标选择设计、施工、监理单位，一个方面有问题扣2分，未按规定申请质量监督扣2分，未落实质量与安全责任扣2分，未按批准规模、标准组织建设扣2分，其他方面未执行有关法规的，每一项扣2分	10	
三	履行合同	拖欠应支付款时，按合同约定每欠一个单位一期计量工程款扣1分，其他方面视情节轻重酌情扣分	10	
四	工程进度	按合同工期每拖延一个月扣2分，随意提前工期每三个月扣2分	10	
五	投资控制	每超概算(或批准的调整概算)1%扣1分	10	
六	安全环保	每发生一起重大安全事故扣5分，每发生一起较大安全事故扣3分，每发生一起一般安全事故扣1分。环境保护出现问题的扣1~5分	10	
七	廉政建设	措施不健全扣2分，有廉政问题的扣5分，有被起诉的扣10分	10	
八	工程质量	以工程质量鉴定得分乘以30%，作为本项得分	30	
		合计	100	
评定等级				

注：竣工验收委员会根据项目执行报告和有关资料对一至七项进行综合评价，最终实得分以竣工验收委会委员得分的平均值计。

公路工程设计工作综合评价表

工 程 名 称：
设计段编号：　　　　　　　　　　　　　设计单位：　　　　　　　表6-2

序号	项目	评 定 方 法	应得分	实得分
一	设计方案	总体方案是否经济合理，存在不足扣2~10分。 不符合有关标准、规范，每处问题扣2~5分。 设计深度不足，设计变更较多的扣2~5分	20	
二	设计文件	未按编制办法编制扣2~10分。 错、漏严重的扣10分，一般扣2~5分。 因设计失误造成质量安全事故，较大事故扣30分，一般事故每起扣2~10分。 因设计原因造成环境问题的扣2~10分。 设计变更造成工程费用的变化，每增加合同价的1%扣2分	30	
三	设计服务	未按合同协议派驻设计代表每缺1人或1人不称职扣1~5分。 服务不及时扣2~5分	20	
四	工程质量	以所设计的各施工合同段工程质量鉴定得分按合同段投资额加权平均后，乘以30%，作为本项得分	30	
		合计	100	
质量监督机构审查意见				
竣工验收委员会审定意见			评定等级：	

注：交工验收时，项目法人按照本表内容(工程质量除外)对设计单位进行初步评价，不定等级；竣工验收时，项目法人填写完善表格，经质量监督机构审查后提交验收委员会审定。

公路工程监理工作综合评价表

工 程 名 称：
监理段编号：　　　　　　　　　　　　　监理单位：　　　　　　　表6-3

序号	项目	评 定 方 法	应得分	实得分
一	人员机构	监理工程师未按要求持证上岗，每1人扣1分。 监理工程师未按合同进场，每1人扣1分，其他人员未按合同进场，每1人扣0.5分。 监理工程师自行更换，每1人扣1分。 监理工程师被清退，每1人扣2分。 内部管理制度不健全、工作责任不明确，或落实不到位扣3~5分。 试验仪器、交通工具、办公设备未按合同要求配备扣1~3分	10	
二	质量控制	独立抽检频率达不到合同要求的扣1~5分，工地巡查、重要工序旁站不足扣2~5分，资料签认不规范扣1~3分，发生重大质量事故扣5分，每发生一起较大质量事故扣3分，每发生一起一般质量事故扣1分。扣完为止	10	
三	进度控制	拖延工期每月扣1分	5	
四	投资控制	根据计量支付和设计变更工作情况酌情扣分	5	

续上表

序号	项目	评定方法	应得分	实得分
五	安全生产	发生重大安全事故扣5分,每发生一起较大安全事故扣3分,每发生一起一般安全事故扣1分	5	
六	环境保护	出现环境保护问题的扣1~5分	5	
七	监理资料	不符合竣工验收要求时扣1~5分	5	
八	廉政建设	措施不健全扣2分,因不廉政被清退或处分每人次扣5分,有被起诉的,每人次扣5分	5	
九	工程质量	以所监理的各施工合同段工程质量鉴定得分按合同段投资额加权平均后,乘以50%,作为本项得分	50	
		合计	100	
	质量监督机构审查意见			
	竣工验收委员会审定意见		评定等级:	

注:交工验收时,项目法人按照本表内容(工程质量除外)对监理单位进行初步评价,不定等级;竣工验收时,项目法人填写完善表格,经质量监督机构审查后提交验收委员会审定。

公路工程施工管理综合评价表

工 程 名 称:
合同段编号:　　　　　　　　　　　　施工单位:　　　　　表6-4

序号	项目	评定方法	应得分	实得分
一	工期进度	每拖延一个月扣2分。 生产组织不均衡扣1分	10	
二	履行合同	项目经理、总工程师每更换1人次或1人不称职扣2分,专业工程师每更换1人次扣1分,主要机械不足或性能不良扣1分,进场不及时或未经许可撤离,扣0.5分,试验室达不到要求扣2~5分,有拖欠分包人工程款和劳务人员工资的,扣2~5分	15	
三	竣工文件	竣工图与竣工工程不符每处扣1分;施工原始记录、自检资料不齐全扣2~4分;资料的真实可信度有问题扣2~4分	5	
四	安全生产	发生重大安全事故10分,每发生一起较大安全事故扣5分,每发生一起一般安全事故扣2分	10	
五	文明施工	规章制度不健全扣1~2分,文明工地建设差扣2~3分。 出现破坏环境和乱占土地等问题的,扣3~5分	5	
六	廉政建设	措施不健全扣1分,因不廉政被清退或处分每人次扣2分,有被起诉的,每人次扣5分	5	
七	工程质量	竣工验收时本合同段工程质量鉴定得分乘以50%,作为本项得分	50	
		合计	100	
	质量监督机构审查意见			
	竣工验收委员会审定意见		评定等级:	

注:交工验收时项目法人按照本表内容(工程质量除外)对施工单位进行初步评价,不定等级;竣工验收时,项目法人填写完善表格,经质量监督机构审查后提交验收委员会审定。

附件 7

公路工程竣工验收评价表

公路工程竣工验收委员会工程质量评分表

项目名称： 表 7-1

序号	项目	评定内容	分值	实得分
一	主体工程质量	路基边线直顺度、路基沉陷、亏坡、松石、涵洞及排水系统完善状况,支挡工程外观和稳定情况。 　路面平整度、裂缝、脱皮、石子外露、沉陷、车辙、桥头(台背)跳车现象,泛油、碾压痕迹等。 　桥面平整度、栏杆扶手、灯柱、伸缩缝、混凝土外观状况。 　隧道渗漏、松石、排水、通风、照明以及衬砌外观状况。 　交通安全设施及交叉工程的外观及使用效果等	70	
二	沿线服务设施	房屋及机电系统等功能和外观;其他设施,如加油站、食宿服务等设施的使用效果及外观	10	
三	环境保护工程	绿化工程、隔音消声屏等,是否符合设计要求。施工现场清理及还耕情况。与自然环境、景观的协调情况	10	
四	竣工图表	内容齐全,书写打印清晰、装订整齐,符合相关要求	10	
		合计	100	

注:1. 缺二、三项时,应得分仍按 100 分计。例如:缺项目二时,实得分应除以 0.9;项目二、三均缺时,实得分应除以 0.8,依次类推。
　2. 主体工程评定内容缺项时,其应得分仍按 70 分计。
　3. 工程质量评分以各委员打分的平均值计。

公路工程竣工验收工程质量评分表

项目名称： 表 7-2

名　　　称	实得分	权　值	加权得分	备　　　注
交工验收工程质量				
质量监督机构工程质量鉴定				
竣工验收委员会工程质量				
合计		1.0		
加权平均分			质量等级	

公路工程竣工验收建设项目综合评价表

项目名称： 表 7-3

名　　称	实得分	权　值	加权得分	备　注
竣工验收工程质量		0.7		
项目建设管理工作综合评价		0.15		
项目设计工作综合评价		0.05		
项目监理工作综合评价		0.05		
项目施工管理综合评价		0.05		
合计		1.0		
加权平均分		建设项目综合评价等级		

公路工程合同段工程质量鉴定评分一览表

项目名称： 表 7-4

施工合同段号	工程质量		监理合同段号	设计合同段号	备注
	评分	等级			
工程项目质量评分：			工程项目质量等级：		

注：由项目法人填写质量监督机构对施工各合同段的质量鉴定评分和等级，提交竣工验收委员会。

公路工程参建单位工作综合评价一览表

项目名称：　　　　　　　　　　　　　　　　　　　　　　　　　　　　　　　　表 7-5

工作内容	合同段号	参建单位名称	竣工验收		备 注
			得分	等级	
建设管理					
设计					
施工					
监理					

注：由项目法人填写经质量监督机构审定的设计、施工、监理单位工作综合评分和等级，提交竣工验收委员会。

附件 8

公路工程竣工验收鉴定书

（项目名称）

（组织竣工验收机关盖章）
年　　月

公路工程竣工验收鉴定书

一	工程名称	
二	工程地点及主要控制点	
三	建设依据	
四	技术标准与主要指标	1. 公路等级： 2. 设计行车速度： 3. 桥涵设计荷载： 4. 设计洪水频率： 5. 路基宽度： 6. 最大纵坡： 7. 最小平曲线半径： ……
五	建设规模及性质	
六	开工日期	年　　月　　日
	完工日期	年　　月　　日
七	原批准概算	
	调整概算	
	竣工决算	竣工决算：　　　　其中 建筑安装工程投资： 设备及工具器具购置费用： 其他基本建设费：
八	工程建设主要内容	1. 2. 3. ……
九	主要材料实际消耗	
十	实际征用土地数(亩)	
十一	建设项目工程质量鉴定结论及质量评价	(交工验收基本情况) (竣工验收前，质量监督机构鉴定情况) (竣工验收鉴定结论及质量评价)
十二	对建设、设计、施工、监理单位的综合评价	对建设单位综合评价： 对设计单位综合评价： 对施工单位综合评价： 对监理单位综合评价：
十三	建设项目综合评价及等级	(竣工验收委员会评价意见) 经竣工验收委员会综合评定和审议，对参建单位及建设项目综合评分如下： 建设管理综合评分：　　　分 设计工作综合评分：　　　分 监理工作综合评分：　　　分 施工管理综合评分：　　　分 建设项目综合评分：　　　分 该工程建设项目综合评价等级为
十四	有关问题的决定和建议	

附表：1. 公路工程竣工验收委员会名单。
　　　2. 公路工程交接单位代表签名表。

公路工程竣工验收委员会名单

	姓 名	所 在 单 位	职务或职称	签 名
主任委员				
副主任委员				
委员				

公路工程交接单位代表签名表

	姓 名	所 在 单 位	职务或职称	签 名
主管部门				
监督单位				
公路管理单位				
项目法人				
设计单位				
监理单位				
施工单位				
接养单位				

附件9

公路工程参建单位工作综合评价等级证书

工程名称:
单位名称:
承担工程的内容:
竣工验收结论: 项目质量监督机构负责人(签字)　　　　　　　　　　　　　　盖章(项目质量监督机构) 　　　　　　　　　　　　　　　　　　　　　　　　　　　　　　　年　月　日

注:1. 项目参建单位包括项目法人、设计单位、施工单位、监理单位。
　　2. 竣工验收结论根据《公路工程竣工验收鉴定书》,填写参建单位承担任务的工程质量评定得分、等级和工作综合评价得分、等级。

公路工程造价管理暂行办法

(2016 年 9 月 2 日 交通运输部令 2016 年第 67 号)

第一章 总 则

第一条 为加强公路工程造价管理,规范造价行为,合理控制建设成本,保障公路工程质量和安全,根据《中华人民共和国公路法》等法律、行政法规,制定本办法。

第二条 在中华人民共和国境内的公路新建、改建、扩建工程(以下统称公路工程)的造价活动,适用本办法。

本办法所称公路工程造价活动,是指公路工程建设项目从筹建到竣工验收交付使用所需全部费用的确定与控制,包括投资估算、设计概算、施工图预算、标底或者最高投标限价、合同价、变更费用、竣工决算等费用的确定与控制。

第三条 公路工程造价活动应当遵循客观科学、公平合理、诚实信用、厉行节约的原则。

第四条 交通运输部负责全国公路工程造价的监督管理。

省级交通运输主管部门负责本行政区域内公路工程造价的监督管理。

第二章 造 价 依 据

第五条 交通运输部制定公路工程造价依据。省级交通运输主管部门可以根据交通运输部发布的公路工程造价依据,结合本地实际,组织制定补充性造价依据。

前款所称造价依据,是指用于编制各阶段造价文件所依据的办法、规则、定额、费用标准、造价指标以及其他相关的计价标准。

第六条 交通运输部对通用性强、技术成熟的建设工艺,编制统一的公路工程定额。

省级交通运输主管部门对公路工程定额中缺项的,或者地域性强且技术成熟的建设工艺,可以编制补充性定额规定。

第七条 对交通运输主管部门制定的公路工程造价依据中未涵盖但公路工程需要的造价依据,公路工程建设单位应当根据该工程施工工艺要求等因素组织开展成本分析。

第八条 交通运输主管部门应当及时组织造价依据的编制和修订工作,促进造价依据与公路技术进步相适应。公路工程建设、勘察设计、监理、施工、造价咨询等单位应当给予支持和配合。

第九条 编制造价文件使用的造价软件,应当符合公路工程造价依据,满足造价文件编制需要。

第三章　造价确定和控制

第十条　公路工程造价应当针对公路工程建设的不同阶段，根据项目的建设方案、工程规模、质量和安全等建设目标，结合建设条件等因素，按照相应的造价依据进行合理确定和有效控制。

第十一条　建设单位承担公路工程造价控制的主体责任，在设计、施工等过程中，履行以下职责，接受交通运输主管部门的监督检查：

（一）严格履行基本建设程序，负责组织项目投资估算、设计概算、施工图预算、标底或者最高投标限价、变更费用、工程结算、竣工决算的编制；

（二）对造价进行全过程管理和控制，建立公路工程造价管理台账，实现设计概算控制目标；

（三）负责公路工程造价信息的收集、分析和报送；

（四）依法应当履行的其他职责。

第十二条　勘察设计单位应当综合分析项目建设条件，结合项目使用功能，注重设计方案的技术经济比选，充分考虑工程质量、施工安全和运营养护需要，科学确定设计方案，合理计算工程造价。

勘察设计单位应当对其编制的造价文件的质量负责，做好前后阶段的造价对比，重点加强对设计概算超投资估算、施工图预算超设计概算等的预控。

第十三条　施工单位应当按照合同约定，编制工程计量与支付、工程结算等造价文件。

第十四条　从事公路工程造价活动的人员应当具备相应的专业技术技能。鼓励从事公路工程造价活动的人员参加继续教育，不断提升职业素质。

从事公路工程造价活动的人员应当对其编制的造价文件的质量和真实性负责。

第十五条　公路工程建设项目立项阶段，投资估算应当按照《公路工程基本建设项目投资估算编制办法》等规定编制。

第十六条　公路工程建设项目设计阶段，设计概算和施工图预算应当按照《公路工程基本建设项目概算预算编制办法》等规定编制。

初步设计概算的静态投资部分不得超过经审批或者核准的投资估算的静态投资部分的110%。

施工图预算不得超过经批准的初步设计概算。

第十七条　公路工程建设项目实行招标的，应当在招标文件中载明工程计量计价事项。

设有标底或者最高投标限价的，标底或者最高投标限价应当根据造价依据并结合市场因素进行编制，并不得超出经批准的设计概算或者施工图预算对应部分。建设单位应当进行标底或者最高投标限价与设计概算或者施工图预算的对比分析，合理控制建设项目造价。

投标报价由投标人根据市场及企业经营状况编制，不得低于工程成本。

第十八条　国家重点公路工程项目和省级人民政府相关部门批准初步设计的公路工程项目的建设单位应当在施工阶段，将施工合同的工程量清单报省级交通运输主管部门备案。

第十九条　勘察设计单位应当保证承担的公路工程建设项目符合国家规定的勘察设计深

度要求和勘察设计质量,避免因设计变更发生费用变更。发生设计变更的,建设单位按照有关规定完成审批程序后,合理确定变更费用。

第二十条 在公路工程建设项目建设期内,建设单位应当根据年度工程计划及时编制该项目年度费用预算,并根据工程进度及时编制工程造价管理台账,对工程投资执行情况与经批准的设计概算或者施工图预算进行对比分析。

第二十一条 由于价格上涨、定额调整、征地拆迁、贷款利率调整等因素需要调整设计概算的,应当向原初步设计审批部门申请调整概算。原初步设计审批部门应当进行审查。

未经批准擅自增加建设内容、扩大建设规模、提高建设标准、改变设计方案等造成超概算的,不予调整设计概算。

由于地质条件发生重大变化、设计方案变更等因素造成的设计概算调整,实际投资调增幅度超过静态投资估算10%的,应当报项目可行性研究报告审批或者核准部门调整投资估算后,再由原初步设计审批部门审查调整设计概算;实际投资调增幅度不超过静态投资估算10%的,由原初步设计审批部门直接审查调整设计概算。

第二十二条 公路工程建设项目竣工验收前,建设单位应当编制竣工决算报告及公路工程建设项目造价执行情况报告。审计部门对竣工决算报告提出审计意见和调整要求的,建设单位应当按照要求对竣工决算报告进行调整。

第四章 监督管理

第二十三条 交通运输主管部门应当按照职责权限加强对公路工程造价活动的监督检查。被监督检查的单位和人员应当予以配合,不得妨碍和阻挠依法进行的监督检查活动。

第二十四条 公路工程造价监督检查主要包括以下内容:

(一)相关单位对公路工程造价管理法律、法规、规章、制度以及公路工程造价依据的执行情况;

(二)各阶段造价文件编制、审查、审批、备案以及对批复意见的落实情况;

(三)建设单位工程造价管理台账和计量支付制度的建立与执行、造价全过程管理与控制情况;

(四)设计变更原因及费用变更情况;

(五)建设单位对项目造价信息的收集、分析及报送情况;

(六)从事公路工程造价活动的单位和人员的信用情况;

(七)其他相关事项。

第二十五条 省级以上交通运输主管部门组织对从事公路工程造价活动的人员和造价咨询企业的信用情况进行监管,纳入统一的公路建设市场监管体系。

第二十六条 交通运输主管部门应当按照国家有关规定,及时公开公路工程造价相关信息,并接受社会监督。

交通运输部建立公路工程造价信息化标准体系,建立部级公路工程造价信息平台。

省级交通运输主管部门建立省级公路工程造价信息平台,并与部级公路工程造价信息平台实现互联互通和信息共享。

公路工程造价信息公开应当严格审核,遵守信息安全管理规定,不得侵犯相关单位和个人的合法权益。

第二十七条 交通运输主管部门应当对公路工程造价信息及公路工程建设项目造价执行情况进行动态跟踪、分析评估,为造价依据调整和造价监督提供支撑。

第二十八条 交通运输主管部门应当将监督检查活动中发现的问题及时向相关单位和人员通报,责令其限期整改。监督检查结果应当纳入公路建设市场监管体系。

第五章 附 则

第二十九条 公路养护工程可以根据作业类别和规模参照本办法执行。

第三十条 本办法自 2016 年 11 月 1 日起施行。

公路建设项目代建管理办法

(2015 年 5 月 7 日　交通运输部令 2015 年第 3 号)

第一章　总　　则

第一条　为提高公路建设项目专业化管理水平,推进现代工程管理,根据《公路法》等有关法律、行政法规,制定本办法。

第二条　公路建设项目的代建活动,适用本办法。

本办法所称代建,是指受公路建设项目的项目法人(以下简称"项目法人")委托,由专业化的项目管理单位(以下简称"代建单位")承担项目建设管理及相关工作的建设管理模式。

第三条　交通运输部负责指导全国公路代建工作并对公路代建市场进行监督管理。

省级交通运输主管部门负责本行政区域内公路代建工作和代建市场的监督管理。

第四条　项目法人具备交通运输主管部门规定的能力要求的,可以自行进行项目建设管理。项目法人不具备规定的相应项目建设管理能力的,应当按照本办法规定,委托符合要求的代建单位进行项目建设管理。

代建单位依合同承担项目质量、安全、投资及工期等管理责任。

第五条　公路建设项目代建可以从施工阶段开始,也可以从初步设计或者施工图设计阶段开始。

第六条　公路建设项目代建应当遵循择优选择,责权一致,界面清晰,目标管理的原则。

第七条　各级交通运输主管部门应当依法加强代建市场管理,将代建单位和代建管理人员纳入公路建设市场信用体系,促进代建市场健康发展。

第二章　代建单位选择及代建合同

第八条　高速公路、一级公路及独立桥梁、隧道建设项目的项目法人,需要委托代建时,应当选择满足以下要求的项目管理单位为代建单位:

(一)具有法人资格,有满足公路工程项目建设需要的组织机构和质量、安全、环境保护等方面的管理制度;

(二)承担过 5 个以上高速公路、一级公路或者独立桥梁、隧道工程的建设项目管理相关工作,具有良好的履约评价和市场信誉;

(三)拥有专业齐全、结构合理的专业技术人才队伍,工程技术系列中级以上职称人员不少于50人，其中具有高级职称人员不少于15人。

高速公路、一级公路及独立桥梁、隧道以外的其他公路建设项目，其代建单位的选择，可由省级交通运输主管部门根据本地区的实际进行规范。

项目法人选择代建单位时，应当从符合要求的代建单位中，优先选择业绩和信用良好、管理能力强的代建单位。

省级交通运输主管部门可以根据本地公路建设的具体需要，细化代建单位的要求。鼓励符合代建条件的公路建设管理单位及公路工程监理企业、勘察设计企业进入代建市场，开展代建工作。

第九条 代建单位派驻工程现场的建设管理机构、专职管理人员应当满足项目建设管理工作需要。代建项目现场负责人、技术负责人、工程管理部门负责人应当在代建单位工作3年以上，且具有10年以上的公路建设行业从业经验、高级以上专业技术职称，以及至少2个同类项目建设管理经历。

代建单位派驻现场的管理人员和技术人员不得在其他公路建设项目中兼职。

第十条 代建单位应当依法通过招标等方式选择。采用招标方式的，应当使用交通运输部统一制定的标准招标文件。

代建单位在递交投标文件时，应当按照要求列明本单位在资格、能力、业绩、信誉等方面的情况以及拟任现场管理人员、技术人员及备选人员的情况。

评标可以采用固定标价评分法、技术评分合理标价法、综合评标法以及法律、法规允许的其他评标方法，并应当重点评价代建单位的建设管理能力。

第十一条 项目法人应当与所选择的代建单位签订代建合同。

代建合同应当包括以下内容：

（一）代建工作内容；

（二）项目法人和代建单位的职责、权利与义务；

（三）对其他参建单位的管理方式；

（四）代建管理目标；

（五）代建工作条件；

（六）代建组织机构；

（七）代建单位服务标准；

（八）代建服务费及支付方式；

（九）履约担保要求及方式、利益分享办法；

（十）绩效考核办法及奖励办法、违约责任、合同争议的解决方式等。

第十二条 代建服务费应当根据代建工作内容、代建单位投入、项目特点及风险分担等因素合理约定。

第十三条 代建项目实行目标管理。代建单位依据代建合同及其他参建单位签订的合同中约定的管理目标，细化、分解工程质量、安全、进度、投资、环保等目标责任，开展建设管理工作，制定代建管理的各项制度，确保目标实现。

第十四条 项目法人依据代建合同对代建单位的管理和目标控制进行考核和奖惩，督促代建单位严格履行合同。代建服务费宜按照工程进度和目标考核情况分期支付。

第十五条 由于征地拆迁或者资金到位不及时等非代建单位原因造成工期延误等管理目标无法实现的,项目法人和代建单位应当依据合同约定,合理调整代建管理目标。

第三章 代 建 管 理

第十六条 项目法人依据代建合同对项目实施过程进行监督。

项目法人的主要职责包括:

(一)依法承担公路建设项目的工程质量和安全等管理责任。

(二)严格执行国家基本建设程序和有关规定,依法组织办理相关审批手续,督促相关参建单位落实相关要求。

(三)审定代建单位工作方案、项目管理目标和主要工作计划,定期组织检查与考核。

(四)可以授权代建单位依法选定勘察设计、施工、材料设备供应等单位,代表项目法人与上述单位签订合同,明确项目法人、代建单位与上述单位的权利义务。项目法人直接与勘察设计、施工、材料设备供应等单位签订合同的,应当在合同中明确代建单位对上述单位的管理职责。

(五)配合地方人民政府和有关部门完成征地拆迁工作。

(六)筹措建设资金,及时支付工程建设各项费用。

(七)检查项目质量、安全管理及强制性标准执行等情况,审核代建单位报送的一般、较大及重大设计变更方案,依法办理相关变更手续,督促代建单位依据概算严格控制工程投资。

(八)组织项目交工验收、竣工决算并做好竣工验收准备工作。

(九)其他法定职责。

第十七条 订立、变更、终止代建合同,项目法人应当向省级交通运输主管部门备案。

项目法人发现代建单位在建设管理中存在过失或者偏差行为,可能造成重大损失或者严重影响代建管理目标实现的,应当对代建单位法人代表进行约谈,必要时可以依据代建合同的约定终止代建合同。

第十八条 项目法人不得有以下行为:

(一)干预代建单位正常的建设管理行为;

(二)无故拖欠工程款和代建服务费;

(三)违反合同约定要求代建单位和施工单位指定分包或者指定材料、设备供应商;

(四)擅自调整工期、质量、投资等代建管理目标;

(五)国家规定和合同约定的其他禁止性行为。

第十九条 代建单位依据合同开展代建工作。主要职责包括:

(一)严格执行国家基本建设程序和有关规定,协助项目法人办理相关审批手续并落实相关要求,配合国家有关部门依法组织检查、考核等,负责落实整改;

(二)协助项目法人或者受项目法人委托,组织编制招标文件,完成勘察设计、施工、监理、材料设备供应等招标工作;

(三)对勘察设计、施工、监理、材料设备供应、技术咨询等单位进行合同管理,根据合同约定,细化、分解项目管理目标,落实目标责任;

（四）依据相关法规和合同,履行工程质量、安全、进度、计量、资金支付、环境保护等相关责任,审核、签发项目建设管理有关文件;

（五）依据合同协助完成征地拆迁工作;

（六）拟定项目进度计划、资金使用计划、工程质量和安全保障措施等,并报经项目法人同意;

（七）审定一般设计变更并报送项目法人,协助项目法人办理较大及重大设计变更报批手续;

（八）组织中间验收,协助项目法人组织交工验收;

（九）承担项目档案及有关技术资料的收集、整理、归档等工作,组织有关单位编制竣工文件;

（十）负责质量缺陷责任期内的缺陷维修工作管理,配合项目法人准备竣工验收相关工作;

（十一）代建合同约定的其他职责。

第二十条 代建单位不得有以下行为:

（一）以围标、串标等非法行为谋取中标;

（二）将代建管理业务转包或者分包;

（三）在所代建的项目中同时承担勘察设计、施工、供应材料设备,或者与以上单位有隶属关系及其他直接利益关系;

（四）擅自调整建设内容、建设规模、建设标准及代建管理目标;

（五）与勘察设计、施工、材料设备供应单位等串通,谋取不正当利益或者降低工程质量和标准,损害项目法人的利益;

（六）国家规定和合同约定的其他禁止性行为。

第二十一条 代建单位应当依法接受交通运输主管部门及其他有关部门的监督、检查和审计部门的审计。

第二十二条 代建单位具有监理能力的,其代建项目的工程监理可以由代建单位负责,承担监理相应责任。代建单位相关人员应当依法具备监理资格要求和相应工作经验。代建单位不具备监理能力的,应当依法招标选择监理单位。

第二十三条 勘察设计、施工、监理、材料设备供应等单位应当按照相关法规和合同约定,接受代建单位管理,依法承担相应职责和工程质量终身责任。

第二十四条 各级交通运输主管部门及所属监督机构应当依法加强公路代建项目的监督管理,重点对国家法律、法规、政策落实情况,基本建设程序及强制性标准执行情况,代建合同履约情况等进行监督检查,发现问题及时通知项目法人和代建单位进行整改。

第二十五条 交通运输部建立公路建设项目代建单位信用评估制度,在全国统一的公路建设市场信用信息平台上及时发布代建单位的信用信息。对违法违规、扰乱代建市场秩序或者违反本办法第二十条规定的代建单位,列入黑名单。

省级交通运输主管部门应当及时收集并记录代建单位的信用情况,建立代建单位信用等级评估机制。

第二十六条 项目法人和代建单位违反本办法及相关法规,由交通运输主管部门或者其他相关部门依法给予相应处罚。

第四章 附 则

第二十七条 本办法自 2015 年 7 月 1 日起施行。

公路工程设计施工总承包管理办法

(2015年6月26日 交通运输部令2015年第10号)

第一章 总 则

第一条 为促进公路工程设计与施工相融合,提高公路工程设计施工质量,推进现代工程管理,依据有关法律、行政法规,制定本办法。

第二条 公路新建、改建、扩建工程和独立桥梁、隧道(以下简称公路工程)的设计施工总承包,适用本办法。

本办法所称设计施工总承包(以下简称总承包),是指将公路工程的施工图勘察设计、工程施工等工程内容由总承包单位统一实施的承发包方式。

第三条 国家鼓励具备条件的公路工程实行总承包。

总承包可以实行项目整体总承包,也可以分路段实行总承包,或者对交通机电、房建及绿化工程等实行专业总承包。

项目法人可以根据项目实际情况,确定采用总承包的范围。

第四条 各级交通运输主管部门依据职责负责对公路工程总承包的监督管理。

交通运输主管部门应当对总承包合同相关当事方执行法律、法规、规章和强制性标准等情况进行督查,对初步设计、施工图设计、设计变更等进行管理。按照有关规定对总承包单位进行信用评价。

第二章 总承包单位选择及合同要求

第五条 总承包单位由项目法人依法通过招标方式确定。

项目法人负责组织公路工程总承包招标。

公路工程总承包招标应当在初步设计文件获得批准并落实建设资金后进行。

第六条 总承包单位应当具备以下要求:

(一)同时具备与招标工程相适应的勘察设计和施工资质,或者由具备相应资质的勘察设计和施工单位组成联合体;

(二)具有与招标工程相适应的财务能力,满足招标文件中提出的关于勘察设计、施工能力、业绩等方面的条件要求;

(三)以联合体投标的,应当根据项目的特点和复杂程度,合理确定牵头单位,并在联合体协议中明确联合体成员单位的责任和权利；

（四）总承包单位（包括总承包联合体成员单位，下同）不得是总承包项目的初步设计单位、代建单位、监理单位或以上单位的附属单位。

第七条 总承包招标文件的编制应当使用交通运输部统一制定的标准招标文件。

在总承包招标文件中，应当对招标内容、投标人的资格条件、报价组成、合同工期、分包的相关要求、勘察设计与施工技术要求、质量等级、缺陷责任期工程修复要求、保险要求、费用支付办法等作出明确规定。

第八条 总承包招标应当向投标人提供初步设计文件和相应的勘察资料，以及项目有关批复文件和前期咨询意见。

第九条 总承包投标文件应当结合工程地质条件和技术特点，按照招标文件要求编制。投标文件应当包括以下内容：

（一）初步设计的优化建议；

（二）项目实施与设计施工进度计划；

（三）拟分包专项工程；

（四）报价清单及说明；

（五）按招标人要求提供的施工图设计技术方案；

（六）以联合体投标的，还应当提交联合体协议；

（七）以项目法人和总承包单位的联合名义依法投保相关的工程保险的承诺。

第十条 招标人应当合理确定投标文件的编制时间，自招标文件开始发售之日起至投标人提交投标文件截止时间止，不得少于60天。

招标人应当根据项目实际情况，提出投标人在投标文件中提供施工图设计技术方案的具体要求。招标人在招标文件中明确中标人有权使用未中标人的技术方案的，一般应当同时明确给予相应的费用补偿。

第十一条 招标人应当根据工程地质条件、技术特点和施工难度确定评标方法。

评标专家抽取应当符合有关法律法规的规定。评标委员会应当包含勘察设计、施工等专家，总人数应当不少于9人。

第十二条 项目法人应当与中标单位签订总承包合同。

第十三条 项目法人和总承包单位应当在招标文件或者合同中约定总承包风险的合理分担。风险分担可以参照以下因素约定：

项目法人承担的风险一般包括：

（一）项目法人提出的工期调整、重大或者较大设计变更、建设标准或者工程规模的调整；

（二）因国家税收等政策调整引起的税费变化；

（三）钢材、水泥、沥青、燃油等主要工程材料价格与招标时基价相比，波动幅度超过合同约定幅度的部分；

（四）施工图勘察设计时发现的在初步设计阶段难以预见的滑坡、泥石流、突泥、涌水、溶洞、采空区、有毒气体等重大地质变化，其损失与处治费用可以约定由项目法人承担，或者约定项目法人和总承包单位的分担比例。工程实施中出现重大地质变化的，其损失与处治费用除保险公司赔付外，可以约定由总承包单位承担，或者约定项目法人与总承包单位的分担比例。

因总承包单位施工组织、措施不当造成的上述问题,其损失与处治费用由总承包单位承担;

(五)其他不可抗力所造成的工程费用的增加。

除项目法人承担的风险外,其他风险可以约定由总承包单位承担。

第十四条 总承包费用或者投标报价应当包括相应工程的施工图勘察设计费、建筑安装工程费、设备购置费、缺陷责任期维修费、保险费等。总承包采用总价合同,除应当由项目法人承担的风险费用外,总承包合同总价一般不予调整。

项目法人应当在初步设计批准概算范围内确定最高投标限价。

第三章 总承包管理

第十五条 项目法人应当依据合同加强总承包管理,督促总承包单位履行合同义务,加强工程勘察设计管理和地质勘察验收,严格对工程质量、安全、进度、投资和环保等环节进行把关。

项目法人对总承包单位在合同履行中存在过失或偏差行为,可能造成重大损失或者严重影响合同目标实现的,应当对总承包单位法人代表进行约谈,必要时可以依据合同约定,终止总承包合同。

第十六条 采用总承包的项目,初步设计应当加大设计深度,加强地质勘察,明确重大技术方案,严格核定工程量和概算。

初步设计单位负责总承包项目初步设计阶段的勘察设计,按照项目法人要求对施工图设计或者设计变更进行咨询核查。

第十七条 总承包单位应当按照合同规定和工程施工需要,分阶段提交详勘资料和施工图设计文件,并按照审查意见进行修改完善。施工图设计应当符合经审批的初步设计文件要求,满足工程质量、耐久和安全的强制性标准和相关规定,经项目法人同意后,按照相关规定报交通运输主管部门审批。施工图设计经批准后方可组织实施。

第十八条 总承包单位依据总承包合同,对施工图设计及工程质量、安全、进度负总责。负责施工图勘察设计、工程施工和缺陷责任期工程修复工作,配合项目法人完成征地拆迁、地方协调、项目审计及交竣工验收等工作。

第十九条 项目法人根据建设项目的规模、技术复杂程度等要素,依据有关规定程序选择社会化的监理开展工程监理工作。监理单位应当依据有关规定和合同,对总承包施工图勘察设计、工程质量、施工安全、进度、环保、计量支付和缺陷责任期工程修复等进行监理,对总承包单位编制的勘察设计计划、采购与施工的组织实施计划、施工图设计文件、专项技术方案、项目实施进度计划、质量安全保障措施、计量支付、工程变更等进行审核。

第二十条 总承包工程应当按照批准的施工图设计组织施工。总承包单位应当根据工程特点和合同约定,细化设计施工组织计划,拟定设计施工进度安排、工程质量和施工安全目标、环境保护措施、投资完成计划。

第二十一条 总承包单位应当加强设计与施工的协调,建立工程管理与协调制度,根据工程实际及时完善、优化设计,改进施工方案,合理调配设计和施工力量,完善质量保证体系。

第二十二条 工程永久使用的大宗材料、关键设备和主要构件可由项目法人依法招标采购,也可由总承包单位按规定采购。招标人在招标文件中应当明确采购责任。由总承包单位采购的,应当采取集中采购的方式,采购方案应当经项目法人同意,并接受项目法人的监督。

第二十三条 总承包单位应当加强对分包工程的管理。选择的分包单位应当具备相应资格条件,并经项目法人同意,分包合同应当送项目法人。

第二十四条 总承包工程应当按照招标文件明确的计量支付办法与程序进行计量支付。

当采用工程量清单方式进行管理时,总承包单位应当依据交通运输主管部门批准的施工图设计文件,按照各分项工程合计总价与合同总价一致的原则,调整工程量清单,经项目法人审定后作为支付依据;工程实施中,按照清单及合同条款约定进行计量支付;项目完成后,总承包单位应当根据调整后最终的工程量清单编制竣工文件和工程决算。

第二十五条 总承包工程实施过程中需要设计变更的,较大变更或者重大变更应当依据有关规定报交通运输主管部门审批。一般变更应当在实施前告知监理单位和项目法人,项目法人认为变更不合理的有权予以否定。任何设计变更不得降低初步设计批复的质量安全标准,不得降低工程质量、耐久性和安全度。

设计变更引起的工程费用变化,按照风险划分原则处理。其中,属于总承包单位风险范围的设计变更(含完善设计),超出原报价部分由总承包单位自付,低于原报价部分,按第二十四条规定支付。属于项目法人风险范围的设计变更,工程量清单与合同总价均调整,按规定报批后执行。

项目法人应当根据设计变更管理规定,制定鼓励总承包单位优化设计、节省造价的管理制度。

第二十六条 总承包单位应当按照有关规定和合同要求,负责缺陷责任期的工程修复等工作,确保公路技术状况符合规定要求。

第二十七条 总承包单位完成合同约定的全部工程,符合质量安全标准,在缺陷责任期内履行规定义务后,项目法人应当按照合同完成全部支付。

第二十八条 总承包单位应当按照交、竣工验收的有关规定,编制和提交竣工图纸和相关文件资料。

第四章 附　　则

第二十九条 本办法自 2015 年 8 月 1 日起施行。

公路建设项目工程决算编制办法

(交公路发[2004]507号)

第一条 为加强公路建设项目投资管理,严格控制建设成本,提高投资效益,根据国家有关法律、法规,结合公路建设实际,制定本办法。

第二条 本办法适用于由政府或国有经济组织投资的公路工程新建和改建项目(以下简称建设项目)。其他公路建设项目可参照执行。

第三条 公路建设项目工程决算(以下简称工程决算)是指项目实际完成的工程量、采用的单价和费用支出,以及与批准的概(预)算对比情况。

第四条 工程决算是建设项目竣工验收工作的重要组成部分。未编制工程决算的建设项目,不得组织竣工验收。

第五条 建设项目法人应加强建设项目投资管理工作,配备具有相应资格的公路工程造价人员,做好工程决算资料的收集、整理和分析工作,工程决算文件的编制应真实、准确和完整。

第六条 工程决算根据下列资料进行编制:
(一)经交通主管部门批准的设计文件,以及批准的概(预)算或调整概(预)算文件;
(二)招标文件、标底(如果有)及与各有关单位签订的合同文件;
(三)建设过程中的文件及有关支付凭证;
(四)竣工图纸;
(五)其他有关文件、资料、凭证等。

第七条 工程决算总费用由建设安装工程费,设备、工具及器具购置费,工程建设其他费用三部分构成。对于概(预)算编制办法规定的项目及批准概(预)算文件中未列明且不能列入第一、二部分的费用列入第三部分。

第八条 工程决算通过工程决算表(见附件一)进行计算,各表格的相互关系见附件二,有关问题说明见附件三。

第九条 工程决算文件由项目法人在交工验收后负责组织编制,竣工验收前编制完成,并将工程决算文件及工程决算数据软盘各1份上报交通主管部门,同时抄送工程造价管理部门。

第十条 工程决算文件应简明扼要、字迹清晰、数据真实、计算正确、符合规定。

第十一条 工程决算文件包括工程决算编制说明和工程决算表。

第十二条 工程决算编制说明应包括以下内容:
(一)工程决算概况;

(二)工程概(预)算执行情况说明,其应说明招标方式、结果及重大设计变更情况;

(三)设备、工具、器具购置情况的说明;

(四)工程建设其他费用使用情况的说明(包括征地拆迁费、建设单位管理费、监理费等);

(五)预留费用使用情况的说明;

(六)工程决算编制中有关问题处理的说明;

(七)造价控制的经验与教训总结;

(八)工程遗留问题;

(九)其他需要说明的事项。

第十三条 工程决算表包括:

(一)建设项目概况表(01表)

(二)投资控制情况比较表(02表)

(三)工程数量情况比较表(03表)

(四)概(预)算分析表(04表)

(五)标底及合同费用分析表(05表)

(六)项目总决算(分析)表(06表)

(七)建安工程决算汇总表(07表)

(八)设备、工具及器具购置费用支出汇总表(08表)

(九)工程建设其他费用支出汇总表(09表)

第十四条 工程决算数据软盘包括工程决算文件和基础数据表。基础数据表包括以下内容:

(一)合同段工程决算表(10表)

(二)工程合同登记表(11表)

(三)变更设计登记表(12表)

(四)变更引起调整金额登记表(13表)

(五)工程项目调价登记表(14表)

(六)工程项目索赔登记表(15表)

(七)计日工支出金额登记表(16表)

(八)收尾工程登记表(17表)

(九)报废工程登记表(18表)

(十)工程支付情况登记表(19表)

第十五条 工程决算表应按照规定的填表说明编制,基础数据应在工程实施的过程中随时填写,使工程决算与工程管理紧密结合,保证基础资料的完整性,提高管理工作的规范性。

第十六条 《公路工程竣(交)工验收办法》规定的交工验收和竣工验收合并进行的小型项目可参照执行。

第十七条 本办法由交通部负责解释。

第十八条 本办法自2004年10月1日起执行。

公路工程施工分包管理办法

(交公路发〔2011〕685号)

第一章 总 则

第一条 为规范公路工程施工分包活动,加强公路建设市场管理,保证工程质量,保障施工安全,根据《中华人民共和国公路法》、《中华人民共和国招标投标法》、《建设工程质量管理条例》、《建设工程安全生产管理条例》等法律、法规,结合公路工程建设实际情况,制定本办法。

第二条 在中华人民共和国境内从事新建、改(扩)建的国省道公路工程施工分包活动,适用本办法。

第三条 公路工程施工分包活动实行统一管理、分级负责。

第四条 鼓励公路工程施工进行专业化分包,但必须依法进行。禁止承包人以劳务合作的名义进行施工分包。

第二章 管理职责

第五条 国务院交通运输主管部门负责制定全国公路工程施工分包管理的规章制度,对省级人民政府交通运输主管部门的公路工程施工分包活动进行指导和监督检查。

第六条 省级人民政府交通运输主管部门负责本行政区域内公路工程施工分包活动的监督与管理工作;制定本行政区域公路工程施工分包管理的实施细则、分包专项类别以及相应的资格条件、统一的分包合同格式和劳务合作合同格式等。

第七条 发包人应当按照本办法规定和合同约定加强对施工分包活动的管理,建立健全分包管理制度,负责对分包的合同签订与履行、质量与安全管理、计量支付等活动监督检查,并建立台账,及时制止承包人的违法分包行为。

第八条 除承包人设定的项目管理机构外,分包人也应当分别设立项目管理机构,对所承包或者分包工程的施工活动实施管理。

项目管理机构应当具有与承包或者分包工程的规模、技术复杂程度相适应的技术、经济管理人员,其中项目负责人和技术、财务、计量、质量、安全等主要管理人员必须是本单位人员。

第三章　分包的条件

第九条　承包人可以将适合专业化队伍施工的专项工程分包给具有相应资格的单位。不得分包的专项工程,发包人应当在招标文件中予以明确。

分包人不得将承接的分包工程再进行分包。

第十条　分包人应当具备如下条件:

(一)具有经工商登记的法人资格;

(二)具有与分包工程相适应的注册资金;

(三)具有从事类似工程经验的管理与技术人员;

(四)具有(自有或租赁)分包工程所需的施工设备。

第十一条　承包人对拟分包的专项工程及规模,应当在投标文件中予以明确。

未列入投标文件的专项工程,承包人不得分包。但因工程变更增加了有特殊性技术要求、特殊工艺或者涉及专利保护等的专项工程,且按规定无须再进行招标的,由承包人提出书面申请,经发包人书面同意,可以分包。

第四章　合同管理

第十二条　承包人有权依据承包合同自主选择符合资格的分包人。任何单位和个人不得违规指定分包。

第十三条　承包人和分包人应当按照交通运输主管部门制定的统一格式依法签订分包合同,并履行合同约定的义务。分包合同必须遵循承包合同的各项原则,满足承包合同中的质量、安全、进度、环保以及其他技术、经济等要求。承包人应在工程实施前,将经监理审查同意后的分包合同报发包人备案。

第十四条　承包人应当建立健全相关分包管理制度和台账,对分包工程的质量、安全、进度和分包人的行为等实施全过程管理,按照本办法规定和合同约定对分包工程的实施向发包人负责,并承担赔偿责任。分包合同不免除承包合同中规定的承包人的责任或者义务。

第十五条　分包人应当依据分包合同的约定,组织分包工程的施工,并对分包工程的质量、安全和进度等实施有效控制。分包人对其分包的工程向承包人负责,并就所分包的工程向发包人承担连带责任。

第五章　行为管理

第十六条　禁止将承包的公路工程进行转包。

承包人未在施工现场设立项目管理机构和派驻相应人员对分包工程的施工活动实施有效管理,并且有下列情形之一的,属于转包:

(一)承包人将承包的全部工程发包给他人的;

(二)承包人将承包的全部工程肢解后以分包的名义分别发包给他人的;

(三)法律、法规规定的其他转包行为。

第十七条 禁止违法分包公路工程。

有下列情形之一的,属于违法分包:

(一)承包人未在施工现场设立项目管理机构和派驻相应人员对分包工程的施工活动实施有效管理的;

(二)承包人将工程分包给不具备相应资格的企业或者个人的;

(三)分包人以他人名义承揽分包工程的;

(四)承包人将合同文件中明确不得分包的专项工程进行分包的;

(五)承包人未与分包人依法签订分包合同或者分包合同未遵循承包合同的各项原则,不满足承包合同中相应要求的;

(六)分包合同未报发包人备案的;

(七)分包人将分包工程再进行分包的;

(八)法律、法规规定的其他违法分包行为。

第十八条 按照信用评价的有关规定,承包人和分包人应当互相开展信用评价,并向发包人提交信用评价结果。

发包人应当对承包人和分包人提交的信用评价结果进行核定,并且报送相关交通运输主管部门。

交通运输主管部门应当将发包人报送的承包人和分包人的信用评价结果纳入信用评价体系,对其进行信用管理。

第十九条 发包人应当在招标文件中明确统一采购的主要材料及构、配件等的采购主体及方式。承包人授权分包人进行相关采购时,必须经发包人书面同意。

第二十条 为确保分包合同的履行,承包人可以要求分包人提供履约担保。分包人提供担保后,如要求承包人同时提供分包工程付款担保的,承包人也应当予以提供。

第二十一条 承包人与分包人应当依法纳税。承包人因为税收抵扣向发包人申请出具相关手续的,发包人应当予以办理。

第二十二条 分包人有权与承包人共同享有分包工程业绩。分包人业绩证明由承包人与发包人共同出具。

分包人以分包业绩证明承接工程的,发包人应当予以认可。分包人以分包业绩证明申报资质的,相关交通运输主管部门应当予以认可。

劳务合作不属于施工分包。劳务合作企业以分包人名义申请业绩证明的,承包人与发包人不得出具。

第六章 附 则

第二十三条 发包人、承包人或者分包人违反本办法相关条款规定的,法律、法规对处罚机关和处罚方式有相关规定的,依照法律、法规的规定执行;法律、法规未作规定的,由交通运输主管部门给予通报批评、警告、责令改正以及罚款等处罚。

第二十四条 本办法所称施工分包,是指承包人将其所承包工程中的专项工程发包给其他专业施工企业完成的活动。

本办法所称发包人，是指公路工程建设的项目法人或者受其委托的建设管理单位。

本办法所称监理人，是指受发包人委托对发包工程实施监理的法人或者其他组织。

本办法所称承包人，是指由发包人授标，并与发包人签署正式合同的施工企业。

本办法所称分包人，是指从承包人处分包专项工程的专业施工企业。

本办法所称本单位人员，是指与本单位签订了合法的劳动合同，并为其办理了人事、工资及社会保险关系的人员。

本办法所称专项工程是指省级人民政府交通运输主管部门制定的分包资格中的相应工程内容。

第二十五条 除施工分包以外，承包人与他人合作完成的其他以劳务活动为主的施工活动统称为劳务合作。

第二十六条 承包人应当按照合同约定对劳务合作企业的劳务作业人员进行管理。承包人对其所管理的劳务作业人员行为向发包人承担全部责任。劳务作业人员应当具备相应资格，经培训后上岗。

第二十七条 本办法由交通运输部负责解释。

第二十八条 本办法自 2012 年 1 月 1 日起施行。

公路工程设计变更管理办法

(2005年5月9日 交通部令2005年第5号)

第一条 为加强公路工程建设管理,规范公路工程设计变更行为,保证公路工程质量,保护人民生命及财产安全,根据《中华人民共和国公路法》、《建设工程质量管理条例》、《建设工程勘察设计管理条例》等相关法律和行政法规,制定本办法。

第二条 对交通部批准初步设计的新建、改建公路工程的设计变更,应当遵守本规定。

本办法所称设计变更,是指自公路工程初步设计批准之日起至通过竣工验收正式交付使用之日止,对已批准的初步设计文件、技术设计文件或施工图设计文件所进行的修改、完善等活动。

第三条 各级交通主管部门应当加强对公路工程设计变更活动的监督管理。

第四条 公路工程设计变更应当符合国家有关公路工程强制性标准和技术规范的要求,符合公路工程质量和使用功能的要求,符合环境保护的要求。

第五条 公路工程设计变更分为重大设计变更、较大设计变更和一般设计变更。

有下列情形之一的属于重大设计变更:

(一)连续长度10公里以上的路线方案调整的;
(二)特大桥的数量或结构形式发生变化的;
(三)特长隧道的数量或通风方案发生变化的;
(四)互通式立交的数量发生变化的;
(五)收费方式及站点位置、规模发生变化的;
(六)超过初步设计批准概算的。

有下列情形之一的属于较大设计变更:

(一)连续长度2公里以上的路线方案调整的;
(二)连接线的标准和规模发生变化的;
(三)特殊不良地质路段处置方案发生变化的;
(四)路面结构类型、宽度和厚度发生变化的;
(五)大中桥的数量或结构形式发生变化的;
(六)隧道的数量或方案发生变化的;
(七)互通式立交的位置或方案发生变化的;
(八)分离式立交的数量发生变化的;
(九)监控、通信系统总体方案发生变化的;

（十）管理、养护和服务设施的数量和规模发生变化的；

（十一）其他单项工程费用变化超过 500 万元的；

（十二）超过施工图设计批准预算的。

一般设计变更是指除重大设计变更和较大设计变更以外的其他设计变更。

第六条 公路工程重大、较大设计变更实行审批制。

公路工程重大、较大设计变更，属于对设计文件内容作重大修改，应当按照本办法规定的程序进行审批。未经审查批准的设计变更不得实施。

任何单位或者个人不得违反本办法规定擅自变更已经批准的公路工程初步设计、技术设计和施工图设计文件。不得肢解设计变更规避审批。

经批准的设计变更一般不得再次变更。

第七条 重大设计变更由交通部负责审批。较大设计变更由省级交通主管部门负责审批。

第八条 项目法人负责对一般设计变更进行审查，并应当加强对公路工程设计变更实施的管理。

第九条 公路工程勘察设计、施工及监理等单位可以向项目法人提出公路工程设计变更的建议。

设计变更的建议应当以书面形式提出，并应当注明变更理由。

项目法人也可以直接提出公路工程设计变更的建议。

第十条 项目法人对设计变更的建议及理由应当进行审查核实。必要时，项目法人可以组织勘察设计、施工、监理等单位及有关专家对设计变更建议进行经济、技术论证。

第十一条 对一般设计变更建议，由项目法人根据审查核实情况或者论证结果决定是否开展设计变更的勘察设计工作。

对较大设计变更和重大设计变更建议，项目法人经审查论证确认后，向省级交通主管部门提出公路工程设计变更的申请，并提交以下材料：

（一）设计变更申请书。包括拟变更设计的公路工程名称、公路工程的基本情况、原设计单位、设计变更的类别、变更的主要内容、变更的主要理由等；

（二）对设计变更申请的调查核实情况、合理性论证情况；

（三）省级交通主管部门要求提交的其他相关材料。

省级交通主管部门自受理申请之日起 15 日内作出是否同意开展设计变更的勘察设计工作的决定，并书面通知申请人。

第十二条 设计变更的勘察设计应当由公路工程的原勘察设计单位承担。经原勘察设计单位书面同意，项目法人也可以选择其他具有相应资质的勘察设计单位承担。设计变更勘察设计单位应当及时完成勘察设计，形成设计变更文件，并对设计变更文件承担相应责任。

第十三条 设计变更文件完成后，项目法人应当组织对设计变更文件进行审查。

一般设计变更文件由项目法人审查确认后决定是否实施。项目法人应当在 15 日内完成审查确认工作。

重大及较大设计变更文件经项目法人审查确认后报省级交通主管部门审查。其中，重大设计变更文件由省级交通主管部门审查后报交通部批准；较大设计变更文件由省级交通主管部门批准,并报交通部备案。若设计变更与可行性研究报告批复内容不一致,应征得原可行性研究报告批复部门的同意。

第十四条 项目法人在报审设计变更文件时,应当提交以下材料:

(一)设计变更说明;

(二)设计变更的勘察设计图纸及原设计相应图纸;

(三)工程量、投资变化对照清单和分项概、预算文件。

第十五条 设计变更文件的审批应当在20日内完成。无正当理由,超过审批时间未对设计变更文件的审查予以答复的,视为同意。

需要专家评审的,所需时间不计算在上述期限内。审批机关应当将所需时间书面告知申请人。

第十六条 对需要进行紧急抢险的公路工程设计变更,项目法人可先进行紧急抢险处理,同时按照规定的程序办理设计变更审批手续,并附相关的影像资料说明紧急抢险的情形。

第十七条 公路工程设计变更工程的施工原则上由原施工单位承担。原施工单位不具备承担设计变更工程的资质等级时,项目法人应通过招标选择施工单位。

第十八条 项目法人应当建立公路工程设计变更管理台账,定期对设计变更情况进行汇总,并应当每半年将汇总情况报省级交通主管部门备案。

省级交通主管部门可以对管理台账随时进行检查。

第十九条 交通主管部门审查批准公路工程设计变更文件时,工程费用按《公路基本建设工程概算、预算编制办法》核定。

第二十条 由于公路工程勘察设计、施工等有关单位的过失引起公路工程设计变更并造成损失的,有关单位应当承担相应的费用和相关责任。

由于公路工程设计变更发生的建筑安装工程费、勘察设计费和监理费等费用的变化,按照有关合同约定执行。

由于公路工程设计变更发生的工程建设单位管理费、征地拆迁费等费用的变化,按照国家有关规定执行。

第二十一条 按照本办法规定经过审查批准的公路工程设计变更,其费用变化纳入决算。未经批准的设计变更,其费用变化不得进入决算。

第二十二条 设计变更审批部门违反本办法规定,不按照规定权限、条件和程序审查批准公路工程设计变更文件的,上级交通主管部门或者监察部门责令改正;造成严重后果的,对直接负责的主管人员和其他直接责任人员依法给予行政处分;构成犯罪的,依法追究刑事责任。

较大设计变更审批部门违反本办法规定,情节严重的,对全部或者部分使用国有资金的项目,可以暂停项目执行。

第二十三条 交通主管部门工作人员在设计变更审查批准过程中滥用职权、玩忽职守、谋取不正当利益的,由主管部门或者监察部门给予行政处分;构成犯罪的,依法追究刑事责任。

第二十四条 项目法人有以下行为之一的,交通主管部门责令改正;情节严重的,对全部或者部分使用国有资金的项目,暂停项目执行。构成犯罪的,依法追究刑事责任:

(一)不按照规定权限、条件和程序审查、报批公路工程设计变更文件的;

(二)将公路工程设计变更肢解规避审批的;

(三)未经审查批准或者审查不合格,擅自实施设计变更的。

第二十五条 施工单位不按照批准的设计变更文件施工的,交通主管部门责令改正;造成建设工程质量不符合规定的质量标准的,负责返工、修理,并赔偿因此造成的损失;情节严重的,责令停业整顿,降低资质等级或者吊销资质证书。

第二十六条 交通部批准初步设计以外的新建、改建公路工程的设计变更,参照本办法执行。

第二十七条 本办法自 2005 年 7 月 1 日起施行。

关于进一步加强公路勘察设计工作的若干意见

(交公路发〔2011〕504号)

各省、自治区、直辖市、新疆生产建设兵团交通运输厅(局、委),天津市市政公路管理局:

勘察设计是工程建设的前提和基础,是工程建设的灵魂。公路工程勘察设计工作的质量,直接影响公路的使用功能和寿命、环境保护、行车安全和工程造价等。近年来,各级交通运输主管部门和公路建设从业单位,认真贯彻国家有关法律、法规和建设程序,全面落实科学发展观,按照公路勘察设计新理念的要求,积极引进和开发应用新技术,大胆创新,勇于实践,有力地促进了公路勘察设计水平的提高,为公路建设又好又快发展提供了可靠保证。但是近年来一些工程存在勘察设计周期不合理、地质勘察工作量不足、地质勘察与设计脱节、项目总体协调不力等问题,导致工程变更增多,有的甚至影响到工程质量和安全。为保证工程质量和安全,控制工程造价,切实提高公路勘察设计水平,现就进一步加强公路勘察设计工作,提出如下意见:

一、总结经验,进一步创新提升公路勘察设计理念

先进的理念是引领公路建设又好又快发展的前提。自2004年部提出"六个坚持六个树立"的公路勘察设计新理念以来,各地结合本地区实际,深入贯彻落实公路勘察设计新理念,建设了一批安全、环保、舒适、耐久、经济的优质公路工程。面对当前公路建设的新形势,按照部提出的加快转变发展方式,推行现代工程管理,加快发展现代交通运输业的新要求,公路勘察设计工作更要不断总结经验,进一步创新提升公路勘察设计理念。

(一)贯彻"以人为本,安全至上"理念,进一步提升公路安全水平。

公路是人民群众安全、便捷出行的重要基础设施。作为工程建设的基础,勘察设计始终要将"以人为本,安全至上"的理念贯穿于设计的全过程。要认真落实"地形地质选线"和"安全选线"原则,掌握地质状况,对不良地质灾害体要尽量予以绕避,做好路线方案比选工作;因地制宜,合理采用技术指标,优化平纵面设计,尽量避免出现长大纵坡和高填深挖。同时,对交通工程及沿线设施要加强其针对性设计。对特殊复杂桥梁隧道工程,要认真组织开展公路桥梁和隧道工程安全风险评估工作,确保结构安全可靠、技术经济合理。针对当前气候异常、水灾频发的情况,要高度重视公路沿线气象、水文、地质等建设条件的调查工作,加强防护工程设计,进一步提高公路基础设施的防灾抗灾能力,尽最大努力减少公路的水损坏,确保公路"生命线"的畅通和安全。

(二)贯彻"生态环保、资源节约"理念,促进公路交通可持续发展。

生态环境是人类生存和发展的基本条件，是经济和社会发展的基础。为此，在设计中特别是在选取路线方案时要认真贯彻"生态环保选线"的原则，在满足规范标准的前提下，使路线尽量与地形相拟合，路基尽可能避免高填深挖，隧道尽可能实现"零开挖进洞"，以减少对自然生态环境的破坏。路线在经过水源地保护区、风景名胜区、自然保护区、水土保持敏感区等区域时，要做好环境影响、水土保持评价工作，采取避让和保护措施。

资源是人类生存发展的物质基础，也是可持续发展的重要保证，特别是土地更是关系国计民生的重要战略资源，耕地是百姓赖以生存的基础。我国土地资源十分紧缺，珍惜保护耕地是基本国策。为此，一是在设计中应当统筹利用线位资源，将减少土地占用、减少矿产资源压覆作为路线方案选择和优化的重要指标，合理确定建设规模和方案，提高土地的集约利用程度，减少对土地的分割，尽可能不占或少占耕地，合理设置取弃土场，尽量复耕还田。二是按照发展循环和低碳经济的要求，在沿线房屋设施、隧道照明等供配电设计中，积极推广利用风能、太阳能、地热等清洁能源和节能设备；在养护维修和改扩建项目设计中，积极采用沥青、水泥混凝土路面再生利用技术等，以节约利用资源。

(三) 贯彻"全寿命周期成本"理念，合理控制公路建设成本。

树立全寿命周期成本的理念，就是要从项目生命周期全过程去看待成本，既要注重项目初期的建设成本，也要注重后期的维修和养护成本。为此，一是要把提高建设质量和工程耐久性放在首位，确定符合实际需要和经济能力的工程建设方案，同时要避免贪大求洋，更不能未经批准擅自提高标准、扩大建设规模；二是要把严格控制工程投资作为约束性目标，始终贯穿到项目设计、建设的各个环节，在精心设计、优化设计上下功夫，合理确定投资规模，有效控制建设成本；三是要及时吸收养护和运营管理中的好经验好做法，尽可能减少后期维护费用，延长使用寿命；通过这些措施以及提高技术含量，用好建设资金，以达到最佳的技术经济效益。

二、进一步加强地质勘察与外业调查工作，确保基础资料全面、实用、可信

外业勘察资料尤其是地质勘察资料是设计的基础和依据，直接影响工程方案的确定。为此，要进一步加强地质勘察和外业调查工作，确保基础资料全面、实用、可信。一是勘察设计单位应根据相关技术标准规范的要求，针对项目区域地形地质特点及工程建设需要，提出外业勘察特别是地质勘察的工作量、勘察重点及勘察费用，编制外业勘察与地质勘察指导书，并报项目建设管理单位批准。经批准的指导书，建设管理单位应报省级交通运输主管部门备案，以便项目建设管理单位、交通运输主管部门监督检查，确保外业勘察工作保质、保量、规范进行。今后，凡是由于勘察设计单位未完成地质勘察指导书所确定的工作量、或项目建设管理单位把关不严而引发重大、较大设计变更的，交通运输主管部门不予确认，并追究相关单位的责任。二是外业勘察验收工作是开展设计工作的基本要求和条件。为此，项目建设管理单位或交通运输主管部门，要组织有关单位和专家认真做好外业勘察验收，特别是地质勘察专项验收工作。今后，凡是勘察工作量没有完成、深度不足的，不得组织验收，验收不合格的不得开展内业设计工作。

三、明确各方责任，加强总体设计

总体设计是勘察设计的总纲，既要体现公路使用功能、质量、安全、环保、节约的基本要求，又要处理好主体工程与附属工程、各专业之间的衔接与协调配合，是一项系统工程。为此，在勘察设计阶段务必要加强总体设计工作，以保证设计成果的完整性、合理性、统一性。一是对

于有多个勘察设计单位参与的建设项目,项目建设管理单位首先要确定综合实力强、技术水平高的设计单位作为总体设计单位;其次要做好对总体勘察设计大纲和事先指导书的审查确认,并督促各参与设计单位严格执行;同时,要及时协调解决总体设计过程中遇到的问题,对总体勘察设计大纲和事先指导书执行不力的单位要提出整改要求。二是总体设计单位要组织参与设计的单位编制总体勘察设计大纲和事先指导书,报项目建设管理单位审查确认后执行。同时,要做好各工程专业间的相互协调及合理衔接,杜绝总体设计只是"简单汇总"的倾向。三是各参与设计单位要严格按照批准的总体勘察设计大纲和事先指导书的要求,认真做好各自承担的设计任务,积极配合总体设计单位做好总体设计工作。四是省级交通运输主管部门进行设计文件预审或审查时,要将总体设计作为审查的重点认真加以审查。对总体设计不到位、设计原则不统一,总体设计只做"简单汇总"的,应责令改正。今后,对报部的设计文件,部将把总体设计作为初步设计文件的审查内容,对不符合要求的将予以退回重新补充完善。

四、强化过程管理,提高勘察设计质量

加强设计工作过程的管理是保证设计质量的必要手段。为此,设计单位要进一步加强勘察设计过程的管理和控制。一是设计单位要建立健全内部质量保证体系,严格按照设计质量管理流程开展勘察设计,依据通过验收的外业勘察资料和地质勘察资料进行内业设计。二是项目建设管理单位要给勘察设计单位一个合理的勘察设计周期,以保证设计质量。今后,除平原区等地形地质条件相对简单的项目外,初步设计有效工作周期一般不少于120个工作日,施工图设计有效工作周期不少于180个工作日;对地形、地质条件及工程方案复杂的项目,设计周期根据实际情况相应增加。三是省级交通运输主管部门进行初步设计预审、审查工作时,要将设计是否充分应用外业勘察成果资料纳入审查范围。凡是设计文件未利用外业勘察资料或结合不紧密的,要一律退回重做,以杜绝外业勘察与内业设计严重脱节问题的再次发生。四是加强施工图设计审查工作。省级交通运输主管部门进行施工图设计审查时,要将初步设计批复意见和审查咨询意见落实情况作为审查的重点予以严格核查。今后,凡是施工图设计未执行初步设计批复意见且无合理理由,造成重大、较大设计变更且由此增加投资的,应依法追究相关单位及人员的责任,增加的投资不得纳入工程决算。五是要大力推行设计标准化。对桥梁上下部结构、路基路面、交通工程设施等成熟的技术、成功的经验和典型结构,各地要认真加以总结,并结合实际,研究制定标准图,促进设计施工标准化,以提高设计施工质量和效率。六是要加强建设过程中设计与施工的密切配合衔接。路基边坡开挖后,设计单位要根据实际地质情况,优化边坡坡率、边坡防护、绿化与排水方案;隧道进洞后,要根据围岩实际等级,细化衬砌方案等,认真做好后续服务和动态设计。

五、健全设计变更管理制度,规范设计变更管理

加强设计变更管理工作是完善设计、提高建设质量、预防腐败的重要手段。各级交通运输主管部门应按照《公路工程设计变更管理办法》(交通部令2005年第5号)的要求,健全完善设计变更管理制度,进一步规范设计变更管理工作。一是要严格执行设计变更审查审批程序。对重大、较大设计变更要组织专家进行研究论证,报经原设计批复部门审查批准后方可实施。二是要明确设计变更审批时限。对一般设计变更的审批,项目建设管理单位要在5~10个工作日内办结;对较大、重大变更的审批,相关交通运输主管部门应在接到申请之日起10个工作日内完成符合性审查,并出具予以受理或不予受理的书面意见,对于予以受理的还要告知批复的时限。三是要严格控制投资。对未经审查批准的设计变更,费用不得纳入决算。四是要建立健全工程设计变更台账。项目建设管理单位要建立设计变更管理台账,定期汇总设计变更情况。相关交通运输主管部门要随机抽查、定期检查,实施动态监管。五是对重大、较大设计变更审批要实行"阳光化"操作。要将设计变更审批情况向社会公开,接受建设各方和社会的监督,防止出现不合理变更和腐败现象的发生。

六、加强工程科研项目管理,提高公路建设技术水平

结合工程项目实施,开展科技攻关是推动工程技术进步,提高工程建设科技含量和技术水平的重要手段。因此,要进一步重视和加强工程科研项目的管理。一是要结合工程项目特点、技术难点,有针对性地确定工程科研项目,以解决工程技术难题,确保工程顺利实施。二是要严格执行工程科研项目申报和审查程序。今后,对拟列入工程投资规模的科研项目,要按照有关要求,严格筛选,阳光操作,并将科研项目清单、背景、内容等形成专题报告随初步设计文件一起上报。初步设计审批部门对其要进行认真审查,严格把关,以保证科研的针对性和实用性,避免为科研而科研、重复研究、研用脱节。三是要加强科研项目的管理。研究项目实施过程中,相关交通运输主管部门要加强跟踪和指导。研究项目完成后,省级交通运输主管部门要及时组织验收,对部批复项目中的研究项目,部公路局将派人参加验收。对于通过验收的研究项目,省级交通运输主管部门要将研究成果和研究报告报部公路局备案,以便加以推广应用,提高研究成果的使用效益,促进行业技术进步。

七、建立设计单位信用管理制度,规范勘察设计市场

为促进设计单位进一步加强内部管理,重视设计质量,提升设计水平,各省(区、市)交通运输主管部门应按照部《关于建立公路建设市场信用体系的指导意见》以及开展勘察设计企业信用管理的总体工作部署,加快建立设计单位信用管理制度步伐。一是要尽快建立勘察设计企业信用信息库,实现设计企业的信息公开。二是要按照统一部署,开展勘察设计企业信用评价,并将评价结果作为设计单位资质管理、招标评标、评优评奖工作等的重要依据。三是对有严重不良记录的勘察设计单位,要公开曝光,一年内不得承揽新的设计任务。

勘察设计是保证工程质量和安全的基础,各级交通运输主管部门和有关单位,要认真按本意见要求,结合本地实际,严格管理,落实责任,进一步提高勘察设计质量,促进公路建设又好又快发展。

交通运输部
2011 年 9 月 15 日

关于建立公路建设市场信用体系的指导意见

(交公路发〔2006〕683号)

为加强公路建设市场管理,规范公路建设从业单位和从业人员行为,维护统一开放、竞争有序的市场秩序,促进公路建设又好又快发展,根据《公路法》、《招标投标法》和《公路建设市场管理办法》等相关法规,现就建立公路建设市场信用体系提出以下意见:

一、公路建设市场信用体系建设的总体要求

(一)指导思想

按照党中央、国务院关于加快建设社会信用体系的总体要求,结合公路建设行业实际和特点,以信用管理为手段,以规范公路建设从业单位和人员行为为目的,通过加强行政监管、行业自律和社会监督,加快建立与社会主义市场经济相适应的公路建设市场信用体系。

(二)建设目标

公路建设市场信用体系建设的总体目标是:要用五年左右的时间,建立起比较完善的公路建设市场信用体系,使我国公路建设管理水平和建设市场的规范化程度迈上一个新台阶。

——在规范管理方面,建立起比较完善的公路建设市场信用监管体系、征信制度、信用评价制度、发布制度和奖惩制度,使公路建设信用体系有法可依,有章可循。

——在信息共享方面,加快建立全国共享的公路建设市场信用信息平台,不断提高信息管理和服务水平,基本满足信息需求者的查询和使用需求。

——在信用活动方面,通过宣传教育、褒奖诚信、惩戒失信,全面提高广大从业单位和人员的信用意识,营造诚信为荣、失信为耻的公路建设市场氛围。

(三)建设原则

1. 坚持统筹规划、分级管理的原则

交通部负责全国公路建设市场信用体系建设的总体框架设计,制定和完善信用管理的规章制度,建立全国共享的信用信息平台。

各省级交通主管部门按照交通部的统一要求,负责本辖区公路建设市场信用体系建设工作,组织对公路建设从业单位和人员信用的征集、评价和发布,并按交通部要求上报相关信息。

2. 坚持政府推动、各方参与的原则

当前,公路建设市场信用环境尚不成熟,信用体系建设需要依靠政府的推动和引导。各级交通主管部门要通过制定规则,采取行政措施,推动信用体系的建设。同时,注重发挥质监机构、建设单位(项目法人)和行业协会的作用,充分利用司法机关、金融机构、政府监督部门的相关信息,不断完善信用体系建设。

3. 坚持突出重点、分步实施的原则

目前,信用评价对象应以施工、监理、勘察设计企业为重点,兼顾咨询、代理、材料和设备供应商等其他单位和从业人员,条件成熟时项目法人亦应列为信用评价对象。在实施步骤上,应在完善相关制度的基础上,首先公布公路建设市场基本信息,包括从业单位的基本情况、以往业绩和有关信用记录,再开展信用评价工作。

4. 坚持公开、公平、公正和诚实信用的原则

各级交通主管部门要按照依法执政和执政为民的要求,切实加强行政监管,提高工作透明度,发挥建设单位和行业协会的作用,接受社会监督,确保信用体系建设工作的公开、公平、公正。不得将信用作为地方保护和行业保护的工具,不得泄露相关单位的商业秘密和个人隐私资料。各从业单位和人员要信守承诺,依法从业,并按照相关规定如实填报、更新相关信用信息,不得弄虚作假。

二、公路建设市场信用体系建设的主要内容

（一）信用信息征集

部负责制定公路建设从业单位和人员信用信息征集的管理制度,并建立全国公路建设市场信用信息平台,发布相关从业单位和人员奖惩信息,以及部审查、审批资质企业的基本信息、列入部建设计划的重点建设项目信息等。各省级交通主管部门要在部需信息的基础上,结合本辖区信用体系建设的需要,做好本辖区公路建设市场信用信息征集工作,建立和完善规章制度,确保信用信息及时、准确、有效,并按要求将有关信息及时报部。

（二）信用评价

信用评价主要包括评价内容和主体、评价等级划分、评价标准和方法等。

1. 评价主体和主要内容

现阶段,守法评价的主体是各级交通主管部门;履约考核信用评价的主体是建设单位(项目业主);质量评价的主体是交通主管部门及其授权的质量监督机构。评价主体对信用评价的结果负责,从业单位对其提供信息的真实性和及时性负责。随着信用市场的逐步完善,应当发挥社会中介机构在信用评价方面的作用。省级交通主管部门应当做好相关评价的监督和管理工作,妥善处理评价双方的争议,确保评价工作规范有序。

2. 评价等级划分

全国公路建设从业单位信用等级从高到低统一划分五个级别,即:信用好、较好、一般、较差、差,分别用 AA、A、B、C、D 表示,不再对同一等级进行细分。施工企业的信用等级解释如下:

AA:考核期内企业信用好,招投标行为规范,严格履行合同承诺,工程质量、安全保证体系健全并全部得到落实。

A:考核期内企业信用较好,招投标行为规范,履行合同承诺,工程质量、安全保证体系健全并基本得到落实。

B:考核期内企业信用一般,招投标行为基本规范,履行合同承诺一般,工程质量、安全、进度基本得到保证。

C:考核期内企业信用较差,招投标行为不规范,履行合同承诺情况较差,工程进度滞后,或发生工程质量或安全事故的。

D:考核期内企业信用差,招投标中有违法行为,不履行合同承诺,工程质量和安全无法得到保证。同时,有下列情况之一的,直接列入信用 D 级,全国通报。

1) 出借、借用资质证书进行投标或承接工程的;
2) 存在围标、串标行为的;
3) 以弄虚作假、行贿或其他违法形式骗取中标资格的;
4) 将承包的工程非法转包的;
5) 被司法部门认定有行贿行为,并构成犯罪的;
6) 在建项目发生重大质量、安全责任事故或社会公共事件,造成严重社会影响;或瞒报、虚报事故情况的;
7) 其他被限制投标,并在限制期内的;
8) 法律、法规规定的其他情形。

从业人员的信用等级参照从业单位划分,但考虑到目前基础条件和考核标准尚不成熟,可以个人信用档案形式记录不良信用行为、良好信用行为,以掌握主要从业人员的信用状况。从业单位及主要从业人员的信用记录在信用档案中永久保存。

3. 评价标准

各省级交通主管部门应根据上述信用等级划分,结合各地实际情况,按照"公开、公平、量化、便于操作"的原则制定信用评价标准,并严格按照标准和程序进行信用评价,保证评价结论的合法性和权威性。随着全国公路建设市场信用体系建设的逐步完善,交通部将研究制定全国统一的评价标准。

各地应客观、公正对待新进入本辖区公路建设市场的从业单位,不得以没有本地信用记录为由设置市场准入限制和地方保护。若该从业单位在其他省份无不良信用记录,可按 A 级信用对待;若有不良信用记录,但不良信用性质不严重,可按 B 级对待,若不良信用性质严重,可参照本辖区信用等级评定标准按 B 级以下对待。

信用等级为 C 及以上的施工企业,有下列行为之一的,每发生一次,信用等级降低一级,直至降至 D 级:

1) 在资格预审申请文件或投标文件中伪造材料的;
2) 将承包的工程违规分包的;
3) 被确定中标后,放弃中标的;
4) 恶意拖欠农民工工资的;或由拖欠农民工工资引发群体性事件,造成较大社会影响的;
5) 交通部、省级交通主管部门要求企业自主填报并向社会公开的重要信用信息,如主要从业人员、身份识别代码、业绩、施工能力等,经查实,存在弄虚作假的;
6) 其他违反法律、法规的行为。

4. 评价周期

从业单位信用等级评定和履约考核原则上每年评定 1~2 次。若从业单位受到政府或有关部门的行政处罚,或存在信用等级 D 级所列情形及降低信用等级行为的,应立即对其信用进行重新评级并公布,强化信用行为的动态管理。

(三) 建立信用信息平台

公路建设市场信用平台按部、省二级建立,各有侧重,互联互通。部负责建立"全国公路建设市场信用信息系统",发布相关从业单位和人员的基本信息和信用信息。同时,研究制订统一的信用信息分类及编码、信用信息格式、信用报告文本和征信数据库建设规范等,为实现全国公路建设市场信用信息互联互通创造条件。

各省级交通主管部门负责本辖区的信用信息平台建设。平台建设要符合相关行业标准,充分利用现代信息技术,提高行政效率和管理水平。平台要与省级交通主管部门门户网站建立链接。同时,要逐步通过信用信息平台实现招投标信息的发布,投标单位基本信息的获取,逐步实现网上招标,充分发挥信用信息平台的作用。

网上公开的信息应注意保守企业的商业秘密和个人隐私,公路建设市场管理必需的资料,如企业组织机构代码、主要业绩和经营状况、施工能力、主要人员身份证号码等信息,从业单位不得以商业秘密或个人隐私为由拒绝提供。

(四)信用奖惩机制

各级交通主管部门要充分利用信用信息平台,加强对公路建设从业单位和人员的动态管理。对长期评定为 AA、A 级的守法诚信单位要给予宣传和表彰,可在招投标、履约保证金等方面给予一定优惠,通过各种奖励措施,逐步建立对诚信单位的长效激励机制,使之真正获得诚信效益;对存在违法、违规、违约等行为的从业单位,要依法查处、重点监管,并按有关规定降低信用等级。

三、加快公路建设市场信用体系建设的保障措施

(一)加强组织领导,明确职责分工

公路建设市场信用体系建设既是一项长期而复杂的系统工程,又是一项当前亟待加强的重要工作,各省级交通主管部门要高度重视,切实加强组织领导,落实信息系统建设与维护等必需的工作经费,明确具体的职能部门和工作职责,做到科学筹划,精心组织,推动本辖区公路建设市场信用体系建设的规范有序进行。

(二)完善规章制度,严格依法行政

各省级交通主管部门要按照建立法制政府和信用政府的要求,建立和完善相关的规章制度,为信用体系建设提供制度保障。要加强对公路建设从业单位和人员的监管,依法查处违法违规行为,为信用体系建设提供行政保障。

(三)强化舆论引导,倡导信用理念

各有关单位要高度重视公路建设市场信用体系建设的宣传工作,充分利用各种媒体,采用多种形式,在公路建设领域广泛开展诚实守信教育,使信用观念、信用意识、信用道德深入人心。特别是注重引导和培养广大从业单位和人员的诚信经营意识,维护自身诚信品牌,使建设廉政工程、打造精品公路、树立诚信企业成为公路建设市场的主旋律。

(四)典型引路,稳步推进

目前,公路建设市场信用体系建设刚刚起步,相关法规环境还不成熟,工作经验比较欠缺。各省级交通主管部门要尽快制定信用体系建设实施方案,用一年左右的时间,在高速公路建设领域开展信用体系建设试点工作。在总结试点经验的基础上,进一步完善相关规章制度,稳步推进公路建设市场信用体系建设。

公路建设市场信用信息管理办法

（交公路发〔2009〕731号）

第一章 总 则

第一条 为加强公路建设市场信用信息管理，规范公路建设从业单位和从业人员的市场行为，营造诚实守信的市场环境，根据《中华人民共和国政府信息公开条例》、《公路建设市场管理办法》、《公路建设监督管理办法》、《关于建立公路建设市场信用体系的指导意见》，制定本办法。

第二条 公路建设从业单位及从业人员信用信息的征集、更新、发布、管理等活动适用于本办法。

第三条 本办法所称公路建设市场信用信息，是指各级交通运输主管部门、公路建设管理有关部门或单位、公路行业社团组织、司法机关在履行职责过程中，以及从业单位和从业人员在工作过程中产生、记录、归集的能够反映公路建设从业单位和从业人员基本情况、市场表现等信用状况的各类信息。

第四条 信用信息管理应遵循客观、公正的原则，确保信用信息的真实性、完整性、及时性和准确性。

第二章 管 理 职 责

第五条 公路建设市场信用信息管理实行统一管理、分级负责。

第六条 国务院交通运输主管部门负责全国公路建设市场信用信息的管理工作。主要职责是：

（一）组织制定全国公路建设市场信用信息管理的规章制度；

（二）建立和完善全国公路建设市场信用信息管理系统，发布由国务院有关部门许可的公路工程从业单位的基本情况、奖惩记录、信用评价结果，以及国家审批或核准的重点公路建设项目信息等；

（三）指导省级交通运输主管部门的公路建设市场信用信息管理工作。

第七条 省级交通运输主管部门负责本行政区域内的公路建设市场信用信息的管理工作。主要职责是：

（一）结合本行政区域的实际情况，制定公路建设市场信用信息管理实施细则和管理制度并组织实施；

（二）建立和完善省级公路建设市场信用信息管理系统；

（三）发布以下信息：

1. 本行政区域内公路建设从业单位基本情况（由国务院交通运输主管部门负责发布的除外）；

2. 本行政区域内从业单位的奖惩记录和信用评价结果；

3. 公路建设项目信息；

4. 其他与公路建设市场有关的信息。

（四）向国务院交通运输主管部门报送从业单位奖惩信息、信用评价结果、重点公路建设项目信息、其他与公路建设市场有关的信息。

第三章　信用信息内容

第八条　公路建设市场信用信息包括公路建设从业单位基本信息、表彰奖励类良好行为信息、不良行为信息和信用评价信息。

第九条　从业单位基本信息是区分从业单位身份、反映从业单位状况的信息，主要有：

（一）从业单位名称、法定代表人、注册登记基本情况及组织机构代码；

（二）基本财务指标、在金融机构开立基本账户情况；

（三）资质、资格情况；

（四）主要经济、管理和工程技术从业人员的职称及执业资格基本状况；

（五）自有设备基本状况；

（六）近5年主要业绩及全部在建的公路项目情况等。

第十条　从业单位表彰奖励类良好行为信息主要有：

（一）模范履约、诚信经营，受到市级及以上交通运输主管部门、与公路建设有关的政府监督部门或机构表彰和奖励的信息；

（二）被省级及以上交通运输主管部门评价为最高信用等级（AA级）的记录。

第十一条　从业单位不良行为信息主要有：

（一）从业单位在从事公路建设活动以及信用信息填报过程中违反有关法律、法规、标准等要求，受到市级及以上交通运输主管部门、与公路建设有关的政府监督部门或机构行政处罚及通报批评的信息；

（二）司法机关、审计部门认定的违法违规信息；

（三）被省级及以上交通运输主管部门评价为最低信用等级（D级）的记录。

第十二条　信用评价信息是省级及以上交通运输主管部门或其委托机构按照国务院交通运输主管部门制定的公路勘察设计、施工、监理、试验检测等企业信用评价规则，对公路建设从业单位从业行为状况的评价结果。

第四章　信用信息征集与更新

第十三条　公路建设市场信用信息按以下方式征集，由省级交通运输主管部门汇总录入：

（一）基本信息由从业单位按规定自行登录填报，对真实性负责；

（二）表彰奖励类良好行为信息由市级及以上交通运输主管部门、与公路建设有关的单位或涉及的从业单位提供。从业单位自主提供的，需附相关表彰奖励确认文件；

（三）不良行为信息由市级及以上地方交通运输主管部门、与公路建设有关的单位提供；

（四）信用评价信息由国务院和省级交通运输主管部门分别录入。

第十四条 公路建设项目法人或建设管理单位应及时将在建项目情况及从业单位承担项目情况、履约情况，按项目管理权限报相关地方交通运输主管部门，由省级交通运输主管部门复核后记入公路建设市场信用信息管理系统。

第十五条 省级交通运输主管部门应当加强与其他政府监督部门、司法机关、金融机构的联系，逐步建立信用信息互联互通、资源共享的渠道，保证从业单位信用信息征集及时、完整、准确。

第十六条 工程所在地省级交通运输主管部门对从业单位主要业绩和在建项目信息真实性进行动态审核，并负责受理举报。从业单位注册所在地省级交通运输主管部门对其他基本信息进行动态审核，并负责受理举报。

各级交通运输主管部门均可对从业单位基本信息进行复核、调查。

第十七条 从业单位基本信息在公路建设市场信用信息管理系统中处于锁定状态，发生变化的，应于10个工作日内向负责公布相应信息的交通运输主管部门提出申请后予以更新。

公路建设市场其他信用信息按照随时报送、随时复核、随时更新的原则，实现动态更新。

第十八条 省级及以上交通运输主管部门应当建立健全公路建设市场信用信息管理工作制度，指定专人或委托专门机构负责信用信息管理工作，保证公路建设市场信用信息及时更新。

第五章 信用信息发布与管理

第十九条 省级及以上交通运输主管部门应通过公路建设市场信用信息管理系统及时发布公路建设市场信用信息。

第二十条 公路建设市场信用信息管理系统按照部、省两级建立。省级公路建设市场信用信息管理系统应按国务院交通运输主管部门公布的接口标准与全国公路建设市场信用信息管理系统对接，做到互联互通。

第二十一条 信用信息发布应保守从业单位商业秘密和从业人员个人隐私，不得侵犯其合法权益。从业单位基本账户等商业信息仅供交通运输主管部门市场管理用，不对外公布。

第二十二条 信用信息发布期限按照下列规定设定：

（一）从业单位基本信息公布期限为长期；

（二）表彰奖励类良好行为信息、不良行为信息公布期限为2年，信用评价信息公布期限为1年，期满后系统自动解除公布，转为系统档案信息。

行政处罚期未满的不良行为信息将延长至行政处罚期满。

上述期限均自认定相应行为或作出相应决定之日起计算。

第二十三条 公路建设市场信用信息接受社会监督，任何单位和个人发现从业单位基本信息虚假的,均可向负责公布从业单位基本信息的交通运输主管部门举报。

第二十四条 省级及以上交通运输主管部门查实从业单位填报信息虚假的,即列入不良行为信息,并按相关评价规则扣减其信用评价得分。

第二十五条 从业单位认为公布的信用信息与事实不符的,应及时向负责公布相应信息的交通运输主管部门提出变更申请,负责公布信用信息的交通运输主管部门应在10个工作日内做出处理,并告知申请人。

第二十六条 全国公路建设市场信用信息管理系统发布的从业单位基本信息是由国务院交通运输主管部门负责审查、审批资质企业进入公路建设市场的基础资料,企业参与公路工程资格审查和投标时,可不再提交有关业绩、主要人员资历证明材料的复印件,可查阅全国公路建设市场信用信息管理系统中的相关信息。

未记录在全国公路建设市场信用信息管理系统中的从业单位、业绩和主要工程技术人员,参与公路建设项目投标时可不予认定。

上述具体要求由招标人在招标文件中规定。

第二十七条 省级公路建设市场信用信息管理系统应用的规定由省级交通运输主管部门确定。

第二十八条 各级交通运输主管部门应充分利用公路建设市场信用信息管理系统,建立激励机制。对信用好的从业单位在参与投标数量、资格审查、履约担保金额、质量保证金额等方面给予优惠和奖励,对信用等级低和不良行为较多的从业单位要重点监管,根据不同情节提出限制条件。

第二十九条 省级及以上交通运输主管部门在动态管理中,发现勘察、设计、施工、监理、试验检测等单位的人员、业绩等指标低于相关资质、资格标准要求的,应对该单位提出整改预警,整改后仍不符合要求的,可采取限制投标的措施,直至依法降低其资质等级。

第六章 附　　则

第三十条 公路建设市场中实行执业资格制度的各类从业人员信用信息管理,可参照本办法执行。

第三十一条 本办法由交通运输部负责解释。

第三十二条 本办法自发布之日起试行。

PART3 第三部分

公路工程造价管理

交通运输部关于发布《公路工程建设项目造价文件管理导则》的公告

(交通运输部公告 2017 年第 63 号)

现发布《公路工程建设项目造价文件管理导则》(JTG 3810—2017),作为公路工程行业标准,自 2018 年 2 月 1 日起施行。

《公路工程建设项目造价文件管理导则》(JTG 3810—2017)的管理权和解释权归交通运输部,日常解释和管理工作由主编单位广东省交通运输工程造价管理站负责。

请各有关单位注意在实践中总结经验,及时将发现的问题和修改建议函告广东省交通运输工程造价管理站(地址:广东省广州市白云路 83 号广东高速公路大厦 11 楼;邮编:510100),以便修订时研用。

特此公告。

交通运输部
2017 年 12 月 15 日

住房城乡建设部关于加强和改善
工程造价监管的意见

(建标〔2017〕209号)

各省、自治区住房城乡建设厅,直辖市建委,国务院有关部门:

工程造价监管是建设市场监管的重要内容,加强和改善工程造价监管是维护市场公平竞争、规范市场秩序的重要保障。近年来,工程造价监管在推进建筑业"放管服"改革,坚持市场决定工程造价,完善工程计价制度,维护建设市场各方合法权益等方面取得明显成效,但也存在工程造价咨询服务信用体系不健全、计价体系不完善、计价行为不规范、计价监督机制不完善等问题。为贯彻落实《国务院关于印发"十三五"市场监管规划的通知》(国发〔2017〕6号)和《国务院办公厅关于促进建筑业持续健康发展的意见》(国办发〔2017〕19号),完善工程造价监管机制,全面提升工程造价监管水平,更好服务建筑业持续健康发展,现提出以下意见:

一、深化工程造价咨询业监管改革,营造良好市场环境

(一)优化资质资格管理。进一步简化工程造价咨询企业资质管理,全面实行行政许可事项网上办理,提高行政审批效率,逐步取消工程造价咨询企业异地执业备案,减轻企业负担。完善造价工程师执业资格制度,发挥个人执业在工程造价咨询中的作用。推进造价工程师执业资格国际互认,为"一带一路"国家战略和工程造价咨询企业"走出去"提供人才支撑。

(二)建立以信用为核心的新型市场监管机制。各级住房城乡建设主管部门、有关行业主管部门要按照"谁审批、谁监管,谁主管、谁监管"和信用信息"谁产生、谁负责、谁归集、谁解释"的原则,加快推进工程造价咨询信用体系建设。积极推进工程造价咨询企业年报公示和信用承诺制度,加快信用档案建设,增强企业责任意识、信用意识。加快政府部门之间工程造价信用信息共建共享,强化行业协会自律和社会监督作用,应用投诉举报方式,建立工程造价咨询企业和造价工程师守信联合激励和失信联合惩戒机制,重点监管失信企业和执业人员,积极推进信用信息和信用产品应用。

(三)营造良好的工程造价咨询业发展环境。充分发挥工程造价在工程建设全过程管理中的引导作用,积极培育具有全过程工程咨询能力的工程造价咨询企业,鼓励工程造价咨询企业融合投资咨询、勘察、设计、监理、招标代理等业务开展联合经营,开展全过程工程咨询,设立合伙制工程造价咨询企业。促进企业创新发展,强化工程造价咨询成果质量终身责任制,逐步建立执业人员保险制度。

(四)完善工程造价咨询企业退出机制。对长期未履行年报义务,长期无咨询业务,以及违反相关政策法规、计价规则等不正当竞争行为的工程造价咨询企业和造价工程师记入信用档案,情节严重的,依法强制退出市场。严肃查处工程造价咨询企业资质"挂靠"、造价工程师违规"挂证"行为。

二、共编共享计价依据,搭建公平市场平台

(一)完善工程建设全过程计价依据体系。完善工程前期投资估算、设计概算等计价依据,清除妨碍形成全国统一市场的不合理地区计价依据,统一消耗量定额编制规则,推动形成统一开放的建设市场。加快编制工程总承包计价规范,规范工程总承包计量和计价活动。统一工程造价综合指标指数和人工、材料价格信息发布标准。

(二)大力推进共享计价依据编制。整合各地、各有关部门计价依据编制力量,共编共享计价依据,并及时修订,提高其时效性。各级工程造价管理机构要完善本地区、本行业人工、材料、机械价格信息发布机制,探索区域价格信息统一测算、统一管理、统一发布模式,提高信息发布的及时性和准确性,为工程项目全过程投资控制和工程造价监管提供支撑。

(三)突出服务重点领域的造价指标编制。为推进工程科学决策和造价控制提供依据,围绕政府投资工程,编制对本行业、本地区有重大影响的工程造价指标。加快住房城乡建设领域装配式建筑、绿色建筑、城市轨道交通、海绵城市、城市地下综合管廊等工程造价指标编制。

(四)完善建设工程人工单价市场形成机制。改革计价依据中人工单价的计算方法,使其更加贴近市场,满足市场实际需要。扩大人工单价计算口径,将单价构成调整为工资、津贴、职工福利费、劳动保护费、社会保险费、住房公积金、工会经费、职工教育经费以及特殊情况下工资性费用,并依据新材料、新技术的发展,及时调整人工消耗量。各省级建设主管部门,有关行业主管部门工程造价管理机构要深入市场调查,按上述口径建立人工单价信息动态发布机制,引导企业将工资分配向关键技术技能岗位倾斜,定期集中发布人工单价信息。

三、明确工程质量安全措施费用,突出服务市场关键环节

(一)落实安全文明施工、绿色施工等措施费。各级住房城乡建设主管部门要以保障工程质量安全、创建绿色环保施工环境为目标,不断完善工程计价依据中绿色建筑、装配式建筑、环境保护、安全文明施工等有关措施费用,并加强对费用落实情况的监督。

(二)合理确定建设工程工期。合理确定、有效控制建设工程工期是确保工程质量安全的重要内容。各级住房城乡建设主管部门要指导和监督工程建设各方主体认真贯彻落实《建筑安装工程工期定额》,在可行性研究、初步设计、招标投标及签订合同阶段应结合施工现场实际情况,科学合理确定工期。加大工期定额实施力度,杜绝任意压缩合同工期行为,确保工期管理的各项规定和要求落实到位。

四、强化工程价款结算纠纷调解,营造竞争有序的市场环境

(一)规范工程价款结算。强化合同对工程价款的约定与调整,推行工程价款施工过程结算制度,规范工程预付款、工程进度款支付。研究建立工程价款结算文件备案与产权登记联动的信息共享机制。鼓励采取工程款支付担保等手段,约束建设单位履约行为,确保工程价款支付。

(二)强化工程价款结算过程中农民工工资的支付管理。为保障农民工合法权益,落实人工费用与其他工程款分账管理制度,完善农民工工资(劳务费)专用账户管理,避免总承包人将经营风险转嫁给农民工,克扣或拖欠农民工工资。

(三)建立工程造价纠纷调解机制。制定工程造价鉴定标准,规范工程造价咨询企业、造

价工程师参与工程造价经济纠纷鉴定和仲裁咨询行为,重点加强工程价款结算纠纷和合同纠纷的调解。积极搭建工程造价纠纷调解平台,充分发挥经验丰富的造价工程师调解纠纷的专业优势,提高纠纷解决效率,维护建设市场稳定。

五、加强工程造价制度有效实施,完善市场监管手段

(一)加强政府投资工程造价服务。各级工程造价管理机构要不断提高政府投资工程和重大工程项目工程造价服务能力,建立工程造价全过程信息服务平台,完善招标控制价、合同价、结算价电子化备案管理,确保资金投资效益。

(二)开展工程造价信息监测。各级造价管理机构要加强工程造价咨询服务监督,指导工程造价咨询企业对工程造价成果数据归集、监测,利用信息化手段逐步实现对工程造价的监测,形成监测大数据,为各方主体计价提供服务。

(三)建立工程造价监测指数指标。各级工程造价管理机构要通过工程造价监测,形成国家、省、市工程造价监测指数指标,定期发布造价指标指数,引导建设市场主体对价格变化进行研判,为工程建设市场的预测预判等宏观决策提供支持。

(四)规范计价软件市场管理。建立计价软件监督检查机制。各级造价管理机构要定期开展计价软件评估检查,加强计价依据和相关标准规范执行监管,鼓励计价软件编制企业加大技术投入和创新,更好地服务工程计价。

住房和城乡建设部
2017 年 9 月 14 日

交通部关于印发《交通基本建设项目竣工决算书报告编制办法》的通知

(交财发〔2000〕207号)

各省、自治区、直辖市、计划单列市、新疆生产建设兵团交通厅(局、委),天津市、上海市市政工程局,双重领导港口,部属各单位:

为规范、指导交通基本建设项目竣工决算报告编制工作,根据国家有关法律法规,结合交通基本建设项目的实际情况,我们制定了《交通基本建设项目竣工决算报告编制办法》,现印发给你们。请结合本地区、本单位的实际情况予以落实。部1992年第42号令同时废止。

交通部
二○○○年十一月十一日

交通基本建设项目竣工决算报告编制办法

第一条 为严格执行基本建设项目竣工验收制度,正确核定新增资产价值,全面反映投资者的权益,根据国家有关规定,结合交通部门的实际情况,制定本办法。

第二条 交通基本建设项目是指列入国家和地方交通基本建设投资计划的公路、水运及其他基本建设项目。

第三条 竣工决算报告是考核交通基本建设项目投资效益、反映建设成果的文件,是确定交付使用财产价值、办理交付使用手续的依据。

建设单位要有专人负责有关资料的收集、整理、分析、保管工作。项目完建后,要组织工程技术、计划、财务、物资、统计等有关部门的人员共同编制项目竣工决算报告。设计、施工、监理等单位应积极配合建设单位做好竣工决算报告的编制工作。

第四条 交通基本建设项目竣工后,应按照国家有关规定及本办法编制竣工决算报告。没有编制竣工决算报告的项目不得进行竣工验收。

第五条 竣工决算报告应当依据以下文件、资料编制:

(一)经批准的可行性研究报告、初步设计、概算或调整概算、变更设计以及开工报告等文件;

（二）历年的年度基本建设投资计划；

（三）经审核批复的历年年度基本建设财务决算；

（四）编制的施工图预算、承包合同、工程结算等有关资料；

（五）历年有关财产物资、统计、财务会计核算、劳动工资、审计及环境保护等有关资料；

（六）工程质量鉴定、检验等有关文件，工程监理有关资料；

（七）施工企业交工报告等有关技术经济资料；

（八）有关建设项目附产品、简易投产、试运营（生产）、重载负荷试车等产生基本建设收入的财务资料；

（九）有关征地拆迁资料（协议）和土地使用权确权证明；

（十）其他有关的重要文件。

第六条　竣工决算报告由以下四部分组成：

（一）竣工决算报告的封面、目录；

（二）竣工工程平面示意图；

（三）竣工决算报告说明书；

（四）竣工决算表格。

第七条　竣工决算报告说明书是竣工决算报告的重要组成部分，主要内容包括：工程项目概况及组织管理情况；工程建设过程和工程管理工作中的重大事件、经验教训；工程投资支出和财务管理工作的基本情况（包括主要会计事项处理原则，财产物资清理及债权债务清偿情况；基建结余资金、基建收入等的上交分配情况；主要技术经济指标的分析、计算情况等）；工程遗留问题等。

第八条　竣工决算报告表式分为决算审批表、工程概况专用表和财务通用表。

（一）竣工决算审批表（交建竣 1 表）

（二）工程概况专用表

1. 公路建设项目工程概况表（交建竣 2-1 表）；

2. 桥梁隧道建设项目工程概况表（交建竣 2-2 表）；

3. 内河航运建设项目工程概况表（交建竣 2-3 表）；

4. 港口（码头）建设项目工程概况表（交建竣 2-4 表）；

5. 其他建设项目工程概况表（交建竣 2-5 表）。

（三）财务通用表

1. 建设项目竣工财务决算总表（交建竣 3-1 表）；

2. 资金来源情况表（交建竣 3-2 表）；

3. 待核销基建支出及转出投资明细表（交建竣 3-3 表）；

4. 工程造价和概算执行情况表（交建竣 4 表）；

5. 外资使用情况表（交建竣 5 表）；

6. 基本建设项目交付使用资产总表（交建竣 6-1 表）；

7. 基本建设项目交付使用资产明细表（交建竣 6-2 表）。

第九条　竣工决算报告按照建设项目类型分公路建设项目、桥梁隧道建设项目、内河航运建设项目、港口（码头）建设项目和不能归入上述四类的其他建设项目等分别编报。编制竣工决算报告时,必须填制本类项目工程概况专用表和全套财务通用表。

第十条 建设项目完建时的收尾工程,建设单位可根据概算所列的投资额或收尾工程的实际情况测算投资支出列入竣工决算报告。但收尾工程投资额不得超过工程总投资的5%。

第十一条 对列入竣工决算报告的基本建设收入、基建结余资金等财务问题,建设单位应按国家规定进行相应处理。

第十二条 建设项目完建时,建设单位要认真做好各项账务、物资、财产、债权债务、投资资金到位情况和报废工程的清理工作,做到工完料清,账实相符。各种材料、物资、设备、施工机具等要逐项清点核实,妥善保管,按照国家规定处理,不准任意侵占。

第十三条 建设单位编制的竣工决算报告在审计部门提出审计意见后,方可组织竣工验收。未经竣工验收委员会认定的竣工决算报告不得上报。

第十四条 中央级大中型基本建设项目,其项目竣工决算报告经省级交通主管部门或部属一级单位签署意见后报部备案(一式四份)。竣工决算报告在竣工验收委员会审查同意后三个月内报出。

第十五条 竣工验收合格的基本建设项目其正式交付使用时间由竣工验收委员会确定。

第十六条 对编报竣工决算报告工作认真负责,上报及时的,上级交通主管部门可以给予表彰。对不按本办法编制和报送竣工决算报告的,上级交通主管部门可以通报批评;情节严重的,可暂停拨付建设资金、停批新建项目,并按有关规定对单位负责人及直接责任人给予行政处分和行政处罚。

第十七条 本办法由交通部负责解释。

第十八条 本办法自发布之日起施行。

交通基本建设项目竣工决算报告编表说明

一、交通基本建设项目竣工决算报告封面。

1."主管部门"指建设单位的主管部门。

2."建设项目名称"填写批准的项目初步设计文件中注明的项目名称。

3."建设项目类别"是指"大中型"或"小型"。

4."建设性质"是指建设项目属于续建、新建、改建、迁建和恢复建设等内容。

5."级别"是指中央级或地方级的建设项目。

二、竣工决算审批表(交建竣1表)。中央级大中型基本建设项目,其项目竣工决算报告经省级交通主管部门或部属一级单位签署意见后报部备案(一式四份)。

三、建设项目概况表(交建竣2-1、2-2、2-3、2-4、2-5表)。

1.建设时间开工和竣工日期按照实际开工和办理竣工验收的日期填列。如实际开工日期与批准的开工日期不符应作出说明。

2.表中初步设计、调整概算的批准机关、日期、文号应按历次审批文件填列。

3.表中有关项目的设计、概算、决算等指标,根据批准的设计文件和概算、决算等确定的数字填写。

4.表中"总投资"按批准的概算和调整概算数及累计实际投资数填列。

5. 表中"基建支出合计"是指建设项目从开工起至竣工止发生的全部基本建设支出,根据财政部门或主管部门历年批准的"基建投资表"中有关数字填列。

6. 表中所列工程主要特征、完成主要工程量、主要材料消耗量、主要技术经济指标等,根据主管部门批准的概算、建设单位统计资料和施工企业提供的有关成本核算资料等分别填列。

7. "主要收尾工程"填写工程内容和名称、预计投资额及完成时间等。如果收尾工程内容较多,可增设"收尾工程项目明细表"。这部分工程的实际成本,可根据具体情况进行估算,并作说明,完工以后不再调整竣工决算,但应将收尾工程执行结果按规定程序补报有关资料。

8. "工程质量评定"填列经工程质量监督部门检测评定的单项工程质量评定及工程综合评价结果。

四、财务决算总表、资金来源情况表、待核销基建支出及转出投资明细表,反映竣工工程从开始建设起至竣工时为止全部资金来源和运用、情况。

(一)基本建设项目竣工财务决算总表(交建竣3-1表)。

1. 表中有关"交付使用资产"、"基建拨款"、"项目资本"、"基建借款"等项目,填列自开工建设至竣工止的累计数,上述指标根据历年批复的年度基本建设财务决算和竣工年度的基本建设财务决算中资金平衡表相应项目的数字进行汇总填列(包括收尾工程的估列数)。

2. 表中其余各项目反映办理竣工验收时的结余数,根据竣工年度财务决算中资金平衡表的有关项目期末数填表。

3. 资金占用总额应等于资金来源总额。

4. 补充资料的"基建投资借款期末余额"反映竣工时尚未偿还的基建投资借款数,应根据竣工年度资金平衡表内的"基建投资借款"项目期末数填列;"应收生产单位投资借款期末数",应根据竣工年度资金平衡表内的"应收生产单位投资借款"项目的期末数填列;"基建结余资金"反映竣工时的结余资金,应根据竣工财务决算总表中有关项目计算填列。

5. 基建结余资金的计算。基建结余资金 = 基建拨款 + 项目资本 + 项目资本公积 + 基建投资借款 + 企业债券资金 + 待冲基建支出 − 基本建设支出 − 应收生产单位投资借款。

(二)资金来源情况表(交建竣3-2表)。本表反映建设项目分年度的投资计划与资金拨付到位情况,表中有关基建拨款、项目资本、基建投资借款等资金来源内容,根据历年批复的年度基本建设财务决算和竣工年度的基本建设财务决算中资金平衡表相应项目的数字填列(包括收尾工程的估列数)。

(三)待核销基建支出及转出投资明细表(交建竣3-3表)。

1. "待核销基建支出"反映非经营性项目发生的江河清障、航道清淤、补助群众造林、水土保持、取消项目的可行性研究费以及项目报废等不能形成资产部分的投资支出。

2. "转出投资"反映非经营性项目为项目配套而建成的、产权不归属本单位的专用设施的实际成本,按照规定的内容分项逐笔填列。

五、工程造价和概算执行情况表(交建竣4表)。

1. 本表反映工程实际建设成本和总造价,以及概算投资节余和概算投资包干部分节余的情况,应按照概算项目或单项工程(费用项目)填列。

2. 待摊投资按照某一单项工程投资额占全部投资的比例分摊到单项工程上。不计入固定资产价值的支出不分摊待摊投资。

六、外资使用情况表(交建竣5表)。本表反映建设项目外资使用情况,按照使用外资支出费用项目填列。应说明批准初步设计时的汇率、记账汇率、竣工时的汇率以及外资贷款的转贷金额和转贷单位等情况。各有关表格中,外币折合人民币时,应以项目竣工时的汇率为准。

七、交付使用资产总表和交付使用资产明细表。

1. 交付使用资产总表中各栏数字应根据交付使用资产明细表中相应项目的数字汇总填列。交付使用资产明细表作为建设单位管理项目资产使用,可不纳入上报的竣工决算报告,其具体格式各单位可根据情况进行修改。

2. 交付使用资产总表中固定资产、流动资产、无形资产和递延资产各栏的合计数,应分别与竣工财务决算表交付使用资产的相应数字相符。

附表(略)。

交通运输部办公厅关于印发《交通运输部基本建设项目竣工财务决算编审规定》的通知

(交办财审〔2018〕126号)

部属各单位：

经交通运输部同意，现将修订后的《交通运输部基本建设项目竣工财务决算编审规定》印发给你们，请认真遵照执行。

交通运输部办公厅
2018年9月30日

交通运输部基本建设项目竣工财务决算编审规定

第一章 总 则

第一条 为加强交通运输部基本建设财务管理，规范基本建设项目竣工财务决算（以下简称竣工财务决算）编制审批行为，根据财政部《基本建设财务规则》（财政部令第81号）、《基本建设项目竣工财务决算管理暂行办法》（财建〔2016〕503号）、《中央基本建设项目竣工财务决算审核批复操作规程》（财办建〔2018〕2号）等有关规定，结合实际情况，制定本规定。

第二条 本规定适用于部本级和部属单位竣工财务决算的编报、审核和审批。

本规定所称基本建设项目，是指部本级和部属单位列入部基本建设投资计划和部门预算的基本建设项目（以下简称项目）。

第三条 部本级和部属单位竣工财务决算由项目建设单位组织编制。

第四条 项目建设单位的法定代表人对竣工财务决算的真实性、完整性负责。

第五条 经批复的竣工财务决算是确认投资支出、资产价值及办理资产移交和投资核销的最终依据。

第六条 项目建设单位应按国家相关规定，将竣工财务决算整理归档，永久保存。

第七条 建设内容以设备购置、房屋及其他建筑物购置为主且附有部分建筑安装工程的，可简化竣工财务决算编报内容、报表格式和批复手续；设备购置、房屋及其他建筑物购置，不需单独编报竣工财务决算。

第二章　管理职责与权限

第八条　交通运输部财务审计司统一负责竣工财务决算管理工作。主要职责包括：
（一）研究拟定竣工财务决算管理制度；
（二）负责组织应由部批复的竣工财务决算的审核和审批；
（三）负责组织审核报送应由财政部批复的竣工财务决算；
（四）指导和监督竣工财务决算管理工作，组织对部属单位竣工财务决算编报、审核和审批情况的核查。

第九条　部属一级单位负责本单位及所属单位竣工财务决算管理工作。主要职责包括：
（一）健全和完善本单位及所属单位竣工财务决算内部管理机制和制度，负责组织本单位竣工财务决算编报；
（二）负责组织对应由本单位批复的竣工财务决算审核和审批；
（三）负责组织审核上报部批复的竣工财务决算；
（四）指导和监督所属单位竣工财务决算管理工作。

第十条　项目建设单位具体承担竣工财务决算编制和上报等工作。

第十一条　交通运输部本级和部属单位竣工财务决算按以下权限审批：
（一）部本级投资额3000万元以上（不含3000万元）的竣工财务决算，报财政部审批。
（二）部本级投资额3000万元及以下的竣工财务决算，按规定权限由部自行审批。
（三）部属一级单位的竣工财务决算，报部审批。
（四）部属一级单位所属单位的重点项目（工程可行性研究报告经国家发展改革委审批）竣工财务决算由部属一级单位负责审批，其他项目由部属一级单位按照下审一级的原则自行规定。

第三章　竣工财务决算编报

第十二条　竣工财务决算编制依据主要包括：
（一）国家有关法律、法规、文件；
（二）经批准的可行性研究报告、初步设计、施工图设计、设计变更、概（预）算调整等文件；
（三）招投标文件、政府采购文件、合同（协议）、工程结算等管理资料；
（四）历年下达的年度投资计划、支出预算；
（五）会计核算、年度财务决算及财务管理资料；
（六）竣工验收证书、廉政合同、质量监督报告及工程监理报告等其他有关资料。

第十三条　项目建设单位应在项目通过竣工验收后3个月内完成竣工财务决算编制和上报。因特殊情况确需延长的，应说明原因，并报经竣工财务决算审批部门同意，适当延长时间，但原则上不超过2个月，最长不超过6个月。

第十四条　项目一般不得预留尾工工程，确需预留尾工工程的，尾工工程投资不得超过批准的概(预)算总投资的5%。项目除预留与项目编报竣工财务决算有关的费用外,不得预留其他费用。

尾工工程投资以及预留费用应满足实施与管理的需要,以概(预)算、合同(协议)等为依据列入竣工财务决算。

第十五条 项目建设单位可以与施工单位在合同中约定,按照不高于工程价款结算总额的3%预留工程质量保证金,待工程交付使用缺陷责任期满后清算。资信好的施工单位可以用银行保函替代工程质量保证金。

第十六条 竣工财务决算应反映从筹建到竣工财务决算基准日发生的全部费用和预留费用、尾工工程投资。

竣工财务决算应包括竣工财务决算封面及目录、竣工财务决算说明书、竣工财务决算报表及相关资料。

第十七条 竣工财务决算说明书主要包括以下内容:

(一)项目概况;

(二)会计账务处理、财产物资清理及债权债务清偿情况;

(三)建设资金计划及到位情况,财政资金支出预算、投资计划及到位情况;

(四)建设资金使用、结余资金处理情况;

(五)预备费动用情况;

(六)尾工工程投资及预留费用情况,应包含竣工财务决算基准日至上报日期间尾工工程投资及预留费用安排使用、债权债务清理等变化情况;

(七)概(预)算执行情况及分析,竣工实际完成投资与概算差异及原因分析;

(八)建设管理制度执行情况、政府采购情况、招投标情况、合同履行情况;

(九)主要技术经济指标的分析、计算情况;

(十)征地拆迁补偿情况、移民安置情况;

(十一)历次审计、检查、审核、稽察意见及整改落实情况;

(十二)管理经验、主要问题和建议;

(十三)需说明的其他事项。

第十八条 竣工财务决算报表(格式见附件1)包括:基本建设项目概况表、基本建设项目竣工财务决算表、基本建设项目资金情况明细表、基本建设项目交付使用资产总表、基本建设项目交付使用资产明细表、基本建设项目尾工工程投资及预留费用表、基本建设项目待摊投资明细表、基本建设项目待核销基建支出明细表和基本建设项目转出投资明细表。

以设备购置、房屋及其他建筑物购置为主且附有部分建筑安装工程的,只需编制基本建设项目概况表、基本建设项目竣工财务决算表、基本建设项目资金情况明细表、基本建设项目交付使用资产总表、基本建设项目交付使用资产明细表。

第十九条 相关资料主要包括:

(一)项目建议书、可行性研究报告、初步设计文件、设计变更、概算调整批复等文件的复印件;

(二)历年投资计划及财政资金预算下达文件的复印件;

(三)审计、检查意见或文件的复印件;

(四)其他与决算相关资料。

第二十条 项目建设单位可根据管理的实际情况增设有关反映重要事项的辅助报表。

第二十一条 竣工财务决算的编制应当遵循以下程序：

(一)制定竣工财务决算编制方案；
(二)收集整理与竣工财务决算相关的资料；
(三)竣工财务清理；
(四)确定竣工财务决算基准日；
(五)概(预)算与核算口径的对应分析；
(六)计列尾工工程投资及预留费用；
(七)分摊待摊投资；
(八)确定建设成本；
(九)编制竣工财务决算报表；
(十)编写竣工财务决算说明书。

第二十二条 竣工财务决算编制方案中应明确以下事项：

(一)组织领导和职责分工；
(二)竣工财务决算基准日；
(三)竣工财务决算编制的具体内容；
(四)计划进度和工作步骤；
(五)技术难题和解决方案。

第二十三条 编制竣工财务决算应收集与整理以下主要资料：

(一)会计凭证、账簿和报告；
(二)内部财务管理制度；
(三)工程设计文件、设计变更文件、预备费动用相关资料；
(四)年度投资计划、预算(资金)文件；
(五)招投标、政府采购合同(协议)；
(六)工程量和材料消耗统计资料；
(七)征地与拆迁补偿、移民安置实施及其资金使用情况；
(八)工程结算资料；
(九)竣工验收、成果及效益资料；
(十)审计、财务检查结论性文件及整改材料。

第二十四条 竣工财务清理主要包括：

(一)合同(协议)清理：

1.按照合同(协议)编号或类别列示合同(协议)清单；

2.在工程进度款结算的基础上,根据施工过程中的设计变更、现场签证、工程量核定单、索赔等资料办理竣工结算,对合同价款进行增减调整；

3.清理各项合同(协议)履行的主要指标,包括合同金额,累计已结算金额,预付款支付、扣回、余额,质量保证金扣留、支付、余额,履约担保、预付款保函(担保)等；

4.确认合同(协议)履行结果；

5. 落实尚未执行完毕的合同(协议)履行时限和措施。

(二)债权债务清理：

1. 核对和结算债权债务；

2. 清理坏账和无法偿付的应付款项；

3. 将债权债务清理形成的损益计入待摊投资。

(三)剩余工程物资清理：

1. 确定剩余工程物资的账面价值、变价收入、变现费用和变现净值；

2. 将剩余工程物资的变现净值计入待摊投资。

(四)结余资金清理：

1. 结余资金 = 建设资金来源的合计数 – 基本建设支出合计数；

2. 结余资金应按照建设资金来源中财政拨款占比确定财政拨款形成的结余资金，并按规定缴回同级财政。

(五)应移交的资产清理：

1. 按照核算资料列示移交资产账面清单；

2. 工程实地盘点，形成移交资产盘点清单；

3. 分析比较移交资产账面清单和盘点清单；

4. 调整差异，形成应移交资产目录清单。

第二十五条　竣工财务决算基准日应依据资金到位、投资完成、竣工财务清理等情况确定，一般应确定在月末。

与建设成本、交付使用资产价值以及其他基本建设支出相关联的会计业务应在竣工财务决算基准日之前全部入账。

第二十六条　会计核算口径与概(预)算口径有差异的，在编制竣工财务决算时，应依据概(预)算的口径，调整会计核算指标，形成对应关系。

第二十七条　待摊投资支出按合理比例分摊计入交付使用资产、转出投资价值和待核销基建支出。

能够确定由某项资产或某项支出负担的待摊投资，应直接计入。

不能确定负担对象的待摊投资，应分摊计入受益的资产成本或待核销基建支出。

构成交付使用资产的无须安装的设备投资不分摊待摊投资。

第二十八条　项目建设单位应根据不同情况，分别选择概算分配率或实际分配率分摊待摊投资。

概算分配率的计算公式如下：

概算分配率 = (概算中各待摊投资的合计数 – 其中可直接分配部分) ÷ (概算中建筑工程、安装工程、在安装设备投资和待核销基建支出合计) × 100%

实际分配率的计算公式如下：

实际分配率 = 待摊投资明细科目余额 ÷ (建筑工程明细科目余额 + 安装工程明细科目余额 + 在安装设备投资明细科目余额 + 待核销基建支出科目余额) × 100%

第二十九条　交付使用资产应具有独立的使用价值。独立使用价值的判断依据是具有较完整的使用功能，能够按照设计的要求，独立发挥作用。

交付使用资产包括固定资产、流动资产、无形资产、公共基础设施等。

第三十条 项目建设单位上报竣工财务决算应包括以下资料：

（一）申请报批的文件；

（二）竣工财务决算；

（三）竣工财务决算审核意见及审核表（附件2）；

（四）竣工验收证书；

（五）审批单位要求提供的其他资料。

竣工财务决算审核和竣工决算审计视情况可结合进行。

第四章 竣工财务决算审批

第三十一条 竣工财务决算审批部门应按照"先审核后批复"的原则，批复竣工财务决算。

第三十二条 竣工财务决算审批部门审核的重点内容主要包括：

（一）工程价款结算情况。

主要包括工程价款是否按有关规定和合同（协议）进行结算；是否存在多算和重复计算工程量、高估冒算建筑材料价格等问题；单位、单项工程造价是否在合理或国家标准范围内，是否存在严重偏离当地同期同类单位工程、单项工程造价水平问题。

（二）核算管理情况。

主要指执行《基本建设财务规则》及相关会计制度情况。具体包括：

1. 建设成本核算是否准确。是否存在超过批准建设内容发生的支出、不符合合同（协议）的支出、非法收费和摊派，无发票或者发票项目不全、无审批手续、无责任人员签字的支出，以及因设计单位、施工单位、供货单位等原因造成的工程报废损失等不属于本应当负担的支出等情况。

2. 待摊费用支出及其分摊是否合理合规。

3. 待核销基建支出有无依据、是否合理合规。

4. 转出投资有无依据、是否已落实接收单位。

5. 竣工财务决算报表所填列的数据是否完整，表内和表间勾稽关系是否清晰、正确。

6. 竣工财务决算的内容和格式是否符合国家有关规定。

7. 竣工财务决算资料报送是否完整、决算数据之间是否存在错误。

8. 与财务管理和会计核算有关的其他事项。

（三）资金管理情况。

1. 资金筹集情况。建设资金筹集，是否符合国家有关规定。

2. 资金到位情况。财政资金是否按批复的概算、预算及时足额拨付建设单位；自筹资金是否按批复的概算、计划及时筹集到位。

3. 资金使用情况。财政资金是否按规定专款专用，是否符合政府采购和国库集中支付等管理规定；结余资金在各投资者间的计算是否准确；应缴回财政的结余资金是否在竣工验收合格后3个月内，按照预算管理制度有关规定缴回财政；是否存在擅自使用结余资金情况。

（四）基本建设程序执行及建设管理情况。

1. 基本建设程序执行情况。审核决策程序是否科学规范，立项、可行性研究、初步设计及概算和调整是否符合国家规定的审批权限等。

2. 建设管理情况。审核竣工财务决算报告是否反映了建设管理情况；建设管理是否符合国家有关建设管理制度要求，是否建立和执行法人责任制、工程监理制、招投标制、合同制；是否制定相应的内控制度，内控制度是否健全、完善、有效；招投标执行情况和建设工期是否按批复要求有效控制。

（五）概（预）算执行情况。

主要包括是否按照批准的概（预）算内容实施，有无超标准、超规模、超概（预）算建设现象，有无概算外和擅自提高建设标准、扩大建设规模、未完成建设内容等问题；在建设过程中历次检查和审计所提的重大问题是否已经整改落实；尾工工程及预留费用是否控制在概算确定的范围内，预留的金额和比例是否合理。

（六）交付使用资产情况。

主要包括形成资产是否真实、准确、全面反映，计价是否准确，资产接受单位是否落实；是否正确按资产类别划分固定资产、流动资产、无形资产、公共基础设施；交付使用资产实际成本是否完整，是否符合交付条件，移交手续是否齐全。

第三十三条　竣工财务决算审批部门应当按照上述规定，对建设单位报送的竣工财务决算报告进行审核，也可委托具有资质的中介机构进行评审，竣工财务决算审批部门在评审的基础上进行复核，对符合批复条件的，应当在6个月内批复。

第三十四条　竣工财务决算审批部门在审核时发现存在以下问题或情形之一的，应将竣工财务决算退回，并提出补充完善的要求：

（一）未通过竣工验收；

（二）竣工财务决算内容简单、事实反映不清晰且未达到竣工财务决算批复相关要求；

（三）竣工财务决算报表填列的数据不完整、存在较多错误、表间勾稽关系不清晰、不正确，以及竣工财务决算报告和报表数据不一致；

（四）竣工财务决算资料报送不完整、逾期未补报；

（五）存在需要整改的问题，且整改资料逾期未报或整改不到位；

（六）存在审核未通过的其他问题。

第三十五条　竣工财务决算批复应包括的内容（格式见附件3）：

（一）批复确认决算完成投资，资金来源及到位构成，形成的交付使用资产，核销基建支出和转出投资等；

（二）根据管理需要批复确认交付使用资产总表、交付使用资产明细表等；

（三）批复确认结余资金、决算评审审减资金，并明确处理要求；

批复竣工财务决算时，应确认结余资金是否按照规定在竣工验收后3个月内上缴财政。对未按时上缴的，应在批复文件中要求其限时上缴；

（四）批复时确认的未上缴的结余资金，在决算批复后30日内按规定程序上缴；

（五）项目建设单位应按照批复及基本建设财务管理制度有关规定，及时办理资产移交和产权登记手续；

(六)建设过程存在的主要问题及整改要求。

第五章 监督检查

第三十六条 项目建设单位应当建立、健全内部控制和项目财务信息报告制度,依法接受上级单位和项目主管部门等的财务监督检查。

第三十七条 项目主管部门(单位)应加强竣工财务决算管理工作的监督检查,建立健全竣工财务决算监督检查机制。检查中如有发现违反本规定的情况,应予以通报,情节严重的移交相关部门处理。

第三十八条 竣工财务决算监督检查应包括以下内容:

(一)竣工财务决算管理工作的组织实施情况;
(二)竣工财务决算编制内容的真实性、完整性;
(三)竣工财务决算编报的及时性;
(四)竣工决算审计及竣工验收提出问题的整改落实情况;
(五)竣工财务决算审核审批及备案情况;
(六)竣工财务决算批复的落实情况。

第三十九条 存在未按规定编制和上报竣工财务决算,未严格履行审核审批程序,弄虚作假,造成国有资产损失等违规违纪行为的,依照国家有关规定追究相关人员责任,涉嫌犯罪的移送司法机关处理。

第六章 附 则

第四十条 部属各单位可依据本规定制定适合本系统或本单位的具体实施办法。

第四十一条 全额自筹资金安排的项目,除竣工财务决算由建设单位自行组织审批外,其余事项参照本规定执行。

第四十二条 不需单独编报竣工财务决算的设备购置、房屋及其他建筑物购置,应在部门决算编制说明中对相关情况单独进行说明。

第四十三条 本规定由部财务审计司负责解释。

第四十四条 本规定自2018年11月1日起施行。《交通运输部基本建设项目竣工财务决算编审规定》(交财发〔2010〕477号)同时废止。

附件1.基本建设项目竣工财务决算报表
附件2.基本建设项目竣工财务决算审核表
附件3.基本建设项目竣工财务决算审批表
附件4.基本建设项目竣工财务决算编报流程示意图

附件 1

基本建设项目竣工财务决算报表
1. 基本建设项目概况表(1-1)
2. 基本建设项目竣工财务决算表(1-2)
3. 基本建设项目资金情况明细表(1-3)
4. 基本建设项目交付使用资产总表(1-4)
5. 基本建设项目交付使用资产明细表(1-5)
6. 基本建设项目尾工工程投资及预留费用表(1-6)
7. 基本建设项目待摊投资明细表(1-7)
8 基本建设项目待核销基建支出明细表(1-8)
9. 基本建设项目转出投资明细表(1-9)

建设项目名称：
建设性质：

项目单位：
主管部门：

项目单位财务负责人：
项目单位联系人及电话：
决　算　基　准　日：

项目单位负责人：
编　报　日　期：

基本建设项目竣工财务决算报表

基本建设项目概况表 (1-1)

建设项目(单项工程)名称				建设地址			
主要设计单位				主要施工企业			
占地面积(m²)		总投资(万元)	设计		实际		
新增生产能力		能力(效益)名称		设计		实际	
建设起止时间	设计	自　年　月　日至　年　月　日					
	实际	自　年　月　日至　年　月　日					
概算批准部门及文号							
建设规模	设计			基建支出	项目	概算批准金额	实际完成金额	备注
	实际				建筑安装工程			
					设备、工具、器具			
					待摊投资			
					其中:项目建设管理费			
					其他投资			
					待核销基建支出			
					转出投资			
					合计			
完成主要工作量	单项工程项目、内容				设备(台、套、吨)			
					设计		实际	
	小计							
尾工工程					预计未完成部分投资额	已完成投资额	预计完成时间	

基本建设项目竣工财务决算表(1-2)

项目名称：　　　　　　　　　　　　　　　　　　　　　　　　　　　单位：

资　金　来　源	金　　额	资　金　占　用	金　　额
一、基建拨款		一、基本建设支出	
1.中央财政资金		(一)交付使用资产	
其中:一般公共预算资金		1.固定资产	
中央基建投资		2.流动资产	
财政专项资金		3.无形资产	
政府性基金		(二)在建工程	
国有资本经营预算安排的项目资金		1.建筑安装工程投资	
2.地方财政资金		2.设备投资	
其中:一般公共预算资金		3.待摊投资	
地方基建投资		4.其他投资	
财政专项资金		(三)待核销基建支出	
政府性基金		(四)转出投资	
国有资本经营预算安排的项目资金		二、货币资金合计	
二、部门自筹资金(非负债性资金)		其中:银行存款	
三、项目资本		财政应返还额度	
1.国家资本		其中:直接支付	
2.法人资本		授权支付	
3.个人资本		现金	
4.外商资本		有价证券	
四、项目资本公积		三、预付及应收款合计	
五、基建借款		1.预付备料款	
其中:企业债券资金		2.预付工程款	
六、待冲基建支出		3.预付设备款	
七、应付款合计		4.应收票据	
1.应付工程款		5.其他应收款	
2.应付设备款		四、固定资产合计	
3.应付票据		固定资产原价	
4.应付工资及福利费		减:累计折旧	
5.其他应付款		固定资产净值	
八、未交款合计		固定资产清理	
1.未交税金		待处理固定资产损失	
2.未交财政结余资金			
3.未交基建收入			
4.其他未交款			
合计		合计	

补充资料：　　　　基建借款期末金额：　　　　　基建结余资金：

备注：资金来源合计扣除财政资金拨款与国家资本、资本公积重叠部分。

基本建设项目资金情况明细表(1-3)

项目名称：　　　　　　　　　　　　　　　　　　　　单位：

资金来源类别	合计		备注
	预算下达或概算批准金额	实际到位金额	需备注预算下达文件
一、财政资金拨款			
1.中央财政资金			
其中:一般公共预算资金			
中央基建投资			
财政专项资金			
政府性基金			
国有资本经营预算安排的基建项目资金			
政府统借统还非负债性资金			
2.地方财政资金			
其中:一般公共预算资金			
地方基建投资			
财政专项资金			
政府性基金			
国有资本经营预算安排的基建项目资金			
行政事业性收费			
政府统借统还非负债性资金			
二、项目资本金			
其中:国家资本			
三、银行贷款			
四、企业债券资金			
五、自筹资金			
六、其他资金			
合计			

补充资料：　　　　　　　　　　　　　　项目缺口资金：
缺口资金落实情况：

基本建设项目交付使用资产总表(1-4)

项目名称：　　　　　　　　　　　　　　　　　　　　　　　　　　　　　　　　　　　　　单位：

序号	单项工程名称	总计	固定资产				流动资产	无形资产
			合计	建筑物及构筑物	设备	其他		
	合计							

交付单位：　　　　　　　　　　　　接收单位：

盖　章：　　　　　　　　　　　　　盖　章：

负责人：　　　　　　　　　　　　　负责人：

年　月　日　　　　　　　　　　　　年　月　日

基本建设项目交付使用资产明细表 (1-5)

项目名称：　　　　　　　　　　　　　　　　　　　　　单位：

序号	单项工程名称	固定资产									流动资产		无形资产	
		建筑工程			设备工具器具家具					名称	金额	名称	金额
		结构	面积	金额	其中：分摊待摊投资	名称	规格型号	数量	金额	其中：设备安装费	其中：分摊待摊投资			
	合计													

交付单位：　　　　　　　　　　　　　　接收单位：

盖　章：　　　　　　　　　　　　　　盖　章：

负责人：　　　　　　　　　　　　　　负责人：

　　年　月　日　　　　　　　　　　　　年　月　日

基本建设项目尾工工程投资及预留费用表(1-6)

项目名称：　　　　　　　　　　　　　　　　　　　　　　　　　　　　单位：

项目	计量单位	工程量			价值				
		设计	已完	未完	概算	已完	未完		
							建筑	安装	设备	其他	合计
一、尾工工程										
二、预留费用										
合计										

基本建设项目待摊投资明细表(1-7)

项目名称： 单位：

项　　目	金　　额	项　　目	金　　额
1.勘察费		25.社会中介机构审计(查)费	
2.设计费		26.工程检测费	
3.研究试验费		27.设备检测费	
4.环境影响评价费		28.负荷联合试车费	
5.监理费		29.固定资产损失	
6.土地征用及迁移补偿费		30.器材处理亏损	
7.土地复垦及补偿费		31.设备盘亏及毁损	
8.土地使用税		32.报废工程损失	
9.耕地占用税		33.(贷款)项目评估费	
10.车船税		34.国外借款手续费及承诺费	
11.印花税		35.汇兑损益	
12.临时设施费		36.坏账损失	
13.文物保护费		37.借款利息	
14.森林植被恢复费		38.减:存款利息收入	
15.安全生产费		39.减:财政贴息资金	
16.安全鉴定费		40.企业债券发行费用	
17.网络租赁费		41.经济合同仲裁费	
18.系统运行维护监理费		42.诉讼费	
19.项目建设管理费		43.律师代理费	
20.代建管理费		44.航道维护费	
21.工程保险费		45.航标设施费	
22.招投标费		46.航测费	
23.合同公证费		47.其他待摊投资性质支出	
24.可行性研究费		合计	

基本建设项目待核销基建支出明细表(1-8)

项目名称:　　　　　　　　　　　　　　　　　　　　　　　　　　　　　　　　　　　　　　　单位:

不能形成资产部分的财政投资支出				用于家庭或个人的财政补助支出			
支出类别	单位	数量	金额	支出类别	单位	数量	金额
1.江河清障疏浚				1.补助群众造林			
2.航道整治				2.户用沼气工程			
3.飞播造林				3.户用饮水工程			
4.退耕还林(草)				4.农村危房改造工程			
5.封山(沙)育林(草)				5.垦区及林区棚户区改造			
6.水土保持				……			
7.城市绿化				合计			
8.毁损道路恢复							
9.护坡及清理							
10.取消项目可行性研究费							
11.项目报废							
……							
合计							

基本建设项目转出投资明细表(1-9)

项目名称:　　　　　　　　　　　　　　　　　　　　　　　　　　单位:

序号	单项工程名称	建筑工程				设备工具器具家具						流动资产		无形资产	
		结构	面积	金额	其中:分摊待摊投资	名称	规格型号	单位	数量	金额	设备安装费	其中:分摊待摊投资	名称	金额	名称	金额
	合计															

交付单位:　　　　　　　　　　接收单位:

盖　章:　　　　　　　　　　　盖　章:

负责人:　　　　　　　　　　　负责人:

年　月　日　　　　　　　　　年　月　日

附件2

基本建设项目竣工财务决算审核表
1. 基本建设项目竣工财务决算审核汇总表(2-1)
2. 基本建设项目资金情况审核明细表(2-2)
3. 基本建设项目待摊投资审核明细表(2-3)
4. 基本建设项目交付使用资产审核明细表(2-4)
5. 基本建设项目转出投资审核明细表(2-5)
6. 基本建设项目待核销基建支出审核明细表(2-6)

基本建设项目竣工财务决算审核汇总表(2-1)

项目名称:

序号	工程项目及费用名称	批准概算		送审投资		审定投资		审定投资较概算增减额	备注
		数量	金额	数量	金额	数量	金额		
	按批准概算明细口径或单位工程、分部工程填列								
	总计								
一	建安工程投资								
	……								
二	设备、工器具								
	……								
三	工程建设其他费用								

项目单位:　　　　　　　　负责人签字:　　　　　　　　评审机构:　　　　　　　　评审负责人签字:

　　　　　　　　　　　　　　　　年　月　日　　　　　　　　　　　　　　　　年　月　日

基本建设项目资金情况审核明细表(2-2)

项目名称：　　　　　　　　　　　　　　　　　　　　　　　　　　单位：

资金来源类别	合计		备注
	预算下达或概算批准金额	实际到位金额	需备注预算下达文号
一、财政资金拨款			
1.中央财政资金			
其中：一般公共预算资金			
中央基建投资			
财政专项资金			
政府性基金			
国有资本经营预算安排的项目资金			
政府统借统还非负债性资金			
2.地方财政资金			
其中：一般公共预算资金			
地方基建投资			
财政专项资金			
政府性基金			
国有资本经营预算安排的项目资金			
行政事业性收费			
政府统借统还非负债性资金			
二、项目资本金			
其中：国家资本			
三、银行贷款			
四、企业债券资金			
五、自筹资金			
六、其他资金			
合计			

项目单位：　　　　　　　　　　　　　　　评审机构：
负责人签字：　　　　　　　　　　　　　　评审负责人签字：
　　　年　月　日　　　　　　　　　　　　　　　　年　月　日

基本建设项目待摊投资审核明细表(2-3)

项目名称：　　　　　　　　　　　　　　　　　　　　单位：

项　目	金　额	项　目	金　额
1. 勘察费		25. 社会中介机构审计(查)费	
2. 设计费		26. 工程检测费	
3. 研究试验费		27. 设备检测费	
4. 环境影响评价费		28. 负荷联合试车费	
5. 监理费		29. 固定资产损失	
6. 土地征用及迁移补偿费		30. 器材处理亏损	
7. 土地复垦及补偿费		31. 设备盘亏及毁损	
8. 土地使用税		32. 报废工程损失	
9. 耕地占用税		33. (贷款)项目评估费	
10. 车船税		34. 国外借款手续费及承诺费	
11. 印花税		35. 汇兑损益	
12. 临时设施费		36. 坏账损失	
13. 文物保护费		37. 借款利息	
14. 森林植被恢复费		38. 减:存款利息收入	
15. 安全生产费		39. 减:财政贴息资金	
16. 安全鉴定费		40. 企业债券发行费用	
17. 网络租赁费		41. 经济合同仲裁费	
18. 系统运行维护监理费		42. 诉讼费	
19. 项目建设管理费		43. 律师代理费	
20. 代建管理费		44. 航道维护费	
21. 工程保险费		45. 航标设施费	
22. 招投标费		46. 航测费	
23. 合同公证费		47. 其他待摊投资性质支出	
24. 可行性研究费		合计	

项目单位：　　　　　　　　　　　评审机构：
负责人签字：　　　　　　　　　　评审负责人签字：
　　　　　　　年　月　日　　　　　　　　　　　　　年　月　日

基本建设项目交付使用资产审核明细表(2-4)

项目名称： 单位：

序号	单项工程名称	固定资产										流动资产		无形资产	
		建筑工程				设备工具器具家具						名称	金额	名称	金额
		结构	面积	金额	其中：分摊待摊投资	名称	规格型号	数量	金额	其中：设备安装费	其中：分摊待摊投资				
	合计														

项目单位： 评审机构：

负责人签字： 评审负责人签字：

年　月　日　　　　　　年　月　日

基本建设项目转出投资审核明细表(2-5)

项目名称:

序号	单项工程名称	建筑工程			设备工具器具家具						流动资产		无形资产	
		结构	面积	金额	其中:分摊待摊投资	名称	规格型号	单位	数量	金额	设备安装费	其中:分摊待摊投资	名称	金额	名称	金额

项目单位:　　　　　　　　　负责人签字:　　　　　　　　　评审机构:　　　　　　　　　评审负责人签字:

　　　　　　　　　　　　　　　　年　月　日　　　　　　　　　　　　　　　　　　　年　月　日

基本建设项目待核销基建支出审核明细表(2-6)

项目名称：　　　　　　　　　　　　　　　　　　单位：

不能形成资产部分的财政投资支出				用于家庭或个人的财政补助支出			
支出类别	单位	数量	金额	支出类别	单位	数量	金额
1.江河清障				1.补助群众造林			
2.航道清淤				2.户用沼气工程			
3.飞播造林				3.户用饮水工程			
4.退耕还林(草)				4.农村危房改造工程			
5.封山(沙)育林(草)				5.垦区及林区棚户区改造			
6.水土保持				……			
7.城市绿化							
8.毁损道路恢复							
9.护坡及清理							
10.取消项目可行性研究费							
11.项目报废							
……							
合计				合计			

项目单位：　　　　　　　负责人签字：　　　　评审机构：　　　　评审负责人签字：

　　　　　　　　　　　　年　月　日　　　　　　　　　　　　　　年　月　日

附件3

基本建设项目竣工财务决算审批表　　　　　　单位:元

项　目　名　称	批　复　数	备　　注
一、项目概算		
其中:财政资金		
自筹资金		
二、项目实际到位资金		
其中:财政资金		
自筹资金		
三、竣工财务决算		
1.建筑安装工程		
2.设备、工具、器具		
3.待摊投资		
其中:项目建设管理费		
4.其他投资		
四、核销基建支出		
五、转出投资		
六、结余资金		
其中:应缴回中央财政资金		
七、项目建成形成交付使用资产		
1.固定资产		
其中:建筑物及构筑物		
设备		
其他		
2.流动资产		
3.无形资产		
4.公共基础设施		

附件 4

基本建设项目竣工财务决算编报流程示意图

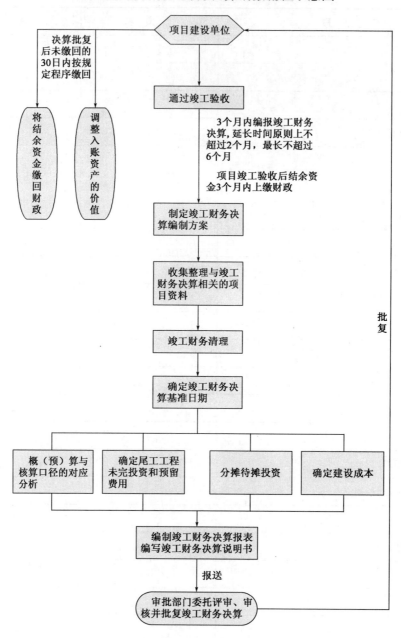

关于发布《经营性公路建设项目投资人招标资格预审文件示范文本》和《经营性公路建设项目投资人招标文件示范文本》的通知

(交公路发〔2011〕135号)

各省、自治区、直辖市、新疆生产建设兵团交通运输厅(局、委),天津市市政公路管理局,各有关单位:

  为加强经营性公路建设项目投资人招标管理,规范资格预审文件和招标文件编制工作,部组织制定了《经营性公路建设项目投资人招标资格预审文件示范文本》和《经营性公路建设项目投资人招标文件示范文本》(以下统称示范文本),现予发布。示范文本自2011年5月1日起施行,推荐使用。

  示范文本的管理权和解释权归交通运输部。

交通运输部

2011年3月28日

公路工程营业税改征增值税计价依据调整方案

(交办公路〔2016〕66号)

一、适用范围

2016年5月1日起,执行《公路工程基本建设项目投资估算编制办法》(JTG M20—2011)(以下简称《投资估算办法》)、《公路工程估算指标》(JTG/T M21—2011)(以下简称《指标》)、《公路工程基本建设项目概算预算编制办法》(JTG B06—2007)、《关于公布公路工程基本建设项目概算预算编制办法局部修订的公告》(交通运输部公告2011年第83号)(以下统称《概预算办法》)、《公路工程概算定额》(JTG/T B06-01—2007)、《公路工程预算定额》(JTG/T B06-02—2007)(以下统称《定额》)以及《公路工程机械台班费用定额》(JTG/T B06-03—2007)等公路工程计价依据,对新建和改建的公路工程基本建设项目投资估算、概算、预算的编制和管理,应按本方案执行。

二、关于《投资估算办法》和《概预算办法》

(一)费用项目组成。

营业税改征增值税(以下简称营改增)后,投资估算、概算和预算费用组成作以下调整,其他与现行《投资估算办法》和《概预算办法》的内容一致。

1. 企业管理费中的税金系指企业按规定缴纳的房产税、车船使用税、土地使用税、印花税、城市维护建设税及教育费附加等。城市维护建设税及教育费附加已含在调整后的企业管理费基本费用费率中,不另行计算。

2. 建筑安装工程费用的税金是指国家税法规定应计入建筑安装工程造价的增值税销项税额。

(二)营改增后建筑安装工程费的计算。

营改增后,公路工程建筑安装工程费按"价税分离"计价规则计算,具体要素价格适用增值税税率执行财税部门的相关规定。建筑安装工程费按以下公式计算:

建筑安装工程费 = 税前工程造价 × (1 + 建筑业增值税税率)。

式中:税前工程造价 = 直接费 + 间接费 + 利润。

直接费 = 直接工程费(含人工费、材料费、施工机械使用费) + 其他工程费。

间接费 = 规费 + 企业管理费。

建筑业增值税税率为11%。

以上各项费用均以不含增值税(可抵扣进项税额)的价格(费率)进行计算。

(三)费用标准和计算方式。

1. 人工费,不作调整。

2. 材料费。

材料预算价格由材料原价、运杂费、场外运输损耗、采购及仓库保管费组成,其中材料原价、运杂费按不含增值税(可抵扣进项税额)的价格确定。

材料采购及保管费,以材料的原价加运杂费及场外运输损耗的合计数为基数,乘以采购及保管费费率计算。材料的采购及保管费费率为2.67%。

外购的构件、成品及半成品的预算价格,其计算方法与材料相同,但构件(如外购的钢桁梁、钢筋混凝土构件及加工钢材等半成品)的采购及保管费率为1.07%。

3. 施工机械使用费。

按《公路工程机械台班费用定额》(JTG/T B06-03—2007)中数值乘以表1对应的调整系数计算,结果取2位小数。

营改增施工机械台班费用定额调整系数 表1

序号	费用构成项目	系数	备注
1	不变费用		
(1)	折旧费	0.855	
(2)	大修理费	0.884	
(3)	经常修理费	0.898	
(4)	安装拆卸及辅助设施费	—	不作调整
2	可变费用		
(1)	人工	—	不作调整
(2)	动力燃料费	—	以不含进项税额的动力燃料预算价格进行计算
(3)	车船使用税	—	不作调整

4. 其他工程费。

其他工程费的各项费率按《投资估算办法》和《概预算办法》中数值乘以表2对应的调整系数计算,结果取2位小数。

营改增其他工程费费率调整系数 表2

工程类别	其他工程费										
	冬季施工增加费	雨季施工增加费	夜间施工增加费	特殊地区施工增加费			行车干扰工程施工增加费	施工标准化与安全措施费	临时设施费	施工辅助费	工地转移费
				高原地区施工增加费	风沙地区施工增加费	沿海地区施工增加费					
人工土方	1.074	1.082	—	1.068	1.081	—	1.077	1.058	1.045	1.051	1.020
机械土方	1.197	1.207	—	1.192	1.207	—	1.202	1.180	1.165	1.172	1.137
汽车运输	1.214	1.224	—	1.208	1.223	—	1.218	1.197	1.181	1.188	1.153
人工石方	1.074	1.082	—	1.068	—	—	1.077	1.058	1.045	1.051	1.020

续上表

工程类别	其他工程费										
	冬季施工增加费	雨季施工增加费	夜间施工增加费	特殊地区施工增加费			行车干扰工程施工增加费	施工标准化与安全措施费	临时设施费	施工辅助费	工地转移费
				高原地区施工增加费	风沙地区施工增加费	沿海地区施工增加费					
机械石方	1.191	1.201	—	1.177	—	—	1.187	1.175	1.159	1.166	1.132
高级路面	1.220	1.230	—	1.177	1.191	—	1.187	1.202	1.188	1.195	1.159
其他路面	1.148	1.158	—	1.158	1.173	—	1.168	1.132	1.118	1.124	1.091
构造物Ⅰ	1.144	1.153	—	1.080	1.093	—	1.089	1.128	1.113	1.119	1.086
构造物Ⅱ	1.177	1.187	1.194	1.133	—	1.179	1.143	1.161	1.146	1.152	1.119
构造物Ⅲ	1.189	1.199	1.205	1.181	—	1.190	1.191	1.172	1.157	1.164	1.130
技术复杂大桥	1.195	1.205	1.211	1.155	—	1.196	—	1.178	1.163	1.169	1.135
隧道	1.172	—	—	1.126	—	—	—	1.155	1.141	1.146	1.113
钢材及钢结构	1.235	—	1.252	1.097	1.110	1.236	—	1.218	1.202	1.209	1.174

5. 企业管理费。

企业管理费的费率按《投资估算办法》和《概预算办法》中数值乘以表 3 对应的调整系数计算,结果取 2 位小数。

营改增企业管理费费率调整系数   表3

工程类别	企业管理费				
	基本费用	主副食运费补贴	职工探亲路费	职工取暖补贴	财务费用
人工土方	1.113	1.013	1.087	1.068	1.075
机械土方	1.236	1.124	1.207	1.186	1.194
汽车运输	1.259	1.146	1.229	1.208	1.216
人工石方	1.113	1.013	1.087	1.068	1.075
机械石方	1.233	1.122	1.203	1.183	1.190
高级路面	1.259	1.146	1.230	1.209	1.217
其他路面	1.189	1.082	1.161	1.141	1.148
构造物Ⅰ	1.185	1.078	1.156	1.136	1.144
构造物Ⅱ	1.218	1.109	1.189	1.168	1.176
构造物Ⅲ	1.231	1.120	1.201	1.180	1.188
技术复杂大桥	1.235	1.124	1.207	1.186	1.192
隧道	1.212	1.103	1.184	1.163	1.170
钢材及钢结构	1.274	1.159	1.244	1.223	1.231

6. 规费,不作调整。

7. 利润。

利润 =(直接费 + 间接费 - 规费)× 7.42%。

8.税金。

税金 = (直接费 + 间接费 + 利润) × 11%。

三、关于《指标》和《定额》

1.《指标》和《定额》除其他材料费、设备摊销费、小型机具使用费需调整外,其余均不作调整。

2.其他材料费、设备摊销费、小型机具使用费消耗量按《指标》和《定额》中数值乘以表4对应的调整系数计算,结果取1位小数。

营改增工、料、机消耗量调整系数　　　　表4

序号	代号	名称	单位	系数	备注
1	996	其他材料费	元	0.971	
2	997	设备摊销费	元	0.855	金属设备摊销标准由原90元/t·月调整为76.95元/t·月
3	1998	小型机具使用费	元	0.890	

四、其他

(一)调整后的上述计价依据请登录交通运输部网站公路局子站"公路工程标准规范信息平台"或交通运输部路网监测与应急处置中心网站 www.hmrc.net.cn 查询。

(二)各省级交通运输主管部门可结合本地区实际情况,按照财税部门对营改增的相关要求调整本地区有关公路工程的计价依据。

(三)2016年4月30日(含)前,已审批(核准)的公路工程基本建设项目的投资估算、概算、预算,不再重新审批(核准)。2016年5月1日起,审批(核准)的公路工程基本建设项目的投资估算、概算、预算按本方案执行。

(四)各公路工程造价软件公司应按照本方案对造价软件进行相应调整,确保计价的准确性。

(五)请各有关单位在执行过程中,将发现的问题和意见,函告交通运输部路网监测与应急处置中心。联系电话,(010)65299193,邮箱:lwzxzj@163.com。

建设工程价款结算暂行办法

(财建〔2004〕369号)

第一章 总 则

第一条 为加强和规范建设工程价款结算，维护建设市场正常秩序，根据《中华人民共和国合同法》、《中华人民共和国建筑法》、《中华人民共和国招标投标法》、《中华人民共和国预算法》、《中华人民共和国政府采购法》、《中华人民共和国预算法实施条例》等有关法律、行政法规制订本办法。

第二条 凡在中华人民共和国境内的建设工程价款结算活动，均适用本办法。国家法律法规另有规定的，从其规定。

第三条 本办法所称建设工程价款结算（以下简称"工程价款结算"），是指对建设工程的发承包合同价款进行约定和依据合同约定进行工程预付款、工程进度款、工程竣工价款结算的活动。

第四条 国务院财政部门、各级地方政府财政部门和国务院建设行政主管部门、各级地方政府建设行政主管部门在各自职责范围内负责工程价款结算的监督管理。

第五条 从事工程价款结算活动，应当遵循合法、平等、诚信的原则，并符合国家有关法律、法规和政策。

第二章 工程合同价款的约定与调整

第六条 招标工程的合同价款应当在规定时间内，依据招标文件、中标人的投标文件，由发包人与承包人（以下简称"发、承包人"）订立书面合同约定。

非招标工程的合同价款依据审定的工程预（概）算书由发、承包人在合同中约定。

合同价款在合同中约定后，任何一方不得擅自改变。

第七条 发包人、承包人应当在合同条款中对涉及工程价款结算的下列事项进行约定：

（一）预付工程款的数额、支付时限及抵扣方式；

（二）工程进度款的支付方式、数额及时限；

（三）工程施工中发生变更时，工程价款的调整方法、索赔方式、时限要求及金额支付方式；

（四）发生工程价款纠纷的解决方法；

（五）约定承担风险的范围及幅度以及超出约定范围和幅度的调整办法；

（六）工程竣工价款的结算与支付方式、数额及时限；

（七）工程质量保证（保修）金的数额、预扣方式及时限；

（八）安全措施和意外伤害保险费用；

（九）工期及工期提前或延后的奖惩办法；

（十）与履行合同、支付价款相关的担保事项。

第八条 发、承包人在签订合同时对于工程价款的约定，可选用下列一种约定方式：

（一）固定总价。合同工期较短且工程合同总价较低的工程，可以采用固定总价合同方式。

（二）固定单价。双方在合同中约定综合单价包含的风险范围和风险费用的计算方法，在约定的风险范围内综合单价不再调整。风险范围以外的综合单价调整方法，应当在合同中约定。

（三）可调价格。可调价格包括可调综合单价和措施费等，双方应在合同中约定综合单价和措施费的调整方法，调整因素包括：

1. 法律、行政法规和国家有关政策变化影响合同价款；

2. 工程造价管理机构的价格调整；

3. 经批准的设计变更；

4. 发包人更改经审定批准的施工组织设计（修正错误除外）造成费用增加；

5. 双方约定的其他因素。

第九条 承包人应当在合同规定的调整情况发生后14天内，将调整原因、金额以书面形式通知发包人，发包人确认调整金额后将其作为追加合同价款，与工程进度款同期支付。发包人收到承包人通知后14天内不予确认也不提出修改意见，视为已经同意该项调整。

当合同规定的调整合同价款的调整情况发生后，承包人未在规定时间内通知发包人，或者未在规定时间内提出调整报告，发包人可以根据有关资料，决定是否调整和调整的金额，并书面通知承包人。

第十条 工程设计变更价款调整

（一）施工中发生工程变更，承包人按照经发包人认可的变更设计文件，进行变更施工，其中，政府投资项目重大变更，需按基本建设程序报批后方可施工。

（二）在工程设计变更确定后14天内，设计变更涉及工程价款调整的，由承包人向发包人提出，经发包人审核同意后调整合同价款。变更合同价款按下列方法进行：

1. 合同中已有适用于变更工程的价格，按合同已有的价格变更合同价款；

2. 合同中只有类似于变更工程的价格，可以参照类似价格变更合同价款；

3. 合同中没有适用或类似于变更工程的价格，由承包人或发包人提出适当的变更价格，经对方确认后执行。如双方不能达成一致的，双方可提请工程所在地工程造价管理机构进行咨询或按合同约定的争议或纠纷解决程序办理。

（三）工程设计变更确定后14天内，如承包人未提出变更工程价款报告，则发包人可根据所掌握的资料决定是否调整合同价款和调整的具体金额。重大工程变更涉及工程价款变更报告和确认的时限由发承包双方协商确定。

收到变更工程价款报告一方,应在收到之日起 14 天内予以确认或提出协商意见,自变更工程价款报告送达之日起 14 天内,对方未确认也未提出协商意见时,视为变更工程价款报告已被确认。

确认增(减)的工程变更价款作为追加(减)合同价款与工程进度款同期支付。

第三章　工程价款结算

第十一条　工程价款结算应按合同约定办理,合同未作约定或约定不明的,发、承包双方应依照下列规定与文件协商处理:

(一)国家有关法律、法规和规章制度;

(二)国务院建设行政主管部门、省、自治区、直辖市或有关部门发布的工程造价计价标准、计价办法等有关规定;

(三)建设项目的合同、补充协议、变更签证和现场签证,以及经发、承包人认可的其他有效文件;

(四)其他可依据的材料。

第十二条　工程预付款结算应符合下列规定:

(一)包工包料工程的预付款按合同约定拨付,原则上预付比例不低于合同金额的 10%,不高于合同金额的 30%,对重大工程项目,按年度工程计划逐年预付。计价执行《建设工程工程量清单计价规范》(GB 50500—2003)的工程,实体性消耗和非实体性消耗部分应在合同中分别约定预付款比例。

(二)在具备施工条件的前提下,发包人应在双方签订合同后的一个月内或不迟于约定的开工日期前的 7 天内预付工程款,发包人不按约定预付,承包人应在预付时间到期后 10 天内向发包人发出要求预付的通知,发包人收到通知后仍不按要求预付,承包人可在发出通知 14 天后停止施工,发包人应从约定应付之日起向承包人支付应付款的利息(利率按同期银行贷款利率计),并承担违约责任。

(三)预付的工程款必须在合同中约定抵扣方式,并在工程进度款中进行抵扣。

(四)凡是没有签订合同或不具备施工条件的工程,发包人不得预付工程款,不得以预付款为名转移资金。

第十三条　工程进度款结算与支付应当符合下列规定:

(一)工程进度款结算方式

1. 按月结算与支付。即实行按月支付进度款,竣工后清算的办法。合同工期在两个年度以上的工程,在年终进行工程盘点,办理年度结算。

2. 分段结算与支付。即当年开工、当年不能竣工的工程按照工程形象进度,划分不同阶段支付工程进度款。具体划分在合同中明确。

(二)工程量计算

1. 承包人应当按照合同约定的方法和时间,向发包人提交已完工程量的报告。发包人接到报告后 14 天内核实已完工程量,并在核实前 1 天通知承包人,承包人应提供条件并派人参加核实,承包人收到通知后不参加核实,以发包人核实的工程量作为工程价款支付的依据。发包人不按约定时间通知承包人,致使承包人未能参加核实,核实结果无效。

2. 发包人收到承包人报告后 14 天内未核实完工程量,从第 15 天起,承包人报告的工程量即视为被确认,作为工程价款支付的依据,双方合同另有约定的,按合同执行。

3. 对承包人超出设计图纸(含设计变更)范围和因承包人原因造成返工的工程量,发包人不予计量。

(三)工程进度款支付

1. 根据确定的工程计量结果,承包人向发包人提出支付工程进度款申请,14 天内,发包人应按不低于工程价款的 60%,不高于工程价款的 90% 向承包人支付工程进度款。按约定时间发包人应扣回的预付款,与工程进度款同期结算抵扣。

2. 发包人超过约定的支付时间不支付工程进度款,承包人应及时向发包人发出要求付款的通知,发包人收到承包人通知后仍不能按要求付款,可与承包人协商签订延期付款协议,经承包人同意后可延期支付,协议应明确延期支付的时间和从工程计量结果确认后第 15 天起计算应付款的利息(利率按同期银行贷款利率计)。

3. 发包人不按合同约定支付工程进度款,双方又未达成延期付款协议,导致施工无法进行,承包人可停止施工,由发包人承担违约责任。

第十四条 工程完工后,双方应按照约定的合同价款及合同价款调整内容以及索赔事项,进行工程竣工结算。

(一)工程竣工结算方式

工程竣工结算分为单位工程竣工结算、单项工程竣工结算和建设项目竣工总结算。

(二)工程竣工结算编审

1. 单位工程竣工结算由承包人编制,发包人审查;实行总承包的工程,由具体承包人编制,在总包人审查的基础上,发包人审查。

2. 单项工程竣工结算或建设项目竣工总结算由总(承)包人编制,发包人可直接进行审查,也可以委托具有相应资质的工程造价咨询机构进行审查。政府投资项目,由同级财政部门审查。单项工程竣工结算或建设项目竣工总结算经发、承包人签字盖章后有效。

承包人应在合同约定期限内完成项目竣工结算编制工作,未在规定期限内完成的并且提不出正当理由延期的,责任自负。

(三)工程竣工结算审查期限

单项工程竣工后,承包人应在提交竣工验收报告的同时,向发包人递交竣工结算报告及完整的结算资料,发包人应按以下规定时限进行核对(审查)并提出审查意见。

序号	工程竣工结算报告金额	审查时间
1	500 万元以下	从接到竣工结算报告和完整的竣工结算资料之日起 20 天
2	500 万元~2000 万元	从接到竣工结算报告和完整的竣工结算资料之日起 30 天
3	2000 万元~5000 万元	从接到竣工结算报告和完整的竣工结算资料之日起 45 天
4	5000 万元以上	从接到竣工结算报告和完整的竣工结算资料之日起 60 天

建设项目竣工总结算在最后一个单项工程竣工结算审查确认后 15 天内汇总,送发包人后 30 天内审查完成。

(四)工程竣工价款结算

发包人收到承包人递交的竣工结算报告及完整的结算资料后,应按本办法规定的期限(合同约定有期限的,从其约定)进行核实,给予确认或者提出修改意见。发包人根据确认的竣工结算报告向承包人支付工程竣工结算价款,保留5%左右的质量保证(保修)金,待工程交付使用一年质保期到期后清算(合同另有约定的,从其约定),质保期内如有返修,发生费用应在质量保证(保修)金内扣除。

(五)索赔价款结算

发承包人未能按合同约定履行自己的各项义务或发生错误,给另一方造成经济损失的,由受损方按合同约定提出索赔,索赔金额按合同约定支付。

(六)合同以外零星项目工程价款结算

发包人要求承包人完成合同以外零星项目,承包人应在接受发包人要求的7天内就用工数量和单价、机械台班数量和单价、使用材料和金额等向发包人提出施工签证,发包人签证后施工,如发包人未签证,承包人施工后发生争议的,责任由承包人自负。

第十五条 发包人和承包人要加强施工现场的造价控制,及时对工程合同外的事项如实纪录并履行书面手续。凡由发、承包双方授权的现场代表签字的现场签证以及发、承包双方协商确定的索赔等费用,应在工程竣工结算中如实办理,不得因发、承包双方现场代表的中途变更改变其有效性。

第十六条 发包人收到竣工结算报告及完整的结算资料后,在本办法规定或合同约定期限内,对结算报告及资料没有提出意见,则视同认可。

承包人如未在规定时间内提供完整的工程竣工结算资料,经发包人催促后14天内仍未提供或没有明确答复,发包人有权根据已有资料进行审查,责任由承包人自负。

根据确认的竣工结算报告,承包人向发包人申请支付工程竣工结算款。发包人应在收到申请后15天内支付结算款,到期没有支付的应承担违约责任。承包人可以催告发包人支付结算价款,如达成延期支付协议,承包人应按同期银行贷款利率支付拖欠工程价款的利息。如未达成延期支付协议,承包人可以与发包人协商将该工程折价,或申请人民法院将该工程依法拍卖,承包人就该工程折价或者拍卖的价款优先受偿。

第十七条 工程竣工结算以合同工期为准,实际施工工期比合同工期提前或延后,发、承包双方应按合同约定的奖惩办法执行。

第四章 工程价款结算争议处理

第十八条 工程造价咨询机构接受发包人或承包人委托,编审工程竣工结算,应按合同约定和实际履约事项认真办理,出具的竣工结算报告经发、承包双方签字后生效。当事人一方对报告有异议的,可对工程结算中有异议部分,向有关部门申请咨询后协商处理,若不能达成一致的,双方可按合同约定的争议或纠纷解决程序办理。

第十九条 发包人对工程质量有异议,已竣工验收或已竣工未验收但实际投入使用的工程,其质量争议按该工程保修合同执行;已竣工未验收且未实际投入使用的工程以及停工、停建工程的质量争议,应当就有争议部分的竣工结算暂缓办理,双方可就有争议的工程委托有资质的检测鉴定机构进行检测,根据检测结果确定解决方案,或按工程质量监督机构的处理决定执行,其余部分的竣工结算依照约定办理。

第二十条 当事人对工程造价发生合同纠纷时,可通过下列办法解决:

(一)双方协商确定;

(二)按合同条款约定的办法提请调解;

(三)向有关仲裁机构申请仲裁或向人民法院起诉。

第五章 工程价款结算管理

第二十一条 工程竣工后,发、承包双方应及时办清工程竣工结算,否则,工程不得交付使用,有关部门不予办理权属登记。

第二十二条 发包人与中标的承包人不按照招标文件和中标的承包人的投标文件订立合同的,或者发包人、中标的承包人背离合同实质性内容另行订立协议,造成工程价款结算纠纷的,另行订立的协议无效,由建设行政主管部门责令改正,并按《中华人民共和国招标投标法》第五十九条进行处罚。

第二十三条 接受委托承接有关工程结算咨询业务的工程造价咨询机构应具有工程造价咨询单位资质,其出具的办理拨付工程价款和工程结算的文件,应当由造价工程师签字,并应加盖执业专用章和单位公章。

第六章 附 则

第二十四条 建设工程施工专业分包或劳务分包,总(承)包人与分包人必须依法订立专业分包或劳务分包合同,按照本办法的规定在合同中约定工程价款及其结算办法。

第二十五条 政府投资项目除执行本办法有关规定外,地方政府或地方政府财政部门对政府投资项目合同价款约定与调整、工程价款结算、工程价款结算争议处理等事项,如另有特殊规定的,从其规定。

第二十六条 凡实行监理的工程项目,工程价款结算过程中涉及监理工程师签证事项,应按工程监理合同约定执行。

第二十七条 有关主管部门、地方政府财政部门和地方政府建设行政主管部门可参照本办法,结合本部门、本地区实际情况,另行制订具体办法,并报财政部、建设部备案。

第二十八条 合同示范文本内容如与本办法不一致,以本办法为准。

第二十九条 本办法自公布之日起施行。

交通运输部关于发布《公路工程建设项目投资估算编制办法》《公路工程建设项目概算预算编制办法》及《公路工程估算指标》《公路工程概算定额》《公路工程预算定额》《公路工程机械台班费用定额》的公告

(交通运输部公告2018年第86号)

现发布《公路工程建设项目投资估算编制办法》(JTG 3820—2018)、《公路工程建设项目概算预算编制办法》(JTG 3830—2018)作为公路工程行业标准,《公路工程估算指标》(JTG/T 3821—2018)、《公路工程概算定额》(JTG/T 3831—2018)、《公路工程预算定额》(JTG/T 3832—2018)、《公路工程机械台班费用定额》(JTG/T 3833—2018),作为公路工程行业推荐性标准,自2019年5月1日起施行,原《公路工程基本建设项目投资估算编制办法》(JTG M20—2011)、《公路工程基本建设项目概算预算编制办法》(JTG B06—2007)、《公路工程估算指标》(JTG/T M21—2011)、《公路工程概算定额》(JTG/T B06-01—2007)、《公路工程预算定额》(JTG/T B06-02—2007)、《公路工程机械台班费用定额》(JTG/T B06-03—2007)同时废止。

上述标准的管理权和解释权归交通运输部,日常解释和管理工作由主编单位交通运输部路网监测与应急处置中心负责。请各有关单位注意在实践中总结经验,及时将发现的问题和修改建议函告交通运输部路网监测与应急处置中心(地址:北京市朝阳区安定路5号院8号楼外运大厦21层,邮政编码:100029)。

特此公告。

交通运输部
2018年12月17日

交通运输部关于调整《公路工程建设项目投资估算编制办法》(JTG 3820—2018)和《公路工程建设项目概算预算编制办法》(JTG 3830—2018)中"税金"有关规定的公告

(交通运输部公告2019年第26号)

按照党中央、国务院关于深化增值税改革,推进增值税实质性减税决策部署,财政部、税务总局等有关部门决定将建筑业增值税税率由10%调整为9%。

为抓好公路行业的贯彻落实,现将《公路工程建设项目投资估算编制办法》(JTG 3820—2018)和《公路工程建设项目概算预算编制办法》(JTG 3830—2018)中3.1.10的"税金=(直接费+设备购置费+措施费+企业管理费+规费+利润)×10%"调整为:"税金=(直接费+设备购置费+措施费+企业管理费+规费+利润)×建筑业增值税税率"。3.6.1关于"税金"计算式相应调整。

今后涉及建筑业增值税税率调整的,均按国家最新规定及时调整,不再另行公告。

交通运输部
2019年4月26日

交通运输部办公厅关于进一步加强公路水运工程造价人员和公路水运工程监理工程师管理的通知

(交办人教函〔2017〕665号)

各省、自治区、直辖市、新疆生产建设兵团交通运输厅(局、委),部海事局、救捞局、长江航务管理局:

根据人力资源社会保障部2016年12月公布的国家职业资格目录清单,公路水运工程造价人员和公路水运工程监理工程师纳入国家职业资格制度体系,实施统一管理。

鉴于公路水运工程造价人员和公路水运工程监理工程师与交通运输领域工程质量和人民群众生命财产安全密切相关,在新制度出台之前的过渡期间,为确保交通运输领域生产安全和工程质量,保持从业人员队伍稳定,按照《人力资源社会保障部关于印发进一步减少和规范职业资格许可和认定事项改革方案的通知》(人社部发〔2017〕2号)和《人力资源社会保障部职业资格改革组关于集中治理职业资格证书挂靠行为的通知》精神,为进一步加强对公路水运工程造价人员和公路水运工程监理工程师的管理,现就有关事项通知如下:

一、《国务院关于取消一批职业资格许可和认定事项的决定》(国发〔2016〕5号)文件生效前发放的公路水运工程造价人员资格证书和《国务院关于取消一批职业资格许可和认定事项的决定》(国发〔2016〕68号)文件生效前发放的公路水运工程监理工程师证书,在国家新的职业资格制度出台之前继续有效,新制度出台以后,执行新规定。

二、各有关单位(部门)要切实落实好国务院推进简政放权、放管结合、优化服务改革的工作部署,加强对公路水运工程造价人员资格证书和公路水运工程监理工程师证书管理,规范交通运输企业和从业人员行为,消除交通运输行业职业资格证书挂靠寻租现象,自觉维护市场秩序。

特此通知。

交通运输部办公厅
2017年5月12日

住房城乡建设部　交通运输部　水利部　人力资源社会保障部关于印发《造价工程师职业资格制度规定》《造价工程师职业资格考试实施办法》的通知

（建人〔2018〕67号）

各省、自治区、直辖市及新疆生产建设兵团住房城乡建设、交通运输、水利（水务）人力资源社会保障厅（委、局），国务院有关专业部门建设工程造价管理机构，各有关单位：

根据《国家职业资格目录》，为统一和规范造价工程师职业资格设置和管理，提高工程造价专业人员素质，提升建设工程造价管理水平，现将《造价工程师职业资格制度规定》《造价工程师职业资格考试实施办法》印发给你们，请遵照执行。

住房和城乡建设部
交通运输部
水利部
人力资源和社会保障部
2018年7月20日

造价工程师职业资格制度规定

第一章　总　　则

第一条　为提高固定资产投资效益，维护国家、社会和公共利益，充分发挥造价工程师在工程建设经济活动中合理确定和有效控制工程造价的作用，根据《中华人民共和国建筑法》和国家职业资格制度有关规定，制定本规定。

第二条　本规定所称造价工程师，是指通过职业资格考试取得中华人民共和国造价工程师职业资格证书，并经注册后从事建设工程造价工作的专业技术人员。

第三条 国家设置造价工程师准入类职业资格,纳入国家职业资格目录。

工程造价咨询企业应配备造价工程师;工程建设活动中有关工程造价管理岗位按需要配备造价工程师。

第四条 造价工程师分为一级造价工程师和二级造价工程师。一级造价工程师英文译为 Class1 Cost Engineer,二级造价工程师英文译为 Class2 Cost Engineer.

第五条 住房城乡建设部、交通运输部、水利部、人力资源社会保障部共同制定造价工程师职业资格制度,并按照职责分工负责造价工程师职业资格制度的实施与监管。

各省、自治区、直辖市住房城乡建设、交通运输、水利、人力资源社会保障行政主管部门,按照职责分工负责本行政区域内造价工程师职业资格制度的实施与监管。

第二章 考 试

第六条 一级造价工程师职业资格考试全国统一大纲、统一命题、统一组织。

二级造价工程师职业资格考试全国统一大纲,各省、自治区、直辖市自主命题并组织实施。

第七条 一级和二级造价工程师职业资格考试均设置基础科目和专业科目。

第八条 住房城乡建设部组织拟定一级造价工程师和二级造价工程师职业资格考试基础科目的考试大纲,组织一级造价工程师基础科目命审题工作。

住房城乡建设部、交通运输部、水利部按照职责分别负责拟定一级造价工程师和二级造价工程师职业资格考试专业科目的考试大纲,组织一级造价工程师专业科目命审题工作。

第九条 人力资源社会保障部负责审定一级造价工程师和二级造价工程师职业资格考试科目和考试大纲,负责一级造价工程师职业资格考试考务工作,并会同住房城乡建设部、交通运输部、水利部对造价工程师职业资格考试工作进行指导、监督、检查。

第十条 各省、自治区、直辖市住房城乡建设、交通运输、水利行政主管部门会同人力资源社会保障行政主管部门,按照全国统一的考试大纲和相关规定组织实施二级造价工程师职业资格考试。

第十一条 人力资源社会保障部会同住房城乡建设部、交通运输部、水利部确定一级造价工程师职业资格考试合格标准。

各省、自治区、直辖市人力资源社会保障行政主管部门会同住房城乡建设、交通运输、水利行政主管部门确定二级造价工程师职业资格考试合格标准。

第十二条 凡遵守中华人民共和国宪法、法律、法规,具有良好的业务素质和道德品行,具备下列条件之一者,可以申请参加一级造价工程师职业资格考试:

(一)具有工程造价专业大学专科(或高等职业教育)学历,从事工程造价业务工作满5年;

具有土木建筑、水利、装备制造、交通运输、电子信息、财经商贸大类大学专科(或高等职业教育)学历,从事工程造价业务工作满6年。

(二)具有通过工程教育专业评估(认证)的工程管理、工程造价专业大学本科学历或学位,从事工程造价业务工作满4年;

具有工学、管理学、经济学门类大学本科学历或学位,从事工程造价业务工作满5年。

(三)具有工学、管理学、经济学门类硕士学位或者第二学士学位,从事工程造价业务工作满3年。

(四)具有工学、管理学、经济学门类博士学位,从事工程造价业务工作满1年。

(五)具有其他专业相应学历或者学位的人员,从事工程造价业务工作年限相应增加1年。

第十三条 凡遵守中华人民共和国宪法、法律、法规,具有良好的业务素质和道德品行,具备下列条件之一者,可以申请参加二级造价工程师职业资格考试:

(一)具有工程造价专业大学专科(或高等职业教育)学历,从事工程造价业务工作满2年;

具有土木建筑、水利、装备制造、交通运输、电子信息、财经商贸大类大学专科(或高等职业教育)学历,从事工程造价业务工作满3年。

(二)具有工程管理、工程造价专业大学本科及以上学历或学位,从事工程造价业务工作满1年;

具有工学、管理学、经济学门类大学本科及以上学历或学位,从事工程造价业务工作满2年。

(三)具有其他专业相应学历或学位的人员,从事工程造价业务工作年限相应增加1年。

第十四条 一级造价工程师职业资格考试合格者,由各省、自治区、直辖市人力资源社会保障行政主管部门颁发中华人民共和国一级造价工程师职业资格证书。该证书由人力资源社会保障部统一印制,住房城乡建设部、交通运输部、水利部按专业类别分别与人力资源社会保障部用印,在全国范围内有效。

第十五条 二级造价工程师职业资格考试合格者,由各省、自治区、直辖市人力资源社会保障行政主管部门颁发中华人民共和国二级造价工程师职业资格证书。该证书由各省、自治区、直辖市住房城乡建设、交通运输、水利行政主管部门按专业类别分别与人力资源社会保障行政主管部门用印,原则上在所在行政区域内有效。各地可根据实际情况制定跨区域认可办法。

第十六条 各省、自治区、直辖市人力资源社会保障行政主管部门会同住房城乡建设、交通运输、水利行政主管部门应加强学历、从业经历等造价工程师职业资格考试资格条件的审核。对以不正当手段取得造价工程师职业资格证书的,按照国家专业技术人员资格考试有关规定进行处理。

第三章 注 册

第十七条 国家对造价工程师职业资格实行执业注册管理制度。取得造价工程师职业资格证书且从事工程造价相关工作的人员,经注册方可以造价工程师名义执业。

第十八条 住房城乡建设部、交通运输部、水利部按照职责分工,制定相应注册造价工程师管理办法并监督执行。

住房城乡建设部、交通运输部、水利部分别负责一级造价工程师注册及相关工作。各省、自治区、直辖市住房城乡建设、交通运输、水利行政主管部门按专业类别分别负责二级造价工程师注册及相关工作。

第十九条　经批准注册的申请人,由住房城乡建设部、交通运输部、水利部核发《中华人民共和国一级造价工程师注册证》(或电子证书);或由各省、自治区、直辖市住房城乡建设、交通运输、水利行政主管部门核发《中华人民共和国二级造价工程师注册证》(或电子证书)。

第二十条　造价工程师执业时应持注册证书和执业印章。注册证书、执业印章样式以及注册证书编号规则由住房城乡建设部会同交通运输部、水利部统一制定。执业印章由注册造价工程师按照统一规定自行制作。

第二十一条　住房城乡建设部、交通运输部、水利部按照职责分工建立造价工程师注册管理信息平台,保持通用数据标准统一。住房城乡建设部负责归集全国造价工程师注册信息,促进造价工程师注册、执业和信用信息互通共享。

第二十二条　住房城乡建设部、交通运输部、水利部负责建立完善造价工程师的注册和退出机制,对以不正当手段取得注册证书等违法违规行为,依照注册管理的有关规定撤销其注册证书。

第四章　执　　业

第二十三条　造价工程师在工作中,必须遵纪守法,恪守职业道德和从业规范,诚信执业,主动接受有关主管部门的监督检查,加强行业自律。

第二十四条　住房城乡建设部、交通运输部、水利部共同建立健全造价工程师执业诚信体系,制定相关规章制度或从业标准规范,并指导监督信用评价工作。

第二十五条　造价工程师不得同时受聘于两个或两个以上单位执业,不得允许他人以本人名义执业,严禁"证书挂靠"。出租出借注册证书的,依据相关法律法规进行处罚;构成犯罪的,依法追究刑事责任。

第二十六条　一级造价工程师的执业范围包括建设项目全过程的工程造价管理与咨询等,具体工作内容:

(一)项目建议书、可行性研究投资估算与审核,项目评价造价分析;
(二)建设工程设计概算、施工预算编制和审核;
(三)建设工程招标投标文件工程量和造价的编制与审核;
(四)建设工程合同价款、结算价款、竣工决算价款的编制与管理;
(五)建设工程审计、仲裁、诉讼、保险中的造价鉴定,工程造价纠纷调解;
(六)建设工程计价依据、造价指标的编制与管理;
(七)与工程造价管理有关的其他事项。

第二十七条　二级造价工程师主要协助一级造价工程师开展相关工作,可独立开展以下具体工作:

(一)建设工程工料分析、计划、组织与成本管理,施工图预算、设计概算编制;
(二)建设工程量清单、最高投标限价、投标报价编制;
(三)建设工程合同价款、结算价款和竣工决算价款的编制。

第二十八条　造价工程师应在本人工程造价咨询成果文件上签章,并承担相应责任。工程造价咨询成果文件应由一级造价工程师审核并加盖执业印章。

对出具虚假工程造价咨询成果文件或者有重大工作过失的造价工程师,不再予以注册,造成损失的依法追究其责任。

第二十九条 取得造价工程师注册证书的人员,应当按照国家专业技术人员继续教育的有关规定接受继续教育,更新专业知识,提高业务水平。

第五章 附 则

第三十条 本规定印发之前取得的全国建设工程造价员资格证书、公路水运工程造价人员资格证书以及水利工程造价工程师资格证书,效用不变。

第三十一条 专业技术人员取得一级造价工程师、二级造价工程师职业资格,可认定其具备工程师、助理工程师职称,并可作为申报高一级职称的条件。

第三十二条 本规定自印发之日起施行。原人事部、原建设部发布的《造价工程师执业资格制度暂行规定》(人发〔1996〕77号)同时废止。根据该暂行规定取得的造价工程师执业资格证书与本规定中一级造价工程师职业资格证书效用等同。

造价工程师职业资格考试实施办法

第一条 住房城乡建设部、交通运输部、水利部、人力资源社会保障部共同委托人力资源社会保障部人事考试中心承担一级造价工程师职业资格考试的具体考务工作。住房城乡建设部、交通运输部、水利部可分别委托具备相应能力的单位承担一级造价工程师职业资格考试工作的命题、审题和主观试题阅卷等具体工作。

各省、自治区、直辖市住房城乡建设、交通运输、水利、人力资源社会保障行政主管部门共同负责本地区一级造价工程师职业资格考试组织工作,具体职责分工由各地协商确定。

第二条 各省、自治区、直辖市住房城乡建设、交通运输、水利行政主管部门会同人力资源社会保障行政主管部门组织实施二级造价工程师职业资格考试。

第三条 一级造价工程师职业资格考试设《建设工程造价管理》《建设工程计价》《建设工程技术与计量》《建设工程造价案例分析》4个科目。其中,《建设工程造价管理》和《建设工程计价》为基础科目,《建设工程技术与计量》和《建设工程造价案例分析》为专业科目。

二级造价工程师职业资格考试设《建设工程造价管理基础知识》《建设工程计量与计价实务》2个科目。其中,《建设工程造价管理基础知识》为基础科目,《建设工程计量与计价实务》为专业科目。

第四条 造价工程师职业资格考试专业科目分为土木建筑工程、交通运输工程、水利工程和安装工程4个专业类别,考生在报名时可根据实际工作需要选择其一。其中,土木建筑工程、安装工程专业由住房城乡建设部负责;交通运输工程专业由交通运输部负责;水利工程专业由水利部负责。

第五条 一级造价工程师职业资格考试分4个半天进行。《建设工程造价管理》《建设工程技术与计量》《建设工程计价》科目的考试时间均为2.5小时;《建设工程造价案例分析》科目的考试时间为 4 小时。

二级造价工程师职业资格考试分 2 个半天。《建设工程造价管理基础知识》科目的考试时间为 2.5 小时,《建设工程计量与计价实务》为 3 小时。

第六条 一级造价工程师职业资格考试成绩实行 4 年为一个周期的滚动管理办法,在连续的 4 个考试年度内通过全部考试科目,方可取得一级造价工程师职业资格证书。

二级造价工程师职业资格考试成绩实行 2 年为一个周期的滚动管理办法,参加全部 2 个科目考试的人员必须在连续的 2 个考试年度内通过全部科目,方可取得二级造价工程师职业资格证书。

第七条 已取得造价工程师一种专业职业资格证书的人员,报名参加其他专业科目考试的,可免考基础科目。考试合格后,核发人力资源社会保障部门统一印制的相应专业考试合格证明。该证明作为注册时增加执业专业类别的依据。

第八条 具有以下条件之一的,参加一级造价工程师考试可免考基础科目:
(一)已取得公路工程造价人员资格证书(甲级);
(二)已取得水运工程造价工程师资格证书;
(三)已取得水利工程造价工程师资格证书。
申请免考部分科目的人员在报名时应提供相应材料。

第九条 具有以下条件之一的,参加二级造价工程师考试可免考基础科目:
(一)已取得全国建设工程造价员资格证书;
(二)已取得公路工程造价人员资格证书(乙级);
(三)具有经专业教育评估(认证)的工程管理、工程造价专业学士学位的大学本科毕业生。
申请免考部分科目的人员在报名时应提供相应材料。

第十条 符合造价工程师职业资格考试报名条件的报考人员,按规定携带相关证件和材料到指定地点进行报名资格审查。报名时,各地人力资源社会保障部门会同相关行业主管部门对报名人员的资格条件进行审核。审核合格后,核发准考证。参加考试人员凭准考证和有效证件在指定的日期、时间和地点参加考试。

中央和国务院各部门及所属单位、中央管理企业的人员按属地原则报名参加考试。

第十一条 考点原则上设在直辖市、自治区首府和省会城市的大、中专院校或者高考定点学校。

一级造价工程师职业资格考试每年一次。二级造价工程师职业资格考试每年不少于一次,具体考试日期由各地确定。

第十二条 坚持考试与培训分开的原则。凡参与考试工作(包括命题、审题与组织管理等)的人员,不得参加考试,也不得参加或者举办与考试内容相关的培训工作。应考人员参加培训坚持自愿原则。

第十三条 考试实施机构及其工作人员,应当严格执行国家人事考试工作人员纪律规定和考试工作的各项规章制度,遵守考试工作纪律,切实做好从考试试题的命制到使用等各环节的安全保密工作,严防泄密。

第十四条 对违反考试工作纪律和有关规定的人员,按照国家专业技术人员资格考试违纪违规行为处理规定处理。

PART4 第四部分
招标投标管理

公路工程建设项目招标投标管理办法

(2015年12月8日 交通运输部令2015年第24号)

第一章 总 则

第一条 为规范公路工程建设项目招标投标活动,完善公路工程建设市场管理体系,根据《中华人民共和国公路法》《中华人民共和国招标投标法》《中华人民共和国招标投标法实施条例》等法律、行政法规,制定本办法。

第二条 在中华人民共和国境内从事公路工程建设项目勘察设计、施工、施工监理等的招标投标活动,适用本办法。

第三条 交通运输部负责全国公路工程建设项目招标投标活动的监督管理工作。

省级人民政府交通运输主管部门负责本行政区域内公路工程建设项目招标投标活动的监督管理工作。

第四条 各级交通运输主管部门应当按照国家有关规定,推进公路工程建设项目招标投标活动进入统一的公共资源交易平台进行。

第五条 各级交通运输主管部门应当按照国家有关规定,推进公路工程建设项目电子招标投标工作。招标投标活动信息应当公开,接受社会公众监督。

第六条 公路工程建设项目的招标人或者其指定机构应当对资格审查、开标、评标等过程录音录像并存档备查。

第二章 招 标

第七条 公路工程建设项目招标人是提出招标项目、进行招标的项目法人或者其他组织。

第八条 对于按照国家有关规定需要履行项目审批、核准手续的依法必须进行招标的公路工程建设项目,招标人应当按照项目审批、核准部门确定的招标范围、招标方式、招标组织形式开展招标。

公路工程建设项目履行项目审批或者核准手续后,方可开展勘察设计招标;初步设计文件批准后,方可开展施工监理、设计施工总承包招标;施工图设计文件批准后,方可开展施工招标。

施工招标采用资格预审方式的,在初步设计文件批准后,可以进行资格预审。

第九条 有下列情形之一的公路工程建设项目,可以不进行招标:

（一）涉及国家安全、国家秘密、抢险救灾或者属于利用扶贫资金实行以工代赈、需要使用农民工等特殊情况；

（二）需要采用不可替代的专利或者专有技术；

（三）采购人自身具有工程施工或者提供服务的资格和能力，且符合法定要求；

（四）已通过招标方式选定的特许经营项目投资人依法能够自行施工或者提供服务；

（五）需要向原中标人采购工程或者服务，否则将影响施工或者功能配套要求；

（六）国家规定的其他特殊情形。

招标人不得为适用前款规定弄虚作假，规避招标。

第十条 公路工程建设项目采用公开招标方式的，原则上采用资格后审办法对投标人进行资格审查。

第十一条 公路工程建设项目采用资格预审方式公开招标的，应当按照下列程序进行：

（一）编制资格预审文件；

（二）发布资格预审公告，发售资格预审文件，公开资格预审文件关键内容；

（三）接收资格预审申请文件；

（四）组建资格审查委员会对资格预审申请人进行资格审查，资格审查委员会编写资格审查报告；

（五）根据资格审查结果，向通过资格预审的申请人发出投标邀请书；向未通过资格预审的申请人发出资格预审结果通知书，告知未通过的依据和原因；

（六）编制招标文件；

（七）发售招标文件，公开招标文件的关键内容；

（八）需要时，组织潜在投标人踏勘项目现场，召开投标预备会；

（九）接收投标文件，公开开标；

（十）组建评标委员会评标，评标委员会编写评标报告、推荐中标候选人；

（十一）公示中标候选人相关信息；

（十二）确定中标人；

（十三）编制招标投标情况的书面报告；

（十四）向中标人发出中标通知书，同时将中标结果通知所有未中标的投标人；

（十五）与中标人订立合同。

采用资格后审方式公开招标的，在完成招标文件编制并发布招标公告后，按照前款程序第（七）项至第（十五）项进行。

采用邀请招标的，在完成招标文件编制并发出投标邀请书后，按照前款程序第（七）项至第（十五）项进行。

第十二条 国有资金占控股或者主导地位的依法必须进行招标的公路工程建设项目，采用资格预审的，招标人应当按照有关规定组建资格审查委员会审查资格预审申请文件。资格审查委员会的专家抽取以及资格审查工作要求，应当适用本办法关于评标委员会的规定。

第十三条 资格预审审查办法原则上采用合格制。

资格预审审查办法采用合格制的，符合资格预审文件规定审查标准的申请人均应当通过资格预审。

第十四条 资格预审审查工作结束后,资格审查委员会应当编制资格审查报告。资格审查报告应当载明下列内容:

(一)招标项目基本情况;

(二)资格审查委员会成员名单;

(三)监督人员名单;

(四)资格预审申请文件递交情况;

(五)通过资格审查的申请人名单;

(六)未通过资格审查的申请人名单以及未通过审查的理由;

(七)评分情况;

(八)澄清、说明事项纪要;

(九)需要说明的其他事项;

(十)资格审查附表。

除前款规定的第(一)、(三)、(四)项内容外,资格审查委员会所有成员应当在资格审查报告上逐页签字。

第十五条 资格预审申请人对资格预审审查结果有异议的,应当自收到资格预审结果通知书后3日内提出。招标人应当自收到异议之日起3日内作出答复;作出答复前,应当暂停招标投标活动。

招标人未收到异议或者收到异议并已作出答复的,应当及时向通过资格预审的申请人发出投标邀请书。未通过资格预审的申请人不具有投标资格。

第十六条 对依法必须进行招标的公路工程建设项目,招标人应当根据交通运输部制定的标准文本,结合招标项目具体特点和实际需要,编制资格预审文件和招标文件。

资格预审文件和招标文件应当载明详细的评审程序、标准和方法,招标人不得另行制定评审细则。

第十七条 招标人应当按照省级人民政府交通运输主管部门的规定,将资格预审文件及其澄清、修改,招标文件及其澄清、修改报相应的交通运输主管部门备案。

第十八条 招标人应当自资格预审文件或者招标文件开始发售之日起,将其关键内容上传至具有招标监督职责的交通运输主管部门政府网站或者其指定的其他网站上进行公开,公开内容包括项目概况、对申请人或者投标人的资格条件要求、资格审查办法、评标办法、招标人联系方式等,公开时间至提交资格预审申请文件截止时间2日前或者投标截止时间10日前结束。

招标人发出的资格预审文件或者招标文件的澄清或者修改涉及前款规定的公开内容的,招标人应当在向交通运输主管部门备案的同时,将澄清或者修改的内容上传至前款规定的网站。

第十九条 潜在投标人或者其他利害关系人可以按照国家有关规定对资格预审文件或者招标文件提出异议。招标人应当对异议作出书面答复。未在规定时间内作出书面答复的,应当顺延提交资格预审申请文件截止时间或者投标截止时间。

招标人书面答复内容涉及影响资格预审申请文件或者投标文件编制的,应当按照有关澄清或者修改的规定,调整提交资格预审申请文件截止时间或者投标截止时间,并以书面形式通知所有获取资格预审文件或者招标文件的潜在投标人。

第二十条 招标人应当合理划分标段、确定工期，提出质量、安全目标要求，并在招标文件中载明。标段的划分应当有利于项目组织和施工管理、各专业的衔接与配合，不得利用划分标段规避招标、限制或者排斥潜在投标人。

招标人可以实行设计施工总承包招标、施工总承包招标或者分专业招标。

第二十一条 招标人结合招标项目的具体特点和实际需要，设定潜在投标人或者投标人的资质、业绩、主要人员、财务能力、履约信誉等资格条件，不得以不合理的条件限制、排斥潜在投标人或者投标人。

除《中华人民共和国招标投标法实施条例》第三十二条规定的情形外，招标人有下列行为之一的，属于以不合理的条件限制、排斥潜在投标人或者投标人：

（一）设定的资质、业绩、主要人员、财务能力、履约信誉等资格、技术、商务条件与招标项目的具体特点和实际需要不相适应或者与合同履行无关；

（二）强制要求潜在投标人或者投标人的法定代表人、企业负责人、技术负责人等特定人员亲自购买资格预审文件、招标文件或者参与开标活动；

（三）通过设置备案、登记、注册、设立分支机构等无法律、行政法规依据的不合理条件，限制潜在投标人或者投标人进入项目所在地进行投标。

第二十二条 招标人应当根据国家有关规定，结合招标项目的具体特点和实际需要，合理确定对投标人主要人员以及其他管理和技术人员的数量和资格要求。投标人拟投入的主要人员应当在投标文件中进行填报，其他管理和技术人员的具体人选由招标人和中标人在合同谈判阶段确定。对于特别复杂的特大桥梁和特长隧道项目主体工程和其他有特殊要求的工程，招标人可以要求投标人在投标文件中填报其他管理和技术人员。

本办法所称主要人员是指设计负责人、总监理工程师、项目经理和项目总工程师等项目管理和技术负责人。

第二十三条 招标人可以自行决定是否编制标底或者设置最高投标限价。招标人不得规定最低投标限价。

接受委托编制标底或者最高投标限价的中介机构不得参加该项目的投标，也不得为该项目的投标人编制投标文件或者提供咨询。

第二十四条 招标人应当严格遵守有关法律、行政法规关于各类保证金收取的规定，在招标文件中载明保证金收取的形式、金额以及返还时间。

招标人不得以任何名义增设或者变相增设保证金或者随意更改招标文件载明的保证金收取形式、金额以及返还时间。招标人不得在资格预审期间收取任何形式的保证金。

第二十五条 招标人在招标文件中要求投标人提交投标保证金的，投标保证金不得超过招标标段估算价的2%。投标保证金有效期应当与投标有效期一致。

依法必须进行招标的公路工程建设项目的投标人，以现金或者支票形式提交投标保证金的，应当从其基本账户转出。投标人提交的投标保证金不符合招标文件要求的，应当否决其投标。

招标人不得挪用投标保证金。

第二十六条 招标人应当按照国家有关法律法规规定，在招标文件中明确允许分包的或者不得分包的工程和服务,分包人应当满足的资格条件以及对分包实施的管理要求。

招标人不得在招标文件中设置对分包的歧视性条款。

招标人有下列行为之一的,属于前款所称的歧视性条款:

(一)以分包的工作量规模作为否决投标的条件;

(二)对投标人符合法律法规以及招标文件规定的分包计划设定扣分条款;

(三)按照分包的工作量规模对投标人进行区别评分;

(四)以其他不合理条件限制投标人进行分包的行为。

第二十七条 招标人应当在招标文件中合理划分双方风险,不得设置将应由招标人承担的风险转嫁给勘察设计、施工、监理等投标人的不合理条款。招标文件应当设置合理的价格调整条款,明确约定合同价款支付期限、利息计付标准和日期,确保双方主体地位平等。

第二十八条 招标人应当根据招标项目的具体特点以及本办法的相关规定,在招标文件中合理设定评标标准和方法。评标标准和方法中不得含有倾向或者排斥潜在投标人的内容,不得妨碍或者限制投标人之间的竞争。禁止采用抽签、摇号等博彩性方式直接确定中标候选人。

第二十九条 以暂估价形式包括在招标项目范围内的工程、货物、服务,属于依法必须进行招标的项目范围且达到国家规定规模标准的,应当依法进行招标。招标项目的合同条款中应当约定负责实施暂估价项目招标的主体以及相应的招标程序。

第三章 投 标

第三十条 投标人是响应招标、参加投标竞争的法人或者其他组织。

投标人应当具备招标文件规定的资格条件,具有承担所投标项目的相应能力。

第三十一条 投标人在投标文件中填报的资质、业绩、主要人员资历和目前在岗情况、信用等级等信息,应当与其在交通运输主管部门公路建设市场信用信息管理系统上填报并发布的相关信息一致。

第三十二条 投标人应当按照招标文件要求装订、密封投标文件,并按照招标文件规定的时间、地点和方式将投标文件送达招标人。

公路工程勘察设计和施工监理招标的投标文件应当以双信封形式密封,第一信封内为商务文件和技术文件,第二信封内为报价文件。

对公路工程施工招标,招标人采用资格预审方式进行招标且评标方法为技术评分最低标价法的,或者采用资格后审方式进行招标的,投标文件应当以双信封形式密封,第一信封内为商务文件和技术文件,第二信封内为报价文件。

第三十三条 投标文件按照要求送达后,在招标文件规定的投标截止时间前,投标人修改或者撤回投标文件的,应当以书面函件形式通知招标人。

修改投标文件的函件是投标文件的组成部分,其编制形式、密封方式、送达时间等,适用对投标文件的规定。

投标人在投标截止时间前撤回投标文件且招标人已收取投标保证金的,招标人应当自收到投标人书面撤回通知之日起5日内退还其投标保证金。

投标截止后投标人撤销投标文件的,招标人可以不退还投标保证金。

第三十四条 投标人根据招标文件有关分包的规定,拟在中标后将中标项目的部分工作进行分包的,应当在投标文件中载明。

投标人在投标文件中未列入分包计划的工程或者服务,中标后不得分包,法律法规或者招标文件另有规定的除外。

第四章 开标、评标和中标

第三十五条 开标应当在招标文件确定的提交投标文件截止时间的同一时间公开进行;开标地点应当为招标文件中预先确定的地点。

投标人少于3个的,不得开标,投标文件应当当场退还给投标人;招标人应当重新招标。

第三十六条 开标由招标人主持,邀请所有投标人参加。开标过程应当记录,并存档备查。投标人对开标有异议的,应当在开标现场提出,招标人应当当场作出答复,并制作记录。未参加开标的投标人,视为对开标过程无异议。

第三十七条 投标文件按照招标文件规定采用双信封形式密封的,开标分两个步骤公开进行:

第一步骤对第一信封内的商务文件和技术文件进行开标,对第二信封不予拆封并由招标人予以封存;

第二步骤宣布通过商务文件和技术文件评审的投标人名单,对其第二信封内的报价文件进行开标,宣读投标报价。未通过商务文件和技术文件评审的,对其第二信封不予拆封,并当场退还给投标人;投标人未参加第二信封开标的,招标人应当在评标结束后及时将第二信封原封退还投标人。

第三十八条 招标人应当按照国家有关规定组建评标委员会负责评标工作。

国家审批或者核准的高速公路、一级公路、独立桥梁和独立隧道项目,评标委员会专家应当由招标人从国家重点公路工程建设项目评标专家库相关专业中随机抽取;其他公路工程建设项目的评标委员会专家可以从省级公路工程建设项目评标专家库相关专业中随机抽取,也可以从国家重点公路工程建设项目评标专家库相关专业中随机抽取。

对于技术复杂、专业性强或者国家有特殊要求,采取随机抽取方式确定的评标专家难以保证胜任评标工作的特殊招标项目,可以由招标人直接确定。

第三十九条 交通运输部负责国家重点公路工程建设项目评标专家库的管理工作。

省级人民政府交通运输主管部门负责本行政区域公路工程建设项目评标专家库的管理工作。

第四十条 评标委员会应当民主推荐一名主任委员,负责组织评标委员会成员开展评标工作。评标委员会主任委员与评标委员会的其他成员享有同等权利与义务。

第四十一条 招标人应当向评标委员会提供评标所必需的信息,但不得明示或者暗示其倾向或者排斥特定投标人。

评标所必需的信息主要包括招标文件、招标文件的澄清或者修改、开标记录、投标文件、资格预审文件。招标人可以协助评标委员会开展下列工作并提供相关信息:

（一）根据招标文件，编制评标使用的相应表格；

（二）对投标报价进行算术性校核；

（三）以评标标准和方法为依据，列出投标文件相对于招标文件的所有偏差，并进行归类汇总；

（四）查询公路建设市场信用信息管理系统，对投标人的资质、业绩、主要人员资历和目前在岗情况、信用等级进行核实。

招标人不得对投标文件作出任何评价，不得故意遗漏或者片面摘录，不得在评标委员会对所有偏差定性之前透露存有偏差的投标人名称。

评标委员会应当根据招标文件规定，全面、独立评审所有投标文件，并对招标人提供的上述相关信息进行核查，发现错误或者遗漏的，应当进行修正。

第四十二条 评标委员会应当按照招标文件确定的评标标准和方法进行评标。招标文件没有规定的评标标准和方法不得作为评标的依据。

第四十三条 公路工程勘察设计和施工监理招标，应当采用综合评估法进行评标，对投标人的商务文件、技术文件和报价文件进行评分，按照综合得分由高到低排序，推荐中标候选人。评标价的评分权重不宜超过10%，评标价得分应当根据评标价与评标基准价的偏离程度进行计算。

第四十四条 公路工程施工招标，评标采用综合评估法或者经评审的最低投标价法。综合评估法包括合理低价法、技术评分最低标价法和综合评分法。

合理低价法，是指对通过初步评审的投标人，不再对其施工组织设计、项目管理机构、技术能力等因素进行评分，仅依据评标基准价对评标价进行评分，按照得分由高到低排序，推荐中标候选人的评标方法。

技术评分最低标价法，是指对通过初步评审的投标人的施工组织设计、项目管理机构、技术能力等因素进行评分，按照得分由高到低排序，对排名在招标文件规定数量以内的投标人的报价文件进行评审，按照评标价由低到高的顺序推荐中标候选人的评标方法。招标人在招标文件中规定的参与报价文件评审的投标人数量不得少于3个。

综合评分法，是指对通过初步评审的投标人的评标价、施工组织设计、项目管理机构、技术能力等因素进行评分，按照综合得分由高到低排序，推荐中标候选人的评标方法。其中评标价的评分权重不得低于50%。

经评审的最低投标价法，是指对通过初步评审的投标人，按照评标价由低到高排序，推荐中标候选人的评标方法。

公路工程施工招标评标，一般采用合理低价法或者技术评分最低标价法。技术特别复杂的特大桥梁和特长隧道项目主体工程，可以采用综合评分法。工程规模较小、技术含量较低的工程，可以采用经评审的最低投标价法。

第四十五条 实行设计施工总承包招标的，招标人应当根据工程地质条件、技术特点和施工难度确定评标办法。

设计施工总承包招标的评标采用综合评分法的，评分因素包括评标价、项目管理机构、技术能力、设计文件的优化建议、设计施工总承包管理方案、施工组织设计等因素，评标价的评分权重不得低于50%。

第四十六条 评标委员会成员应当客观、公正、审慎地履行职责,遵守职业道德。评标委员会成员应当依据评标办法规定的评审顺序和内容逐项完成评标工作,对本人提出的评审意见以及评分的公正性、客观性、准确性负责。

除评标价和履约信誉评分项外,评标委员会成员对投标人商务和技术各项因素的评分一般不得低于招标文件规定该因素满分值的60%;评分低于满分值60%的,评标委员会成员应当在评标报告中作出说明。

招标人应当对评标委员会成员在评标活动中的职责履行情况予以记录,并在招标投标情况的书面报告中载明。

第四十七条 招标人应当根据项目规模、技术复杂程度、投标文件数量和评标方法等因素合理确定评标时间。超过三分之一的评标委员会成员认为评标时间不够的,招标人应当适当延长。

评标过程中,评标委员会成员有回避事由、擅离职守或者因健康等原因不能继续评标的,应当及时更换。被更换的评标委员会成员作出的评审结论无效,由更换后的评标委员会成员重新进行评审。

根据前款规定被更换的评标委员会成员如为评标专家库专家,招标人应当从原评标专家库中按照原方式抽取更换后的评标委员会成员,或者在符合法律规定的前提下相应减少评标委员会中招标人代表数量。

第四十八条 评标委员会应当查询交通运输主管部门的公路建设市场信用信息管理系统,对投标人的资质、业绩、主要人员资历和目前在岗情况、信用等级等信息进行核实。若投标文件载明的信息与公路建设市场信用信息管理系统发布的信息不符,使得投标人的资格条件不符合招标文件规定的,评标委员会应当否决其投标。

第四十九条 评标委员会发现投标人的投标报价明显低于其他投标人报价或者在设有标底时明显低于标底的,应当要求该投标人对相应投标报价作出书面说明,并提供相关证明材料。

投标人不能证明可以按照其报价以及招标文件规定的质量标准和履行期限完成招标项目的,评标委员会应当认定该投标人以低于成本价竞标,并否决其投标。

第五十条 评标委员会应当根据《中华人民共和国招标投标法实施条例》第三十九条、第四十条、第四十一条的有关规定,对在评标过程中发现的投标人与投标人之间、投标人与招标人之间存在的串通投标的情形进行评审和认定。

第五十一条 评标委员会对投标文件进行评审后,因有效投标不足3个使得投标明显缺乏竞争的,可以否决全部投标。未否决全部投标的,评标委员会应当在评标报告中阐明理由并推荐中标候选人。

投标文件按照招标文件规定采用双信封形式密封的,通过第一信封商务文件和技术文件评审的投标人在3个以上的,招标人应当按照本办法第三十七条规定的程序进行第二信封报价文件开标;在对报价文件进行评审后,有效投标不足3个的,评标委员会应当按照本条第一款规定执行。

通过第一信封商务文件和技术文件评审的投标人少于3个的,评标委员会可以否决全部投标;未否决全部投标的,评标委员会应当在评标报告中阐明理由,招标人应当按照本办法第三十七条规定的程序进行第二信封报价文件开标,但评标委员会在进行报价文件评审时仍有权否决全部投标;评标委员会未在报价文件评审时否决全部投标的,应当在评标报告中阐明理由并推荐中标候选人。

第五十二条　评标完成后,评标委员会应当向招标人提交书面评标报告。评标报告中推荐的中标候选人应当不超过3个,并标明排序。

评标报告应当载明下列内容:
(一)招标项目基本情况;
(二)评标委员会成员名单;
(三)监督人员名单;
(四)开标记录;
(五)符合要求的投标人名单;
(六)否决的投标人名单以及否决理由;
(七)串通投标情形的评审情况说明;
(八)评分情况;
(九)经评审的投标人排序;
(十)中标候选人名单;
(十一)澄清、说明事项纪要;
(十二)需要说明的其他事项;
(十三)评标附表。

对评标监督人员或者招标人代表干预正常评标活动,以及对招标投标活动的其他不正当言行,评标委员会应当在评标报告第(十二)项内容中如实记录。

除第二款规定的第(一)、(三)、(四)项内容外,评标委员会所有成员应当在评标报告上逐页签字。对评标结果有不同意见的评标委员会成员应当以书面形式说明其不同意见和理由,评标报告应当注明该不同意见。评标委员会成员拒绝在评标报告上签字又不书面说明其不同意见和理由的,视为同意评标结果。

第五十三条　依法必须进行招标的公路工程建设项目,招标人应当自收到评标报告之日起3日内,在对该项目具有招标监督职责的交通运输主管部门政府网站或者其指定的其他网站上公示中标候选人,公示期不得少于3日,公示内容包括:
(一)中标候选人排序、名称、投标报价;
(二)中标候选人在投标文件中承诺的主要人员姓名、个人业绩、相关证书编号;
(三)中标候选人在投标文件中填报的项目业绩;
(四)被否决投标的投标人名称、否决依据和原因;
(五)招标文件规定公示的其他内容。

投标人或者其他利害关系人对依法必须进行招标的公路工程建设项目的评标结果有异议的,应当在中标候选人公示期间提出。招标人应当自收到异议之日起3日内作出答复;作出答复前,应当暂停招标投标活动。

第五十四条　除招标人授权评标委员会直接确定中标人外,招标人应当根据评标委员会提出的书面评标报告和推荐的中标候选人确定中标人。国有资金占控股或者主导地位的依法必须进行招标的公路工程建设项目,招标人应当确定排名第一的中标候选人为中标人。排名第一的中标候选人放弃中标、因不可抗力不能履行合同、不按照招标文件要求提交履约保证金,或者被查实存在影响中标结果的违法行为等情形,不符合中标条件的,招标人可以按照评标委员会提出的中标候选人名单排序依次确定其他中标候选人为中标人,也可以重新招标。

第五十五条 依法必须进行招标的公路工程建设项目,招标人应当自确定中标人之日起15日内,将招标投标情况的书面报告报对该项目具有招标监督职责的交通运输主管部门备案。

前款所称书面报告至少应当包括下列内容:

(一)招标项目基本情况;

(二)招标过程简述;

(三)评标情况说明;

(四)中标候选人公示情况;

(五)中标结果;

(六)附件,包括评标报告、评标委员会成员履职情况说明等。

有资格预审情况说明、异议及投诉处理情况和资格审查报告的,也应当包括在书面报告中。

第五十六条 招标人应当及时向中标人发出中标通知书,同时将中标结果通知所有未中标的投标人。

第五十七条 招标人和中标人应当自中标通知书发出之日起30日内,按照招标文件和中标人的投标文件订立书面合同,合同的标的、价格、质量、安全、履行期限、主要人员等主要条款应当与上述文件的内容一致。招标人和中标人不得再行订立背离合同实质性内容的其他协议。

招标人最迟应当在中标通知书发出后5日内向中标候选人以外的其他投标人退还投标保证金,与中标人签订书面合同后5日内向中标人和其他中标候选人退还投标保证金。以现金或者支票形式提交的投标保证金,招标人应当同时退还投标保证金的银行同期活期存款利息,且退还至投标人的基本账户。

第五十八条 招标文件要求中标人提交履约保证金的,中标人应当按照招标文件的要求提交。履约保证金不得超过中标合同金额的10%。招标人不得指定或者变相指定履约保证金的支付形式,由中标人自主选择银行保函或者现金、支票等支付形式。

第五十九条 招标人应当加强对合同履行的管理,建立对中标人主要人员的到位率考核制度。

省级人民政府交通运输主管部门应当定期组织开展合同履约评价工作的监督检查,将检查情况向社会公示,同时将检查结果记入中标人单位以及主要人员个人的信用档案。

第六十条 依法必须进行招标的公路工程建设项目,有下列情形之一的,招标人在分析招标失败的原因并采取相应措施后,应当依照本办法重新招标:

(一)通过资格预审的申请人少于3个的;

(二)投标人少于3个的;

(三)所有投标均被否决的;

（四）中标候选人均未与招标人订立书面合同的。

重新招标的，资格预审文件、招标文件和招标投标情况的书面报告应当按照本办法的规定重新报交通运输主管部门备案。

重新招标后投标人仍少于3个的，属于按照国家有关规定需要履行项目审批、核准手续的依法必须进行招标的公路工程建设项目，报经项目审批、核准部门批准后可以不再进行招标；其他项目可由招标人自行决定不再进行招标。

依照本条规定不再进行招标的，招标人可以邀请已提交资格预审申请文件的申请人或者已提交投标文件的投标人进行谈判，确定项目承担单位，并将谈判报告报对该项目具有招标监督职责的交通运输主管部门备案。

第五章　监　督　管　理

第六十一条　各级交通运输主管部门应当按照《中华人民共和国招标投标法》《中华人民共和国招标投标法实施条例》等法律法规、规章以及招标投标活动行政监督职责分工，加强对公路工程建设项目招标投标活动的监督管理。

第六十二条　各级交通运输主管部门应当建立健全公路工程建设项目招标投标信用体系，加强信用评价工作的监督管理，维护公平公正的市场竞争秩序。

招标人应当将交通运输主管部门的信用评价结果应用于公路工程建设项目招标。鼓励和支持招标人优先选择信用等级高的从业企业。

招标人对信用等级高的资格预审申请人、投标人或者中标人，可以给予增加参与投标的标段数量，减免投标保证金，减少履约保证金、质量保证金等优惠措施。优惠措施以及信用评价结果的认定条件应当在资格预审文件和招标文件中载明。

资格预审申请人或者投标人的信用评价结果可以作为资格审查或者评标中履约信誉项的评分因素，各信用评价等级的对应得分应当符合省级人民政府交通运输主管部门有关规定，并在资格预审文件或者招标文件中载明。

第六十三条　投标人或者其他利害关系人认为招标投标活动不符合法律、行政法规规定的，可以自知道或者应当知道之日起10日内向交通运输主管部门投诉。

就本办法第十五条、第十九条、第三十六条、第五十三条规定事项投诉的，应当先向招标人提出异议，异议答复期间不计算在前款规定的期限内。

第六十四条　投诉人投诉时，应当提交投诉书。投诉书应当包括下列内容：

（一）投诉人的名称、地址及有效联系方式；
（二）被投诉人的名称、地址及有效联系方式；
（三）投诉事项的基本事实；
（四）异议的提出及招标人答复情况；
（五）相关请求及主张；
（六）有效线索和相关证明材料。

对本办法规定应先提出异议的事项进行投诉的，应当提交已提出异议的证明文件。未按规定提出异议或者未提交已提出异议的证明文件的投诉，交通运输主管部门可以不予受理。

第六十五条　投诉人就同一事项向两个以上交通运输主管部门投诉的,由具体承担该项目招标投标活动监督管理职责的交通运输主管部门负责处理。

交通运输主管部门应当自收到投诉之日起3个工作日内决定是否受理投诉,并自受理投诉之日起30个工作日内作出书面处理决定;需要检验、检测、鉴定、专家评审的,所需时间不计算在内。

投诉人缺乏事实根据或者法律依据进行投诉的,或者有证据表明投诉人捏造事实、伪造材料的,或者投诉人以非法手段取得证明材料进行投诉的,交通运输主管部门应当予以驳回,并对恶意投诉按照有关规定追究投诉人责任。

第六十六条　交通运输主管部门处理投诉,有权查阅、复制有关文件、资料,调查有关情况,相关单位和人员应当予以配合。必要时,交通运输主管部门可以责令暂停招标投标活动。

交通运输主管部门的工作人员对监督检查过程中知悉的国家秘密、商业秘密,应当依法予以保密。

第六十七条　交通运输主管部门对投诉事项作出的处理决定,应当在对该项目具有招标监督职责的交通运输主管部门政府网站上进行公告,包括投诉的事由、调查结果、处理决定、处罚依据以及处罚意见等内容。

第六章　法律责任

第六十八条　招标人有下列情形之一的,由交通运输主管部门责令改正,可以处三万元以下的罚款:

(一)不满足本办法第八条规定的条件而进行招标的;

(二)不按照本办法规定将资格预审文件、招标文件和招标投标情况的书面报告备案的;

(三)邀请招标不依法发出投标邀请书的;

(四)不按照项目审批、核准部门确定的招标范围、招标方式、招标组织形式进行招标的;

(五)不按照本办法规定编制资格预审文件或者招标文件的;

(六)由于招标人原因导致资格审查报告存在重大偏差且影响资格预审结果的;

(七)挪用投标保证金,增设或者变相增设保证金的;

(八)投标人数量不符合法定要求不重新招标的;

(九)向评标委员会提供的评标信息不符合本办法规定的;

(十)不按照本办法规定公示中标候选人的;

(十一)招标文件中规定的履约保证金的金额、支付形式不符合本办法规定的。

第六十九条　投标人在投标过程中存在弄虚作假、与招标人或者其他投标人串通投标、以行贿谋取中标、无正当理由放弃中标以及进行恶意投诉等投标不良行为的,除依照有关法律、法规进行处罚外,省级交通运输主管部门还可以扣减其年度信用评价分数或者降低年度信用评价等级。

第七十条　评标委员会成员未对招标人根据本办法第四十一条第二款(一)至(四)项规定提供的相关信息进行认真核查,导致评标出现疏漏或者错误的,由交通运输主管部门责令改正。

第七十一条 交通运输主管部门应当依法公告对公路工程建设项目招标投标活动中招标人、招标代理机构、投标人以及评标委员会成员等的违法违规或者恶意投诉等行为的行政处理决定,并将其作为招标投标不良行为信息记入相应当事人的信用档案。

第七章 附 则

第七十二条 使用国际组织或者外国政府贷款、援助资金的项目进行招标,贷款方、资金提供方对招标投标的具体条件和程序有不同规定的,可以适用其规定,但违背中华人民共和国的社会公共利益的除外。

第七十三条 采用电子招标投标的,应当按照本办法和国家有关电子招标投标的规定执行。

第七十四条 本办法自 2016 年 2 月 1 日起施行。《公路工程施工招标投标管理办法》(交通部令 2006 年第 7 号)、《公路工程施工监理招标投标管理办法》(交通部令 2006 年第 5 号)、《公路工程勘察设计招标投标管理办法》(交通部令 2001 年第 6 号)和《关于修改〈公路工程勘察设计招标投标管理办法〉的决定》(交通运输部令 2013 年第 3 号)、《关于贯彻国务院办公厅关于进一步规范招投标活动的若干意见的通知》(交公路发〔2004〕688 号)、《关于公路建设项目货物招标严禁指定材料产地的通知》(厅公路字〔2007〕224 号)、《公路工程施工招标资格预审办法》(交公路发〔2006〕57 号)、《关于加强公路工程评标专家管理工作的通知》(交公路发〔2003〕464 号)、《关于进一步加强公路工程施工招标评标管理工作的通知》(交公路发〔2008〕261 号)、《关于进一步加强公路工程施工招标资格审查工作的通知》(交公路发〔2009〕123 号)、《关于改革使用国际金融组织或者外国政府贷款公路建设项目施工招标管理制度的通知》(厅公路字〔2008〕40 号)、《公路工程勘察设计招标评标办法》(交公路发〔2001〕582 号)、《关于认真贯彻执行公路工程勘察设计招标投标管理办法的通知》(交公路发〔2002〕303 号)同时废止。

交通基本建设资金监督管理办法

(交财发〔2009〕782号)

第一章 总 则

第一条 为加强交通基本建设资金的监督管理,保证资金安全、合理、有效使用,提高投资效益,根据国家现行基本建设财务管理规定,结合交通基本建设特点,制定本办法。

第二条 本办法适用于监督、管理和使用交通基本建设资金的各级交通运输主管部门(以下简称交通运输主管部门)和交通建设项目法人单位。

交通运输主管部门指各级人民政府主管公路、水运交通基本建设的部门。

交通建设项目法人单位指直接实施公路、水路及支持保障系统项目建设管理并具体使用交通基本建设资金的法人单位。

第三条 本办法所称交通基本建设资金是指纳入中央和地方固定资产投资计划,用于交通基本建设项目的财政性资金及其他资金。

财政性资金是指财政预算内和财政预算外资金,主要包括财政预算内基本建设资金;财政预算内其他各项支出中用于基本建设项目投资的资金;纳入财政预算管理的专项建设基金中用于基本建设项目投资的资金;财政预算外资金用于基本建设项目投资的资金;其他财政性基本建设资金。

其他资金是指交通建设项目法人单位自筹的与上述财政性资金配套用于交通基本建设项目的资金。

第四条 交通基本建设资金监督管理实行统一领导,分级负责。

交通运输部主管全国交通基本建设资金监督管理;县级以上地方人民政府交通运输主管部门按照交通基本建设项目管理权限主管本行政区域内交通基本建设资金监督管理。

交通运输主管部门直属系统单位负责本单位、本系统实施的交通建设项目的资金监督管理。

交通建设项目法人单位负责本单位实施的交通建设项目的资金监督管理。

第二章 资金监管原则、职责和内容

第五条 交通基本建设资金监督管理的基本原则:

(一)依法监管原则。交通运输主管部门和交通建设项目法人单位必须遵守《中华人民共和国会计法》《中华人民共和国招标投标法》和《国有建设单位会计制度》《基本建设财务管理规定》《会计基础工作规范》以及相关的财经法规、财会制度,加强财务管理与会计核算工作,严格实施财会监督和内部审计监督。

(二)统一管理、分级负责原则。按照交通基本建设资金来源渠道,采取"一级管一级"的监督管理方式,实行分级负责,分级监督管理。

(三)全过程、全方位监督控制原则。对建设资金的筹集、管理、使用进行全过程、全方位的监督检查,建立健全资金使用的内部控制制度,确保建设资金的安全、合理和有效使用。

(四)专款专用原则。交通基本建设资金必须用于经批准的交通基本建设项目。交通基本建设资金按规定专款专用,单独核算,任何单位或个人不得截留、挤占和挪用。

(五)效益原则。交通基本建设资金的筹集、调度、使用实行规范化管理,确保厉行节约,防止损失浪费,降低工程成本,提高资金使用效益。

第六条 交通运输主管部门对交通基本建设资金监督管理的主要职责:

(一)贯彻执行国家有关基本建设的法律、法规、规章,制定交通基本建设资金管理规章制度。

(二)按规定审核、汇总、编报、批复或转复年度交通建设项目支出预算、年度基本建设财务决算、工程竣工决算和项目竣工财务决算。

(三)合理安排资金,及时调度、拨付和使用交通基本建设资金。

(四)监督管理建设项目工程概预算、年度投资计划执行情况等。

(五)监督检查交通基本建设资金筹集、使用和管理情况,及时纠正发现的问题,对重大问题提出意见报上级交通运输主管部门处理。

(六)收集、汇总、报送交通基本建设资金管理信息,审查、编报交通基本建设项目投资效益分析报告。

(七)督促交通建设项目法人单位做好竣工验收准备工作,按规定编报项目竣工财务决算,项目验收后及时办理财产移交手续。

第七条 交通建设项目法人单位对交通基本建设资金监督管理的主要职责:

(一)贯彻执行国家有关基本建设法律法规和交通基本建设资金管理规章制度,制定本单位交通基本建设资金管理制度办法。

(二)按规定对本单位交通建设项目工程概预算的执行实行监督。

(三)按规定编报、审核年度基本建设支出预算、年度基本建设财务决算、工程竣工决算和项目竣工财务决算。

(四)依法筹集、使用和管理交通建设项目资金。

(五)及时做好竣工验收工作,办理财产移交手续。

(六)收集、汇总、报送交通基本建设资金管理信息,审查、编报交通建设项目投资效益分析报告。

第八条 交通基本建设资金监督管理的重点内容:

(一)是否严格执行基本建设程序及建设资金专款专用等有关管理规定。

(二)是否严格执行概预算管理规定,有无将建设项目资金用于计划外工程等问题。

(三)资金来源是否符合国家有关规定,配套资金是否落实并及时到位。

（四）是否按合同规定的工程计量支付办法拨付工程进度款，有无未按规定拨付资金的情况，工程预备费使用是否符合有关规定。

（五）是否按规定使用建设单位管理费，按规定预留工程质量保证金，有无擅自扩大建设支出范围、提高支出标准的问题。

（六）是否按规定编制项目竣工财务决算，形成的资产是否及时登记入账，是否及时办理财产移交手续并将其纳入规定程序管理。

（七）财会机构是否建立健全，并配备相适应的财会人员。各项原始记录、统计台账、资金账户、凭证账册、会计核算、财务报告、内部控制制度等基础性工作是否健全、规范。

第九条 交通运输主管部门、交通建设项目法人单位应当重视基本建设财务信息管理工作，建立信息管理制度，做到及时收集、汇总、报送信息资料，有关信息资料必须内容真实，数字准确。

第三章 资金筹集监管

第十条 交通运输主管部门和交通建设项目法人单位应加强对建设资金筹集的监管。重点监管筹集资金是否符合国家法律法规，市场化融资手段及方法是否符合有关规定；项目资本金是否达到国家规定的比例；建设资金是否及时到位。

第十一条 交通运输主管部门应加强交通基本建设投资计划管理工作。项目投资计划安排资金总额不得超过批准的项目概算；项目实施计划应与投资计划、财务预算协调匹配。

第十二条 交通运输主管部门在审查交通建设项目施工许可或开工备案申请材料时，应核实建设资金落实情况。

交通建设项目法人单位应向交通运输主管部门提供建设资金已经落实的证明，包括银行出具的到位资金证明、银行付款保函、已签订的贷款合同或其他第三方担保、列入财政预算或投资计划的文件等。

第四章 前期工作资金监管

第十三条 前期工作资金监管是指对交通建设项目前期工作阶段所涉及的资金筹措与资金使用的监管，包括前期工作费、投标保证金、征地拆迁资金等。

前期工作费是指用于开展相关项目前期工作的专项资金。

第十四条 前期工作资金监管的重点内容：

（一）前期工作费的预算编制和资金使用情况。

（二）投标保证金的收取、管理和退还情况。

（三）征地拆迁资金的支付和管理情况。

第十五条 交通建设项目前期工作费应根据交通发展规划合理安排，纳入交通运输主管部门支出预算管理。

前期工作费拨付严格按照支出预算、用款计划、前期工作进度、合同要求等执行。实行政府采购和国库集中支付的项目，其前期工作费拨付按相关规定办理。

第十六条 对批准建设的项目，其前期工作费应列入该项目概算，并按照相关规定计入建设成本。对未批准或批准后又被取消的建设项目,已支出的前期工作费经交通运输主管部门审核同意后,转报同级财政部门批准后作核销处理。

第十七条 交通运输主管部门、交通建设项目法人单位按照相关规定与受托单位签订委托合同,明确前期工作内容、资金数额和使用管理要求等,加强前期工作费监管。

第十八条 交通运输主管部门、交通建设项目法人单位应按规定管理投标保证金、投标保函。收到投标保证金应当及时入账;收到投标保函等相关文件资料,由交通运输主管部门、交通建设项目法人单位的财会机构专人负责登记管理。

第十九条 交通建设项目法人单位应按规定管理和支付征地拆迁资金,保证征地拆迁资金专款专用,封闭运行。

支付征地拆迁资金应当依据相关规定、合同、协议。征地拆迁资金已支付、征地拆迁合同协议执行完毕,应当及时办理财务结转手续。

第五章 建设期间资金监管

第二十条 建设期间交通基本建设资金监管的主要任务:

(一)合理安排年度资金预算,及时调度、拨付和使用建设资金。

(二)加强工程资金支付、工程变更计量支付、临时工程计量支付、工程物资和设备采购资金支付、往来资金结算,以及建设单位管理费、工程预备费和其他各项费用支出的控制和管理。

(三)规范建设成本核算行为,控制、降低项目建设成本。

(四)强化建设期间形成资产的管理工作。

第二十一条 交通运输主管部门应当加强建设项目资金拨付与到位情况的监督管理工作。

(一)根据年度基本建设支出预算、年度投资计划及建设项目单位的资金使用计划,及时办理财政资金的申请、审核、上报手续。

(二)收到同级财政部门或上级主管部门拨付的基本建设资金后,按规定及时拨付交通建设项目法人单位。

第二十二条 交通建设项目法人单位办理工程价款支付业务,应当符合《内部会计控制规范——货币资金(试行)》规定。

交通建设项目法人单位应当建立工程进度价款支付控制制度,明确价款支付条件、方式、程序及相关手续等,并按照工程进度和合同条款实行计量支付。

第二十三条 交通建设项目法人单位的财会机构应依据承包商提交的价款支付申请以及相关凭证、监理人员审核签署的意见、本单位相关业务部门审核签署的意见,以及本单位相关负责人审批签署的意见等,并按照工程合同约定的价款支付方式,审核办理价款支付手续。

第二十四条 交通建设项目法人单位支付预付款应当在建设工程或设备、材料采购合同已经签订,承包商提交了银行预付款保函或保险公司担保书后,按照合同规定的条款进行支付,并在结算中及时扣回各项预付款。

第二十五条 交通建设项目法人单位应当加强工程变更计量支付的控制,严格审核变更的工程量、单价或费用标准等,依据审核认可的变更工程价款报告和签订的相关合同条款等,办理工程变更计量支付手续。

第二十六条 交通建设项目法人单位应当加强工程物资和设备采购的管理工作，办理采购业务必须符合《内部会计控制规范——采购与付款（试行）》规定。

第二十七条 交通建设项目法人单位应当加强往来资金的管理控制，明确管理责任，及时结算资金，定期清理核对。

第二十八条 交通建设项目法人单位应当加强建设单位管理费的控制与管理，建设单位管理费支出应当控制在批准的总额之内。

第二十九条 交通建设项目法人单位应当加强工程预备费的控制与管理，动用工程预备费必须符合相关规定，严格控制在概（预）算核定的总额之内。

第三十条 交通建设项目法人单位应当加强其他各项费用支出的控制与管理。对于不能形成资产的江河清障、航道整治、水土保持、工程报废等费用性支出，必须严格按照批准的费用开支内容支付资金。

第三十一条 交通运输主管部门、交通建设项目法人单位应当建立与银行等单位的定期对账制度，如果发现差错应及时查明原因并予以纠正。

第三十二条 交通建设项目法人单位应当加强建设期间形成资产的管理工作，建立和完善内控制度，落实各项资产管理责任。

（一）交通建设项目法人单位用基建投资购建自用的固定资产，应当及时入账管理，落实实物资产管理的责任部门。

（二）用基建投资购建完成应当交付生产使用单位的已完工程，在未移交以前，暂时由交通建设项目法人单位使用的，不能作为交通建设项目法人单位固定资产入账，应当设置"待交付使用资产备查簿"登记，并明确相关职能机构负责管理。

第六章　竣工决算资金监管

第三十三条 竣工决算期间资金监管的主要任务：
（一）做好竣工验收各项准备工作，及时编制竣工决算。
（二）组织开展竣工决算审计工作。
（三）做好结余资金处理工作，办理资产移交手续。
（四）及时编报、审批竣工财务决算。
（五）收集、汇总、报送建设项目资金管理信息，审核、编报投资效益分析报告。

第三十四条 交通建设项目法人单位根据承包商提供的工程竣工结算报告，并按照合同规定，办理工程竣工价款结算与支付手续。

工程质量保证金应当在工程质量保证期满并经验收合格后，按照合同规定进行支付。

第三十五条 交通建设项目法人单位的财会机构应当会同相关职能机构，认真做好各项账务、物资、财产、债权债务、投资资金到位情况和报废工程的清理工作，做到工完料清，账实相符。根据编制竣工决算报告要求，收集、整理、审核有关资料文件，及时编制竣工决算报告。

交通建设项目法人单位的财会机构应当会同相关职能机构，认真审核各成本项目的真实性、预提（留）资金的必要性、审批手续的合规性、文件资料的完整性等，保证竣工决算报告内容真实、数据准确。

第三十六条 交通运输主管部门、交通建设项目法人单位应当会同有关部门及时组织开展竣工决算审计工作。未经审计不得付清工程尾款,不得办理竣工验收手续。

第三十七条 交通运输主管部门、交通建设项目法人单位应当及时组织开展建设项目竣工验收工作,经验收合格后,方可交付使用。

对验收合格、交付使用的建设项目,交通建设项目法人单位应当及时办理资产和相关文件资料的移交手续,并进行账务处理,确保资产账实相符。

第三十八条 交通建设项目法人单位对项目竣工转入运营后不需要的库存设备、材料、自用固定资产等,进行公开变价处理或向有关部门移交,变价收入应当及时入账。

第三十九条 交通建设项目法人单位应当加强对已交付使用但尚未办理竣工决算和移交手续的资产管理,按日常核算资料分析确定相关资产的价值并估价入账。

第四十条 交通建设项目法人单位应当做好建设项目结余资金的清理工作,并按照相关规定进行处理。

第四十一条 交通建设项目法人单位应当按照基本建设财务管理规定处理基本建设过程中形成的基建收入和各项索赔、违约金等收入。

第四十二条 凡已超过规定的试运营期,并已具备竣工验收条件的项目,3个月内不办理竣工验收和固定资产移交手续的,其运营期间所发生的费用不得从基建投资中支付,所实现的收入作为生产经营收入,不再作为基建收入管理。

第四十三条 交通建设项目竣工验收合格后,应按照国家有关规定编制和报批建设项目竣工财务决算。建设周期长、建设内容多的项目,单项工程竣工、具备交付使用条件的,可编报单项工程竣工财务决算。建设项目全部竣工后应编报竣工财务总决算。

第七章 监督检查

第四十四条 交通运输主管部门、交通建设项目法人单位应当建立和完善交通基本建设资金的监督检查制度,对交通建设项目资金管理情况实施全过程的监督管理。

第四十五条 交通运输主管部门发现所属单位或其他使用交通基本建设资金单位有违反国家有关规定或有下列情况之一的,应追究或建议有关单位追究违规单位负责人及有关责任人的责任,并可以采取暂缓资金拨付、停止资金拨付,并相应调减年度投资计划和财务预算等措施予以纠正:

(一)违反国家法律法规和财经纪律的。
(二)违反基本建设程序的。
(三)擅自改变项目建设内容,扩大或缩小建设规模,提高或降低建设标准的。
(四)建设用款突破审定概算的。
(五)配套资金不落实或没有按规定到位的。
(六)资金未按规定实行专款专用,发生挤占、挪用、截留的。
(七)发生重大工程质量问题和安全事故,造成重大经济损失和不良社会影响的。
(八)财会机构不健全,会计核算不规范,财务管理混乱的。

(九)未按规定向上级部门报送用款计划、会计报表等有关资料或报送资料内容不全、严重失真的。

第四十六条 交通建设项目法人单位发现本单位内部或相关用款单位有下列情况之一的,财会机构有权采取停止支付交通基本建设资金等措施予以纠正:

(一)违反国家法律、法规和财经纪律的。

(二)违反规定建设计划外工程的。

(三)擅自改变项目建设内容,扩大或缩小建设规模,提高或降低建设标准的。

(四)违反合同条款规定的。

(五)结算手续不完备,结算凭证不合规,支付审批程序不规范的。

第四十七条 交通运输主管部门、交通建设项目法人单位的财会人员,应当按照国家法律法规和有关规章制度,认真履行职责,实施会计监督。对不符合交通基本建设资金管理和使用规定的会计事项,财会人员有权自行处理的,应当及时处理;无权处理的,应当立即向单位负责人报告,请求查明原因,作出处理。

第四十八条 交通运输主管部门、交通建设项目法人单位对在监督、管理和使用交通基本建设资金工作中取得突出成绩的单位和个人,应给予表彰奖励。对违反有关规定的要追究其责任,并给予相应的处罚。

第四十九条 交通建设项目审计工作应按照交通建设项目审计实施办法和委托审计管理办法等规定执行。

第八章 附 则

第五十条 交通运输主管部门、交通建设项目法人单位可根据本办法制定具体实施办法。

第五十一条 本办法由交通运输部负责解释。

第五十二条 本办法自发布之日起执行,2000年4月13日发布的原办法废止。本办法未尽事宜,按照国家有关规定执行。

必须招标的工程项目规定

(国家发展和改革委员会令 2018 年第 16 号)

第一条 为了确定必须招标的工程项目,规范招标投标活动,提高工作效率、降低企业成本、预防腐败,根据《中华人民共和国招标投标法》第三条的规定,制定本规定。

第二条 全部或者部分使用国有资金投资或者国家融资的项目包括:

(一)使用预算资金 200 万元人民币以上,并且该资金占投资额 10% 以上的项目;

(二)使用国有企业事业单位资金,并且该资金占控股或者主导地位的项目。

第三条 使用国际组织或者外国政府贷款、援助资金的项目包括:

(一)使用世界银行、亚洲开发银行等国际组织贷款、援助资金的项目;

(二)使用外国政府及其机构贷款、援助资金的项目。

第四条 不属于本规定第二条、第三条规定情形的大型基础设施、公用事业等关系社会公共利益、公众安全的项目,必须招标的具体范围由国务院发展改革部门会同国务院有关部门按照确有必要、严格限定的原则制订,报国务院批准。

第五条 本规定第二条至第四条规定范围内的项目,其勘察、设计、施工、监理以及与工程建设有关的重要设备、材料等的采购达到下列标准之一的,必须招标:

(一)施工单项合同估算价在 400 万元人民币以上;

(二)重要设备、材料等货物的采购,单项合同估算价在 200 万元人民币以上;

(三)勘察、设计、监理等服务的采购,单项合同估算价在 100 万元人民币以上。

同一项目中可以合并进行的勘察、设计、施工、监理以及与工程建设有关的重要设备、材料等的采购,合同估算价合计达到前款规定标准的,必须招标。

第六条 本规定自 2018 年 6 月 1 日起施行。

必须招标的基础设施和公用事业项目范围规定

(发改法规规〔2018〕843号)

第一条 为明确必须招标的大型基础设施和公用事业项目范围,根据《中华人民共和国招标投标法》和《必须招标的工程项目规定》,制定本规定。

第二条 不属于《必须招标的工程项目规定》第二条、第三条规定情形的大型基础设施、公用事业等关系社会公共利益、公众安全的项目,必须招标的具体范围包括:

(一)煤炭、石油、天然气、电力、新能源等能源基础设施项目;

(二)铁路、公路、管道、水运,以及公共航空和A1级通用机场等交通运输基础设施项目;

(三)电信枢纽、通信信息网络等通信基础设施项目;

(四)防洪、灌溉、排涝、引(供)水等水利基础设施项目;

(五)城市轨道交通等城建项目。

第三条 本规定自2018年6月6日起施行。

国家发展改革委办公厅关于进一步做好《必须招标的工程项目规定》和《必须招标的基础设施和公用事业项目范围规定》实施工作的通知

(发改办法规〔2020〕770号)

各省、自治区、直辖市、新疆生产建设兵团发展改革委、公共资源交易平台整合牵头部门：

为加强政策指导，进一步做好《必须招标的工程项目规定》(国家发展改革委2018年第16号令，以下简称"16号令")和《必须招标的基础设施和公用事业项目范围规定》(发改法规规〔2018〕843号，以下简称"843号文")实施工作，现就有关事项通知如下：

一、准确理解依法必须招标的工程建设项目范围

(一)关于使用国有资金的项目。16号令第二条第(一)项中"预算资金"，是指《预算法》规定的预算资金，包括一般公共预算资金、政府性基金预算资金、国有资本经营预算资金、社会保险基金预算资金。第(二)项中"占控股或者主导地位"，参照《公司法》第二百一十六条关于控股股东和实际控制人的理解执行，即"其出资额占有限责任公司资本总额百分之五十以上或者其持有的股份占股份有限公司股本总额百分之五十以上的股东；出资额或者持有股份的比例虽然不足百分之五十，但依其出资额或者持有的股份所享有的表决权已足以对股东会、股东大会的决议产生重大影响的股东"；国有企业事业单位通过投资关系、协议或者其他安排，能够实际支配项目建设的，也属于占控股或者主导地位。项目中国有资金的比例，应当按照项目资金来源中所有国有资金之和计算。

(二)关于项目与单项采购的关系。16号令第二条至第四条及843号文第二条规定范围的项目，其勘察、设计、施工、监理以及与工程建设有关的重要设备、材料等的单项采购分别达到16号令第五条规定的相应单项合同价估算标准的，该单项采购必须招标；该项目中未达到前述相应标准的单项采购，不属于16号令规定的必须招标范畴。

(三)关于招标范围列举事项。依法必须招标的工程建设项目范围和规模标准，应当严格执行《招标投标法》第三条和16号令、843号文规定；法律、行政法规或者国务院对必须进行招标的其他项目范围有规定的，依照其规定。没有法律、行政法规或者国务院规定依据的，对16号令第五条第一款第(三)项中没有明确列举规定的服务事项、843号文第二条中没有明确列

举规定的项目,不得强制要求招标。

(四)关于同一项目中的合并采购。16号令第五条规定的"同一项目中可以合并进行的勘察、设计、施工、监理以及与工程建设有关的重要设备、材料等的采购,合同估算价合计达到前款规定标准的,必须招标",目的是防止发包方通过化整为零方式规避招标。其中"同一项目中可以合并进行",是指根据项目实际,以及行业标准或行业惯例,符合科学性、经济性、可操作性要求,同一项目中适宜放在一起进行采购的同类采购项目。

(五)关于总承包招标的规模标准。对于16号令第二条至第四条规定范围内的项目,发包人依法对工程以及与工程建设有关的货物、服务全部或者部分实行总承包发包的,总承包中施工、货物、服务等各部分的估算价中,只要有一项达到16号令第五条规定相应标准,即施工部分估算价达到400万元以上,或者货物部分达到200万元以上,或者服务部分达到100万元以上,则整个总承包发包应当招标。

二、规范规模标准以下工程建设项目的采购

16号令第二条至第四条及843号文第二条规定范围的项目,其施工、货物、服务采购的单项合同估算价未达到16号令第五条规定规模标准的,该单项采购由采购人依法自主选择采购方式,任何单位和个人不得违法干涉;其中,涉及政府采购的,按照政府采购法律法规规定执行。国有企业可以结合实际,建立健全规模标准以下工程建设项目采购制度,推进采购活动公开透明。

三、严格执行依法必须招标制度

各地方应当严格执行16号令和843号文规定的范围和规模标准,不得另行制定必须进行招标的范围和规模标准,也不得作出与16号令、843号文和本通知相抵触的规定,持续深化招标投标领域"放管服"改革,努力营造良好市场环境。

国家发展改革委办公厅
2020年10月19日

关于修改《经营性公路建设项目投资人招标投标管理规定》的决定

(2015年6月24日 交通运输部令2015年第13号)

交通运输部决定对《经营性公路建设项目投资人招标投标管理规定》(交通部令2007年第8号)作如下修改：

将第十九条第一款第(一)项中"注册资本一亿元人民币以上，"删除。

本决定自2015年6月24日起施行。

《经营性公路建设项目投资人招标投标管理规定》根据本决定作相应修正，重新发布。

经营性公路建设项目投资人招标投标管理规定

第一章 总 则

第一条 为规范经营性公路建设项目投资人招标投标活动，根据《中华人民共和国公路法》、《中华人民共和国招标投标法》和《收费公路管理条例》，制定本规定。

第二条 在中华人民共和国境内的经营性公路建设项目投资人招标投标活动，适用本规定。

本规定所称经营性公路是指符合《收费公路管理条例》的规定，由国内外经济组织投资建设，经批准依法收取车辆通行费的公路(含桥梁和隧道)。

第三条 经营性公路建设项目投资人招标投标活动应当遵循公开、公平、公正、诚信、择优的原则。

任何单位和个人不得非法干涉招标投标活动。

第四条 国务院交通主管部门负责全国经营性公路建设项目投资人招标投标活动的监督管理工作。主要职责是：

(一)根据有关法律、行政法规，制定相关规章和制度，规范和指导全国经营性公路建设项目投资人招标投标活动；

(二)监督全国经营性公路建设项目投资人招标投标活动，依法受理举报和投诉，查处招标投标活动中的违法行为；

(三)对全国经营性公路建设项目投资人进行动态管理,定期公布投资人信用情况。

第五条 省级人民政府交通主管部门负责本行政区域内经营性公路建设项目投资人招标投标活动的监督管理工作。主要职责是:

(一)贯彻执行有关法律、行政法规、规章,结合本行政区域内的实际情况,制定具体管理制度;

(二)确定下级人民政府交通主管部门对经营性公路建设项目投资人招标投标活动的监督管理职责;

(三)发布本行政区域内经营性公路建设项目投资人招标信息;

(四)负责组织对列入国家高速公路网规划和省级人民政府确定的重点经营性公路建设项目的投资人招标工作;

(五)指导和监督本行政区域内的经营性公路建设项目投资人招标投标活动,依法受理举报和投诉,查处招标投标活动中的违法行为。

第六条 省级以下人民政府交通主管部门的主要职责是:

(一)贯彻执行有关法律、行政法规、规章和相关制度;

(二)负责组织本行政区域内除第五条第(四)项规定以外的经营性公路建设项目投资人招标工作;

(三)按照省级人民政府交通主管部门的规定,对本行政区域内的经营性公路建设项目投资人招标投标活动进行监督管理。

第二章 招 标

第七条 需要进行投资人招标的经营性公路建设项目应当符合下列条件:

(一)符合国家和省、自治区、直辖市公路发展规划;

(二)符合《收费公路管理条例》第十八条规定的技术等级和规模;

(三)已经编制项目可行性研究报告。

第八条 招标人是依照本规定提出经营性公路建设项目、组织投资人招标工作的交通主管部门。

招标人可以自行组织招标或委托具有相应资格的招标代理机构代理有关招标事宜。

第九条 经营性公路建设项目投资人招标应当采用公开招标方式。

第十条 经营性公路建设项目投资人招标实行资格审查制度。资格审查方式采取资格预审或资格后审。

资格预审,是指招标人在投标前对潜在投标人进行资格审查。

资格后审,是指招标人在开标后对投标人进行资格审查。

实行资格预审的,一般不再进行资格后审,但招标文件另有规定的除外。

第十一条 资格审查的基本内容应当包括投标人的财务状况、注册资本、净资产、投融资能力、初步融资方案、从业经验和商业信誉等情况。

第十二条 经营性公路建设项目招标工作应当按照以下程序进行:

(一)发布招标公告;

(二)潜在投标人提出投资意向；
(三)招标人向提出投资意向的潜在投标人推介投资项目；
(四)潜在投标人提出投资申请；
(五)招标人向提出投资申请的潜在投标人详细介绍项目情况，可以组织潜在投标人踏勘项目现场并解答有关问题；
(六)实行资格预审的，由招标人向提出投资申请的潜在投标人发售资格预审文件；实行资格后审的，由招标人向提出投资申请的投标人发售招标文件；
(七)实行资格预审的，潜在投标人编制资格预审申请文件，并递交招标人；招标人应当对递交资格预审申请文件的潜在投标人进行资格审查，并向资格预审合格的潜在投标人发售招标文件；
(八)投标人编制投标文件，并提交招标人；
(九)招标人组织开标，组建评标委员会；
(十)实行资格后审的，评标委员会应当在开标后首先对投标人进行资格审查；
(十一)评标委员会进行评标，推荐中标候选人；
(十二)招标人确定中标人，并发出中标通知书；
(十三)招标人与中标人签订投资协议。

第十三条 招标人应通过国家指定的全国性报刊、信息网络等媒介发布招标公告。
采用国际招标的，应通过相关国际媒介发布招标公告。

第十四条 招标人应当参照国务院交通主管部门制定的经营性公路建设项目投资人招标资格预审文件范本编制资格预审文件，并结合项目特点和需要确定资格审查标准。
招标人应当组建资格预审委员会对递交资格预审申请文件的潜在投标人进行资格审查。资格预审委员会由招标人代表和公路、财务、金融等方面的专家组成，成员人数为七人以上单数。

第十五条 招标人应当参照国务院交通主管部门制定的经营性公路建设项目投资人招标文件范本，并结合项目特点和需要编制招标文件。
招标人编制招标文件时，应当充分考虑项目投资回收能力和预期收益的不确定性，合理分配项目的各类风险，并对特许权内容、最长收费期限、相关政策等予以说明。招标人编制的可行性研究报告应当作为招标文件的组成部分。

第十六条 招标人应当合理确定资格预审申请文件和投标文件的编制时间。
编制资格预审申请文件时间，自资格预审文件开始发售之日起至潜在投标人提交资格预审申请文件截止之日止，不得少于三十个工作日。
编制投标文件的时间，自招标文件开始发售之日起至投标人提交投标文件截止之日止，不得少于四十五个工作日。

第十七条 列入国家高速公路网规划和需经国务院投资主管部门核准的经营性公路建设项目投资人招标投标活动，应当按照招标工作程序，及时将招标文件、资格预审结果、评标报告报国务院交通主管部门备案。国务院交通主管部门应当在收到备案文件七个工作日内，对不符合法律、法规规定的内容提出处理意见，及时行使监督职责。
其他经营性公路建设项目投资人招标投标活动的备案工作按照省级人民政府交通主管部

门的有关规定执行。

第三章 投 标

第十八条 投标人是响应招标、参加投标竞争的国内外经济组织。

采用资格预审方式招标的,潜在投标人通过资格预审后,方可参加投标。

第十九条 投标人应当具备以下基本条件:

(一)总资产六亿元人民币以上,净资产二亿五千万元人民币以上;

(二)最近连续三年每年均为盈利,且年度财务报告应当经具有法定资格的中介机构审计;

(三)具有不低于项目估算的投融资能力,其中净资产不低于项目估算投资的百分之三十五;

(四)商业信誉良好,无重大违法行为。

招标人可以根据招标项目的实际情况,提高对投标人的条件要求。

第二十条 两个以上的国内外经济组织可以组成一个联合体,以一个投标人的身份共同投标。联合体各方均应符合招标人对投标人的资格审查标准。

以联合体形式参加投标的,应提交联合体各方签订的共同投标协议。共同投标协议应当明确约定联合体各方的出资比例、相互关系、拟承担的工作和责任。联合体中标的,联合体各方应当共同与招标人签订项目投资协议,并向招标人承担连带责任。

联合体的控股方为联合体主办人。

第二十一条 投标人应当按照招标文件的要求编制投标文件,投标文件应当对招标文件提出的实质性要求和条件作出响应。

第二十二条 招标文件明确要求提交投标担保的,投标人应按照招标文件要求的额度、期限和形式提交投标担保。投标人未按照招标文件的要求提交投标担保的,其提交的投标文件为废标。

投标担保的额度一般为项目投资的千分之三,但最高不得超过五百万元人民币。

第二十三条 投标人参加投标,不得弄虚作假,不得与其他投标人串通投标,不得采取商业贿赂以及其他不正当手段谋取中标,不得妨碍其他投标人投标。

第四章 开标与评标

第二十四条 开标应当在招标文件确定的提交投标文件截止时间的同一时间公开进行。

开标由招标人主持,邀请所有投标人代表参加。招标人对开标过程应当记录,并存档备查。

第二十五条 评标由招标人依法组建的评标委员会负责。评标委员会由招标人代表和公路、财务、金融等方面的专家组成,成员人数为七人以上单数。招标人代表的人数不得超过评标委员会总人数的三分之一。

与投标人有利害关系以及其他可能影响公正评标的人员不得进入相关项目的评标委员会,已经进入的应当更换。

评标委员会成员的名单在中标结果确定前应当保密。

第二十六条 评标委员会可以直接或者通过招标人以书面方式要求投标人对投标文件中含义不明确、对同类问题表述不一致或者有明显文字错误的内容作出必要的澄清或者说明,但是澄清或者说明不得超出或者改变投标文件的范围或者改变投标文件的实质性内容。

第二十七条 经营性公路建设项目投资人招标的评标办法应当采用综合评估法或者最短收费期限法。

采用综合评估法的,应当在招标文件中载明对收费期限、融资能力、资金筹措方案、融资经验、项目建设方案、项目运营、移交方案等评价内容的评分权重,根据综合得分由高到低推荐中标候选人。

采用最短收费期限法的,应当在投标人实质性响应招标文件的前提下,推荐经评审的收费期限最短的投标人为中标候选人,但收费期限不得违反国家有关法规的规定。

第二十八条 评标委员会完成评标后,应当向招标人提出书面评标报告,推荐一至三名中标候选人,并标明排名顺序。

评标报告需要由评标委员会全体成员签字。

第五章 中标与协议的签订

第二十九条 招标人应当确定排名第一的中标候选人为中标人。招标人也可以授权评标委员会直接确定中标人。

排名第一的中标候选人有下列情形之一的,招标人可以确定排名第二的中标候选人为中标人:

(一)自动放弃中标;
(二)因不可抗力提出不能履行合同;
(三)不能按照招标文件要求提交履约保证金;
(四)存在违法行为被有关部门依法查处,且其违法行为影响中标结果的。

如果排名第二的中标候选人存在上述情形之一,招标人可以确定排名第三的中标候选人为中标人。

三个中标候选人都存在本条第二款所列情形的,招标人应当依法重新招标。

招标人不得在评标委员会推荐的中标候选人之外确定中标人。

第三十条 提交投标文件的投标人少于三个或者因其他原因导致招标失败的,招标人应当依法重新招标。重新招标前,应当根据前次的招标情况,对招标文件进行适当调整。

第三十一条 招标人确定中标人后,应当在十五个工作日内向中标人发出中标通知书,同时通知所有未中标的投标人。

第三十二条 招标文件要求中标人提供履约担保的,中标人应当提供。担保的金额一般为项目资本金出资额的百分之十。

履约保证金应当在中标人履行项目投资协议后三十日内予以退还。其他形式的履约担保,应当在中标人履行项目投资协议后三十日内予以撤销。

第三十三条 招标人和中标人应当自中标通知书发出之日起三十个工作日内按照招标文

件和中标人的投标文件订立书面投资协议。投资协议应包括以下内容：

（一）招标人与中标人的权利义务；

（二）履约担保的有关要求；

（三）违约责任；

（四）免责事由；

（五）争议的解决方式；

（六）双方认为应当规定的其他事项。

招标人应当在与中标人签订投资协议后五个工作日内向所有投标人退回投标担保。

第三十四条　中标人应在签订项目投资协议后九十日内到工商行政管理部门办理项目法人的工商登记手续，完成项目法人组建。

第三十五条　招标人与项目法人应当在完成项目核准手续后签订项目特许权协议。特许权协议应当参照国务院交通主管部门制定的特许权协议示范文本并结合项目的特点和需要制定。特许权协议应当包括以下内容：

（一）特许权的内容及期限；

（二）双方的权利及义务；

（三）项目建设要求；

（四）项目运营管理要求；

（五）有关担保要求；

（六）特许权益转让要求；

（七）违约责任；

（八）协议的终止；

（九）争议的解决；

（十）双方认为应规定的其他事项。

第六章　附　　则

第三十六条　对招投标活动中的违法行为，应当按照国家有关法律、法规的规定予以处罚。

第三十七条　招标人违反本办法规定，以不合理的条件限制或者排斥潜在投标人，对潜在投标人实行歧视待遇的，由上级交通主管部门责令改正。

第三十八条　本规定自 2008 年 1 月 1 日起施行。

公路工程建设项目评标工作细则

（交公路发〔2017〕142号）

第一章 总 则

第一条 为规范公路工程建设项目评标工作，维护招标投标活动当事人的合法权益，依据《中华人民共和国招标投标法》《中华人民共和国招标投标法实施条例》、交通运输部《公路工程建设项目招标投标管理办法》及国家有关法律法规，制定本细则。

第二条 依法必须进行招标的公路工程建设项目，其评标活动适用本细则；国有资金占控股或者主导地位的依法必须进行招标的公路工程建设项目，采用资格预审的，其资格审查活动适用本细则；其他项目的评标及资格审查活动可参照本细则执行。

第三条 公路工程建设项目评标工作是指招标人依法组建的评标委员会根据国家有关法律、法规和招标文件，对投标文件进行评审，推荐中标候选人或者由招标人授权直接确定中标人的工作过程。

采用资格预审的公路工程建设项目，招标人应当按照有关规定组建资格审查委员会审查资格预审申请文件。资格审查委员会的专家抽取以及资格审查工作要求，应当适用本细则关于评标委员会以及评标工作的规定。

第四条 评标工作应当遵循公平、公正、科学、择优的原则。任何单位和个人不得非法干预或者影响评标过程和结果。

第五条 招标人应当采取必要措施，保证评标工作在严格保密的情况下进行，所有参与评标活动的人员均不得泄露评标的有关信息。

第六条 公路工程建设项目的招标人或者其指定机构应当对评标过程录音录像并存档备查。

第二章 职 责 分 工

第七条 招标人负责组织评标工作并履行下列职责：

（一）按照国家有关规定组建评标委员会；办理评标专家的抽取、通知等事宜；为参与评标工作的招标人代表提供授权函；

（二）向评标委员会提供评标所必需的工作环境、资料和信息以及必要的服务；

（三）向评标委员会成员发放合理的评标劳务报酬；

（四）在招标投标情况书面报告中载明评标委员会成员在评标活动中的履职情况；

（五）保障评标工作的安全性和保密性。

公路工程建设项目实行委托招标的，招标代理机构应当在招标人委托的范围内组织评标工作，且遵守本细则关于招标人的规定。

第八条 评标委员会负责评标工作并履行下列职责：

（一）审查、评价投标文件是否符合招标文件的实质性要求；

（二）要求投标人对投标文件有关事项作出澄清或者说明（如需要）；

（三）对投标文件进行比较和评价；

（四）撰写评标报告，推荐中标候选人，或者根据招标人授权直接确定中标人；

（五）在评标报告中记录评标监督人员、招标人代表或者其他工作人员有无干预正常评标活动或者其他不正当言行；

（六）向交通运输主管部门报告评标过程中发现的其他违法违规行为。

第九条 交通运输主管部门负责监督评标工作并履行下列职责：

（一）按照规定的招标监督职责分工，对评标委员会成员的确定方式、评标专家的抽取和评标活动进行监督；

（二）对评标程序、评标委员会使用的评标标准和方法进行监督；

（三）对招标人代表、评标专家和其他参加评标活动工作人员的不当言论或者违法违规行为及时制止和纠正；

（四）对招标人、招标代理机构、投标人以及评标委员会成员等当事人在评标活动中的违法违规行为进行行政处理并依法公告，同时将上述违法违规行为记入相应当事人的信用档案。

第三章 评标工作的组织与准备

第十条 评标由招标人依法组建的评标委员会负责。

评标委员会由评标专家和招标人代表共同组成，人数为五人以上单数。其中，评标专家人数不得少于成员总数的三分之二。评标专家由招标人按照交通运输部有关规定从评标专家库相关专业中随机抽取。

对于技术复杂、专业性强或者国家有特殊要求，采取随机抽取方式确定的评标专家难以保证胜任评标工作的特殊招标项目，招标人可以直接确定相应专业领域的评标专家。

投标文件采用双信封形式密封的，招标人不得组建两个评标委员会分别负责第一信封（商务文件和技术文件）和第二信封（报价文件）的评标工作。

第十一条 在评标委员会开始评标工作之前，招标人应当准备评标所必需的信息，主要包括招标文件、招标文件的澄清或者修改、开标记录、投标文件、资格预审文件。

第十二条 招标人协助评标委员会评标的，应当选派熟悉招标工作、政治素质高的人员，具体数量由招标人视工作量确定。评标委员会成员和招标人选派的协助评标人员应当实行回避制度。

属于下列情况之一的人员，不得进入评标委员会或者协助评标：

（一）负责招标项目监督管理的交通运输主管部门的工作人员；

（二）与投标人法定代表人或者授权参与投标的代理人有近亲属关系的人员；

（三）投标人的工作人员或者退休人员；

（四）与投标人有其他利害关系，可能影响评标活动公正性的人员；

（五）在与招标投标有关的活动中有过违法违规行为、曾受过行政处罚或者刑事处罚的人员。

招标人及其子公司、招标人的上级主管部门或者控股公司、招标代理机构的工作人员或者退休人员不得以专家身份参与本单位招标或者招标代理项目的评标。

第十三条 招标人协助评标的，应当在评标委员会开始评标工作的同时或者之前进行评标的协助工作。协助评标工作应当以招标文件规定的评标标准和方法为依据，主要内容包括：

（一）编制评标使用的相应表格；

（二）对投标报价进行算术性校核；

（三）列出投标文件相对于招标文件的所有偏差，并进行归类汇总；

（四）查询公路建设市场信用信息管理系统，对投标人的资质、业绩、主要人员资历和目前在岗情况、信用等级进行核实；

（五）通过相关网站对各类注册资格证书、安全生产考核合格证等证件进行查询核实；

（六）在评标过程中，对评标委员会各成员的评分表进行复核，统计汇总；对评标过程资料进行整理。

第十四条 招标人协助评标工作应当客观、准确，如实反映投标文件对招标文件规定的响应情况；不得故意遗漏或者片面摘录，不得对投标文件作出任何评价，不得在评标委员会对所有偏差定性之前透露存有偏差的投标人名称；不得明示或者暗示其倾向或者排斥特定投标人。

第四章　评标工作的实施

第十五条 评标工作现场应当处于通信屏蔽状态，或者将评标委员会成员及现场工作人员的手机、电脑、录音录像等电子设备统一集中保管。

第十六条 评标工作应当按照以下程序进行：

（一）招标人代表出示加盖招标人单位公章的授权函及身份证，向评标委员会其他成员表明身份；

（二）招标人代表核对评标委员会其他成员的身份证；

（三）招标人代表宣布评标纪律；

（四）招标人代表公布已开标的投标人名单，并询问评标委员会成员有否回避的情形；评标委员会成员存在应当回避情形的，应当主动提出回避；

（五）招标人代表与评标委员会其他成员共同推选主任委员；

（六）评标委员会主任委员主持会议，要求招标人介绍项目概况、招标文件中与评标相关的关键内容及协助评标工作（如有）相关情况；

（七）评标委员会评标，完成并签署评标报告，将评标报告提交给招标人代表；

（八）招标人代表对评标报告进行形式检查，有本细则第三十三条规定情形的，提请评标委员会进行修改完善；

（九）评标报告经形式检查无误后，评标委员会主任委员宣布评标工作结束。

第十七条 投标文件采用双信封形式密封的，招标人应当合理安排第二信封（报价文件）公开开标的时间和地点，保证与第一信封（商务文件和技术文件）的评审工作有序衔接，避免泄露评标工作信息。

第十八条 评标过程中，评标委员会成员有回避事由、擅离职守或者因健康等原因不能继续评标的，应当及时更换。被更换的评标委员会成员作出的评审结论无效，由更换后的评标委员会成员重新进行评审。更换评标委员会成员的情况应当在评标报告中予以记录。

被更换的评标委员会成员如为评标专家库专家，招标人应当从原评标专家库中按照原方式抽取更换后的评标委员会成员，或者在符合法律规定的前提下相应减少评标委员会中招标人代表数量。

无法及时更换评标委员会成员导致评标委员会构成不满足法定要求的，评标委员会应当停止评标活动，已作出的评审结论无效。招标人封存所有投标文件和开标、评标资料，依法重新组建评标委员会进行评标。招标人应当将重新组建评标委员会的情况在招标投标情况书面报告中予以说明。

第十九条 评标委员会应当民主推荐一名主任委员，负责组织评标委员会成员开展评标工作。评标委员会主任委员与评标委员会的其他成员享有同等权利与义务。评标委员会应当保证各成员对所有投标文件的全面、客观、独立评审，确保评标工作质量。

第二十条 评标委员会应当首先听取招标人关于招标项目概况的介绍和协助评标工作内容（如有）的说明，并认真阅读招标文件，获取评标所需的重要信息和数据，主要包括以下内容：

（一）招标项目建设规模、技术标准和工程特点；

（二）招标文件规定的评标标准和方法；

（三）其他与评标有关的内容。

第二十一条 招标人协助评标的，评标委员会应当根据招标文件规定，对投标文件相对于招标文件的所有偏差依法逐类进行定性，对招标人提供的评标工作用表和评标内容进行认真核对，对与招标文件不一致、存在错误或者遗漏的内容要进行修正。

评标委员会应当对全部投标文件进行认真审查，招标人提供的协助评标工作内容及信息仅作为评标的参考。评标委员会不得以招标人在协助评标过程中未发现投标文件存有偏差或者招标人协助评标工作存在疏忽为由规避评标责任。

第二十二条 评标委员会应当按照招标文件规定的评标标准和方法，对投标文件进行评审和比较。招标文件没有规定的评标标准和方法不得作为评标的依据。

对于招标文件规定的评标标准和方法，评标委员会认为其违反法律、行政法规的强制性规定，违反公开、公平、公正和诚实信用原则，影响潜在投标人投标的，评标委员会有权停止评标工作并向招标人书面说明情况，招标人应当修改招标文件后重新招标。

评标委员会发现招标文件规定的评标标准和方法存在明显文字错误，且修改后不会影响评标结果的，评标委员会可以对其进行修改，并在评标报告说明修改的内容和修改原因。除此之外，评标委员会不得以任何理由修改评标标准和方法。

第二十三条 对于投标文件存在的偏差，评标委员会应当根据招标文件规定的评标标准和方法进行评审,依法判定其属于重大偏差还是细微偏差。凡属于招标文件评标标准和方法中规定的重大偏差,或者招标文件评标标准和方法中未做强制性规定,但出现了法律、行政法规规定的否决投标情形的,评标委员会应当否决投标人的投标文件。

由于评标标准和方法前后内容不一致或者部分条款存在易引起歧义、模糊的文字,导致难以界定投标文件偏差的性质,评标委员会应当按照有利于投标人的原则进行处理。

第二十四条 评标委员会应当根据《中华人民共和国招标投标法实施条例》第三十九条、第四十条、第四十一条的有关规定,对在评标过程中发现的投标人与投标人之间、投标人与招标人之间存在的串通投标的情形进行评审和认定;存在串通投标情形的,评标委员会应当否决其投标。

投标人以他人名义投标、以行贿手段谋取中标,或者投标弄虚作假的,评标委员会应当否决其投标。

第二十五条 评标过程中,投标文件中存在下列情形之一且评标委员会认为需要投标人作出必要澄清、说明的,应当书面通知该投标人进行澄清或者说明:

(一)投标文件中有含义不明确的内容或者明显文字错误;
(二)投标报价有算术性错误;
(三)投标报价可能低于成本价;
(四)招标文件规定的细微偏差。

评标委员会应当给予投标人合理的澄清、说明时间。

投标人的澄清、说明应当采用书面形式,按照招标文件规定的格式签署盖章,且不得超出投标文件的范围或者改变投标文件的实质性内容。投标人的澄清或者说明内容将视为投标文件的组成部分。投标标的、投标函文字报价、质量标准、履行期限均视为投标文件的实质性内容,评标委员会不得要求投标人进行澄清。

评标委员会不得暗示或者诱导投标人作出澄清、说明,不得接受投标人主动提出的澄清、说明。

第二十六条 投标报价有算术性错误的,评标委员会应当按照招标文件规定的原则对投标报价进行修正。对算术性修正结果,评标委员会应当按照本细则第二十五条规定的程序要求投标人进行书面澄清。投标人对修正结果进行书面确认的,修正结果对投标人具有约束力,其投标文件可继续参加评审。

投标人对算术性修正结果存有不同意见或者未做书面确认的,评标委员会应当重新复核修正结果。如果确认修正结果无误且投标人拒不按照要求对修正结果进行确认的,应当否决该投标人的投标;如果发现修正结果存在差错,应当及时作出调整并重新进行书面澄清。

第二十七条 评标委员会发现投标人的投标报价明显低于其他投标人报价或者在设有标底时明显低于标底的,应当按照本细则第二十五条规定的程序要求该投标人对相应投标报价作出书面说明,并提供相关证明材料。

如果投标人不能提供相关证明材料,或者提交的相关材料无法证明投标人可以按照其报价以及招标文件规定的质量标准和履行期限完成招标项目的,评标委员会应当认定该投标人以低于成本价竞标,并否决其投标。

第二十八条 除评标价和履约信誉评分项外,评标委员会成员对投标人商务和技术各项因素的评分一般不得低于招标文件规定该因素满分值的60%;评分低于满分值60%的,评标委员会成员应当在评标报告中作出说明。投标文件各项评分因素得分应以评标委员会各成员的打分平均值确定,评标委员会成员总数为七人以上时,该平均值以去掉一个最高分和一个最低分后计算。

第二十九条　在评标过程中,如有效投标不足3个,评标委员会应当对有效投标是否仍具有竞争性进行评审。评标委员会一致认为有效投标仍具有竞争性的,应当继续推荐中标候选人,并在评标报告中予以说明。评标委员会对有效投标是否仍具有竞争性无法达成一致意见的,应当否决全部投标。

第三十条　评标委员会成员对需要共同认定的事项存在争议的,应当按照少数服从多数的原则作出结论。持不同意见的评标委员会成员应当在评标报告上以书面形式说明其不同意见和理由并签字确认。评标委员会成员拒绝在评标报告上签字又不书面说明其不同意见和理由的,视为同意评标结果。

第三十一条　评审完成后,评标委员会主任委员应当组织编写书面评标报告。评标报告中推荐的中标候选人应当不超过3个,并标明排序。

第三十二条　评标报告应当载明下列内容:

(一)招标项目基本情况;

(二)评标委员会成员名单;

(三)监督人员名单;

(四)开标记录;

(五)符合要求的投标人名单;

(六)否决的投标人名单以及否决理由;

(七)串通投标情形的评审情况说明;

(八)评分情况;

(九)经评审的投标人排序;

(十)中标候选人名单;

(十一)澄清、说明事项纪要;

(十二)需要说明的其他事项;

(十三)评标附表。

对评标监督人员、招标人代表或者其他工作人员干预正常评标活动,以及对招标投标活动的其他不正当言行,评标委员会应当在评标报告第(十二)项内容中如实记录。

除第一款规定的第(一)、(三)、(四)项内容外,评标委员会所有成员应当在评标报告上逐页签字。

第三十三条　招标人代表收到评标委员会完成的评标报告后,应当对评标报告内容进行形式检查,发现问题应当及时告知评标委员会进行必要的修改完善。形式检查仅限于以下内容:

(一)评标报告正文以及所附文件、表格是否完整、清晰;

(二)报告正文和附表等内容是否有涂改,涂改处是否有做出涂改的评标委员会成员签名;

(三)投标报价修正和评分计算是否有算术性错误;
(四)评标委员会成员对客观评审因素评分是否一致;
(五)投标文件各项评分因素得分是否符合本细则第二十八条相关要求;
(六)评标委员会成员签字是否齐全。
形式检查并不免除评标委员会对评标工作应负的责任。

第三十四条 评标报告经形式检查无误后,评标委员会主任委员宣布评标工作结束。

第三十五条 评标结束后,如招标人发现提供给评标委员会的信息、数据有误或者不完整,或者由于评标委员会的原因导致评标结果出现重大偏差,招标人应当及时邀请原评标委员会成员按照招标文件规定的评标标准和方法对评标报告内容进行审查确认,并形成书面审查确认报告。

投标人或者其他利害关系人对招标项目的评标结果提出异议或者投诉的,评标委员会成员有义务针对异议或者投诉的事项进行审查确认,并形成书面审查确认报告。

审查确认过程应当接受交通运输主管部门的监督。审查确认改变评标结果的,招标人应当公示评标委员会重新推荐的中标候选人,并将审查确认报告作为招标投标情况书面报告的组成部分,报具有招标监督职责的交通运输主管部门备案。

第五章 纪 律

第三十六条 评标委员会成员应当客观、公正、审慎地履行职责,遵守职业道德;应当依据评标办法规定的评审顺序和内容逐项完成评标工作,对本人提出的评审意见以及评分的公正性、客观性、准确性负责。

评标委员会成员不得对主观评审因素协商评分。

招标人不得向评标委员会作倾向性、误导性的解释或者说明。

第三十七条 评标委员会成员有依法获取劳务报酬的权利,但不得向招标人索取或者报销与评标工作无关的其他费用。

第三十八条 评标委员会向招标人提交书面评标报告后自动解散。评标工作中使用的文件、表格以及其他资料应当同时归还招标人。评标委员会成员不得记录、复制或者从评标现场带离任何评标资料。

第三十九条 评标委员会成员和其他参加评标活动的工作人员不得与任何投标人或者与投标人有利害关系的人进行私下接触,不得收受投标人和其他与投标有利害关系的人的财物或者其他好处。

在评标期间,评标委员会成员和其他参加评标活动的工作人员不得发表有倾向性或者诱导、影响其他评审成员的言论,不得对不同投标人采取不同的审查标准。

第四十条 评标委员会成员和其他参加评标活动的工作人员,不得向他人透露对投标文件的评审、中标候选人的推荐情况以及与评标有关的其他情况,且对在评标过程中获悉的国家秘密、商业秘密负有保密责任。

第四十一条 省级以上人民政府交通运输主管部门应当对评标专家实行动态监管,建立评标专家准入、诚勉、清退制度,健全对评标专家的评价机制,对评标专家的工作态度、业务水平、职业道德等进行全面考核。

第六章 附 则

第四十二条 本细则由交通运输部负责解释。

第四十三条 使用国际组织或者外国政府贷款、援助资金的项目,贷款方、资金提供方对评标工作和程序有不同规定的,可以适用其规定,但违背中华人民共和国的社会公共利益的除外。

第四十四条 在公共资源交易平台开展评标工作的,评标职责分工、评标工作的准备与实施等均应当遵守本细则规定。

采用电子评标的,应当按照本细则和国家有关电子评标的规定执行。

第四十五条 本细则自 2017 年 10 月 1 日起施行,有效期 5 年。《公路工程施工招标评标委员会评标工作细则》(交公路发〔2003〕70 号)同时废止。

工程建设项目勘察设计招标投标办法

(根据2013年3月11日国家发展和改革委员会 工业和信息化部 财政部 住房和城乡建设部 交通运输部 铁道部 水利部 国家广播电影电视总局 中国民用航空局令第23号修改)

第一章 总 则

第一条 为规范工程建设项目勘察设计招标投标活动,提高投资效益,保证工程质量,根据《中华人民共和国招标投标法》、《中华人民共和国招标投标法实施条例》制定本办法。

第二条 在中华人民共和国境内进行工程建设项目勘察设计招标投标活动,适用本办法。

第三条 工程建设项目符合《工程建设项目招标范围和规模标准规定》(国家计委令第3号)规定的范围和标准的,必须依据本办法进行招标。

任何单位和个人不得将依法必须进行招标的项目化整为零或者以其他任何方式规避招标。

第四条 按照国家规定需要履行项目审批、核准手续的依法必须进行招标的项目,有下列情形之一的,经项目审批、核准部门审批、核准,项目的勘察设计可以不进行招标:

(一)涉及国家安全、国家秘密、抢险救灾或者属于利用扶贫资金实行以工代赈、需要使用农民工等特殊情况,不适宜进行招标;

(二)主要工艺、技术采用不可替代的专利或者专有技术,或者其建筑艺术造型有特殊要求;

(三)采购人依法能够自行勘察、设计;

(四)已通过招标方式选定的特许经营项目投资人依法能够自行勘察、设计;

(五)技术复杂或专业性强,能够满足条件的勘察设计单位少于三家,不能形成有效竞争;

(六)已建成项目需要改、扩建或者技术改造,由其他单位进行设计影响项目功能配套性;

(七)国家规定其他特殊情形。

第五条 勘察设计招标工作由招标人负责。任何单位和个人不得以任何方式非法干涉招标投标活动。

第六条 各级发展改革、工业和信息化、住房城乡建设、交通运输、铁道、水利、商务、广电、民航等部门依照《国务院办公厅印发国务院有关部门实施招标投标活动行政监督的职责分工意见的通知》(国办发〔2000〕34号)和各地规定的职责分工,对工程建设项目勘察设计招标投标活动实施监督,依法查处招标投标活动中的违法行为。

第二章 招 标

第七条 招标人可以依据工程建设项目的不同特点,实行勘察设计一次性总体招标;也可以在保证项目完整性、连续性的前提下,按照技术要求实行分段或分项招标。

招标人不得利用前款规定限制或者排斥潜在投标人或者投标。依法必须进行招标的项目的招标人不得利用前款规定规避招标。

第八条 依法必须招标的工程建设项目,招标人可以对项目的勘察、设计、施工以及与工程建设有关的重要设备、材料的采购,实行总承包招标。

第九条 依法必须进行勘察设计招标的工程建设项目,在招标时应当具备下列条件:

(一)招标人已经依法成立;

(二)按照国家有关规定需要履行项目审批、核准或者备案手续的,已经审批、核准或者备案;

(三)勘察设计有相应资金或者资金来源已经落实;

(四)所必需的勘察设计基础资料已经收集完成;

(五)法律法规规定的其他条件。

第十条 工程建设项目勘察设计招标分为公开招标和邀请招标。

国有资金投资占控股或者主导地位的工程建设项目,以及国务院发展和改革部门确定的国家重点项目和省、自治区、直辖市人民政府确定的地方重点项目,除符合本办法第十一条规定条件并依法获得批准外,应当公开招标。

第十一条 依法必须进行公开招标的项目,在下列情况下可以进行邀请招标:

(一)技术复杂、有特殊要求或者受自然环境限制,只有少量潜在投标人可供选择;

(二)采用公开招标方式的费用占项目合同金额的比例过大。

有前款第二项所列情形,属于按照国家有关规定需要履行项目审批、核准手续的项目,由项目审批、核准部门在审批、核准项目时作出认定;其他项目由招标人申请有关行政监督部门作出认定。

招标人采用邀请招标方式的,应保证有三个以上具备承担招标项目勘察设计的能力,并具有相应资质的特定法人或者其他组织参加投标。

第十二条 招标人应当按照资格预审公告、招标公告或者投标邀请书规定的时间、地点出售招标文件或者资格预审文件。自招标文件或者资格预审文件出售之日起至停止出售之日止,最短不得少于五日。

第十三条 进行资格预审的,招标人只向资格预审合格的潜在投标人发售招标文件,并同时向资格预审不合格的潜在投标人告知资格预审结果。

第十四条 凡是资格预审合格的潜在投标人都应被允许参加投标。

招标人不得以抽签、摇号等不合理条件限制或者排斥资格预审合格的潜在投标人参加投标。

第十五条 招标人应当根据招标项目的特点和需要编制招标文件。

勘察设计招标文件应当包括下列内容：
（一）投标须知；
（二）投标文件格式及主要合同条款；
（三）项目说明书，包括资金来源情况；
（四）勘察设计范围，对勘察设计进度、阶段和深度要求；
（五）勘察设计基础资料；
（六）勘察设计费用支付方式，对未中标人是否给予补偿及补偿标准；
（七）投标报价要求；
（八）对投标人资格审查的标准；
（九）评标标准和方法；
（十）投标有效期。
投标有效期，从提交投标文件截止日起计算。
对招标文件的收费应仅限于补偿印刷、邮寄的成本支出，招标人不得通过出售招标文件谋取利益。

第十六条 招标人负责提供与招标项目有关的基础资料，并保证所提供资料的真实性、完整性。涉及国家秘密的除外。

第十七条 对于潜在投标人在阅读招标文件和现场踏勘中提出的疑问，招标人可以书面形式或召开投标预备会的方式解答，但需同时将解答以书面方式通知所有招标文件收受人。该解答的内容为招标文件的组成部分。

第十八条 招标人可以要求投标人在提交符合招标文件规定要求的投标文件外，提交备选投标文件，但应当在招标文件中做出说明，并提出相应的评审和比较办法。

第十九条 招标人应当确定潜在投标人编制投标文件所需要的合理时间。
依法必须进行勘察设计招标的项目，自招标文件开始发出之日起至投标人提交投标文件截止之日止，最短不得少于二十日。

第二十条 除不可抗力原因外，招标人在发布招标公告或者发出投标邀请书后不得终止招标，也不得在出售招标文件后终止招标。

第三章 投 标

第二十一条 投标人是响应招标、参加投标竞争的法人或者其他组织。
在其本国注册登记，从事建筑、工程服务的国外设计企业参加投标的，必须符合中华人民共和国缔结或者参加的国际条约、协定中所作的市场准入承诺以及有关勘察设计市场准入的管理规定。
投标人应当符合国家规定的资质条件。

第二十二条 投标人应当按照招标文件或者投标邀请书的要求编制投标文件。投标文件中的勘察设计收费报价，应当符合国务院价格主管部门制定的工程勘察设计收费标准。

第二十三条 投标人在投标文件有关技术方案和要求中不得指定与工程建设项目有关的重要设备、材料的生产供应者，或者含有倾向或者排斥特定生产供应者的内容。

第二十四条 招标文件要求投标人提交投标保证金的,保证金数额不得超过勘察设计估算费用的百分之二,最多不超过十万元人民币。

依法必须进行招标的项目的境内投标单位,以现金或者支票形式提交的投标保证金应当从其基本账户转出。

第二十五条 在提交投标文件截止时间后到招标文件规定的投标有效期终止之前,投标人不得撤销其投标文件,否则招标人可以不退还投标保证金。

第二十六条 投标人在投标截止时间前提交的投标文件,补充、修改或撤回投标文件的通知,备选投标文件等,都必须加盖所在单位公章,并且由其法定代表人或授权代表签字,但招标文件另有规定的除外。

招标人在接收上述材料时,应检查其密封或签章是否完好,并向投标人出具标明签收人和签收时间的回执。

第二十七条 以联合体形式投标的,联合体各方应签订共同投标协议,连同投标文件一并提交招标人。

联合体各方不得再单独以自己名义,或者参加另外的联合体投同一个标。

招标人接受联合体投标并进行资格预审的,联合体应当在提交资格预审申请文件前组成。资格预审后联合体增减、更换成员的,其投标无效。

第二十八条 联合体中标的,应指定牵头人或代表,授权其代表所有联合体成员与招标人签订合同,负责整个合同实施阶段的协调工作。但是,需要向招标人提交由所有联合体成员法定代表人签署的授权委托书。

第二十九条 投标人不得以他人名义投标,也不得利用伪造、转让、无效或者租借的资质证书参加投标,或者以任何方式请其他单位在自己编制的投标文件代为签字盖章,损害国家利益、社会公共利益和招标人的合法权益。

第三十条 投标人不得通过故意压低投资额、降低施工技术要求、减少占地面积,或者缩短工期等手段弄虚作假,骗取中标。

第四章 开标、评标和中标

第三十一条 开标应当在招标文件确定的提交投标文件截止时间的同一时间公开进行;除不可抗力原因外,招标人不得以任何理由拖延开标,或者拒绝开标。

投标人对开标有异议的,应当在开标现场提出,招标人应当当场作出答复,并制作记录。

第三十二条 评标工作由评标委员会负责。评标委员会的组成方式及要求,按《中华人民共和国招标投标法》、《中华人民共和国招标投标法实施条例》及《评标委员会和评标方法暂行规定》(国家计委等七部委联合令第12号)的有关规定执行。

第三十三条 勘察设计评标一般采取综合评估法进行。评标委员会应当按照招标文件确定的评标标准和方法,结合经批准的项目建议书、可行性研究报告或者上阶段设计批复文件,对投标人的业绩、信誉和勘察设计人员的能力以及勘察设计方案的优劣进行综合评定。

招标文件中没有规定的标准和方法,不得作为评标的依据。

第三十四条 评标委员会可以要求投标人对其技术文件进行必要的说明或介绍,但不得提出带有暗示性或诱导性的问题,也不得明确指出其投标文件中的遗漏和错误。

第三十五条 根据招标文件的规定,允许投标人投备选标的,评标委员会可以对中标人所提交的备选标进行评审,以决定是否采纳备选标。不符合中标条件的投标人的备选标不予考虑。

第三十六条 投标文件有下列情况之一的,评标委员会应当否决其投标:

(一)未经投标单位盖章和单位负责人签字;

(二)投标报价不符合国家颁布的勘察设计取费标准,或者低于成本,或者高于招标文件设定的最高投标限价;

(三)未响应招标文件的实质性要求和条件。

第三十七条 投标人有下列情况之一的,评标委员会应当否决其投标:

(一)不符合国家或者招标文件规定的资格条件;

(二)与其他投标人或者与招标人串通投标;

(三)以他人名义投标,或者以其他方式弄虚作假;

(四)以向招标人或者评标委员会成员行贿的手段谋取中标;

(五)以联合体形式投标,未提交共同投标协议;

(六)提交两个以上不同的投标文件或者投标报价,但招标文件要求提交备选投标的除外。

第三十八条 评标委员会完成评标后,应当向招标人提出书面评标报告,推荐合格的中标候选人。

评标报告的内容应当符合《评标委员会和评标方法暂行规定》第四十二条的规定。但是,评标委员会决定否决所有投标的,应在评标报告中详细说明理由。

第三十九条 评标委员会推荐的中标候选人应当限定在一至三人,并标明排列顺序。

能够最大限度地满足招标文件中规定的各项综合评价标准的投标人,应当推荐为中标候选人。

第四十条 国有资金占控股或者主导地位的依法必须招标的项目,招标人应当确定排名第一的中标候选人为中标人。

排名第一的中标候选人放弃中标、因不可抗力提出不能履行合同,不按照招标文件要求提交履约保证金,或者被查实存在影响中标结果的违法行为等情形,不符合中标条件的,招标人可以按照评标委员会提出的中标候选人名单排序依次确定其他中标候选人为中标人。依次确定其他中标候选人与招标人预期差距较大,或者对招标人明显不利的,招标人可以重新招标。

招标人可以授权评标委员会直接确定中标人。

国务院对中标人的确定另有规定的,从其规定。

第四十一条 招标人应在接到评标委员会的书面评标报告之日起三日内公示中标候选人,公示期不少于三日。

第四十二条 招标人和中标人应当在投标有效期内并在自中标通知书发出之日起三十日内,按照招标文件和中标人的投标文件订立书面合同。

中标人履行合同应当遵守《合同法》以及《建设工程勘察设计管理条例》中勘察设计文件编制实施的有关规定。

第四十三条 招标人不得以压低勘察设计费、增加工作量、缩短勘察设计周期等作为发出中标通知书的条件,也不得与中标人再行订立背离合同实质性内容的其他协议。

第四十四条 招标人与中标人签订合同后五日内,应当向中标人和未中标人一次性退还投标保证金及银行同期存款利息。招标文件中规定给予未中标人经济补偿的,也应在此期限内一并给付。

招标文件要求中标人提交履约保证金的,中标人应当提交;经中标人同意,可将其投标保证金抵作履约保证金。

第四十五条 招标人或者中标人采用其他未中标人投标文件中技术方案的,应当征得未中标人的书面同意,并支付合理的使用费。

第四十六条 评标定标工作应当在投标有效期内完成,不能如期完成的,招标人应当通知所有投标人延长投标有效期。

同意延长投标有效期的投标人应当相应延长其投标担保的有效期,但不得修改投标文件的实质性内容。

拒绝延长投标有效期的投标人有权收回投标保证金。招标文件中规定给予未中标人补偿的,拒绝延长的投标人有权获得补偿。

第四十七条 依法必须进行勘察设计招标的项目,招标人应当在确定中标人之日起十五日内,向有关行政监督部门提交招标投标情况的书面报告。

书面报告一般应包括以下内容:

(一)招标项目基本情况;

(二)投标人情况;

(三)评标委员会成员名单;

(四)开标情况;

(五)评标标准和方法;

(六)否决投标情况;

(七)评标委员会推荐的经排序的中标候选人名单;

(八)中标结果;

(九)未确定排名第一的中标候选人为中标人的原因;

(十)其他需说明的问题。

第四十八条 在下列情况下,依法必须招标项目的招标人在分析招标失败的原因并采取相应措施后,应当依照本办法重新招标:

(一)资格预审合格的潜在投标人不足三个的;

(二)在投标截止时间前提交投标文件的投标人少于三个的;

(三)所有投标均被否决的;

(四)评标委员会否决不合格投标后,因有效投标不足三个使得投标明显缺乏竞争,评标委员会决定否决全部投标的;

(五)根据第四十六条规定,同意延长投标有效期的投标人少于三个的。

第四十九条 招标人重新招标后,发生本办法第四十八条情形之一的,属于按照国家规定需要政府审批、核准的项目,报经原项目审批、核准部门审批、核准后可以不再进行招标;其他工程建设项目,招标人可自行决定不再进行招标。

第五章　罚　　则

第五十条　招标人有下列限制或者排斥潜在投标人行为之一的,由有关行政监督部门依照招标投标法第五十一条的规定处罚;其中,构成依法必须进行勘察设计招标的项目的招标人规避招标的,依照招标投标法第四十九条的规定处罚:

（一）依法必须公开招标的项目不按照规定在指定媒介发布资格预审公告或者招标公告;

（二）在不同媒介发布的同一招标项目的资格预审公告或者招标公告的内容不一致,影响潜在投标人申请资格预审或者投标。

第五十一条　招标人有下列情形之一的,由有关行政监督部门责令改正,可以处10万元以下的罚款:

（一）依法应当公开招标而采用邀请招标的;

（二）招标文件、资格预审文件的发售、澄清、修改的时限,或者确定的提交资格预审申请文件、投标文件的时限不符合招标投标法和招标投标法实施条例规定;

（三）接受未通过资格预审的单位或者个人参加投标;

（四）接受应当拒收的投标文件。招标人有前款第一项、第三项、第四项所列行为之一的,对单位直接负责的主管人员和其他直接责任人员依法给予处分。

第五十二条　依法必须进行招标的项目的投标人以他人名义投标,利用伪造、转让、租借、无效的资质证书参加投标,或者请其他单位在自己编制的投标文件上代为签字盖章,弄虚作假,骗取中标的,中标无效。尚未构成犯罪的,处中标项目金额千分之五以上千分之十以下的罚款,对单位直接负责的主管人员和其他直接责任人员处单位罚款数额百分之五以上百分之十以下的罚款;有违法所得的,并处没收违法所得;情节严重的,取消其一年至三年内参加依法必须进行招标的项目的投标资格并予以公告,直至由工商行政管理机关吊销营业执照。

第五十三条　招标人以抽签、摇号等不合理的条件限制或者排斥资格预审合格的潜在投标人参加投标,对潜在投标人实行歧视待遇的,强制要求投标人组成联合体共同投标的,或者限制投标人之间竞争的,责令改正,可以处一万元以上五万元以下的罚款。

依法必须进行招标的项目的招标人不按照规定组建评标委员会,或者确定、更换评标委员会成员违反招标投标法和招标投标法实施条例规定的,由有关行政监督部门责令改正,可以处十万元以下的罚款,对单位直接负责的主管人员和其他直接责任人员依法给予处分;违法确定或者更换的评标委员会成员作出的评审结论无效,依法重新进行评审。

第五十四条　评标委员会成员有下列行为之一的,由有关行政监督部门责令改正;情节严重的,禁止其在一定期限内参加依法必须进行招标的项目的评标;情节特别严重的,取消其担任评标委员会成员的资格:

（一）不按照招标文件规定的评标标准和方法评标;

（二）应当回避而不回避;

（三）擅离职守;

（四）私下接触投标人;

(五)向招标人征询确定中标人的意向或者接受任何单位或者个人明示或者暗示提出的倾向或者排斥特定投标人的要求;

(六)对依法应当否决的投标不提出否决意见;

(七)暗示或者诱导投标人作出澄清、说明或者接受投标人主动提出的澄清、说明;

(八)其他不客观、不公正履行职务的行为。

第五十五条 招标人与中标人不按照招标文件和中标人的投标文件订立合同,责令改正,可以处中标项目金额千分之五以上千分之十以下的罚款。

第五十六条 本办法对违法行为及其处罚措施未做规定的,依据《中华人民共和国招标投标法》、《中华人民共和国招标投标法实施条例》和有关法律、行政法规的规定执行。

第六章 附 则

第五十七条 使用国际组织或者外国政府贷款、援助资金的项目进行招标,贷款方、资金提供方对工程勘察设计招标投标活动的条件和程序另有规定的,可以适用其规定,但违背中华人民共和国社会公共利益的除外。

第五十八条 本办法发布之前有关勘察设计招标投标的规定与本办法不一致的,以本办法为准。法律或者行政法规另有规定的,从其规定。

第五十九条 本办法由国家发展和改革委员会会同有关部门负责解释。

第六十条 本办法自 2003 年 8 月 1 日起施行。

九部门关于印发《标准设备采购招标文件》等五个标准招标文件的通知

(发改法规〔2017〕1606号)

国务院各部门、各直属机构,各省、自治区、直辖市、新疆生产建设兵团发展改革委、工信委(经委)、通信管理局、住房城乡建设厅(建委、局)、交通运输厅(局、委)、水利(务)厅(局)、商务厅(局)、新闻出版广电局,各地区铁路监管局、民航各地区管理局:

为进一步完善标准文件编制规则,构建覆盖主要采购对象、多种合同类型、不同项目规模的标准文件体系,提高招标文件编制质量,促进招标投标活动的公开、公平和公正,营造良好市场竞争环境,国家发展改革委会同工业和信息化部、住房城乡建设部、交通运输部、水利部、商务部、国家新闻出版广电总局、国家铁路局、中国民用航空局,编制了《标准设备采购招标文件》《标准材料采购招标文件》《标准勘察招标文件》《标准设计招标文件》《标准监理招标文件》(以下如无特别说明,统一简称为《标准文件》)。现将《标准文件》印发你们,并就有关事项通知如下。

一、适用范围

本《标准文件》适用于依法必须招标的与工程建设有关的设备、材料等货物项目和勘察、设计、监理等服务项目。机电产品国际招标项目,应当使用商务部编制的机电产品国际招标标准文本(中英文)。

工程建设项目,是指工程以及与工程建设有关的货物和服务。工程,是指建设工程,包括建筑物和构筑物的新建、改建、扩建及其相关的装修、拆除、修缮等。与工程建设有关的货物,是指构成工程不可分割的组成部分,且为实现工程基本功能所必需的设备、材料等。与工程建设有关的服务,是指为完成工程所需的勘察、设计、监理等。

二、应当不加修改地引用《标准文件》的内容

《标准文件》中的"投标人须知"(投标人须知前附表和其他附表除外)"评标办法"(评标办法前附表除外)"通用合同条款",应当不加修改地引用。

三、行业主管部门可以作出的补充规定

国务院有关行业主管部门可根据本行业招标特点和管理需要,对《标准设备采购招标文件》《标准材料采购招标文件》中的"专用合同条款""供货要求",对《标准勘察招标文件》《标

准设计招标文件》中的"专用合同条款""发包人要求",对《标准监理招标文件》中的"专用合同条款""委托人要求"作出具体规定。其中,"专用合同条款"可对"通用合同条款"进行补充、细化,但除"通用合同条款"明确规定可以作出不同约定外,"专用合同条款"补充和细化的内容不得与"通用合同条款"相抵触,否则抵触内容无效。

四、招标人可以补充、细化和修改的内容

"投标人须知前附表"用于进一步明确"投标人须知"正文中的未尽事宜,招标人应结合招标项目具体特点和实际需要编制和填写,但不得与"投标人须知"正文内容相抵触,否则抵触内容无效。

"评标办法前附表"用于明确评标的方法、因素、标准和程序。招标人应根据招标项目具体特点和实际需要,详细列明全部审查或评审因素、标准,没有列明的因素和标准不得作为评标的依据。

招标人可根据招标项目的具体特点和实际需要,在"专用合同条款"中对《标准文件》中的"通用合同条款"进行补充、细化和修改,但不得违反法律、行政法规的强制性规定,以及平等、自愿、公平和诚实信用原则,否则相关内容无效。

五、实施时间、解释及修改

《标准文件》自 2018 年 1 月 1 日起实施。因出现新情况,需要对《标准文件》不加修改地引用的内容作出解释或修改的,由国家发展改革委会同国务院有关部门作出解释或修改。该解释和修改与《标准文件》具有同等效力。

请各级人民政府有关部门认真组织好《标准文件》的贯彻落实,及时总结经验和发现问题。各地在实施《标准文件》中的经验和问题,向上级主管部门报告;国务院各部门汇总本部门的经验和问题,报国家发展改革委。

特此通知。

国家发展改革委
工业和信息化部
住房城乡建设部
交通运输部
水利部
商务部
国家新闻出版广电总局
国家铁路局
中国民用航空局

2017 年 9 月 4 日

交通运输部关于发布公路工程标准勘察设计招标文件及公路工程标准勘察设计招标资格预审文件2018年版的公告

(交通运输部公告2018年第26号)

为加强公路工程勘察设计招标管理,规范招标文件及资格预审文件编制工作,依照《中华人民共和国招标投标法》《中华人民共和国招标投标法实施条例》等法律法规,按照《公路工程建设项目招标投标管理办法》(交通运输部令2015年第24号),在国家发展改革委牵头编制的《标准勘察招标文件》和《标准设计招标文件》基础上,结合公路工程勘察设计招标特点和管理需要,交通运输部组织制定了《公路工程标准勘察设计招标文件》(2018年版)及《公路工程标准勘察设计招标资格预审文件》(2018年版)(以下简称《公路工程标准文件》),现予发布。

《公路工程标准文件》(2018年版)自2018年5月1日起施行,原《公路工程标准文件》(交公路发〔2010〕742号)同时废止,之前根据《公路工程标准文件》(2011年版)完成招标工作的项目仍按原合同执行。

自施行之日起,依法必须进行招标的公路工程应当使用《公路工程标准文件》(2018年版),其他公路项目可参照执行。在具体项目招标过程中,招标人可根据项目实际情况,编制项目专用文件,与《公路工程标准文件》(2018年版)共同使用,但不得违反国家有关规定。

《公路工程标准文件》电子文本可在交通运输部网(www.mot.gov.cn)"下载中心"下载。

请各省级交通运输主管部门加强对《公路工程标准文件》(2018年版)贯彻落实情况的监督检查,注意收集有关意见和建议,并及时反馈部公路局。

交通运输部
2018年2月14日

交通运输部关于发布公路工程标准施工监理招标文件及公路工程标准施工监理招标资格预审文件2018年版的公告

（交通运输部公告2018年第25号）

为加强公路工程施工监理招标管理，规范招标文件及资格预审文件编制工作，依照《中华人民共和国招标投标法》《中华人民共和国招标投标法实施条例》等法律法规，按照《公路工程建设项目招标投标管理办法》（交通运输部令2015年第24号），在国家发展改革委牵头编制的《标准监理招标文件》（以下简称《标准文件》）基础上，结合公路工程施工监理招标特点和管理需要，交通运输部组织制定了《公路工程标准施工监理招标文件》（2018年版）及《公路工程标准施工监理招标资格预审文件》（2018年版）（以下简称《公路工程标准文件》），现予发布。

《公路工程标准文件》（2018年版）自2018年5月1日起施行，《公路工程施工监理招标文件范本》（2008年版）同时废止，之前根据《公路工程施工监理招标文件范本》（2008年版）完成招标工作的项目仍按原合同执行。

自施行之日起，依法必须进行招标的公路工程应当使用《公路工程标准文件》（2018年版），其他公路项目可参照执行。在具体项目招标过程中，招标人可根据项目实际情况，编制项目专用文件，与《公路工程标准文件》（2018年版）共同使用，但不得违反国家有关规定。

《公路工程标准文件》（2018年版）中"投标人须知""评标办法"和"通用合同条款"等部分，与《标准文件》内容相同的只保留条目号，具体内容见《标准文件》。《公路工程标准文件》电子文本可在交通运输部网站（www.mot.gov.cn）"下载中心"下载。

请各省级交通运输主管部门加强对《公路工程标准文件》（2018年版）贯彻落实情况的监督检查，注意收集有关意见和建议，并及时反馈部公路局。

交通运输部
2018年2月14日

交通运输部关于发布公路工程标准施工招标文件及公路工程标准施工招标资格预审文件2018年版的公告

(交通运输部公告2017年第51号)

为加强公路工程施工招标管理,规范招标文件及资格预审文件编制工作,依照《中华人民共和国招标投标法》《中华人民共和国招标投标法实施条例》等法律法规,按照《公路工程建设项目招标投标管理办法》(交通运输部令2015年第24号),在国家发展改革委牵头编制的《标准施工招标文件》及《标准施工招标资格预审文件》(以下简称《标准文件》)基础上,结合公路工程施工招标特点和管理需要,交通运输部组织制定了《公路工程标准施工招标文件》(2018年版)及《公路工程标准施工招标资格预审文件》(2018年版)(以下简称《公路工程标准文件》),现予发布。

《公路工程标准文件》(2018年版)自2018年3月1日起施行,原《公路工程标准文件》(交公路发〔2009〕221号)同时废止,之前根据《公路工程标准文件》(2009年版)完成招标工作的项目仍按原合同执行。

自施行之日起,依法必须进行招标的公路工程应当使用《公路工程标准文件》(2018年版),其他公路项目可参照执行。在具体项目招标过程中,招标人可根据项目实际情况,编制项目专用文件,与《公路工程标准文件》(2018年版)共同使用,但不得违反国家有关规定。

《公路工程标准文件》(2018年版)中"申请人须知""资格审查办法""投标人须知""评标办法"和"通用合同条款"等部分,与《标准文件》内容相同的只保留条目号,具体内容见《标准文件》。《公路工程标准文件》电子文本可在交通运输部网站(www.mot.gov.cn)"下载中心"下载。

请各省级交通运输主管部门加强对《公路工程标准文件》(2018年版)贯彻落实情况的监督检查,注意收集有关意见和建议,及时反馈。

交通运输部
2017年11月30日

PART5 第五部分

资金费用管理与审计

中央预算内直接投资项目管理办法

(国家发展和改革委员会令2014年第7号)

第一章 总 则

第一条 为切实加强和进一步规范中央预算内直接投资项目管理,健全科学、民主的投资决策机制,提高投资效益,依据《国务院关于投资体制改革的决定》和有关法律法规,制定本办法。

第二条 本办法所称中央预算内直接投资项目(以下简称直接投资项目或者项目),是指国家发展改革委安排中央预算内投资建设的中央本级(包括中央部门及其派出机构、垂直管理单位、所属事业单位)非经营性固定资产投资项目。

党政机关办公楼建设项目按照党中央、国务院规定严格管理。

第三条 直接投资项目实行审批制,包括审批项目建议书、可行性研究报告、初步设计。情况特殊、影响重大的项目,需要审批开工报告。

国务院、国家发展改革委批准的专项规划中已经明确、前期工作深度达到项目建议书要求、建设内容简单、投资规模较小的项目,可以直接编报可行性研究报告,或者合并编报项目建议书。

第四条 申请安排中央预算内投资3000万元及以上的项目,以及需要跨地区、跨部门、跨领域统筹的项目,由国家发展改革委审批或者由国家发展改革委委托中央有关部门审批,其中特别重大项目由国家发展改革委核报国务院批准;其余项目按照隶属关系,由中央有关部门审批后抄送国家发展改革委。

按照规定权限和程序批准的项目,国家发展改革委在编制年度计划时统筹安排中央预算内投资。

第五条 审批直接投资项目时,一般应当委托具备相应资质的工程咨询机构对项目建议书、可行性研究报告进行评估。特别重大的项目实行专家评议制度。

第六条 直接投资项目在可行性研究报告、初步设计及投资概算的编制、审批以及建设过程中,应当符合国家有关建设标准和规范。

第七条 发展改革委与财政、城乡规划、国土资源、环境保护、金融监管、行业管理等部门建立联动机制,实现信息共享。

凡不涉及国家安全和国家秘密、法律法规未禁止公开的直接投资项目,审批部门应当按照政府信息公开的有关规定,将项目审批情况向社会公开。

第二章 项 目 决 策

第八条 适宜编制规划的领域,国家发展改革委和中央有关部门应当编制专项规划。按照规定权限和程序批准的专项规划,是项目决策的重要依据。

第九条 国家发展改革委会同有关部门建立项目储备库,作为项目决策和年度计划安排的重要依据。

第十条 项目建议书要对项目建设的必要性、主要建设内容、拟建地点、拟建规模、投资匡算、资金筹措以及社会效益和经济效益等进行初步分析,并附相关文件资料。项目建议书的编制格式、内容和深度应当达到规定要求。

由国家发展改革委负责审批的项目,其项目建议书应当由具备相应资质的甲级工程咨询机构编制。

第十一条 项目建议书编制完成后,由项目单位按照规定程序报送项目审批部门审批。项目审批部门对符合有关规定、确有必要建设的项目,批准项目建议书,并将批复文件抄送城乡规划、国土资源、环境保护等部门。

项目审批部门可以在项目建议书批复文件中规定批复文件的有效期。

第十二条 项目单位依据项目建议书批复文件,组织开展可行性研究,并按照规定向城乡规划、国土资源、环境保护等部门申请办理规划选址、用地预审、环境影响评价等审批手续。

第十三条 项目审批部门在批准项目建议书之后,应当按照有关规定进行公示。公示期间征集到的主要意见和建议,作为编制和审批项目可行性研究报告的重要参考。

第十四条 项目建议书批准后,项目单位应当委托工程咨询机构编制可行性研究报告,对项目在技术和经济上的可行性以及社会效益、节能、资源综合利用、生态环境影响、社会稳定风险等进行全面分析论证,落实各项建设和运行保障条件,并按照有关规定取得相关许可、审查意见。可行性研究报告的编制格式、内容和深度应当达到规定要求。

由国家发展改革委负责审批的项目,其可行性研究报告应当由具备相应资质的甲级工程咨询机构编制。

第十五条 项目可行性研究报告应当包含以下招标内容:

(一)项目的勘察、设计、施工、监理以及重要设备、材料等采购活动的具体招标范围(全部或者部分招标)。

(二)项目的勘察、设计、施工、监理以及重要设备、材料等采购活动拟采用的招标组织形式(委托招标或者自行招标)。按照有关规定拟自行招标的,应当按照国家有关规定提交书面材料。

(三)项目的勘察、设计、施工、监理以及重要设备、材料等采购活动拟采用的招标方式(公开招标或者邀请招标)。按照有关规定拟邀请招标的,应当按照国家有关规定提交书面材料。

第十六条 可行性研究报告编制完成后,由项目单位按照规定程序报送项目审批部门审批,并应当附以下文件:

(一)城乡规划行政主管部门出具的选址意见书;

（二）国土资源行政主管部门出具的用地预审意见；

（三）环境保护行政主管部门出具的环境影响评价审批文件；

（四）项目的节能评估报告书、节能评估报告表或者节能登记表（由中央有关部门审批的项目，需附国家发展改革委出具的节能审查意见）；

（五）根据有关规定应当提交的其他文件。

第十七条　项目审批部门对符合有关规定、具备建设条件的项目，批准可行性研究报告，并将批复文件抄送城乡规划、国土资源、环境保护等部门。

项目审批部门可以在可行性研究报告批复文件中规定批复文件的有效期。

对于情况特殊、影响重大的项目，需要审批开工报告的，应当在可行性研究报告批复文件中予以明确。

第十八条　经批准的可行性研究报告是确定建设项目的依据。项目单位可以依据可行性研究报告批复文件，按照规定向城乡规划、国土资源等部门申请办理规划许可、正式用地手续等，并委托具有相应资质的设计单位进行初步设计。

第十九条　初步设计应当符合国家有关规定和可行性研究报告批复文件的有关要求，明确各单项工程或者单位工程的建设内容、建设规模、建设标准、用地规模、主要材料、设备规格和技术参数等设计方案，并据此编制投资概算。投资概算应当包括国家规定的项目建设所需的全部费用。

由国家发展改革委负责审批的项目，其初步设计应当由具备相应资质的甲级设计单位编制。

第二十条　投资概算超过可行性研究报告批准的投资估算百分之十的，或者项目单位、建设性质、建设地点、建设规模、技术方案等发生重大变更的，项目单位应当报告项目审批部门。项目审批部门可以要求项目单位重新组织编制和报批可行性研究报告。

第二十一条　初步设计编制完成后，由项目单位按照规定程序报送项目审批部门审批。法律法规对直接投资项目的初步设计审批权限另有规定的，从其规定。

对于由国家发展改革委审批项目建议书、可行性研究报告的项目，其初步设计经中央有关部门审核后，由国家发展改革委审批或者经国家发展改革委核定投资概算后由中央有关部门审批。

经批准的初步设计及投资概算应当作为项目建设实施和控制投资的依据。

第二十二条　直接投资项目应当符合规划、产业政策、环境保护、土地使用、节约能源、资源利用等方面的有关规定。

第三章　建　设　管　理

第二十三条　对于项目单位缺乏相关专业技术人员和建设管理经验的直接投资项目，项目审批部门应当在批复可行性研究报告时要求实行代理建设制度（"代建制"），通过招标等方式选择具备工程项目管理资质的工程咨询机构，作为项目管理单位负责组织项目的建设实施。项目管理单位按照与项目单位签订的合同，承担项目建设实施的相关权利义务，严格执行项目的投资概算、质量标准和建设工期等要求，在项目竣工验收后将项目交付项目单位。

第二十四条 直接投资项目应当依法办理相关手续,在具备国家规定的各项开工条件后,方可开工建设。

对于按照可行性研究报告批复文件的规定需要审批开工报告的项目,应当在开工报告批准后方可开工建设。

第二十五条 直接投资项目的招标采购,按照《招标投标法》等有关法律法规规定办理。从事直接投资项目招标代理业务的招标代理机构,应当具备中央投资项目招标代理资格。

第二十六条 建立项目建设情况报告制度。项目单位应当按照规定向项目审批部门定期报告项目建设进展情况。

第二十七条 项目由于政策调整、价格上涨、地质条件发生重大变化等原因确需调整投资概算的,由项目单位提出调整方案,按照规定程序报原概算核定部门核定。概算调增幅度超过原批复概算百分之十的,概算核定部门原则上先商请审计机关进行审计,并依据审计结论进行概算调整。

第二十八条 建立健全直接投资项目的工程保险和工程担保制度,加强直接投资项目的风险管理。

第二十九条 直接投资项目应当遵守国家档案管理的有关规定,做好项目档案管理工作。项目档案验收不合格的,应当限期整改,经复查合格后,方可进行竣工验收。

第三十条 直接投资项目竣工后,应当按照规定编制竣工决算。项目竣工决算具体审查和审批办法,按照国家有关规定执行。

第三十一条 直接投资项目建成后,项目单位应当按照国家有关规定报请项目可行性研究报告审批部门组织竣工验收。

第三十二条 直接投资项目建成运行后,项目审批部门可以依据有关规定,组织具备相应资质的工程咨询机构,对照项目可行性研究报告批复文件及批准的可行性研究报告的主要内容开展项目后评价,必要时应当参照初步设计文件的相关内容进行对比分析,进一步加强和改进项目管理,不断提高决策水平和投资效益。

第四章 监督检查和法律责任

第三十三条 发展改革、财政、审计、监察和其他有关部门,依据职能分工,对直接投资项目进行监督检查。

第三十四条 国家发展改革委和有关部门应当依法接受单位、个人对直接投资项目在审批、建设过程中违法违规行为的投诉和举报,并按照有关规定进行查处。

第三十五条 项目审批部门和其他有关部门有下列行为之一的,责令限期改正,并对直接负责的主管人员和其他直接责任人员依法给予处分:

(一)违反本办法规定批准项目建议书、可行性研究报告、初步设计及核定投资概算的;

(二)强令或者授意项目单位违反本办法规定的;

(三)因故意或者重大过失造成重大损失或者严重损害公民、法人和其他组织合法权益的;

(四)其他违反本办法规定的行为。

第三十六条　国家机关及有关单位的工作人员在项目建设过程中滥用职权、玩忽职守、徇私舞弊、索贿受贿的,依法追究行政或者法律责任。

第三十七条　项目单位和项目管理单位有下列行为之一的,国家发展改革委和有关部门将其纳入不良信用记录,责令其限期整改、暂停项目建设或者暂停投资安排;对直接负责的主管人员和其他直接责任人员,依法追究行政或者法律责任:

(一)提供虚假情况骗取项目审批和中央预算内投资的;

(二)违反国家有关规定擅自开工建设的;

(三)未经批准擅自调整建设标准或者投资规模、改变建设地点或者建设内容的;

(四)转移、侵占或者挪用建设资金的;

(五)未及时办理竣工验收手续、未经竣工验收或者验收不合格即交付使用的;

(六)已经批准的项目,无正当理由未及时实施或者完成的;

(七)不按国家规定履行招标程序的;

(八)其他违反本办法规定的行为。

第三十八条　有关工程咨询机构或者设计单位在编制项目建议书、可行性研究报告、初步设计及投资概算以及开展咨询评估或者项目后评价时,弄虚作假或者咨询评估意见严重失实的,国家发展改革委和有关部门将其纳入不良信用记录,根据其情节轻重,依法给予警告、停业整顿、降低资质等级或者撤销资质等处罚;造成损失的,依法承担赔偿责任。相关责任人员涉嫌犯罪的,依法移送司法机关处理。

第三十九条　直接投资项目发生重大质量安全事故的,按照国家有关规定,由有关部门依法追究项目单位、项目管理单位和勘察设计、施工、监理、招标代理等单位以及相关人员的法律责任。

第五章　附　　则

第四十条　中央有关部门可以根据本办法的规定及职能分工,制订本部门的具体管理办法。省级发展改革部门可以参照本办法制订本地区的管理办法。

第四十一条　本办法由国家发展改革委负责解释。

第四十二条　本办法自 2014 年 3 月 1 日起施行。

政府核准投资项目管理办法

(国家发展和改革委员会令2014年第11号)

第一章 总 则

第一条 为进一步深化投资体制改革,规范政府对企业投资项目的核准行为,实现便利、高效服务和有效管理,根据《中华人民共和国行政许可法》、《国务院关于投资体制改革的决定》和国家有关法律法规,制定本办法。

第二条 实行核准制的投资项目范围和项目核准机关的核准权限,由国务院颁布的《政府核准的投资项目目录》(以下简称《核准目录》)确定。

前款所称项目核准机关,是指《核准目录》中规定具有项目核准权限的行政机关。《核准目录》所称国务院投资主管部门是指国家发展和改革委员会;《核准目录》规定由省级政府、地方政府核准的项目,其具体项目核准机关由省级政府确定。

项目核准机关对企业投资项目进行的核准是行政许可事项,实施行政许可所需经费应当由本级财政予以保障。

第三条 企业投资建设实行核准制的项目,应当按照国家有关要求编制项目申请报告,取得依法应当附具的有关文件后,按照规定报送项目核准机关。

第四条 项目核准机关对企业提交的项目申请报告,应当主要从维护经济安全、合理开发利用资源、保护生态环境、优化重大布局、保障公共利益、防止出现垄断等方面依法进行审查,作出是否予以核准的决定,并加强监督管理。

项目的市场前景、经济效益、资金来源、产品技术方案等均由企业自主决策、自担风险,项目核准机关不得干预企业的投资自主权。

第五条 项目核准机关及其工作人员应当严格执行国家有关规定,不得擅自增减核准审查条件,不得超出办理时限。

第六条 除涉及国家秘密、商业秘密或者个人隐私的外,项目核准机关应当依法将核准过程、核准结果予以公开。

第七条 项目核准机关应当建立项目核准管理在线运行系统,实现核准过程和结果的可查询、可监督。

第八条 外商投资项目和境外投资项目的核准办法另行制定,其他各类企业在中国境内投资建设的项目按本办法执行。

第二章　项目申请报告的内容及编制

第九条　项目单位应当向项目核准机关报送项目申请报告(一式5份)。项目申请报告应当由项目单位自主选择具备相应资质的工程咨询机构编制,其中由国家发展和改革委员会核准的项目,其项目申请报告应当由具备相应资质的甲级工程咨询机构编制。

第十条　项目申请报告应当主要包括以下内容:
(一)项目单位情况;
(二)拟建项目情况;
(三)资源利用和生态环境影响分析;
(四)经济和社会影响分析。

第十一条　国家发展和改革委员会编制并颁布项目申请报告通用文本、主要行业的项目申请报告示范文本、项目核准文件格式文本。

项目核准机关应当遵循便民、高效原则,制定并公开《服务指南》,列明项目核准的申报材料和所需附件、受理方式、审查条件、办理流程、办理时限等内容,提高工作透明度,为项目单位提供指导和服务。

第十二条　项目单位在报送项目申请报告时,应当根据国家法律法规的规定附送以下文件:
(一)城乡规划行政主管部门出具的选址意见书(仅指以划拨方式提供国有土地使用权的项目);
(二)国土资源行政主管部门出具的用地预审意见(不涉及新增用地,在已批准的建设用地范围内进行改扩建的项目,可以不进行用地预审);
(三)环境保护行政主管部门出具的环境影响评价审批文件;
(四)节能审查机关出具的节能审查意见;
(五)根据有关法律法规的规定应当提交的其他文件。

第十三条　项目单位应当对所有申报材料的真实性负责。

第三章　核准程序

第十四条　企业投资建设应当由地方政府核准的项目,应当按照地方政府的有关规定,向相应的项目核准机关报送项目申请报告。

地方企业投资建设应当分别由国家发展和改革委员会、国务院行业管理部门核准的项目,应当由项目所在地省级政府发展改革部门、行业管理部门提出初审意见后,分别向国家发展和改革委员会、国务院行业管理部门报送项目申请报告。属于国家发展和改革委员会核准权限的项目,项目所在地省级政府规定由省级政府行业管理部门初审的,应当由省级政府发展改革部门与其联合报送。

国务院有关部门所属单位、计划单列企业集团、中央管理企业投资建设应当分别由国家发展和改革委员会、国务院行业管理部门核准的项目,直接由国务院有关部门、计划单列企业集团、中央管理企业分别向国家发展和改革委员会、国务院行业管理部门报送项目申请报告,并分别附项目所在地省级政府发展改革部门、行业管理部门的意见。

企业投资建设应当由国务院核准的项目，由国家发展和改革委员会审核后报国务院核准。

第十五条 申报材料不齐全或者不符合有关要求的，项目核准机关应当在收到申报材料后 5 个工作日内一次告知项目单位补正。

项目核准机关受理或者不予受理申报材料，都应当出具加盖本机关专用印章并注明日期的书面凭证。对于受理的申报材料，书面凭证应注明编号，项目单位可以根据编号在线查询、监督核准过程和结果。

第十六条 项目核准机关在正式受理申报材料后，如有必要，应在 4 个工作日内按照有关规定委托工程咨询机构进行评估。编制项目申请报告的工程咨询机构不得承担同一项目的评估工作。工程咨询机构与项目单位存在控股、管理关系或者负责人为同一人的，该工程咨询机构不得承担该项目单位的项目评估工作。接受委托的工程咨询机构应当在项目核准机关规定的时间内提出评估报告，并对评估结论承担责任。

评估费用由委托评估的项目核准机关承担，评估机构及其工作人员不得收取项目单位的任何费用。

第十七条 对于涉及有关行业管理部门职能的项目，项目核准机关应当商请有关行业管理部门在 7 个工作日内出具书面审查意见。有关行业管理部门逾期没有反馈书面审查意见的，视为同意。

第十八条 对于可能会对公众利益构成重大影响的项目，项目核准机关应当采取适当方式征求公众意见。对于特别重大的项目，可以实行专家评议制度。

第十九条 项目核准机关应当在正式受理申报材料后 20 个工作日内做出是否予以核准的决定，或向上级项目核准机关提出审核意见。20 个工作日内不能做出决定的，经本机关负责人批准，可以延长 10 个工作日，并应当将延长期限的理由告知项目单位。

项目核准机关需要委托评估和进行专家评议的，所需时间不计算在前款规定的期限内。项目核准机关应当将咨询评估和专家评议所需时间书面告知项目单位。

第二十条 对于同意核准的项目，项目核准机关应当出具项目核准文件并依法将核准决定向社会公开；对于不同意核准的项目，项目核准机关应当出具不予核准决定书，说明不予核准的理由。

属于国务院核准权限的项目，由国家发展和改革委员会根据国务院的意见出具项目核准文件或者不予核准决定书。

项目核准机关出具项目核准文件或者不予核准决定书应当抄送同级行业管理、城乡规划、国土资源、环境保护、节能审查等相关部门和下级项目核准、初审机关。

第二十一条 项目核准机关应当强化自我约束，制定并严格遵守内部《工作规则》，明确受理申请、要件审查、委托评估、征求行业审查意见、内部会签、限时办结、信息公开等办事规则，充分利用信息化手段，提高核准工作效率。

第二十二条 项目单位对项目核准机关的核准决定有异议的，可以依法申请行政复议或者提起行政诉讼。

第四章　核准内容及效力

第二十三条　项目核准机关主要根据以下条件对项目进行审查：
（一）符合国家法律法规和宏观调控政策；
（二）符合发展规划、产业政策、技术政策和准入标准；
（三）合理开发并有效利用了资源；
（四）不影响我国国家安全、经济安全和生态安全；
（五）对公众利益，特别是项目建设地的公众利益不产生重大不利影响。

第二十四条　项目单位依据项目核准文件，依法办理规划许可、土地使用、资源利用、安全生产等相关手续。

第二十五条　项目核准文件自印发之日起有效期 2 年。在有效期内未开工建设的，项目单位应当在有效期届满前的 30 个工作日之前向原项目核准机关申请延期，原项目核准机关应当在有效期届满前作出是否准予延期的决定。在有效期内未开工建设也未按照规定向原项目核准机关申请延期的，原项目核准文件自动失效。

第二十六条　取得项目核准文件的项目，有下列情形之一的，项目单位应当及时以书面形式向原项目核准机关提出调整申请。原项目核准机关应当根据项目具体情况，出具书面确认意见或者要求其重新办理核准手续：
（一）建设地点发生变更的；
（二）建设规模、建设内容发生较大变化的；
（三）项目变更可能对经济、社会、环境等产生重大不利影响的；
（四）需要对项目核准文件所规定的内容进行调整的其他情形。

第五章　监督管理和法律责任

第二十七条　项目核准机关应当会同行业管理、城乡规划（建设）、国土资源、环境保护、金融监管、安全生产监管等部门，加强对企业投资项目的稽察和监管。

第二十八条　对于未按规定取得规划选址、用地预审、环评审批、节能审查意见的项目，各级项目核准机关不得予以核准。对于未按规定履行核准手续或者未取得项目核准文件的项目，城乡规划（建设）、国土资源、安全生产监管等部门不得办理相关手续，金融机构不得发放贷款。

第二十九条　各级发展改革部门应当会同行业管理、城乡规划（建设）、国土资源、环境保护、金融监管、安全生产监管等部门加快完善信息系统，建立发展规划、产业政策、技术政策、准入标准、诚信记录等信息的横向互通制度，及时通报对违法违规行为的查处情况，实现行政审批和市场监管的信息共享。

第三十条　项目核准机关及其工作人员违反本办法有关规定，有下列情形之一的，由其上级行政机关或者监察机关责令改正；情节严重的，对直接负责的主管人员和其他直接责任人员依法给予行政处分：
（一）超越法定职权予以核准的；

(二)对不符合法定条件的项目予以核准的;
(三)对符合法定条件的项目不予核准的;
(四)擅自增减核准审查条件的;
(五)不在法定期限内作出核准决定的;
(六)不依法履行监管职责或者监督不力,造成严重后果的。

第三十一条 项目核准机关工作人员,在项目核准过程中索取或者收受他人财物或者谋取其他利益,构成犯罪的,依法追究刑事责任;尚不构成犯罪的,依法给予行政处分。

第三十二条 工程咨询评估机构及其人员、参与专家评议的专家,在编制项目申请报告、受项目核准机关委托开展评估或者参与专家评议过程中,不遵守国家法律法规和本办法规定的,依法追究相应责任。

第三十三条 项目单位以隐瞒有关情况或者提供虚假申报材料等不正当手段申请核准的,项目核准机关不予受理或者不予核准;已经取得项目核准文件的,项目核准机关应当依法撤销该项目核准文件,已经开工建设的,依法责令其停止建设。相应的项目核准机关和有关部门应当将其纳入不良信用记录,并依法追究有关责任人的法律责任。

第三十四条 对属于实行核准制的范围但未依法取得项目核准文件而擅自开工建设的项目,以及未按照项目核准文件的要求进行建设的项目,一经发现,相应的项目核准机关和有关部门应当将其纳入不良信用记录,依法责令其停止建设或者限期整改,并依法追究有关责任人的法律责任。

第六章 附 则

第三十五条 具有项目核准权限的省级政府有关部门和国务院行业管理部门,可以按照国家有关法律法规和本办法的规定,制订具体实施办法。

第三十六条 事业单位、社会团体等投资建设《核准目录》规定实行核准制的项目,按照本办法执行。

第三十七条 本办法由国家发展和改革委员会负责解释。

第三十八条 本办法自2014年6月14日起施行。《企业投资项目核准暂行办法》(国家发展和改革委员会第19号令)同时废止。

审计署关于内部审计工作的规定

(审计署令2018年第11号)

第一章 总 则

第一条 为了加强内部审计工作,建立健全内部审计制度,提升内部审计工作质量,充分发挥内部审计作用,根据《中华人民共和国审计法》、《中华人民共和国审计法实施条例》以及国家其他有关规定,制定本规定。

第二条 依法属于审计机关审计监督对象的单位(以下统称单位)的内部审计工作,以及审计机关对单位内部审计工作的业务指导和监督,适用本规定。

第三条 本规定所称内部审计,是指对本单位及所属单位财政财务收支、经济活动、内部控制、风险管理实施独立、客观的监督、评价和建议,以促进单位完善治理、实现目标的活动。

第四条 单位应当依照有关法律法规、本规定和内部审计职业规范,结合本单位实际情况,建立健全内部审计制度,明确内部审计工作的领导体制、职责权限、人员配备、经费保障、审计结果运用和责任追究等。

第五条 内部审计机构和内部审计人员从事内部审计工作,应当严格遵守有关法律法规、本规定和内部审计职业规范,忠于职守,做到独立、客观、公正、保密。

内部审计机构和内部审计人员不得参与可能影响独立、客观履行审计职责的工作。

第二章 内部审计机构和人员管理

第六条 国家机关、事业单位、社会团体等单位的内部审计机构或者履行内部审计职责的内设机构,应当在本单位党组织、主要负责人的直接领导下开展内部审计工作,向其负责并报告工作。

国有企业内部审计机构或者履行内部审计职责的内设机构应当在企业党组织、董事会(或者主要负责人)直接领导下开展内部审计工作,向其负责并报告工作。国有企业应当按照有关规定建立总审计师制度。总审计师协助党组织、董事会(或者主要负责人)管理内部审计工作。

第七条 内部审计人员应当具备从事审计工作所需要的专业能力。单位应当严格内部审计人员录用标准,支持和保障内部审计机构通过多种途径开展继续教育,提高内部审计人员的职业胜任能力。

内部审计机构负责人应当具备审计、会计、经济、法律或者管理等工作背景。

第八条 内部审计机构应当根据工作需要,合理配备内部审计人员。除涉密事项外,可以根据内部审计工作需要向社会购买审计服务,并对采用的审计结果负责。

第九条 单位应当保障内部审计机构和内部审计人员依法依规独立履行职责,任何单位和个人不得打击报复。

第十条 内部审计机构履行内部审计职责所需经费,应当列入本单位预算。

第十一条 对忠于职守、坚持原则、认真履职、成绩显著的内部审计人员,由所在单位予以表彰。

第三章 内部审计职责权限和程序

第十二条 内部审计机构或者履行内部审计职责的内设机构应当按照国家有关规定和本单位的要求,履行下列职责:

(一)对本单位及所属单位贯彻落实国家重大政策措施情况进行审计;

(二)对本单位及所属单位发展规划、战略决策、重大措施以及年度业务计划执行情况进行审计;

(三)对本单位及所属单位财政财务收支进行审计;

(四)对本单位及所属单位固定资产投资项目进行审计;

(五)对本单位及所属单位的自然资源资产管理和生态环境保护责任的履行情况进行审计;

(六)对本单位及所属单位的境外机构、境外资产和境外经济活动进行审计;

(七)对本单位及所属单位经济管理和效益情况进行审计;

(八)对本单位及所属单位内部控制及风险管理情况进行审计;

(九)对本单位内部管理的领导人员履行经济责任情况进行审计;

(十)协助本单位主要负责人督促落实审计发现问题的整改工作;

(十一)对本单位所属单位的内部审计工作进行指导、监督和管理;

(十二)国家有关规定和本单位要求办理的其他事项。

第十三条 内部审计机构或者履行内部审计职责的内设机构应有下列权限:

(一)要求被审计单位按时报送发展规划、战略决策、重大措施、内部控制、风险管理、财政财务收支等有关资料(含相关电子数据,下同),以及必要的计算机技术文档;

(二)参加单位有关会议,召开与审计事项有关的会议;

(三)参与研究制定有关的规章制度,提出制定内部审计规章制度的建议;

(四)检查有关财政财务收支、经济活动、内部控制、风险管理的资料、文件和现场勘察实物;

(五)检查有关计算机系统及其电子数据和资料;

(六)就审计事项中的有关问题,向有关单位和个人开展调查和询问,取得相关证明材料;

(七)对正在进行的严重违法违规、严重损失浪费行为及时向单位主要负责人报告,经同意作出临时制止决定;

(八)对可能转移、隐匿、篡改、毁弃会计凭证、会计账簿、会计报表以及与经济活动有关的资料,经批准,有权予以暂时封存;

(九)提出纠正、处理违法违规行为的意见和改进管理、提高绩效的建议;

(十)对违法违规和造成损失浪费的被审计单位和人员,给予通报批评或者提出追究责任的建议;

(十一)对严格遵守财经法规、经济效益显著、贡献突出的被审计单位和个人,可以向单位党组织、董事会(或者主要负责人)提出表彰建议。

第十四条　单位党组织、董事会(或者主要负责人)应当定期听取内部审计工作汇报,加强对内部审计工作规划、年度审计计划、审计质量控制、问题整改和队伍建设等重要事项的管理。

第十五条　下属单位、分支机构较多或者实行系统垂直管理的单位,其内部审计机构应当对全系统的内部审计工作进行指导和监督。系统内各单位的内部审计结果和发现的重大违纪违法问题线索,在向本单位党组织、董事会(或者主要负责人)报告的同时,应当及时向上一级单位的内部审计机构报告。

单位应当将内部审计工作计划、工作总结、审计报告、整改情况以及审计中发现的重大违纪违法问题线索等资料报送同级审计机关备案。

第十六条　内部审计的实施程序,应当依照内部审计职业规范和本单位的相关规定执行。

第十七条　内部审计机构或者履行内部审计职责的内设机构,对本单位内部管理的领导人员实施经济责任审计时,可以参照执行国家有关经济责任审计的规定。

第四章　审计结果运用

第十八条　单位应当建立健全审计发现问题整改机制,明确被审计单位主要负责人为整改第一责任人。对审计发现的问题和提出的建议,被审计单位应当及时整改,并将整改结果书面告知内部审计机构。

第十九条　单位对内部审计发现的典型性、普遍性、倾向性问题,应当及时分析研究,制定和完善相关管理制度,建立健全内部控制措施。

第二十条　内部审计机构应当加强与内部纪检监察、巡视巡察、组织人事等其他内部监督力量的协作配合,建立信息共享、结果共用、重要事项共同实施、问题整改问责共同落实等工作机制。

内部审计结果及整改情况应当作为考核、任免、奖惩干部和相关决策的重要依据。

第二十一条　单位对内部审计发现的重大违纪违法问题线索,应当按照管辖权限依法依规及时移送纪检监察机关、司法机关。

第二十二条　审计机关在审计中,特别是在国家机关、事业单位和国有企业三级以下单位审计中,应当有效利用内部审计力量和成果。对内部审计发现且已经纠正的问题不再在审计报告中反映。

第五章　对内部审计工作的指导和监督

第二十三条　审计机关应当依法对内部审计工作进行业务指导和监督，明确内部职能机构和专职人员，并履行下列职责：

（一）起草有关内部审计工作的法规草案；

（二）制定有关内部审计工作的规章制度和规划；

（三）推动单位建立健全内部审计制度；

（四）指导内部审计统筹安排审计计划，突出审计重点；

（五）监督内部审计职责履行情况，检查内部审计业务质量；

（六）指导内部审计自律组织开展工作；

（七）法律、法规规定的其他职责。

第二十四条　审计机关可以通过业务培训、交流研讨等方式，加强对内部审计人员的业务指导。

第二十五条　审计机关应当对单位报送的备案资料进行分析，将其作为编制年度审计项目计划的参考依据。

第二十六条　审计机关可以采取日常监督、结合审计项目监督、专项检查等方式，对单位的内部审计制度建立健全情况、内部审计工作质量情况等进行指导和监督。

对内部审计制度建设和内部审计工作质量存在问题的，审计机关应当督促单位内部审计机构及时进行整改并书面报告整改情况；情节严重的，应当通报批评并视情况抄送有关主管部门。

第二十七条　审计机关应当按照国家有关规定对内部审计自律组织进行政策和业务指导，推动内部审计自律组织按照法律法规和章程开展活动。必要时，可以向内部审计自律组织购买服务。

第六章　责任追究

第二十八条　被审计单位有下列情形之一的，由单位党组织、董事会（或者主要负责人）责令改正，并对直接负责的主管人员和其他直接责任人员进行处理：

（一）拒绝接受或者不配合内部审计工作的；

（二）拒绝、拖延提供与内部审计事项有关的资料，或者提供资料不真实、不完整的；

（三）拒不纠正审计发现问题的；

（四）整改不力、屡审屡犯的；

（五）违反国家规定或者本单位内部规定的其他情形。

第二十九条　内部审计机构或者履行内部审计职责的内设机构和内部审计人员有下列情形之一的，由单位对直接负责的主管人员和其他直接责任人员进行处理；涉嫌犯罪的，移送司法机关依法追究刑事责任：

（一）未按有关法律法规、本规定和内部审计职业规范实施审计导致应当发现的问题未被发现并造成严重后果的；

(二)隐瞒审计查出的问题或者提供虚假审计报告的；
(三)泄露国家秘密或者商业秘密的；
(四)利用职权谋取私利的；
(五)违反国家规定或者本单位内部规定的其他情形。

第三十条 内部审计人员因履行职责受到打击、报复、陷害的，单位党组织、董事会(或者主要负责人)应当及时采取保护措施，并对相关责任人员进行处理；涉嫌犯罪的，移送司法机关依法追究刑事责任。

第七章 附 则

第三十一条 本规定所称国有企业是指国有和国有资本占控股地位或者主导地位的企业、金融机构。

第三十二条 不属于审计机关审计监督对象的单位的内部审计工作，可以参照本规定执行。

第三十三条 本规定由审计署负责解释。

第三十四条 本规定自2018年3月1日起施行。审计署于2003年3月4日发布的《审计署关于内部审计工作的规定》(2003年审计署第4号令)同时废止。

公路水路行业内部审计工作规定

(交通运输部令2019年第7号)

第一章 总 则

第一条 为加强公路水路行业内部审计工作,建立健全内部审计制度,提升内部审计工作质量,促进公路水路事业健康发展,根据《中华人民共和国审计法》《中华人民共和国审计法实施条例》等法律法规,制定本规定。

第二条 各级交通运输主管部门及所属单位和国有企业(含驻外单位,以下统称交通运输单位)开展内部审计工作,适用本规定。

本规定所称国有企业是指各级交通运输主管部门所属单位投资设立的国有和国有资本占控股地位或者主导地位的企业,以及各级交通运输主管部门管理的企业。

第三条 本规定所称的公路水路行业内部审计(以下简称内部审计),是指交通运输单位对本单位及所属单位的财政财务收支、经济活动、内部控制、风险管理实施独立、客观的监督、评价和建议,以促进单位完善治理、实现目标的活动。

第四条 交通运输部内部审计机构负责交通运输部机关及直属单位的内部审计工作,指导公路水路行业内部审计工作。

省级及以下交通运输主管部门内部审计机构应当按照行政管理关系和职责指导本地区行业内部审计工作。

第五条 交通运输单位应当依照有关法律法规、本规定和内部审计职业规范,结合本单位实际情况,建立健全内部审计制度,明确内部审计工作的领导体制、职责权限、人员配备、经费保障、审计结果运用和责任追究等。

第六条 单独设立的内部审计机构或者履行内部审计职责的内设机构(以下简称内部审计机构)和内部审计人员,从事内部审计工作应当严格遵守有关法律法规、本规定和内部审计职业规范,忠于职守,做到独立、客观、公正、保密。

内部审计机构和内部审计人员不得参与可能影响独立、客观履行审计职责的工作。

第七条 内部审计机构应当不断创新审计工作方法,充分利用先进的审计技术,促进内部审计业务质量不断提高。

第二章　内部审计机构和人员

第八条　各级交通运输主管部门及其所属行政事业单位的内部审计机构,应当在本单位党组织、主要负责人的直接领导下开展内部审计工作,向其负责并报告工作。

国有企业的内部审计机构应当在企业党组织、董事会(或者主要负责人)直接领导下开展内部审计工作,向其负责并报告工作。国有企业应当按照有关规定建立总审计师制度。总审计师协助党组织、董事会(或者主要负责人)管理内部审计工作。

第九条　下属单位或者分支机构较多,以及实行垂直管理的交通运输部所属单位,应当强化内部审计机构建设。未单独设立内部审计机构的交通运输部所属单位,应当指定履行内部审计职责的内设机构,设置内部审计岗位,配备专职的内部审计人员。

第十条　内部审计人员应当具备从事审计工作所需要的专业能力。交通运输单位应当严格内部审计人员录用标准。

内部审计机构的负责人应当具备审计、会计、经济、法律或者管理等工作背景之一,并按照有关规定任免。交通运输部所属单位内部审计机构的负责人任免前应当征求上级主管单位内部审计机构的意见。

第十一条　内部审计机构应当根据工作需要,合理配备内部审计人员并保持相对稳定。除涉密事项外,可以根据内部审计工作需要向社会购买审计服务,并对采用的审计结果负责。

第十二条　交通运输单位应当保障内部审计机构和内部审计人员依法依规独立履行职责,任何单位和个人不得打击报复。

第十三条　内部审计机构履行内部审计职责所需经费,应当列入本单位预算。

第十四条　交通运输单位应当支持和保障内部审计机构通过业务培训、交流研讨等多种途径开展继续教育,提高内部审计人员的职业胜任能力。

第十五条　对忠于职守、坚持原则、认真履职、成绩显著的内部审计人员和内部审计机构,由上级主管部门或者所在单位予以表彰。

第三章　内部审计职责

第十六条　内部审计机构应当按照国家有关规定和本单位的要求,履行下列职责:
(一)对贯彻落实国家重大政策措施情况进行审计;
(二)对发展规划、战略决策、重大措施以及年度业务计划执行情况进行审计;
(三)对财政财务收支进行审计;
(四)对固定资产投资项目进行审计,包括对公路、水路国家重点基本建设项目进行的绩效审计;
(五)对境外机构、境外资产和境外经济活动进行审计;
(六)对经济管理和效益情况进行审计;
(七)对自然资源资产管理和生态环境保护责任的履行情况进行审计;
(八)对内部控制及风险管理情况进行审计;
(九)对本单位内部管理的领导人员履行经济责任情况进行审计;

（十）协助本单位主要负责人督促落实审计发现问题的整改工作；

（十一）对所属单位的内部审计工作进行指导、监督和管理；

（十二）国家有关规定和本单位要求办理的其他事项。

第十七条 内部审计机构履行内部审计职责，可以行使以下权限：

（一）要求被审计单位按时报送发展规划、战略决策、重大措施、内部控制、风险管理、财政财务收支等有关资料（含相关电子数据，下同），以及必要的计算机技术文档；

（二）参加有关会议，召开与审计事项有关的会议；

（三）参与研究制定有关的规章制度，提出制定内部审计规章制度的建议；

（四）检查有关财政财务收支、经济活动、内部控制、风险管理的资料、文件和现场勘察实物；

（五）检查有关计算机系统及其电子数据和资料；

（六）就审计事项中的有关问题，向有关单位和个人开展调查和询问，取得相关证明材料；

（七）对发现的正在进行的严重违法违规、严重损失浪费行为及时向单位主要负责人报告，经同意作出临时制止决定；

（八）对可能转移、隐匿、篡改、毁弃会计凭证、会计账簿、会计报表以及与经济活动有关的资料，经批准，有权予以暂时封存；

（九）提出纠正、处理违法违规行为的意见和改进管理、提高绩效的建议；

（十）对违法违规和造成损失浪费的被审计单位和人员，给予通报批评或者提出追究责任的建议；

（十一）对严格遵守财经法规、经济效益显著、贡献突出的被审计单位和个人，可以向单位党组织、董事会（或者主要负责人）提出表彰建议。

第十八条 内部审计机构对本单位及所属单位的内部审计结果和发现的重大违纪违法问题线索，在向本单位党组织、董事会（或者主要负责人）报告的同时，应当及时向上级单位的内部审计机构报告。

第十九条 上级单位内部审计机构根据工作需要，可以委托下级单位内部审计机构办理审计事项，并指导审计工作开展。下级单位内部审计机构应当按要求及时办理，接受指导并报告工作。

第二十条 内部审计机构应当按要求向上级单位内部审计机构报送下列资料：

（一）内部审计工作发展规划、年度审计工作计划及工作总结；

（二）交通运输审计统计报表；

（三）审计决定及审计报告；

（四）重大违纪违法问题的专项审计报告；

（五）本单位内部审计工作制度；

（六）内部审计工作信息、经验材料；

（七）其他上级单位内部审计机构要求的有关资料。

第四章 内部审计程序

第二十一条 内部审计工作的一般程序是：

（一）内部审计机构根据上级部署和本单位的具体情况，编制年度审计工作计划，按照本单位规定的程序审定后实施。

（二）内部审计机构在实施项目审计前组成审计组，审计组由审计组组长和其他成员组成。审计组实行组长负责制。

（三）审计组调查了解被审计单位的情况，编制审计方案，确定审计范围、内容、方式和进度安排。

（四）内部审计机构在实施审计3日前向被审计单位或者相关人员送达审计通知书。特殊审计业务可在实施审计时送达审计通知书。

（五）内部审计人员获取的被审计单位存在违反国家规定的财政、财务收支行为以及其他重要审计事项的证据材料，由提供材料的有关人员签名或者单位盖章；不能取得签名或者盖章的，内部审计人员注明原因。

（六）内部审计人员根据获取的审计证据材料，编制审计工作底稿。

（七）审计组在实施审计程序后，编制审计报告，征求被审计单位的意见，经济责任审计报告还应当征求被审计人员的意见。被审计单位或者相关人员自收到审计报告征求意见稿之日起10日内，提出书面反馈意见。在规定时间内未提出书面反馈意见的，视同无异议。被审计单位或者有关人员对征求意见的审计报告有异议的，审计组进一步核实后，根据核实情况对审计报告作出必要的修改。

（八）审计组对被审计单位违反国家规定的财政收支、财务收支行为，需要进行处理的，起草审计决定。

（九）审计组将征求意见后的审计报告、审计工作底稿、审计证据材料、被审计单位或者相关人员的书面反馈意见、起草的审计决定送内部审计机构负责人或者其授权人员进行复核。复核完毕，审计组起草正式审计报告或者审计决定，连同被审计单位的书面意见，一并报送内部审计机构或者本单位负责人审批。

（十）内部审计机构将经批准的审计报告或者审计决定送达被审计单位或者相关人员；被审计单位或者相关人员予以执行，并在规定的期限内以书面形式报告执行结果。

（十一）被审计单位或者相关人员对经批准的审计报告或者审计决定有异议的，可以向内部审计机构所在单位申请审计复核；在未作出新的决定之前，原经批准的审计报告和审计决定仍然有效。

（十二）内部审计机构检查或者了解被审计单位或者其他有关单位的整改情况并取得相关证据材料，必要时应当进行后续审计。

第二十二条 特殊情况下，经单位党组织、董事会（或者主要负责人）批准，可以适当简化内部审计工作的一般程序。

第二十三条 被审计单位应当配合内部审计机构开展内部审计工作。

第二十四条 内部审计机构对办理的审计事项，应当建立审计档案，并按档案管理的有关规定执行。

第二十五条 内部审计机构对本单位内部管理的领导人员实施经济责任审计时，参照国家有关经济责任审计的规定执行。

第五章　内部审计结果运用

第二十六条　交通运输单位应当建立健全内部审计问题整改机制,明确单位主要负责人为问题整改第一责任人。对内部审计发现的问题和提出的建议,被审计单位应当及时整改,并将整改结果书面告知内部审计机构。

第二十七条　交通运输单位对内部审计发现的典型性、普遍性、倾向性问题,应当及时分析研究,制定和完善相关管理制度,建立健全内部控制措施。

第二十八条　内部审计机构应当加强与内部纪检、巡视巡察、组织人事等其他内部监督力量的协作配合,建立信息共享、结果共用、重要事项共同实施、问题整改问责共同落实等工作机制。

内部审计结果及整改情况应当作为考核、任免、奖惩干部,年度预算和项目资金安排等相关决策的重要依据。

第二十九条　内部审计机构对内部审计发现的重大违纪违法问题,应当按照管理权限,移交本单位纪检、人事部门或者被审计单位处理。纪检、人事部门或者被审计单位应当及时将问题处理结果反馈内部审计机构。

第三十条　交通运输单位对内部审计发现的重大违纪违法问题线索,应当按照管辖权限,依法依规及时移送有关纪检监察机关、司法机关。

第三十一条　交通运输单位在履行内部审计监督职责时,应当有效利用内部审计力量和各类审计成果。对所属单位内部审计发现且已经纠正的问题,可视情况不再在审计报告中反映。

第六章　指　导　监　督

第三十二条　内部审计机构应当接受审计机关的指导和监督,按要求向同级审计机关备案有关审计资料。

第三十三条　内部审计机构对内部审计工作进行指导、监督,履行下列职责:

(一)研究制定内部审计工作的制度和规划;

(二)检查、督促所属单位,指导本行业按照国家有关规定建立健全内部审计制度,开展内部审计工作;

(三)指导内部审计机构统筹安排审计计划,突出审计重点;

(四)组织开展专项审计和审计调查;

(五)监督所属单位内部审计机构职责履行情况,检查内部审计业务质量。

第三十四条　内部审计机构可以采取日常监督、结合审计项目监督等方式,对所属单位的内部审计制度建立健全情况、内部审计工作质量情况等进行指导和监督。

对内部审计制度建设和内部审计工作质量存在问题的,内部审计机构应当督促所属单位内部审计机构及时进行整改并书面报告整改情况;情节严重的,应当通报批评并视情况抄送上级单位内部审计机构。

第三十五条　内部审计机构应当对下级单位内部审计机构报送的有关材料进行分析,将其作为编制年度审计项目计划的参考依据。

交通运输单位党组织、董事会(或者主要负责人)应当定期听取内部审计工作汇报,加强对内部审计工作规划、年度审计计划、审计质量控制、问题整改和队伍建设等重要事项的管理。

第七章 责 任 追 究

第三十六条 被审计单位有下列情形之一的,由单位党组织、董事会(或者主要负责人)责令改正,并依法依规对直接负责的主管人员和其他直接责任人员进行处理:

(一)拒绝接受或者不配合内部审计工作的;
(二)拒绝、拖延提供与内部审计事项有关的资料,或者提供资料不真实、不完整的;
(三)拒不纠正审计发现问题的;
(四)整改不力、屡审屡犯的;
(五)违反国家规定或者本单位内部规定的其他情形。

第三十七条 内部审计机构和内部审计人员有下列情形之一的,由单位依法依规对直接负责的主管人员和其他直接责任人员进行处理;涉嫌犯罪的,移送司法机关依法追究刑事责任:

(一)未按有关法律法规、本规定和内部审计职业规范实施审计导致应当发现的问题未被发现并造成严重后果的;
(二)隐瞒审计查出的问题或者提供虚假审计报告的;
(三)泄露国家秘密或者商业秘密的;
(四)利用职权谋取私利的;
(五)违反国家规定或者本单位内部规定的其他情形。

第三十八条 内部审计人员因履行职责受到打击、报复、陷害的,单位党组织、董事会(或者主要负责人)应当及时采取保护措施,并对相关责任人员进行处理;涉嫌犯罪的,移送司法机关依法追究刑事责任。

第八章 附 则

第三十九条 本规定自2019年4月1日起施行。2004年11月19日发布的《交通行业内部审计工作规定》(交通部令2004年第12号)同时废止。

发展改革委关于印发《中央预算内直接投资项目概算管理暂行办法》的通知

(发改投资〔2015〕482号)

国务院各部委、直属机构,中直管理局:

为进一步加强中央预算内直接投资项目概算管理,提高中央预算内投资效益和项目管理水平,依据《国务院关于投资体制改革的决定》、《中央预算内直接投资项目管理办法》和有关法律法规,我委制定了《中央预算内直接投资项目概算管理暂行办法》,现印发你们,请按照执行。

特此通知。

国家发展和改革委员会
2015年3月15日

中央预算内直接投资项目概算管理暂行办法

第一章 总 则

第一条 为进一步加强中央预算内直接投资项目概算管理,提高中央预算内投资效益和项目管理水平,依据《国务院关于投资体制改革的决定》、《中央预算内直接投资项目管理办法》和有关法律法规,制定本办法。

第二条 中央预算内直接投资项目,是指国家发展改革委安排中央预算内投资建设的中央本级(包括中央部门及其派出机构、垂直管理单位、所属事业单位)非经营性固定资产投资项目。

国家发展改革委核定概算且安排全部投资的中央预算内直接投资项目(以下简称项目)概算管理适用本办法。国家发展改革委核定概算且安排部分投资的,原则上超支不补,如超概算,由项目主管部门自行核定调整并处理。

第二章 概算核定

第三条 概算由国家发展改革委在项目初步设计阶段委托评审后核定。概算包括国家规定的项目建设所需的全部费用,包括工程费用、工程建设其他费用、基本预备费、价差预备费等。编制和核定概算时,价差预备费按年度投资价格指数分行业合理确定。

对于项目单位缺乏相关专业技术人员或者建设管理经验的,实行代建制,所需费用从建设单位管理费中列支。

除项目建设期价格大幅上涨、政策调整、地质条件发生重大变化和自然灾害等不可抗力因素外,经核定的概算不得突破。

第四条 凡不涉及国家安全和国家秘密、法律法规未禁止公开的项目概算,国家发展改革委按照政府信息公开的有关规定向社会公开。

第三章 概算控制

第五条 经核定的概算应作为项目建设实施和控制投资的依据。项目主管部门、项目单位和设计单位、监理单位等参建单位应当加强项目投资全过程管理,确保项目总投资控制在概算以内。

国家建立项目信息化系统,项目单位将投资概算全过程控制情况纳入信息化系统,国家发展改革委和项目主管部门通过信息化系统加强投资概算全过程监管。

第六条 国家发展改革委履行概算核定和监督责任,开展以概算控制为重点的稽察,制止和纠正违规超概算行为,按照本办法规定受理调整概算。

第七条 项目主管部门履行概算管理和监督责任,按照核定概算严格控制,在施工图设计(含装修设计)、招标、结构封顶、装修、设备安装等重要节点应当开展概算控制检查,制止和纠正违规超概算行为。

第八条 项目单位在其主管部门领导和监督下对概算管理负主要责任,按照核定概算严格执行。概算核定后,项目单位应当按季度向项目主管部门报告项目进度和概算执行情况,包括施工图设计(含装修设计)及预算是否符合初步设计及概算,招标结果及合同是否控制在概算以内,项目建设是否按批准的内容、规模和标准进行以及是否超概算等。项目单位宜明确由一个设计单位对项目设计负总责,统筹各专业各专项设计。

第九条 实行代建制的项目,代建方按照与项目单位签订的合同,承担项目建设实施的相关权利义务,严格执行项目概算,加强概算管理和控制。

第十条 设计单位应当依照法律法规、设计规范和概算文件,履行概算控制责任。初步设计及概算应当符合可行性研究报告批复文件要求,并达到相应的深度和质量要求。初步设计及概算批复核定后,项目实行限额设计,施工图设计(含装修设计)及预算应当符合初步设计及概算。

第十一条 监理单位应当依照法律法规、有关技术标准、经批准的设计文件和建设内容、建设规模、建设标准,履行概算监督责任。

第十二条 工程咨询单位对编制的项目建议书、可行性研究报告内容的全面性和准确性负责；评估单位、招标代理单位、勘察单位、施工单位、设备材料供应商等参建单位依据法律法规和合同约定，履行相应的概算控制责任。

第四章 概算调整

第十三条 项目初步设计及概算批复核定后，应当严格执行，不得擅自增加建设内容、扩大建设规模、提高建设标准或改变设计方案。确需调整且将会突破投资概算的，必须事前向国家发展改革委正式申报；未经批准的，不得擅自调整实施。

第十四条 因项目建设期价格大幅上涨、政策调整、地质条件发生重大变化和自然灾害等不可抗力因素等原因导致原核定概算不能满足工程实际需要的，可以向国家发展改革委申请调整概算。

第十五条 申请调整概算的，提交以下申报材料：

（一）原初步设计及概算文件和批复核定文件；

（二）由具备相应资质单位编制的调整概算书，调整概算与原核定概算对比表，并分类定量说明调整概算的原因、依据和计算方法；

（三）与调整概算有关的招标及合同文件，包括变更洽商部分；

（四）施工图设计（含装修设计）及预算文件等调整概算所需的其他材料。

第十六条 申请调整概算的项目，对于使用预备费可以解决的，不予调整概算；对于确需调整概算的，国家发展改革委委托评审后核定调整，由于价格上涨增加的投资不作为计算其他费用的取费基数。

第十七条 申请调整概算的项目，如有未经国家发展改革委批准擅自增加建设内容、扩大建设规模、提高建设标准、改变设计方案等原因造成超概算的，除按照第十五条提交调整概算的申报材料外，必须同时界定违规超概算的责任主体，并提出自行筹措违规超概算投资的意见，以及对相关责任单位及责任人的处理意见。国家发展改革委委托评审，待相关责任单位和责任人处理意见落实后核定调整概算，违规超概算投资原则上不安排中央预算内投资解决。

第十八条 对于项目单位或主管部门可以自筹解决超概算投资的，由主管部门按有关规定和标准自行核定调整概算。

第十九条 向国家发展改革委申请概算调增幅度超过原核定概算10%及以上的，国家发展改革委原则上先商请审计机关进行审计。

第五章 法律责任

第二十条 国家发展改革委未按程序核定或调整概算的，应当及时改正。对直接负责的主管人员和其他责任人员应当进行诫勉谈话、通报批评或者给予党纪政纪处分。

第二十一条 因主管部门未履行概算管理和监督责任，授意或同意增加建设内容、扩大建设规模、提高建设标准、改变设计方案导致超概算的，主管部门应当对本部门直接负责的主管人员和其他责任人员进行诫勉谈话、通报批评或者给予党纪政纪处分。国家发展改革委相应调减安排该部门的投资额度。

第二十二条 因项目单位擅自增加建设内容、扩大建设规模、提高建设标准、改变设计方案,管理不善、故意漏项、报小建大等造成超概算的,主管部门应当依照职责权限对项目单位主要负责人和直接负责的主管人员以及其他责任人员进行诫勉谈话、通报批评或者给予党纪政纪处分;两年内暂停申报该单位其他项目。国家发展改革委将其不良信用记录纳入国家统一的信用信息共享交换平台;情节严重的,给予通报批评,并视情况公开曝光。

第二十三条 因设计单位未按照经批复核定的初步设计及概算编制施工图设计(含装修设计)及预算,设计质量低劣存在错误、失误、漏项等造成超概算的,项目单位可以根据法律法规和合同约定向设计单位追偿;国家发展改革委商请资质管理部门建立不良信用记录,纳入国家统一的信用信息共享交换平台,作为相关部门降低资质等级、撤销资质的重要参考。情节严重的,国家发展改革委作为限制其在一定期限内参与中央预算内直接投资项目设计的重要参考,并视情况公开曝光。

第二十四条 因代建方、工程咨询单位、评估单位、招标代理单位、勘察单位、施工单位、监理单位、设备材料供应商等参建单位过错造成超概算的,项目单位可以根据法律法规和合同约定向有关参建单位追偿;国家发展改革委商请资质管理部门建立不良信用记录,纳入国家统一的信用信息共享交换平台,作为相关部门资质评级、延续的重要参考。

第六章 附 则

第二十五条 由主管部门核定概算的中央预算内直接投资项目,参照本办法加强概算管理,严格控制概算。省级发展改革部门可以参照本办法制订本地区的概算管理办法。

第二十六条 本办法由国家发展改革委负责解释。

第二十七条 本办法自发布之日起施行。此前有关概算管理的规定,凡与本办法有抵触的,均按本办法执行。

交通基本建设资金监督管理办法

(交财发[2009]782号)

第一章 总 则

第一条 为加强交通基本建设资金的监督管理,保证资金安全、合理、有效使用,提高投资效益,根据国家现行基本建设财务管理规定,结合交通基本建设特点,制定本办法。

第二条 本办法适用于监督、管理和使用交通基本建设资金的各级交通运输主管部门(以下简称交通运输主管部门)和交通建设项目法人单位。

交通运输主管部门指各级人民政府主管公路、水运交通基本建设的部门。

交通建设项目法人单位指直接实施公路、水路及支持保障系统项目建设管理并具体使用交通基本建设资金的法人单位。

第三条 本办法所称交通基本建设资金是指纳入中央和地方固定资产投资计划,用于交通基本建设项目的财政性资金及其他资金。

财政性资金是指财政预算内和财政预算外资金,主要包括财政预算内基本建设资金;财政预算内其他各项支出中用于基本建设项目投资的资金;纳入财政预算管理的专项建设基金中用于基本建设项目投资的资金;财政预算外资金用于基本建设项目投资的资金;其他财政性基本建设资金。

其他资金是指交通建设项目法人单位自筹的与上述财政性资金配套用于交通基本建设项目的资金。

第四条 交通基本建设资金监督管理实行统一领导,分级负责。

交通运输部主管全国交通基本建设资金监督管理;县级以上地方人民政府交通运输主管部门按照交通基本建设项目管理权限主管本行政区域内交通基本建设资金监督管理。

交通运输主管部门直属系统单位负责本单位、本系统实施的交通建设项目的资金监督管理。

交通建设项目法人单位负责本单位实施的交通建设项目的资金监督管理。

第二章 资金监管原则、职责和内容

第五条 交通基本建设资金监督管理的基本原则:

(一)依法监管原则。交通运输主管部门和交通建设项目法人单位必须遵守《中华人民共和国会计法》、《中华人民共和国招标投标法》和《国有建设单位会计制度》、《基本建设财务管理规定》、《会计基础工作规范》以及相关的财经法规、财会制度,加强财务管理与会计核算工作,严格实施财会监督和内部审计监督。

(二)统一管理、分级负责原则。按照交通基本建设资金来源渠道,采取"一级管一级"的监督管理方式,实行分级负责,分级监督管理。

(三)全过程、全方位监督控制原则。对建设资金的筹集、管理、使用进行全过程、全方位的监督检查,建立健全资金使用的内部控制制度,确保建设资金的安全、合理和有效使用。

(四)专款专用原则。交通基本建设资金必须用于经批准的交通基本建设项目。交通基本建设资金按规定专款专用,单独核算,任何单位或个人不得截留、挤占和挪用。

(五)效益原则。交通基本建设资金的筹集、调度、使用实行规范化管理,确保厉行节约,防止损失浪费,降低工程成本,提高资金使用效益。

第六条 交通运输主管部门对交通基本建设资金监督管理的主要职责:

(一)贯彻执行国家有关基本建设的法律、法规、规章,制定交通基本建设资金管理规章制度。

(二)按规定审核、汇总、编报、批复或转复年度交通建设项目支出预算、年度基本建设财务决算、工程竣工决算和项目竣工财务决算。

(三)合理安排资金,及时调度、拨付和使用交通基本建设资金。

(四)监督管理建设项目工程概预算、年度投资计划执行情况等。

(五)监督检查交通基本建设资金筹集、使用和管理情况,及时纠正发现的问题,对重大问题提出意见报上级交通运输主管部门处理。

(六)收集、汇总、报送交通基本建设资金管理信息,审查、编报交通基本建设项目投资效益分析报告。

(七)督促交通建设项目法人单位做好竣工验收准备工作,按规定编报项目竣工财务决算,项目验收后及时办理财产移交手续。

第七条 交通建设项目法人单位对交通基本建设资金监督管理的主要职责:

(一)贯彻执行国家有关基本建设法律法规和交通基本建设资金管理规章制度,制定本单位交通基本建设资金管理制度办法。

(二)按规定对本单位交通建设项目工程概预算的执行实行监督。

(三)按规定编报、审核年度基本建设支出预算、年度基本建设财务决算、工程竣工决算和项目竣工财务决算。

(四)依法筹集、使用和管理交通建设项目资金。

(五)及时做好竣工验收工作,办理财产移交手续。

(六)收集、汇总、报送交通基本建设资金管理信息,审查、编报交通建设项目投资效益分析报告。

第八条 交通基本建设资金监督管理的重点内容:

(一)是否严格执行基本建设程序及建设资金专款专用等有关管理规定。

(二)是否严格执行概预算管理规定,有无将建设项目资金用于计划外工程等问题。

(三)资金来源是否符合国家有关规定,配套资金是否落实并及时到位。

（四）是否按合同规定的工程计量支付办法拨付工程进度款，有无未按规定拨付资金的情况，工程预备费使用是否符合有关规定。

（五）是否按规定使用建设单位管理费，按规定预留工程质量保证金，有无擅自扩大建设支出范围、提高支出标准的问题。

（六）是否按规定编制项目竣工财务决算，形成的资产是否及时登记入账，是否及时办理财产移交手续并将其纳入规定程序管理。

（七）财会机构是否建立健全，并配备相适应的财会人员。各项原始记录、统计台账、资金账户、凭证账册、会计核算、财务报告、内部控制制度等基础性工作是否健全、规范。

第九条 交通运输主管部门、交通建设项目法人单位应当重视基本建设财务信息管理工作，建立信息管理制度，做到及时收集、汇总、报送信息资料，有关信息资料必须内容真实，数字准确。

第三章 资金筹集监管

第十条 交通运输主管部门和交通建设项目法人单位应加强对建设资金筹集的监管。重点监管筹集资金是否符合国家法律法规，市场化融资手段及方法是否符合有关规定；项目资本金是否达到国家规定的比例；建设资金是否及时到位。

第十一条 交通运输主管部门应加强交通基本建设投资计划管理工作。项目投资计划安排资金总额不得超过批准的项目概算；项目实施计划应与投资计划、财务预算协调匹配。

第十二条 交通运输主管部门在审查交通建设项目施工许可或开工备案申请材料时，应核实建设资金落实情况。

交通建设项目法人单位应向交通运输主管部门提供建设资金已经落实的证明，包括银行出具的到位资金证明、银行付款保函、已签订的贷款合同或其他第三方担保、列入财政预算或投资计划的文件等。

第四章 前期工作资金监管

第十三条 前期工作资金监管是指对交通建设项目前期工作阶段所涉及的资金筹措与资金使用的监管，包括前期工作费、投标保证金、征地拆迁资金等。

前期工作费是指用于开展相关项目前期工作的专项资金。

第十四条 前期工作资金监管的重点内容：

（一）前期工作费的预算编制和资金使用情况。

（二）投标保证金的收取、管理和退还情况。

（三）征地拆迁资金的支付和管理情况。

第十五条 交通建设项目前期工作费应根据交通发展规划合理安排，纳入交通运输主管部门支出预算管理。

前期工作费拨付严格按照支出预算、用款计划、前期工作进度、合同要求等执行。实行政府采购和国库集中支付的项目，其前期工作费拨付按相关规定办理。

第十六条 对批准建设的项目，其前期工作费应列入该项目概算，并按照相关规定计入建设成本。对未批准或批准后又被取消的建设项目,已支出的前期工作费经交通运输主管部门审核同意后,转报同级财政部门批准后作核销处理。

第十七条 交通运输主管部门、交通建设项目法人单位按照相关规定与受托单位签订委托合同,明确前期工作内容、资金数额和使用管理要求等,加强前期工作费监管。

第十八条 交通运输主管部门、交通建设项目法人单位应按规定管理投标保证金、投标保函。收到投标保证金应当及时入账;收到投标保函等相关文件资料,由交通运输主管部门、交通建设项目法人单位的财会机构专人负责登记管理。

第十九条 交通建设项目法人单位应按规定管理和支付征地拆迁资金,保证征地拆迁资金专款专用,封闭运行。

支付征地拆迁资金应当依据相关规定、合同、协议。征地拆迁资金已支付、征地拆迁合同协议执行完毕,应当及时办理财务结转手续。

第五章 建设期间资金监管

第二十条 建设期间交通基本建设资金监管的主要任务:

(一)合理安排年度资金预算,及时调度、拨付和使用建设资金。

(二)加强工程资金支付、工程变更计量支付、临时工程计量支付、工程物资和设备采购资金支付、往来资金结算,以及建设单位管理费、工程预备费和其他各项费用支出的控制和管理。

(三)规范建设成本核算行为,控制、降低项目建设成本。

(四)强化建设期间形成资产的管理工作。

第二十一条 交通运输主管部门应当加强建设项目资金拨付与到位情况的监督管理工作。

(一)根据年度基本建设支出预算、年度投资计划及建设项目单位的资金使用计划,及时办理财政资金的申请、审核、上报手续。

(二)收到同级财政部门或上级主管部门拨付的基本建设资金后,按规定及时拨付交通建设项目法人单位。

第二十二条 交通建设项目法人单位办理工程价款支付业务,应当符合《内部会计控制规范——货币资金(试行)》规定。

交通建设项目法人单位应当建立工程进度价款支付控制制度,明确价款支付条件、方式、程序及相关手续等,并按照工程进度和合同条款实行计量支付。

第二十三条 交通建设项目法人单位的财会机构应依据承包商提交的价款支付申请以及相关凭证、监理人员审核签署的意见、本单位相关业务部门审核签署的意见,以及本单位相关负责人审批签署的意见等,并按照工程合同约定的价款支付方式,审核办理价款支付手续。

第二十四条 交通建设项目法人单位支付预付款应当在建设工程或设备、材料采购合同已经签订,承包商提交了银行预付款保函或保险公司担保书后,按照合同规定的条款进行支付,并在结算中及时扣回各项预付款。

第二十五条 交通建设项目法人单位应当加强工程变更计量支付的控制,严格审核变更的工程量、单价或费用标准等,依据审核认可的变更工程价款报告和签订的相关合同条款等,办理工程变更计量支付手续。

第二十六条 交通建设项目法人单位应当加强工程物资和设备采购的管理工作,办理采购业务必须符合《内部会计控制规范——采购与付款(试行)》规定。

第二十七条 交通建设项目法人单位应当加强往来资金的管理控制,明确管理责任,及时结算资金,定期清理核对。

第二十八条 交通建设项目法人单位应当加强建设单位管理费的控制与管理,建设单位管理费支出应当控制在批准的总额之内。

第二十九条 交通建设项目法人单位应当加强工程预备费的控制与管理,动用工程预备费必须符合相关规定,严格控制在概(预)算核定的总额之内。

第三十条 交通建设项目法人单位应当加强其他各项费用支出的控制与管理。对于不能形成资产的江河清障、航道整治、水土保持、工程报废等费用性支出,必须严格按照批准的费用开支内容支付资金。

第三十一条 交通运输主管部门、交通建设项目法人单位应当建立与银行等单位的定期对账制度,如果发现差错应及时查明原因并予以纠正。

第三十二条 交通建设项目法人单位应当加强建设期间形成资产的管理工作,建立和完善内控制度,落实各项资产管理责任。

(一)交通建设项目法人单位用基建投资购建自用的固定资产,应当及时入账管理,落实实物资产管理的责任部门。

(二)用基建投资购建完成应当交付生产使用单位的已完工程,在未移交以前,暂时由交通建设项目法人单位使用的,不能作为交通建设项目法人单位固定资产入账,应当设置"待交付使用资产备查簿"登记,并明确相关职能机构负责管理。

第六章 竣工决算资金监管

第三十三条 竣工决算期间资金监管的主要任务:

(一)做好竣工验收各项准备工作,及时编制竣工决算。

(二)组织开展竣工决算审计工作。

(三)做好结余资金处理工作,办理资产移交手续。

(四)及时编报、审批竣工财务决算。

(五)收集、汇总、报送建设项目资金管理信息,审核、编报投资效益分析报告。

第三十四条 交通建设项目法人单位根据承包商提供的工程竣工结算报告,并按照合同规定,办理工程竣工价款结算与支付手续。

工程质量保证金应当在工程质量保证期满并经验收合格后,按照合同规定进行支付。

第三十五条 交通建设项目法人单位的财会机构应当会同相关职能机构,认真做好各项账务、物资、财产、债权债务、投资资金到位情况和报废工程的清理工作,做到工完料清,账实相符。根据编制竣工决算报告要求,收集、整理、审核有关资料文件,及时编制竣工决算报告。

交通建设项目法人单位的财会机构应当会同相关职能机构,认真审核各成本项目的真实性、预提(留)资金的必要性、审批手续的合规性、文件资料的完整性等,保证竣工决算报告内容真实、数据准确。

第三十六条　交通运输主管部门、交通建设项目法人单位应当会同有关部门及时组织开展竣工决算审计工作。未经审计不得付清工程尾款,不得办理竣工验收手续。

第三十七条　交通运输主管部门、交通建设项目法人单位应当及时组织开展建设项目竣工验收工作,经验收合格后,方可交付使用。

对验收合格、交付使用的建设项目,交通建设项目法人单位应当及时办理资产和相关文件资料的移交手续,并进行账务处理,确保资产账实相符。

第三十八条　交通建设项目法人单位对项目竣工转入运营后不需要的库存设备、材料、自用固定资产等,进行公开变价处理或向有关部门移交,变价收入应当及时入账。

第三十九条　交通建设项目法人单位应当加强对已交付使用但尚未办理竣工决算和移交手续的资产管理,按日常核算资料分析确定相关资产的价值并估价入账。

第四十条　交通建设项目法人单位应当做好建设项目结余资金的清理工作,并按照相关规定进行处理。

第四十一条　交通建设项目法人单位应当按照基本建设财务管理规定处理基本建设过程中形成的基建收入和各项索赔、违约金等收入。

第四十二条　凡已超过规定的试运营期,并已具备竣工验收条件的项目,3个月内不办理竣工验收和固定资产移交手续的,其运营期间所发生的费用不得从基建投资中支付,所实现的收入作为生产经营收入,不再作为基建收入管理。

第四十三条　交通建设项目竣工验收合格后,应按照国家有关规定编制和报批建设项目竣工财务决算。建设周期长、建设内容多的项目,单项工程竣工、具备交付使用条件的,可编报单项工程竣工财务决算。建设项目全部竣工后应编报竣工财务总决算。

第七章　监督检查

第四十四条　交通运输主管部门、交通建设项目法人单位应当建立和完善交通基本建设资金的监督检查制度,对交通建设项目资金管理情况实施全过程的监督管理。

第四十五条　交通运输主管部门发现所属单位或其他使用交通基本建设资金单位有违反国家有关规定或有下列情况之一的,应追究或建议有关单位追究违规单位负责人及有关责任人的责任,并可以采取暂缓资金拨付、停止资金拨付,并相应调减年度投资计划和财务预算等措施予以纠正:

(一)违反国家法律法规和财经纪律的。
(二)违反基本建设程序的。
(三)擅自改变项目建设内容,扩大或缩小建设规模,提高或降低建设标准的。
(四)建设用款突破审定概算的。
(五)配套资金不落实或没有按规定到位的。
(六)资金未按规定实行专款专用,发生挤占、挪用、截留的。
(七)发生重大工程质量问题和安全事故,造成重大经济损失和不良社会影响的。
(八)财会机构不健全,会计核算不规范,财务管理混乱的。

(九)未按规定向上级部门报送用款计划、会计报表等有关资料或报送资料内容不全、严重失真的。

第四十六条 交通建设项目法人单位发现本单位内部或相关用款单位有下列情况之一的,财会机构有权采取停止支付交通基本建设资金等措施予以纠正:

(一)违反国家法律、法规和财经纪律的。

(二)违反规定建设计划外工程的。

(三)擅自改变项目建设内容,扩大或缩小建设规模,提高或降低建设标准的。

(四)违反合同条款规定的。

(五)结算手续不完备,结算凭证不合规,支付审批程序不规范的。

第四十七条 交通运输主管部门、交通建设项目法人单位的财会人员,应当按照国家法律法规和有关规章制度,认真履行职责,实施会计监督。对不符合交通基本建设资金管理和使用规定的会计事项,财会人员有权自行处理的,应当及时处理;无权处理的,应当立即向单位负责人报告,请求查明原因,作出处理。

第四十八条 交通运输主管部门、交通建设项目法人单位对在监督、管理和使用交通基本建设资金工作中取得突出成绩的单位和个人,应给予表彰奖励。对违反有关规定的要追究其责任,并给予相应的处罚。

第四十九条 交通建设项目审计工作应按照交通建设项目审计实施办法和委托审计管理办法等规定执行。

第八章 附 则

第五十条 交通运输主管部门、交通建设项目法人单位可根据本办法制定具体实施办法。

第五十一条 本办法由交通运输部负责解释。

第五十二条 本办法自发布之日起执行,2000 年 4 月 13 日发布的原办法废止。本办法未尽事宜,按照国家有关规定执行。

公路水运基本建设项目内部审计管理办法

(交财审发〔2017〕196号)

第一章 总 则

第一条 为规范公路水运基本建设项目审计监督工作,保障建设资金合法合规使用,提高资金使用效益,促进基本建设项目管理,根据《中华人民共和国审计法》和《基本建设财务规则》等有关法律法规,结合交通运输实际,制定本办法。

第二条 本办法适用于交通运输部及所属行政和企事业单位的基本建设项目内部审计,地方各级交通运输主管部门及所属行政和企事业单位的公路、水运基本建设项目内部审计。

第三条 本办法所称基本建设项目,是指以新增工程效益或者扩大生产能力为主要目的的新建、续建、改扩建、迁建和大型维修改造工程。

第四条 本办法所称基本建设项目内部审计,是指各级交通运输主管部门及所属行政和企事业单位(以下简称交通运输单位)履行内部审计职责的机构(以下简称内审机构)依据国家有关法律法规,对基本建设项目组织开展审计监督的行为。

第五条 内审机构负责基本建设项目审计组织实施,可自行组织实施,也可根据工作需要委托社会审计机构实施。

委托社会审计机构实施,应按照《中华人民共和国政府采购法》《中华人民共和国政府采购法实施条例》等有关法律法规选择社会审计机构。

第六条 基本建设项目内部审计包括竣工决算审计、跟踪审计以及专项审计。

本办法所称竣工决算审计是指基本建设项目竣工验收前,对竣工决算的真实性、合规性进行的审计;跟踪审计是指对基本建设项目从开工建设到竣工验收全过程进行监督和评价的审计;专项审计是指对基本建设项目建设过程中的某一环节或某一事项进行的审计。

基本建设项目应依法开展竣工决算审计,根据管理需要,可开展跟踪审计、专项审计。

第七条 被审计单位应配合基本建设项目审计工作,提供审计所需的纸质及电子资料,并对所提供资料的真实性和完整性负责,同时提供必要的审计工作条件。

第八条 基本建设项目内部审计经费纳入交通运输单位年度预算,按规定使用管理。

第二章 职 责 分 工

第九条 交通运输单位按照行政管理关系和职责分级负责基本建设项目内部审计工作。

基本建设项目建设单位是本单位基本建设项目内部审计的责任主体。

基本建设项目内部审计工作应接受审计机关、上级单位或主管部门的业务指导和监督。

第十条 基本建设项目审计实行计划管理。内审机构应根据基本建设项目预算(投资计划)、工期安排、投资规模等情况,制定年度审计计划。审计计划可以根据实际情况进行调整。审计计划应与审计机关、上级单位或主管部门的审计安排相衔接,避免重复审计。

第三章 审计内容

第十一条 审计内容按照财务管理与业务管理两个部分划分。内审机构实施审计时,根据管理需要和审计类型确定审计具体内容。

第十二条 财务管理审计主要内容:

(一)基本建设项目(建设单位)内部控制制度是否建立健全,是否得到有效执行,是否满足建设管理要求,是否有利于质量、造价、进度、环保、安全控制。

财务管理机构设置及人员配备是否符合规定,职责权限是否明晰。财务制度是否建立健全并有效执行。科目设置、会计核算是否符合相关财务规定。

(二)资金来源是否合法合规,是否按计划及时到位,能否满足项目建设进度需要。资金管理、使用是否符合财务规定,结余财政资金是否按规定上缴。

(三)前期工作经费、征地拆迁工作经费使用是否真实合理合法。征地拆迁及安置补偿资金是否按规定专项核算,及时拨付。

(四)预付工程款是否按合同约定支付和扣回。保证金预留是否符合有关规定,是否符合合同约定。保证金预留比例和金额计算是否准确,使用和退回是否合法合规。

(五)工程价款结算(决算)是否真实、准确、合法,是否严格执行合同约定的计价规定、结算方式和时间。预备费的使用是否规范。

(六)是否按照国家规定及时、足额计提和缴纳税费。

(七)项目建设管理费支出是否合法合规,手续是否完备。

(八)财务费用支出是否真实合法合规,贷款形成的资本化利息计算是否合理准确。

(九)形成资产是否全面、准确,是否及时入账并账实相符。资产分类是否满足相关要求。资产计价、使用和处置是否符合规定。

(十)竣工财务决算编报是否及时,报表数据是否完整、准确。成本是否严格按照概算口径及有关财务制度正确归集。

(十一)基本建设项目建设全过程资金筹集、使用及核算是否规范、有效。基本建设项目投入运营效果,是否达到设定的绩效目标。

(十二)其他需要审计的内容。

第十三条 业务管理审计的主要内容:

(一)基本建设项目立项、可行性研究、初步设计、施工图设计、用地(用海)、环保、施工及消防等事项是否经有关部门审查批准或备案。

(二)征地拆迁范围是否合规,补偿标准是否合法合规,补偿金额计算是否准确。委托地方政府承担征地拆迁工作的,是否签订协议并有效执行。

（三）勘察、设计、咨询、招标代理、施工、监理、材料及设备采购等事项是否按规定签订合同，合同形式是否符合要求，内容是否完备。合同是否得到全面履行。价格、质量、进度等是否符合合同条款规定。有无转包或违法分包行为。

（四）依法需进行招标的勘察、设计、咨询、招标代理、施工、监理、材料及设备采购等事项是否进行了招标投标，招标投标程序是否合法合规。涉及政府采购事项是否按规定程序组织采购。有无规避招标投标和政府采购的行为。

（五）材料、设备等是否按设计要求和合同规定进行采购，验收、保管、使用、维护和结余处理等是否合规、有效。

（六）工程计量是否真实合理。工程价款支付是否严格按合同条款办理，有无超计量支付。工程结算手续是否齐全。

（七）项目原合同外新增工程是否合规。

（八）材料价格调整是否符合规定和合同约定，是否履行相关程序。调整材料数量、价格是否准确。

（九）是否按照批准的概（预）算内容实施，有无超标准、超规模、超概（预）算建设现象。概算调整是否履行规定程序。

（十）工程质量是否验收合格。有无因设计失误、监理履职不到位、施工管理控制不严等造成损失浪费、进度滞后、质量隐患等问题。工程进度是否按计划完成。

（十一）设计变更、建设内容变更等事项，变更理由是否真实合理，变更内容是否符合相关要求，是否履行规定程序。

（十二）尾工工程内容是否真实，依据是否充分，是否控制在概算规定的范围内，是否按照规定办理相关手续。

（十三）档案管理是否合法合规。

（十四）其他需要审计的内容。

第四章　审计结果和整改

第十四条　基本建设项目审计完结，由内审机构自行实施的审计，所在单位应出具书面审计报告或下达审计决定；委托社会审计机构实施的审计，由社会审计机构或内审机构所在单位出具书面审计报告，内审机构所在单位可下达审计决定。

被审计单位对审计报告或审计决定有异议，可在规定时间内向内审机构所在单位申请审计复核。

第十五条　被审计单位应在审计报告或审计决定规定时间内完成审计揭示问题的整改工作，按时报送整改情况。审计报告或审计决定揭示的重大问题，内审机构应对整改情况进行核查。

第五章　罚　　则

第十六条　交通运输单位未按本办法规定履行审计职责的，其上一级单位或主管部门可以通过约谈、通报等方式责成其改正。

内审机构审计人员滥用职权、徇私舞弊、玩忽职守、泄露秘密的,由所在单位依照有关规定予以处理;构成犯罪的,移交司法机关追究刑事责任。

第十七条 被审计单位不配合审计工作、拒绝审计或者提供资料、提供虚假资料、拒不执行审计结论或者报复陷害审计人员的,被审计单位主要负责人或者有关部门应当及时予以处理,构成犯罪的,移交司法机关追究刑事责任。拒不处理的,内审机构所在单位或被审计单位上级单位可以采取约谈被审计单位领导、通报等形式责成被审计单位改正。

第十八条 发现被审计单位或个人存在重大违法违规问题,内审机构应及时报告本单位主要负责人;按规定需要移送的事项,应及时向有关部门移送,由有关部门依法依规处理。

第十九条 基本建设项目勘察、设计、施工、监理、材料及设备供应、咨询等参建单位,不配合审计工作、拒绝提供资料、提供虚假资料的,内审机构所在单位应将有关情况书面报告交通运输主管部门。交通运输主管部门应对报告内容予以核实,情况属实的,依法依规处理。

第二十条 社会审计机构出具的审计报告违反法律法规或者审计人员违反执业准则的,委托审计单位应将问题移送有关主管机关依法处理,并将有关情况报告交通运输主管部门。交通运输主管部门应以适当方式在一定范围内通报情况。

第六章 附 则

第二十一条 其他单位的公路、水运基本建设项目内部审计,可以参照本办法执行。

第二十二条 交通运输单位可结合实际制定本辖区、本单位实施细则。

第二十三条 本办法由交通运输部负责解释。

第二十四条 本办法自 2018 年 1 月 1 日起施行,有效期 5 年。《交通建设项目审计实施办法》(交审发〔2000〕64 号)同时废止。

交通建设项目委托审计管理办法

（根据2015年6月24日交通运输部令2015年第12号修改）

第一条 为了规范交通建设项目委托审计管理工作，提高委托审计质量，防范审计风险，根据《中华人民共和国审计法》、《中华人民共和国招标投标法》，制定本办法。

第二条 列入各级交通主管部门、企事业单位固定资产投资计划的建设项目办理委托审计事项，适用本办法。

本办法所称建设项目委托审计，是指各级交通主管部门、企事业单位根据审计工作需要，将建设项目审计业务委托给包括会计师事务所、工程造价咨询企业等在内的社会审计组织实施的行为。

第三条 建设项目委托审计的业务范围包括建设项目前期审计、期间审计、竣工决算审计以及全过程跟踪审计。

第四条 建设项目委托审计管理工作由各级交通主管部门、企事业单位的审计部门或其他办理委托审计事项的部门归口管理（以下统称"委托审计归口管理部门"）。

第五条 建设项目委托审计管理工作主要包括提出委托审计项目建议、审核受托人资质、审核审计费用、监督委托过程、检查审计质量、协调处理有关问题等。

各级交通主管部门、企事业单位可结合实际情况，确定委托审计管理工作职责的具体内容。

第六条 交通部的委托审计归口管理部门负责监督管理部属单位的建设项目委托审计工作，指导全国交通行业的建设项目委托审计管理工作。

省级及其以下交通主管部门的委托审计归口管理部门负责监督管理本级及所属单位的建设项目委托审计工作，指导本辖区内交通行业的建设项目委托审计管理工作。

交通企事业单位的委托审计归口管理部门负责本单位及其所属单位的建设项目委托审计管理工作。

第七条 上级委托审计归口管理部门可检查下级的建设项目委托审计工作，并对检查发现的问题要求有关部门和单位进行整改。

第八条 委托审计归口管理部门及其工作人员办理委托审计管理工作，应严格遵守有关法律、法规和审计纪律，遵循公开、公平、公正原则。

第九条 委托人可以采取指定委托、竞争性谈判委托、招投标委托等方式选择受托人。

指定委托是指委托人指定一家符合本办法第十一条、第十二条、第十三条规定的社会审计组织为受托人的方式。指定委托适用于涉及国家安全或具有行业特殊规定的委托审计业务。

竞争性谈判委托是指委托人选择三家以上符合本办法第十一条、第十二条、第十三条规定的社会审计组织，通过谈判确定受托人的方式。竞争性谈判委托适用于指定委托和招投标委托范围以外的委托审计业务。

招投标委托是指委托人根据《中华人民共和国招标投标法》的要求确定符合本办法第十一条、第十二条、第十三条规定的受托人的方式。招投标委托适用于概算投资额在 5000 万元以上或根据国家收费标准估算审计基本费用在 20 万元以上以及其他依法需要实行招投标委托的建设项目的委托审计业务。

第十条 采取招投标委托方式确定受托人的，委托审计招投标活动应严格遵守《中华人民共和国招标投标法》、《中华人民共和国合同法》等法律和法规。

第十一条 委托人选择受托人应遵循审计质量高、信誉好、服务优、价格低的原则，且选择的受托人应符合以下要求：

（一）具有中华人民共和国法人资格；

（二）具有良好的职业道德记录和信誉；

（三）上年度或最近两年年平均业务收入不少于 100 万元；

（四）有 10 名以上注册会计师；

（五）建设项目审计规定的其他条件。

委托人采取招投标方式选择的受托人，除满足本条第一款第（一）、（二）、（五）项条件外，上年度或最近两年年平均业务收入不少于 400 万元，且有 20 名以上注册会计师。

第十二条 建设项目委托审计业务涉及工程造价审计（审核）的，委托人选择的受托人还应符合以下要求：

（一）从事一级以上公路项目（含独立特大桥梁、特长隧道）、国家高等级航道、500 吨级以上通航建筑物、千吨及 5 万标箱以上内河港口项目以及概算投资额在 5000 万元以上的其他交通建设项目工程造价审计（审核）的，应具有建设行政主管部门颁发的工程造价咨询企业甲级资质或交通主管部门颁发的相应等级证书，且有 5 名以上从事过交通建设项目审计业务的注册造价师；

（二）从事上述第（一）项以外的交通建设项目工程造价审计（审核）的，应具有建设行政主管部门颁发的工程造价咨询企业乙级以上资质或交通主管部门颁发的相应等级证书，且有 3 名以上从事过交通建设项目审计业务的注册造价师。

第十三条 具有以下情形之一的社会审计组织，委托人不得委托其实施审计：

（一）不具备相应资质和能力的；

（二）受到审计、财政、监察、税务、工商、证券监管、银行监管等有关部门查处且尚未解除从业限制的；

（三）依据本办法第二十四条规定受到从业限制的。

第十四条 委托审计费用在国家规定的收费标准范围内，由委托人与受托人协商确定。委托审计费用按照国家有关规定列支。

第十五条 拟实行委托审计的建设项目，应由委托审计归口管理部门填写《交通建设项目委托审计管理审批表》（见附件1），提出建设项目委托审计建议，经单位领导批准同意后，方可办理委托审计的相关事宜。

《交通建设项目委托审计管理审批表》中涉及的相关资料由委托人或有关业务管理部门提供。

第十六条 确定受托人后,委托人应填写《社会审计组织资质备案表》(见附件2),与受托人协商签订《审计业务约定书》。

第十七条 委托人应当向受托人及时提供真实、完整的相关资料。

第十八条 委托人应在《审计业务约定书》中要求受托人在出具审计(审核)报告时,对审计(审核)的会计报表是否符合国家有关基本建设财务管理规定和会计制度作出明确表述。

第十九条 委托人应将审计(审核)报告报其上级主管部门的委托审计归口管理部门备案。

第二十条 委托审计归口管理部门应及时审核并合理使用审计(审核)报告。必要时可组织力量对受托人的审计情况进行质量检查或复审。

第二十一条 建设项目委托审计工作完成后,委托人应建立建设项目委托审计档案。档案主要包括《交通建设项目委托审计管理审批表》、委托审计招投标资料、《社会审计组织资质备案表》、《审计业务约定书》、审计(审核)报告及相关资料等。

第二十二条 受托人未按《审计业务约定书》实施审计或提供审计(审核)报告时,委托人应要求其补充相关资料或者重新审计。

第二十三条 受托人提供的审计(审核)报告严重失实、审计结论意见不准确,且拒绝进行重新审计或纠正的,委托人应终止委托审计业务,停止支付审计费用。

第二十四条 对存在以下问题的社会审计组织,交通主管部门、企事业单位应按以下要求进行处理,并在系统内部予以通报:

(一)未按《审计业务约定书》的要求实施审计或提供审计(审核)报告、审计工作不规范、审计结论避重就轻,且拒绝纠正的,一年内不得委托其从事审计业务;

(二)提供的审计(审核)报告存在严重失实、结论意见不准确,且拒绝进行重新审计或纠正的,两年内不得委托其从事审计业务;

(三)存在未披露应当披露的重大财务事项等重大错漏的,三年内不得委托其从事审计业务;

(四)有关部门在事后检查中发现审计(审核)报告未真实、客观反映情况或揭露问题,给委托人或交通行业造成损失和不良影响的,五年内不得委托其从事审计业务;

(五)有弄虚作假、串通作弊、泄露秘密等重大违法行为,以及通过不正当手段取得委托审计业务的,不得再次委托其从事审计业务。

第二十五条 委托人不按本办法规定实施委托审计的,上级委托审计归口管理部门应责令其改正,并责成重新实施审计。

第二十六条 参与交通建设项目委托审计管理工作的人员滥用职权、徇私舞弊、玩忽职守或泄露国家秘密、商业秘密的,依法给予处分;构成犯罪的,依法追究刑事责任。

第二十七条 本办法自2007年6月1日起施行。

附件 1

交通建设项目委托审计管理审批表

编号：

委托单位名称				
建设项目名称				
建设项目所在地				
项目资金组成情况	概算总投资(万元)		占总投资比例(%)	
	其中：			
	1. 中央资金			
	2. 省级资金			
	3. 地市级资金			
	4. 单位自筹资金			
	5. 金融机构贷款			
	6. 其他			
项目建设进展情况	1. 已批准立项但尚未开工建设（　） 2. 已开工建设（　） 3. 已交工验收（　） 4. 已竣工（　）			
委托审计业务内容	1. 全过程跟踪审计（　） 2. 竣工决算审计（　） 3. 建设期间审计（　） 4. 工程结算审计（　） 5. 工程造价审核（　） 6. 其他（　）			
拟委托方式	1. 指定委托（　） 2. 竞争性谈判（　） 3. 招投标委托—公开招标（　） 4. 招投标委托—邀请招标（　）			
委托审计归口 管理部门意见	 签章：　　　　年　月　日			
委托审计归口 管理部门所在单位 领导审批意见	 签章：　　　　年　月　日			

附件 2

社会审计组织资质备案表

编号：

社会审计组织名称 （盖章）			
地址			
营业执照注册号		登记机关	
法定代表人		注册资金	万元
成立日期		年 月 日	联系电话
注册时间	年 月 日	单位性质	
有效期限	年 月至 年 月	年检情况	
注册会计师人数	人		
经营范围			
工程造价咨询证书号		发证时间	年 月 日
资质等级	级	造价工程师人数	人
收费标准依据文件			
上两年度平均 或上年度经营业务收入	万元	履约情况	
从业经验			
选定方式	1. 指定委托　　　　（　）　2. 竞争性谈判　　　　（　） 3. 招投标委托—公开招标（　）　4. 招投标委托—邀请招标（　）		
违规记录			
备注			

关于印发《基本建设项目建设成本管理规定》的通知

(财建〔2016〕504号)

党中央有关部门,国务院各部委、各直属机构,军委后勤保障部,武警总部,全国人大常委会办公厅,全国政协办公厅,高法院,高检院,各民主党派中央,有关人民团体,各中央管理企业,各省、自治区、计划单列市财政厅(局),新疆生产建设兵团财务局:

为推动各部门、各地区进一步加强基本建设成本核算管理,提高资金使用效益,针对基本建设成本管理中反映出的主要问题,依据《基本建设财务规则》,现印发《基本建设项目建设成本管理规定》,请认真贯彻执行。

附件:1. 基本建设项目建设成本管理规定
　　　2. 项目建设管理费总额控制数费率表

财政部
2016年7月6日

附件1

基本建设项目建设成本管理规定

第一条 为了规范基本建设项目建设成本管理,提高建设资金使用效益,依据《基本建设财务规则》(财政部令第81号),制定本规定。

第二条 建筑安装工程投资支出是指基本建设项目(以下简称项目)建设单位按照批准的建设内容发生的建筑工程和安装工程的实际成本,其中不包括被安装设备本身的价值,以及按照合同规定支付给施工单位的预付备料款和预付工程款。

第三条 设备投资支出是指项目建设单位按照批准的建设内容发生的各种设备的实际成本(不包括工程抵扣的增值税进项税额),包括需要安装设备、不需要安装设备和为生产准备的不够固定资产标准的工具、器具的实际成本。

需要安装设备是指必须将其整体或几个部位装配起来,安装在基础上或建筑物支架上才能使用的设备。不需要安装设备是指不必固定在一定位置或支架上就可以使用的设备。

第四条 待摊投资支出是指项目建设单位按照批准的建设内容发生的,应当分摊计入相关资产价值的各项费用和税金支出。主要包括：

（一）勘察费、设计费、研究试验费、可行性研究费及项目其他前期费用；

（二）土地征用及迁移补偿费、土地复垦及补偿费、森林植被恢复费及其他为取得或租用土地使用权而发生的费用；

（三）土地使用税、耕地占用税、契税、车船税、印花税及按规定缴纳的其他税费；

（四）项目建设管理费、代建管理费、临时设施费、监理费、招标投标费、社会中介机构审查费及其他管理性质的费用；

（五）项目建设期间发生的各类借款利息、债券利息、贷款评估费、国外借款手续费及承诺费、汇兑损益、债券发行费用及其他债务利息支出或融资费用；

（六）工程检测费、设备检验费、负荷联合试车费及其他检验检测类费用；

（七）固定资产损失、器材处理亏损、设备盘亏及毁损、报废工程净损失及其他损失；

（八）系统集成等信息工程的费用支出；

（九）其他待摊投资性质支出。

项目在建设期间的建设资金存款利息收入冲减债务利息支出,利息收入超过利息支出的部分,冲减待摊投资总支出。

第五条 项目建设管理费是指项目建设单位从项目筹建之日起至办理竣工财务决算之日止发生的管理性质的支出。包括：不在原单位发工资的工作人员工资及相关费用、办公费、办公场地租用费、差旅交通费、劳动保护费、工具用具使用费、固定资产使用费、招募生产工人费、技术图书资料费（含软件）、业务招待费、施工现场津贴、竣工验收费和其他管理性质开支。

项目建设单位应当严格执行《党政机关厉行节约反对浪费条例》,严格控制项目建设管理费。

第六条 行政事业单位项目建设管理费实行总额控制,分年度据实列支。总额控制数以项目审批部门批准的项目总投资（经批准的动态投资,不含项目建设管理费）扣除土地征用、迁移补偿等为取得或租用土地使用权而发生的费用为基数分档计算。具体计算方法见附件。

建设地点分散、点多面广、建设工期长以及使用新技术、新工艺等的项目,项目建设管理费确需超过上述开支标准的,中央级项目,应当事前报项目主管部门审核批准,并报财政部备案,未经批准的,超标准发生的项目建设管理费由项目建设单位用自有资金弥补;地方级项目,由同级财政部门确定审核批准的要求和程序。

施工现场管理人员津贴标准比照当地财政部门制定的差旅费标准执行；一般不得发生业务招待费,确需列支的,项目业务招待费支出应当严格按照国家有关规定执行,并不得超过项目建设管理费的5%。

第七条 使用财政资金的国有和国有控股企业的项目建设管理费,比照第六条规定执行。国有和国有控股企业经营性项目的项目资本中,财政资金所占比例未超过50%的项目建设管理费可不执行第六条规定。

第八条 政府设立（或授权）、政府招标产生的代建制项目,代建管理费由同级财政部门根据代建内容和要求,按照不高于本规定项目建设管理费标准核定,计入项目建设成本。

实行代建制管理的项目,一般不得同时列支代建管理费和项目建设管理费,确需同时发生的,两项费用之和不得高于本规定的项目建设管理费限额。

建设地点分散、点多面广以及使用新技术、新工艺等的项目,代建管理费确需超过本规定确定的开支标准的,行政单位和使用财政资金建设的事业单位中央项目,应当事前报项目主管部门审核批准,并报财政部备案;地方项目,由同级财政部门确定审核批准的要求和程序。

代建管理费核定和支付应当与工程进度、建设质量结合,与代建内容、代建绩效挂钩,实行奖优罚劣。同时满足按时完成项目代建任务、工程质量优良、项目投资控制在批准概算总投资范围3个条件的,可以支付代建单位利润或奖励资金,代建单位利润或奖励资金一般不得超过代建管理费的10%,需使用财政资金支付的,应当事前报同级财政部门审核批准;未完成代建任务的,应当扣减代建管理费。

第九条 项目单项工程报废净损失计入待摊投资支出。

单项工程报废应当经有关部门或专业机构鉴定。非经营性项目以及使用财政资金所占比例超过项目资本50%的经营性项目,发生的单项工程报废经鉴定后,报项目竣工财务决算批复部门审核批准。

因设计单位、施工单位、供货单位等原因造成的单项工程报废损失,由责任单位承担。

第十条 其他投资支出是指项目建设单位按照批准的项目建设内容发生的房屋购置支出,基本畜禽、林木等的购置、饲养、培育支出,办公生活用家具、器具购置支出,软件研发及不能计入设备投资的软件购置等支出。

第十一条 本规定自2016年9月1日起施行。《财政部关于切实加强政府投资项目代建制财政财务管理有关问题的指导意见》(财建〔2004〕300号)同时废止。

附件2

项目建设管理费总额控制数费率表

工程总概算(万元)	费率(%)	算例	
		工程总概算(万元)	项目建设管理费(万元)
1000以下	2	1000	1000×2%=20
1001~5000	1.5	5000	20+(5000-1000)×1.5%=80
5001~10000	1.2	10000	80+(10000-5000)×1.2%=140
10001~50000	1	50000	140+(50000-10000)×1%=540
50001~100000	0.8	100000	540+(100000-50000)×0.8%=940
100000以上	0.4	200000	940+(200000-100000)×0.4%=1340

关于取消、停征和免征一批行政事业性收费的通知

(财税〔2014〕101号)

各省、自治区、直辖市人民政府,国务院各部委、各直属机构:

为进一步减轻企业特别是小微企业负担,经国务院批准,现将取消、停征和免征一批行政事业性收费政策通知如下:

一、自2015年1月1日起,取消或暂停征收12项中央级设立的行政事业性收费。(见附件1)

各省(区、市)要全面清理省级设立的行政事业性收费项目,取消重复设置、收费养人以及违背市场经济基本原则的不合理收费。

二、自2015年1月1日起,对小微企业(含个体工商户,下同)免征42项中央级设立的行政事业性收费。(见附件2)

各省(区、市)要对小微企业免征省级设立的行政事业性收费,具体免征项目由各省(区、市)人民政府确定。

免征有关行政事业性收费的小微企业范围,由相关部门参照《中小企业划型标准规定》(工信部联企业〔2011〕300号)具体确定。

三、取消、停征和免征上述行政事业性收费后,有关部门和单位依法履行职能所需经费,由同级财政预算予以统筹安排。其中,行政机关和财政补助事业单位的经费支出,通过部门预算予以安排;自收自支事业单位的经费支出,通过安排其上级主管部门项目支出予以解决。各级财政部门要按照上述要求,妥善安排有关部门和单位预算,保障工作正常开展。

四、有关部门和单位要按规定到价格主管部门办理《收费许可证》注销手续,并到财政部门办理财政票据缴销手续。有关行政事业性收费的清欠收入,应当按照财政部门规定的渠道全额上缴国库。

五、对上述取消、停征和免征的行政事业性收费,各地区和有关部门不得以任何理由拖延或者拒绝执行,不得以其他名目或者转为经营服务性收费方式变相继续收费。

六、坚决取缔各种乱收费。凡未经国务院和省级人民政府及其财政、价格主管部门批准,越权设立的行政事业性收费项目一律取消。对按照法律法规和国家有关政策规定设立的行政事业性收费,实行目录清单管理。所有收费目录清单及其具体实施情况纳入各地区、各部门政务公开范畴,通过政府网站和公共媒体实时对外公开,接受社会监督。各地区、各部门必须严格执行目录清单,目录清单之外的收费,一律不得执行。各级财政、价格、审计部门要加强监督

检查,对继续违规收费的部门和单位,要予以严肃查处,并追究责任人的行政责任。

财政部 国家发展改革委
2014 年 12 月 23 日

附件 1

取消或暂停征收的行政事业性收费项目

(共 12 项)

一、取消的行政事业性收费项目(共 5 项)

国土资源部门

1. 征地管理费

人力资源社会保障部门

2. 保存人事关系及档案费
3. 国际商务师执业资格考试考务费

商务部门

4. 纺织品原产地证明书费

中国贸促会和地方贸促会

5. 货物原产地证书费

二、暂停征收的行政事业性收费项目(共 7 项)

国土资源部门

1. 石油(天然气)勘查、开采登记费
2. 矿产资源勘查登记费
3. 采矿登记费

工商行政管理部门

4. 企业注册登记费
5. 个体工商户注册登记费

质量监督检验检疫部门

6. 工业产品许可证审查费
7. 出口商品检验检疫费

附件 2

对小微企业免征的行政事业性收费项目

(共 42 项)

国土资源部门

1. 土地登记费

住房城乡建设部门

2. 房屋登记费
3. 住房交易手续费

交通运输部门

4. 船舶港务费(对 100 总吨以下内河船和 500 总吨以下海船予以免收)
5. 船舶登记费(对 100 总吨以下内河船和 500 总吨以下海船予以免收)
6. 沿海港口和长江干线船舶引航收费(对 100 总吨以下内河船和 500 总吨以下海船予以免收)

农业部门

7. 国内植物检疫费
8. 动物及动物产品检疫费
9. 新兽药审批费
10. 《进口兽药许可证》审批费
11. 《兽药典》《兽药规范》和兽药专业标准收载品种生产审批费
12. 已生产兽药品种注册登记费
13. 拖拉机号牌(含号牌架、固定封装置)费
14. 拖拉机行驶证费
15. 拖拉机登记证费
16. 拖拉机驾驶证费
17. 拖拉机安全技术检验费
18. 拖拉机驾驶许可考试费
19. 渔业资源增殖保护费
20. 渔业船舶登记(含变更登记)费

质量监督检验检疫部门

21. 组织机构代码证书收费
22. 社会公用计量标准证书费

23. 标准物质定级证书费

24. 国内计量器具新产品型式批准证书费

25. 修理计量器具许可证考核费

26. 计量考评员证书费

27. 计量考评员考核费

28. 计量授权考核费

环保部门

29. 环境监测服务费

新闻出版部门

30. 计算机软件著作权登记费

林业部门

31. 森林植物检疫费

32. 林权勘测费

33. 林权证工本费

食品药品监督管理部门

34. 已生产药品登记费

35. 药品行政保护费

36. 生产药典、标准品种审批费

37. 中药品种保护费

38. 新药审批费

39. 新药开发评审费

旅游部门

40. 星级标牌(含星级证书)工本费

41. A级旅游景区标牌(含证书)工本费

42. 工农业旅游示范点标牌(含证书)工本费

关于进一步放开建设项目专业服务价格的通知

(发改法规[2015]299号)

国务院有关部门、直属机构,各省、自治区、直辖市发展改革委、物价局:

为贯彻落实党的十八届三中全会精神,按照国务院部署,充分发挥市场在资源配置中的决定性作用,决定进一步放开建设项目专业服务价格。现将有关事项通知如下:

一、在已放开非政府投资及非政府委托的建设项目专业服务价格的基础上,全面放开以下实行政府指导价管理的建设项目专业服务价格,实行市场调节价。

(一)建设项目前期工作咨询费,指工程咨询机构接受委托,提供建设项目专题研究、编制和评估项目建议书或者可行性研究报告,以及其他与建设项目前期工作有关的咨询等服务收取的费用。

(二)工程勘察设计费,包括工程勘察收费和工程设计收费。工程勘察收费,指工程勘察机构接受委托,提供收集已有资料、现场踏勘、制定勘察纲要,进行测绘、勘探、取样、试验、测试、检测、监测等勘察作业,以及编制工程勘察文件和岩土工程设计文件等服务收取的费用;工程设计收费,指工程设计机构接受委托,提供编制建设项目初步设计文件、施工图设计文件、非标准设备设计文件、施工图预算文件、竣工图文件等服务收取的费用。

(三)招标代理费,指招标代理机构接受委托,提供代理工程、货物、服务招标,编制招标文件、审查投标人资格,组织投标人踏勘现场并答疑,组织开标、评标、定标,以及提供招标前期咨询、协调合同的签订等服务收取的费用。

(四)工程监理费,指工程监理机构接受委托,提供建设工程施工阶段的质量、进度、费用控制管理和安全生产监督管理、合同、信息等方面协调管理等服务收取的费用。

(五)环境影响咨询费,指环境影响咨询机构接受委托,提供编制环境影响报告书、环境影响报告表和对环境影响报告书、环境影响报告表进行技术评估等服务收取的费用。

二、上述5项服务价格实行市场调节价后,经营者应严格遵守《价格法》、《关于商品和服务实行明码标价的规定》等法律法规规定,告知委托人有关服务项目、服务内容、服务质量,以及服务价格等,并在相关服务合同中约定。经营者提供的服务,应当符合国家和行业有关标准规范,满足合同约定的服务内容和质量等要求。不得违反标准规范规定或合同约定,通过降低服务质量、减少服务内容等手段进行恶性竞争,扰乱正常市场秩序。

三、各有关行业主管部门要加强对本行业相关经营主体服务行为监管。要建立健全服务标准规范,进一步完善行业准入和退出机制,为市场主体创造公开、公平的市场竞争环境,引导行业健康发展;要制定市场主体和从业人员信用评价标准,推进工程建设服务市场信用体系建设,加大对有重大失信行为的企业及负有责任的从业人员的惩戒力度。充分发挥行业协会服务企业和行业自律作用,加强对本行业经营者的培训和指导。

四、政府有关部门对建设项目实施审批、核准或备案管理,需委托专业服务机构等中介提供评估评审等服务的,有关评估评审费用等由委托评估评审的项目审批、核准或备案机关承担,评估评审机构不得向项目单位收取费用。

五、各级价格主管部门要加强对建设项目服务市场价格行为监管,依法查处各种截留定价权,利用行政权力指定服务、转嫁成本,以及串通涨价、价格欺诈等行为,维护正常的市场秩序,保障市场主体合法权益。

六、本通知自 2015 年 3 月 1 日起执行。此前与本通知不符的有关规定,同时废止。

关于印发《基本建设项目竣工财务决算管理暂行办法》的通知

(财建[2016]503号)

党中央有关部门,国务院各部委、各直属机构,军委后勤保障部、武警总部,全国人大常委会办公厅,全国政协办公厅,高法院,高检院,各民主党派中央,有关人民团体,各中央管理企业,各省、自治区、直辖市、计划单列市财政厅(局),新疆生产建设兵团财务局:

为推动各部门、各地区进一步加强基本建设项目竣工财务决算管理,提高资金使用效益,针对基本建设项目竣工财务决算管理中反映出的主要问题,依据《基本建设财务规则》,现印发《基本建设项目竣工财务决算管理暂行办法》,请认真贯彻执行。

附件:基本建设项目竣工财务决算管理暂行办法

财政部
2016年6月30日

附件

基本建设项目竣工财务决算管理暂行办法

第一条 为进一步加强基本建设项目竣工财务决算管理,依据《基本建设财务规则》(财政部令第81号),制定本办法。

第二条 基本建设项目(以下简称项目)完工可投入使用或者试运行合格后,应当在3个月内编报竣工财务决算,特殊情况确需延长的,中小型项目不得超过2个月,大型项目不得超过6个月。

第三条 项目竣工财务决算未经审核前,项目建设单位一般不得撤销,项目负责人及财务主管人员、重大项目的相关工程技术主管人员、概(预)算主管人员一般不得调离。

项目建设单位确需撤销的,项目有关财务资料应当转入其他机构承接、保管。项目负责人、财务人员及相关工程技术主管人员确需调离的,应当继续承担或协助做好竣工财务决算相关工作。

第四条 实行代理记账、会计集中核算和项目代建制的,代理记账单位、会计集中核算单位和代建单位应当配合项目建设单位做好项目竣工财务决算工作。

第五条 编制项目竣工财务决算前,项目建设单位应当完成各项账务处理及财产物资的盘点核实,做到账账、账证、账实、账表相符。项目建设单位应当逐项盘点核实、填列各种材料、设备、工具、器具等清单并妥善保管,应变价处理的库存设备、材料以及应处理的自用固定资产要公开变价处理,不得侵占、挪用。

第六条 项目竣工财务决算的编制依据主要包括:国家有关法律法规;经批准的可行性研究报告、初步设计、概算及概算调整文件;招标文件及招标投标书,施工、代建、勘察设计、监理及设备采购等合同,政府采购审批文件、采购合同;历年下达的项目年度财政资金投资计划、预算;工程结算资料;有关的会计及财务管理资料;其他有关资料。

第七条 项目竣工财务决算的内容主要包括:项目竣工财务决算报表(附表1)、竣工财务决算说明书、竣工财务决(结)算审核情况及相关资料。

第八条 竣工财务决算说明书主要包括以下内容:

(一)项目概况;

(二)会计账务处理、财产物资清理及债权债务的清偿情况;

(三)项目建设资金计划及到位情况,财政资金支出预算、投资计划及到位情况;

(四)项目建设资金使用、项目结余资金分配情况;

(五)项目概(预)算执行情况及分析,竣工实际完成投资与概算差异及原因分析;

(六)尾工工程情况;

(七)历次审计、检查、审核、稽察意见及整改落实情况;

(八)主要技术经济指标的分析、计算情况;

(九)项目管理经验、主要问题和建议;

(十)预备费动用情况;

(十一)项目建设管理制度执行情况、政府采购情况、合同履行情况;

(十二)征地拆迁补偿情况、移民安置情况;

(十三)需说明的其他事项。

第九条 项目竣工决(结)算经有关部门或单位进行项目竣工决(结)算审核的,需附完整的审核报告及审核表(附表2),审核报告内容应当翔实,主要包括:审核说明、审核依据、审核结果、意见、建议。

第十条 相关资料主要包括:

(一)项目立项、可行性研究报告、初步设计报告及概算、概算调整批复文件的复印件;

(二)项目历年投资计划及财政资金预算下达文件的复印件;

(三)审计、检查意见或文件的复印件;

(四)其他与项目决算相关资料。

第十一条 建设周期长、建设内容多的大型项目,单项工程竣工财务决算可单独报批,单项工程结余资金在整个项目竣工财务决算中一并处理。

第十二条 中央项目竣工财务决算,由财政部制定统一的审核批复管理制度和操作规程。

中央项目主管部门本级以及不向财政部报送年度部门决算的中央单位的项目竣工财务决算，由财政部批复；其他中央项目竣工财务决算，由中央项目主管部门负责批复，报财政部备案。国家另有规定的，从其规定。

地方项目竣工财务决算审核批复管理职责和程序要求由同级财政部门确定。

经营性项目的项目资本中，财政资金所占比例未超过50%的，项目竣工财务决算可以不报财政部门或者项目主管部门审核批复。项目建设单位应当按照国家有关规定加强工程价款结算和项目竣工财务决算管理。

第十三条　财政部门和项目主管部门对项目竣工财务决算实行先审核、后批复的办法，可以委托预算评审机构或者有专业能力的社会中介机构进行审核。

第十四条　项目竣工财务决算审核批复环节中审减的概算内投资，按投资来源比例归还投资者。

第十五条　项目主管部门应当加强对尾工工程建设资金监督管理，督促项目建设单位抓紧实施尾工工程，及时办理尾工工程建设资金清算和资产交付使用手续。

第十六条　项目建设内容以设备购置、房屋及其他建筑物购置为主且附有部分建筑安装工程的，可以简化项目竣工财务决算编报内容、报表格式和批复手续；设备购置、房屋及其他建筑物购置，不用单独编报项目竣工财务决算。

第十七条　财政部门和项目主管部门审核批复项目竣工财务决算时，应当重点审查以下内容：

（一）工程价款结算是否准确，是否按照合同约定和国家有关规定进行，有无多算和重复计算工程量、高估冒算建筑材料价格现象；

（二）待摊费用支出及其分摊是否合理、正确；

（三）项目是否按照批准的概算（预）算内容实施，有无超标准、超规模、超概（预）算建设现象；

（四）项目资金是否全部到位，核算是否规范，资金使用是否合理，有无挤占、挪用现象；

（五）项目形成资产是否全面反映，计价是否准确，资产接受单位是否落实；

（六）项目在建设过程中历次检查和审计所提的重大问题是否已经整改落实；

（七）待核销基建支出和转出投资有无依据，是否合理；

（八）竣工财务决算报表所填列的数据是否完整，表间勾稽关系是否清晰、正确；

（九）尾工工程及预留费用是否控制在概算确定的范围内，预留的金额和比例是否合理；

（十）项目建设是否履行基本建设程序，是否符合国家有关建设管理制度要求等；

（十一）决算的内容和格式是否符合国家有关规定；

（十二）决算资料报送是否完整、决算数据间是否存在错误；

（十三）相关主管部门或者第三方专业机构是否出具审核意见。

第十八条　财政部对授权主管部门批复的中央项目竣工财务决算实行抽查制度。

第十九条　项目竣工后应当及时办理资金清算和资产交付手续，并依据项目竣工财务决算批复意见办理产权登记和有关资产入账或调账。

第二十条　项目建设单位经批准使用项目资金购买的车辆、办公设备等自用固定资产，项目完工时按下列情况进行财务处理：

资产直接交付使用单位的,按设备投资支出转入交付使用。其中,计提折旧的自用固定资产,按固定资产购置成本扣除累计折旧后的金额转入交付使用,项目建设期间计提的折旧费用作为待摊投资支出分摊到相关资产价值;不计提折旧的自用固定资产,按固定资产购置成本转入交付使用。

资产在交付使用单位前公开变价处置的,项目建设期间计提的折旧费用和固定资产清理净损益(即公开变价金额与扣除所提折旧后设备净值之间的差额)计入待摊投资,不计提自用固定资产折旧的项目,按公开变价金额与购置成本之间的差额作为待摊投资支出分摊到相关资产价值。

第二十一条 本办法自2016年9月1日起施行。《财政部关于加强和改进政府性基金年度决算和中央大中型基建项目竣工财务决算审批的通知》(财建〔2002〕26号)和《财政部关于进一步加强中央基本建设项目竣工财务决算工作的通知》(财办建〔2008〕91号)同时废止。

附表1. 基本建设项目竣工财务决算报表(略)
附表2. 基本建设项目竣工财务决算审核表(略)

PART6 第六部分
其他

中共中央国务院关于加强耕地保护和改进占补平衡的意见

(中发〔2017〕4号)

耕地是我国最为宝贵的资源,关系十几亿人吃饭大事,必须保护好,绝不能有闪失。近年来,按照党中央、国务院决策部署,各地区各有关部门积极采取措施,强化主体责任,严格落实占补平衡制度,严守耕地红线,耕地保护工作取得显著成效。当前,我国经济发展进入新常态,新型工业化、城镇化建设深入推进,耕地后备资源不断减少,实现耕地占补平衡、占优补优的难度日趋加大,激励约束机制尚不健全,耕地保护面临多重压力。为进一步加强耕地保护和改进占补平衡工作,现提出如下意见。

一、总体要求

(一)指导思想。全面贯彻党的十八大和十八届三中、四中、五中、六中全会精神,深入贯彻习近平总书记系列重要讲话精神和治国理政新理念新思想新战略,紧紧围绕统筹推进"五位一体"总体布局和协调推进"四个全面"战略布局,牢固树立新发展理念,按照党中央、国务院决策部署,坚守土地公有制性质不改变、耕地红线不突破、农民利益不受损三条底线,坚持最严格的耕地保护制度和最严格的节约用地制度,像保护大熊猫一样保护耕地,着力加强耕地数量、质量、生态"三位一体"保护,着力加强耕地管控、建设、激励多措并举保护,采取更加有力措施,依法加强耕地占补平衡规范管理,落实藏粮于地、藏粮于技战略,提高粮食综合生产能力,保障国家粮食安全,为实现"两个一百年"奋斗目标、实现中华民族伟大复兴中国梦构筑坚实的资源基础。

(二)基本原则

——坚持严保严管。强化耕地保护意识,强化土地用途管制,强化耕地质量保护与提升,坚决防止耕地占补平衡中补充耕地数量不到位、补充耕地质量不到位的问题,坚决防止占多补少、占优补劣、占水田补旱地的现象。已经确定的耕地红线绝不能突破,已经划定的城市周边永久基本农田绝不能随便占用。

——坚持节约优先。统筹利用存量和新增建设用地,严控增量、盘活存量、优化结构、提高效率,实行建设用地总量和强度双控,提高土地节约集约利用水平,以更少的土地投入支撑经济社会可持续发展。

——坚持统筹协调。充分发挥市场配置资源的决定性作用和更好发挥政府作用,强化耕地保护主体责任,健全利益调节机制,激励约束并举,完善监管考核制度,实现耕地保护与经济社会发展、生态文明建设相统筹,耕地保护责权利相统一。

——坚持改革创新。适应经济发展新常态和供给侧结构性改革要求,突出问题导向,完善永久基本农田管控体系,改进耕地占补平衡管理方式,实行占补平衡差别化管理政策,拓宽补充耕地途径和资金渠道,不断完善耕地保护和占补平衡制度,把握好经济发展与耕地保护的关系。

(三)总体目标。牢牢守住耕地红线,确保实有耕地数量基本稳定、质量有提升。到2020年,全国耕地保有量不少于18.65亿亩,永久基本农田保护面积不少于15.46亿亩,确保建成8亿亩、力争建成10亿亩高标准农田,稳步提高粮食综合生产能力,为确保谷物基本自给、口粮绝对安全提供资源保障。耕地保护制度和占补平衡政策体系不断完善,促进形成保护更加有力、执行更加顺畅、管理更加高效的耕地保护新格局。

二、严格控制建设占用耕地

(四)加强土地规划管控和用途管制。充分发挥土地利用总体规划的整体管控作用,从严核定新增建设用地规模,优化建设用地布局,从严控制建设占用耕地特别是优质耕地。实行新增建设用地计划安排与土地节约集约利用水平、补充耕地能力挂钩,对建设用地存量规模较大、利用粗放、补充耕地能力不足的区域,适当调减新增建设用地计划。探索建立土地用途转用许可制,强化非农建设占用耕地的转用管控。

(五)严格永久基本农田划定和保护。全面完成永久基本农田划定,将永久基本农田划定作为土地利用总体规划的规定内容,在规划批准前先行核定并上图入库、落地到户,并与农村土地承包经营权确权登记相结合,将永久基本农田记载到农村土地承包经营权证书上。粮食生产功能区和重要农产品生产保护区范围内的耕地要优先划入永久基本农田,实行重点保护。永久基本农田一经划定,任何单位和个人不得擅自占用或改变用途。强化永久基本农田对各类建设布局的约束,各地区各有关部门在编制城乡建设、基础设施、生态建设等相关规划,推进多规合一过程中,应当与永久基本农田布局充分衔接,原则上不得突破永久基本农田边界。一般建设项目不得占用永久基本农田,重大建设项目选址确实难以避让永久基本农田的,在可行性研究阶段,必须对占用的必要性、合理性和补划方案的可行性进行严格论证,通过国土资源部用地预审;农用地转用和土地征收依法依规报国务院批准。严禁通过擅自调整县乡土地利用总体规划,规避占用永久基本农田的审批。

(六)以节约集约用地缓解建设占用耕地压力。实施建设用地总量和强度双控行动,逐级落实"十三五"时期建设用地总量和单位国内生产总值占用建设用地面积下降的目标任务。盘活利用存量建设用地,推进建设用地二级市场改革试点,促进城镇低效用地再开发,引导产能过剩行业和"僵尸企业"用地退出、转产和兼并重组。完善土地使用标准体系,规范建设项目节地评价,推广应用节地技术和节地模式,强化节约集约用地目标考核和约束,推动有条件的地区实现建设用地减量化或零增长,促进新增建设不占或尽量少占耕地。

三、改进耕地占补平衡管理

(七)严格落实耕地占补平衡责任。完善耕地占补平衡责任落实机制。非农建设占用耕地的,建设单位必须依法履行补充耕地义务,无法自行补充数量、质量相当耕地的,应当按规定足额缴纳耕地开垦费。地方各级政府负责组织实施土地整治,通过土地整理、复垦、开发等推进高标准农田建设,增加耕地数量、提升耕地质量,以县域自行平衡为主、省域内调剂为辅、国家适度统筹为补充,落实补充耕地任务。各省(自治区、直辖市)政府要依据土地整治新增耕地平均成本和占用耕地质量状况等,制定差别化的耕地开垦费标准。对经依法批准占用永久基本农田的,缴费标准按照当地耕地开垦费最高标准的两倍执行。

(八)大力实施土地整治,落实补充耕地任务。各省(自治区、直辖市)政府负责统筹落实本地区年度补充耕地任务,确保省域内建设占用耕地及时保质保量补充到位。拓展补充耕地途径,统筹实施土地整治、高标准农田建设、城乡建设用地增减挂钩、历史遗留工矿废弃地复垦等,新增耕地经核定后可用于落实补充耕地任务。在严格保护生态前提下,科学划定宜耕土地后备资源范围,禁止开垦严重沙化土地,禁止在25度以上陡坡开垦耕地,禁止违规毁林开垦耕地。鼓励地方统筹使用相关资金实施土地整治和高标准农田建设。充分发挥财政资金作用,鼓励采取政府和社会资本合作(PPP)模式、以奖代补等方式,引导农村集体经济组织、农民和新型农业经营主体等,根据土地整治规划投资或参与土地整治项目,多渠道落实补充耕地任务。

(九)规范省域内补充耕地指标调剂管理。县(市、区)政府无法在本行政辖区内实现耕地占补平衡的,可在市域内相邻的县(市、区)调剂补充,仍无法实现耕地占补平衡的,可在省域内资源条件相似的地区调剂补充。各省(自治区、直辖市)要规范补充耕地指标调剂管理,完善价格形成机制,综合考虑补充耕地成本、资源保护补偿和管护费用等因素,制定调剂指导价格。

(十)探索补充耕地国家统筹。根据各地资源环境承载状况、耕地后备资源条件、土地整治新增耕地潜力等,分类实施补充耕地国家统筹。耕地后备资源严重匮乏的直辖市,新增建设占用耕地后,新开垦耕地数量不足以补充所占耕地数量的,可向国务院申请国家统筹;资源环境条件严重约束、补充耕地能力严重不足的省份,对由于实施国家重大建设项目造成的补充耕地缺口,可向国务院申请国家统筹。经国务院批准后,有关省份按规定标准向中央财政缴纳跨省补充耕地资金,中央财政统筹安排落实国家统筹补充耕地任务所需经费,在耕地后备资源丰富省份落实补充耕地任务。跨省补充耕地资金收取标准综合考虑补充耕地成本、资源保护补偿、管护费用及区域差异等因素确定,具体办法由财政部会同国土资源部另行制定。

(十一)严格补充耕地检查验收。市县政府要加强对土地整治和高标准农田建设项目的全程管理,规范项目规划设计,强化项目日常监管和施工监理。做好项目竣工验收,严格新增耕地数量认定,依据相关技术规程评定新增耕地质量。经验收合格的新增耕地,应当及时在年度土地利用变更调查中进行地类变更。省级政府要做好对市县补充耕地的检查复核,确保数量质量到位。

四、推进耕地质量提升和保护

(十二)大规模建设高标准农田。各省(自治区、直辖市)要根据全国高标准农田建设总体规划和全国土地整治规划的安排,逐级分解高标准农田建设任务,统一建设标准、统一上图入库、统一监管考核。建立政府主导、社会参与的工作机制,以财政资金引导社会资本参与高标准农田建设,充分调动各方积极性。加强高标准农田后期管护,按照谁使用、谁管护和谁受益、谁负责的原则,落实高标准农田基础设施管护责任。高标准农田建设情况要统一纳入国土资源遥感监测"一张图"和综合监管平台,实行在线监管,统一评估考核。

（十三）实施耕地质量保护与提升行动。全面推进建设占用耕地耕作层剥离再利用,市县政府要切实督促建设单位落实责任,将相关费用列入建设项目投资预算,提高补充耕地质量。将中低质量的耕地纳入高标准农田建设范围,实施提质改造,在确保补充耕地数量的同时,提高耕地质量,严格落实占补平衡、占优补优。加强新增耕地后期培肥改良,综合采取工程、生物、农艺等措施,开展退化耕地综合治理、污染耕地阻控修复等,加速土壤熟化提质,实施测土配方施肥,强化土壤肥力保护,有效提高耕地产能。

（十四）统筹推进耕地休养生息。对25度以上坡耕地、严重沙化耕地、重要水源地15－25度坡耕地、严重污染耕地等有序开展退耕还林还草,不得将确需退耕还林还草的耕地划为永久基本农田,不得将已退耕还林还草的土地纳入土地整治项目,不得擅自将永久基本农田、土地整治新增耕地和坡改梯耕地纳入退耕范围。积极稳妥推进耕地轮作休耕试点,加强轮作休耕耕地管理,不得减少或破坏耕地,不得改变耕地地类,不得削弱农业综合生产能力;加大轮作休耕耕地保护和改造力度,优先纳入高标准农田建设范围。因地制宜实行免耕少耕、深松浅翻、深施肥料、粮豆轮作套作的保护性耕作制度,提高土壤有机质含量,平衡土壤养分,实现用地与养地结合,多措并举保护提升耕地产能。

（十五）加强耕地质量调查评价与监测。建立健全耕地质量和耕地产能评价制度,完善评价指标体系和评价方法,定期对全国耕地质量和耕地产能水平进行全面评价并发布评价结果。完善土地调查监测体系和耕地质量监测网络,开展耕地质量年度监测成果更新。

五、健全耕地保护补偿机制

（十六）加强对耕地保护责任主体的补偿激励。积极推进中央和地方各级涉农资金整合,综合考虑耕地保护面积、耕地质量状况、粮食播种面积、粮食产量和粮食商品率,以及耕地保护任务量等因素,统筹安排资金,按照谁保护、谁受益的原则,加大耕地保护补偿力度。鼓励地方统筹安排财政资金,对承担耕地保护任务的农村集体经济组织和农户给予奖补。奖补资金发放要与耕地保护责任落实情况挂钩,主要用于农田基础设施后期管护与修缮、地力培育、耕地保护管理等。

（十七）实行跨地区补充耕地的利益调节。在生态条件允许的前提下,支持耕地后备资源丰富的国家重点扶贫地区有序推进土地整治增加耕地,补充耕地指标可对口向省域内经济发达地区调剂,补充耕地指标调剂收益由县级政府通过预算安排用于耕地保护、农业生产和农村经济社会发展。省（自治区、直辖市）政府统筹耕地保护和区域协调发展,支持占用耕地地区在支付补充耕地指标调剂费用基础上,通过实施产业转移、支持基础设施建设等多种方式,对口扶持补充耕地地区,调动补充耕地地区保护耕地的积极性。

六、强化保障措施和监管考核

（十八）加强组织领导。各地区各有关部门要按照本意见精神,抓紧研究制定贯彻落实具体方案,强化耕地保护工作责任和保障措施。建立党委领导、政府负责、部门协同、公众参与、上下联动的共同责任机制,地方各级党委和政府要树立保护耕地的强烈意识,切实担负起主体责任,采取积极有效措施,严格源头控制,强化过程监管,确保本行政区域内耕地保护责任目标全面落实;地方各级政府主要负责人要承担起耕地保护第一责任人的责任,组织相关部门按照职责分工履职尽责,充分调动农村集体经济组织、农民和新型农业经营主体保护耕地的积极性,形成保护耕地合力。

(十九)严格监督检查。完善国土资源遥感监测"一张图"和综合监管平台,扩大全天候遥感监测范围,对永久基本农田实行动态监测,加强对土地整治过程中的生态环境保护,强化耕地保护全流程监管。加强耕地保护信息化建设,建立耕地保护数据与信息部门共享机制。健全土地执法联动协作机制,严肃查处土地违法违规行为。国家土地督察机构要加强对省级政府实施土地利用总体规划、履行耕地保护目标责任、健全耕地保护制度等情况的监督检查。

(二十)完善责任目标考核制度。完善省级政府耕地保护责任目标考核办法,全面检查和考核耕地与永久基本农田保护情况、高标准农田建设任务完成情况、补充耕地任务完成情况、耕地占补平衡落实情况等。经国务院批准,国土资源部会同农业部、国家统计局等有关部门下达省级政府耕地保护责任目标,作为考核依据。各省级政府要层层分解耕地保护任务,落实耕地保护责任目标,完善考核制度和奖惩机制。耕地保护责任目标考核结果作为领导干部实绩考核、生态文明建设目标评价考核的重要内容。探索编制土地资源资产负债表,完善耕地保护责任考核体系。实行耕地保护党政同责,对履职不力、监管不严、失职渎职的,依纪依规追究党政领导责任。

国务院办公厅关于印发跨省域补充耕地国家统筹管理办法和城乡建设用地增减挂钩节余指标跨省域调剂管理办法的通知

（国办发〔2018〕16号）

各省、自治区、直辖市人民政府，国务院各部委、各直属机构：

《跨省域补充耕地国家统筹管理办法》和《城乡建设用地增减挂钩节余指标跨省域调剂管理办法》已经国务院同意，现印发给你们，请认真贯彻执行。

国务院办公厅
2018年3月10日

跨省域补充耕地国家统筹管理办法

第一章 总　　则

第一条 为规范有序实施跨省域补充耕地国家统筹，严守耕地红线，根据《中华人民共和国土地管理法》和《中共中央　国务院关于加强耕地保护和改进占补平衡的意见》、《中共中央　国务院关于实施乡村振兴战略的意见》有关规定，制定本办法。

第二条 本办法所称跨省域补充耕地国家统筹，是指耕地后备资源严重匮乏的直辖市，占用耕地、新开垦耕地不足以补充所占耕地，或者资源环境条件严重约束、补充耕地能力严重不足的省，由于实施重大建设项目造成补充耕地缺口，经国务院批准，在耕地后备资源丰富省份落实补充耕地任务的行为。

第三条 跨省域补充耕地国家统筹应遵循以下原则：

（一）保护优先，严控占用。坚持耕地保护优先，强化土地利用规划计划管控，严格土地用途管制，从严控制建设占用耕地，促进土地节约集约利用。

（二）明确范围，确定规模。坚持耕地占补平衡县域自行平衡为主、省域内调剂为辅、国家适度统筹为补充,明确补充耕地国家统筹实施范围,合理控制补充耕地国家统筹实施规模。

(三)补足补优,严守红线。坚持耕地数量、质量、生态"三位一体"保护,以土地利用总体规划及相关规划为依据,以土地整治和高标准农田建设新增耕地为主要来源,先建成再调剂,确保统筹补充耕地数量不减少、质量不降低。

(四)加强统筹,调节收益。运用经济手段约束耕地占用,发挥经济发达地区和资源丰富地区资金资源互补优势,建立收益调节分配机制,助推脱贫攻坚和乡村振兴。

第四条 国土资源部负责跨省域补充耕地国家统筹管理,会同财政部、国家发展改革委、农业部等相关部门制定具体实施办法,进行监督考核;财政部会同国土资源部等相关部门负责制定资金使用管理办法;有关省级人民政府负责具体实施,筹措补充耕地资金或落实补充耕地任务。

第二章 申请补充耕地国家统筹

第五条 根据各地资源环境承载状况、耕地后备资源条件、土地整治和高标准农田建设新增耕地潜力等,分类实施补充耕地国家统筹。

(一)耕地后备资源严重匮乏的直辖市,由于城市发展和基础设施建设等占用耕地、新开垦耕地不足以补充所占耕地的,可申请国家统筹补充。

(二)资源环境条件严重约束、补充耕地能力严重不足的省,由于实施重大建设项目造成补充耕地缺口的,可申请国家统筹补充。重大建设项目原则上限于交通、能源、水利、军事国防等领域。

第六条 补充耕地国家统筹申请、批准按以下程序办理:

(一)由省、直辖市人民政府向国务院提出补充耕地国家统筹申请。其中,有关省根据实施重大建设项目需要和补充耕地能力,提出需国家统筹补充的耕地数量、水田规模和粮食产能,原则上每年申请一次,如有特殊需要可分次申请;直辖市根据建设占用耕地需要和补充耕地能力,提出需国家统筹补充的耕地数量、水田规模和粮食产能,每年申请一次。

(二)国土资源部组织对补充耕地国家统筹申请的评估论证,汇总有关情况并提出意见,会同财政部按程序报国务院批准。国土资源部、财政部在国务院批准之日起30个工作日内函复有关省、直辖市人民政府,明确国务院批准的国家统筹规模以及相应的跨省域补充耕地资金总额。

第七条 有关省、直辖市人民政府收到复函后,即可在国务院批准的国家统筹规模范围内,依照法定权限组织相应的建设用地报批。

建设用地报批时,用地单位应按规定标准足额缴纳耕地开垦费,补充耕地方案应说明耕地开垦费缴纳和使用国家统筹规模情况。

建设用地属于省级人民政府及以下审批权限的,使用国家统筹规模情况须随建设用地审批结果一并报国土资源部备案。

第八条 经国务院批准补充耕地由国家统筹的省、直辖市,应缴纳跨省域补充耕地资金。以占用的耕地类型确定基准价,以损失的耕地粮食产能确定产能价,以基准价和产能价之和乘以省份调节系数确定跨省域补充耕地资金收取标准。对国家重大公益性建设项目,可按规定适当降低收取标准。

（一）基准价每亩10万元，其中水田每亩20万元。

（二）产能价根据农用地分等定级成果对应的标准粮食产能确定，每亩每百公斤2万元。

（三）根据区域经济发展水平，将省份调节系数分为五档。

一档地区：北京、上海，调节系数为2；

二档地区：天津、江苏、浙江、广东，调节系数为1.5；

三档地区：辽宁、福建、山东，调节系数为1；

四档地区：河北、山西、吉林、黑龙江、安徽、江西、河南、湖北、湖南、海南，调节系数为0.8；

五档地区：重庆、四川、贵州、云南、陕西、甘肃、青海，调节系数为0.5。

第九条 跨省域补充耕地资金总额纳入省级财政向中央财政的一般公共预算转移性支出，在中央财政和地方财政年终结算时上解中央财政。

第十条 跨省域补充耕地资金，全部用于巩固脱贫攻坚成果和支持实施乡村振兴战略。其中，一部分安排给承担国家统筹补充耕地任务的省份，优先用于高标准农田建设等补充耕地任务；其余部分由中央财政统一安排使用。

第三章 落实国家统筹补充耕地

第十一条 根据国务院批准的补充耕地国家统筹规模，在耕地后备资源丰富的省份，按照耕地数量、水田规模相等和粮食产能相当的原则落实补充耕地。

第十二条 在耕地保护责任目标考核期内，不申请补充耕地国家统筹的省份，可由省级人民政府向国务院申请承担国家统筹补充耕地任务。申请承担补充耕地任务的新增耕地，应为已验收并在全国农村土地整治监测监管系统中上图入库的土地整治和高标准农田建设项目新增耕地。

第十三条 国土资源部根据全国农村土地整治监测监管系统信息，对申请承担国家统筹补充耕地任务的新增耕地进行复核，如有必要，会同相关部门进行实地检查。国土资源部会同财政部等相关部门按照自然资源条件相对较好，优先考虑革命老区、民族地区、边疆地区、贫困地区和耕地保护成效突出地区的原则确定省份，认定可用于国家统筹补充耕地的新增耕地数量、水田规模和粮食产能。开展土地整治工程技术创新新增耕地，可作为专项支持，安排承担国家统筹补充耕地任务。

国土资源部会同财政部等相关部门确定承担国家统筹补充耕地任务省份和认定结果，按程序报国务院同意后，由国土资源部函告有关省份。经认定为承担国家统筹补充耕地任务的新增耕地，不得用于所在省份耕地占补平衡。

第十四条 根据认定的承担国家统筹补充耕地规模和相关经费标准，中央财政将国家统筹补充耕地经费预算下达承担国家统筹补充耕地任务的省份。有关省份收到国家统筹补充耕地经费后，按规定用途安排使用。

第十五条 国家统筹补充耕地经费标准根据补充耕地类型和粮食产能确定。补充耕地每亩5万元(其中水田每亩10万元)，补充耕地标准粮食产能每亩每百公斤1万元，两项合计确定国家统筹补充耕地经费标准。

第四章 监管考核

第十六条 国土资源部建立跨省域补充耕地国家统筹信息管理平台,将补充耕地国家统筹规模申请与批准、建设项目占用、补充耕地落实等情况纳入平台管理。

第十七条 有关省省级人民政府负责检查核实承担国家统筹补充耕地任务的新增耕地,确保数量真实、质量可靠;监督国家统筹补充耕地经费安排使用情况,严格新增耕地后期管护,发现存在问题要及时予以纠正。

国土资源部利用国土资源遥感监测"一张图"和综合监管平台等手段对国家统筹新增耕地进行监管。

第十八条 补充耕地国家统筹情况纳入有关省级人民政府耕地保护责任目标考核内容,按程序报国务院。

国土资源部做好国家统筹涉及省份耕地变化情况台账管理,在新一轮土地利用总体规划编制或实施期内适时按程序调整有关省份规划耕地保有量。

第十九条 国家土地督察机构在监督检查省级人民政府落实耕地保护主体责任情况时,结合督察工作将有关省份的国家统筹补充耕地实施情况纳入督察内容。

第五章 附　则

第二十条 财政部会同国土资源部根据补充耕地国家统筹实施情况适时调整跨省域补充耕地资金收取标准和国家统筹补充耕地经费标准。

第二十一条 本办法由国土资源部、财政部负责解释。

第二十二条 本办法自印发之日起施行,有效期至2022年12月31日。

城乡建设用地增减挂钩节余指标跨省域调剂管理办法

第一章 总　则

第一条 为规范开展深度贫困地区城乡建设用地增减挂钩节余指标跨省域调剂,根据《中华人民共和国土地管理法》和《中共中央　国务院关于实施乡村振兴战略的意见》、《中共中央办公厅　国务院办公厅印发〈关于支持深度贫困地区脱贫攻坚的实施意见〉的通知》有关规定,制定本办法。

第二条 本办法所称城乡建设用地增减挂钩节余指标跨省域调剂,是指"三区三州"及其他深度贫困县城乡建设用地增减挂钩节余指标(以下简称节余指标)由国家统筹跨省域调剂使用。

第三条 节余指标跨省域调剂应遵循以下原则:

(一)区域统筹,精准扶贫。聚焦深度贫困地区脱贫攻坚任务,调动各方力量提供资金支持,实现合作共赢。国家下达调剂任务,确定调剂价格标准,统一资金收取和支出;各有关省

(区、市)统筹组织本地区跨省域调剂有关工作,并做好与省域内城乡建设用地增减挂钩工作的协调。

(二)生态优先,绿色发展。落实最严格的耕地保护制度、节约用地制度和生态环境保护制度,严格执行耕地占补平衡制度,加强土地利用总体规划和年度计划统筹管控,实施建设用地总量、强度双控,优化配置区域城乡土地资源,维护土地市场秩序,保持土地产权关系稳定。

(三)尽力而为,量力而行。帮扶地区要把决胜全面小康、实现共同富裕摆在更加突出的位置,落实好帮扶责任。深度贫困地区要把握地域差异,注重保护历史文化和自然风貌,因地制宜实施复垦;充分尊重农民意愿,切实保障农民土地合法权益和农村建设用地需求,防止盲目推进。

第四条 国土资源部会同财政部、国家发展改革委、农业部等相关部门制定节余指标跨省域调剂实施办法,确定调剂规模、激励措施和监管要求。财政部会同国土资源部等相关部门制定资金使用管理办法,统一资金收取和支出。有关省级人民政府负责节余指标跨省域调剂的组织实施;省级国土资源、财政主管部门分别制定实施细则,平衡调剂节余指标和资金。市、县级人民政府为节余指标跨省域调剂责任主体;市、县级国土资源主管部门负责具体实施。

第二章 调剂计划安排

第五条 国土资源部根据有关省(区、市)土地利用和贫困人口等情况,经综合测算后报国务院确定跨省域调剂节余指标任务。主要帮扶省份应当全额落实调入节余指标任务,鼓励多买多用。鼓励其他有条件的省份根据自身实际提供帮扶。

经国务院同意,国土资源部将跨省域调剂节余指标任务下达有关省(区、市)。有关省(区、市)可结合本地区情况,将跨省域调入、调出节余指标任务明确到市、县。

第六条 按照增减挂钩政策规定,深度贫困地区所在地省级国土资源主管部门组织编制和审批拆旧复垦安置方案,帮扶省份省级国土资源主管部门组织编制和审批建新方案,通过城乡建设用地增减挂钩在线监管系统报国土资源部备案。

省级人民政府将需要调剂的节余指标和资金总额函告国土资源部,原则上每年不超过两次。国土资源部根据备案情况核销跨省域调剂节余指标任务,核定复垦和占用农用地面积、耕地面积和耕地质量,以及规划耕地保有量和建设用地规模调整数量,并将核销结果抄送财政部。

第七条 帮扶省份要严格控制城镇建设用地扩张,人均城镇建设用地水平较低、规划建设用地规模确有不足的,可以使用跨省域调剂节余指标少量增加规划建设用地规模,并在新一轮土地利用总体规划编制时予以调整。增加的规划建设用地规模原则上不得用于特大城市和超大城市的中心城区。

国土资源部在核销各省(区、市)跨省域调剂节余指标任务时,对涉及的有关省份规划耕地保有量、建设用地规模调整以及耕地质量变化情况实行台账管理;列入台账的,在省级人民政府耕地保护责任目标考核等监督检查中予以认定,在新一轮土地利用总体规划编制时统筹解决。

第三章 资金收取和支出

第八条 财政部根据国土资源部核定的调剂资金总额,收取有关省(区、市)调剂资金;省级财政主管部门根据省级国土资源主管部门核定的调剂资金额度,收取有关市、县调剂资金。收取的帮扶省份跨省域调入节余指标资金,纳入省级财政向中央财政的一般公共预算转移性支出,在中央财政和地方财政年终结算时上解中央财政。

第九条 财政部根据国土资源部核定的调剂资金总额,向深度贫困地区所在省份下达70%调剂资金指标,由省级财政主管部门根据省级国土资源主管部门确认的调剂资金金额向深度贫困地区拨付。待完成拆旧复垦安置,经省级国土资源主管部门验收并经国土资源部确认后,财政部向深度贫困地区所在省份下达剩余30%调剂资金指标,由省级财政主管部门向深度贫困地区拨付。

调剂资金支出列入中央财政对地方财政一般性转移支付,全部用于巩固脱贫攻坚成果和支持实施乡村振兴战略,优先和重点保障产生节余指标深度贫困地区的安置补偿、拆旧复垦、基础设施和公共服务设施建设、生态修复、耕地保护、高标准农田建设、农业农村发展建设以及购买易地扶贫搬迁服务等。

第十条 国家统一制定跨省域调剂节余指标价格标准。节余指标调出价格根据复垦土地的类型和质量确定,复垦为一般耕地或其他农用地的每亩30万元,复垦为高标准农田的每亩40万元。节余指标调入价格根据地区差异相应确定,北京、上海每亩70万元,天津、江苏、浙江、广东每亩50万元,福建、山东等其他省份每亩30万元;附加规划建设用地规模的,每亩再增加50万元。

根据跨省域调剂节余指标实施情况,按程序适时调整上述标准。

第四章 节余指标调剂实施

第十一条 深度贫困地区根据国家核定的调剂节余指标,按照增减挂钩政策规定,以不破坏生态环境和历史文化风貌为前提,按照宜耕则耕、宜林则林、宜草则草的原则复垦,切实做好搬迁群众安置。

第十二条 帮扶省份根据国家核定的调剂节余指标,按照经批准的建新方案使用跨省域调剂节余指标进行建设。

第十三条 深度贫困地区实际拆旧复垦耕地面积和质量低于国家核定要求的,以及帮扶地区实际建新占用耕地面积和质量超出国家核定要求的,应通过补改结合、提质改造等措施满足国家核定要求。

第五章 监 督 管 理

第十四条 国土资源部和省级国土资源主管部门分别建立节余指标调剂监管平台。拆旧复垦安置方案、建新方案应实时备案,确保拆旧复垦安置和建新精准落地,做到上图入库、数量真实、质量可靠。监管平台自动生成电子监管码,对节余指标调剂进行动态监管。省级国土资源主管部门审批的拆旧复垦安置方案、建新方案,需标注使用跨省域调剂节余指标。

第十五条 省级国土资源主管部门充分利用国土资源遥感监测"一张图"和综合监管平台等手段,对拆旧复垦农用地和耕地等进行核查。国土资源部和省级国土资源主管部门通过监管平台和实地抽查,对跨省域调剂节余指标工作开展日常监测监管。国家土地督察机构对跨省域调剂节余指标实施情况进行监督检查,检查报告抄送财政部。发现弄虚作假、违背群众意愿强行实施的,国土资源部会同财政部停止拨付并扣减调剂资金。

第六章 附 则

第十六条 本办法由国土资源部、财政部负责解释。

第十七条 本办法自印发之日起施行,有效期至 2020 年 12 月 31 日。

国务院办公厅关于清理规范工程建设领域保证金的通知

(国办发〔2016〕49号)

各省、自治区、直辖市人民政府,国务院各部委、各直属机构:

清理规范工程建设领域保证金,是推进简政放权、放管结合、优化服务改革的必要措施,有利于减轻企业负担、激发市场活力,有利于发展信用经济、建设统一市场、促进公平竞争、加快建筑业转型升级。为做好清理规范工程建设领域保证金工作,经国务院同意,现就有关事项通知如下:

一、全面清理各类保证金。对建筑业企业在工程建设中需缴纳的保证金,除依法依规设立的投标保证金、履约保证金、工程质量保证金、农民工工资保证金外,其他保证金一律取消。对取消的保证金,自本通知印发之日起,一律停止收取。

二、转变保证金缴纳方式。对保留的投标保证金、履约保证金、工程质量保证金、农民工工资保证金,推行银行保函制度,建筑业企业可以银行保函方式缴纳。

三、按时返还保证金。对取消的保证金,各地要抓紧制定具体可行的办法,于2016年底前退还相关企业;对保留的保证金,要严格执行相关规定,确保按时返还。未按规定或合同约定返还保证金的,保证金收取方应向建筑业企业支付逾期返还违约金。

四、严格工程质量保证金管理。工程质量保证金的预留比例上限不得高于工程价款结算总额的5%。在工程项目竣工前,已经缴纳履约保证金的,建设单位不得同时预留工程质量保证金。

五、实行农民工工资保证金差异化缴存办法。对一定时期内未发生工资拖欠的企业,实行减免措施;对发生工资拖欠的企业,适当提高缴存比例。

六、规范保证金管理制度。对保留的保证金,要抓紧修订相关法律法规,完善保证金管理制度和具体办法。对取消的保证金,要抓紧修订或废止与清理规范工作要求不一致的制度规定。在清理规范保证金的同时,要通过纳入信用体系等方式,逐步建立监督约束建筑业企业的新机制。

七、严禁新设保证金项目。未经国务院批准,各地区、各部门一律不得以任何形式在工程建设领域新设保证金项目。要全面推进工程建设领域保证金信息公开,建立举报查处机制,定期公布查处结果,曝光违规收取保证金的典型案例。

各地区、各部门要加强组织领导,制定具体方案,强化监督检查,积极稳妥推进,切实将清理规范工程建设领域保证金工作落实到位。各地区要明确责任分工和时限要求,并于2017年1月底前将落实情况报送住房城乡建设部、财政部。住房城乡建设部、财政部要会同有关部门密切跟踪进展,加强统筹协调,对不按要求清理规范、瞒报保证金收取等情况的,要严肃追究责任,确保清理规范工作取得实效,并及时将落实情况上报国务院。

国务院办公厅

2016年6月23日

交通运输部办公厅关于切实做好清理规范公路水运工程建设领域保证金有关工作的通知

(交办公路〔2016〕108号)

各省、自治区、直辖市、新疆生产建设兵团交通运输厅(局、委):

为深入贯彻落实《国务院办公厅关于清理规范工程建设领域保证金的通知》(国办发〔2016〕49号),全面清理规范公路水运工程建设领域保证金,切实减轻企业负担,经交通运输部同意,现将有关事项通知如下:

一、全面清理各类保证金。各省级交通运输主管部门要按照国务院统一部署,配合住房城乡建设和财政等有关部门,切实开展公路、水运工程建设领域保证金清理工作。对建筑业企业在公路、水运工程建设中需缴纳的保证金,应严格限定在依法依规设立的投标保证金、履约保证金、工程质量保证金和农民工工资保证金(以下统称四项保证金)的范围内。其他保证金一律取消,停止收取。

二、转变保证金缴纳方式。对依法保留的投标保证金、履约保证金,从事公路、水运建设的工程企业可以银行保函的方式缴纳,相关行业管理机构、招标人、建设管理单位等不得强制规定或约定以现金形式缴纳。

三、按时返还保证金。各省级交通运输主管部门要指导公路、水运建设项目管理单位,全面排查和清理已建和在建公路、水运项目的保证金收取和返还情况。除依法保留的四项保证金外,各地收取的其他保证金,必须在2016年9月底前全部退还到位。对依法保留的保证金,要严格按照相关规定,按期足额返还;逾期未返还的以及超额收取的部分,要制定具体办法,于2016年底前足额退还相关企业,并按约定支付逾期返还违约金。

四、严格工程履约和质量保证金管理。履约保证金不得超过中标合同金额的10%,质量保证金不得超过工程价款结算总额的5%。在公路、水运工程项目交工验收合格后,应及时退还工程履约保证金。建设单位应在约定的缺陷责任期满后,及时组织质量鉴定,鉴定合格的应及时返还工程质量保证金。

五、加强督导检查。各省级交通运输主管部门要组织有关单位,深入开展保证金专项清理工作督导检查,按期汇总本省(区、市)取消保证金的种类、形式、金额、返还情况,于2016年12月底前将清理工作情况书面专题报部。部将结合市场督查、举报受理等工作情况,对重点省份开展专项督查。对清理工作不力,以及违规收取、拖延返还保证金的单位和有关责任人员,将严格按照有关规定处理。

六、加强宣传引导。各省级交通运输主管部门要组织有关单位,加快推进工程建设领域保证金信息公开,公开设立投诉举报电话、电子信箱,鼓励社会公众监督。要健全完善举报投诉查处机制,对公众举报投诉及时进行复核检查。发现违规收取和拖延返还保证金的典型案例,除按照有关规定严肃处理外,要予以集中曝光。

七、完善保证金管理制度。各省级交通运输主管部门要认真总结这次清理中发现的问题及原因,按照《招标投标法实施条例》《公路工程建设项目招标投标管理办法》《水运工程建设项目招标投标管理办法》等国家法律法规规定,加快制修订本省(区、市)保证金管理的具体办法,进一步规范公路、水运工程建设项目保证金收取,切实发挥保证金在招标投标、合同履约、质量控制、农民工工资支付等方面的监督管理作用。

交通运输部办公厅
2016 年 8 月 12 日

注册造价工程师管理办法

(根据2016年9月13日住房和城乡建设部令第32号,2020年2月19日住房和城乡建设部令第50号修正)

第一章 总 则

第一条 为了加强对注册造价工程师的管理,规范注册造价工程师执业行为,维护社会公共利益,制定本办法。

第二条 中华人民共和国境内注册造价工程师的注册、执业、继续教育和监督管理,适用本办法。

第三条 本办法所称注册造价工程师,是指通过土木建筑工程或者安装工程专业造价工程师职业资格考试取得造价工程师职业资格证书或者通过资格认定、资格互认,并按照本办法注册后,从事工程造价活动的专业人员。注册造价工程师分为一级注册造价工程师和二级注册造价工程师。

第四条 国务院住房城乡建设主管部门对全国注册造价工程师的注册、执业活动实施统一监督管理,负责实施全国一级注册造价工程师的注册,并负责建立全国统一的注册造价工程师注册信息管理平台;国务院有关专业部门按照国务院规定的职责分工,对本行业注册造价工程师的执业活动实施监督管理。

省、自治区、直辖市人民政府住房城乡建设主管部门对本行政区域内注册造价工程师的执业活动实施监督管理,并实施本行政区域二级注册造价工程师的注册。

第五条 工程造价行业组织应当加强造价工程师自律管理。

鼓励注册造价工程师加入工程造价行业组织。

第二章 注 册

第六条 注册造价工程师实行注册执业管理制度。

取得职业资格的人员,经过注册方能以注册造价工程师的名义执业。

第七条 注册造价工程师的注册条件为:

(一)取得职业资格;

(二)受聘于一个工程造价咨询企业或者工程建设领域的建设、勘察设计、施工、招标代理、工程监理、工程造价管理等单位;

(三)无本办法第十三条不予注册的情形。

第八条 符合注册条件的人员申请注册的,可以向聘用单位工商注册所在地的省、自治区、直辖市人民政府住房城乡建设主管部门或者国务院有关专业部门提交申请材料。

申请一级注册造价工程师初始注册,省、自治区、直辖市人民政府住房城乡建设主管部门或者国务院有关专业部门收到申请材料后,应当在 5 日内将申请材料报国务院住房城乡建设主管部门。国务院住房城乡建设主管部门在收到申请材料后,应当依法做出是否受理的决定,并出具凭证;申请材料不齐全或者不符合法定形式的,应当在 5 日内一次性告知申请人需要补正的全部内容。逾期不告知的,自收到申请材料之日起即为受理。国务院住房城乡建设主管部门应当自受理之日起 20 日内作出决定。

申请二级注册造价工程师初始注册,省、自治区、直辖市人民政府住房城乡建设主管部门收到申请材料后,应当依法做出是否受理的决定,并出具凭证;申请材料不齐全或者不符合法定形式的,应当在 5 日内一次性告知申请人需要补正的全部内容。逾期不告知的,自收到申请材料之日起即为受理。省、自治区、直辖市人民政府住房城乡建设主管部门应当自受理之日起 20 日内作出决定。

申请一级注册造价工程师变更注册、延续注册,省、自治区、直辖市人民政府住房城乡建设主管部门或者国务院有关专业部门收到申请材料后,应当在 5 日内将申请材料报国务院住房城乡建设主管部门,国务院住房城乡建设主管部门应当自受理之日起 10 日内作出决定。

申请二级注册造价工程师变更注册、延续注册,省、自治区、直辖市人民政府住房城乡建设主管部门收到申请材料后,应当自受理之日起 10 日内作出决定。

注册造价工程师的初始、变更、延续注册,通过全国统一的注册造价工程师注册信息管理平台实行网上申报、受理和审批。

第九条 准予注册的,由国务院住房城乡建设主管部门或者省、自治区、直辖市人民政府住房城乡建设主管部门(以下简称注册机关)核发注册造价工程师注册证书,注册造价工程师按照规定自行制作执业印章。

注册证书和执业印章是注册造价工程师的执业凭证,由注册造价工程师本人保管、使用。注册证书、执业印章的样式以及编码规则由国务院住房城乡建设主管部门统一制定。

一级注册造价工程师注册证书由国务院住房城乡建设主管部门印制;二级注册造价工程师注册证书由省、自治区、直辖市人民政府住房城乡建设主管部门按照规定分别印制。

注册造价工程师遗失注册证书,应当按照本办法第八条规定的延续注册程序申请补发,并由注册机关在官网发布信息。

第十条 取得职业资格证书的人员,可自职业资格证书签发之日起 1 年内申请初始注册。逾期未申请者,须符合继续教育的要求后方可申请初始注册。初始注册的有效期为 4 年。

申请初始注册的,应当提交下列材料:

(一)初始注册申请表;

(二)职业资格证书和身份证件;

(三)与聘用单位签订的劳动合同;

(四)取得职业资格证书的人员,自职业资格证书签发之日起 1 年后申请初始注册的,应当提供当年的继续教育合格证明;

(五)外国人应当提供外国人就业许可证书。

申请初始注册时,造价工程师本人和单位应当对下列事项进行承诺,并由注册机关调查核实:

(一)受聘于工程造价岗位;

(二)聘用单位为其交纳社会基本养老保险或者已办理退休。

第十一条 注册造价工程师注册有效期满需继续执业的,应当在注册有效期满30日前,按照本办法第八条规定的程序申请延续注册。延续注册的有效期为4年。

申请延续注册的,应当提交下列材料:

(一)延续注册申请表;

(二)注册证书;

(三)与聘用单位签订的劳动合同;

(四)继续教育合格证明。

申请延续注册时,造价工程师本人和单位应对其前一个注册的工作业绩进行承诺,并由注册机关调查核实。

第十二条 在注册有效期内,注册造价工程师变更执业单位的,应当与原聘用单位解除劳动合同,并按照本办法第八条规定的程序,到新聘用单位工商注册所在地的省、自治区、直辖市人民政府住房城乡建设主管部门或者国务院有关专业部门办理变更注册手续。变更注册后延续原注册有效期。

申请变更注册的,应当提交下列材料:

(一)变更注册申请表;

(二)注册证书;

(三)与新聘用单位签订的劳动合同。

申请变更注册时,造价工程师本人和单位应当对下列事项进行承诺,并由注册机关调查核实:

(一)与原聘用单位解除劳动合同;

(二)聘用单位为其交纳社会基本养老保险或者已办理退休。

第十三条 有下列情形之一的,不予注册:

(一)不具有完全民事行为能力的;

(二)申请在两个或者两个以上单位注册的;

(三)未达到造价工程师继续教育合格标准的;

(四)前一个注册期内工作业绩达不到规定标准或未办理暂停执业手续而脱离工程造价业务岗位的;

(五)受刑事处罚,刑事处罚尚未执行完毕的;

(六)因工程造价业务活动受刑事处罚,自刑事处罚执行完毕之日起至申请注册之日止不满5年的;

(七)因前项规定以外原因受刑事处罚,自处罚决定之日起至申请注册之日止不满3年的;

(八)被吊销注册证书,自被处罚决定之日起至申请注册之日止不满3年的;

(九)以欺骗、贿赂等不正当手段获准注册被撤销,自被撤销注册之日起至申请注册之日

止不满 3 年的;

(十)法律、法规规定不予注册的其他情形。

第十四条 被注销注册或者不予注册者,在具备注册条件后重新申请注册的,按照本办法第八条规定的程序办理。

第三章 执 业

第十五条 一级注册造价工程师执业范围包括建设项目全过程的工程造价管理与工程造价咨询等,具体工作内容:

(一)项目建议书、可行性研究投资估算与审核,项目评价造价分析;

(二)建设工程设计概算、施工预算编制和审核;

(三)建设工程招标投标文件工程量和造价的编制与审核;

(四)建设工程合同价款、结算价款、竣工决算价款的编制与管理;

(五)建设工程审计、仲裁、诉讼、保险中的造价鉴定,工程造价纠纷调解;

(六)建设工程计价依据、造价指标的编制与管理;

(七)与工程造价管理有关的其他事项。

二级注册造价工程师协助一级注册造价工程师开展相关工作,并可以独立开展以下工作:

(一)建设工程工料分析、计划、组织与成本管理,施工图预算、设计概算编制;

(二)建设工程量清单、最高投标限价、投标报价编制;

(三)建设工程合同价款、结算价款和竣工决算价款的编制。

第十六条 注册造价工程师享有下列权利:

(一)使用注册造价工程师名称;

(二)依法从事工程造价业务;

(三)在本人执业活动中形成的工程造价成果文件上签字并加盖执业印章;

(四)发起设立工程造价咨询企业;

(五)保管和使用本人的注册证书和执业印章;

(六)参加继续教育。

第十七条 注册造价工程师应当履行下列义务:

(一)遵守法律、法规、有关管理规定,恪守职业道德;

(二)保证执业活动成果的质量;

(三)接受继续教育,提高执业水平;

(四)执行工程造价计价标准和计价方法;

(五)与当事人有利害关系的,应当主动回避;

(六)保守在执业中知悉的国家秘密和他人的商业、技术秘密。

第十八条 注册造价工程师应当根据执业范围,在本人形成的工程造价成果文件上签字并加盖执业印章,并承担相应的法律责任。最终出具的工程造价成果文件应当由一级注册造价工程师审核并签字盖章。

第十九条 修改经注册造价工程师签字盖章的工程造价成果文件,应当由签字盖章的注册造价工程师本人进行;注册造价工程师本人因特殊情况不能进行修改的,应当由其他注册造价工程师修改,并签字盖章;修改工程造价成果文件的注册造价工程师对修改部分承担相应的法律责任。

第二十条 注册造价工程师不得有下列行为:
(一)不履行注册造价工程师义务;
(二)在执业过程中,索贿、受贿或者谋取合同约定费用外的其他利益;
(三)在执业过程中实施商业贿赂;
(四)签署有虚假记载、误导性陈述的工程造价成果文件;
(五)以个人名义承接工程造价业务;
(六)允许他人以自己名义从事工程造价业务;
(七)同时在两个或者两个以上单位执业;
(八)涂改、倒卖、出租、出借或者以其他形式非法转让注册证书或者执业印章;
(九)超出执业范围、注册专业范围执业;
(十)法律、法规、规章禁止的其他行为。

第二十一条 在注册有效期内,注册造价工程师因特殊原因需要暂停执业的,应当到注册机关办理暂停执业手续,并交回注册证书和执业印章。

第二十二条 注册造价工程师应当适应岗位需要和职业发展的要求,按照国家专业技术人员继续教育的有关规定接受继续教育,更新专业知识,提高专业水平。

第四章 监 督 管 理

第二十三条 县级以上人民政府住房城乡建设主管部门和其他有关部门应当依照有关法律、法规和本办法的规定,对注册造价工程师的注册、执业和继续教育实施监督检查。

第二十四条 国务院住房城乡建设主管部门应当将造价工程师注册信息告知省、自治区、直辖市人民政府住房城乡建设主管部门和国务院有关专业部门。

省、自治区、直辖市人民政府住房城乡建设主管部门应当将造价工程师注册信息告知本行政区域内市、县人民政府住房城乡建设主管部门。

第二十五条 县级以上人民政府住房城乡建设主管部门和其他有关部门依法履行监督检查职责时,有权采取下列措施:
(一)要求被检查人员提供注册证书;
(二)要求被检查人员所在聘用单位提供有关人员签署的工程造价成果文件及相关业务文档;
(三)就有关问题询问签署工程造价成果文件的人员;
(四)纠正违反有关法律、法规和本办法及工程造价计价标准和计价办法的行为。

第二十六条 注册造价工程师违法从事工程造价活动的,违法行为发生地县级以上地方人民政府住房城乡建设主管部门或者其他有关部门应当依法查处,并将违法事实、处理结果告知注册机关;依法应当撤销注册的,应当将违法事实、处理建议及有关材料报注册机关。

第二十七条 注册造价工程师有下列情形之一的,其注册证书失效:

(一)已与聘用单位解除劳动合同且未被其他单位聘用的;
(二)注册有效期满且未延续注册的;
(三)死亡或者不具有完全民事行为能力的;
(四)其他导致注册失效的情形。

第二十八条 有下列情形之一的,注册机关或者其上级行政机关依据职权或者根据利害关系人的请求,可以撤销注册造价工程师的注册:
(一)行政机关工作人员滥用职权、玩忽职守作出准予注册许可的;
(二)超越法定职权作出准予注册许可的;
(三)违反法定程序作出准予注册许可的;
(四)对不具备注册条件的申请人作出准予注册许可的;
(五)依法可以撤销注册的其他情形。

申请人以欺骗、贿赂等不正当手段获准注册的,应当予以撤销。

第二十九条 有下列情形之一的,由注册机关办理注销注册手续,收回注册证书和执业印章或者公告其注册证书和执业印章作废:
(一)有本办法第二十七条所列情形发生的;
(二)依法被撤销注册的;
(三)依法被吊销注册证书的;
(四)受到刑事处罚的;
(五)法律、法规规定应当注销注册的其他情形。

注册造价工程师有前款所列情形之一的,注册造价工程师本人和聘用单位应当及时向注册机关提出注销注册申请;有关单位和个人有权向注册机关举报;县级以上地方人民政府住房城乡建设主管部门或者其他有关部门应当及时告知注册机关。

第三十条 注册造价工程师及其聘用单位应当按照有关规定,向注册机关提供真实、准确、完整的注册造价工程师信用档案信息。

注册造价工程师信用档案应当包括造价工程师的基本情况、业绩、良好行为、不良行为等内容。违法违规行为、被投诉举报处理、行政处罚等情况应当作为造价工程师的不良行为记入其信用档案。

注册造价工程师信用档案信息按有关规定向社会公示。

第五章 法律责任

第三十一条 隐瞒有关情况或者提供虚假材料申请造价工程师注册的,不予受理或者不予注册,并给予警告,申请人在1年内不得再次申请造价工程师注册。

第三十二条 聘用单位为申请人提供虚假注册材料的,由县级以上地方人民政府住房城乡建设主管部门或者其他有关部门给予警告,并可处以1万元以上3万元以下的罚款。

第三十三条 以欺骗、贿赂等不正当手段取得造价工程师注册的,由注册机关撤销其注册,3年内不得再次申请注册,并由县级以上地方人民政府住房城乡建设主管部门处以罚款。其中,没有违法所得的,处以1万元以下罚款;有违法所得的,处以违法所得3倍以下且不超过

3万元的罚款。

第三十四条 违反本办法规定,未经注册而以注册造价工程师的名义从事工程造价活动的,所签署的工程造价成果文件无效,由县级以上地方人民政府住房城乡建设主管部门或者其他有关部门给予警告,责令停止违法活动,并可处以1万元以上3万元以下的罚款。

第三十五条 违反本办法规定,未办理变更注册而继续执业的,由县级以上人民政府住房城乡建设主管部门或者其他有关部门责令限期改正;逾期不改的,可处以5000元以下的罚款。

第三十六条 注册造价工程师有本办法第二十条规定行为之一的,由县级以上地方人民政府住房城乡建设主管部门或者其他有关部门给予警告,责令改正,没有违法所得的,处以1万元以下罚款,有违法所得的,处以违法所得3倍以下且不超过3万元的罚款。

第三十七条 违反本办法规定,注册造价工程师或者其聘用单位未按照要求提供造价工程师信用档案信息的,由县级以上地方人民政府住房城乡建设主管部门或者其他有关部门责令限期改正;逾期未改正的,可处以1000元以上1万元以下的罚款。

第三十八条 县级以上人民政府住房城乡建设主管部门和其他有关部门工作人员,在注册造价工程师管理工作中,有下列情形之一的,依法给予处分;构成犯罪的,依法追究刑事责任:

(一)对不符合注册条件的申请人准予注册许可或者超越法定职权作出注册许可决定的;
(二)对符合注册条件的申请人不予注册许可或者不在法定期限内作出注册许可决定的;
(三)对符合法定条件的申请不予受理的;
(四)利用职务之便,收取他人财物或者其他好处的;
(五)不依法履行监督管理职责,或者发现违法行为不予查处的。

第六章 附 则

第三十九条 造价工程师职业资格考试工作按照国务院人力资源社会保障主管部门的有关规定执行。

第四十条 本办法自2007年3月1日起施行。2000年1月21日发布的《造价工程师注册管理办法》(建设部令第75号)同时废止。

住房城乡建设部标准定额司关于印发造价工程师职业资格考试大纲的通知

(建标造函〔2018〕265号)

各省、自治区、直辖市住房城乡建设厅(委),国务院有关部门工程造价管理机构,各有关单位:

根据《造价工程师职业资格制度规定》《造价工程师职业资格考试实施办法》(建人〔2018〕67号),我们会同有关部门组织编制了《全国一级造价工程师职业资格考试大纲》《全国二级造价工程师职业资格考试大纲》,经人力资源社会保障部审定,现予印发,自2019年1月1日起施行。考试大纲可以从住房城乡建设部网站政策发布栏目下载。

请各地和有关单位按照《全国一级造价工程师职业资格考试大纲》《全国二级造价工程师职业资格考试大纲》,抓紧组织开展造价工程师职业资格考试培训教材编写和考试命题准备工作,并配合相关部门做好造价工程师职业资格考试的相关工作,确保考试平稳顺利进行。

附件:1. 全国一级造价工程师职业资格考试大纲
      2. 全国二级造价工程师职业资格考试大纲

住房和城乡建设部标准定额司
2018年12月28日

附件1

全国一级造价工程师职业资格考试大纲

前　言

　　根据人力资源社会保障部《关于公布国家职业资格目录的通知》(人社部发〔2017〕68号),住房城乡建设部、交通运输部、水利部、人力资源社会保障部联合印发的《造价工程师职业资格制度规定》和《造价工程师职业资格考试实施办法》(建人〔2018〕67号),住房和城乡建设部、交通运输部、水利部组织有关专家,在总结以往全国造价工程师职业资格考试大纲实施经验的基础上,制定了《全国一级造价工程师职业资格考试大纲》(2019年版),并经人力资源和社会保障部审定。

　　本考试大纲是2019年及以后一段时期一级造价工程师考试命题和应考人员备考的依据。

2018年12月

考 试 说 明

　　一、全国一级造价工程师职业资格考试分为四个科目:"建设工程造价管理"、"建设工程计价"、"建设工程技术与计量"和"建设工程造价案例分析"。

　　以上四个科目分别单独考试、单独计分。在连续的4个考试年度通过全部考试科目,方可获得一级造价工程师职业资格证书。

　　二、第三科目"建设工程技术与计量"及第四科目"建设工程造价案例分析"分为土木建筑工程、交通运输工程、水利工程、安装工程4个专业类别,考生在报名时可根据实际工作需要选择其中一个专业。

　　三、第三科目"建设工程技术与计量"中的交通运输工程、安装工程共性内容为应考人员必考内容,其余为个性内容,作为选学、选考内容。交通运输工程的个性内容分为公路工程(含养护工程)和水运工程两个专业组,安装工程的个性内容分为管道和设备工程、电气和自动化控制工程两个专业组,应考人员可根据本人意愿选答任一专业组规定数量的试题。

　　四、各科目考试试题类型及时间。

各科目考试试题类型、时间安排

科目名称 项目名称	建设工程造价管理	建设工程计价	建设工程技术与计量(土木建筑工程、交通运输工程、水利工程、安装工程)	建设工程造价案例分析(土木建筑工程、交通运输工程、水利工程、安装工程)
考试时间(小时)	2.5	2.5	2.5	4
满分记分	100	100	100	120
试题类型	客观题	客观题	客观题	主观题

说明:客观题指单项选择题、多项选择题等题型,主观题指问答题、计算题等题型。

一级造价工程师年度考试时间安排

造价工程师	每年十月的中、下旬	上午:9:00~11:30 建设工程造价管理 下午:2:00~4:30 建设工程计价	备 注
	每年十月的中、下旬	上午:9:00~11:30 建设工程技术与计量(土木建筑工程、交通运输工程、水利工程、安装工程) 下午:2:00~6:00 建设工程造价案例分析(土木建筑工程、交通运输工程、水利工程、安装工程)	每年考试具体时间,请注意人事考试部门的相关通知

全国一级造价工程师职业资格考试大纲

第一科目 建设工程造价管理

【考试目的】

通过本科目考试,主要检验应考人员对工程造价管理基本制度和内容,与工程造价管理相关的工程建设法律法规、工程项目管理、工程经济、工程项目投融资的掌握情况,以及工程建设全过程造价管理的能力。

【考试内容】

一、工程造价管理及其基本制度

(一)工程造价的基本内容;

(二)工程造价管理的组织和内容;

(三)造价工程师管理制度;

(四)工程造价咨询管理制度;

(五)国内外工程造价管理的发展。

二、相关法律法规

(一)相关法律:建筑法、招标投标法、政府采购法、合同法、价格法的有关内容;

(二)相关法规:建设工程质量管理条例、建设工程安全生产管理条例、招标投标法实施条例、政府采购法实施条例的有关内容。

三、工程项目管理

(一)工程项目的组成和分类、建设程序;

(二)工程项目管理的类型、任务及相关制度;

(三)工程项目的组织、计划与控制;

(四)流水施工组织方法、网络计划技术;

(五)工程项目合同管理;
(六)工程项目信息管理。

四、工程经济

(一)资金的时间价值及其计算;
(二)投资方案经济效果评价的内容和方法;
(三)价值工程的程序和方法;
(四)工程寿命周期成本分析的内容和方法。

五、工程项目投融资

(一)项目资本金制度、项目资金筹措的渠道与方式;
(二)项目资金成本与资本结构;
(三)项目融资的程序和方式;
(四)与工程项目有关的税收及保险规定。

六、工程建设全过程造价管理

(一)决策阶段造价管理的内容和方法;
(二)设计阶段造价管理的内容和方法;
(三)发承包阶段造价管理的内容和方法;
(四)施工阶段造价管理的内容和方法;
(五)竣工阶段造价管理的内容和方法。

第二科目 建设工程计价

【考试目的】

通过本科目考试,主要检验应考人员对于工程造价构成以及基本计价依据的掌握情况,以及运用这些知识系统地进行建设工程计价的能力,包括投资估算、设计概算、施工图预算在内的造价预测,以工程量清单计价方式为核心的合同价款管理,竣工决算的编制等能力。

【考试内容】

一、工程造价构成

(一)建设项目总投资与工程造价的构成;
(二)建筑安装工程费用的构成和计算;
(三)设备及工器具购置费用的构成和计算;
(四)工程建设其他费用的构成和计算;
(五)预备费、建设期利息的计算;
(六)国外工程造价的构成。

二、工程计价方法与依据

(一)工程计价方法及计价依据的分类;

（二）工程量清单计价方法；

（三）建筑安装工程人工、材料和施工机具台班消耗量的确定；

（四）建筑安装工程人工、材料和施工机具台班单价的确定；

（五）工程计价定额的编制；

（六）工程计价信息及其应用。

三、投资决策及设计阶段工程造价预测

（一）决策阶段影响工程造价的主要因素；

（二）投资估算的编制；

（三）设计阶段影响工程造价的主要因素；

（四）设计概算的编制；

（五）施工图预算的编制。

四、发承包阶段合同价款的约定

（一）招标工程量清单的编制；

（二）最高投标限价的编制；

（三）投标报价的编制；

（四）评标及中标价确定；

（五）施工合同价款的约定；

（六）总承包合同价款的约定；

（七）国际工程合同价款的约定。

五、施工阶段合同价款的调整与结算

（一）工程合同价款的调整；

（二）工程索赔的处理原则和计算；

（三）工程价款的支付与结算；

（四）工程合同价款纠纷及造价鉴定；

（五）工程总承包和国际工程合同价款结算。

六、竣工决算的编制和新增资产价值的确定

（一）竣工决算的内容和编制；

（二）新增资产价值的确定。

第三科目　建设工程技术与计量

【考试目的】

通过本科目考试，主要检验应试人员对工程地质、工程构造、工程材料、施工技术等专业技术的掌握情况，以及应用专业技术知识和工程量计算规则对建设工程进行计量的能力。

【考试内容】

A. 土木建筑工程

一、工程地质

(一)岩体的特征;
(二)地下水的类型与特征;
(三)常见工程地质问题及其处理方法;
(四)工程地质对工程建设的影响。

二、工程构造

(一)工业与民用建筑工程的分类、组成及构造;
(二)道路、桥梁、涵洞工程的分类、组成及构造;
(三)地下工程的分类、组成及构造。

三、工程材料

(一)结构材料的分类、特性及应用;
(二)装饰材料的分类、特性及应用;
(三)功能材料的分类、特性及应用。

四、工程施工技术

(一)建筑工程施工技术;
(二)道路、桥梁与涵洞工程施工技术;
(三)地下工程施工技术。

五、工程计量

(一)工程计量的基本原理和方法;
(二)建筑面积计算规则;
(三)工程量计算规则与方法。

B. 交通运输工程

一、工程地质、水文与气象

(一)工程地质
1. 岩土的工程地质性质;
2. 岩土的分类;
3. 地下水的类型与特征;
4. 常见工程地质问题及其处理方法;
5. 工程地质对工程建设的影响。
(二)工程水文
1. 工程水文;

2. 水文条件对工程建设的影响。

(三)工程气象

1. 工程气象;

2. 气象条件对工程建设的影响。

二、工程内容及构造(分为公路工程和水运工程两部分)

(一)公路工程(含养护工程)

1. 公路工程的基本组成;

2. 路基、路面工程的组成及构造;

3. 隧道工程的分类、组成及构造;

4. 桥涵工程的分类、组成及构造;

5. 交叉工程的分类、组成及构造;

6. 交通工程及沿线设施的组成及构造;

7. 绿化及环境保护工程;

8. 公路养护工程的基本组成及内容;

9. 公路基本建设项目管理。

(二)水运工程

1. 水运工程的分类及组成;

2. 码头水工工程的分类、组成及构造;

3. 防波堤、护岸建筑物工程的分类、组成及构造;

4. 航道整治建筑物及通航建筑物工程的分类、组成及构造;

5. 修造船水工建筑物工程的分类、组成及构造;

6. 地基基础处理工程的分类、组成及构造;

7. 港口设施维护工程的组成及内容;

8. 航道养护工程的组成及内容。

三、工程材料与施工机械、船舶(分为公路工程和水运工程两部分)

(一)公路工程(含养护工程)

1. 公路工程主要材料的分类;

2. 公路工程主要材料的特性和标准;

3. 公路工程常用施工机械及适用范围。

(二)水运工程

1. 水运工程主要材料的分类;

2. 水运工程主要材料的特性和标准;

3. 水运工程常用施工机械、船舶及适用范围。

四、工程施工技术与计量(分为公路工程和水运工程两部分)

(一)公路工程(含养护工程)

1. 公路工程施工组织设计的主要内容;

2. 公路工程施工技术；
3. 公路工程计量与计价。
（二）水运工程
1. 水运工程施工组织设计的主要内容；
2. 水运工程施工技术；
3. 水运工程计量与计价。

【说明】
1. 本大纲第一部分为所有考生必考部分。
2. 本大纲第二、三、四部分为选考部分：
选考部分专业划分如下：
(1) 公路工程（含养护工程）
(2) 水运工程

C. 水利工程

一、工程地质

（一）岩（土）体的工程特性；
（二）水库、水工建筑物工程地质；
（三）工程地质问题及处理措施。

二、建筑材料

（一）建筑材料的分类及性能；
（二）建筑材料的应用。

三、水工建筑物

（一）工程等别与水工建筑物级别；
（二）枢纽工程建筑物分类及基本型式；
（三）引水工程建筑物分类及基本型式；
（四）河道工程建筑物分类及基本型式。

四、机电及金属结构

（一）水力机械设备；
（二）电气设备；
（三）金属结构设备。

五、水利工程施工

（一）施工机械；
（二）施工导截流；
（三）施工技术；
（四）施工工厂设施；

（五）施工总布置；

（六）施工总进度。

六、工程计量

（一）工程计量的基本原理与方法；

（二）水利工程设计工程量计算规定；

（三）水利工程工程量清单项目及工程量计算规则。

D. 安装工程

一、安装工程材料

（一）建设工程材料的分类、性能和用途；

（二）安装工程常用材料的种类、性能和用途；

（三）常用管件和附件的种类、性能和适用范围；

（四）常用电气、有线通信材料及器材的种类、性能和用途。

二、安装工程施工技术

（一）切割、焊接、热处理施工技术；

（二）除锈、防腐蚀和绝热工程施工技术；

（三）吊装工程施工技术；

（四）辅助工程施工技术。

三、安装工程计量

（一）建筑安装工程的编码体系；

（二）安装工程量清单内容和编制。

四、通用设备安装工程技术与计量

（一）机械设备工程安装技术与计量；

（二）热力设备工程安装技术与计量；

（三）消防工程安装技术与计量；

（四）电气照明及动力设备工程安装技术与计量。

五、专业安装工程技术与计量（分为管道和设备工程、电气和自动化控制工程两部分）

（一）管道和设备工程

1. 给排水、采暖和燃气工程安装技术与计量；

2. 工业管道工程安装技术与计量；

3. 通风空调工程安装技术与计量；

4. 静置设备与工艺金属结构安装技术与计量。

（二）电气和自动化控制工程

1. 电气工程安装技术与计量；

2. 自动化控制系统安装技术与计量；
3. 通信设备和线路工程安装技术与计量；
4. 建筑智能化工程安装技术与计量。

【说明】
1. 本大纲第一、二、三、四部分为所有考生必考部分。
2. 本大纲第五部分为选考部分：
选考部分专业划分如下：
（1）管道和设备工程
（2）电气和自动化控制工程

第四科目 建设工程造价案例分析

【考试目的】
通过本科目考试，主要检验应考人员综合运用《建设工程造价管理》、《建设工程计价》和《建设工程技术与计量》等科目的知识，以及分析和解决建设工程造价实际问题的职业能力。

【考试内容】

A. 土木建筑工程、安装工程

一、建设项目投资估算与财务评价

（一）建设项目投资估算；
（二）建设项目财务分析；
（三）建设项目不确定性分析与风险分析。

二、工程设计、施工方案技术经济分析

（一）工程设计、施工方案综合评价；
（二）工程设计、施工方案比选与优化；
（三）工程网络计划的调整与优化。

三、工程计量与计价应用

（一）工程计量的应用；
（二）工程计价定额的应用；
（三）设计概算、施工图预算的应用；
（四）工程量清单计价的应用。

四、建设工程招投标

（一）工程招标方式与程序；
（二）工程招标文件的编制；
（三）工程评标与定标；
（四）工程投标策略与方法。

五、工程合同价款管理

（一）工程合同价的类型及其适用条件；
（二）工程变更的处理；
（三）工程索赔的计算与审核；
（四）工程合同争议的处理。

六、工程结算与决算

（一）工程价款结算与支付；
（二）投资偏差、进度偏差分析；
（三）竣工决算的编制。

B. 交通运输工程

一、建设项目投资估算与财务评价(分为公路工程、水运工程两部分)

（一）公路工程(含养护工程)
1. 公路工程建设项目投资估算；
2. 公路工程建设项目财务分析；
3. 公路工程建设项目不确定性分析与风险分析。

（二）水运工程
1. 水运工程建设项目投资估算；
2. 水运工程建设项目财务分析；
3. 水运工程建设项目不确定性分析与风险分析。

二、工程设计、施工方案技术经济分析(分为公路工程、水运工程两部分)

（一）公路工程(含养护工程)
1. 公路工程设计、施工方案综合评价；
2. 公路工程设计、施工方案比选与优化；
3. 公路工程网络计划的调整与优化。

（二）水运工程
1. 水运工程设计、施工方案综合评价；
2. 水运工程设计、施工方案比选与优化；
3. 水运工程网络计划的调整与优化。

三、工程计量与计价应用(分为公路工程、水运工程两部分)

（一）公路工程(含养护工程)
1. 公路工程量计算；
2. 公路工程定额的编制；
3. 公路工程设计概算、施工图预算的编制；
4. 公路工程量清单计价。

(二)水运工程

1. 水运工程量计算;
2. 水运工程定额的编制;
3. 水运工程设计概算、施工图预算的编制;
4. 水运工程量清单计价。

四、建设工程招投标

(一)工程招标方式与程序;
(二)工程招标文件的编制;
(三)工程评标与定标;
(四)工程投标策略与方法。

五、工程合同价款管理

(一)工程合同价的类型及其适用条件;
(二)工程变更的处理;
(三)工程索赔的计算与审核;
(四)工程合同争议的处理。

六、工程结算与决算

(一)工程价款结算与支付;
(二)工程投资偏差、进度偏差分析;
(三)工程竣工决算的编制。

【说明】

1. 本大纲第一、二、三部分为选考部分:
选考部分专业划分如下:
(1)公路工程(含养护工程)
(2)水运工程
2. 本大纲第四、五、六部分为所有考生必考部分。

C. 水利工程

一、水利工程造价构成

(一)水利工程总投资构成;
(二)工程部分造价构成;
(三)建设征地移民补偿、环境保护工程、水土保持工程造价构成;
(四)水文项目和水利信息化项目总投资及造价构成。

二、工程经济

(一)资金的时间价值理论;
(二)水利建设项目经济评价;

(三)不确定性分析与风险分析;
(四)水利工程设计、施工方案比选与优化。

三、水利工程计量与计价应用

(一)水利工程设计工程计量的应用;
(二)水利工程定额编制;
(三)水利工程概、估算文件编制;
(四)水利工程工程量清单计价。

四、水利工程招标投标

(一)招标方式与程序;
(二)招标、投标;
(三)开标、评标和中标;
(四)法律责任。

五、水利工程合同价款管理

(一)合同价类型及适用条件;
(二)计量与支付;
(三)变更与索赔;
(四)合同价格调整;
(五)违约处理;
(六)合同争议的处理;
(七)投资偏差、进度偏差分析。

附件2

全国二级造价工程师职业资格考试大纲

前　言

　　根据人力资源社会保障部《关于公布国家职业资格目录的通知》(人社部发〔2017〕68号),住房城乡建设部、交通运输部、水利部、人力资源社会保障部联合印发的《造价工程师职业资格制度规定》和《造价工程师职业资格考试实施办法》(建人〔2018〕67号),住房和城乡建设部、交通运输部、水利部组织有关专家制定了2019年版《全国二级造价工程师职业资格考试大纲》,并经人力资源和社会保障部审定。

　　本考试大纲是2019年及以后一段时期全国二级造价工程师考试命题和应考人员备考的依据。

2018年12月

考 试 说 明

　　一、全国二级造价工程师职业资格考试分为两个科目:"建设工程造价管理基础知识"和"建设工程计量与计价实务"。

　　以上两个科目分别单独考试、单独计分。参加全部2个科目考试的人员,必须在连续的2个考试年度内通过全部科目,方可取得二级造价工程师职业资格证书。

　　二、第二科目《建设工程计量与计价实务》分为土木建筑工程、交通运输工程、水利工程和安装工程4个专业类别,考生在报名时可根据实际工作需要选择其中一个专业。

　　三、各科目考试试题类型及时间。

各科目考试试题类型、时间安排

项目名称	科目名称	
	建设工程造价管理基础知识	建设工程计量与计价实务
考试时间(小时)	2.5	3.0
满分记分	100	100
试题类型	客观题	客观和主观题

说明:客观题指单项选择题、多项选择题等题型,主观题指问答题及计算题等题型。

全国二级造价工程师资格考试大纲

第一科目 《建设工程造价管理基础知识》

【考试目的】

通过本科目考试,主要检验应考人员对工程造价管理相关法律法规与制度、工程项目管理、工程造价构成、工程计价方法及依据的掌握情况,在工程决策和设计、施工招投标、施工和竣工阶段进行造价管理的能力。

【考试内容】

一、工程造价管理相关法律法规与制度

(一)工程造价管理相关法律法规;
(二)工程造价管理制度。

二、工程项目管理

(一)工程项目组成和分类;
(二)工程建设程序;
(三)工程项目管理目标和内容;
(四)工程项目实施模式。

三、工程造价构成

(一)建设项目总投资与工程造价;
(二)建筑安装工程费;
(三)设备及工器具购置费用;
(四)工程建设其他费用;
(五)预备费;
(六)建设期利息。

四、工程计价方法及依据

(一)工程计价方法;
(二)工程计价依据及作用;
(三)工程造价信息及应用。

五、工程决策和设计阶段造价管理

(一)决策和设计阶段造价管理工作程序和内容;
(二)投资估算编制;
(三)设计概算编制;
(四)施工图预算编制。

六、工程施工招投标阶段造价管理

(一)施工招标方式和程序;
(二)施工招投标文件组成;
(三)施工合同示范文本;
(四)工程量清单编制;
(五)最高投标限价编制;
(六)投标报价编制。

七、工程施工和竣工阶段造价管理

(一)工程施工成本管理;
(二)工程变更管理;
(三)工程索赔管理;
(四)工程计量和支付;
(五)工程结算;
(六)竣工决算。

第二科目 《建设工程计量与计价实务》

【考试目的】

通过本科目考试,主要检验应试人员对建设工程专业基础知识的掌握情况,以及应用专业技术知识对建设工程进行计量和工程量清单编制的能力,利用计价依据和价格信息对建设工程进行计价的能力,综合运用建设工程造价知识,分析和解决建设工程造价实际问题的职业能力。

【考试内容】

A. 土木建筑工程

一、专业基础知识

1. 工业与民用建筑工程的分类、组成及构造;
2. 土建工程常用材料的分类、基本性能及用途;
3. 土建工程主要施工工艺与方法;
4. 土建工程常用施工机械的类型及应用;
5. 土建工程施工组织设计的编制原理、内容及方法。

二、工程计量

1. 建筑工程识图基本原理与方法;
2. 建筑面积计算规则及应用;
3. 土建工程工程量计算规则及应用;
4. 土建工程工程量清单的编制;

5. 计算机辅助工程量计算。

三、工程计价

1. 施工图预算编制的常用方法；
2. 预算定额的分类、适用范围、调整与应用；
3. 建筑工程费用定额的适用范围及应用；
4. 土建工程最高投标限价的编制；
5. 土建工程投标报价的编制；
6. 土建工程价款结算和合同价款的调整；
7. 土建工程竣工决算价款的编制。

B. 交通运输工程

一、专业基础知识

1. 公路、水运工程的分类、组成及构造；
2. 常用材料的分类、基本性能及用途；
3. 公路、水运工程主要施工工艺与方法；
4. 常用施工机械、船舶的分类；
5. 施工组织设计的编制原理、方法及应用；
6. 维护、养护工程的基本组成。

二、工程计量

1. 公路工程工程量计算规则及应用；
2. 水运工程工程量计算规则及应用。

三、工程量清单的编制

1. 公路工程工程量清单的编制；
2. 水运工程工程量清单的编制。

四、工程计价

1. 投资估算及设计概算、预算编制；
2. 工程量清单计价；
3. 工程合同价款、结算价款和竣工决算价款的编制。

C. 水利工程

一、专业基础知识

（一）水文与工程地质；
（二）常用材料的分类、基本性能及用途；
（三）工程等别与水工建筑物级别；

（四）水工建筑物分类及基本型式；
（五）机电、金属结构设备类型及主要技术参数；
（六）水利工程常用施工机械类型及应用；
（七）水利工程施工技术。

二、水利工程造价构成

（一）水利工程总投资构成；
（二）工程部分造价构成；
（三）建设征地移民补偿、环境保护工程、水土保持工程造价构成；
（四）水文项目和水利信息化项目总投资及造价构成。

三、水利工程计量与计价

（一）水利工程设计工程量计算；
（二）水利工程定额分类、适用范围及作用；
（三）水利工程造价文件类型及作用；
（四）水利工程概、估算文件编制；
（五）水利工程工程量清单编制；
（六）水利工程投标报价编制。

四、水利工程合同价款管理

（一）合同价类型及适用条件；
（二）计量与支付；
（三）合同价格调整。

D. 安装工程

一、安装工程专业基础知识

1. 安装工程的分类、特点及基本工作内容；
2. 安装工程常用材料的分类、基本性能及用途；
3. 安装工程主要施工的基本程序、工艺流程及施工方法；
4. 安装工程常用施工机械及检测仪表的类型及应用；
5. 安装工程施工组织设计的编制原理、内容及方法；
6. 安装工程相关规范的基本内容。

二、安装工程计量

1. 安装工程识图基本原理与方法；
2. 常用的安装工程工程量计算规则及应用；
3. 安装工程工程量清单的编制；
4. 计算机辅助工程量计算。

三、安装工程工程计价

1. 安装工程施工图预算的编制;
2. 安装工程预算定额的分类、适用范围、调整与应用;
3. 安装工程费用定额的适用范围及应用;
4. 安装工程最高投标限价的编制;
5. 安装工程投标报价的编制;
6. 安装工程价款结算和合同价款的调整。
7. 安装工程竣工决算价款的编制。

工程咨询行业管理办法

(国家发展和改革委员会令 2017 年第 9 号)

第一章 总 则

第一条 为加强对工程咨询行业的管理,规范从业行为,保障工程咨询服务质量,促进投资科学决策、规范实施,发挥投资对优化供给结构的关键性作用,根据《中共中央 国务院关于深化投融资体制改革的意见》(中发〔2016〕18号)、《企业投资项目核准和备案管理条例》(国务院令第673号)及有关法律法规,制定本办法。

第二条 工程咨询是遵循独立、公正、科学的原则,综合运用多学科知识、工程实践经验、现代科学和管理方法,在经济社会发展、境内外投资建设项目决策与实施活动中,为投资者和政府部门提供阶段性或全过程咨询和管理的智力服务。

第三条 工程咨询单位是指在中国境内设立的从事工程咨询业务并具有独立法人资格的企业、事业单位。

工程咨询单位及其从业人员应当遵守国家法律法规和政策要求,恪守行业规范和职业道德,积极参与和接受行业自律管理。

第四条 国家发展改革委负责指导和规范全国工程咨询行业发展,制定工程咨询单位从业规则和标准,组织开展对工程咨询单位及其人员执业行为的监督管理。地方各级发展改革部门负责指导和规范本行政区域内工程咨询行业发展,实施对工程咨询单位及其人员执业行为的监督管理。

第五条 各级发展改革部门对工程咨询行业协会等行业组织进行政策和业务指导,依法加强监管。

第二章 工程咨询单位管理

第六条 对工程咨询单位实行告知性备案管理。工程咨询单位应当通过全国投资项目在线审批监管平台(以下简称在线平台)备案以下信息:

(一)基本情况,包括企业营业执照(事业单位法人证书)、在岗人员及技术力量、从事工程咨询业务年限、联系方式等;

(二)从事的工程咨询专业和服务范围;

(三)备案专业领域的专业技术人员配备情况;

（四）非涉密的咨询成果简介。

工程咨询单位应当保证所备案信息真实、准确、完整。备案信息有变化的，工程咨询单位应及时通过在线平台告知。

工程咨询单位基本信息由国家发展改革委通过在线平台向社会公布。

第七条 工程咨询业务按照以下专业划分：

（一）农业、林业；（二）水利水电；（三）电力（含火电、水电、核电、新能源）；（四）煤炭；（五）石油天然气；（六）公路；（七）铁路、城市轨道交通；（八）民航；（九）水运（含港口河海工程）；（十）电子、信息工程（含通信、广电、信息化）；（十一）冶金（含钢铁、有色）；（十二）石化、化工、医药；（十三）核工业；（十四）机械（含智能制造）；（十五）轻工、纺织；（十六）建材；（十七）建筑；（十八）市政公用工程；（十九）生态建设和环境工程；（二十）水文地质、工程测量、岩土工程；（二十一）其他（以实际专业为准）。

第八条 工程咨询服务范围包括：

（一）规划咨询：含总体规划、专项规划、区域规划及行业规划的编制。

（二）项目咨询：含项目投资机会研究、投融资策划，项目建议书（预可行性研究）、项目可行性研究报告、项目申请报告、资金申请报告的编制，政府和社会资本合作（PPP）项目咨询等。

（三）评估咨询：各级政府及有关部门委托的对规划、项目建议书、可行性研究报告、项目申请报告、资金申请报告、PPP项目实施方案、初步设计的评估，规划和项目中期评价、后评价，项目概预决算审查，及其他履行投资管理职能所需的专业技术服务。

（四）全过程工程咨询：采用多种服务方式组合，为项目决策、实施和运营持续提供局部或整体解决方案以及管理服务。有关工程设计、工程造价、工程监理等资格，由国务院有关主管部门认定。

第九条 工程咨询单位订立服务合同和开展相应的咨询业务，应当与备案的专业和服务范围一致。

第十条 工程咨询单位应当建立健全咨询质量管理制度，建立和实行咨询成果质量、成果文件审核等岗位人员责任制。

第十一条 工程咨询单位应当和委托方订立书面合同，约定各方权利义务并共同遵守。合同中应明确咨询活动形成的知识产权归属。

第十二条 工程咨询实行有偿服务。工程咨询服务价格由双方协商确定，促进优质优价，禁止价格垄断和恶意低价竞争。

第十三条 编写咨询成果文件应当依据法律法规、有关发展建设规划、技术标准、产业政策以及政府部门发布的标准规范等。

第十四条 咨询成果文件上应当加盖工程咨询单位公章和咨询工程师（投资）执业专用章。

工程咨询单位对咨询质量负总责。主持该咨询业务的人员对咨询成果文件质量负主要直接责任，参与人员对其编写的篇章内容负责。

实行咨询成果质量终身负责制。工程咨询单位在开展项目咨询业务时，应在咨询成果文件中就符合本办法第十三条要求，及独立、公正、科学的原则作出信用承诺。工程项目在设计使用年限内，因工程咨询质量导致项目单位重大损失的，应倒查咨询成果质量责任，并根据本办法第三十、三十一条进行处理,形成工程咨询成果质量追溯机制。

第十五条 工程咨询单位应当建立从业档案制度,将委托合同、咨询成果文件等存档备查。

第十六条 承担编制任务的工程咨询单位,不得承担同一事项的评估咨询任务。

承担评估咨询任务的工程咨询单位,与同一事项的编制单位、项目业主单位之间不得存在控股、管理关系或者负责人为同一人的重大关联关系。

第三章 从业人员管理

第十七条 国家设立工程咨询(投资)专业技术人员水平评价类职业资格制度。

通过咨询工程师(投资)职业资格考试并取得职业资格证书的人员,表明其已具备从事工程咨询(投资)专业技术岗位工作的职业能力和水平。

取得咨询工程师(投资)职业资格证书的人员从事工程咨询工作的,应当选择且仅能同时选择一个工程咨询单位作为其执业单位,进行执业登记并取得登记证书。

第十八条 咨询工程师(投资)是工程咨询行业的核心技术力量。工程咨询单位应当配备一定数量的咨询工程师(投资)。

第十九条 国家发展改革委和人力资源社会保障部按职责分工负责工程咨询(投资)专业技术人员职业资格制度实施的指导、监督、检查工作。

中国工程咨询协会具体承担咨询工程师(投资)的管理工作,开展考试、执业登记、继续教育、执业检查等管理事务。

第二十条 执业登记分为初始登记、变更登记、继续登记和注销登记四类。

申请登记的人员,应当选择已通过在线平台备案的工程咨询单位,按照本办法第七条划分的专业申请登记。申请人最多可以申请两个专业。

第二十一条 申请人登记合格取得《中华人民共和国咨询工程师(投资)登记证书》和执业专用章,登记证书和执业专用章是咨询工程师(投资)的执业证明。登记的有效期为3年。

第四章 行业自律和监督检查

第二十二条 工程咨询单位应具备良好信誉和相应能力。国家发展改革委应当推进工程咨询单位资信管理体系建设,指导监督行业组织开展资信评价,为委托单位择优选择工程咨询单位和政府部门实施重点监督提供参考依据。

第二十三条 工程咨询单位资信评价等级以一定时期内的合同业绩、守法信用记录和专业技术力量为主要指标,分为甲级和乙级两个级别,具体标准由国家发展改革委制定。

第二十四条 甲级资信工程咨询单位的评定工作,由国家发展改革委指导有关行业组织开展。

乙级资信工程咨询单位的评定工作,由省级发展改革委指导有关行业组织开展。

第二十五条 开展工程咨询单位资信评价工作的行业组织,应当根据本办法及资信评价标准开展资信评价工作,并向获得资信评价的工程咨询单位颁发资信评价等级证书。

第二十六条 工程咨询单位的资信评价结果,由国家和省级发展改革委通过在线平台和

"信用中国"网站向社会公布。

行业自律性质的资信评价等级,仅作为委托咨询业务的参考。任何单位不得对资信评价设置机构数量限制,不得对各类工程咨询单位设置区域性、行业性从业限制,也不得对未参加或未获得资信评价的工程咨询单位设置执业限制。

第二十七条 国家和省级发展改革委应当依照有关法律法规、本办法及有关规定,制订工程咨询单位监督检查计划,按照一定比例开展抽查,并及时公布抽查结果。监督检查内容主要包括:

(一)遵守国家法律法规及有关规定的情况;

(二)信息备案情况;

(三)咨询质量管理制度建立情况;

(四)咨询成果质量情况;

(五)咨询成果文件档案建立情况;

(六)其他应当检查的内容。

第二十八条 中国工程咨询协会应当对咨询工程师(投资)执业情况进行检查。检查内容包括:

(一)遵守国家法律法规及有关规定的情况;

(二)登记申请材料的真实性;

(三)遵守职业道德、廉洁从业情况;

(四)行使权利、履行义务情况;

(五)接受继续教育情况;

(六)其他应当检查的情况。

第二十九条 国家和省级发展改革委应当对实施行业自律管理的工程咨询行业组织开展年度评估,提出加强和改进自律管理的建议。对评估中发现问题的,按照本办法第三十二条处理。

第五章 法 律 责 任

第三十条 工程咨询单位有下列行为之一的,由发展改革部门责令改正;情节严重的,给予警告处罚并从备案名录中移除;已获得资信评价等级的,由开展资信评价的组织取消其评价等级。触犯法律的,依法追究法律责任:

(一)备案信息存在弄虚作假或与实际情况不符的;

(二)违背独立公正原则,帮助委托单位骗取批准文件和国家资金的;

(三)弄虚作假、泄露委托方的商业秘密以及采取不正当竞争手段损害其他工程咨询单位利益的;

(四)咨询成果存在严重质量问题的;

(五)未建立咨询成果文件完整档案的;

(六)伪造、涂改、出租、出借、转让资信评价等级证书的;

(七)弄虚作假、提供虚假材料申请资信评价的;

(八)弄虚作假、帮助他人申请咨询工程师(投资)登记的;

(九)其他违反法律法规的行为。

对直接责任人员,由发展改革部门责令改正,或给予警告处罚;涉及咨询工程师(投资)的,按本办法第三十一条处理。

第三十一条 咨询工程师(投资)有下列行为之一的,由中国工程咨询协会视情节轻重给予警告、通报批评、注销登记证书并收回执业专用章。触犯法律的,依法追究法律责任:

(一)在执业登记中弄虚作假的;

(二)准许他人以本人名义执业的;

(三)涂改或转让登记证书和执业专用章的;

(四)接受任何影响公正执业的酬劳的。

第三十二条 行业组织有下列情形之一的,由国家或省级发展改革委责令改正或停止有关行业自律管理工作;情节严重的,对行业组织和责任人员给予警告处罚。触犯法律的,依法追究法律责任:

(一)无故拒绝工程咨询单位申请资信评价的;

(二)无故拒绝申请人申请咨询工程师(投资)登记的;

(三)未按规定标准开展资信评价的;

(四)未按规定开展咨询工程师(投资)登记的;

(五)伙同申请单位或申请人弄虚作假的;

(六)其他违反法律、法规的行为。

第三十三条 工程咨询行业有关单位、组织和人员的违法违规信息,列入不良记录,及时通过在线平台和"信用中国"网站向社会公布,并建立违法失信联合惩戒机制。

第六章 附 则

第三十四条 本办法所称省级发展改革委是指各省、自治区、直辖市及计划单列市、新疆生产建设兵团发展改革委。

第三十五条 本办法由国家发展改革委负责解释。

第三十六条 本办法自 2017 年 12 月 6 日起施行。《工程咨询单位资格认定办法》(国家发展改革委 2005 年第 29 号令)、《国家发展改革委关于适用〈工程咨询单位资格认定办法〉有关条款的通知》(发改投资〔2009〕620 号)、《咨询工程师(投资)管理办法》(国家发展改革委 2013 年第 2 号令)同时废止。

关于印发《基本建设项目建设成本管理规定》的通知

(财建〔2016〕504号)

党中央有关部门,国务院各部委、各直属机构,军委后勤保障部,武警总部,全国人大常委会办公厅,全国政协办公厅,高法院,高检院,各民主党派中央,有关人民团体,各中央管理企业,各省、自治区、计划单列市财政厅(局),新疆生产建设兵团财务局:

为推动各部门、各地区进一步加强基本建设成本核算管理,提高资金使用效益,针对基本建设成本管理中反映出的主要问题,依据《基本建设财务规则》,现印发《基本建设项目建设成本管理规定》,请认真贯彻执行。

附件:1. 基本建设项目建设成本管理规定
      2. 项目建设管理费总额控制数费率表

财政部
2016年7月6日

附件1

基本建设项目建设成本管理规定

第一条 为了规范基本建设项目建设成本管理,提高建设资金使用效益,依据《基本建设财务规则》(财政部令第81号),制定本规定。

第二条 建筑安装工程投资支出是指基本建设项目(以下简称项目)建设单位按照批准的建设内容发生的建筑工程和安装工程的实际成本,其中不包括被安装设备本身的价值,以及按照合同规定支付给施工单位的预付备料款和预付工程款。

第三条 设备投资支出是指项目建设单位按照批准的建设内容发生的各种设备的实际成本(不包括工程抵扣的增值税进项税额),包括需要安装设备、不需要安装设备和为生产准备的不够固定资产标准的工具、器具的实际成本。

需要安装设备是指必须将其整体或几个部位装配起来,安装在基础上或建筑物支架上才能使用的设备。不需要安装设备是指不必固定在一定位置或支架上就可以使用的设备。

第四条 待摊投资支出是指项目建设单位按照批准的建设内容发生的,应当分摊计入相关资产价值的各项费用和税金支出。主要包括:

(一)勘察费、设计费、研究试验费、可行性研究费及项目其他前期费用;

(二)土地征用及迁移补偿费、土地复垦及补偿费、森林植被恢复费及其他为取得或租用土地使用权而发生的费用;

(三)土地使用税、耕地占用税、契税、车船税、印花税及按规定缴纳的其他税费;

(四)项目建设管理费、代建管理费、临时设施费、监理费、招标投标费、社会中介机构审查费及其他管理性质的费用;

(五)项目建设期间发生的各类借款利息、债券利息、贷款评估费、国外借款手续费及承诺费、汇兑损益、债券发行费用及其他债务利息支出或融资费用;

(六)工程检测费、设备检验费、负荷联合试车费及其他检验检测类费用;

(七)固定资产损失、器材处理亏损、设备盘亏及毁损、报废工程净损失及其他损失;

(八)系统集成等信息工程的费用支出;

(九)其他待摊投资性质支出。

项目在建设期间的建设资金存款利息收入冲减债务利息支出,利息收入超过利息支出的部分,冲减待摊投资总支出。

第五条 项目建设管理费是指项目建设单位从项目筹建之日起至办理竣工财务决算之日止发生的管理性质的支出。包括:不在原单位发工资的工作人员工资及相关费用、办公费、办公场地租用费、差旅交通费、劳动保护费、工具用具使用费、固定资产使用费、招募生产工人费、技术图书资料费(含软件)、业务招待费、施工现场津贴、竣工验收费和其他管理性质开支。

项目建设单位应当严格执行《党政机关厉行节约反对浪费条例》,严格控制项目建设管理费。

第六条 行政事业单位项目建设管理费实行总额控制,分年度据实列支。总额控制数以项目审批部门批准的项目总投资(经批准的动态投资,不含项目建设管理费)扣除土地征用、迁移补偿等为取得或租用土地使用权而发生的费用为基数分档计算。具体计算方法见附件。

建设地点分散、点多面广、建设工期长以及使用新技术、新工艺等的项目,项目建设管理费确需超过上述开支标准的,中央级项目,应当事前报项目主管部门审核批准,并报财政部备案,未经批准的,超标准发生的项目建设管理费由项目建设单位用自有资金弥补;地方级项目,由同级财政部门确定审核批准的要求和程序。

施工现场管理人员津贴标准比照当地财政部门制定的差旅费标准执行;一般不得发生业务招待费,确需列支的,项目业务招待费支出应当严格按照国家有关规定执行,并不得超过项目建设管理费的5%。

第七条 使用财政资金的国有和国有控股企业的项目建设管理费,比照第六条规定执行。国有和国有控股企业经营性项目的项目资本中,财政资金所占比例未超过50%的项目建设管理费可不执行第六条规定。

第八条 政府设立(或授权)、政府招标产生的代建制项目,代建管理费由同级财政部门根据代建内容和要求,按照不高于本规定项目建设管理费标准核定,计入项目建设成本。

实行代建制管理的项目,一般不得同时列支代建管理费和项目建设管理费,确需同时发生的,两项费用之和不得高于本规定的项目建设管理费限额。

建设地点分散、点多面广以及使用新技术、新工艺等的项目,代建管理费确需超过本规定确定的开支标准的,行政单位和使用财政资金建设的事业单位中央项目,应当事前报项目主管部门审核批准,并报财政部备案;地方项目,由同级财政部门确定审核批准的要求和程序。

代建管理费核定和支付应当与工程进度、建设质量结合,与代建内容、代建绩效挂钩,实行奖优罚劣。同时满足按时完成项目代建任务、工程质量优良、项目投资控制在批准概算总投资范围3个条件的,可以支付代建单位利润或奖励资金,代建单位利润或奖励资金一般不得超过代建管理费的10%,需使用财政资金支付的,应当事前报同级财政部门审核批准;未完成代建任务的,应当扣减代建管理费。

第九条 项目单项工程报废净损失计入待摊投资支出。

单项工程报废应当经有关部门或专业机构鉴定。非经营性项目以及使用财政资金所占比例超过项目资本50%的经营性项目,发生的单项工程报废经鉴定后,报项目竣工财务决算批复部门审核批准。

因设计单位、施工单位、供货单位等原因造成的单项工程报废损失,由责任单位承担。

第十条 其他投资支出是指项目建设单位按照批准的项目建设内容发生的房屋购置支出,基本畜禽、林木等的购置、饲养、培育支出,办公生活用家具、器具购置支出,软件研发及不能计入设备投资的软件购置等支出。

第十一条 本办法自2016年9月1日起施行。《财政部关于切实加强政府投资项目代建制财政财务管理有关问题的指导意见》(财建〔2004〕300号)同时废止。

附件2

项目建设管理费总额控制数费率表

单位:万元

工程总概算	费率(%)	算 例	
		工程总概算	项目建设管理费
1000以下	2	1000	$1000 \times 2\% = 20$
100~5000	1.5	5000	$20 + (5000 - 1000) \times 1.5\% = 80$
5001~10000	1.2	10000	$80 + (10000 - 5000) \times 1.2\% = 140$
10001~50000	1	50000	$140 + (50000 - 10000) \times 1\% = 540$
50001~100000	0.8	100000	$540 + (100000 - 50000) \times 0.8\% = 940$
100000以上	0.4	200000	$940 + (20000 - 100000) \times 0.4\% = 1340$

关于发布实施《全国工业用地出让最低价标准》的通知

(国土资发〔2006〕307号)

各省、自治区、直辖市国土资源厅(国土环境资源厅、国土资源局、国土资源和房屋管理局、房屋土地资源管理局)、计划单列市国土资源行政主管部门,新疆生产建设兵团国土资源局:

为贯彻落实《国务院关于加强土地调控有关问题的通知》(国发〔2006〕31号)精神,加强对工业用地的调控和管理,促进土地节约集约利用,根据土地等级、区域土地利用政策等,部统一制订了《全国工业用地出让最低价标准》(以下简称《标准》,详见附件1),现予以发布。

一、本《标准》是市、县人民政府出让工业用地,确定土地使用权出让价格时必须执行的最低控制标准。

二、工业用地必须采用招标拍卖挂牌方式出让,其出让底价和成交价格均不得低于所在地土地等别(详见附件2)相对应的最低价标准。各地国土资源管理部门在办理土地出让手续时必须严格执行本《标准》,不得以土地取得来源不同、土地开发程度不同等各种理由对规定的最低价标准进行减价修正。

三、工业项目必须依法申请使用土地利用总体规划确定的城市建设用地范围内的国有建设用地。对少数地区确需使用土地利用总体规划确定的城市建设用地范围外的土地,且土地前期开发由土地使用者自行完成的工业项目用地,在确定土地出让价格时可按不低于所在地土地等别相对应最低价标准的60%执行。其中,对使用未列入耕地后备资源且尚未确定土地使用权人(或承包经营权人)的国有沙地、裸土地、裸岩石砾地的工业项目用地,在确定土地出让价格时可按不低于所在地土地等别相对应最低价标准的30%执行。对实行这类地价政策的工业项目用地,由省级国土资源管理部门报部备案。

四、对低于法定最高出让年期(50年)出让工业用地,或采取租赁方式供应工业用地的,所确定的出让价格和年租金按照一定的还原利率修正到法定最高出让年期的价格,均不得低于本《标准》。年期修正必须符合《城镇土地估价规程》(GB/T 18508—2001)的规定,还原利率不得低于同期中国人民银行公布的人民币五年期存款利率。

五、为切实保障被征地农民的长远生计,省级国土资源管理部门可根据本地征地补偿费用提高的实际,进一步提高本地的工业用地出让最低价标准;亦可根据本地产业发展政策,在不低于本《标准》的前提下,制订并公布不同行业、不同区域的工业用地出让最低价标准,及时报部备案。

六、本《标准》发布实施后,各省(区、市)要依据本《标准》,开展基准地价更新工作,及时调整工业用地基准地价。

七、各地国土资源管理部门要加强对工业用地出让的监督管理。低于最低价标准出让工业用地,或以各种形式给予补贴或返还的,属非法低价出让国有土地使用权的行为,要依法追究有关人员的法律责任。

八、本《标准》自 2007 年 1 月 1 日起实施。部将根据各地社会经济发展情况、宏观调控的需要以及《标准》的实施情况,适时进行修订。

附件:1. 全国工业用地出让最低价标准
   2. 土地等别(略)

二〇〇六年十二月二十三日

附件 1

全国工业用地出让最低价标准

单位:元/平方米(土地)

土地等别	一等	二等	三等	四等	五等	六等	七等	八等
最低价标准	840	720	600	480	384	336	288	252
土地等别	九等	十等	十一等	十二等	十三等	十四等	十五等	
最低价标准	204	168	144	120	96	84	60	

国土资源部关于调整工业用地出让最低价标准实施政策的通知

(国土资发〔2009〕56号)

各省、自治区、直辖市国土资源厅(国土环境资源厅、国土资源局、国土资源和房屋管理局、规划和国土资源管理局),新疆生产建设兵团国土资源局,各派驻地方的国家土地督察局:

针对当前经济形势和土地市场运行变化情况,为进一步落实党中央、国务院关于扩大内需促进经济平稳较快发展的重大决策,更好地履行部门职责,充分发挥地价政策在宏观调控中的作用,部决定对《全国工业用地出让最低价标准》(以下简称《标准》)实施政策进行适当调整。现就有关问题通知如下:

一、市县国土资源管理部门在工业用地出让前应当按照《城镇土地估价规程》(GB/T 18508—2001)进行评估,根据土地估价结果、土地供应政策和最低价标准等集体决策、综合确定出让底价。

二、对各省(区、市)确定的优先发展产业且用地集约的工业项目,在确定土地出让底价时可按不低于所在地土地等别相对应《标准》的70%执行。优先发展产业是指各省(区、市)依据国家《产业结构调整指导目录》制订的本地产业发展规划中优先发展的产业。用地集约是指项目建设用地容积率和建筑系数超过《关于发布和实施〈工业项目建设用地控制指标〉的通知》(国土资发〔2008〕24号)所规定标准40%以上、投资强度增加10%以上。

三、以农、林、牧、渔业产品初加工为主的工业项目,在确定土地出让底价时可按不低于所在地土地等别相对应《标准》的70%执行。农、林、牧、渔业产品初加工工业项目是指在产地对农、林、牧、渔业产品直接进行初次加工的项目,具体由各省(区、市)在《国民经济行业分类》(GB/T 4754—2002)第13、14、15、17、18、19、20大类范围内按小类认定。

四、对中西部地区确需使用土地利用总体规划确定的城镇建设用地范围外的国有未利用地,且土地前期开发由土地使用者自行完成的工业项目用地,在确定土地出让价格时可按不低于所在地土地等别相对应《标准》的15%执行。使用土地利用总体规划确定的城镇建设用地范围内的国有未利用地,可按不低于所在地土地等别相对应《标准》的50%执行。国有未利用地包括《土地利用现状分类》(GB/T 21010—2007)中未列入耕地后备资源的盐碱地、沼泽地、沙地、裸地。

五、工业项目按照本通知第二、三、四条规定拟定的出让底价低于该项目实际土地取得成本、土地前期开发成本和按规定应收取的相关费用之和的,应按不低于实际各项成本费用之和的原则确定出让底价。

六、省级国土资源管理部门要根据本地实际尽快制定公布本省(区、市)的工业用地出让最低价标准,对个别县、市(区)基准地价末级地的平均土地取得成本、土地前期开发成本和按规定收取的相关费用之和确实低于《标准》的,由省级国土资源管理部门根据本省(区、市)县级行政单元总数,按照总数小于 50 的不超过 5%,其他不超过 3% 的原则,控制拟调整县、市(区)的数量,统筹组织测算、论证和平衡,提出明确意见并于 2009 年 6 月 30 日前报部备案后,可以按当地实际执行最低价标准。各省(区、市)确定的优先发展产业目录与按行业分类小类认定的农、林、牧、渔业产品初加工项目目录需一并报部备案。逾期未备案的按《标准》执行。

七、各地国土资源管理部门要加强对工业用地出让的监督管理,通过土地市场动态监测与监管系统,及时掌握出让价格等土地供应信息。对违反最低价标准相关实施政策、低于标准出让工业用地的,要依法追究有关人员的法律责任。

国土资源部
二〇〇九年五月十一日

工程造价咨询企业管理办法

(根据 2015 年 5 月 4 日住房和城乡建设部令第 24 号,2016 年 9 月 13 日住房和城乡建设部令第 32 号,2020 年 2 月 19 日住房和城乡建设部令第 50 号修正)

第一章 总 则

第一条 为了加强对工程造价咨询企业的管理,提高工程造价咨询工作质量,维护建设市场秩序和社会公共利益,根据《中华人民共和国行政许可法》、《国务院对确需保留的行政审批项目设定行政许可的决定》,制定本办法。

第二条 在中华人民共和国境内从事工程造价咨询活动,实施对工程造价咨询企业的监督管理,应当遵守本办法。

第三条 本办法所称工程造价咨询企业,是指接受委托,对建设项目投资、工程造价的确定与控制提供专业咨询服务的企业。

第四条 工程造价咨询企业应当依法取得工程造价咨询企业资质,并在其资质等级许可的范围内从事工程造价咨询活动。

第五条 工程造价咨询企业从事工程造价咨询活动,应当遵循独立、客观、公正、诚实信用的原则,不得损害社会公共利益和他人的合法权益。

任何单位和个人不得非法干预依法进行的工程造价咨询活动。

第六条 国务院住房城乡建设主管部门负责全国工程造价咨询企业的统一监督管理工作。

省、自治区、直辖市人民政府住房城乡建设主管部门负责本行政区域内工程造价咨询企业的监督管理工作。

有关专业部门负责对本专业工程造价咨询企业实施监督管理。

第七条 工程造价咨询行业组织应当加强行业自律管理。

鼓励工程造价咨询企业加入工程造价咨询行业组织。

第二章 资质等级与标准

第八条 工程造价咨询企业资质等级分为甲级、乙级。

第九条 甲级工程造价咨询企业资质标准如下:

(一)已取得乙级工程造价咨询企业资质证书满 3 年;

(二)技术负责人已取得一级造价工程师注册证书,并具有工程或工程经济类高级专业技术职称,且从事工程造价专业工作15年以上;

(三)专职从事工程造价专业工作的人员(以下简称专职专业人员)不少于12人,其中,具有工程(或工程经济类)中级以上专业技术职称或者取得二级造价工程师注册证书的人员合计不少于10人;取得一级造价工程师注册证书的人员不少于6人,其他人员具有从事工程造价专业工作的经历;

(四)企业与专职专业人员签订劳动合同,且专职专业人员符合国家规定的职业年龄(出资人除外);

(五)企业近3年工程造价咨询营业收入累计不低于人民币500万元;

(六)企业为本单位专职专业人员办理的社会基本养老保险手续齐全;

(七)在申请核定资质等级之日前3年内无本办法第二十五条禁止的行为。

第十条 乙级工程造价咨询企业资质标准如下:

(一)技术负责人已取得一级造价工程师注册证书,并具有工程或工程经济类高级专业技术职称,且从事工程造价专业工作10年以上;

(二)专职专业人员不少于6人,其中,具有工程(或工程经济类)中级以上专业技术职称或者取得二级造价工程师注册证书的人员合计不少于4人;取得一级造价工程师注册证书的人员不少于3人,其他人员具有从事工程造价专业工作的经历;

(三)企业与专职专业人员签订劳动合同,且专职专业人员符合国家规定的职业年龄(出资人除外);

(四)企业为本单位专职专业人员办理的社会基本养老保险手续齐全;

(五)暂定期内工程造价咨询营业收入累计不低于人民币50万元;

(六)申请核定资质等级之日前无本办法第二十五条禁止的行为。

第三章 资质许可

第十一条 甲级工程造价咨询企业资质,由国务院住房城乡建设主管部门审批。

申请甲级工程造价咨询企业资质的,可以向申请人工商注册所在地省、自治区、直辖市人民政府住房城乡建设主管部门或者国务院有关专业部门提交申请材料。

省、自治区、直辖市人民政府住房城乡建设主管部门或者国务院有关专业部门收到申请材料后,应当在5日内将全部申请材料报国务院住房城乡建设主管部门,国务院住房城乡建设主管部门应当自受理之日起20日内作出决定。

组织专家评审所需时间不计算在上述时限内,但应当明确告知申请人。

第十二条 申请乙级工程造价咨询企业资质的,由省、自治区、直辖市人民政府住房城乡建设主管部门审查决定。其中,申请有关专业乙级工程造价咨询企业资质的,由省、自治区、直辖市人民政府住房城乡建设主管部门商同级有关专业部门审查决定。

乙级工程造价咨询企业资质许可的实施程序由省、自治区、直辖市人民政府住房城乡建设主管部门依法确定。

省、自治区、直辖市人民政府住房城乡建设主管部门应当自作出决定之日起30日内,将准予资质许可的决定报国务院住房城乡建设主管部门备案。

第十三条 企业在申请工程造价咨询甲级(或乙级)资质,以及在资质延续、变更时,应当提交下列申报材料:

(一)工程造价咨询企业资质申请书(含企业法定代表人承诺书);

(二)专职专业人员(含技术负责人)的中级以上专业技术职称证书和身份证;

(三)企业开具的工程造价咨询营业收入发票和对应的工程造价咨询合同(如发票能体现工程造价咨询业务的,可不提供对应的工程造价咨询合同;新申请工程造价咨询企业资质的,不需提供);

(四)工程造价咨询企业资质证书(新申请工程造价咨询企业资质的,不需提供);

(五)企业营业执照。

企业在申请工程造价咨询甲级(或乙级)资质,以及在资质延续、变更时,企业法定代表人应当对下列事项进行承诺,并由资质许可机关调查核实:

(一)企业与专职专业人员签订劳动合同;

(二)企业缴纳营业收入的增值税;

(三)企业为专职专业人员(含技术负责人)缴纳本年度社会基本养老保险费用。

第十四条 新申请工程造价咨询企业资质的,其资质等级按照本办法第十条第(一)项至第(四)项所列资质标准核定为乙级,设暂定期一年。

暂定期届满需继续从事工程造价咨询活动的,应当在暂定期届满30日前,向资质许可机关申请换发资质证书。符合乙级资质条件的,由资质许可机关换发资质证书。

第十五条 准予资质许可的,资质许可机关应当向申请人颁发工程造价咨询企业资质证书。

工程造价咨询企业资质证书由国务院住房城乡建设主管部门统一印制,分正本和副本。正本和副本具有同等法律效力。

工程造价咨询企业遗失资质证书的,应当向资质许可机关申请补办,由资质许可机关在官网发布信息。

第十六条 工程造价咨询企业资质有效期为3年。

资质有效期届满,需要继续从事工程造价咨询活动的,应当在资质有效期届满30日前向资质许可机关提出资质延续申请。资质许可机关应当根据申请作出是否准予延续的决定。准予延续的,资质有效期延续3年。

第十七条 工程造价咨询企业的名称、住所、组织形式、法定代表人、技术负责人、注册资本等事项发生变更的,应当自变更确立之日起30日内,到资质许可机关办理资质证书变更手续。

第十八条 工程造价咨询企业合并的,合并后存续或者新设立的工程造价咨询企业可以承继合并前各方中较高的资质等级,但应当符合相应的资质等级条件。

工程造价咨询企业分立的,只能由分立后的一方承继原工程造价咨询企业资质,但应当符合原工程造价咨询企业资质等级条件。

第四章 工程造价咨询管理

第十九条 工程造价咨询企业依法从事工程造价咨询活动,不受行政区域限制。

甲级工程造价咨询企业可以从事各类建设项目的工程造价咨询业务。

乙级工程造价咨询企业可以从事工程造价 2 亿元人民币以下各类建设项目的工程造价咨询业务。

第二十条 工程造价咨询业务范围包括:

(一)建设项目建议书及可行性研究投资估算、项目经济评价报告的编制和审核;

(二)建设项目概预算的编制与审核,并配合设计方案比选、优化设计、限额设计等工作进行工程造价分析与控制;

(三)建设项目合同价款的确定(包括招标工程工程量清单和标底、投标报价的编制和审核);合同价款的签订与调整(包括工程变更、工程洽商和索赔费用的计算)及工程款支付,工程结算及竣工结(决)算报告的编制与审核等;

(四)工程造价经济纠纷的鉴定和仲裁的咨询;

(五)提供工程造价信息服务等。

工程造价咨询企业可以对建设项目的组织实施进行全过程或者若干阶段的管理和服务。

第二十一条 工程造价咨询企业在承接各类建设项目的工程造价咨询业务时,应当与委托人订立书面工程造价咨询合同。

工程造价咨询企业与委托人可以参照《建设工程造价咨询合同》(示范文本)订立合同。

第二十二条 工程造价咨询企业从事工程造价咨询业务,应当按照有关规定的要求出具工程造价成果文件。

工程造价成果文件应当由工程造价咨询企业加盖有企业名称、资质等级及证书编号的执业印章,并由执行咨询业务的注册造价工程师签字、加盖执业印章。

第二十三条 工程造价咨询企业跨省、自治区、直辖市承接工程造价咨询业务的,应当自承接业务之日起 30 日内到建设工程所在地省、自治区、直辖市人民政府住房城乡建设主管部门备案。

第二十四条 工程造价咨询收费应当按照有关规定,由当事人在建设工程造价咨询合同中约定。

第二十五条 工程造价咨询企业不得有下列行为:

(一)涂改、倒卖、出租、出借资质证书,或者以其他形式非法转让资质证书;

(二)超越资质等级业务范围承接工程造价咨询业务;

(三)同时接受招标人和投标人或两个以上投标人对同一工程项目的工程造价咨询业务;

(四)以给予回扣、恶意压低收费等方式进行不正当竞争;

(五)转包承接的工程造价咨询业务;

(六)法律、法规禁止的其他行为。

第二十六条 除法律、法规另有规定外,未经委托人书面同意,工程造价咨询企业不得对外提供工程造价咨询服务过程中获知的当事人的商业秘密和业务资料。

第二十七条 县级以上地方人民政府住房城乡建设主管部门、有关专业部门应当依照有关法律、法规和本办法的规定,对工程造价咨询企业从事工程造价咨询业务的活动实施监督检查。

第二十八条 监督检查机关履行监督检查职责时,有权采取下列措施:

(一)要求被检查单位提供工程造价咨询企业资质证书、造价工程师注册证书,有关工程造价咨询业务的文档,有关技术档案管理制度、质量控制制度、财务管理制度的文件;

(二)进入被检查单位进行检查,查阅工程造价咨询成果文件以及工程造价咨询合同等相关资料;

(三)纠正违反有关法律、法规和本办法及执业规程规定的行为。

监督检查机关应当将监督检查的处理结果向社会公布。

第二十九条 监督检查机关进行监督检查时,应当有两名以上监督检查人员参加,并出示执法证件,不得妨碍被检查单位的正常经营活动,不得索取或者收受财物,谋取其他利益。

有关单位和个人对依法进行的监督检查应当协助与配合,不得拒绝或者阻挠。

第三十条 有下列情形之一的,资质许可机关或者其上级机关,根据利害关系人的请求或者依据职权,可以撤销工程造价咨询企业资质:

(一)资质许可机关工作人员滥用职权、玩忽职守作出准予工程造价咨询企业资质许可的;

(二)超越法定职权作出准予工程造价咨询企业资质许可的;

(三)违反法定程序作出准予工程造价咨询企业资质许可的;

(四)对不具备行政许可条件的申请人作出准予工程造价咨询企业资质许可的;

(五)依法可以撤销工程造价咨询企业资质的其他情形。

工程造价咨询企业以欺骗、贿赂等不正当手段取得工程造价咨询企业资质的,应当予以撤销。

第三十一条 工程造价咨询企业取得工程造价咨询企业资质后,不再符合相应资质条件的,资质许可机关根据利害关系人的请求或者依据职权,可以责令其限期改正;逾期不改的,可以撤回其资质。

第三十二条 有下列情形之一的,资质许可机关应当依法注销工程造价咨询企业资质:

(一)工程造价咨询企业资质有效期满,未申请延续的;

(二)工程造价咨询企业资质被撤销、撤回的;

(三)工程造价咨询企业依法终止的;

(四)法律、法规规定的应当注销工程造价咨询企业资质的其他情形。

第三十三条 工程造价咨询企业应当按照有关规定,向资质许可机关提供真实、准确、完整的工程造价咨询企业信用档案信息。

工程造价咨询企业信用档案应当包括工程造价咨询企业的基本情况、业绩、良好行为、不良行为等内容。违法行为、被投诉举报处理、行政处罚等情况应当作为工程造价咨询企业的不良记录记入其信用档案。

任何单位和个人有权查阅信用档案。

第五章 法律责任

第三十四条 申请人隐瞒有关情况或者提供虚假材料申请工程造价咨询企业资质的,不予受理或者不予资质许可,并给予警告,申请人在1年内不得再次申请工程造价咨询企业资质。

第三十五条 以欺骗、贿赂等不正当手段取得工程造价咨询企业资质的,由县级以上地方人民政府住房城乡建设主管部门或者有关专业部门给予警告,并处以1万元以上3万元以下的罚款,申请人3年内不得再次申请工程造价咨询企业资质。

第三十六条 未取得工程造价咨询企业资质从事工程造价咨询活动或者超越资质等级承接工程造价咨询业务的,出具的工程造价成果文件无效,由县级以上地方人民政府住房城乡建设主管部门或者有关专业部门给予警告,责令限期改正,并处以1万元以上3万元以下的罚款。

第三十七条 违反本办法第十七条规定,工程造价咨询企业不及时办理资质证书变更手续的,由资质许可机关责令限期办理;逾期不办理的,可处以1万元以下的罚款。

第三十八条 违反本办法第二十三条规定,跨省、自治区、直辖市承接业务不备案的,由县级以上地方人民政府住房城乡建设主管部门或者有关专业部门给予警告,责令限期改正;逾期未改正的,可处以5000元以上2万元以下的罚款。

第三十九条 工程造价咨询企业有本办法第二十五条行为之一的,由县级以上地方人民政府住房城乡建设主管部门或者有关专业部门给予警告,责令限期改正,并处以1万元以上3万元以下的罚款。

第四十条 资质许可机关有下列情形之一的,由其上级行政主管部门或者监察机关责令改正,对直接负责的主管人员和其他直接责任人员依法给予处分;构成犯罪的,依法追究刑事责任:

(一)对不符合法定条件的申请人准予工程造价咨询企业资质许可或者超越职权作出准予工程造价咨询企业资质许可决定的;

(二)对符合法定条件的申请人不予工程造价咨询企业资质许可或者不在法定期限内作出准予工程造价咨询企业资质许可决定的;

(三)利用职务上的便利,收受他人财物或者其他利益的;

(四)不履行监督管理职责,或者发现违法行为不予查处的。

第六章 附 则

第四十一条 本办法自2006年7月1日起施行。2000年1月25日建设部发布的《工程造价咨询单位管理办法》(建设部令第74号)同时废止。

本办法施行前建设部发布的规章与本办法的规定不一致的,以本办法为准。

自然资源部关于做好占用永久基本农田重大建设项目用地预审的通知

(自然资规〔2018〕3号)

各省、自治区、直辖市自然资源主管部门，新疆生产建设兵团自然资源主管部门，中央军委后勤保障部军事设施建设局，各派驻地方的国家土地督察局：

为了贯彻落实《中共中央国务院关于加强耕地保护和改进占补平衡的意见》，在建设项目用地预审中将永久基本农田保护措施落到实处，现就有关事项通知如下：

一、严格限定重大建设项目范围

现阶段允许将以下占用永久基本农田的重大建设项目纳入用地预审受理范围。

（一）党中央、国务院明确支持的重大建设项目（包括党中央、国务院发布文件或批准规划中明确具体名称的项目和国务院批准的项目）。

（二）军事国防类。中央军委及其有关部门批准的军事国防项目。

（三）交通类。

1.机场项目。国家级规划（指国务院及其有关部门颁布，下同）明确的民用运输机场项目。

2.铁路项目。国家级规划明确的铁路项目，《推进运输结构调整行动计划（2018—2020年）》明确的铁路专用线项目，国务院投资主管部门批准的城际铁路建设规划明确的城际铁路项目，国务院投资主管部门批准的城市轨道交通建设规划明确的城市轨道交通项目。

3.公路项目。国家级规划明确的公路项目，包括《国家公路网规划（2013—2030年）》明确的国家高速公路和国道项目，国家级规划明确的国防公路项目。

此外，为解决当前地方存在的突出问题，将省级公路网规划的部分公路项目纳入受理范围：

（1）省级高速公路。

（2）连接深度贫困地区直接为该地区服务的省级公路。

（四）能源类。国家级规划明确的能源项目。电网项目，包括500千伏及以上直流电网项目和500千伏、750千伏、1000千伏交流电网项目，以及国家级规划明确的其他电网项目。其他能源项目，包括国家级规划明确的且符合国家产业政策的能源开采、油气管线、水电、核电项目。

（五）水利类。国家级规划明确的水利项目。

(六)为贯彻落实党中央、国务院重大决策部署,国务院投资主管部门或国务院投资主管部门会同有关部门支持和认可的交通、能源、水利基础设施项目。

二、严格占用和补划永久基本农田论证

充分发挥用地预审源头把关作用,全面落实永久基本农田特殊保护的要求。重大建设项目必须首先依据规划优化选址,避让永久基本农田;确实难以避让的,建设单位在可行性研究阶段,必须对占用永久基本农田的必要性和占用规模的合理性进行充分论证。市县级自然资源主管部门要按照法定程序,依据规划修改和永久基本农田补划的要求,认真组织编制规划修改方案暨永久基本农田补划方案,确保永久基本农田补足补优;省级自然资源主管部门负责组织对占用永久基本农田的必要性、合理性和补划方案的可行性进行踏勘论证,并在用地预审初审中进行实质性审查,对占用和补划永久基本农田的真实性、准确性和合理性负责。

对省级高速公路、连接深度贫困地区直接为该地区服务的省级公路,必须先行落实永久基本农田补划入库要求,方可受理其用地预审。

三、严格用地预审事后监管

重大建设项目用地批准后,市县级自然资源主管部门要按照规划管理和补划方案的要求,量质并重做好永久基本农田补划、上图入库工作,并纳入国土空间规划监管平台进行严格监管;省级自然资源主管部门要依据规划对补划永久基本农田的数量、质量进行动态监管。对占用永久基本农田的重大建设项目实行清单式管理,列为监管的重点内容,通过实地核查、遥感监测、卫片执法检查等方式,对永久基本农田占用、补划实行全链条管理,对永久基本农田数量和质量变化情况进行全程跟踪,发现问题依法依规严肃处理。

本文件自下发之日起执行,有效期5年。

附件:

1. 涉及占用永久基本农田的重大建设项目用地预审材料目录(略)
2. 涉及占用永久基本农田的重大建设项目省级自然资源主管部门用地预审初审报告格式(略)
3. 涉及占用永久基本农田的重大项目土地利用总体规划修改方案暨永久基本农田补划方案格式(略)

自然资源部
2018年7月30日

关于调整新增建设用地土地有偿使用费政策等问题的通知

(财综〔2006〕48号)

各省、自治区、直辖市、计划单列市财政厅(局)、国土资源厅(国土环境资源厅、国土资源局、国土资源和房屋管理局、房屋土地资源管理局),新疆生产建设兵团财务局、国土资源局,中国人民银行上海总部,各分行、营业管理部,省会(首府)城市中心支行,副省级城市中心支行:

根据《国务院关于深化改革严格土地管理的决定》(国发〔2004〕28号)和《国务院关于加强土地调控有关问题的通知》(国发〔2006〕31号)的有关规定,为了进一步保护耕地,促进节约集约用地,加强土地调控管理,控制固定资产投资过快增长,现就调整新增建设用地土地有偿使用费政策等问题通知如下:

一、进一步明确新增建设用地土地有偿使用费征收范围

新增建设用地为农用地和未利用地转为建设用地。新增建设用地土地有偿使用费,由市、县人民政府按照国土资源部或省、自治区、直辖市国土资源管理部门核定的当地实际新增建设用地面积、相应等别和征收标准缴纳。新增建设用地土地有偿使用费的征收范围为:土地利用总体规划确定的城市(含建制镇)建设用地范围内的新增建设用地(含村庄和集镇新增建设用地);在土地利用总体规划确定的城市(含建制镇)、村庄和集镇建设用地范围外单独选址、依法以出让等有偿使用方式取得的新增建设用地;在水利水电工程建设中,移民迁建用地占用城市(含建制镇)土地利用总体规划确定的经批准超出原建设用地面积的新增建设用地。

因违法批地、占用而实际发生的新增建设用地,应按照国土资源部认定的实际新增建设用地面积、相应等别和征收标准缴纳新增建设用地土地有偿使用费。

二、调整新增建设用地土地有偿使用费征收等别和征收标准

从2007年1月1日起,新批准新增建设用地的土地有偿使用费征收标准在原有基础上提高1倍,提高后的新增建设用地土地有偿使用费征收标准详见附件1。同时,根据各地行政区划变动情况,相应细化新增建设用地土地有偿使用费征收等别,细化后的《新增建设用地土地有偿使用费征收等别》详见附件2。

今后,财政部将会同国土资源部根据国家土地调控政策需要,结合各地基准地价水平、耕地总量和人均耕地面积、社会经济发展水平等状况,适时调整新增建设用地土地有偿使用费征收等别和征收标准,并向全社会公布。

三、调整地方新增建设用地土地有偿使用费分成管理方式

新增建设用地土地有偿使用费征收标准提高后,仍实行中央与地方30∶70分成体制。同时,为加强对土地利用的调控,从2007年1月1日起,调整地方分成的新增建设用地土地有偿使用费管理方式。地方分成的70%部分,一律全额缴入省级(含省、自治区、直辖市、计划单列市,下同)国库。

四、加强新增建设用地土地有偿使用费征收管理

新增建设用地土地有偿使用费由国土资源部和各省、自治区、直辖市国土资源管理部门在办理用地审批手续时负责征收,由财政部门负责征收管理,由财政部驻各省、自治区、直辖市、计划单列市财政监察专员办事处(以下简称财政部驻各地财政监察专员办事处)以及省级财政部门共同负责监督解缴。

国土资源部和各省、自治区、直辖市国土资源管理部门在办理用地审批手续时,应当开具新增建设用地土地有偿使用费缴款通知书,通知申请办理新增建设用地审批手续的市、县人民政府在规定的时间内依法足额缴纳新增建设用地土地有偿使用费,同时将缴款通知书抄送财政部、财政部驻各地财政监察专员办事处以及省级财政部门备查。缴款通知书应明确新增建设用地的地类、面积、适用的征收等别、征收标准以及应缴纳的新增建设用地土地有偿使用费具体数额。

市、县人民政府在收到国土资源管理部门开具的缴款通知书后,应当及时通知市、县财政部门填写一份"一般缴款书",将应当缴纳的新增建设用地土地有偿使用费全额就地缴入国库。市、县财政部门在缴款时,"一般缴款书"中收款单位栏填写"财政部门",预算级次填写"中央和省级共享收入",收款国库栏填写当地实际收纳款项的国库名称;填写预算科目时,30%填列政府收支分类科目103013301目"中央新增建设用地土地有偿使用费收入"科目,70%填列政府收支分类科目103013302目"地方新增建设用地土地有偿使用费收入"科目。国库部门办理缴库手续后,将加盖国库印章的"一般缴款书"第四、五联退市、县财政部门。市、县财政部门将收到的"一般缴款书"第四、五联分别报送省级财政部门和财政部驻当地财政监察专员办事处备查。已经实施非税收入收缴管理制度改革的地方,新增建设用地土地有偿使用费的缴库方式,按照非税收入收缴管理制度改革的有关规定执行。市、县财政部门缴纳新增建设用地土地有偿使用费,可以从国有土地使用权出让收入等财政性资金中列支,并填列政府收支分类科目2120899项"其他土地使用权出让金支出"等相应科目。

国土资源部和各省、自治区、直辖市国土资源管理部门应当在收到市、县人民政府已足额缴纳新增建设用地土地有偿使用费的有效凭证后,再依法办理用地批准文件,并抄送财政部、财政部驻各地财政监察专员办事处以及省级财政部门。财政部驻各地财政监察专员办事处以及省级财政部门,要按照国土资源管理部门开具的新增建设用地土地有偿使用费缴款通知书、缴款凭证、用地批准文件等,抽查核实市、县人民政府是否及时足额缴纳新增建设用地土地有偿使用费,并按月做好与国库以及国土资源管理部门的对账工作,确保有关数据准确无误。

严禁市、县人民政府和有关部门将新增建设用地土地有偿使用费转嫁由用地单位缴纳。严禁在审批新增建设用地时采取"以租代征"等方式,逃避缴纳新增建设用地土地有偿使用费。市、县人民政府凡不按国家规定的等别和征收标准及时足额缴纳新增建设用地土地有偿

使用费的,国土资源部和各省、自治区、直辖市国土资源管理部门一律不得办理用地审批手续和批准文件。任何地区、部门、单位和个人,均不得减免、缓缴、挤占、截留和挪用新增建设用地土地有偿使用费。

五、认真做好新增建设用地土地有偿使用费清欠工作

国土资源管理部门和财政部门要加强新增建设用地土地有偿使用费征收工作,对于地方违反规定减免和欠缴新增建设用地土地有偿使用费的,要进行逐项清理,并限期追缴。其中:对于2004年《国务院关于深化改革严格土地管理的决定》(国发〔2004〕28号)发布后,各地违反规定减免和欠缴的,要在2006年12月31日前全部清缴完毕。2006年12月31日前清缴的新增建设用地土地有偿使用费,按照原有规定解缴入库;2006年12月31日以后清缴的新增建设用地土地有偿使用费,一律按照本通知第四条规定解缴入库。逾期未缴的,一律暂停审批该市、县下一年度新增建设用地指标,并按其滞纳金额及日期按日加收1‰的滞纳金。滞纳金随同清缴的新增建设用地土地有偿使用费一并按规定比例分别缴入中央和省级国库。拒不缴纳的,除了由国土资源部和各省、自治区、直辖市国土资源管理部门会同同级财政部门进行公示、暂停办理新的新增建设用地审批手续和下达该市、县下一年度新增建设用地指标、加收滞纳金以外,还应由财政部和省级财政部门在办理年终结算时予以相应抵扣。

六、改进和完善新增建设用地土地有偿使用费使用管理

为提高新增建设用地土地有偿使用费使用效率,进一步改进和完善新增建设用地土地有偿使用费使用管理,从2007年1月1日起,中央分成的新增建设用地土地有偿使用费,由财政部会同国土资源部主要参照各地国土资源管理部门核实的截至上一年底基本农田面积和国家确定的土地开发整理重点任务分配各省、自治区、直辖市、计划单列市,并向中西部地区和粮食主产区倾斜,专项用于基本农田建设和保护、土地整理、耕地开发等开支。各省、自治区、直辖市、计划单列市分成的部分,加上中央财政专项分配的新增建设用地土地有偿使用费,统一由省级财政部门会同国土资源管理部门,主要参照各地国土资源管理部门核实的截至上一年底基本农田面积、国家和省级确定的土地开发整理重点任务分配给市、县,专项用于基本农田建设和保护、土地整理、耕地开发等开支。

将政府收支分类科目212类"城乡社区事务"08款"国有土地使用权出让金支出"中的06项"耕地开发专项支出"科目,修改为12项"耕地开发专项支出"科目,增设13项"基本农田建设和保护支出"、14项"土地整理支出"科目,分别反映新增建设用地土地有偿使用费用于上述各项支出情况。

七、强化新增建设用地土地有偿使用费收支管理监督检查

省级财政部门以及财政部驻各地财政监察专员办事处要加强对新增建设用地土地有偿使用费管理的监督检查,建立定期检查制度。国土资源管理部门要建立新增建设用地和基本农田保有量监督检查制度,充分运用航空、遥感等技术方法和手段,核实当年新增建设用地面积和耕地面积,强化新增建设用地土地有偿使用费征收管理与监督。对未依法办理农用地审批、未利用地转用审批、"以租代征"和未批先用等违法批地、用地行为占用土地的,不按规定及时足额解缴新增建设用地土地有偿使用费的,以及擅自减免、缓缴、截留、挤占、挪用新增建设用

地土地有偿使用费的,要严格按照《土地管理法》以及《财政违法行为处罚处分条例》(国务院令第 427 号)等有关法律法规规定进行处理,按日加收滞纳金,并依法追究有关责任人的责任。

各地收到本通知后,要严格按照本通知规定,抓紧做好相关工作。此前有关规定凡与本通知规定不一致的,一律以本通知规定为准。

附件:1. 新增建设用地土地有偿使用费征收标准(略)
     2. 新增建设用地土地有偿使用费征收等别(略)

关于调整森林植被恢复费征收标准引导节约集约利用林地的通知

(财税[2015]122号)

各省、自治区、直辖市财政厅(局)、林业厅(局),新疆生产建设兵团财务局、林业局,内蒙古、吉林、黑龙江、大兴安岭森工(林业)集团公司:

由占用征收林地的建设单位依法缴纳森林植被恢复费,是促进节约集约利用林地、培育和恢复森林植被、实现森林植被占补平衡的一项重要制度保障。2002年财政部、国家林业局印发《森林植被恢复费征收使用管理暂行办法》(财综[2002]73号)以来,各地不断加强和规范森林植被恢复费征收使用管理,对推动植树造林、增加森林植被面积发挥了重要作用。随着我国经济社会快速发展,各项建设工程对占用征收林地需求不断增加,但其支付的补偿标准明显偏低,无序占用、粗放利用林地问题突出,减少的森林植被无法得到有效恢复。根据中共中央、国务院印发的《生态文明体制改革总体方案》的要求,为加快健全资源有偿使用和生态补偿制度,建立引导节约集约利用林地的约束机制,确保森林植被面积不减少、质量不降低,保障国家生态安全,现就调整森林植被恢复费征收标准等有关问题通知如下:

一、制定森林植被恢复费征收标准应当遵循以下原则:

(一)合理引导节约集约利用林地,限制无序占用、粗放使用林地。

(二)反映不同类型林地生态和经济价值,合理补偿森林植被恢复成本。

(三)充分体现公益林、城市规划区林地的重要性和特殊性,突出加强公益林和城市规划区林地的保护。

(四)保障公共基础设施、公共事业和民生工程等建设项目使用林地,控制经营性建设项目使用林地。

(五)考虑不同地区经济社会发展水平、森林资源禀赋和恢复成本差异,适应各地植树造林、恢复森林植被工作需要。

(六)与经济社会发展相适应,考虑企业承受能力,并建立定期评估和调整机制。

(七)体现公平公正原则,对中央和地方企业不得实行歧视性征收标准。

二、森林植被恢复费征收标准应当按照恢复不少于被占用征收林地面积的森林植被所需要的调查规划设计、造林培育、保护管理等费用进行核定。具体征收标准如下:

(一)郁闭度0.2以上的乔木林地(含采伐迹地、火烧迹地)、竹林地、苗圃地,每平方米不低于10元;灌木林地、疏林地、未成林造林地,每平方米不低于6元;宜林地,每平方米不低于3元。

各省、自治区、直辖市财政、林业主管部门在上述下限标准基础上,结合本地实际情况,制定本省、自治区、直辖市具体征收标准。

(二)国家和省级公益林林地,按照第(一)款规定征收标准2倍征收。

(三)城市规划区的林地,按照第(一)、(二)款规定征收标准2倍征收。

(四)城市规划区外的林地,按占用征收林地建设项目性质实行不同征收标准。属于公共基础设施、公共事业和国防建设项目的,按照第(一)、(二)款规定征收标准征收;属于经营性建设项目的,按照第(一)、(二)款规定征收标准2倍征收。

公共基础设施建设项目包括:公路、铁路、机场、港口码头、水利、电力、通信、能源基地、电网、油气管网等建设项目。公共事业建设项目包括:教育、科技、文化、卫生、体育、环境和资源保护、防灾减灾、文物保护、社会福利、市政公用等建设项目。经营性建设项目包括:商业、服务业、工矿业、仓储、城镇住宅、旅游开发、养殖、经营性墓地等建设项目。

三、对农村居民按规定标准建设住宅,农村集体经济组织修建乡村道路、学校、幼儿园、敬老院、福利院、卫生院等社会公益项目以及保障性安居工程,免征森林植被恢复费。法律、法规规定减免森林植被恢复费的,从其规定。

四、加强森林植被恢复费征收管理。各级林业主管部门要严格按规定的范围、标准和时限要求征收森林植被恢复费,确保及时、足额征缴到位。任何单位和个人均不得违反规定,擅自减免或缓征森林植被恢复费,不得自行改变森林植被恢复费的征收对象、范围和标准。要向社会公开各类建设项目占用征收林地及森林植被恢复费征收使用情况,提高透明度,接受社会监督。上级财政、林业主管部门要加强监督检查,坚决查处不按规定征收森林植被恢复费的行为。

五、做好组织实施和宣传工作。各地要高度重视调整森林植被恢复费征收标准工作,加强组织领导,周密部署,协调配合,抓好落实。要通过政府网站和公共媒体等渠道,加强森林植被恢复费政策宣传解读,及时发布信息,做好舆论引导工作,统一思想、凝聚共识,营造良好的舆论氛围。

各省、自治区、直辖市财政、林业主管部门要在2016年3月底前,将调整森林植被恢复费征收标准等政策落实到位,并及时报财政部、国家林业局备案。

财政部　国家林业局
2015年11月18日

关于废弃物海洋倾倒费收费标准及有关问题的通知

(发改价格[2008]1927号)

国家海洋局,各省、自治区、直辖市发展改革委、物价局、财政厅(局):

你局《关于重新核定废弃物海洋倾倒费收费标准的请示》(国海财字[2008]6号)收悉。经研究,现将废弃物海洋倾倒费收费标准及有关问题通知如下:

一、在中华人民共和国内水、领海、专属经济区、大陆架和其他管辖海域倾倒各类废弃物的企事业单位及其他经济实体按规定缴纳废弃物海洋倾倒费的收费标准,按照所附"废弃物海洋倾倒费收费标准"的规定执行。

二、废弃物海洋倾倒费由签发废弃物倾倒许可证的海洋行政主管部门收取,并按隶属关系分别上缴中央和省级国库,实行"收支两条线"管理。

三、海洋行政主管部门认可的检验机构进行废弃物特性和成分检测向申请单位收取检测费的收费标准,由所在地省、自治区、直辖市价格、财政部门制定。

四、收费单位应按规定到指定的价格主管部门申领收费许可证,使用省、自治区、直辖市以上财政部门统一印制的票据,并自觉接受价格、财政部门的监督检查。

五、上述标准自本通知发布之日起执行。

附件:废弃物海洋倾倒费收费标准

二〇〇八年七月二十八日

附件

废弃物海洋倾倒费收费标准(单位:元/立方米)

废弃物种类			近岸倾倒 A	远海倾倒 B	有益处置 C
疏浚物		清洁疏浚物	0.30	0.15	0.05
	沾污疏浚物	通过全部生物学检验	0.40	0.20	0.10
		一种生物未通过生物学检验	0.80	0.40	0.15
		两种或三种生物未通过生物学检验	1.50	0.60	0.20
	污染疏浚物	一种生物未通过生物学检验	1.50	0.60	0.20
		两种或三种生物未通过生物学检验	3.00	1.00	—
城市阴沟淤泥			6.00	2.00	—
渔业加工废料			0.40	0.20	—
惰性无机地质材料			0.50	0.20	0.10
天然有机物			0.40	0.20	0.10
岛上建筑物料			0.40	0.20	0.10
船舶、平台或其他海上人工构造物			国家海洋行政主管部门根据废弃物的性质、原地弃置或异地弃置、弃置区的环境敏感性、废弃物的体积、占海面积、倾倒前的拆解情况、是否采取有别于海洋弃置的其他有益处置方式等情况进行个案处理,一次性收费,收费标准报国务院价格主管部门、财政部门备案		

说明:

一、倾倒地区与倾倒方式

(一)近岸倾倒:指倾倒区距离海岸 12 海里以内。

(二)远海倾倒:指倾倒区距离海岸 12 海里以外。

(三)有益处置:指将废弃物作为海滩及养殖海底培育、营造生物栖息地、岸线维护或加固、美化景观、海上建坝等海洋工程原材料而进行的海洋处置方式。

二、废弃物种类

按有关规定,可以在海上倾倒的废弃物包括七大类,具体是:

(一)疏浚物:从水下挖掘出的沉积物,包括淤积的、河流冲刷形成的或自然沉积的沉淀物。依据疏浚物海洋倾倒分类标准,按照疏浚物的特性、污染物含量水平及其对海洋环境的影响程度,疏浚物分为三类:清洁疏浚物、沾污疏浚物和污染疏浚物。沾污疏浚物和污染疏浚物必须进行生物学检验,并进行适当处理后方可在海上倾倒。

(二)城市阴沟淤泥:市政污水处理后残余的富含有机物的废物,主要由物理过程产生。

(三)渔业加工废料:由远洋捕捞、水产养殖等渔业加工过程所产生的含有水产品肉、皮、骨、内脏、外壳或鱼粉残液等废物。

（四）惰性无机地质材料：矿物开采或工程建设产生的来源于自然界的无机废弃物。主要成分为岩石、砂石和泥土等，不得含有海泥、塘泥、家居垃圾、塑胶、金属、沥青、工业和化工废料、木材和动植物残体。

（五）天然有机物：源于农业产出的动植物。

（六）岛上建筑物料：远离大陆的岛屿产生的包括铁、钢、混凝土和只会产生物理影响的无害物质。

（七）船舶、平台：船舶是指任何形式的水上航行工具。平台是为生产、加工、储存或支持矿物资源开采设计并制造的装置。

三、疏浚物倾倒量的核定方法

由海洋主管部门按疏浚工程水下实际基建开挖量进行核定。